U0717262

中國古典名著譯注叢書

莊子今注今譯

最新修訂重排本

上

陳鼓應 注譯

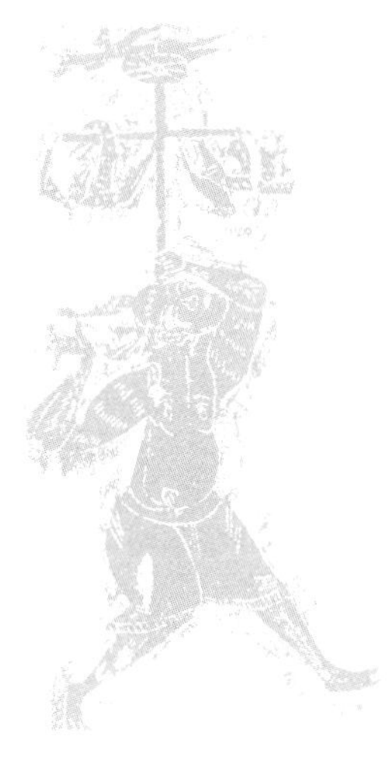

中華書局

圖書在版編目(CIP)數據

莊子今注今譯(最新修訂重排本)/陳鼓應注譯. —北京:中華書局,1983.4(2025.1 重印)
(中國古典名著譯注叢書)
ISBN 978-7-101-00388-8

Ⅰ.莊… Ⅱ.陳… Ⅲ.①莊子-注釋②莊子-譯文
Ⅳ.B223.52

中國版本圖書館 CIP 數據核字(1999)第 14235 號

本版責編:朱立峰

中國古典名著譯注叢書
莊子今注今譯
(最新修訂重排本)
(全三册)
陳鼓應 注譯
*
中 華 書 局 出 版 發 行
(北京市豐臺區太平橋西里 38 號 100073)
http://www.zhbc.com.cn
E-mail:zhbc@zhbc.com.cn
河北博文科技印務有限公司印刷
*
880×1230 毫米 1/32 · 32⅛印張 · 7 插頁 · 518 千字
1983 年 4 月第 1 版 2009 年 2 月第 2 版
2025 年 1 月第 27 次印刷
印數:229201-233200 册 定價:128.00 元

ISBN 978-7-101-00388-8

莊　子　像

（據北京圖書館藏清道光版《古聖賢像傳略》）

最新修訂重排版序

一

本書最早於一九七四年由台灣商務印書館出版，北京中華書局於一九八三年以繁體字再度印行。一九七九年以後我旅居美國加州大學柏克萊校區的數年間，對我注譯的老、莊兩書分别做了較大幅度的修訂，繼續交由北京中華書局出版。一九八四年我由美赴北京大學哲學系任教，在北大講課的十二年間，對文本有不少新的體認，還參考了曹礎基先生等有關莊子注釋的著作，對拙著進行修改潤飾，一九九五年由台灣商務印書館重排發行，二〇〇七年北京商務印書館以簡體字排版印行。如今，北京中華書局以台灣商務印書館本爲基礎，吸收了北京商務簡體字本的新修訂内容，再與中華原版複校，改正了原版的一些排印錯誤，全書增删異動之處約一百多條，責任編輯朱立峰先生還爲本書新編了索引。中華書局這次繁體字的重排本，是我自己最爲滿意的一個修訂本。

二

本書問世之初，爲應合出版社之序列計劃，故一概以「今注今譯」作爲書名。我在進行注譯工作時，雖然處處用心在理解文本的原意，但在我運思下筆之際，總不免留着時代學術氣氛和個人思考與情懷的烙印。因此，本書的今注今譯，也可視爲我對莊子所進行的一種現代人的「詮釋」工作。

尼采在歷史對人生的利弊中說，「看看那些喫着草走過的牧羣，牠們並不知道昨天或今天的意義」，「牠們没有記憶，只是非歷史地活着」。人類有記憶，有着長遠的悲歡離合的歷史，一個民族如果沉溺在過度沉重的歷史意識的重負中，則易削弱了他的創造力；但是如果過度缺乏歷史眼光，那他的思想視野就會像阿爾卑斯山下的居民那樣的狹窄。的確，我們要辯證地看待我們的歷史文化，像我這樣的一代人，所思所想的，很難從我生存的文化傳統中切割開來，也很難從我們所處的時代環境中抽離出去。

自從我來到世間，從有知覺的回憶開始，戰爭的恐怖景象就籠罩在我的周遭。我的故鄉在福建閩西客家地區。抗戰期間，即使那麼偏遠窮困的山區，還不時地遭受到來自淪陷區台灣的日本軍國主義者的飛機的轟炸。每回當急促的緊急警報聲響起時，母親就慌慌張張拉着我從城裡逃往郊區。戰事喫緊時，又搬到鄉下讀私塾。童年農村的生活，沉浸在濃郁的民間文化傳統之中。從家庭到村落，儒家文化所倡導的「尊尊」、「親親」的習俗，一直影響着我。直到如今，我見到比我年長的人，會不由自主地發出敬意；比我年輕的，會油然流露出一種親和感。殷周以來「尊尊」、「親親」的文化傳統，在社會層面所流露出的人情關懷，我相當肯定。但是，像歷代儒家那樣轉移到政治層面，所謂「移孝作忠」，塑造聖王式的人身崇拜，就必然導致儒術與專制政體相互温存的局面。而宋明儒家所虛構的道統意識，使權威體制、獨斷主義更加牢固，在這個層面上，我永遠無法接受。

我的中青年時期，正處在「國府」白色恐怖的統治之中。蔣氏政權以戒嚴時期爲藉口而頒佈「懲治叛亂條例」的惡法，該條例第七條爲：「以圖書、文字演説爲有利於叛徒之宣傳者，處七年以上有期徒刑。」由於該項條例的實施，我目擊了數不清的愛國人士、作家、知識分子被逮捕，我敬愛的老師也受到過有形與無形的政治迫害。可是，以美國爲首的西方世界媒體，卻依然宣稱我們是生活在「自由」、「民主」的安定地區。這史稱「白色恐怖」的專制政體正是在美軍的協防下，在中央情報局的技術支援下，展開地毯式的清除行動，島内異己遂成爲甕中之鱉。這情境，令我難以忘懷。而正是在這種情境之中，我接觸了尼采、莊子，乃藉由他們的論述而發出微弱的自由呼聲。

尼采説：「一切作品中，我只愛作者用他的心血寫成的書（write with blood），你能體會到，心血就是精神。」我們無論讀尼采或讀莊子的著作，都有這種深切的體會。莊子逍遥遊最後一句話：「安所困苦哉！」從這絃外之音裏，我們可以體會到他的所謂「逍遥」，實際上卻有一種憤激之情在他生命的底層中波濤洶湧地激盪着。總之，在那「非常時期」的年代裡，我藉尼采和莊子所發出的自由呼聲，是有痛切的血肉體會的。

三

一九七二年夏天，我的思想出現了一大轉折。我在千辛萬難中獲准到美國探親，那個時期保釣運動正在各大校園熱烈地展開，留學生的愛國熱忱感染着我。有一次我在加州大學聖地亞哥校園内，觀看留學生放映的紀録片，我頭一回看到日軍在南京實施大屠殺的實況録影，戰亂的景象與我兒時的記憶相連，也唤醒我腦海中的中國近代史上一頁頁的史實，鴉片戰爭之後，不只一個國家侵略我們、欺凌我們，這一道道歷史傷痕，將我對自由民主的理念和民族意識作了實質的聯繫。這時我讀莊子思鄉情懷的聲音：「舊國舊都，望之暢然」，「越之流人……去國……去人滋久，思人滋深乎？」在我心中就泛起了一層新的時代意義。

同年秋天，我回台灣大學任教，留學生所興起的反帝民族主義思潮似乎也隨着我的返回校園而在師生的言談間漸漸口耳相傳開來，由是引發了台大校園内首次的統獨論戰。在一場年底舉辦的「民族主義座談會」上，我和王曉波的言論引起了台灣當局的高度敏感，台灣當局爲了進一步壓制校園内的保衛釣魚島運動，遂指使特務機關利用寒假時機逮捕了參與反帝愛國運動的保釣人士。這個事件成爲一九七三年「台大哲學系事件」的導火線，在此事件中共有十三位年輕的教師被先後解聘。之後我被「安全」單位設定爲殷海光老師過世後的首要目標，因而不被容許在台灣任何大學上課或演講。這時只好記取着莊子的告示：「不當時命而大窮乎天下，則深根寧極而待。」那幾年裡，我在家中讀書思索，寫出了一本小書古代的呼聲，藉古人抒發當時的心境。

世事峰迴路轉，一九七九年我全家獲准赴美（自此之後有十四年長的時間被台灣當局禁止回鄉探訪親友），一九八四年獲得機會前往北京大學任教，一直到一九九七年，台灣大學校長及全體校務代表舉行多次會議後決定給我平反復職。從一九八四年之後這一段時間，我重回學術園地，陸續出版了尼采新論、老莊新論、易傳與道家思想、道家易學建構等書。目前另有兩本新作道家的人文精神和道家哲學主幹説 正待完成，這些著作主要還是在中國哲學範圍内所進行思考的課題。例如，兩千年來的經學傳統都認爲周易是儒家的典籍，事實上，易經的卦爻辭早在老子和孔子還没有出生的數百年前就已出現，是先秦諸子的公共文化遺産。老、孔逝世之後一兩百年所陸續形成的易傳，乃是在諸子思潮激盪下産生的。易傳的自然觀、宇宙論及辨證法思想，皆屬於道家學脈關係中的一環；易傳的哲學化，基本上是承續着老莊思想發展出來的。從專業哲學來看，文化的孔子和哲學的老子，決定了千百年來儒道發展的重要起點，原始儒家所關心的焦點，大都屬於文化議題；原始道家所探討的内容，則大多屬於哲學問題。綜觀中國哲學史，歷代重要的哲學議題、思想方法、理論建構及其範疇與命題，大多爲道家所創發。我所提出的這些論點，在兩岸的學界都引起了不少的爭議。

從一九八九年到二〇〇一年這段時間，我的寫作主要是探討戰國易學的道家化以及道家在哲學史上的主體地位等問題。二〇〇一年「九一一」事件之後，使我逐漸産生了一些新的思維角度，我由以往文化儒家和哲學道家如何互補的問題，擴大到東西方文化如何對話的問題。

四

「九一一」事件之後，美國倒果爲因地發動了一場新的十字軍東征。其後果已經波及全球性的經濟衰退、生態破壞等多重危機。我們再上溯到上一世紀的歷史，兩次世界大戰都發生在西方。這情景讓我們意識到，除了政治軍事等因素之外，西方世界是不是在更深層的文化根源上出了問題。

其實，早在十八世紀後半期，尼采就已經敏鋭地看出了西方文化的危機。他所提出的「價值重估」的學説，已經藴含着對於西方中心主義的檢討；他指出怨恨、復仇是基督教道德觀形成的心理根源，而我們在現代霸權的軍事行動背後，也不難看出其中所藴含着的怨恨與復仇心理。

尼采之後，羅素也站在不同的角度來反省西方文化的危機問題。羅素認爲美國的文化基本上和歐洲是同源的，而歐美文化的形成有三個主要的因素：第一是希臘哲學，第二是猶太教的宗教觀和倫理思想，第三是科學思想和工業主義。其中，羅素對西方宗教和倫理觀的狂熱性有尖鋭的批評。羅素和尼采是如此的不同，但卻共同地抨擊宗教中的原罪觀念。羅素在變動世界的新希望中指出人類有三大衝突：人跟自然的衝突、人跟人的衝突、人跟内心的衝突。羅素在西方文化中透視了人類在不停的衝突中製造矛盾，因而興起了對於和諧的想望。金岳霖先生也指出，西方文化中的人類中心主義，對於自然採取一種征服、榨取的態度，他預測，這衝突勢必引發自然界「洪水濤天、排山倒海」的反撲。金先生還指出，西方文化中，理想的人格型態是英雄主義。而我們從總是要壓倒别人的英雄主義的行徑中，也不難看到現代霸權動輒採取軍事行動的身影。

今天，在全球化的趨勢下，如何用對話來代替對抗，來消弭地區間的衝突，是我們應該關注的重要課題。

在中西文化中，最能够在異質文化間進行對話的，莫過於莊子。無論蘇格拉底的對話，或論孟中的對話，都比較屬於同質性的對話，而唯有在莊子書中，可以看到它不停地運用異質性的對話來表達人間哲理。

在中國異質文化交流的歷史上，莊子的思想曾經起過良好的作用。佛學思想進入中土，道家有接引之功，莊、禪的會合更在隋唐産生了輝煌的文化成果；北宋儒學明確排斥佛老，卻暗中援引莊子，無論在理論的建構和精神境界的提昇上，都産生了巨大的作用。今天，我們遇到了比佛、儒更具有强烈異質色彩的西方文化，中西對話的工作，需要儒釋道共同來承擔。而在共同承擔之中，莊子思想最具關鍵性，因爲他那開闊的心胸和審美的心境是我們的這個世界所最欠缺的，他所具有的宇宙視野最能和全球化視域相對應，而他所倡導的自由精神和齊物思想則最具現代性的意義。

中西文化如何進行對話，這需要另寫專文來闡釋，在這裡，藉由爲莊子今注今譯修訂重排版寫序的機會，抒發我此刻對於開啟東西文化對話的企盼之情。

陳鼓應

於台灣大學高等人文社會研究院研究室

二〇〇八年十二月十日

修訂版序

我接觸莊子，是經由尼采和存在主義的引導。一直到現在，尼采的代表作查拉圖斯特拉如是說和莊子仍是我最爲激賞的兩部著作。他們兩者間的異和同，都深深地吸引着我，尼采的「沖創意志」和莊子寧靜致遠的意境，對立而又並存地蓄藏在我心底。青年時代，我在寫完悲劇哲學家尼采、莊子哲學（香港版改爲莊子淺說）、耶穌新畫像三本小書之後，大約從一九六七年開始，便將全部心力投入到老莊的譯注中，終於在一九七四年前後，完成了撰寫工作。比較而言，老子的哲學思想較容易概念化，而莊子的哲學就較難將它系統性地概括把握，在莊子的詮釋上我花費了比探討老子更多的時間和精力。

從一九六六年開始，我的生命之旅就步入了一段坎坷之途，其間尤以一九七三年台大哲學系事件我之遭受波折爲甚。由於多年鑽研莊子，他的哲學思想不僅是我學術研究的重要對象，也逐漸内化，成爲我内心世界的重要部分。每當人生跌入困頓之谷，莊子的理念總是成爲我最大的精神支柱，支撑我繼續前行。

二十多年來，隨着年齡的增長，越發感到莊子的哲學和智慧的可貴，進入莊子的世界，讚歎於他的思想視野的開闊、精神空間的寬廣；也許是由於個人人生經歷的緣故，我對於莊子文中表現出的知識分子的悲劇使命感和悲劇命運產生了巨大的共鳴；尤其是他的由「遊心」心境所達致的美感經驗和藝術情懷，令我心嚮往之，卻力有不逮。

中國哲學的主體部分爲宇宙論和人生哲學，其建構者主要是道家，道家的宇宙論在漢代淮南子中得到了更爲完善的發展，而其本體論到魏晉有了突破性的建樹。在人生哲學方面，莊子的成就是空前的，在後代也是無人可及的。

「内聖外王」的理想是莊子首先提出的，而莊子的「内聖」之學，無論其心學、氣論以及天人之學，都對後代哲學產生了無可比擬的影響，可以説莊子的「内聖」之學決定了中國哲學史的主要内涵和方向。個人深以爲，莊子思想的原創性和内涵的豐富性，在中國哲學史上的重要地位是無人能及的。

本書自一九七四年出版後，二十多年來不斷地發現今譯部分中的欠妥之處，但一直無暇修改。最近因病住院，在醫院中根據王師叔岷先生的莊子校詮等著作，對這本書進行了修訂，感謝臺灣商務印書館爲本書重排再版，令我可以稍解多年來對讀者的負疚，也了卻我的一件心事。

陳鼓應

一九九五年十二月修訂於北京大學哲學系

一九九九年八月校稿於台灣大學哲學系

前　言

一、本書所用莊子原文，爲根據王孝魚點校的郭慶藩莊子集釋本。郭慶藩集釋收録了郭象注、成玄英疏和陸德明音義三書的全文，摘引了清代王念孫、俞樾等人的訓詁考證，並附有郭嵩燾和他自己的意見。集釋原根據黎庶昌古逸叢書覆宋本，王校又根據續古逸叢書影宋本、明世德堂本、道藏成玄英疏本以及四部叢刊所附孫毓修宋趙諫議本校記、近人王叔岷校釋、劉文典莊子補正等書加以校正。本書凡有增補或删改原文時，均於「注釋」中説明。

二、本書的「今譯」依據「注釋」，並參考目前已譯成之中英文譯本，爲使譯文暢曉與切近原意，别人譯得好的語句我儘量採用。有許多地方與别人的譯法不同，乃是出於我個人對莊文之解釋觀點所致。

三、本書「注釋」部分花費的時間最多，經常爲了一個詞字或一句話，查遍了古注而找不到恰當的解釋。注解之外，還要顧到考證校勘，例如大宗師篇「其心忘」，今本誤作「其心志」；「不以心損道」，「損」字今本缺壞爲「捐」字，古人依誤字作注，因而常附會其辭。「注釋」部分，我前後易稿多次，起初用白話文解釋，然而發覺今注容易把前人的見解混成了自己的意見。爲了表明今注有所根據，於是在後面又附上前人的注解。這樣除了達到解釋原著難句的目的之外，還可把歷代各家注莊的成績列示出來。但有時要確定一個注解究竟出自於何人之手，還須做一番查證的工作，因爲前人注書常互相因襲，把自己的意見和別人的意見混在一起而不加説明。例如清代陳壽昌南華真經正義，時而也有自己獨得的見解，但抄録宣穎南華經解之處頗多。宣穎的注解簡潔精到，很受近代人推崇，宣解中偶爾也可發現和林雲銘莊子因注語相同處，進一步核對，可發現林宣之注受宋代林希逸口義影響很大，有時注文也直接引自口義。這樣，要選注和標明出處，注釋一段原文往往要花上許多時間，全書就這樣牛步地工作了好幾年才脱稿。

四、莊書極爲龐雜，而雜篇中尤爲雜亂。爲了明晰起見，將全書標上數字號碼以分章次段落。

五、本書注譯時，除參考古今校注外，還參考英、日文和大陸學者有關莊子的專述。本書的參考，只限於考據字義的解釋，這是據於學術上的需要，不涉及政治思想問題。

六、本書撰寫期間，值嚴靈峰先生先後印出莊子集成初編與莊子集成續編（藝文印書館發行），使本書在注釋工作上得到許多的方便。書稿出版之前，復蒙嚴先生閲正，甚爲感謝。羅其雲同學幫忙校對，一併致謝。

陳鼓應　一九七四年於台灣省台北市景美寓所

目録

雜篇

内篇

逍遥遊

逍遥遊篇，主旨是説一個人當透破功名利禄、權勢尊位的束縛，而使精神活動臻於優遊自在、無掛無礙的境地。

本篇可分三章，首章起筆描繪一個廣大無窮的世界；次寫「小知不及大知」，點出「小大之辯」；接着寫無功、無名及破除自我中心，而與天地精神往來。第二章借「讓天下」寫去名去功，借「肩吾問連叔」一段寫至人無己的精神境界。篇末借惠施與莊子的對話，説到用大與「無用之用」的意義。

許多膾炙人口的成語出自本篇，如：鯤鵬展翅、鵬程萬里、凌雲之志、扶摇直上、一飛沖天、越俎代庖、河漢斯言、吸風飲露、塵垢粃糠、大而無當、偃鼠飲河、不近人情、大相逕庭、心智聾盲等。

一

北冥〔一〕有魚，其名爲鯤。鯤之大，不知其幾千里也〔二〕。化而爲鳥，其名爲鵬〔三〕。鵬之背，不知其幾千里也；怒而飛〔四〕，其翼若垂天之雲〔五〕。是鳥也，海運〔六〕則將徙於南冥。南冥者，天池〔七〕也。

注釋

〔一〕北冥：「冥」，通溟，訓海。近人劉文典莊子補正、王師叔岷校釋舉例多本古書注引「冥」作「溟」。下文「南冥」之「冥」同。

方師東美說：「莊子之形上學，將『道』投射到無窮之時空範疇，俾其作用發揮淋漓盡致，成爲精神生命之極詣。這是蘊藏在莊子逍遥遊一篇寓言之中之形上學意涵，通篇以詩兼隱喻的比興語言表達之。宛若一隻大鵬神鳥，莊子之精神……『逍遥遊乎無限之中，遍歷層層生命境界』之旨，乃是莊子主張於現實生活中求精神上徹底大解脱之人生哲學全部精義之所在也。此種道家心靈，曾經激發中國詩藝創造中無數第一流優美作品，而爲其創作靈感之源泉。」（原始儒家道家哲學第五章莊子部分）

〔二〕鯤之大，不知其幾千里也：總點出「大」。「大」字是一篇之綱（林雲銘莊子因）。

王博說：「在這個寓言中，有兩個字眼是值得特別留意的。一個是『大』，一個是『化』。」（莊子哲學）

〔三〕化而爲鳥：「化」字，詩經、易經及論語均未見，老子三見（「自化」連言），莊子全書則多達七十餘見，如「造化」、「物化」、「變化」等有關宇宙大化的概念，卻出自莊書。此外，「萬物化生」、「與時俱化」等重要哲學命題，亦出自莊子，而直接爲易傳所繼承。

〔四〕怒而飛：「怒」，同努，振奮的意思。這裏形容鼓動翅膀。

王博說：「『飛』，以及飛所代表的上升，正是逍遥遊的主題。這種飛可以讓我們暫時離開並且俯瞰這個世界，從而獲得與在這個世界之中不同的另外一個角度。」

〔五〕垂天之雲：「垂」，猶邊（釋文引崔譔注）。

近人蔣錫昌說：「按說文：『垂，遠邊也。』俗書邊垂字作『陲』。廣韻：『陲，邊也。』此言其翼之大，有如邊天之雲也。」（莊子哲學逍遥遊校釋）

〔六〕海運：謂海風動（陳啟天莊子淺說）。

宋林希逸說：「『海運』者，海動也。今海瀕之俚歌，猶有『六月海動』之語。海動必有大風，其水湧沸，自海底而起，聲聞數里。」（南華真經口義）

清王闓運說：「海運，今颶風也。」（莊子内篇注，在王湘綺全集内）

〔七〕天池：天然大池。

今譯

北海有一條魚，它的名字叫做鯤。鯤的巨大，不知道有幾千里。化成爲鳥，它的名字叫做鵬。鵬的背，不知道有幾千里；奮起而飛，它的翅膀就像天邊的雲。這隻鳥，海動風起時就遷往南海。那南海，就是天然大池。

齊諧〔一〕者，志怪者也。諧之言曰：「鵬之徙於南冥也，水擊〔二〕三千里，摶〔三〕扶搖〔四〕而上者九萬里。去以六月息者也〔五〕。」野馬也，塵埃也，生物之以息相吹也〔六〕。天之蒼蒼，其正色邪？其遠而無所至極邪？其視下也，亦若是則已矣〔七〕。

注釋

〔一〕齊諧：一說爲人名（如司馬彪、崔譔、俞樾等）；一說是書名（如梁簡文帝，見釋文引）。當從後一說。下句「志怪者也」，「志」即誌，乃說它是記載怪異的書。

近人林紓說：「既名爲諧，爲誌，則言書爲當。」（莊子淺說）

近人朱桂曜說：「諧即讔也，亦作隱，文心雕龍有諧隱篇，以爲文辭之有諧讔，譬九流之有小說；漢書藝文志雜賦末，列隱書十八篇，蓋以其辭詼誕，於賦爲近。『齊諧』者，蓋即齊國諧隱之書。」（莊子內篇證補）

〔二〕水擊：通水激。

馬叙倫說：「『擊』借爲『激』，音同見紐，漢書賈誼傳『遥增擊』，文選鵩鳥賦『擊』作『激』，是其例證。」

朱桂曜說：「擊蓋通激。淮南子齊俗訓『水擊則波興』，群書治要作『水激』。水擊三千里，猶言水激起三千里也。」

王叔岷先生說：「一切經音義七八，御覽九二七，引『擊』並作『激』。李白大鵬賦：『激三千以崛

起。』即用此文，亦作『激』。」（莊子校釋）

〔三〕摶（bó帛）：借拍。郭象本及通行本作「搏」。當依世德堂本作「摶」。後文「摶扶搖」同。

近人章炳麟說：「字當從『摶』，崔說得之。考工記注：『摶之言拍也。』作『搏』者形誤，風不可摶。」」（莊子解故）

蔣錫昌說：「章說是。四部叢刊影世德堂本及御覽天部九風均作『摶』，可證。陸引崔云：『拊翼徘徊而上也。』蓋崔本亦作『摶』，故以『拊』釋之。」

王叔岷先生說：「釋文：『摶，一音博。』則字當作『摶』。趙諫議本、世德堂本並作『摶』。」按：當依章、王等說改「搏」爲「摶」。

〔四〕扶搖：海中颶風，爲莊子所創名詞（張默生莊子新釋）。

陸德明說：「司馬云：『上行風謂之扶搖。』爾雅：『扶搖謂之飆。』郭璞云：『暴風從下上也。』」

〔五〕去以六月息者也：乘着六月風而去。「去」，指飛去南海。「六月息」，即六月風。「息」，謂風。六月間的風最大，鵬便乘大風而南飛。

按：「息」有兩種講法：（一）作休息、止息講；如郭象注：「夫大鳥一去半歲，至天池而息。」成玄英疏：「時隔半年，方言息止。」（二）作風講，如釋德清說：「周六月，即夏之四月，謂盛陽開發，風始大而有力，乃能鼓其翼。『息』，即風。」宣穎說：「息是氣息，大塊噫氣也，即風也。六月氣盛多風，大鵬便於鼓翼，此正明上六月海運則徙之說也。」（南華經解）又如郭嵩燾說：「去以六月息，猶言乘長風也。」（郭慶藩莊子集釋引）按俗多從郭注，不妥，當依釋德清及宣穎等說。下文「生物之以息相吹也」的「息」，正指「風」。

〔六〕野馬也，塵埃也，生物之以息相吹也：「野馬」，謂空中遊氣。「塵埃」，謂空中遊塵。「生物」，謂空中活動之物。此句，猶謂空中之遊氣、遊塵以及活動之物，皆由風相吹而動（陳啟天莊子淺說）。

〔七〕則已矣：作「而已矣」。「則」，猶「而」（見王引之經傳釋詞）。陳碧虛（景元）莊子闕誤引文如海本「則已矣」作「而已矣」。

今譯

齊諧這本書，是記載怪異之事的。諧書上說：「當鵬遷往南海的時候，水花激起達三千里，翼拍旋風而直上九萬里高空。它是乘着六月大風而飛去的。」野馬般的遊氣，飛揚的遊塵，以及活動的生物被風相吹而飄動。天色蒼蒼茫茫，那是它的本色嗎？它的高遠是沒有窮極的嗎？大鵬往下看，也就是這樣的光景。

且夫水之積也不厚，則其負大舟也無力〔一〕。覆杯水於坳堂之上〔二〕，則芥〔三〕爲之舟；置杯焉則膠〔四〕，水淺而舟大也。風之積也不厚，則其負大翼也無力。故九萬里，則風斯在下矣，而後乃今培風〔五〕；背負青天而莫之夭閼〔六〕者，而後乃今將圖南。

注釋

〔一〕且夫水之積也不厚，則其負大舟也無力：這一段在說「積厚」的意義。

釋德清說：「此一節總結上鵾鵬變化圖南之意，以暗喻大聖必深畜厚養而可致用也。意謂北海之水不厚，則不能養大鵾，及鵾化爲鵬，雖欲遠舉，非大風培負鼓送，必不能遠至南冥，以喻非大道之淵深廣大，不能涵養大聖之胚胎。縱養成大體，若不變化，亦不能致大用；縱有大聖之作用，若不乘世道交興之大運，亦不能應運出興，以成廣大光明之事業。是必深畜厚養，待時而動，方盡大聖之體用。故就在水上風上以形容其厚積。然水積本意説在鵾上，今不説養魚，則變其文曰負舟，乃是文之變化處。」

〔二〕坳（ào 傲）堂之上：堂上凹處。

〔三〕芥：小草。

〔四〕膠：黏着。

〔五〕而後乃今培風：「而後乃今」，即「乃今而後」之倒文（姚永樸説）。「培風」，馮風，乘風。釋文訓「培」爲「重」，誤。

清王念孫說：「『培』之言『馮』也。『馮』，乘也（見周官馮相氏注）。『馮』與『培』聲近，故義亦相通。」（讀書雜志餘編上）

近人劉文典說：「王説是也。『培』、『馮』一聲之轉，訓『培』爲『乘』，亦正合大鵬御風而飛之狀。」（莊子補正，下引同）

清末胡林翼說：「辦大事，以集才集氣集勢爲要。莊子所謂『而後乃今培風也』。」（馬其昶莊子故引）

〔六〕莫之夭閼（è遏）：無所窒礙（浦起龍莊子鈔）。

陸德明說：「『夭』，司馬云：『折也』。『閼』，李云：『塞也』。」

朱桂曜說：「『閼』讀若『遏』。呂氏春秋古樂篇：『民氣鬱閼而滯著。』注：『讀遏止之遏。』『夭閼』即『夭遏』也。」

今譯

水的聚積不深厚，那麽就没有足够的力量負載大船。倒一杯水在堂前窪地，那麽放一根小草可當作船；放上一個杯子就膠着住了，這是水淺而船大的緣故。風的强度如果不大，那麽就没有力量承負巨大的翅膀。所以鵬飛九萬里，那厚積的風就在它的下面，然後才乘着風力，背負青天而没有阻礙，然後準備飛往南海。

蜩與學鳩笑之〔一〕曰：「我決起而飛〔二〕，搶榆枋〔三〕，時則〔四〕不至而控〔五〕於地而已矣，奚以之九萬里而南爲〔六〕？」適莽蒼〔七〕者，三飡而反〔八〕，腹猶果然〔九〕；適百里者，宿春糧〔一〇〕；適千里者，三月聚糧。之二蟲又何知〔一一〕！

注釋

〔一〕蜩（tiáo調）與學鳩笑之：「蜩」，蟬。「學鳩」，小鳩（司馬彪注）。「學」，別本又作「鷽」，音同（釋文）。

清王夫之說：「蜩與鷽鳩之笑，知之不及也。」（莊子解）

清劉鳳苞說：「二蟲伎倆，本來有限，不說他不能到九萬里，轉笑大鵬何必定到九萬里。所謂下士笑如蒼蠅也。」（南華雪心編）

王叔岷先生說：「案此以小笑大也。」（莊子校詮）

王仲鏞說：「逍遥遊，是指的明道者——從必然王國進入自由王國以後所具有的最高精神境界。大鵬就是這種人的形象。蜩與學鳩、斥鴳，指世俗的人。在莊子看來，一般世俗的人，由於視野狹窄，知識有限，是不可能瞭解明道者的精神境界的。」（莊子逍遥遊新探，見中國哲學第四輯，下引同）

日本福永光司說：「蜩與學鳩，總是嘲笑一切偉大者，它們到底只是些『侏儒之群』而已。」（莊子第五章自由的人，陳冠學中譯）

〔二〕決起而飛：奮起而飛（林希逸說）；盡力而飛（釋德清注）。「決起」，不遺餘力，即上文怒而飛（林雲銘說）。

〔三〕搶榆枋：「搶」，撞，碰到。世德堂本作「槍」，「搶」字依釋文原本改（王孝魚校）。「榆枋」，兩種小樹名。「枋」，當讀爲「枌」（王闓運說）。陳碧虛莊子闕誤引文如海本及江南古藏本「枋」下有「而止」二字。

〔四〕則：訓「或」（俞樾說）。

〔五〕控：投。

〔六〕奚以之九萬里而南爲：「以」，用。「爲」，語助（王引之經傳釋詞）。按：這句話總結蜩與學鳩的譏笑大鵬，這以小笑大，實出於二蟲的淺見無知，後文「之二蟲又何知！」並申述「小知不及大知」。

〔七〕莽蒼：指一片蒼色草莽的郊野。

〔八〕三飡(cān)而反：「飡」，同餐。「反」，同返。往返近郊，只須預備一日三餐之糧（陳啟天說）。

〔九〕果然：飽然。

〔一〇〕宿舂糧：舂擣糧食，爲一宿之借（成疏）；此言往百里者，舂一宿之糧。「舂」字倒裝在下（蔣錫昌說）。

〔一一〕之二蟲又何知：「之」，此。「二蟲」，指蜩與學鳩。鳥類稱爲羽蟲，所以鳩也可以稱爲蟲。

明陳深說：「自『二蟲何知』上生下『小知』『大知』；又自『小知』『大知』上生下『小年』『大年』。二句意亦相承，教人把胸襟識見，擴充一步，不得以所知所歷者而自足也。」（莊子品節）

釋德清說：「莊子因言世人小見，不知聖人者，以其志不遠大，故所畜不深厚，各隨其量而已。故如往一望之地，則不必畜糧，此喻小人以目前而自足也。適百里者，其志少遠。若往千里，則三月聚糧，其志漸遠，所養漸厚。比二蟲者，生長榆枋，本無所知，亦無遠舉之志，宜乎其笑大鵬之飛也。舉世小知之人蓋若此。」

劉鳳苞說：「適近者不能知遠；彼二蟲豈足以知大鵬？便是小知不及大知榜樣。」

清俞樾說：「郭象注曰：『二蟲謂鵬蜩也。』此恐失之。二蟲當爲蜩與鷽鳩。下文曰：『奚以知其然也？朝菌不知晦朔，蟪蛄不知春秋。』是所謂不知者，謂小不足以知大也。然則此云：『之二蟲又何知！』其謂蜩、鳩二蟲明矣。」（莊子平議）

今譯

蜩和小鳩譏笑大鵬說：「我盡全力而飛，碰到榆樹和檀樹就停下來，有時飛不上去而投落地面就是了，何必要飛九萬里而往南海去呢？」到郊野去的，只帶三餐糧食而當天回來，肚子還飽飽的；到百里路遠地方去的，要準備一宿的糧食；到千里路遠地方去的，就要預備三個月的糧食。這兩隻蟲鳥又哪裏知道呢？

小知不及大知，小年不及大年。奚以知其然也？朝菌不知晦朔〔一〕，蟪蛄不知春秋〔二〕，此小年也。楚之南有冥靈〔三〕者，以五百歲爲春，五百歲爲秋；上古有大椿者，以八千歲爲春，八千歲爲秋，此大年也〔四〕。而彭祖〔五〕乃今以久特聞，衆人匹之，不亦悲乎！

注釋

〔一〕朝菌不知晦朔：「朝菌」，淮南子道應訓引作「朝秀」，或說莊子舊本作「朝秀」（詳見王念孫讀書雜志餘編王引之之說及郭慶藩莊子集釋、馬叙倫莊子義證、王叔岷校釋等說）。高誘注：「朝秀，朝生暮死之蟲。」「晦朔」，月的終始，指一個月的時光。另一說：「朔」，旦（釋文）。「晦」，夜（王先謙注）。指一日的時光。今譯從前說。

〔二〕蟪蛄不知春秋：「蟪蛄」，寒蟬，春生夏死，夏生秋死（司馬彪注）。蟪蛄當是蟬之別名（王懋竑莊子存校）。

〔三〕冥靈：溟海靈龜。

宋末羅勉道說：「麟、鳳、龜、龍謂之四靈。『冥靈』者，冥海之靈龜也。」（南華真經循本）按：羅說是，李頤注「木名」，非。

〔四〕此大年也：這四字通行本脱落。陳碧虛闕誤引成玄英本有「此大年也」四字，與上文「此小年也」正相對文，當據補上。

劉文典說：「『此大年也』四字舊敓。……案此四字，所以結『楚之南有冥靈者』之義，正與上文『此小年也』相對。疏：『故謂之大年也。』是成所見本，塙有『此大年也』四字，今據補。」

案劉說可從。王叔岷亦說：「今本捝此四字，則文意不完。」

〔五〕彭祖：傳説上有名的長壽人物。各家記聞不一，或説年七百歲，或説八百歲。

今譯

小智不能比匹大智，壽命短的不能比匹壽命長的。怎麼知道是這樣呢？朝生暮死的蟲子不知道一個月的時光，春生夏死、夏生秋死的寒蟬，不知道一年的時光，這就是「小年」。楚國南邊有一隻靈龜，以五百年爲一個春季，五百年爲一個秋季；上古時代有一棵大椿樹，更以八千年爲一個春季，八千年爲一個秋季，這就是「大年」。彭祖到現在還以長壽而傳聞於世，衆人都想比附他，豈不是可悲歎嗎？

湯之問棘〔一〕也是已：

湯問棘曰：「上下四方有極乎？」

棘曰：「無極之外，復無極也〔二〕。」窮髮〔三〕之北有冥海者，天池也。有魚焉，其廣數千里，未有知其修〔四〕者，其名爲鯤。有鳥焉，其名爲鵬，背若太山〔五〕，翼若垂天之雲，摶扶摇羊角〔六〕而上者九萬里，絶雲氣，負青天，然後圖南，〔且適南冥也〕〔七〕。斥鴳〔八〕笑之曰：『彼且奚適也？我騰躍而上，不過數仞〔九〕而下，翱翔蓬蒿之間，此亦飛之至也。而彼且奚適也？』」此小大之辯也〔一〇〕。

注釋

〔一〕湯之問棘（jí極）：棘，湯時賢人。湯之問棘的故事，見於列子湯問篇，作夏革。「革」「棘」古同聲通用（郭慶藩說）。

清馬其昶說：「案『湯問棘』，詳列子湯問篇。凡冥靈、大椿及鯤鵬云云，乃是總括其說，略同於諧而再見者，以湯棘皆古賢聖，言足取信。寓言篇所謂重言者，此其例也。述諧意在積厚，述湯問意在小大之辯。」（莊子故）

近人聞一多說：「此句與下文語意不屬，當脱湯問棘事一段。唐僧神清北山録曰：『湯問革曰：「上下四方有極乎？」革曰：「無極之外，復無極也。」』僧慧寶注曰：『語在莊子，與列子小異。』案革、棘古字通，列子湯問篇正作『革』。神清所引，其即此處佚文無疑。惜句多省略，無從補入。」（莊子

内篇校釋，在古典新義内）

〔二〕湯問棘曰：「上下四方有極乎？」棘曰：「無極之外，復無極也」：這二十一字原缺，依聞一多之説，據唐僧神清北山録引增補。關鋒内篇譯解本即依聞説據神清所引佚文補入。「窮髮之北」以下（至「彼且奚適也」一段）承「復無極也」句，皆爲棘語，關本標點略誤。

〔三〕窮髮：不毛之地。「髮」，指草木。

〔四〕修：長。

〔五〕太山：世德堂本作「泰山」，在山東泰安縣北。

〔六〕扶搖羊角：「羊角」，旋風。

馬叙倫説：「按御覽九引此文，注曰：『扶搖，羊角風也。今旋風上如羖羊角也。』不知何家莊子注語。其義則以『旋風』釋『羊角』，以『羊角』釋『扶搖』。『扶搖』與『羊角』均爲迴旋之風，疑『羊角』是古注文，誤入正文。音義獨引司馬説，疑崔、李諸家無之。」馬説可存。

〔七〕然後圖南，〔且適南冥也〕：按「且適南冥也」五字，當係後人據成疏「圖度南海」（注「圖南」）誤入正文，當删。其證有四：前兩言「徙於南冥」，而不復言「圖南」，因「圖南」即徙南冥，其證一。前文言「而後乃今圖南」，而不復言「徙於南冥」，其證二。「圖南」與「適南冥」義複。「圖南」，成疏「圖度南海」，何須復言適南海？其證三。從文勢看，「彼且奚適也」正承「圖南」而來，與「且適南冥」復沓，其證四。

〔八〕斥鴳（yàn 燕）：指池澤中小麻雀。「斥」，池（廣雅釋地）；小澤（司馬注）。「鴳」，字亦作鷃（釋文），即雀。

〔九〕仞（rèn 刄）：周人以七尺爲一仞。

〔一〇〕此小大之辯也：本書多借「辯」爲「辨」（奚侗莊子補注）。後文「辯乎榮辱之境」的「辯」，亦借爲「辨」。

朱桂曜說：「徐幹中論云：『辯者別也。』大與小有別，蜩鳩之不知大鵬，正如秋水篇『埳井之鼃』不知『東海之鼈』，皆以喻『小知不及大知』。……宋玉答楚襄王問亦以鯤鵬不知鷃鳳，喻世俗之民不知臣之所爲。……而郭象以爲無小無大，各安其天性，正與莊意相反。主旨既繆，徒逞遊說，使莊子之書愈解而愈晦者，郭象清談之過也。」

王仲鏞說：「大鵬的形象高大雄偉，翱翔天海；蜩與學鳩、斥鴳的形象微末委瑣，上下蓬蒿，這本是以鮮明的『小大之辯』（同辨，區別）來說明『小知（智）不及大知（智）』。可是，向秀、郭象卻從這裏歪曲了莊子的原意，附會『齊大小』、『均異趣』的道理。」

王博說：「在鯤鵬的寓言中，關鍵的問題不在知識，而是眼界，或者人們習慣說的境界。」

今　譯

湯問棘也有這樣的話：

湯問棘說：「上下四方有極限嗎？」

棘說：「無極之外，又是無極！不毛之地的北方，有一個廣漠無涯的大海，就是天然的大池。那裏有一條魚，它的寬度有幾千里，沒有人知道它有多長，它的名字叫做鯤。有隻鳥，它的名字叫做鵬，鵬的背像泰山，翅膀像天邊的雲，乘着旋風而直上九萬里的高空，超絕雲氣，背負青天，然後向南飛翔。小澤裏的麻雀譏笑它說：『它要到哪裏去呢？ 我騰躍而上，不過幾丈就落下來，在蓬蒿叢中飛來飛去，這也是盡了飛躍的能事。 而它究竟要飛到哪裏去呢？』」這就是小和大的分别。

故夫知效一官，行比〔一〕一鄉，德合一君而徵一國〔二〕者，其自視也亦若此矣〔三〕。而宋榮子〔四〕猶然〔五〕笑之。且舉世而譽之而不加勸，舉世而非之而不加沮，定乎內外之分，辯乎榮辱之境，斯已矣。彼其於世未數數然〔六〕也。雖然，猶有未樹也。夫列子御風而行〔七〕，泠然〔八〕善也，旬有五日而後反〔九〕。彼於致福者，未數數然也。此雖免乎行，猶有所待〔一〇〕者也。

若夫乘天地之正〔一一〕，而御六氣之辯〔一二〕，以遊無窮者，彼且惡乎待哉〔一三〕！

故曰，至人無己〔一四〕，神人無功，聖人無名。

注釋

〔一〕比：猶庇（馬其昶莊子故引吳汝綸之說）。案「比」借爲庇，說文：「庇，蔭也。」（王叔岷莊子校詮）

〔二〕德合一君而徵一國：「而」字郭慶藩認爲當讀爲「能」（詳見莊子集釋）。「而」、「能」古字固通用，然此處「而」字不必作「能」字解，仍當依成疏讀「而」爲轉語。

〔三〕其自視也亦若此矣：「其」指上述三等人，「此」指上文蜩鳩、斥鴳囿於一隅而沾沾自喜。

郭象說：「亦猶鳥之自得於一方。」

清周拱辰說：「不獨鳥有斥鴳也；儒之斥鴳多矣！ 各懷其是而沾沾自喜。」（南華真經影史）

福永光司說：「這些人就是那搶上榆枋又投回地面的學鳩，就是那在習慣與惰性之中頻頻鼓着翅膀的蜩。他們安住在常識層面的價值與規範之世界，將這一角世界當作世界之全，而埋沒其中。他們畢竟與自己原係何種存在，人之『應然』爲何，人之根源真實的生涯是何物這等問題全不相及。」

〔四〕宋榮子：爲稷下早期人物，生當齊威、宣時代，大約是紀元前四〇〇至前三二〇年間人（汪奠基中國邏輯思想史料分析宋鈃的名辯思想五〇頁）。本書天下篇、荀子非十二子篇作宋鈃（jiān 堅），孟子告子篇作宋牼（jīng 經）。韓非子顯學篇作宋榮。宋鈃、宋牼、宋榮是一個人（見唐鉞尹文和尹文子，收在古史辨第六册），「牼」與「鈃」聲固相近，「榮」與「鈃」聲亦相近（俞樾春在堂全書俞樓雜纂莊子人名考）。根據天下篇，宋牼學派的思想要點是：倡導上下均平；去除人心的固蔽；「見侮不辱，救民之鬥」；「情欲寡淺」；「禁攻寢兵」。他是位傑出的反戰思想家。

〔五〕猶然：喜笑的樣子。「猶」，即「繇」，古今字（郭璞注禮記樂記）。爾雅釋詁：「繇，喜也。」（見馬叙倫、蔣錫昌引）

〔六〕數數然：汲汲然，急促的樣子。

〔七〕列子御風而行：故事見於列子黃帝篇。列子，即列禦寇，爲春秋時代鄭國思想家。先秦典籍，如莊子、尸子、韓非子、吕氏春秋、戰國策並稱其言舉其事。吕氏春秋不二篇說：「子列子貴虛。」漢書藝文志道家有列子八篇。今所存本乃劉向所校「新書」之殘缺、雜亂者，其書非禦寇自著，爲其門人與私淑弟子所記述；非全爲後人所僞託（嚴靈峰列子章句新編自序）。

嚴靈峰先生說：「按：列子黃帝篇云：『列子師老商氏，友伯高子，進二子之道，乘風而歸。』『隨風東西，猶木葉幹殼，竟不知風之乘我邪？我乘風邪？』這顯然地，莊子引列子『乘風』之事以爲說，藉明有待與無所待之理。足證此文亦係列子先於莊子。」（列子新書辨惑——辯列子書不後於莊子書）案：近人多誤現存列子爲晉人僞託，嚴著長文駁斥，論據充足，可澄清梁啟超、馬叙倫、胡適諸臆說。

〔八〕泠然：飄然（林希逸注）；輕妙之貌（郭象注）。

〔九〕反：同返。御覽九引「反」作「返」（見劉文典補正、王叔岷校釋）。

〔一〇〕有所待：有所依待。即有所拘束，致精神不得自主，心靈不得安放。

徐復觀先生說：「人生之所以受壓迫，不自由，乃由於自己不能支配自己，而須受外力的牽連。受外力的牽連，即會受到外力的限制甚至支配。這種牽連，稱之爲『待』。」（中國人性論史三八九頁）

〔一一〕乘天地之正：即是順萬物之性（郭注）；即自然之道（蔣錫昌說）。「正」，指自然之性（王力古代漢語三五四頁）。按：「正」亦猶今所謂規律、法則。「天地之正」，即天地的法則，亦即自然的規律。

徐復觀先生說：「乘天地之正，郭象以爲『即是順萬物之性』……人所以不能順萬物之性，主要是來自物我之對立；在物我對立中，人情總是以自己作衡量萬物的標準，因而發生是非好惡之情，給萬物以有形無形的干擾，自己也會同時感到處處受到外物的牽掛、滯礙。有自我的封界，才會形成我與物的對立；自我的封界取消了（無己），則我與物冥，自然取消了以我爲主的衡量標準，而覺得我以外之物的活動，都是順其性之自然。」（中國人性論史三九四頁）

〔二〕六氣之辯：六氣的變化。

司馬彪說：「六氣，陰陽風雨晦明也。」

郭慶藩說：「辯讀爲變。廣雅：『辯，變也。』『辯』『變』古通用。」

〔三〕惡乎待哉：有什麽依待的呢？

方東美先生說：「一個人要真正獲得精神自由，必須『無待』！那麽怎麽樣可以無待呢？就是從事這個生活的人自己要有一個使命，要在自己的生命宇宙裏面，自做精神主宰。」

〔四〕無己：意指没有偏執的我見；即去除自我中心；亦即揚棄爲功名束縛的小我，而臻至與天地精神往來的境界。

徐復觀先生說：「莊子的『無己』，與愼到的『去己』，是有分别的。總説一句，愼到的『去己』，是一去百去；而莊子的『無己』，讓自己的精神，從形骸中突破出來，而上昇到自己與萬物相通的根源之地。」（中國人性論史三九五頁）

方東美先生說：「莊子同一般世俗的英雄不同，他所謂的『眞人』、『至人』、『神人』，並没有這種精神的優越感，也没有這種『小我』的觀點；也就是説他並没有劃一道鴻溝，把自己和宇宙隔開來，把自己和一般人隔開來。這也就是所謂的『至人無己、神人無功、聖人無名』！」

今譯

有些人才智可以擔任一官的職守，行爲可以順着一鄉的俗情，德性可以投合一君的心意而取得一國的信任，他們自鳴得意也就好像小麻雀一樣。而宋榮子不禁嗤笑他們。宋榮子能够做到整個世界都誇讚他卻不感到奮勉，整個世界都非議他卻不感到沮喪。他能認定内我和外物的分際，辨别光榮和恥辱的界限。就這樣罷了！他對於世俗的聲譽並没有汲汲去追求。雖然這樣，但他還有未曾樹立的。

列子乘風遊行，輕巧極了，過了十五天而後回來。他對於求完善的事，並没有汲汲去追求。這樣雖然可免於步行，但畢竟有所依待。

若能順着自然的規律，而把握六氣的變化，以遊於無窮的境域，他還有什麽依待的呢！所以説：「至人無己」，「神人無功」，「聖人無名」。

二

堯讓天下〔一〕於許由〔二〕，曰：「日月出矣，而爝火〔三〕不息，其於光也，不亦難乎！時雨降矣，而猶浸灌〔四〕，其於澤也，不亦勞乎！夫子立〔五〕，而天下治，而我猶尸〔六〕之，吾自視缺然〔七〕。請致天下。」

許由曰：「子治天下，天下既已治也。而我猶代子，吾將爲名乎？名者實之賓也〔八〕。

吾將爲賓乎？鷦鷯〔九〕巢於深林，不過一枝；偃鼠〔一〇〕飲河，不過滿腹。歸休乎君，予無所用天下爲！庖人雖不治庖，尸祝〔一一〕不越樽俎〔一二〕而代之矣。」

注釋

〔一〕堯讓天下：「堯」，儒家理想的聖王，號陶唐氏（漢書臣瓚注：「堯初居唐後居陶，故曰陶唐。」）。關於堯號陶唐，古來注解紛歧，近人更疑是戰國儒家臆説，可參看楊寬中國上古史導論第九篇（收入古史辨第七册）、童書業帝堯陶唐氏名號溯源（古史辨第七册下編）等文。顧頡剛不僅懷疑堯和唐的關係，且進一步認爲：「堯、舜、禹都是冥漠中獨立的個人，非各裝在一個着實的地方，不足以使得他們的地位鞏固。」（見古史辨第一册）顧氏之言，引發了多人討論。關於堯讓之事，最早見於尚書堯典，然近人多疑堯典爲後儒託造。禪讓之説，早自荀子已大加批評，今人疑風尤盛。

荀子説：「世俗之爲説者曰：『堯舜擅讓。』是不然：天子者，勢位至尊，無敵於天下，夫有誰與讓矣！……夫曰堯舜擅讓，是虚言也，是淺者之傳，陋者之説也。」（正論篇）

韓非子説：「舜逼堯，禹逼舜，湯放桀，武王伐紂，此四王者，人臣弒其君者也，而天下譽之！」（説疑篇）案韓非以爲堯舜只是逼伐，並非禪讓。

顧頡剛説：「詩經中有若干禹，但堯舜不曾一見。尚書中除了後出的堯典、皋陶謨有若干禹，但堯舜也不曾一見。故堯舜的傳説，禹先起，堯舜後起，是無疑義的。」（古史辨第一册一二七頁）

童書業説：「堯舜禪讓説經墨家的鼓吹，漸漸成熟，流入了儒家的學説中，儒家本來是富於整齊增飾故事的本領的，他們既漆出舜禹禪讓的故事來，於是堯、舜、禹成爲禪讓故事中的三尊偶像。」（帝堯陶唐氏名號溯源，古史辨第七册下編二二頁）

〔二〕許由：傳説中人物。隱人，隱於箕山（釋文）。箕山在今河南登封市南。司馬遷曾登箕山，上有許由冢（史記伯夷列傳）。

近人楊寬説：「徐无鬼篇云：『齧缺遇許由，曰：「子將奚之？」曰：「將逃堯。」』外物篇云：『堯以天下讓許由，許由不受。』此許由辭讓天下之説，爲前此載籍所不見。莊子寓言十九，論者以此爲寓言，非事實。」（中國上古史導論第十三篇，見古史辨第七册上編三四五頁）

〔三〕爝（jué 厥）火：小火。

陸德明説：「本亦作『燋』，一云：燋火，謂小火也。」

〔四〕浸（jìn 禁）灌：浸潤漸漬之謂（郭慶藩説）；灌溉的意思。

〔五〕立：即初文「位」字（馬叙倫説）。

〔六〕尸：主。

〔七〕缺然：歉然（陳啓天説）。

〔八〕名者實之賓也：名是實的賓位（張默生新釋）。

〔九〕鷦（jiāo 交）鷯（liáo 僚）：小鳥（李頤注）；俗名「巧婦鳥」（成疏）。

〔一〇〕偃（yǎn 匽）鼠：一名隱鼠，又名鼢鼠，即田野地行鼠。

王叔岷先生説：「初學記二九引『偃』作『鼴』，『鼴』即『偃』之俗。」

〔一二〕尸祝：對神主掌祝的人；即主祭的人。

〔一三〕樽（zūn尊）俎（zǔ阻）：「樽」，酒器。「俎」，肉器。「樽俎」指廚事。

今譯

堯把天下讓給許由，說：「日月都出來了，而燭火還不熄滅，要和日月比光，不是很難嚒！及時雨都降落了，而還在挑水灌溉，對於潤澤禾苗，豈不是徒勞嚒！先生一在位，天下便可安定，而我還占着這個位子，自己覺得很慚愧，請容我把天下讓給你。」

許由說：「你治理天下，天下已經安定了。而我還來代替你，我難道爲着名嗎？名是實的賓位，我難道爲着求賓位嗎？小鳥在深林裏築巢，所需不過一枝；偃鼠到河裏飲水，所需不過滿腹。你請回吧！我要天下做什麼呢？廚子雖不下廚，主祭的人也不越位去代他來烹調。」

肩吾問於連叔〔一〕曰：「吾聞言於接輿〔二〕，大而無當，往而不返。吾驚怖其言，猶河漢而無極也；大有逕庭〔三〕，不近人情〔四〕焉。」

連叔曰：「其言謂何哉？」

「曰：『藐〔五〕姑射之山〔六〕，有神人居焉，肌膚若冰雪，綽約〔七〕若處子〔八〕；不食五穀，吸風飲露；乘雲氣，御飛龍，而遊乎四海之外〔九〕。其神凝〔一〇〕，使物不疵癘〔一一〕而年穀熟。』吾以是狂〔一二〕而不信也。」

連叔曰：「然！瞽者〔一三〕無以與乎文章之觀，聾者無以與乎鐘鼓之聲。豈唯形骸有聾盲哉〔一四〕？夫知亦有之。是其言也〔一五〕，猶時女〔一六〕也。之人也，之德也，將旁礴萬物以爲一〔一七〕，世蘄乎亂〔一八〕，孰弊弊焉以天下爲事！之人也，物莫之傷，大浸稽天〔一九〕而不溺，大旱金石流、土山焦而不熱。是其塵垢粃穅，將猶陶鑄堯舜者也，孰肯分分然以物爲事〔二〇〕。」

注釋

〔一〕肩吾問於連叔：肩吾、連叔，古時修道之士。歷史上是否實有其人，已不可考。在莊子筆下出現的人物，都經他盡意刻畫過的，或憑空塑造，或根據一點史實綫索加以裝扮。莊子這本書，「寓言十九」，舉凡山川人物，鳥獸蟲魚，無一不是他手中的素材。許多歷史名人都成了他導演的工具，例如孔子，這位儒家的泰斗，在莊子筆下卻經常變成了一個道家的門徒（有些人還以爲莊子在揚孔）。其實任何人、物都只是借來表達莊子自己哲學思想的傳聲具罷了！本書中的人名，仍依舊注略作簡介，讀者不必考慮他們的真實性問題。

林希逸說：「肩吾、連叔，皆未必實有此人，此皆寓言，亦不必就名字上求義理，中間雖有一二亦可解說，而實不皆然也。」

〔二〕接輿：楚國隱士，高士傳以爲姓陸名通，字接輿。論語微子篇曾録他的言行。這裏作爲莊子筆下的理想人物。

唐成玄英説：「接輿者，姓陸，名通，字接輿，楚之賢人隱者也，與孔子同時。而佯狂不仕，常以躬耕爲務，楚王知其賢，聘以黄金百鎰，車駟二乘，並不受。於是夫負妻載，以遊山海，莫知所終。」

〔三〕大有逕庭：太過度，太離題。

林希逸説：「『逕庭』，只言疆界遥遠也。『大有』，甚有也。」

清宣穎説：「『逕』，門外路也。『庭』，堂前地也。勢相遠隔。今言『大有逕庭』，則相遠之甚也。」（南華真經）

〔四〕不近人情：不附世情（成疏）；言非世俗所常有（林希逸説）。

〔五〕藐：遥遠的樣子。

〔六〕姑射之山：神話中的山名。

〔七〕綽約：輕盈柔美。

〔八〕處子：處女。

〔九〕乘雲氣，御飛龍，而遊乎四海之外：謂與天地精神往來（陳啓天説）。

〔一〇〕神凝：精神專注。

〔一一〕疵癘：疾災。

〔一二〕狂：借爲誑。

〔一三〕瞽（gǔ古）者：没有眼珠的瞎子。

〔一四〕豈唯形骸有聾盲哉：闕誤引天台山方瀛觀古藏本「盲」作「瞽」（馬叙倫説）。

福永光司說：「他們稱肉體上視覺機能的障礙者爲瞽，聽覺機能障礙者爲聾；但瞽與聾並不只限於肉體上才有，精神上也一樣有，他們正是精神上的瞽者、精神上的聾者。……他們的精神對於至大的世界是瞎了眼的，對於根源的『一』的世界是聾了耳的；因之，他們只能固執事象之表面的差別與對立，繫情於詞令之修飾等末端的變換。」（莊子第三章迷惑的世人，陳冠學中譯）

〔一五〕是其言也：指上文「心智亦有聾盲」幾句話。

清武延緒說：「按『其』字，即指上瞽聾云云而言。」（莊子札記）

〔一六〕時女：「時」，同是。「女」，同汝，指肩吾。

林希逸說：「『時』，是也。『女』，與汝同。前後解者，皆以此『時女』爲『處子』，故牽强不通。其意蓋謂如此言語，豈是汝一等人能之。」

明焦竑說：「『時』，是也。『女』，即汝字。謂智有聾盲，即汝之狂而不信者是也。」（莊子翼）

近人奚侗說：「釋文引司馬云：『時女猶處女也。』向云：『時女，虛靜柔順，和而不喧，未嘗求人而爲人所求也。』兩說皆謬。『時』，借作『之』，『女』讀爲『汝』，肩吾也。『是其言也』，乃指上『豈唯形骸有聾盲哉，夫知亦有之』之語，猶之汝也。『之』爲助詞，謂是言乃似汝也。」（莊子補注）

王叔岷先生說：「爾雅釋詁：『時，是也。』此謂〔心〕知亦有聾瞽，即是汝肩吾耳。」（莊子校詮）按舊注多誤，以上各說爲是。

〔一七〕旁礴萬物以爲一：「旁」，字又作「磅」（釋文）。吳澄內篇訂正本「旁」亦作「磅」。「旁礴」，猶混同（司馬彪說）；一說廣被之意（李楨說）。近人有以「旁礴萬物以爲一世」爲讀，「一世」連讀，不妥。

奚侗說：「近人治莊子者，如李楨、王先謙均以『一世』連讀，而讀『爲』爲去聲（宣穎亦如此讀），然上文既言神人將爲一世蘄乎亂，下文言孰弊弊焉以天下爲事，則上下文自矛盾矣。郭注『世以亂故求我』，釋文出『世蘄』二字爲之音義，文選吳都賦劉淵林注引莊子曰『將磅礴萬物以爲一』，可見古無有以『一世』連讀者。」按：奚說可取。淮南子俶真訓：「旁薄爲一，而萬物大優。」正引自本文「旁礴萬物以爲一」之語。

〔一八〕世蘄乎亂：「亂」字，宜從郭注作常義解。近人多訓「亂」爲「治」，似不合莊子原意（陳啓天說）。按近人姚鼐（莊子章義）、王先謙（集解）、馬叙倫（義證）、于省吾（新證）、張默生（新釋）等均訓「亂」爲「治」。然作常義解，於義爲長。「世蘄乎亂」，意指世人爭功求名，紛紛擾擾；黨派傾軋，勾心鬥角，所以說求亂不已。

〔一九〕大浸稽天：大水滔天。「浸」，水。「稽」，及。

〔二〇〕孰肯分分然以物爲事：「分分然」三字原缺，依淮南子俶真訓補上。

王叔岷先生說：「此與上文『孰弊弊焉以天下爲事』對言，『孰肯』下疑有挩文，淮南子俶真訓：『孰肯分分然以物爲事也。』即用此文，當補『分分然』三字與上文句法一律。」王說可從，當據淮南俶真訓增補。

今譯

肩吾問連叔說：「我聽接輿談話，言語誇大不着邊際，一發議論便不可收拾。我驚駭他的言論，好像銀河一般漫無邊際；和常理差別太大，不合世情。」

連叔說：「他說的是什麼呢？」

〔肩吾說：〕「他說：『在遥遠的姑射山上，住了一個神人，肌膚有若冰雪一般潔白，容態有如處女一般柔美；不吃五穀，吸清風飲露水；乘着雲氣，駕御飛龍，而遨遊於四海之外。他的精神凝聚，使物不受災害，穀物豐熟。』我認爲是發誑言，所以不以爲信。」

連叔說：「當然啦！『瞎子無法和他共賞文彩的美觀；聾子無法和他共賞鐘鼓的樂聲。』豈只是形骸有聾有瞎嗎？心智也有的啊！』——這個話，就是指你而言的呀！那個神人，他的德量，廣被萬物合爲一體，人世喜紛擾，他怎肯勞形傷神去管世間的俗事呢！這種人，外物傷害不了他，洪水滔天而不會被溺斃，大旱使金石熔化、土山枯焦而他不會感到熱。他的塵垢粃糠，也可以造成堯舜，他怎肯紛擾擾以俗物爲務呢！」

宋〔一〕人資章甫〔二〕而適諸越〔三〕，越人斷髮文身，無所用之。堯治天下之民，平海内之政，往見四子〔四〕藐姑射之山，汾水之陽〔五〕，窅然〔六〕喪其天下焉。

注釋

〔一〕宋：今河南睢縣。殷後，微子所封。

〔二〕資章甫：「資」，貨，賣。「章甫」，殷冠（李頤說）。

〔三〕諸越：今浙江紹興一帶。「諸」、「於」古通，越人自稱「於越」。御覽六八五引「諸」作「於」（馬叙倫說）。

李楨說：「『諸越』，猶云『於越』。廣雅釋言：『諸，於也。』禮記射義注：『諸，猶於也。』是疊韻假借。」（見郭慶藩集釋引）

〔四〕四子：舊注以「四子」爲王倪，齧缺，被衣，許由（司馬彪、李頤注）。這是寓言，不必指特定的人物。

李楨說：「四子本無其人，徵名以實之則鑿矣。」

〔五〕汾水之陽：汾水出太原，今莊子寓言（釋文）。「陽」，指北面。

〔六〕窅（yǎo 咬）然：猶悵然（李頤說）；茫茫之意（林希逸說）。

今譯

宋國人到越國販賣帽子，越人剪光頭髮，身刺花紋，用不着它。

堯治理天下的人民，安定海內的政事，往遙遠的姑射山上，汾水的北面，拜見四位得道之士，不禁茫然忘其身居天下之位。

三

惠子〔一〕謂莊子曰：「魏王〔二〕貽我大瓠〔三〕之種，我樹之成而實五石〔四〕，以盛水漿，其堅不能自舉也；剖之以爲瓢，則瓠落無所容〔五〕。非不呺然〔六〕大也，吾爲其無用而掊之。」

莊子曰：「夫子固拙於用大矣。宋人有善爲不龜手〔七〕之藥者，世世以洴澼絖〔八〕爲事。客聞之，請買其方以百金〔九〕。聚族而謀曰：『我世世爲洴澼絖，不過數金；今一朝而鬻技百金，請與之。』客得之，以說〔一〇〕吳王。越有難〔一一〕，吳王使之將，冬與越人水戰，大敗越人，裂地而封之。能不龜手，一也；或以封，或不免於洴澼絖，則所用之異也。今子有五石之瓠，何不慮〔一二〕以爲大樽〔一三〕而浮乎江湖，而憂其瓠落無所容？則夫子猶有蓬之心〔一四〕也夫！」

注釋

〔一〕惠子：姓惠名施，宋人，做過梁惠王宰相，是莊子的好友。他認爲萬物流變無常，因此一個東西不可能有相當固定的時候；他說：「日方中方睨，物方生方死。」他認爲任何東西的性質都是相對的，因此事物之間，也就没有絶對的區别；他說：「天和地一樣低，山和湖一樣平。」（「天與地卑，山與澤平。」）他用詭論的方式說明天地萬物是一體的；他主張：「氾愛萬物，天地一體。」惠施的著作没有傳下來，僅莊子天下篇中記述了他十項的論點。惠施是「名家」的重要人物。在本書中，常記述他和莊子在觀點上的論辯。

〔二〕魏王：即魏惠王，姓魏名罃，因魏都遷大梁，所以又稱梁惠王。惠是謚號。

〔三〕大瓠（hù户）：大葫蘆。

〔四〕石（dàn旦）：爲「柘」省。說文：「柘，百二十斤。」

王博說：「無論是說大樹還是大瓠，莊子說的都是大人，有一個大心的人。」

〔五〕瓠落無所容：指瓢太大無處可容。「瓠落」，猶廓落（釋文引簡文帝説），大。

〔六〕呺（xiāo 消）然：虚大的樣子。

俞樾説：「文選謝靈運初發都詩李善注引此文作『枵』，當從之。爾雅釋天：『玄枵，虚也。』虚則有『大』義，故曰：『枵然大也。』釋文引李云：『号然，虚大貌。』是固以『枵』字之義説之。」

〔七〕龜手：氣候嚴寒，手皮凍裂如龜紋。

〔八〕洴（píng 瓶）澼（pì 譬）絖（kuàng 纊）：漂洗絲絮。

成玄英疏：「『洴』，浮；『澼』，漂也。『絖』，絮也。」

清盧文弨説：「疑『洴澼』是擊絮之聲。『洴澼』二字本雙聲，蓋亦象其聲也。」（引自郭慶藩莊子集釋）

〔九〕請買其方以百金：「以」字原缺。碧虚子校引江南古藏本「百」上有「以」字。舊闕，有「以」字文較順（劉文典説）。當據補。

〔一〇〕説（shuì 税）：遊説。

〔一一〕越有難：越國兵難侵吴（成疏）。「難」，亂事，指軍事行動。「越有難」，等於説越入侵（王力古代漢語三五五頁）。

王叔岷先生説：「案『有』猶爲也，謂越爲兵難侵吴也。」（莊子校詮）

〔一二〕慮：爲「攄」省（馬叙倫説）。文選謝靈運永初三年七月十六日之郡初發都詩注引「慮」作「攄」（劉文典、王叔岷説）；作「慮」是故書。「慮」，猶結綴（司馬注），即縛繫之意。舊注有作思、謀解，非。

朱桂曜說：「天道篇：『知雖落天地，不自慮也。』『慮』亦『落』也。『落』同『絡』。」

〔一三〕樽：南人所謂腰舟（成疏）。

司馬彪說：「樽如酒器，縛之於身，浮於江湖，可以自渡。」

〔一四〕蓬之心：喻心靈茅塞不通。

今譯

惠子對莊子說：「魏王送我一棵大葫蘆的種子，我種植成長而結出果實有五石之大；用來盛水，它的堅固程度卻經不起自身所盛水的壓力；把它割開來做瓢，則瓢大無處可容。不是不大，我認爲它没有用處，就把它打碎了。」

莊子說：「你真是不善於使用大的東西啊！有個宋國人善於製造不龜裂手的藥物，他家世世代代都以漂洗絲絮爲業。有一個客人聽說這種藥品，願意出百金收買他的藥方。於是聚合全家來商量說：『我家世世代代漂洗絲絮，只得到很少的錢，現在一旦賣出這個藥方就可獲得百金，就賣了罷！』這個客人得到藥方，便去遊說吳王。這時越國犯難，吳王就派他將兵，冬天和越人水戰，大敗越人，於是割地封賞他。同樣一個不龜裂手的藥方，有人因此得到封賞，有人卻只是用來漂洗絲絮，這就是使用方法的不同。現在你有五石容量的葫蘆，爲什麽不繫着當作腰舟而浮遊於江湖之上，反而愁它太大無處可容呢？可見你的心還是茅塞不通啊！」

惠子謂莊子曰：「吾有大樹，人謂之樗〔一〕。其大本擁腫〔二〕而不中繩墨，其小枝卷曲而不中規矩，立之塗，匠者不顧。今子之言，大而無用，衆所同去也。」

莊子曰：「子獨不見狸狌〔三〕乎？卑身而伏，以候敖者〔四〕；東西跳梁〔五〕，不辟〔六〕高下；中於機辟〔七〕，死於罔罟。今夫斄牛，其大若垂天之雲。此能爲大矣，而不能執鼠。今子有大樹，患其無用，何不樹之於無何有之鄉，廣莫之野，彷徨〔八〕乎無爲其側，逍遥〔九〕乎寢臥其下。不夭斤斧，物無害者，無所可用，安所困苦哉！」

注釋

〔一〕樗（chū 初）：落葉喬木，木材皮粗質劣。

成玄英疏：「樗，栲漆之類，嗅之甚臭，惡木者也。」

〔二〕擁腫：木瘤盤結。

奚侗説：「『擁』當作癰。説文：『癰，腫也。』言其形盤結如癰腫然。」

〔三〕狸狌（shēng 生）：「狸」，即貓。「狌」，同鼬，即鼬鼠，俗名黄鼠狼。

司馬彪説：「狌，㹨也。」按「㹨」即鼬。

朱桂曜説：「『狸』可訓貓，若『狌』則訓㹨矣。『狸』亦作貍，廣雅釋獸：『貍，貓也。』秋水篇：『騏驥驊騮，一日而馳千里，捕鼠不如貍狌。』御覽引尸子：『使牛捕鼠不如貓狌之捷。』狸狌即貓狌也。」

〔四〕敖者：「敖」，音遨（司馬彪説）；遨即敖之俗（王叔岷説）。「敖者」，遨翔之物，指雞鼠之類。

近人楊樹達說：「說文六篇下出部云：『敖，出遊也。从出，从放。』此『敖』字正用本義。」（莊子拾遺）

〔五〕跳梁：猶走躑（成疏）。

蔣錫昌說：「按『梁』與『掠』通。尚書大傳『故爾梁遠』注：『梁讀爲掠。』是其證。左氏昭二十年傳『輸掠其聚』注：『掠，奪取也。』……此言狸狌東西跳躍，奪取雞鼠之類也。」

〔六〕不辟：「辟」，同避。

〔七〕機辟：捕獸器。

成玄英疏：「謂機關之類也。」

郭慶藩說：「辟疑爲繴之借字。」

王先謙說：「辟，所以陷物。鹽鐵論刑法篇：『「辟」陷設而當其蹊。』與此同義。」（莊子集解）

〔八〕彷徨：徘徊，遊衍自得。

王叔岷先生說：「成疏釋『彷徨』爲『縱任』，與『遊戲』意略近。」（莊子校詮）

〔九〕逍遙：優遊自在。

今譯

惠子對莊子說：「我有一棵大樹，人家都叫它做『樗』。它的樹幹木瘤盤結而不合繩墨，它的小枝彎彎曲曲而不合規矩，生長在路上，匠人都不看它。現在你的言論，大而無用，大家都拋棄。」

莊子說：「你沒有看見貓和黃鼠狼嗎？卑伏着身子，等待出遊的小動物；東西跳躍掠奪，不避高低；往往踏中機關，死於網羅之中。再看那斄牛，龐大的身子好像天邊的雲，雖然不能捉老鼠，但它的功能可大了。現在你有這麼一棵大樹，還愁它無用，爲什麼不把它種在虛寂的鄉土，廣漠的曠野，任意地徘徊在樹旁，自在地躺在樹下。不遭受斧頭砍伐，沒有東西來侵害它。無所可用，又會有什麼禍害呢？」

齊物論

齊物論篇，主旨是肯定一切人與物的獨特意義内容及其價值。齊物論，包括齊、物論（即人物之論平等觀）與齊物、論（即申論萬物平等觀）。全篇共分七章：第一章，劈頭提示「吾喪我」的境界，「喪我」即去除「成心」（成見）、揚棄我執、打破自我中心。接着寫「三籟」，述自然的音響。第二章，評「百家爭鳴」——學派間的爭論，以至衆人役役，迷失自我。第三章，指出學派辯論、人物爭論，乃由「成心」作祟，因此產生種種主觀的是非爭執、意氣之見，因而提出「以明」的認識方法。並申論事物的相對性與流變性，以及價值判斷的相對性與流變性，因而提出「照之於天」的認識態度。第四章，歸結到「道通爲一」；各家各派所見，不是宇宙之全，不是物如之真，只是主觀給予外界的偏見。再提出「以明」的認識方法。第五章，再度申說：「天地與我並生，而萬物與我爲一。」第六章，例舉三個寓言故事，引申前義。第一個故事「堯問舜」一段，寫自我中心之排他性與開放心靈之涵容性的不同。第二個故事「齧缺問乎王倪」一段，提出「萬物有沒有共同的標準」，申說價值標準不定於一處，並指出人群習於「人類自我中心」之非。第三個故事「瞿鵲子問乎長梧」一段，描述體道之士的死生一如觀及其精神境界。篇末第七章，例舉二則寓言「罔兩問景」一段，喻「無待」之旨。「莊周夢胡蝶」一段，寫「物化」

之旨。

許多有名成語出自本篇，如槁木死灰、心如死灰、萬竅怒號、朝三暮四、狙公賦芧、十日並出、栩栩如生、妄言妄聽、存而不論、恢恑憰怪、沈魚落雁、孟浪之言。

一

南郭子綦〔一〕隱机〔二〕而坐，仰天而噓〔三〕，荅焉〔四〕似喪其耦〔五〕。顏成子游〔六〕立侍乎前，曰：「何居〔七〕乎？形固可使如槁木，而心固可使如死灰乎？今之隱机者，非昔之隱机者也〔八〕。」

子綦曰：「偃，不亦善乎，而〔九〕問之也！今者吾喪我〔一〇〕，汝知之乎？汝聞人籟而未聞地籟，汝聞地籟而未聞天籟夫〔一一〕！」

子游曰：「敢問其方。」

子綦曰：「夫大塊〔一二〕噫氣〔一三〕，其名爲風。是唯無作，作則萬竅怒呺〔一四〕。而獨不聞之翏翏〔一五〕乎？山陵之畏佳〔一六〕，大木百圍之竅穴，似鼻，似口，似耳，似枅〔一七〕，似圈〔一八〕，似臼，似洼〔一九〕者，似污〔二〇〕者；激〔二一〕者，謞〔二二〕者，叱者，吸者，叫者，譹〔二三〕者，宎〔二四〕者，咬〔二五〕者。前者唱于而隨者唱喁。泠風〔二六〕則小和，飄風則大和，厲風濟〔二七〕則衆竅爲虛。而獨不見之調調之刁刁乎〔二八〕？」

子游曰：「地籟則衆竅是已，人籟則比竹〔二九〕是已。敢問天籟。」

子綦曰：「夫天籟者〔三〇〕，吹萬不同，而使其自己也，咸其自取〔三一〕，怒者其誰邪〔三二〕！」

注釋

〔一〕南郭子綦（qí 其）：子綦，人名。住在城郭南端，因以爲號。古人多以居處爲號，如市南宜僚（山木篇）、東郭順子（田子方）。成疏以子綦爲楚人，近人朱桂曜引徐无鬼篇證其爲齊人（莊子內篇證補）。蓋莊子寓託的得道者。

王博說：「齊物的關鍵，其實不在於物，而在於心。……與逍遥遊的北冥開始不同。齊物論的起首是南郭子綦。如果說由北而南象徵着從形體到心靈之路，那麼也許我們可以說，莊子最初設計南郭的名字時就考慮到了要突出心的問題。」

〔二〕隱机：憑几坐忘（成疏）。「隱」，憑，倚。「机」，今本作「几」。

奚侗說：「『隱』，正當作『㥯』。說文『㥯，有所依也。』今則『隱』行，『㥯』廢矣。」（莊子補注）

近人李勉說：「『機』爲靠椅，似床，可以靠背而坐臥。禮記曾子問：『遂輿機而往。』疏云：『機者，狀如床。』可資爲證。」（莊子總論及分篇評注六三頁）

〔三〕嘘：吐氣爲嘘（釋文）。成疏解「嘘」爲「嘆」，不妥。「嘘」即緩吐出氣，當非嘆息。

〔四〕荅（tà 沓）焉：相忘貌（林雲銘莊子因）。

〔五〕似喪其耦：「喪」，失，猶忘。謂似忘我與物之相對（陳啓天淺説）。按「耦」作「偶」，即匹對；通常解釋爲精神與肉體爲偶，或物與我爲偶。「似喪其耦」，即意指心靈活動不爲形軀所牽制，亦即意指精神活動超越於匹對的關係而達到獨立自由的境界。

〔六〕顔成子游：南郭子綦的弟子，顔成是複姓，名偃字子游。李頤説姓顔（釋文引），誤。廣韻十四清「成」字注文以顔成爲複姓（見劉師培莊子斠補引）。徐无鬼篇作「顔成子」。

〔七〕何居：何故。

司馬彪説：「居，猶故也。」（釋文引）

〔八〕今之隱机者，非昔之隱机者也：有兩種講法：一説子綦的「隱机」和以前所見的别人不同；如郭象注：「子游嘗見隱机者，而未見若子綦也。」另一説，子綦現在的「隱机」和從前大不相同；如成玄英疏：「子綦昔見坐忘，未盡玄妙；今逢隱机，實異曩時。」當以後説爲是。

吕惠卿説：「昔之隱几，應物時也；今之隱几，遺物時也。」（莊子義）

嚴靈峰先生説：「『今之隱几』與『昔之隱几』乃指子綦在同地所行之事，不過在時間上稍有距離。莊子的『坐忘』，猶如佛家的『入定』。子綦由『隱机』至於『吾喪我』，就像和尚由『打坐』至於『入定』。『昔之隱机』指『打坐』時言，『今之隱几』指『入定』時言。」

〔九〕而：同爾，汝。下文「而獨不見之調調之刁刁乎」的「而」字同作「汝」。

〔一〇〕吾喪我：摒棄我見。「喪我」的「我」，指偏執的我。「吾」，指真我。由「喪我」而達到忘我、臻於萬物一體的境界。與篇末「物化」一節相對應。

釋德清說：「此齊物以『喪我』發端，要顯世人是非都是我見。」（莊子内篇注）

方師東美說：「莊子在『齊物論』裏，要把真正的自由精神，變做廣大性的平等，普遍的精神平等。然後對第一個必要條件，他說『今日吾喪我』，這個『我』是什麽呢？它有不同的意義。一種是『小我』，乃是因爲在思想上或情操上，每個人都常以自我爲中心，同於己者就是之，異於己者就非之，所以造成許多隔閡，把和自己不同的看法排斥掉，或隔絶起來，而自以爲是！這點是道家認爲最忌諱的一件事。

「所以」以莊子繼承老子的精神，第一步講精神平等就是要『喪我』，也就是要喪小我，忘小我，而成就大我。」（原始儒家道家哲學第五章莊子部分）

〔二〕汝聞人籟而未聞地籟；汝聞地籟而未聞天籟夫：「籟」，即簫，這裏意指空虚地方發出的聲響。「人籟」是人吹簫管發出的聲音，譬喻無主觀成見的言論。「地籟」是指風吹各種竅孔所發出的聲音，「天籟」是指各物因其各己的自然狀態而自鳴。可見三籟並無不同，它們都是天地間自然的音響。

釋德清說：「將要齊物論，而以三籟發端者，要人悟自己言之所出，乃天機所發。果能忘機，無心之言，如風吹竅號，又何是非之有哉！」

宣穎說：「待風而鳴者，地籟也。而風之使竅自鳴者，即天籟也。」（南華經解）

〔三〕大塊：大地。

王懋竑說：「塊然有形者，地也，風起溪谷間。」（莊子存校）

俞樾說：「大塊者，地也。塊乃凷之或體。說文土部：『凷，墣也。』蓋即中庸所謂一撮土之多者，積而至於廣大，則成地矣，故以地爲大塊也。司馬云大朴之貌，郭注曰大塊者無物也，並失其義。此本說地籟，然則大塊者，非地而何？」

奚侗說：「俞樾云：『大塊者，地也。此本說地籟，大塊非地而何？』文選張華答何劭詩：『大塊稟群生。』注：『大塊謂地也。』」按俞說是。另一說「大塊」指天地之間（見林希逸口義、褚伯秀義海纂微、朱桂曜證補），亦通。

〔一三〕噫（yì意）氣：吐氣出聲。

楊樹達說：「說文二篇上口部云：『噫，飽食息也。』此謂大塊出息聲。」

〔一四〕呺：借爲「號」。文選月賦注引正作「號」（奚侗說）；御覽九引亦作「號」；道藏林希逸口義本、褚伯秀義海纂微本並作「號」（王叔岷說）。

〔一五〕翏翏（liáo 僚）：長風聲。李本作「飂」，音同（釋文）。按「翏」爲「飂」省（馬叙倫莊子義證）。

〔一六〕山陵之畏佳（cuī 崔）：形容山勢的高下盤回。「陵」，各本作「林」，依奚侗之說改。「畏佳」，顧野王玉篇山部引作「嵔崔」。「畏」，崔譔本作「㟪」（釋文引）。

奚侗說：「『林』當爲『陵』。六韜絶糧第三十九：『依山林險阻、水泉林木而爲之固。』通典五十七引作『山陵』；是『陵』誤爲『林』之例證。」案：奚說爲是。聞一多莊子內篇校釋、嚴靈峰莊子章句新編及日本金谷治莊子均據奚說改正本文。

馬叙倫說：「『佳』爲『崔』之省，說文曰：『崔，大高也。』『嵔』『嵬』一字，說文曰：『嵬，山石崔嵬，高而不平也。』此言『畏佳』，義重不平。」

王叔岷說：「卷子本玉篇山部引『畏佳』作『崔嗺』，並引司馬注：『山高下槃回之形也。』」

〔一七〕枅（jī 機）：柱上方木（字林）。

〔一八〕圈：杯圈（釋文）；圓竅（王敔注）。

〔一九〕洼（wā 蛙）：深池，指深竅。

朱桂曜說：「說文水部：『洼，深池也。』」

〔二〇〕污：小池，指淺竅。按：上文「似鼻，似口，似耳，似枅，似圈，似臼，似洼，似污者」，都是形容衆竅的形狀。

釋德清說：「有淺孔似水之污者。」

朱桂曜說：「說文水部：『污薉也，一曰小池爲汙。』……『哇』與『污』皆有污薉污下之義；若析言之，則一爲深池，一爲小池耳。」

馬叙倫說：「小池爲『污』者，字當作『洿』。說文曰：『洿，濁水不流池也。』此與『洼』連文，當是借『污』爲『洿』也。」

〔二一〕激：如水激（釋文）；如水湍激聲（成疏）。一說「激」借爲「噭」。說文曰：「噭，吼。」（奚侗說）

〔二二〕謞（xiào 效）：若箭去之聲（釋文引簡文帝說）。另一說「謞」與「號」同（詳見奚侗莊子補注）。

〔二三〕譹：若嚎哭聲（司馬彪說）。

〔二四〕宎（yǎo）：音杳，像風吹到深谷的聲音。一說「宎」爲「笑」之譌字（奚侗說）。今譯仍依成疏。

成玄英說：「宎者，深也，若深谷然。」

〔二五〕咬：哀切聲（成疏）。上文「激者，謞者，叱者，吸者，叫者，譹者，宎者，咬者」，都是形容衆竅所發出的聲音。

〔二六〕泠風：小風（李頤注）。

馬叙倫說：「『泠』借爲『零』。說文曰：『零，徐雨也。』零風謂徐風。」

〔二七〕厲風濟：「厲風」，烈風（向、郭注）。「濟」，止（郭注）。

馬叙倫說：「按『厲』借爲『颲』讀若『烈』。禮記祭法篇『厲山氏』，春秋昭二十九年左傳作『烈山氏』。詩思齊篇：『烈假不遐。』鄭『烈』作『厲』，是其例證。」

楊樹達說：「郭訓『濟』爲『止』，是也；字實假爲『𣳾』。說文六篇下𣎵部云：『𣳾，止也』。『𣳾』、『濟』古音同，故姊水通作泲水。郭釋『厲』爲『烈』，『厲』、『烈』音同字通。」

〔二八〕調調之刁刁乎：「調調」、「刁刁」，皆動摇貌（向秀注）。「調調」，是樹枝大動。「刁刁」，是樹葉微動（胡文英莊子獨見）。「刁刁」，趙諫議本、世德堂本作「刀刀」。

釋德清說：「調調刁刁，乃草木摇動之餘也。意謂風雖止，而草木尚摇動不止。此暗喻世人是非之言論，唱者已亡，而人人以緒論各執爲是非者。」

〔二九〕比竹：簫管之類（成疏）；笙簧之類（林希逸說）。

李勉說：「按『比』，並也。『比竹』，謂並列衆竹管於一排作爲簫而吹之，古之排簫是也。排簫者雲簫也。朱子語類云：『雲簫方是古之簫，雲簫者排簫也。』今世以單管爲簫，而古簫則以二十三管或十六管編列於一排而爲之，古簫排比之形見爾雅釋樂注。」

〔三〇〕夫天籟者：「天籟者」三字原缺，依王叔岷校釋，據世說新語注補。

王叔岷先生說：「世說新語文學篇注引『吹萬不同』上，有『天籟者』三字；文意較明。」嚴靈峰先生說：「王說是也。按：『夫天籟者』及下文乃子綦應子游上句之問『敢問天籟』之語。郭注：『此天籟也。』『夫天籟者』，豈復別有一物哉？』依注文觀之，郭本當有此三字。茲據世說新語注補。」（道家四子新編四八七頁）

〔三一〕使其自己也，咸其自取：意指使它們自己發出千差萬別的聲音，乃是各個竅孔的自然狀態所致。

「自取」，指孔竅自己去吸納風而發聲（馬恒君莊子正宗注釋）

林雲銘說：「使其爲竅如此，則爲吹如此。」

宣穎說：「使聲由竅自出，每竅皆各成一聲。」

徐復觀說：「各人的思想言論，都是由自己所決定。」（中國人性論史四〇三頁）

〔三二〕怒者其誰邪：發動者還有誰呢？這話意指萬竅怒號乃是自取而然的，並沒有其他的東西來發動它們。

馬其昶說：「萬竅怒號，非有怒之者，任其自然，即天籟也。」（引自馬著莊子故）

馮友蘭說：「齊物論對於大風不同的聲音，作了很生動的描寫。它是用一種形象化的方式，說明自然界中有各種不同的現象。歸結它說：『夫吹萬不同，而使其自己也，咸其自取，怒者其誰耶？』在這裏並不是提出這個問題尋求回答，而是要取消這個問題，認爲無需回答。……『自己』和『自取』都表示不需要另外一個發動者。」（引自莊子哲學討論集一四八頁）

今譯

南郭子綦憑着几案而坐，仰頭向天而緩緩地呼吸，進入了超越對待關係的忘我境界。顏成子游侍立在跟前，問說：「怎麽一回事呀？形體安定固然可以使它像乾枯的枝木，心靈寂靜固然可以使它像熄滅的灰燼嗎？你今天憑案而坐的神情和從前憑案而坐的神情不一樣。」

子綦回答說：「偃，你問得正好！今天我摒棄了偏執的我，你知道嗎？你聽說過『人籟』，而没有聽説『地籟』；你聽説過『地籟』，而没有聽説過『天籟』吧！」

子游說：「請問三籟的究竟？」

子綦說：「大地發出來的氣，叫做風。這風不發作則已，一發作則萬種不同的竅孔都怒號起來。你没有聽過長風呼嘯的聲音嗎？山陵中高下盤迴的地方，百圍大樹上的竅穴，有的像鼻子，有的像嘴巴，有的像耳朵，有的像樑上的方孔，有的像杯圈，有的像舂臼，有的像深池，有的像淺窪；〔這些竅穴中發出的聲音〕有的像湍水沖激的聲音，有的像羽箭發射的聲音，有的像叱咄的聲音，有的像呼吸的聲音，有的像叫喊的聲音，有的像號哭的聲音，有些像深谷發出的聲音，有些像哀切感嘆的聲音。前面的風聲嗚嗚地唱着，後面的竅孔呼呼地和着。小風則相和的聲音小，大風則相和的聲音大。大風吹過去了，則所有的竅孔都空寂無聲。你不見草木還在摇摇曳曳的擺動嗎！」

子游說：「『地籟』是衆竅孔發出的風聲，『人籟』則是竹簫所吹出的樂聲。請問『天籟』是什麽？」

子綦說：「所謂天籟，乃是風吹萬種竅孔發出了各種不同的聲音，使這些聲音之所以千差萬別，乃是由於各個竅孔的自然狀態所致，鼓動它們發聲的還有誰呢？」

二

大知閑閑，小知閒閒〔一〕；大言炎炎〔二〕，小言詹詹〔三〕。其寐也魂交〔四〕，其覺也形開〔五〕，與接爲搆〔六〕，日以心鬬。縵者，窖者，密者〔七〕。小恐惴惴〔八〕，大恐縵縵〔九〕。其發若機栝〔一〇〕，其司是非之謂也〔一一〕；其留如詛盟〔一二〕，其守勝之謂也；其殺〔一三〕若秋冬，以言其日消〔一四〕也；其溺之所爲之，不可使復之也〔一五〕；其厭也如緘〔一六〕，以言其老洫〔一七〕也；近死之心，莫使復陽〔一八〕也。喜怒哀樂，慮嘆變慹〔一九〕，姚佚啓態〔二〇〕；樂出虛，蒸成菌〔二一〕。日夜相代乎前，而莫知其所萌。已乎，已乎！旦暮得此〔二二〕，其所由以生乎！

注釋

〔一〕大知閑閑，小知閒閒：「閑閑」，廣博之貌（釋文引簡文帝說）。「閒閒」，細別的樣子。

馮友蘭說：「『大知閑閑，小知閒閒』以下是另外一段。這一段所談的跟上一段所談的，有分別而又有聯繫。上面講大風一段，是用形象化的語言描寫自然界中事物的千變萬化；這一段是用形象化的語言寫心理現象的千變萬化。上一段講的是客觀世界；這一段講的是主觀世界。」（見三論莊子，收入莊子哲學討論集中）

明陳深說：「此下模寫人心許多變態，與上風木形聲同一意旨。」（莊子品節）

宣穎說：「此節是與地籟節相配文字。『大知』『小知』以下，點次物態三十餘種，與衆竅怒呺一段配讀之。」按：前段地籟「萬竅怒呺」，雖映射本段「大知」、「小知」百家爭鳴，所不同的是，萬竅爲空虛，所以風止則歸寂靜，而百家有「成心」，所以爭論不休。

明釋德清說：「此一節形容舉世古今之人，未明大道，未得無心。故矜其小知以爲是，故其言若仁義、若是非，凡所出言皆機心所發，人人執之，至死而不悟。言其人之形器，雖似衆竅之不一，其音聲亦衆響之不同，但彼地籟無心，而人言有心，故後文云『言非吹也』；因此，各封己見，故有是非。」案：憨山說「地籟無心，而人言有心」，點出了前後兩段文字異義的關鍵所在。所謂「人言有心」，「有心」即後文所說的有「成心」；「成心」即成見，乃是引起物論的根源。

〔二〕炎炎：氣焰盛人。

成玄英疏：「炎炎，猛烈也。」

〔三〕詹詹：言辯不休。

朱桂曜說：「案說文八部：『詹，多言也。』」

〔四〕魂交：精神交錯。

〔五〕形開：指形體不寧。

蔣錫昌說：「『形開』蓋意識常在過度緊張之誼。」

〔六〕與接爲構：與外界接觸，發生交構。

釋德清說：「接，謂心與境接。心境内外交構發生，種種好惡取捨，不能暫止，則境與心，交相鬥搆。」

〔七〕縵者，窖者，密者：「縵」，借爲「慢」，引申爲遲緩之義。「窖」，指設下圈套。「密」，即謹密。

林希逸說：「『縵』者，有一種人，做事縵怛怛地。又有一種人，出著言語，便有機穽，故曰『窖』。又有一種人，思前算後，不漏落一綫路，故曰『密』。此皆言世之應物用心者，然皆不得自在，皆有憂苦畏懼之心，所謂小人長戚戚是也。」

釋德清說：「此下形容心境交搆之心機也。『縵』，謂軟緩，乃柔奸之人也。『窖』，謂如掘地爲穽以限人，乃陰險之人也。『密』，謂心機綿密，不易露也。」

李勉說：「案『縵者，窖者，密者』，皆喻致辯者所生三種不安之情態。『縵』與『茫』一音之轉，可通借，謂茫然昏亂也。『窖』，『鬱』，謂鬱於心也。說文及月令皆可伸解其義。『密』，『默』也，與『默』字一音之轉，可通借，謂悶於心也。有此三態，故大恐縵縵，小恐惴惴。」姑備一說。

〔八〕惴惴（zhuì 贅）：憂懼的樣子。

〔九〕縵縵：迷漫失神，驚魂失魄的神情。

〔一〇〕其發若機栝：形容辯者驟然發言，速度之快有如飛箭一般。「栝」，箭栝。

成玄英疏：「機，弩牙也。栝，箭栝也。言發心逐境，速如箭栝。」

〔一一〕其司是非之謂也：「司」，同伺。

明周拱辰說：「前寫種種風聲，皆是非錯出影子；此節畫出是非種種變態，恰與風聲相似。『司是非之謂』，指出是非源頭，人祗爲是非源頭不清，所以愈起愈亂，愈禁愈多，而莫之止也。大知、小

知，大言、小言，總是非國中人。」（南華真經影史）

〔一二〕其留如詛盟：形容心藏主見不肯吐露，好像咒過誓一樣。

林雲銘說：「執拘不移。」

王敔注：「堅持己見。」

〔一三〕殺（shài晒）：猶「衰」，喻凋萎。

〔一四〕日消：指天真日喪。

〔一五〕其溺之所爲之，不可使復之也：沈溺於所爲，無法恢復真性。

清吳汝綸說：「案王伯申：『之，猶於也。』此『溺之』當訓『溺於』。」（莊子點勘）

〔一六〕其厭也如緘：「厭」，塞，閉藏。「緘」，縢㮖。形容心靈閉塞，如受緘縢束縛。

林雲銘說：「既以心門，則在内之閉藏，若受緘縢束縛。」

〔一七〕老洫：「洫」，枯竭。謂老朽枯竭（黃鋐鐵注譯）。

林希逸說：「至老而不可救拔，故曰『老洫』。『洫』者，謂其如墜於溝壑也。」

胡文英說：「『老洫』，猶舊洫，雖有水而不能流動也。」

楊樹達說：「『老洫』，義頗難明。『洫』，疑當讀爲『或』，說文十二篇上門部『閾』或作『䦢』，是『或』、『洫』字通之證。古『或』、『惑』字同，『老洫』即『老惑』，猶言『老誖』也。」姑備一說。

〔一八〕莫使復陽：不能再恢復生意。

成玄英疏：「『莫』，無也。『陽』，生也。耽滯之心，隣乎死地，欲使及於生道，無由得之。」

〔一九〕慮嘆變慹：憂慮、感嘆、反覆、怖懼。形容辯者們的情緒反應。

褚伯秀說：「『慹』則畏懼而不敢動。」

宣穎說：「『慮』，多思。『嘆』，多悲。『變』，反復。『慹』，怖也。」

〔二〇〕姚佚（yì意）啓態：浮躁，放縱，張狂，作態。形容辯者們的行爲樣態。

成玄英疏：「『姚』則輕浮躁動，『佚』則奢華縱放。」

林希逸說：「『啓』，開放不收斂之貌。『態』，做模打樣也。」

〔二一〕樂出虛，蒸成菌：樂聲從虛器中發出來，菌類由地氣的蒸發產生。

陸長庚說：「如樂之出虛，乍作乍止。如蒸之成菌，倏生倏死。」（南華副墨）

王敔說：「無定，無根。」

方潛說：「樂出虛，幻聲也。蒸成菌，幻形也。」（南華經解）

劉武說：「蓋此兩句，係插喻。言以上所舉心鬥各種之情態，如樂之於虛而無形，如氣之蒸成菌而無根。」（莊子內篇注）

〔二二〕此：指上述種種反覆無常的情態。

今譯

大知廣博，小知精細；大言氣焰盛人，小言則論辯不休。他們睡覺的時候精神交錯，醒來的時候形體不寧，和外界接觸糾纏不清，整天勾心鬥角。有的出語遲緩，有的發言設下圈套，有的用辭機謹嚴密。小的恐懼垂頭喪氣，大的恐懼驚魂失魄。他們發言好像放出利箭一般，專心窺伺別人的是非來攻擊；他們不發言的時候就好像咒過誓一樣，只是默默不語等待致勝的機會；他們衰頹如同秋冬景物凋零，這是説他們一天天地在消毀；他們沈溺在所作所爲當中，無法使他們恢復生意；他們心靈閉塞如受緘縢束縛，這是説愈老愈不可自拔；走向死亡道路的心靈，再也没有辦法使他們恢復活潑的生氣了。他們時而欣喜、時而憤怒、時而悲哀、時而快樂、時而憂慮、時而嗟嘆、時而反覆、時而怖懼、時而浮躁、時而放縱、時而張狂、時而作態；好像音樂從虛器中發出來，又像菌類由地氣的蒸發而成一樣。這種種情態日夜在心中交侵不已，但不知道它們是怎樣發生的。算了吧！算了吧！旦暮之間，豈能找出這些情態變化所以產生的根由呢！

非彼無我〔一〕，非我無所取〔二〕。是亦近矣，而不知其所爲使。若有真宰〔三〕，而特不得其眹〔四〕；可行已信〔五〕，而不見其形。有情而無形〔六〕。

百骸、九竅、六藏〔七〕，賅而存焉，吾誰與爲親？汝皆説〔八〕之乎？其有私〔九〕焉？如是皆有爲臣妾乎？其臣妾不足以相治乎？其遞相爲君臣乎？其有真君〔一〇〕存焉？如求得其情與不得，無益損乎其真。

一受其成形，不亡以待盡〔一一〕。與物相刃相靡〔一二〕，其行進如馳〔一三〕，而莫之能止，不亦悲乎！終身役役而不見其成功，苶然〔一四〕疲役而不知其所歸，可不哀邪！人謂之不死，奚益！其形化，其心與之然，可不謂大哀乎？人之生也，固若是芒〔一五〕乎？其我獨芒，而人亦有不芒者乎？

注釋

〔一〕非彼無我：「彼」，即上之「此」（宣穎注）；指上述各種情態。衆解多從郭注（彼，自然也），誤。英譯本也多誤解，Herbert A. Giles 英譯："these emotions"(*Chuang Tuz*, p. 14)及陳榮捷英譯："these feelings mentioned above"(*A Source Book of Chinese Philosophy*, p. 181)爲確。

〔二〕非我無所取：「取」，資（蔣錫昌說）。

〔三〕真宰：即真心（身的主宰）；亦即真我。各家解「真宰」爲「造物」、「自然」或「道」，誤。上文「非彼無我」，由種種情態形成的「我」，乃是假我；後文「終身役役」即是假我的活動，「吾喪我」的「喪我」即是去除假我，而求真心、真我（「吾」）的存在。

〔四〕眹（zhèn 振）：跡兆，端倪。

〔五〕可行已信：可通過實踐來驗證。

〔六〕有情而無形：「情」，實。謂有真實存在而不見其形。

〔七〕六藏：「藏」，通「臟」。心、肝、脾、肺、腎，稱爲五臟。腎有兩臟，所以又合稱六臟。

李楨說：「釋文云：『此云六臟，未見所出。』成疏遂穿鑿以六爲六腑。按難經三十九難：『五藏亦有六藏者，謂腎有兩藏也。其左爲腎，右爲命門。命門者，謂精神之所舍也。其氣與腎通，故言藏有六也。』」

〔八〕說：同悦。

〔九〕私：偏愛。

〔一〇〕真君：即真心、真我。和「真宰」同義。管子心術篇上說「心之在體，君之位也」可證。

馮友蘭說：「『真宰』或『真君』，是就人的主觀世界說的。在先秦哲學裏，還没有稱宗教所說的自然界的主宰，爲『君』或『宰』的，認爲有這樣主宰的人稱之爲『天』或『帝』。『心』是人的身體的宰和君，這倒是常說的。荀子就説，人的心是『天君』（天論篇）。不過下文說：『其形化，其心與之然』；可見齊物論也不是認爲心可以永恒存在。」

方東美先生說：「還有一種我，叫真實的自我，莊子名之曰：『真君。』所謂的真君，拿近代的哲學名詞來說，可以叫做心靈的普遍位格（universal persons of mind），或者是像德國黑格爾（Hegel）所謂『普遍的心靈』（universal mind）或者是叫做絶對心靈（absolute mind）。這一種精神狀態在宇宙裏面，不是僅僅陷於主觀，而是通乎主體之際的（intersubjective）。這種精神狀態是人人可得而體驗的，當人們體驗或論及此種普遍精神時，一切宇宙萬象、宇宙萬物都是在此普遍精神裏面。也就是說透過普遍精神將宇宙萬象、萬物顯現出來。此種真實的自我便是一種通乎主體之際的心靈（intersubjective mind）。假使人人都可以分享這個共有的精神，一切偏私、一切驕奮、一切主觀，便可一一化除掉。莊子所謂的『真君』也相當於柏拉圖（Plato）在物質世界裏面，或在精神世界裏面的一個『精神的靈光』（exhilarating light），逐步貫徹了一切宇宙的層級，揭露了宇宙一切的祕密，同時也把黑暗都驅遣掉，而照耀出來成爲普遍的真理。」

〔一一〕不亡以待盡：成疏「不中途亡失」，言一旦稟承天地之氣成形，便要不失其真性以盡天年。下文「不知其所歸」，即亡失其真性之謂。

劉師培說：「田子方篇作『不化』。竊以『亡』即『化』譌。『不化』猶云弗變。下云『其形化』，即蒙此言。郭注以『中易其性』爲詮，『易』，『化』義，符是郭本亦弗作『亡』也。蓋『匕』、『亡』形近，『匕』譌爲『亡』。俗本競以『忘』易之。」（莊子斠補）案：嚴靈峯莊子章句新編及日本金谷治莊子本均依劉說據田子方篇改「不亡」爲「不化」。

〔一二〕相靡：「靡」，借作「礳」。說文：「礳，石磑也。」今省作「磨」（奚侗說）。此句應上「心鬥」（劉武說）。

〔一三〕其行進如馳：「進」原作「盡」。古書「進」、「盡」通用，依嚴靈峯之說改。

嚴靈峯先生說：「馬叙倫曰：『「盡」字涉上文而羨。』按：『盡』字無義。列子天瑞篇：『終進乎不知也。』張湛注：『「進」當爲「盡」，此書「盡」字例多作「進」也。』又：『進乎本不久』，注『無有故不盡』。黃帝篇『內外進矣』，注：『故曰：內外盡矣。』列子既有『進』、『盡』通用之例，則此『盡』字義當作『進』。『其行進如馳』，乃應上文：『其發若機栝』也，亦即天下篇『逐萬物而不反』是也，因依列子文例改。」

〔一四〕苶（niè）然：疲病困之狀（釋文引簡文說）。

〔一五〕芒：芒昧（釋文）；昏昧；迷糊。

馬叙倫說：「按『芒』借爲『懵』。說文曰：『懵，不明也。』周禮遂人注曰：『甿猶懵懵，無知貌。』可爲例證。」

陳深說：「『芒』，昏惑也。此段言人迷失『真君』，至死而不知所歸者，令人惕然有深省處。」

今譯

沒有它（種種情態）就沒有我，沒有我那它就無從呈現。我和它是近似的，但不知道是由什麼東西指使的。彷彿有「真宰」，然而又尋不着它的端倪；可通過實踐來驗證；雖然不見它的形體，它本是真實存在而不具形象的。

百骸、九竅、六臟，都很完備地存在我的身上，我和哪一個部分最親近呢？你都一樣的喜歡它們嗎？還是有所偏愛呢？如果同等看待那麼都把它們當成臣妾嗎？難道僕從就誰也不能支配誰嗎？難道它們是輪流做主僕嗎？或者有「真君」存在其間呢？無論求得「真君」的真實情況與否，對它本身的真實存在都不會有什麼影響。

人一旦稟受成形體，便要不失其真性以盡天年，和外物接觸便互相摩擦，馳騁追逐於其中，而不能止步，這不是很可悲的嗎！終生勞勞碌碌而不見得有什麼成就，疲憊困苦不知道究竟爲的是什麼，這不是很可哀的嗎！這樣的人生雖然不死，但又有什麼意思呢？人的形體逐漸枯竭衰老，人的精神又困縛於其中隨之消毀，這可不是莫大的悲哀嗎？人生在世，本來是這樣的昏昧嗎？難道只有我一個人這樣的昏昧，而別人也有不昏昧的呢？

三

夫隨其成心〔一〕而師〔二〕之，誰獨且無師乎〔三〕？奚必知代〔四〕而心自取者有之？愚者與有焉。未成乎心而有是非，是今日適越而昔至〔五〕也。是以無有爲有。無有爲有，雖有神禹，且不能知，吾獨且奈何哉！

夫言非吹也〔六〕，言者有言，其所言者特未定也〔七〕。果有言邪？其未嘗有言邪？其以爲異於鷇音〔八〕，亦有辯〔九〕乎，其無辯乎？

道惡乎隱〔一〇〕而有真僞？言惡乎隱而有是非？道惡乎往而不存？言惡乎存而不可？道隱於小成〔一一〕，言隱於榮華〔一二〕。故有儒墨之是非，以是其所非而非其所是〔一三〕。欲是其所非而非其所是，則莫若以明〔一四〕。

注釋

〔一〕成心：成見之心。「成心」在齊物論是個很重要的觀念，物論之所以以自我中心，引發無數主觀是是非非的爭執，產生武斷的態度與排他的現象，歸根究柢是由於「成心」作祟。然歷代解者多誤，或説「有此心天理渾然」（宋林希逸説），或釋爲「現成本有之真心」（明釋德清説），或謂「成心之中有妙道存焉」（清宣穎説），或解爲「真君所成之心」、「天然自成之心」（近人蔣錫昌説），皆大誤。以成疏爲確。成玄英説：「域情滯著，執一家之偏見者，謂之『成心』。」

林雲銘說：「『成心』，謂人心之所至，便有成見在胸中，牢不可破，無知愚皆然。」

王闓運說：「成心，已是之見。」

〔二〕師：取法。

〔三〕誰獨且無師乎：「且」，句中語助（王引之經傳釋詞）。後文「果且有彼是乎哉！ 果且無彼是乎哉」及「果且有成與虧乎哉？ 果且無成與虧乎哉」，「且」字都作語助詞。

〔四〕知代：「代」，指自然變化之相代。

林希逸說：「『知代』，古賢者之稱也。『代』，變化也。言其知變化之理也。」

〔五〕今日適越而昔至：今天到越國去而昨天就已經到了。這句話有兩種解釋：（一）這是惠子之說（見天下篇『惠施多方……今日適越而昔來』），意在泯除今昔之分。而莊子則藉惠子之說來比喻今日之有是非，正是由於成心在昔日已形成（昔至）；成心在昔日已形成，則今日的是非，不過是成心的表現而已。（二）莊子認爲「今日適越而昔至」是絕對没有的事（是「以無爲有」的），意思是說：没有成心是不會有是非的，即是說，人的是非，都是由於成心先已形成。

〔六〕言非吹也：言論和風吹不同。意指言論出於成見，風吹乃發於自然。

羅勉道說：「人之言，非如天籟之吹萬物，一以無心也。」（南華真經循本）

釋德清說：「謂世人之言，乃機心所發，非若風之吹竅也。」

王敔注：「吹無成響，言則因成心而立言。」

〔七〕言者有言，其所言者特未定也：猶謂辯者各有所說，但其所說者尚不足爲定準（陳啓天莊子淺說）。

「特未定」，不可爲準（羅勉道循本）

〔八〕鷇（kòu 扣）音：「鷇」，初生之鳥（陳壽昌說）。鳥子欲出卵中而鳴，謂之「鷇音」（成疏）。

〔九〕辯：通「辨」，別。

〔一〇〕隱：隱蔽。

釋德清說：「隱，謂晦而不明。」

〔一一〕小成：片面的成就；指局部認識所得的成果。

成玄英說：「小道而有所成得者，謂之小成也。」

林雲銘說：「小成，謂安於一察以自好。」

〔一二〕言隱於榮華：言論被浮華之詞所蔽。

勞思光說：「所謂『言隱於榮華』，意謂虛矯之言，因求粉飾而起；此點在理論上，似與『道隱於小成』並非同一層次之事。因『道隱於小成』可看作知識之不可免之問題。『言隱於榮華』則至多只是一部分言論之問題。而是非之事，與巧辯僞飾之關係，似亦只在特殊條件下成立。但莊子否定認知活動之意義時，確對『辯』甚爲重視。此當與莊子之時代有關，蓋莊子時，名家墨家之徒，皆喜用詭辯以炫其智。故莊子乃視『辯』爲一大智障。」

〔一三〕有儒墨之是非，以是其所非而非其所是：儒墨各家的是非爭論，他們各從自己的主觀成見出發，是對方的所非，非對方的所是（關說）。

蔣錫昌說：「此處儒墨，乃統兼其他各派辯士言之；以二派勢力最大，可爲各派之代表也。各派各有是非，以是其所非，而非其所是，故物論永不能齊焉。此句實爲本篇所作之動機。」

勞思光説：「一切理論上之肯定與否定，皆無絶對性；故認爲『是非』皆屬成見。儒墨等學派之學説，莊子認爲皆屬一定限制下之成見。『所非』與『所是』皆就主觀成見而言。」

〔一四〕莫若以明：不如用明靜之心去觀照。

王先謙説：「莫若以明者，言莫若即以本然之明照之。」（莊子集解）

唐君毅説：「去成心而使人我意通之道，莊子即名之曰『以明』。」（中國哲學原論第八章原辯與默二三八頁）

勞思光説：「莊子認爲儒墨各囿於成見。而欲破除彼等之成見，則唯有以虚靜之心觀照。」

方師東美説：「所謂『莫若以明』，就是指一切哲學真理的訴説，都是相對的系統。在相對系統裏，你不能够拿『此』來否定『彼』，也不能拿『彼』來否定『此』，卻必須容忍、容納、承認别人對於這一個問題，也同樣的有權利和自由去表達，去形成一個理論。」（原始儒家道家哲學第五章莊子部分）

今　譯

如果依據自己的成見作爲判斷的標準，那麽誰没有一個標準呢？何必一定要了解自然變化之理而心有見地的人？就是愚人也是同樣有的。如果説還没有成見就已經存有是非，那就好比「今天到越國去而昨天就已經到了」。這種説法是把没有看成有。如果要把没有看成有，就是神明的大禹，尚且無法理解，我又有什麽辦法呢！

言論並不像風的吹動，發言的人議論紛紛，只不過他們所説的卻得不出個定準。這果真算是發了言呢？還是不曾發言呢？他們都自以爲自己的發言不同於小鳥的叫聲，到底有分別呢？還是沒有分別呢？

「道」是怎樣被隱蔽而有真僞的分別？言論是怎樣被隱蔽而有是非的爭辯？道如何出現而又不復存在呢？言論如何展現過而又不被承認呢？道是被小的成就隱蔽了，言論是被浮華之詞隱蔽了。所以才有儒家墨家的是非爭辯，他們各自肯定對方所非的而非議對方所肯定的。如要肯定對方所非的而非議對方所肯定的，則不如以空明的心境去觀照事物本然的情形。

物無非彼，物無非是〔一〕。自彼則不見，自是則知之〔二〕。故曰彼出於是，是亦因彼。彼是方生〔三〕之説也，雖然，方生方死，方死方生〔四〕；方可方不可，方不可方可〔五〕。因是因非，因非因是〔六〕。是以聖人不由〔七〕，而照之於天〔八〕，亦因是也〔九〕。是亦彼也，彼亦是也。彼亦一是非，此亦一是非〔一〇〕。果且有彼是乎哉？果且無彼是乎哉？彼是莫得其偶，謂之道樞〔一一〕。樞始得其環中，以應無窮〔一二〕。是亦一無窮，非亦一無窮〔一三〕也。故曰莫若以明。

注　釋

〔一〕物無非彼，物無非是：物象，没有不是作爲他物的「彼」，作爲自己的「此」而存在的（關鋒今譯）；「彼」

是「那方面」，「是」是「這方面」。凡物有「那方面」，即有「這方面」（蔣錫昌說）。

王先謙說：「有對立皆有彼此。」

陳啓天說：「『彼』、『是』，猶言彼此，或人我，指相對之兩方言。」

〔二〕自彼則不見，自是則知之：「是」，衆本原作「知」，依嚴靈峰莊子章句新編校改。

嚴靈峰先生說：「『是』字原作『知』。按：作『知』於義不合。本節上下文並以『彼』、『是』對文，此不當獨作『知』。疑涉下『知』而誤。上句『自彼則不見』，則下句作『自是則知之』；『彼』與『是』對，『見』與『知』對，文法井然。因依上下文義臆改。」按：觀上下文，當以嚴說爲是，可據改，唯作「自知」解亦通。

陳啓天說：「『自是』原作『自知』，茲依嚴靈峰校改。『自彼則不見，自是則知之』，謂自彼方則不見此方之是，自此方則知此方之是也。」

蔣錫昌說：「如從『那方面』的觀點去觀察，則所見無非是『那方面』；如從『這方面』去觀察，則所見無非是『這方面』。見了那面，則不見這面。自己知道的一面，總認爲是真的一面。」

〔三〕彼是方生：說文：「方，併船。」（馬叙倫莊子義證引）「方」有「並」義，「方生」，兩方並生（張默生莊子新釋）。「彼是方生」，謂「彼」、「此」的觀念是相對而生、相依而存的。

〔四〕方生方死，方死方生：隨起亦隨仆，隨仆又隨起（宣穎說）；起滅無端（馬其昶莊子故）。此中「方」字視爲進行時式之動詞；蓋謂：相反之理論有一面在生長中，則另一面即在消亡中；反之亦然（勞思光說）。按這是惠施的哲學命題之一（見天下篇），此處就相對主義的觀點說明事物的相對轉換。

王先謙說：「隨生隨滅，隨滅隨生，浮游無定。郭以此言死生之變，非是。」按：王說是。郭象注固非，舊注有以此爲莊子含輪迴思想，更誤。

〔五〕方可方不可，方不可方可：按「可」，即「是」；「不可」，即「非」。這命題說明價值判斷的無窮相對性。

〔六〕因是因非，因非因是：謂是非相因而生，有是即有非，有非即有是（陳啓天說）。

王先謙說：「有因而是者，即有因而非者；有因而非者，即有因而是者。既有彼此，則是非之生無窮。」

〔七〕不由：指不走是非對立的路子。

宣穎說：「不由是非之途。」

〔八〕照之於天：觀照於事物的本然。

〔九〕亦因是也：也就因着（順着）這樣子。「是」，指上文「照之於天」。「亦因是」，即謂這也是因任自然的道理。

〔一〇〕是亦彼也，彼亦是也。彼亦一是非，此亦一是非：謂相對之雙方可以互易，此方可爲彼方，彼方亦可爲此方。彼方有所是非，此方亦有所是非（陳啓天說）。

〔一一〕彼是莫得其偶，謂之道樞：「彼」「此」不成對待，就是「道」的樞紐。「樞」是門軸，這裏用來形容重要關鍵的意思。「道樞」就是指世界的實況、事物的本然。謂「彼」「此」、「可」「不可」的差別對立與紛爭，乃是人的主觀作用，並非客體的實在。

馬恒君說：「把對立的雙方統一起來才是道的關鍵。」（莊子正宗注釋）

方東美先生說：「在這個一切的觀點及角度(all of perspectives)裏面，我們可以找出一個共同的焦點，再在這焦點上面，把一切思想對立的差異，統統匯集到此一共同焦點，然後從這個共同點再回看各種理論系統，而後發現：各種理論系統都有它存在的價值，都有它的相對理由，也因而可以容納各種不同系統的見解。莊子從相對性看起來稱之爲『兩行』，從共同的真理焦點看起來，稱之爲『道樞』。」

〔一二〕樞始得其環中，以應無窮：合乎道樞才像得入環的中心，可以順應無窮的流變。

蔣錫昌說：「『環』者乃門上下兩横檻之洞；圓空如環，所以承受樞之旋轉者也。樞一得環中，便可旋轉自如，而應無窮。」(莊子哲學齊物論校釋)

馬恒君說：「『環中』，道的中心。莊子認爲道的運行是無始無終的螺旋式循環，這個循環的中心就是環中。」

〔一三〕是亦一無窮，非亦一無窮：指「彼」「此」人物、環象、事態的轉換對立中產生無窮的是非判斷。

劉武說：「世情之是非，兩相倚伏；而循環相生。有是之者，則必有非之者；有今日以爲是，而他日以爲非者；今日以爲非，而他日以爲是者。故是之無窮，非之亦無窮也。」

今譯

世界上的事物没有不是「彼」的，也没有不是「此」的。從他物那方面就看不見這方面，從自己這方面來了解就知道了。所以說彼方是出於此方對待而來的，此方也因着彼方對待而成的。彼和此是相對而生的，雖然這樣，但是任何事物隨起就隨滅，隨滅就隨起；剛說可就轉向不可，剛說不可就轉向可了。有因而認爲是的就有因而認爲非的，有因而認爲非的就有因而認爲是的。所以聖人不走這條路子，而觀照於事物的本然，這也是因任自然的道理。

「此」也就是「彼」，「彼」也就是「此」。彼有它的是非，此也有它的是非。果真有彼此的分別嗎？果真沒有彼此的分別嗎？彼此不相對待，就是道的樞紐。合於道樞才像得入環的中心，以順應無窮的流變。「是」的變化是沒有窮盡的，「非」的變化也是沒有窮盡的。所以說不如用明靜的心境去觀照事物的實況。

四

以指喻指之非指，不若以非指喻指之非指也；以馬喻馬之非馬，不若以非馬喻馬之非馬也〔一〕。

天地一指也，萬物一馬也〔二〕。

注釋

〔一〕以指喻指之非指，不若以非指喻指之非指也；以馬喻馬之非馬，不若以非馬喻馬之非馬也：這兩個對等語句，意義相同。先解釋「以馬喻馬之非馬，不若以非馬喻馬之非馬也」。在這兩句中，「馬」的同一符號型式出現六次，但在不同的文字系絡中，意指不同，即其中有四個「馬」字是指白馬而略去了「白」字。其句義當是：「以白馬解說白馬不是馬，不如以非白馬來解說白馬不是馬。」同樣的，「以指喻指之非指，不若以非指喻指之非指」，可解釋爲：以大拇指來解説大拇指不是手指，不如以非大拇指（即手指）來解説大拇指不是手指（這和「白馬」非「馬」的説詞一樣，意指「大拇指」和「手指」兩個類概念的内涵與外延有所不同。不過，公孫龍所説的「指」是「概念」的意思，這裏我舉「大拇指」和「手指」爲例，説明兩者類概念的不同）。如果用符號來代替，就顯得清楚些，其意爲：從A的觀點來解説A不是B，不如從B的觀點來解説A不是B。從上文看來，A即「此」或個我，B即「彼」或他人。那麽莊子的意思不外是説：從「此」的一方作衡量的起點，不如反過來從「彼」的一方作衡量的起點，如同郭象所説的彼和此能「反覆相喻」，就可減少許多爭論。

「指」「馬」是當時辯者辯論的一個重要主題，尤以公孫龍的指物論和白馬論最著名。莊子只不過用「指」「馬」的概念作喻説，原義乃在於提醒大家不必斤斤計較於彼此、人我的是非爭論，更不必執著於一己的觀點去判斷他人。

歷來各家的解説含混而分歧，下面例舉數家的注解供作參考。

郭象注：「夫自是而非彼，彼我之常情也。故以我指喻彼指，則彼指於我指獨爲非指矣。此以指喻指之非指也。若復以彼指還喻我指，則我指於彼指復爲非指矣。此以非指喻指之非指也。將明無是無非，莫若反覆相喻。」

林希逸説：「以我而非彼，不若就他人身上思量，他又非我，物我對立，則是非不可定也。」

趙以夫説：「『指』『馬』，有形者也。『非指』『非馬』，無形者也。以有形喻形之非形，不若以無形喻形之非形。」（引自焦竑莊子翼）

釋德清說：「以我之觸指，喻彼之中指爲非我之觸指，不若以彼中指，倒喻我之觸指又非彼之中指矣。……若以彼黑馬，喻我之白馬非彼之黑馬，不若以彼黑馬，倒喻我之白馬又非彼之黑馬矣。」又說：「此一節，發揮聖人照破，則泯絕是非。」

王先謙說：「今曰指非指，馬非馬，人必不信。以指馬喻之，不能明也。以非指非馬者喻之，則指之非指，馬之非馬，可以悟矣。」

錢穆說：「『指』，百體之一，『馬』，萬類之一，此蓋泛就指馬說之。謂以我喻彼之非我，不若以彼喻我之非彼耳。」（莊子纂箋）

王叔岷先生說：「錢穆云：『公孫龍在莊子後，此不當以公孫龍爲說。指，百體之一。馬，萬類之一（二句本馬其昶說）。此蓋泛就指、馬說之。謂以我喻彼之非我，不若以彼喻我之非彼耳。』案秋水篇：『公孫龍問於魏牟曰。』錢先生云：『公孫龍猶可及見莊子，詳見拙著先秦諸子繫年。』與此謂『公孫龍在莊子後』不符。秋水篇說是。韓非子外儲說左上篇謂兒說持白馬非馬之辯，戰國策趙策二稱蘇子（秦）曰：『夫刑名之家，皆曰白馬非馬。』驗以莊子此言指、馬，則指、馬之喻，當屬周季恒言。然莊書之文，則不必據公孫龍子爲說（今傳公孫龍子蓋晚出）。莊子蓋借指、馬以喻儒、墨之是非。其意蓋謂以儒是喻墨是之非是，不若以所非之墨是還喻儒是亦非是也；或以墨是喻儒是之非是，不若以所非之儒是還喻墨是亦非是也。」

陳啓天說：「茲就莊子書而釋之，則指蓋謂手指。『以指喻指之非指，不若以非指喻指之非指』，猶謂以此指說明彼指之非此指，不如以非此指說明彼指之非此指也。『以馬喻馬之非馬，不若以非馬喻馬之非馬』，猶謂以白馬説明白馬非馬之通稱，不如以非白馬説明白馬非馬之通稱也。就彼此分別言之，則有指與非指，馬與非馬之别。然就大道統觀之，則天地如同一指，萬物如同一馬，而不可分也。」

〔二〕天地一指也，萬物一馬也：「一指」、「一馬」是用以代表天地萬物同質的共通概念。意指從相同的觀點來看，天地萬物都有它們的共同性。德充符上説：「自其同者視之，萬物皆一也。」就是這個意思。

今譯

以大拇指來説明大拇指不是手指，不如以非大拇指來説明大拇指不是手指；以白馬來説明白馬不是馬，不如以非白馬來説明白馬不是馬。

〔其實從事理相同的觀點來看，〕天地就是「一指」，萬物就是「一馬」。

可於可。而不可於不可〔一〕。道行之而成，物謂之而然。有自也而可，有自也而不可。有自也而然，有自也而不然。惡乎然？然於然。惡乎不然？不然於不然。惡乎可？可於可。惡乎不可？不可於不可。物固有所然，物固有所可。無物不然，無物不可〔一〕。故爲是舉莛與楹〔二〕，厲〔三〕與西施，恢恑憰怪〔四〕，道通爲一。其分也，成也；其成也，毁也〔五〕。凡物無成與毁，復通爲一。

唯達者知通爲一，爲是不用〔六〕而寓諸庸〔七〕；因是已〔八〕。已而不知其然〔九〕，謂之道。

勞神明〔一〇〕爲一，而不知其同也，謂之朝三。何謂朝三？狙公〔一一〕賦芧〔一二〕曰：「朝三而暮四。」衆狙皆怒。曰：「然則朝四而暮三。」衆狙皆悦。名實未虧而喜怒爲用，亦因是也。是以聖人和之以是非而休乎天鈞〔一三〕，是之謂兩行〔一四〕。

注釋

〔一〕道行之而成，物謂之而然。有自也而可，有自也而不可。有自也而然，有自也而不然。惡乎然？然於然。惡乎不然？不然於不然。惡乎可？可於可。惡乎不可？不可於不可。物固有所然，物固有所可。無物不然，無物不可：這段文今本作：「可乎可，不可乎不可。道行之而成，物謂之而然。惡乎然？然於然。惡乎不然？不然於不然。物固有所然，物固有所可。無物不然，無物不可。」今本文句脱落錯亂，於義難通。陸德明釋文在「無物不然，無物不可」句下注説：「崔本此下更有『可於可而不可於不可，不可於不可而可於可也』。」足證現存本文字有脱誤。兹依嚴靈峰校訂改正。

嚴靈峰先生説：「王先謙曰：『又見寓言篇。此是非可否並舉，以寓言篇證之，「不然於不然」下，似應更有「惡乎可？可於可。惡乎不可？不可於不可」四句，而今本奪之。』王説是也。此『道行之而成』句上『可乎可不可乎不可』八字，實即『不然於不然』句下之文，因中奪去上『惡乎可』及下『惡乎不可』七字，而又錯入上文；並在『惡乎然』上又脱『有自也而可有自也而不可有自也而然有自也而不然』二十二字，致錯亂不可解說。幸此全文羼入寓言篇內，得以完整無誤，因據以補正。」（道家四子新編五三二頁）按：劉文典、王叔岷等據崔譔本考訂這段文句，然以嚴說爲優。

〔二〕莛（tíng廷）與楹：「莛」，草莖。「楹」，木柱。莖小而柱大，古人往往以莛柱比小大。

俞樾說：「司馬以莛爲屋梁，楹爲屋柱，故郭云莛橫而楹縱。案說文：『莛，莖也。』屋梁之說，初非本義。漢書東方朔傳以莛撞鐘，文選答客難篇莛作筳。李注引說苑曰：『建天下之鳴鐘，撞之以筳，豈能發其音聲哉！筳與莛通。』是古書言莛者，謂其小也。莛楹以大小言，厲西施以好醜言。舊說非是。」舊注皆誤，當從俞說。

〔三〕厲：借爲癘（朱駿聲說）；病癩（司馬彪說）。

〔四〕恢恑憰怪：猶言千形萬狀（胡方莊子辯正）；謂形形色色之怪異（陳啓天說）。「恢恑」，即下文「弔恑」（「恢」，簡文本作「弔」）。「憰怪」同義，都是奇異、怪異的意思。

王博說：「『恢恑憰怪，道通爲一』，各種各樣的差別，把此物和彼物分隔起來的種種不同，在道這裏都被打通了。」

〔五〕其分也，成也；其成也，毀也：任何事物的分散，必定有所生成（即成就另一新物）；任何事物的生成，必定有所毀滅（即毀滅了原有的狀態）。好比木材的分散，造成了器物；器物的造成，〔對於木材來說〕就有了毀壞的因素。

〔六〕不用：指不用固執自己的成見，或不用分別「分」與「成」的觀念。

〔七〕寓諸庸：句下原有「庸也者，用也；用也者，通也；通也者，得也，適得而幾矣」，這二十字疑是衍文，依嚴靈峰之說刪去。「寓諸庸」，即寄寓於各物的功用上。

徐復觀先生說：「莊子不從物的分、成、毀的分別變化中來看物，而只從物之『用』的這一方面來看物，則物各有其用，亦即各得其性，而各物一律歸於平等，這便謂之『寓諸庸』。秋水篇：『以功觀之，因其所有而有之，則萬物莫不有。因其所無而無之，則萬物莫不無。知東西之相反而不可以相無，則功分定矣。』按秋水篇之所謂『功』，即齊物論之所謂『庸』；『以功用觀之』，即『寓諸庸』。」（中國人性論史四〇二頁）按：舊注多含混不明。今人多依宣穎、王先謙注解，宣釋「用」爲「無用之用」；王解「寓諸庸」爲「寓諸於尋常之理」。然莊子的原意是說，從各物相同的功分上來看，都可通爲一體。故以「功分」釋「庸」，較合原義。

嚴靈峰先生說：『庸也者用也用也者通也通也者得也適得而幾矣』二十字，按：上云『不用』……疑此數句，原係前人爲『用』字作注，而混入正文者。又本篇前章：『爲是不用而寓諸庸；此之謂以明。』正無此二十字，茲刪去。」（道家四子新編五三六頁）按：刪去這二十字後，成「爲是不用，而寓諸庸；因是已」，正和前段「聖人不由，而照之於天；亦因是也」以及後段「爲是不用，而寓諸庸；此之謂以明」句法一律。

〔八〕因是已：「因」，謂因物自然。「是」字，爲同動詞。「已」字，爲語末助詞（陳啓天說）。

〔九〕已而不知其然：「已」字承上文而言，言「此而不知其然」（王引之說）。

蔣錫昌說：「『已』上承上文而省『因是』二字，猶言『因是已，而不知其然，謂之道』，此乃莊子省字法也。養生主：『有涯隨無涯，殆已；已而爲知者，殆而已矣。』猶言『殆已而爲知者，殆而已矣』也。

詞例與此一律。」

〔一〇〕神明：猶精神（林希逸說）；指心思、心神。

〔一一〕狙（jū居）公：養猴的人。這段故事見於列子黄帝篇。

〔一二〕芧（xù序）：小栗。

林希逸說：「芧，山栗也，一名橡也。」

〔一三〕天鈞：可作兩解，一爲自然的運轉（「鈞」爲陶工製陶器所用的轉盤），另一解爲自然均衡的道理（寓言篇作「天均」。「鈞」與「均」通。道藏成玄英疏，林希逸口義，褚伯秀義海纂微，羅勉道循本，吳澄内篇訂正諸本都作「均」）。兹取後說。

成玄英疏：「天均者，自然均平之理也。」

馮友蘭說：「『天鈞』者，寓言篇亦言『天鈞』『天倪』。『天鈞』『天倪』皆謂萬物自然之變化；『休乎天鈞』，即聽萬物之自然也。」（中國哲學史二九一頁）

徐復觀說：「『天鈞』，即是自然運轉演化的意思。『休乎天鈞』的『休』，即是將自己的智慧，融合在天鈞、道樞上面。」（中國人性論史四〇二頁）

〔一四〕兩行：兩端都可行，即兩端都能觀照到。

王先謙說：「物與我各得其所，是兩行也。」

馬恒君說：「『兩行』，對立雙方並行不悖。」

方東美先生說：「每一個人的觀點都是彼此有限制，各自都有論點，因此彼此都應當互相容忍，這就是莊子所謂『兩行』之說。『兩行』就是把一切對於真理的陳述，落到無窮的相對系統裏面去。然後，在這個無窮的相對系統裏，每一個理論都有它獨特的觀點，每一個理論都有它成立的理由，每一個理論都得到真理的一面。若能如此想，則當我們在參加學術討論時，才可以拿出一個『公心』，而不是拿『私心』來表現自己的偏見。也就是要能容納別人的立場與見解，容納並承認別人的理由。」

今譯

道路是人走出來的，事物的名稱是人叫出來的。可有它可的原因，不可有它不可的原因；是有它是的原因，不是有它不是的原因；爲什麼是？自有它是的道理。爲什麼不是？自有它不是的道理。爲什麼可？自有它可的道理。爲什麼不可？自有它不可的道理。一切事物本來都有它是的地方，一切事物本來都有它可的地方。没有什麼東西不是，没有什麼東西不可。所以舉凡小草和大木，醜癩的女人和美貌的西施，以及一切稀奇古怪的事物，從道的角度來看都可通而爲一。萬事有所分，必有所成；有所成必有所毁。所以一切事物無論完成和毁壞，都是復歸於一個整體。

只有通達之士才能了解這個通而爲一的道理，因此他不用固執自己的成見而寄寓在各物的功分上；這就是因任自然的道理。順着自然的路徑行走而不知道它的所以然，這就叫做「道」。

〔辯者們〕竭盡心智去求「一致」，而不知道它本來就是相同的，這就是所謂「朝三」。什麼叫做「朝三」？有一個養猴的人，餵猴子吃栗子，對這群猴子説：「早上給你們三升而晚上給你們四升。」這些猴子聽了都很生氣。養猴的人又説：「那麽早上給你們四升而晚上給你們三升。」這些猴子聽了都高興起來。名和實都没有改變而猴子的喜怒卻因而不同，這也是順着猴子主觀的心理作用罷了！所以聖人不執著於是非的爭論而依順自然均衡之理，這就叫做「兩行」。

古之人，其知有所至矣。惡乎至？有以爲未始有物者，至矣，盡矣，不可以加矣。其次，以爲有物矣，而未始有封〔一〕也。其次，以爲有封焉，而未始有是非也。是非之彰也，道之所以虧也。道之所以虧，愛之所以成〔二〕。果且有成與虧乎哉？果且無成與虧乎哉？有成與虧，故昭氏之鼓琴也；無成與虧，故昭氏之不鼓琴也〔三〕。昭文之鼓琴也，師曠〔四〕之枝策〔五〕也，惠子之據梧〔六〕也，三子之知，幾乎皆其盛者也〔七〕，故載之末年〔八〕。唯其好之也，以異於彼〔九〕；其好之也，欲以明之。彼非所明而明之〔一〇〕，故以堅白之昧終〔一一〕。而其子又以文之綸終〔一二〕，終身無成。若是而可謂成乎？雖我無成，亦可謂成矣〔一三〕。若是而不可謂成乎？物與我無成也。是故滑疑之耀，聖人之所圖也〔一四〕。爲是不用而寓諸庸，此之謂以明。

注　釋

〔一〕封：界域。

〔二〕愛之所以成：按所謂「道隱於小成」（王叔岷莊子校詮）。愛，指私愛，即偏好。

〔三〕有成與虧，故昭氏之鼓琴也；無成與虧，故昭氏之不鼓琴也：「故」，猶「則」（王引之經傳釋詞）。「昭氏」，姓昭名文，善於彈琴。

郭象說：「夫聲不可勝舉也。故吹管操弦，雖有繁手，遺聲多矣。而執籥鳴弦者，欲以彰聲也，彰聲而聲遺，不彰聲而聲全。故欲成而虧之者，昭文之鼓琴也；不成而無虧者，昭文之不鼓琴也。」

馮友蘭說：「郭象在這裏注說：……這就是說，無論多麼大的管弦樂隊，總不能一下子就把所有的聲音全奏出來，總有些聲音被遺漏了。就奏出來的聲音說，這是有所成；就被遺漏的聲音說，這是有所虧。所以一鼓琴就有成有虧，不鼓琴就無成無虧。像郭象的說法，作樂是要實現聲音（「彰聲」），可是因爲實現聲音，所以有些聲音被遺漏了，不實現聲音，聲音倒是能全。據說，陶潛在他的房子裏掛着一張無弦琴。他的意思大概就是像郭象所說的。」（見莊子哲學討論集一二四頁）

〔四〕師曠：晉平公的樂師。

〔五〕枝策：舉杖以擊節（釋文引崔譔說）。

林希逸說：「『策』，擊樂器之物也。今馬鞭亦曰『策』。『枝』，猶持也，持而擊曰『枝』。師曠枝策，即言師曠擊樂器也。」

蔣錫昌說：「『枝』借爲『支』。世說二五注引『枝』作『支』，可證。說文：『支，去竹之枝也，从手持半竹。』支有持義，故可訓持。」

〔六〕據梧：舊注有兩解釋：（一）「梧」作琴；如司馬彪說：「梧，琴也。」（二）「據梧」作倚梧几；如成玄英疏：「昭文已能鼓琴，何容二人共同一伎？況檢典籍，無惠子善琴之文。而言據梧者，只是以梧几而據之談話，猶隱几者也。」按：「據梧」當是據梧樹。

劉師培說：「今考德充符篇述：『莊語惠子云：今子外乎子之神，勞乎子之形，倚樹而吟，據槁梧而瞑。』與此文符。『槁梧』與『樹』並文，似非樂器。……天運篇云：『倚於槁梧而吟。』亦非琴及瑟也。」

劉武說：「據德充符篇所言，『梧』義自見；吟既倚『樹』，瞑自可據『梧』。」按：「倚樹」與「據梧」二句，實爲一事（嚴靈峰說）。

〔七〕三子之知，幾乎皆其盛者也：三個人的技藝都算得上登峰造極的了。

這裏向來有兩種斷句法：（一）三子之知幾乎，皆其盛也：郭象注：「幾，盡也。」意即這三個人的技藝達到了頂點。依郭注則以「幾乎」斷句。（二）三子之知，幾乎皆其盛也；武延緒說：「『幾乎』二字，疑當連下句讀。」釋德清注本與林雲銘注本等正以「幾乎」二字連下文爲讀。若依郭注斷句，則前後兩句意義重複，故當從（二）。

〔八〕載之末年：這句有多種解釋：（一）流傳於後世；如崔譔注：「書之於今也。」（二）從事此業終身；如林希逸說：「『載』，事也。『末年』，晚年也。言從事於此終其身也。」釋德清說：「言從事以終身也。」林雲銘說：「三人皆以其知近精，故爲終身篤好。」（三）「載」，指載譽；如李勉說：「『載』謂載譽於晚年也。以其知盛，故能載譽於晚年也。但莊子認爲此乃世俗間之虛譽耳。」按：（二）（三）說皆可通。

〔九〕異於彼：炫異於他人。「彼」，指他人、衆人。

〔一〇〕彼非所明而明之：非人所必明，而强欲共明之（王先謙說）；謂以我之偏好，曉喻無此偏好之他人（陳啓天說）。按：這裏指惠子而言。

〔一一〕以堅白之昧終：謂惠子終身迷於堅白之說（陳啓天說）。「昧」，偏蔽。

王叔岷先生說：「『故以堅白之昧終。』專就惠施而言。德充符篇莊子亦謂惠施『以堅白鳴』。堅白之論，蓋即白馬非馬之類，戰國諸子持此論者不乏其人，此不必涉及公孫龍。」（莊子校詮）

〔一二〕其子又以文之綸終：「綸」有二說：一說琴瑟的弦（如崔譔說：「琴瑟絃也。」）；一說綸緒，即緒業（如成疏：「綸，緒也」）。「其子」有二說：一說昭文的兒子；二說惠施的兒子。James Legge 在英譯 "The Writings of Chuang Tze" 中，譯成「他們的兒子」（即昭文、師曠、惠施三人的兒子），但又加注說：這裏也許應指惠施的兒子。因而這句話可以有不同的解釋：（一）昭文的兒子又終身從事於昭文的餘緒；如郭象注：「昭文之子又乃終文之緒。」（二）惠施的兒子又繼承他的學識之餘緒；如林雲銘說：「惠施既終，而其子又將堅白之載於書者，尋其綸緒，竟無所得。」一般學者多依郭象注解。今譯從衆。

〔一三〕雖我無成，亦可謂成矣：原作「雖我亦成也」，根據陳碧虛莊子闕誤補正。

王叔岷先生說：「陳碧虛闕誤引江南古藏本：『雖我亦成也』，作『雖我無成，亦可謂成矣。』文意較完，當從之。注：『則雖我之不成，亦可謂成也。』是郭本『亦』上原有『無成』二字，『亦』下原有『可謂』二字。」按：「雖我無成」的「我」，是泛稱，不是特指莊子自己。

〔一四〕滑（gǔ骨）疑之耀，聖人之所圖也：「圖」，革除，猶左傳隱公元年「蔓，難圖也」之「圖」（曹礎基莊子淺

注）。這句有兩種對立的解釋，引述如下：

（一）一說：含蓄的光明，乃是聖人所希圖的。如釋德清說：「滑疑之耀者，乃韜晦和光，不衒己見之意。言光而不耀，乃聖人所圖也。」

（二）另一說：迷亂人心的炫耀，乃是聖人所要摒去的。如蔣錫昌說：「釋文引司馬云：『滑，亂也。』『滑疑』即指辯者之說而言，謂其說足以使人之心亂與疑也。下文：『置其「滑涽」。』徐无鬼：『「頡滑」有實。』下文郭注：『「滑涽」紛亂。』徐无鬼向注：『「頡滑」謂錯亂也。』是『滑疑』之義。『圖』借作『啚』，說文：『啚，嗇也。』『嗇』即愛濇，省嗇之義。郭注：『圖而域之。』亦即省嗇。此謂辯說之炫耀，乃聖人之所省嗇也。下文『不用』二字即承此『圖』而言。可證『圖』即省嗇或不用之義。」如聞一多說：「『鄙』古祇作『啚』，校者誤爲『圖』字，遂改爲圖也。」（莊子內篇校釋）馬叙倫說：「圖借爲否。」按：當從（二）說。下文「爲是不用」，正是承這迷亂人心的辯說而言的。

今譯

古時候的人，他們的智識有個究極。究極在哪裏？有人認爲宇宙初始並不存在萬物，這便是知識的究極，到達盡頭了，不能再增加了。次一等的人，認爲宇宙初始存在萬物，只是萬物之間並不嚴分界域。再次一等的人，認爲宇宙初始不但已存在萬物，並且事物之間有分界，只是不計較是非。是非的造作，道就有了虧損。道的虧損，是由於私好所形成。果然有完成和虧損嗎？還是沒有完成和虧損呢？有完成和虧損，好比昭文的彈琴；沒有完成和虧損，好比昭文的不彈琴。昭文的彈琴，師曠的持杖擊節，惠子的倚在梧桐樹下辯論，他們三個人的技藝，幾乎都算得上登峰造極的了，所以載譽於晚年。正因他們各有所好，以炫異於別人；他們各以所好，而想彰顯於他人。不是別人所非了解不可的而勉强要人了解，因此終身迷於「堅白論」的偏蔽。而昭文的兒子又終身從事於昭文的餘緒，以至於終身没有什麽成就。像這樣子可以説有成就嗎？那麽雖然我們没有成就，也可算有成就了。如果這樣不能算有成就，那麽人與我都談不上有什麽成就。所以迷亂世人的炫耀，乃是聖人所要摒棄的。所以聖人不用〔知見辯説〕誇示於人而寄寓在各物自身的功分上，這就叫做「以明」。

五

今且有言於此，不知其與是類乎？其與是不類乎？類與不類，相與爲類，則與彼無以異矣。

雖然，請嘗言之。有始也者〔一〕，有未始有始也者〔二〕，有未始有夫未始有始也者〔三〕。有有也者，有無也者〔四〕，有未始有無也者〔五〕，有未始有夫未始有無也者〔六〕。俄而有無矣，而未知有無之果孰有孰无也。今我則已有謂矣，而未知吾所謂之其果有謂乎，其果无謂乎？

天下莫大於秋毫之末，而大山爲小；莫壽於殤子，而彭祖爲夭〔七〕。天地與我並生，而萬物與我爲一。既已爲一矣，且得有言乎？既已謂之一矣，且得無言乎？一與言爲二，二與一爲三。自此以往，巧曆〔八〕不能得，而況其凡〔九〕乎！故自無適有〔一〇〕以至於三，而況自有適有乎！無適焉〔一一〕，因是已。

注釋

〔一〕有始也者：宇宙有個開始。

〔二〕有未始有始也者：有未曾開始的開始。

〔三〕有未始有夫未始有始也者：更有未曾開始那「未曾開始」的開始（莊子內篇譯解和批評）；謂天地之始以前之再前（蔣錫昌說）。

陳啓天說：「吾人思及天地之原始時，已撤銷物我之對立。若追溯至天地之原始以前及其更前，則意境益無限，尚何有是非可言哉！」

〔四〕有有也者，有無也者：宇宙有「有」，有「無」。「無」、「有」觀念來自老子，見老子第一章、四十章。

〔五〕有未始有無也者：有未曾有「無」的「無」。

〔六〕有未始有夫未始有無也者：更有未曾有那「未曾有『無』」的「無」（莊子內篇譯解和批判）。

陳啓天：「吾人由物思及道時，已通萬物爲一。若追溯至有道以前及其更前，則意境益無涯，亦無是非可言也。」

〔七〕天下莫大於秋毫之末，而大山爲小；莫壽於殤子，而彭祖爲夭：天下没有比秋天毫毛的末端更大的東西，而泰山卻是小的；没有比夭折的嬰兒更長壽的，而彭祖卻是短命的。在莊子看來，大小長短是相對、比較而言的，不是絶對的。每一個東西都比它小的東西大，也都比它大的東西小，所以每一個東西都是大的，也都是小的。依此而得出這種詭論來。

在經驗世界中，一個常人認爲極大的東西，若從更廣闊的空間上來衡量，卻顯得十分微小。相反的，一個常人認爲極細微的東西，逼近了看，卻可發現其中含藏着無盡豐富的内容。莊子雖然有意忽略相對事物中的絶對性（即在特定的關係中，大和小的區分是絶對的；如在狗和螞蟻的特定關係中，狗爲大而螞蟻爲小是絶對的），然而莊子的目的，卻不在對現象界作區別，乃在於擴展人的視野，以透破現象界中的時空界綫。若能將現象界中時空的界綫一一透破，心靈才能從鎖閉的境域中超拔出來。

嚴北溟説：「『天下莫大於秋毫之末而泰山爲小，莫壽於殤子而彭祖爲夭。』看來這不僅是相對主義，而且是詭辯。而莊子説這話的用意，則在於論證不要局限在感官認識上去比較事物表面上的數量差别，而要通過抽象思維去認識一切空間的大小都是相對的，只有無限大無限小，才是絶對的，時間的久暫也一樣。這一看法，是包含有合理的因素的。」（從道家思想演變看莊子哲學，刊在社會科學戰綫，一九八一年一期）

〔八〕巧曆：善於計算的人。

〔九〕凡：凡夫，普通人。

〔一〇〕自無適有：從「無」（没有語言的機心）到「有」（有語言的機心）。

〔一一〕無適焉：即無往矣；指不必再往前計算，意謂不如消除語言的機心。

今譯

現在在這裏説一些話，不知道其他人的言論和我這些話是同一類呢，還是不同一類？無論是同一類還是不同類，儘管發了言都算是一類了，那麽和其他的論者便没有什麽分别了。

既然如此，還是容我説説：宇宙有一個「開始」，有一個未曾開始的「開始」，更有一個未曾開始那「未曾開始」的「開始」。宇宙最初的形態有它的「有」，有它的「無」，更有未曾有「無」的「無」，更有未曾有那「未曾有無」的「無」。忽然間發生了「有」、「無」，然而不知道這個「有」、「無」果真是「有」果真是「無」。現在我已經説了這些話，但不知道我果真説了呢，還是没有説？

天下没有比秋天毫毛的末端更大的東西，而泰山却是小的；没有比夭折的嬰兒更長壽的，而彭祖却是短命的。天地和我並存，而萬物和我合爲一體。既然合爲一體，還需要言論嗎？既然已經説了「合爲一體」，還能説没有言論嗎？萬物一體加上我所説的就成了「二」，「二」再加上「一」就成了「三」，這樣繼續往下算，就是最巧善的計算家也不能得出最後的數目，何況普通人呢？從無到有已經生出三個名稱了，何況從有到有呢！不必再往前計算了，因任自然就是了。

夫道未始有封〔一〕，言未始有常〔二〕，爲是而有畛〔三〕也，請言其畛：有左，有右，有倫，有義，有分，有辯，有競，有爭，此之謂八德〔四〕。六合〔五〕之外，聖人存而不論；六合之內，聖人論而不議。春秋經世先王之志〔六〕，聖人議而不辯。故分也者，有不分也；辯也者，有不辯也。曰：何也？聖人懷之〔七〕，衆人辯之以相示〔八〕也。故曰辯也者，有不見也〔九〕。

夫大道不稱，大辯不言，大仁不仁〔一〇〕，大廉不嗛〔一一〕，大勇不忮〔一二〕。道昭而不道，言辯而不及，仁常而不周〔一三〕，廉清而不信〔一四〕，勇忮而不成。五者無棄而幾向方矣〔一五〕。

故知止其所不知，至矣。孰知不言之辯，不道之道？若有能知，此之謂天府〔一六〕。注焉而不滿，酌焉而不竭，而不知其所由來，此之謂葆光〔一七〕。

注釋

〔一〕道未始有封：謂道無所不在，而未曾有彼此之分（陳啓天說）。

崔譔說：「齊物七章，此連上章，而班固說在外篇。」（釋文引）

〔二〕言未始有常：謂言未曾有定說（陳啓天說）。按「常」謂是非標準。

〔三〕爲是而有畛：有兩種解釋：（一）猶言因此而有是非之分別（陳啓天說）。「爲是」作爲此、因此講。（二）爲了爭執一個「是」字而劃出界綫。「爲是」作爲「是」講。依上文句義，以後說爲優。

釋德清說：「只因執了一個『是』字，故有是非分別之辯。」

蔣錫昌說：「儒墨之間，只緣爲了爭一個『是』字，故有彼此人我之界，以致辯論不休也。」

〔四〕有左，有右，有倫，有義，有分，有辯，有競，有爭，此之謂八德：這是指儒墨等派所執持爭論的八種。

「倫」，猶紀。「義」，儀，法度禮數。「倫義」指綱紀法度。

成玄英疏：「『德』者，功用之名也。略而陳之，有此八種。」

林希逸說：「此段又自『是』字上生起，有封即有彼也。至道至言本無彼此，因人心之私，有個『是』字，故生出許多疆界。八德之名，只是物我對立之意，卻鼓舞其文，做出四句。」

羅勉道說：「『倫』，次序也。『義』，合宜也。既次序之而又逐事要合宜。『分』，别也。『辯』又詳矣。『競』，主心言，『爭』，主力言，左氏傳曰：『不必心競而力爭。』」（南華真經循本）

蔣錫昌說：「『左』指卑或下言，『右』指尊或上言；『倫』對疏戚言，『義』對貴賤言；此謂儒家所述人類關係，有此四種大别也。……『分』者謂分析萬物，『辯』者謂辯其所是，『競』者謂競説不休，『爭』者謂爭得勝利，此謂墨家（包括其他各派辯士）之術，有此四種大别也。此謂儒墨之『畛』，合而計之，有此八種也。」

〔五〕六合：指天地四方。

〔六〕春秋經世先王之志：古史上有關先王治世的記載。

王先謙說：「春秋經世，謂有年時以經緯世事，非孔子所作春秋也。」

蔣錫昌說：「『春秋經世先王之志』，即『春秋先王經世之志』；與上文『大木百圍之竅穴』即『百圍大木之竅穴』詞例相倣，皆莊子倒句法也。此謂一切古史乃先王陳跡已行於世之記載。」

〔七〕懷之：指默默體認一切事理。

郭象注：「以不辯爲懷。」

王先謙說：「存之於心。」

〔八〕相示：互相誇示。

〔九〕辯也者，有不見也：謂凡爭辯者，只見自己之是，而不見自己之非（陳啓天說）。

〔一〇〕大仁不仁：大仁是沒有偏愛的。和老子五章「天地不仁」及庚桑楚「至仁無親」同義。

林希逸說：「無仁之迹而後爲大仁。」

〔一一〕大廉不嗛（qiǎn 遣）：大廉是不遜讓的。

馬其昶說：「嗛，與隒同，說文：『隒，崖也。』謂廉者不自顯崖岸。」

李勉說：「案嗛應作⿰口廉，⿰口廉字從口，謂口自言廉也，謂大廉不⿰口廉，謂大廉者口不自言其廉以邀譽也，猶如采字作採以示用手採也。然此皆漢後所改易之字，原字應作廉作采，原句應作『大廉不廉』，與上句『大仁不仁』句法同，下『廉』字動詞，謂大廉者不自言其廉也。魏晉注者加口旁作⿰口廉，又誤作嗛。」

〔一二〕大勇不忮（zhì 致）：大勇是不傷害的。忮，害（釋文）。

〔一三〕仁常而不周：「常」，指固定在一方。「周」原作「成」，據江南古藏本改。這句話是說「仁」守滯一處便不能周遍。

奚侗說：「莊子闕誤云：『江南古藏本作「周」。』是也。郭注：『物無常愛，而常必不周。』是郭本亦作『周』不作『成』，『成』字涉下『勇忮而不成』而誤。」

〔一四〕廉清而不信：廉潔過分而不真實。

釋德清說：「矯矯以自清立名，則無實德矣。」

〔一五〕五者無棄而幾向方矣：原作「五者圓而幾向方」，根據奚侗之說，依淮南子改正。

奚侗說：「淮南子詮言訓載此文作『五者無棄而幾向方矣』。高注：『方，道也，庶幾向於道也。』爾雅釋詁：『棄，忘也。』意謂能無忘此五者，其庶幾乎向於道矣。疑古本莊子『無』作『无』，『棄』字破爛不可辨，鈔者乃作□以識之。後人不察，誤『无』爲『元』，又與□相合爲『园』。解者遂以爲『圓』之俗字，而誤『方』爲『圓』之對文，而書恉大晦。是當據淮南子訂正之。」

〔一六〕天府：自然的府庫。這是形容心靈涵攝量的廣大。

〔一七〕葆光：潛藏的光明。

林希逸說：「葆，藏也。藏其光而不露，故曰葆光。」

勞思光說：「萬說紛紜，皆由有『言』而起，『言』又不能接觸真相，在其本身限制下，徒增煩擾。道家之理想，則爲息言說以養虛靈之自覺，即所謂『葆光』是也。」

今譯

道原本是沒有分界的，語言原本是沒有定說的，爲了爭一個「是」字而劃出許多的界綫，如有左，有右，有倫序，有等差，有分別，有辯論，有競言，有爭持，這是界限的八種表現。天地以外的事，聖人是存而不論的；天地以內的事，聖人只論說而不議評。春秋史實乃是先王治世的記載，聖人只議評而不爭辯。天下事理有分別，就有不分別；有辯論，就有不辯論。這是怎麼講呢？聖人默默體認一切事理，衆人則喋喋爭辯而競相誇示。所以說：凡是爭辯，就有見不到的地方。

大道是不可名稱的，大辯是不可言說的，大仁是無所偏愛的，大廉是不遜讓的，大勇是不傷害的。

「道」講出來就不是真道，言語爭辯就有所不及，仁常守滯一處就不能周遍，廉潔過分就不真實，勇懷害意則不能成爲勇。這五者不要疏忽，那就差不多近於道了。

一個人能止於所不知的境域，就是極點了。誰能知道不用語言的辯論，不用稱說的大道呢？若有能知道，就够得上稱爲天然的府庫，這裏無論注入多少都不會滿溢，無論傾出多少也不會枯竭，不知道源流來自何處，這就叫做潛藏的光明。

六

故〔一〕昔者堯問於舜曰：「我欲伐宗、膾、胥敖〔二〕，南面而不釋然〔三〕。其故何也？」舜曰：「夫三子者〔四〕，猶存乎蓬艾之間〔五〕。若〔六〕不釋然，何哉？昔者十日並出〔七〕，萬物皆照，而況德之進〔八〕乎日者乎！」

注釋

〔一〕故：發語詞，作用同「夫」。

張默生說：「『故』，作『夫』字用，古書中有此用法。」

〔二〕宗、膾（kuài快）、胥敖：三個小國名。人間世作叢、枝、胥敖。

林希逸說：「宗、膾、胥敖之事，無經見，亦寓言耳。」

〔三〕不釋然：耿耿於懷，芥蒂於心。

〔四〕三子者：指三國的君主。

〔五〕存乎蓬艾之間：生存於蓬蒿艾草中間。

林雲銘說：「蓬艾之間，言其存國於卑微褊小之地，不足與較也。」

宣穎說：「托生小處。」

〔六〕若：汝，指堯。

〔七〕十日並出：這也是寓言，借來譬喻光明廣大，普照萬物。

林希逸說：「十日並出，亦見淮南子，此蓋莊子寓言，淮南子又因之而粧撰也。」

〔八〕進：勝過。

今譯

從前堯問舜說：「我想討伐宗、膾、胥敖，每當臨朝，總是放在心裏感到不安，爲什麽呢？」舜說：「這三個小國的君主，就如同生存在蓬蒿艾草中間一樣，爲什麽還要放在心裏呢？從前據說有十個太陽同時並出，普照萬物，何況道德的光芒更勝過太陽的呢！」

齧缺問乎王倪〔一〕曰：「子知物之所同是〔二〕乎？」

曰：「吾惡乎知之！」

「子知子之所不知邪？」

曰：「吾惡乎知之！」

「然則物无知邪？」

曰：「吾惡乎知之！雖然嘗試言之。庸詎知〔三〕吾所謂知之非不知邪？庸詎知吾所謂不知之非知邪？且吾嘗試問乎汝：民溼寢則腰疾偏死〔四〕，鰌〔五〕然乎哉？木處則惴慄恂〔六〕懼，猨猴然乎哉？三者孰知正處？民食芻豢〔七〕，麋鹿食薦〔八〕，蝍蛆甘帶〔九〕，鴟〔一〇〕鴉耆鼠，四者孰知正味？猨猵狙〔一一〕以爲雌，麋與鹿交，鰌與魚游。毛嬙、西施〔一二〕，人之所美也；魚見之深入，鳥見之高飛，麋鹿見之決驟〔一三〕。四者孰知天下之正色哉？自我觀之，仁義之端，是非之塗，樊然殽亂〔一四〕，吾惡能知其辯！」

齧缺曰：「子不知利害，則至人固不知利害乎？」

王倪曰：「至人神矣！大澤焚而不能熱，河漢沍〔一五〕而不能寒，疾雷破山而不能傷，飄風振海而不能驚〔一六〕。若然者，乘雲氣，騎日月，而遊乎四海之外。死生無變於己，而況利害之端乎！」

注釋

〔一〕齧（niè 聶）缺問乎王倪：齧缺、王倪，撰造名字（林希逸說）。天地篇說：「齧缺之師王倪。」王元澤說：「『齧缺』者，道之不全也。『王倪』者，道之端也。莊子欲明道全與不全而與端本，所

以寓言於二子也。」（南華真經新傳）

〔二〕同是：共同所認可的；共同標準。

〔三〕庸詎知：安知，何知。

王引之經傳釋詞說：「『庸』猶『何』也，『安』也，『詎』也。『庸』與『詎』同意，故亦稱『庸詎』。」

〔四〕偏死：半身不遂。

馬叙倫說：「『偏』借爲『㾫』。說文曰：『㾫，半枯也。』」

〔五〕鰌（qiū 秋）：泥鰍。

〔六〕恂：眩。

朱桂曜說：「爾雅云：『恂慄也』，恂謂眩也。」

〔七〕芻豢（huàn 患）：用草餵的叫芻，指牛羊；用穀子餵的叫豢，指家畜。

司馬彪說：「牛羊曰芻，犬豕曰豢，以所食得名。」

〔八〕薦：美草（司馬彪說）。

〔九〕蝍蛆（jū 居）甘帶：蜈蚣喜歡吃蛇。「蝍蛆」，蜈蚣。「帶」，小蛇。

蔣錫昌說：「本草蜈蚣下注云：『一名蝍蛆，其性能制蛇，見大蛇便緣而噉其腦。』」

朱桂曜說：「案關尹子三極篇：『御覽引春秋考異郵：「土勝水，故蝍蛆搏蛇。」』淮南子說林訓：『騰蛇遊霧而殆於蝍蛆。』是帶即蛇也。」

〔一〇〕鴟（chī 吃）：貓頭鷹。

〔一一〕猵狙：似猨（猿），同形而類别。

〔一二〕毛嬙（qiáng 牆）、西施：古代美人。「西施」，今本作「麗姬」，依朱桂曜説，據崔譔本改。

朱桂曜説：「古書多言『毛嬙西施』，鮮有言『毛嬙麗姬』者。管子小稱第三十三『毛嬙西施天下之美人也』；韓非子顯學篇『故善毛嗇西施之美』；淮南子本經訓『雖有毛嬙西施之色不知悦也』；又脩務訓『今夫毛牆西施天下美人』；齊俗訓『待西施毛嬙而爲配，則終身不家矣』，注『西施毛嬙古好女也』；説苑尊賢篇『古者有毛嬙西施今無有』；文選神女賦注引愼子『毛嬙先施天下之姣也』，注『先施西施一也，嬙音牆』；御覽七十七引尸子『人之欲見毛嬙西施，美其面也』，此言毛嬙麗姬者，蓋因下又『麗之姬，艾封人之子』而誤改耳。」按：朱説可從，崔譔本正作「西施」。

〔一三〕決驟：快速奔走。

崔譔説：「疾走不顧爲決。」

〔一四〕樊然殽亂：紛然錯亂。

〔一五〕沍（hù 互）：凍。

〔一六〕疾雷破山而不能傷，飄風振海而不能驚：今本作「疾雷破山，風振海，而不能驚」。脱落「而不能傷飄」五字。根據王叔岷先生之説補上。

奚侗説：「案『風』上挩『飄』字，當據闕誤引江南李氏本補之。『疾雷破山』『飄風振海』，耦語也。成疏：『雷霆奮發而破山，飄風濤蕩而振海。』是成本亦作『飄風』。」

王叔岷説：「淮南子精神訓：『大澤焚而不能熱，河漢涸而不能寒也，大雷毀山而不能驚也，大風晦日而不能傷也。』即襲用此文，上下二句，文各成對，則此文『疾雷破山』下，尚有挩文，疑原作『疾雷破山而不能傷，飄風振海而不能驚』。今本挩『而不能傷飄』五字，下二句遂不成對矣。」

今譯

齧缺問王倪說：「你知道萬物有共同的標準嗎？」

王倪說：「我怎麼知道呢！」

齧缺又問：「你知道你所不明白的東西嗎？」

王倪說：「我怎麼知道呢！」

齧缺再問：「那麼萬物就無法知道了嗎？」

王倪說：「我怎麼知道呢！雖然這樣，姑且讓我說說看。怎麼知道我所說的『知』不是『不知』呢？怎麼知道我所說的『不知』並不是『知』呢？我且問你：『人睡在潮濕的地方，就會患腰痛或半身不遂，泥鰍也會這樣嗎？人爬上高樹就會驚懼不安，猿猴也會這樣嗎？這三種動物到底誰的生活習慣才合標準呢？人吃肉類，麋鹿吃草，蜈蚣喜歡吃小蛇，貓頭鷹和烏鴉卻喜歡吃老鼠，這四種動物到底誰的口味才合標準呢？猵狙和雌猿作配偶，麋和鹿交合，泥鰍和魚相交。毛嬙和西施是世人認爲最美的；但是魚見了就要深入水底，鳥見了就要飛向高空，麋鹿見了就要急速奔跑；這四種動物究竟那一種美色才算最高標準呢！依我看來，仁義的論點，是非的途徑，紛然錯亂，我哪裏有法子加以分別呢？」

齧缺說：「你不顧利害，那麼至人也不顧利害嗎？」

王倪說：「啊！至人神妙極了！山林焚燒而不能使他感到熱，江河凍結而不能使他感到冷，雷霆撼山岳而不能使他受到傷害，狂風激起海浪而不能使他感到驚恐。這樣的至人，駕着雲氣，騎着日月，而遊於四海之外。生死的變化都對他没有影響，何況利害的觀念呢？」

瞿鵲子問乎長梧子〔一〕曰：「吾聞諸夫子〔二〕：『聖人不從事於務，不就利，不違害，不喜求，不緣道〔三〕；無謂有謂〔四〕，有謂無謂〔五〕，而遊乎塵垢之外。』夫子以爲孟浪〔六〕之言，而我以爲妙道之行也。吾子以爲奚若？」

長梧子曰：「是黄帝之所聽熒〔七〕也，而丘也何足以知之！且汝亦大早計，見卵而求時夜〔八〕，見彈而求鴞炙〔九〕。

「予嘗爲女妄言之，女以妄聽之奚？旁日月，挾宇宙，爲其脗合〔一〇〕，置其滑涽〔一一〕，以隸相尊〔一二〕。衆人役役，聖人愚芚，參萬歲而一成純〔一三〕。萬物盡然，而以是相藴〔一四〕。

「予惡乎知說生之非惑邪！予惡乎知惡死之非弱喪〔一五〕而不知歸者邪！麗之姬，艾封人〔一六〕之子也，晉國之始得之也，涕泣沾襟；及其至於王所，與王同筐牀，食芻豢，而後悔其泣也。予惡乎知夫死者不悔其始之蘄生乎！

「夢飲酒者，旦而哭泣；夢哭泣者，旦而田獵。方其夢也，不知其夢也。夢之中又占其夢焉，覺而後知其夢也。且有大覺而後知此其大夢也。而愚者自以爲覺，竊竊然〔一七〕知之。君乎，牧乎，固哉〔一八〕！丘也與女，皆夢也；予謂女夢，亦夢也。是其言也，其名爲弔詭〔一九〕。萬世之後而一遇大聖，知其解者，是旦暮遇之也。」

注　釋

〔一〕瞿鵲子問乎長梧子：人名爲杜撰。

〔二〕夫子：指孔子（林希逸説）。

俞樾説：「所稱聞之夫子，謂聞之孔子也。下文：長梧子曰：『是黄帝之所聽熒也，而丘也何足以知之？』丘即是孔子名，因瞿鵲子述孔子之言，故曰『丘也何足以知之也』。而讀者不達其意，誤以丘也爲長梧子自稱其名。」

〔三〕不緣道：無行道之跡（林希逸説）；不拘泥於道。

〔四〕無謂有謂：無言如同有言（没有説話卻好像説了）。即寓言篇「終身不言，未嘗不言」的意思。

〔五〕有謂無謂：有言如同無言（説了話好像没有説）。即寓言篇「言無言，終身言，未嘗言」的意思。

〔六〕孟浪：漫瀾，不着實。

〔七〕聽熒（yíng 營）：疑惑（向秀注）。

〔八〕時夜：即司夜，指雞。

〔九〕鴞（xiāo 消）炙（zhì 擲）：烤吃鴞鳥。

司馬彪說：「小鳩，可炙。」

〔一〇〕爲其脗合：和宇宙萬物合爲一體。

成玄英疏：「脗，無分別之貌也。」

〔一一〕置其滑涽：任其紛亂之不顧。

成玄英疏：「『置』，任也。『滑』，亂也，滑亂昏雜隨而任之。」

宣穎說：「是非殽亂置之不問。」

〔一二〕以隸相尊：把世俗上尊卑看作是一樣的。

成玄英疏：「『隸』，卑僕之類也，蓋賤稱也。『以隸相尊』，一於貴賤也。」

〔一三〕參萬歲而一成純：「參」，糅合。「萬歲」，指古今無數變異。謂糅合古今無數變異而成一精純之體。

〔一四〕相蘊：意指互相蘊含於精純渾樸之中。

〔一五〕弱喪：自幼流落。

〔一六〕艾封人：艾地守封疆的人。

〔一七〕竊竊然：察察然，自知的樣子。

〔一八〕君乎，牧乎，固哉：君呀，臣呀的，固陋極了。

林希逸說：「『君』，貴也。『牧』，圉賤也。愚人處世方在夢中切切自分貴賤，豈非固蔽乎！」

〔一九〕弔詭：怪異。和上文「恢恑」「憰怪」同義。

今譯

瞿鵲子問長梧子説：「我聽孔夫子説過：『聖人不去營謀那些世俗的事，不貪圖利益，不躲避危害，不喜歡妄求，不拘泥於道；没有説話好像説了，説了話又好像没有説，而心神遨遊於塵俗世界之外。』孔夫子認爲這些都是不着實際的無稽之言，我認爲這正是妙道的行徑。你認爲怎樣？」

長梧子説：「這些話黄帝聽了都猶惑不解，而孔丘怎能了解呢？你未免操之過急，就像見到雞蛋就想得到報曉的公雞，見到彈丸就想煮吃鴞鳥。現在我姑且説説，你姑且聽聽，怎麽樣？聖人同日月並明，懷抱宇宙，和萬物吻合一體，是非殽亂置之不問，把世俗上尊卑貴賤的分别看作是一樣的。衆人熙熙攘攘，聖人渾樸相安，他糅合古今無數變異而成一精純之體。萬物都是一樣，而互相藴含於精純渾樸之中。

「我怎麽知道貪生不是迷惑呢？我怎麽知道怕死不是像自幼流落在外而不知返回家鄉那樣呢？麗姬是艾地守封疆人的女兒，當晉國剛迎娶她的時候，哭得衣服都濕透了；等她到了晉王的宫裏，和國王同睡一床，同吃美味的魚肉，這才後悔當初不該哭泣。我怎能知道死了不後悔當初不該戀生呢？

「夢見飲酒作樂的人，醒後或許會遇到不如意的事而哭泣；夢見傷心痛哭的人，醒後或許會有一場打獵的快樂。當人在夢中，卻不知道是在作夢。有時夢中還在作夢，醒了以後才知道是作夢，只有非常清醒的人明白不覺醒的一生就像是一場大夢。可是愚人卻自以爲清醒，自以爲什麽都知道。什麽皇上呀，臣子呀，真是淺陋極了！我看孔丘和你，也都在作夢；我説你在作夢，也是在作夢。這些話，稱爲奇異的言談。也許經過萬世之後能遇到一個大聖人，了悟這個道理，也如同朝夕相遇一樣平常。」

「既使我與若〔一〕辯矣，若勝我，我不若勝，若果是也，我果非也邪？我勝若，若不吾勝，我果是也，而果非也邪？其或是也，其或非也邪？其俱是也，其俱非也邪？我與若不能相知也，則人固受黮闇〔二〕，吾誰使正之？使同乎若者正之？既與若同矣，惡能正之！使同乎我者正之？既同乎我矣，惡能正之！使異乎我與若者正之？既異乎我與若矣，惡能正之！使同乎我與若者正之？既同乎我與若矣，惡能正之！然則我與若與人俱不能相知也，而待彼也邪？

「化聲之相待〔三〕，若其不相待，和之以天倪〔四〕，因之以曼衍〔五〕，所以窮年也〔六〕。何謂和之以天倪？曰：是不是，然不然。是若果是也，則是之異乎不是也，亦無辯；然若果然也，則然之異乎不然也亦無辯。忘年忘義〔七〕，振於無竟〔八〕，故寓諸無竟。」

注釋

〔一〕我與若：「我」，長梧子自稱。後文同。「若」，汝。

〔二〕黮（dǎn 膽）闇：暗昧不明，所見偏蔽。

朱桂曜說：「『黮』有黑義；『闇』同黯，同黤，亦有黑義。」

〔三〕化聲之相待：是非之辯互相對待而成。

郭象注：「是非之辯爲化聲。」

〔四〕天倪：自然的分際。

〔五〕曼衍：散漫流衍，不拘常規。

〔六〕化聲之相待，若其不相待，和之以天倪，因之以曼衍，所以窮年也：這五句今本在「忘年忘義」句上。根據呂惠卿本及宣穎本改正。

蔣錫昌說：「呂惠卿本移『何謂和之以天倪』至『則然之異乎不然也亦無辯』一段文字在『所以窮年也』下，當從之。蓋此爲後人所誤倒也。」

王叔岷先生說：「此二十五字，與上下文義，似不相屬，褚伯秀義海纂微引呂惠卿注後附說云：『「化聲之相待」至「所以窮年也」，合在「何謂和之以天倪」之上，簡編脱略，誤次於此，觀文意可知。』其説極是。宣穎南華真經解，直迻此二十五字於上文『何謂和之以天倪』上，王先謙集解亦從之。」

〔七〕忘年忘義：忘生死忘是非。按：安適之至謂之「忘」。

郭象注：「忘年故玄同死生，忘義故彌貫是非。」

〔八〕振於無竟：遨遊於無窮的境地。「竟」，崔本作「境」（釋文）。「竟」、「境」古今字，作「竟」是故書（王叔岷説）。

林希逸說：「振動鼓舞於無物之境。此『振』字便是逍遥之意。」

釋德清說：「無竟者，乃絶疆界之境。即大道之實際，所言廣莫之鄉，曠垠之野，皆無竟之義。」

今譯

「假使我和你辯論，你勝了我，我没有勝你，你果然對嗎？我果然錯嗎？我勝了你，你没有勝我，我果然對嗎？你果然錯嗎？是我們兩人有一人對，有一人錯呢？還是我們兩人都對，或者都錯呢？我和你都不知道，凡人都有偏見，我們請誰來評判是非？假使請意見和你相同的人來評判，他已經和你相同了，怎麼評判呢？假使請意見和我相同的人來評判，他已經和我相同了，怎麼能够評判呢？假使請意見和你我都不同的人來評判，他已經跟你和我相異了，怎麼能評判呢？假使請意見和你我都相同的人評判，他已經跟你我相同了，怎麼能評判呢？那麼，我和你及其他的人都不能評定誰是誰非了，還等待誰呢？

「變化的聲音是相待而成的，如果要使它們不相對待，就要用自然的分際來調和它，我的言論散漫流行（不拘常規），隨物因變而悠遊一生。什麼叫做用『自然的分際』來調和一切是非？任何東西有『是』便有『不是』，有『然』便有『不然』。『是』果真是『是』，就和『不是』有區別，這樣就不須辯論；『然』果真是『然』，就和『不然』有區別，這樣也不須辯論。不計歲月、超越仁義，暢遊於無窮的境域，這樣就把自己寄寓在無窮的境地。」

七

罔兩〔一〕問景〔二〕曰：「曩子行，今子止；曩子坐，今子起；何其無特操與？」

景曰：「吾有待而然者邪？吾所待又有待而然者邪？吾待蛇蚹蜩翼〔三〕邪？惡識所以然！惡識所以不然〔四〕！」

注釋

〔一〕罔兩：景外之微陰（郭注）。另一説作「蝄蜽」，據説文解作「山川之精物」（蔣錫昌説）。

〔二〕景：影的古字。一本或作「影」（釋文）。

〔三〕待蛇蚹（fù付）蜩（tiáo條）翼：意謂蛇憑藉腹下鱗皮而爬行，蟬憑藉翼羽而起飛。

〔四〕惡識所以然，惡識所以不然：既不識其所以然與其所以不然，則是非不必辯矣（陳啓天説）。

今譯

影外微陰問影子説：「剛才你移動，現在你又停止下來；剛才你坐着，現在你又站起來；你怎麽這樣没有獨特的意志呢？」

影子回答説：「我因爲有待才會這樣子嗎？我所待的東西又有所待才會這個樣子嗎？我所待的就像蛇有待於腹下鱗皮、蟬有待於翅膀嗎？我怎能知道爲什麽會這樣！怎能知道爲什麽不會這樣呢！」

昔者〔一〕莊周夢爲胡蝶，栩栩〔二〕然胡蝶也，自喻適志與〔三〕！不知周也。俄然覺，則蘧蘧然〔四〕周也。不知周之夢爲胡蝶與，胡蝶之夢爲周與？周與胡蝶，則必有分矣。此之謂「物化」〔五〕。

注釋

〔一〕昔者：猶「夕者」。

王叔岷先生說：「昔者，猶夜者。古謂夜爲昔。田子方篇：『昔者寡人夢見良人。』疏：『我昨夜夢見賢良之人。』亦同此例。」

〔二〕栩栩：即翩翩。形容蝴蝶飛舞的樣子。崔譔本「栩」作「翩」。

〔三〕自喻適志與：「喻」，同愉。「適志」，快意。

劉文典說：「案『自喻適志與』五字隔斷文義，『與』字同『歟』。詳其語意，似是後人注羼入正文。藝文類聚蟲豸部、太平御覽九百四十五引並無此五字，三百九十七引有，蓋唐代猶有無此五字之本。」劉說可存。

〔四〕蘧蘧然：僵直之貌（林希逸說）；僵臥之貌（釋德清說）。

〔五〕物化：萬物的轉化。

今譯

從前莊周夢見自己變成蝴蝶，翩翩飛舞的一隻蝴蝶，遨遊各處悠遊自在，根本不知道自己原來是莊周。忽然醒過來，自己分明是莊周。不知道是莊周做夢化爲蝴蝶呢！還是蝴蝶做夢化爲莊周呢？莊周和蝴蝶必定是有所分別的。這種轉變就叫做「物化」。

養生主

養生主篇，主旨在説護養生之主——精神，提示養神的方法莫過於順任自然。外篇達生篇，通篇發揮養神之理。

本篇分三章，首章提出「緣督以爲經」，是爲全篇的總綱。指出人生有涯而知無涯的境況中，當順循中虚之道，即順任自然之理。第二章，藉「庖丁解牛」的故事，以喻社會的複雜如牛的筋骨盤結；處理世事當「因其固然」、「依乎天理」（順着自然的紋理），並懷着「怵然爲戒」的審慎、關注的態度，且以藏斂（「善刀而『藏』之」）爲自處之道。「庖丁解牛」的意旨在人間世篇中得到更具體、更細微的發揮。第三章，分三段作喻，寫右師之介，乃屬自然之貌。這段要在破除形骸殘全的觀念。德充符全篇發揮這一主題。澤雉一小段，寫水澤裏的野雞，逍遥自在，若關在樊中，則神雖旺，卻不自遂。後一段「秦失弔老聃」，寫人生在世，當「安時處順」，視生死爲一如，不爲哀樂之情所困擾、所拘着。篇末結語説：「指窮於爲薪，火傳也。」喻精神生命在人類歷史中具有延續的意義與延展的價值。

許多耳熟能詳的成語出自本篇，如庖丁解牛、目無全牛、批郤導窾、遊刃有餘、恢恢有餘、刃發若新、躊躇滿志、一飲一啄、官止神行、澤雉啄飲、安時處順、薪盡火傳等。

一

吾生也有涯〔一〕，而知〔二〕也無涯。以有涯隨無涯，殆已〔三〕；已而爲知者〔四〕，殆而已矣。爲善無近名，爲惡無近刑〔五〕。緣督以爲經〔六〕，可以保身，可以全生〔七〕，可以養親〔八〕，可以盡年。

注釋

〔一〕涯：本亦作「崖」。邊際，界限。

〔二〕知：猶願望（林紓莊子淺說）。按：「知」音智，作心思講。

林希逸說：「知，思也。心思卻無窮盡，以有盡之身隨無盡之思，紛紛擾擾，何時而止。」（南華真經口義）

宣穎說：「心思逐物無邊。」

〔三〕殆已：殆矣，形容疲困。

〔四〕已而爲知者：言「此而爲知者」（王引之經傳釋詞）；爾雅釋詁云：「已，此也。」「已而爲知」猶云「如此而爲知」（楊樹達莊子拾遺）；意思是說〔既然〕這樣還要去從事求知活動。

〔五〕爲善無近名，爲惡無近刑：做〔世俗上所認爲的〕善事不要有求名之心，做〔世俗上所認爲的〕惡事不要遭受刑戮之害。

成玄英說：「爲善也無不近乎名譽，爲惡也無不鄰乎刑戮。是知俗智俗學，未足以救前知，適有疲役心靈，更增危殆。」（莊子疏）

王叔岷先生說：「案此二句，以善、惡對言，上句猶易明，下句最難解，似有引人爲惡之嫌。自郭象、司馬彪注以來，或曲說強通。或妄加非議，恐皆未達莊子之旨。岷曾試作新解云：『所謂善、惡，乃就養生言之。「爲善」，謂「善養生」。「爲惡」，謂「不善養生」。「爲善無近名」，謂「善養生無近於浮虛」。益生、長壽之類，所謂浮虛也。「爲惡無近刑」，謂「不善養生無近於傷殘」。勞形、虧精之類，所謂傷殘也。如此解釋，或較切實。篇名養生主，則善、惡二字自當就養生而言，如不就養生而言，則曲說、歧見滋多矣。』」（莊子校詮）

王博說：「無近名和無刑，因爲它們都是關乎着生命的。刑當然是對生命的傷害，名又何嘗不是如此呢？於是我們看到道德（譬如美與惡的區分）在生命的前面的退場，至少是退卻。」

〔六〕緣督以爲經：順虛以爲常法的意思。「緣督」，含有順着自然之道的意思。

林雲銘說：「緣督以爲經，喻凡事皆有自然之理解。」（莊子因）

郭嵩燾說：「船山云：『奇經八脈，以任督主呼吸之息，身前之中脈曰「任」，身後之中脈曰「督」。』『督』者……循虛而行。」（郭慶藩集釋引）

張默生說：「『督』既有中空之義，則『緣督以爲經』，即是凡事當處之以虛，作爲養生的常法。」（莊子新釋）

王孝魚說：「督脈居於身後，是以精神流通灌注的總樞紐。『緣督』就是說，人的行爲要順其精

神的指導。」（莊子内篇新解）

〔七〕生：讀爲性（吳汝綸莊子點勘）。

〔八〕可以養親：一說「親」，指「真君」，即精神（曹礎基注）；近人疑「親」是齊物論中「百骸、九竅、六藏，賅而存焉，吾誰與爲親」的「親」，據此「養親」當作「養精神」解（黄錦鋐新譯莊子讀本注）。然人間世云：「子之愛親，命也，不可解於心。」可證「養親」亦合莊子思想。

今譯

我們的生命是有限度的，而智識是没有限度的，以有限度的生命去追求没有限度的智識，就會弄得很疲困；既然這樣還要去汲汲追求智識，就會弄得更加疲困不堪了！

做世俗上的人所認爲的「善」事不要有求名之心，做世俗上的人所認爲的「惡」事不要遭到刑戮之害。順着自然的理路以爲常法，就可以保護身體，可以保全天性，可以奉養雙親，可以享盡天年。

二

庖丁〔一〕爲文惠君〔二〕解牛，手之所觸，肩之所倚，足之所履，膝之所踦〔三〕，砉〔四〕然嚮然，奏刀騞〔五〕然，莫不中音；合於桑林〔六〕之舞，乃中經首〔七〕之會〔八〕。

文惠君曰：「譆，善哉！技蓋至此乎？」

庖丁釋刀對曰：「臣之所好者道也，進乎技矣。始臣之解牛之時，所見無非全牛者〔九〕。三年之後，未嘗見全牛也。方今之時，臣以神遇而不以目視，官知止而神欲行〔一〇〕。依乎天理〔一一〕，批大郤〔一二〕導大窾〔一三〕因其固然〔一四〕，枝經肯綮之未嘗微礙〔一五〕，而況大軱〔一六〕乎！良庖歲更刀，割也；族庖〔一七〕月更刀，折〔一八〕也。今臣之刀十九年矣，所解數千牛矣，而刀刃若新發於硎〔一九〕。彼節者有閒，而刀刃者無厚；以無厚入有閒，恢恢乎其於遊刃必有餘地矣。是以十九年而刀刃若新發於硎。雖然，每至於族〔二〇〕，吾見其難爲，怵然爲戒，視爲止〔二一〕，行爲遲。動刀甚微，謋〔二二〕然已解，牛不知其死也〔二三〕，如土委地。提刀而立，爲之四顧，爲之躊躇滿志，善刀〔二四〕而藏之。」

文惠君曰：「善哉！吾聞庖丁之言，得養生焉。」

注釋

〔一〕庖丁：一說名叫丁的庖人，一說掌廚丁役之人。

王孝魚說：「逍遙遊篇的大鵬高飛，齊物論的風吹衆竅，這篇的庖丁解牛，是內篇中最有名的三篇寓言奇文，古今傳誦不絕。」

〔二〕文惠君：人名，不知何許人。舊注說是梁惠王，王懋竑認爲是附會。

王懋竑說：「未詳何人，注以爲梁惠王，此因『惠』字附會。」（莊子存校）

〔三〕踦（yǐ倚）：通倚。

林雲銘說：「以一足跪而抵之。」

馬其昶說：「膝之所踦，謂屈一足之膝，以案之也。」（莊子故）

〔四〕砉（huò 惑）：骨肉相離的聲音。

〔五〕騞：同於「砉」，都是形容刀砍物所發出的聲音，或說聲音大於「砉」。崔譔說：「『騞』，音近『獲』，聲大於砉也。」

〔六〕桑林：殷湯樂名。

〔七〕經首：堯樂，咸池樂章名。

〔八〕會：韻律，節奏。

〔九〕所見無非全牛者：「全」字原缺。下文：「三年之後，未嘗見全牛也。」「牛」上當脫落「全」字。根據趙諫議本補上。

〔一〇〕官知止而神欲行：器官的作用都停止了，只是運用心神。「官」，指耳目之官。「神欲行」，喻心神自運，而隨心所欲。

〔一一〕天理：自然的紋理。

〔一二〕批大郤：「批」，擊。「郤」，指筋骨的間隙。

〔一三〕導大窾（kuǎn 款）：「導」，引刀而入。「窾」，空，指骨節空處。

〔一四〕因其固然：順着牛的自然結構。

〔一五〕枝經肯綮（qìng 慶）之未嘗微礙：「枝」，即枝脈，原誤作「技」，根據俞樾之說改正。「經」，即經脈。「枝經」，猶言經絡。「肯」，着骨肉（釋文）。「綮」，盤結處。「微礙」二字原缺，依嚴靈峰先生之說，據郭注成疏補。

俞樾說：「郭注以『技經』爲『技之所經』，殊不成義。『技經肯綮』四字，必當平列。釋文曰：『肯說文作肎，字林同，着骨肉也。一曰：骨無肉也。綮，司馬云：猶結處也。』是『肯綮』並就牛身言，『技經』亦當同之。『技』疑『枝』字之誤。素問三部九候論『治其經絡』，王注引靈樞經曰：『經脈爲裏，支而横者爲絡。』古字『支』與『枝』通，『枝』，謂枝脈；『經』，謂經脈。『枝經』，猶言經絡也。經絡相連之處，亦必有礙於游刃。庖丁惟因其固然，故未嘗礙也。」（諸子平議）

李楨說：「俞氏改『技』爲『枝』，訓爲經絡，說信確矣。『未嘗』二字須補訓義。」（郭慶藩莊子集釋引）

嚴靈峰先生說：「『微礙』二字原闕。按『未嘗』二字，義猶未足，下當有脱文。郭注：『常遊刃於空，未嘗經槩於微礙也。』成疏：『遊刃於空，微礙尚未曾經。』依注、疏，『未嘗』下當有『微礙』二字；否則，說不可通。」（道家四子新編六七〇頁）

〔一六〕軱：音孤，大骨。

〔一七〕族庖：指一般的庖丁。

崔譔注：「族，衆也。」

〔一八〕折：猶斫（釋德清說）。

俞樾說：「郭注曰：『中骨而折刀也。』此於文義未合。上文云：『良庖歲更刀，割也。』割以用刀言，則折亦以用刀言。折，謂折骨，非謂刀折也。哀元年左傳曰：『無折骨。』」

〔一九〕新發於硎（xíng 刑）：「發」，猶言磨（陳啓天說）。「硎」，砥石（郭注）；音刑，磨石（釋文）。

〔二〇〕族：交錯聚結爲族（郭注）。

〔二一〕視爲止：喻眼神專注。

〔二二〕謋（huò 霍）：解散。

王闓運說：「謋，當作磔。」（莊子注）

奚侗說：「疑『謋』係『磔』字之誤，廣雅釋詁三：『磔開也。』與『已解』義相應。」（莊子補注）

楊樹達說：「『謋』疑當假爲『捇』，說文十二篇上手部云：『捇，裂也。从手，赤聲。』宣六年公羊傳云：『趙盾就而視之，則赫然死人也。趙盾曰：「是何也？」曰：「膳宰也。熊蹯不熟，公怒，以斗摮而殺之，支解，將使我棄之。」』傳文『赫』亦『捇』字之假。何注云：『赫然，已支解之貌。』是也。『已支解之貌』爲『赫然』與莊稱『謋然已解』義正同。」

〔二三〕牛不知其死也：這句通行本缺遺，陳碧虛闕誤引文如海、劉得一本有「牛不知其死也」六字。據以補上，文意較完美。

〔二四〕善刀：「善」，猶拭（釋文）。言好好收拾其刀（林希逸說）。

今譯

庖丁替文惠君宰牛，手所觸及的，肩所倚着的，足所踩到的，膝所抵住的，劃然響聲，進刀割解發出嘩啦響聲，没有不合於音節；合於桑林樂章的舞步，合於經首樂章的韻律。

文惠君說：「啊！好極了！技術怎能到達這般的地步？」

庖丁放下屠刀回答說：「我所愛好的是道，已經超過技術了。我開始宰牛的時候，所見不過是渾淪一牛。三年以後，就未嘗看見渾淪的整隻牛了。到了現在，我只用心神來領會而不用眼睛去觀看，器官的作用停止而只是心神在運用。順着牛身上自然的紋理，劈開筋肉的間隙，導向骨節的空隙，順着牛的自然結構去用刀，即連經絡相連的地方都没有一點妨礙，何況那大骨頭呢！好的廚子一年换一把刀，他們是用刀去割筋肉；普通的廚子一個月换一把刀，他們是用刀去砍骨頭。現在我這把刀已經用過十九年了，所解的牛有幾千頭了，可是刀口還是像在磨刀石上新磨的一樣鋒利。因爲牛骨節是有間隙的，而刀刃是没有厚度的；以没有厚度的刀刃切入有間隙的骨節，當然是遊刃恢恢而寬大有餘了。所以這把刀用了十九年還是像新磨的一樣。雖然這樣，可是每遇到筋骨盤結的地方，我知道不容易下手，小心謹慎，眼神專注，手脚放緩，刀子微微一動，牛就嘩啦解體了，如同泥土潰散落地一般，牛還不知道自己已經死了呢！這時我提刀站立，張望四方，感到心滿意足，把刀子揩乾淨收藏起來。」

文惠君說：「好啊！我聽了廚夫這一番話，得着養生的道理了。」

三

公文軒〔一〕見右師〔二〕而驚曰：「是何人也？惡乎介也〔三〕？天與，其人與〔四〕？」曰〔五〕：「天也，非人也。天之生是使獨也，人之貌有與也〔六〕。以是知其天也，非人也。」

注釋

〔一〕公文軒：姓公文氏，名軒，宋人（釋文引司馬彪說）。

〔二〕右師：官名（釋文引簡文帝說）。按諸史籍，當爲官名無疑，「左師」「右師」之稱，左傳屢見（關鋒說）。

〔三〕是何人也？惡乎介也：「介」，指一足。「也」，猶邪（王引之經傳釋詞）。

林雲銘說：「『介』，特也。特足故謂之『介』。」

〔四〕天與，其人與：天生下來就這樣呢，還是由於人爲造成的呢？「其」，猶言抑。「與」，讀爲歟（陳啓天說）。

〔五〕曰：指公文軒自答（釋德清注：「復自應之曰」），並不是右師的回答。

張默生說：「『曰』字，非右師答語，乃公文軒驚疑後自悟之語。」（莊子新釋）

〔六〕人之貌有與也：人的形貌是天所賦與的。「與」即賦與。舊解歷來皆誤從郭注：「兩足共行曰『有與』。」實非。

馬其昶說：「形全形獨，皆天所與。德充符云：『道與之貌，天與之形。』」（莊子故）

近人劉武說：「周禮春官太卜注：『與，謂予人物也。』德充符篇：『道與之貌，天與之行。』此句言人之貌有賦與之者。即天與之，非人爲也。」（莊子內篇注）按：今人嚴靈峰莊子章句新編、李勉莊子總論及分篇評注及日本福永光司莊子、金谷治莊子所解「與」字，與劉說同，爲是。

今譯

公文軒看見右師驚奇地說：「這是什麼人？怎麼只有一隻脚呢？是生下來就這樣，還是人爲才這樣？」他〔自言自語〕說：「生下來就這樣，並不是人爲才這樣的。天生下來就只有一隻脚，人的形貌是天賦與的。所以知道是天生的，而不是人爲的。」

澤雉〔一〕十步一啄，百步一飲，不蘄〔二〕畜乎樊中。神雖王〔三〕，不善〔四〕也。

注釋

〔一〕澤雉：草澤裏的野雞。

韓詩外傳：「君不見大澤中雉乎？五步一啄，終日乃飽；羽毛澤悅，光照於日月，奮翼爭鳴，聲響於陵澤者何？彼樂其志也。援置之囷倉中，常啄粱粟，不旦時而飽；然獨羽毛憔悴，志氣益下，低頭不鳴，夫食豈不善哉？彼不得其志故也。」按：韓傳這段可作爲本文的注解。

〔二〕蘄（qí其）：祈，求。

〔三〕王：音旺（林希逸說）。

朱桂曜說：「『王』當即『旺』字，古無『旺』字。」

〔四〕不善：不樂（林希逸說）；不能自遂（林雲銘說）。

今譯

水澤裏的野雞走十步才啄到一口食，走百步才喝到一口水，可是它並不祈求被養在籠子裏。〔養在籠子裏〕形神雖然旺盛，但它並不自在。

老聃〔一〕死，秦失〔二〕弔之，三號而出。

弟子曰：「非夫子之友邪？」

曰：「然。」

「然則弔焉若此，可乎？」

曰：「然。始也吾以爲至人〔三〕也，而今非也。向吾入而弔焉，有老者哭之，如哭其子；少者哭之，如哭其母。彼其所以會〔四〕之，必有不蘄言而言，不蘄哭而哭者〔五〕。是遁天〔六〕倍情〔七〕，忘其所受，古者謂之遁天之刑。適來，夫子時也；適去，夫子順也〔八〕。安時而處順，哀樂不能入也，古者謂是帝之縣解〔九〕。」

指窮於爲薪〔一〇〕，火傳也，不知其盡也。

注釋

〔一〕老聃：即老子。司馬遷說，老聃是楚苦縣（河南鹿邑縣東）厲鄉曲仁里人（史記老莊申韓列傳）。本書天下篇對關尹、老聃思想視爲同一學派而加以評述。

〔二〕秦失：「失」，本又作「佚」，皆音逸（釋文）。按：「失」爲「佚」之初文（馬叙倫說）。秦失是老聃的朋友，也可能是莊子杜撰的人名。

〔三〕至人：原作「其人」。「其」疑是「至」字之誤，闕誤引文如海本「其」作「至」（王孝魚點校）。據以改正。

〔四〕會：感會。

〔五〕必有不蘄言而言，不蘄哭而哭者：「言」，作常義解，或借爲唁（高亨引王念孫疏證及章炳麟文始卷一證「言」、「唁」通用）。

〔六〕遁天：逃避自然。

〔七〕倍情：有兩種解釋：一說增益人情，如成玄英疏：「加添流俗之情。」一說背情，如林希逸說：「背棄其情實。倍與背同。」按古書「倍」「背」通用，應從後說。

〔八〕適來，夫子時也；適去，夫子順也：兩「夫子」字疑衍文，或是秦佚對弟子稱老子之語。言夫子之適來，時也；夫子之適去，順也（王懋竑說）。

〔九〕帝之懸解：自然地解除倒懸。

成玄英疏：「帝者，天也。……天然之解脱也。」

陳深說：「『懸』，如倒懸之懸，困縛之義。」

宣穎說：「人爲生死所苦，猶如倒懸，忘生死，則懸解矣。」

〔一〇〕指窮於爲薪：燭薪的燃燒是有窮盡的。「指」，當是「脂」字。「窮於爲薪」，爲薪火而燒盡的意思。

朱桂曜說：「『指』爲『脂』之誤，或假。」（莊子内篇證補）

聞一多說：「古所謂薪，有爨薪，有燭薪。爨薪所以取熱，燭薪所以取光。古無蠟燭，以薪裹動物脂肪而燃之，謂之曰燭，一曰薪。燭之言照也，所以照物者，故謂之曰燭。此曰『脂窮於爲薪』，即燭薪也。」（莊子内篇校釋）按：朱、聞之説勝舊注，可從。

陳啓天說：「按『指』字，疑當讀爲『脂』。『脂』謂脂膏，可用以燃燒。舊注均以『指』爲手指，似不恰。『窮』謂燒盡也。……此文，猶謂以脂膏爲薪火而燒盡，乃一轉化，非消滅也。此喻人由生而死，亦不過一種轉化，不必悲也。如此解釋，始與上文『安時處順』之説相應。」（莊子淺説）

李存山説：「『指窮於爲薪』，這是指個體生命（包括個體精神）的結束；『火傳也，不知其盡也』，這是指宇宙大化的繼續，而非指個體精神的遺留和傳續。換言之，薪火之喻不是講形神關係，而是講個體生命與宇宙大化的關係。所謂『懸解』，最終的意義是將個體生命（小我）融入整個宇宙的過程（大我），達到『天地與我並生，而萬物與我爲一』（齊物論）的思想境界，這樣才能『安時而處順，哀樂不能入』，『不爲生死所繫』。」（莊子的薪火之喻與「懸解」，刊於陳鼓應主編道家文化研究六輯）

今譯

老聃死了，秦失去弔喪，號了三聲就出來了。

弟子問説：「他不是你的朋友嗎？」

回説：「是的。」

問説：「那麼這樣子弔唁，可以嗎？」

秦失説：「可以的。原先，我以爲他是至人，現在才知道並不是。剛才我進去弔唁的時候，看見有老年人哭他，如同哭自己的兒子一樣；有少年人哭他，如同哭自己的母親一樣。老少哭他這樣悲傷，一定是〔情感執著〕不必哭訴而哭訴。這是逃避自然違背實情，忘掉了我們所稟賦的生命長短，古時候稱這爲逃避自然的刑法。正該來時，老聃應時而生；正該去時，老聃順理而死。安心適時而順應變化，哀樂的情緒便不能侵入心中，古時候把這叫做解除倒懸。」

燭薪的燃燒是有窮盡的，火卻傳續下去，沒有窮盡的時候。

人間世

人間世篇，主旨在描述人際關係的紛爭糾結，以及處人與自處之道。處於一個權謀獪詐的戰亂時代，無辜者橫遭殺戮，社會成了人獸化的陷阱，一部血淋淋的歷史，慘不忍睹地暴露在眼前，莊子揭露了人間世的險惡面，而他所提供的處世與自處之道卻是無奈的。

本篇可分爲七章，首章假借顏回與孔子的對話，描述與統治者相處的艱難。這裏，以衞國的暴亂喻人間的紛爭，借衞君描寫出當權者專橫獨斷，一意孤行，「輕用其國」，「輕用民死」，全國死於權力鬥爭之下的人民滿溝遍野，多如蕉草。面對這樣的一位君主，顏回提出了「端虛勉一」、「内直外曲」、「成而上比」三種方法。然而這幾種方法都被指出不足以用來感化衞君。最後提出「心齋」一法。人間種種紛爭，追根究柢，在於求名用智。「名」、「智」爲造成人間糾紛的根源，去除求名鬥智的心念，使心境達於空明的境地，是爲「心齋」。第二章，借葉公子高出使齊國一事，道出臣子與君主相處的艱難。這裏寫出臣子面對君主時的疑懼之情，接受使命時，或不免於「人道之患」，或不免於「陰陽之患」。進而寫傳言的困難及使用語言不慎所造成的禍害。解除「陰陽之患」，唯有虛心安命，消極地提出「忘身」。最後由「人道之患」説到「乘物以遊心」、「養中」，這也是「託不得已」的事。「養中」「遊心」，其要乃在順任自然。

第三章，假借顏闔爲衛靈公太子師，寫出與儲君相處的艱難。這裏提出了引達（「達之」）順導（「順」）的教育方法。第四章，以社樹爲喻，寫有才者「以其能苦其生」，遭斧斤之患，而轉出全生遠害在於以無用爲大用。「無用」，即不被當道者所役用。不淪於工具價值，乃可保全自己，進而發展自己。這與逍遥遊篇末欲避「機辟」「斤斧」之害，而求「無所可用」，具有相同的「困苦」處境與沈痛感。第五章，借異木亟言有「材」「用」者被「斬」遇害，中道而「夭於斧斤」，警世之意頗深。第六章，借支離疏寫殘形者無所可用於當政者，乃得全生免害。篇末一章，借楚狂接輿唱出亂世景象，「方今之時，僅免刑焉」，在重稅與苦役下喘息的人民，能免於刑便是福。「禍重於地」、「殆乎殆乎」，寫出人民所遭受的重壓與危難。「迷陽迷陽」（荆棘滿地），「無傷吾行」，「無傷吾足」，處世之艱，當慎戒留意！

出自本篇的流行成語有螳臂擋車、以火救火，以水救水、吉祥止止、與古爲徒、虛室生白、執而不化、巧言偏辭、畫地而趨、無用之用、終其天年、山木自寇、膏火自煎等。

一

顏回見仲尼〔一〕，請行。

曰：「奚之？」

曰：「將之衛。」

曰：「奚爲焉？」

曰：「回聞衛君〔二〕，其年壯，其行獨〔三〕，輕用其國，而不見其過；輕用民死，死者以〔國〕量乎澤，若蕉〔四〕，民其無如矣〔五〕，回嘗聞之夫子曰：『治國去之，亂國就之，醫門多疾。』願以所聞，思其所行，則庶幾其國有瘳乎〔六〕！」

仲尼曰：「譆！若殆〔七〕往而刑耳！夫道不欲雜，雜則多，多則擾，擾則憂，憂而不救。古之至人，先存諸己而後存諸人。所存於己者未定，何暇至於暴人之所行！

「且若亦知夫德之所蕩而知之所爲出〔八〕乎哉？德蕩乎名，知出乎爭。名也者，相軋也；知也者，爭之器也。二者凶器，非所以盡行也。

「且德厚信矼〔九〕，未達人氣，名聞不爭，未達人心。而强以仁義繩墨之言衒暴人之前者〔一〇〕，是以人惡育其美也〔一一〕，命之曰菑〔一二〕人。菑人者，人必反菑之，若殆爲人菑夫！且苟爲悦賢而惡不肖，惡用而〔一三〕求有以異？若唯無詔〔一四〕，王公必將乘人而鬥其捷。而目將熒〔一五〕之，而色將平之，口將營之〔一六〕，容將形之，心且成之。是以火救火，以水救水，名之曰益多。順始無窮，若殆以不信厚言，必死於暴人之前矣！

「且昔者桀殺關龍逢〔一七〕，紂殺王子比干〔一八〕，是皆修其身以下傴拊〔一九〕人之民，以下拂其上者也，故其君因其修以擠之。是好名者也。昔者堯攻叢、枝、胥敖〔二〇〕，禹攻有扈〔二一〕，國爲虚厲〔二二〕，身爲刑戮，其用兵不止，其求實無已〔二三〕。是皆求名實者也〔二四〕。而獨不聞之乎？名實者，聖人之所不能勝也，而况若乎！雖然，若必有以也，嘗以語我來〔二五〕！」

注　釋

〔一〕顔回見仲尼：顔回是孔子最歡心的學生，有關他的言行，見於論語公冶長、述而、子罕、先進、顔淵及衛靈公等篇。顔回和孔子這段問答，自然是虚構的。孔子這位儒家的泰斗，變成了宣揚莊子學説的道家人物。

〔二〕衛君：一説指衛莊公蒯（kuǎi）聵（司馬彪説）。一説衛莊公以魯哀十五年冬始入國，時顔回已死，不得爲莊公，蓋是出公輒（釋文）。按：莊子寓託故事人物以抨擊時君的殘民自暴。這是寄寓之言，無需考訂其爲特定某時代的某君。

清姚鼐説：「衛君，託詞以指時王糜爛其民者。」（莊子章義）

〔三〕行獨：行爲專斷。

〔四〕死者以〔國〕量乎澤，若蕉：死者滿國，棄野而不葬者，亦如蕉之枕藉而不可計（胡文英莊子獨見）；猶云死人如麻（章炳麟莊子解故）。「以」，通已。「量」，作滿（詳見朱桂曜莊子内篇證補）。「國」字是衍文，依奚侗的説法。

奚侗説：「『國』字涉上『輕用其國』而衍，當斷『死者以量乎澤』爲句，『以』猶『已』也。呂覽期賢篇：『死者量於澤矣。』高注：『量，猶滿也。』此言死者已量乎澤，義與彼同。若焦二字爲句。」（莊子補

注）

〔五〕民其無如矣：無所依歸（郭象注）。

〔六〕願以所聞，思其所行，則庶幾其國有瘳乎：「思其」下通行本缺「所行」二字，陳碧虛莊子闕誤引江南李氏本「其」下有「所行」二字，「則」字屬下句，較他本爲勝，當據以補上。

近人劉文典說：「碧虛子校引江南李氏本『思其』下有『所行』二字。『願以所聞，思其所行』，文義甚明。『則』字當屬下讀，崔、李以『思其則』絶句，蓋不知『思其』下有敓文，姑就闕字之本讀之耳。」（莊子補正）

〔七〕殆：恐怕，將要。

〔八〕出：外露。

〔九〕信矼（gāng 剛）：信譽著實。「矼」，堅、實的意思。

〔一〇〕衒暴人之前者：「衒」舊本筆誤爲「術」。當是「衒」字（釋德清說）。陳碧虛闕誤引江南古藏本「術」作「衒」，當據以改正。

劉文典說：「『術暴人之前者』，義不可通。『術』……作『衒』，義較長。今本『術』字疑是形近而誤。」

〔一一〕是以人惡育其美也：這是以別人的過惡來炫耀自己的美德。「其」，即「己」。「育」，原作「有」，依俞樾之說，據崔譔本改。

俞樾說：「『有』者，『育』字之誤。釋文云：『崔本作育，云賣也。』說文貝部：『賣也，讀若育。』此

『育』字即『賣』之叚字，經傳每以『鬻』爲之，『鬻』亦音『育』也。『以人惡育其美』，謂以人之惡鬻己之美也。」（諸子平議）

奚侗說：「『育』與『衒』相應。」

〔一二〕菑：音災。

〔一三〕惡用而：何用汝。下文「而目將熒之」、「而色將平之」的「而」，亦同汝。

〔一四〕若唯無詔：「若」，汝。「詔」，崔譔本作「詻」（luò 洛），爭辯、諫諍之意。

〔一五〕熒（yíng 瑩）：眩（成疏）。

郭慶藩說：「熒，瞀之借字也。說文：『瞀，惑也。』」（莊子集釋）

〔一六〕口將營之：口裏只顧得營救自己。

〔一七〕關龍逢：夏桀的賢臣，盡誠而遭斬首。

〔一八〕王子比干：殷紂的叔父，忠諫而被割心。

〔一九〕傴（yǔ 語）拊：猶愛養（成疏）。

〔二〇〕叢、枝、胥敖：三小國。齊物論作宗、膾、胥敖。

〔二一〕有扈：國名，在今陝西鄠縣。

〔二二〕國爲虛厲：國土變成廢墟，人民成爲厲鬼（即人民死滅）。

李頤說：「居宅無人曰『虛』，死而無後爲『厲』。」（釋文引）

〔二三〕求實無已：貪利不已（關鋒今譯）。「實」，猶言利、得（陳啓天說）。

〔二四〕是皆求名實者也：這都是貪求名利的。

李勉說：「言堯禹皆求名利者也，『名實』，即名利。王先謙蘇輿等謂『三國求名求實，好兵不止』，其解誤甚。非三國好名實而用兵不止，乃謂堯禹好名實而用兵不止。」

〔二五〕若必有以也，嘗以語我來：「以」猶謂（王引之經傳釋詞），這句話是說：你一定有你的說法。「來」，句末語助（王引之經傳釋詞）。孟子離婁：「盍歸乎來！」「來」字亦爲語末助詞，無義。

今譯

顏回拜見孔子，向他辭行。

孔子問：「到哪裏去？」

顏回說：「要到衛國去。」

孔子問：「去做什麼？」

顏回說：「我聽說衛國的君主，年壯氣盛，行爲專斷，處理國事輕舉妄動，而不知過錯；輕於用兵不恤人民的生命，死的人積滿了山澤，好像乾枯的草芥一般，人民真是無所依歸了。我曾聽先生說過：『安定的國家可以離開，危亂的國家可以前往，好像醫生的門前有很多的病人。』希望根據先生所說的去實行，或許這個國家還可免於疾苦吧！」

孔子說：「唉！你去了只怕要遭受殺害啊！『道』是不宜喧雜的，喧雜就多事，多事就受到攪擾，攪擾就引致憂患，憂患來到時自救也來不及了。古時候的『至人』，先求充實自己然後才去扶助別人。

如果自己都還立不穩，怎能去糾正暴人的行爲呢？

「你知道『德』之所以失真而『智』之所以外露的原因嗎？『德』的失真是由於好名，『智』的外露是由於爭勝。『名』是人們互相傾軋的原因，『智』是人們互相爭鬥的工具；這兩者都是凶器，不可盡行於世。

「而且，一個人雖然德性純厚信譽著實，但還不能達到別人了解的程度，即使不和別人爭奪名譽，但別人並不明白。如果你强用仁義規範的言論在暴人的面前誇耀，他就會以爲你有意揭露別人的過惡來顯揚自己的美德，而認爲你是害人。害別人的，別人一定反過來害他，你恐怕要被人害了！如果說衛君喜愛賢才而厭惡不肖之徒，何用你去顯異於人呢？除非你不向他諫諍，否則衛君一定會抓着你說話的漏洞而展開他的辯才。這時候你會眼目眩惑，面色平和，口裏只顧得營營自救，於是容貌遷就，內心無主也就依順他的主張了。這是用火去救火，用水去救水，這就叫做幫凶。開始時依順他，以後就永遠沒個完了。如果他不相信厚言諫諍，那就必定會死在暴人的面前了！

「從前桀殺關龍逢，紂殺王子比干，都是因爲他們修身蓄德以在下的地位愛撫人君的民衆，以在下的地位違逆了上位君主的猜忌之性，所以君主因爲他們的修身蓄德而陷害他們。這就是好名的結果。從前，堯攻叢、枝和胥敖，禹攻有扈，這些國家變爲廢墟，人民死滅，國君被殺，這是因爲他們不斷用兵，貪利不已，這都是求名好利的結果，你沒有聽說過嗎？名利的心念，連聖人都不能克制，何況你呢！

「雖然這樣，你一定有你的想法，且說給我聽聽！」

顏回曰：「端而虛〔一〕，勉而一〔二〕，則可乎？」

曰：「惡！惡可！夫以陽爲充孔揚〔三〕，采色不定〔四〕，常人之所不違，因案人之所感〔五〕，以求容與其心〔六〕。名之曰日漸之德〔七〕不成，而況大德乎！將執而不化，外合而內不訾〔八〕，其庸詎可乎！」

「然則我內直而外曲，成而上比〔九〕。內直者，與天爲徒〔一〇〕，與天爲徒者，知天子之與己皆天之所子〔一一〕，而獨以己言蘄乎而人善之，蘄乎而人不善之邪？若然者，人謂之童子，是之謂與天爲徒。外曲者，與人爲徒〔一二〕也。擎跽曲拳〔一三〕，人臣之禮也，人皆爲之，吾敢不爲邪！爲人之所爲者，人亦無疵焉，是之謂與人爲徒。成而上比者，與古爲徒。其言雖教，讁之實也，古之有也，非吾有也。若然者，雖直而不病，是之謂與古爲徒。若是則可乎？」

仲尼曰：「惡！惡可！大多政法而不諜〔一四〕，雖固亦無罪。雖然，止是耳矣，夫胡可以及化！猶師心〔一五〕者也。」

注釋

〔一〕端而虛：外表端謹而內心謙虛。

〔二〕勉而一：勉力行事而專意執着。

〔三〕以陽爲充孔揚：「陽」，盛氣。「充」，滿。「孔」，甚。「孔揚」，甚爲揚揚自得。即是説：驕盛之氣充滿於內，顯揚於外。

郭象注：「言衞君亢陽之性充張於內而甚揚於外。」

〔四〕采色不定：喜怒無常。

〔五〕案人之所感：壓抑别人的諫勸。

成玄英説：「『案』，抑也。人以箴規感動，君乃因而抑挫之。」

〔六〕求容與其心：求自己內心的暢快。「容與」，自快之意（林希逸説）。

〔七〕日漸之德：小德，謂使漸悟之教。下文「大德」，乃使頓悟之教。

馬其昶説：「日漸，猶日積也。謂細行。」（莊子故）

〔八〕外合而內不訾（zǐ資）：表面附和，內心並不採納。

姚鼐説：「訾，量也。聞君子之言，外若不違，而內不度量其義。」

王闓運説：「訾，資借字也。外與之合，內而不見取也。」（莊子內篇注）

〔九〕成而上比：陳述成説而上比於古人。

林希逸説：「以自己之成説而上合於古人；言古人以爲證也。」

〔一〇〕與天爲徒：和自然同類。

〔一一〕天之所子：屬於天生的。

王孝魚説：「『與天爲徒』四字已流露出人人平等的思想。」（莊子內篇新解）

〔一二〕與人爲徒：通行本作「與人之爲徒」。觀上下文例，「之」字衍。趙諫議本無「之」字（王孝魚點校）。依聞一多之説，據趙本删去。

聞一多説：「『之』字衍。『與人爲徒』與上『與天爲徒』，下『與古爲徒』，文同一例，下文『是之謂與人爲徒』，是其確證。」（莊子内篇校釋）

〔一三〕擎（qíng 情）跽（jì 技）曲拳：「擎」，執笏。「跽」，跪拜。「曲拳」，鞠躬。

〔一四〕大多政法而不諜：法則太多，猶不穩當（釋德清説）。「大」，讀太，釋文引崔譔本作「太」。「政」，同「正」（宣穎、王先謙説）。「諜」，當。

〔一五〕師心：師法自己的成心，執著於自己的成見。

今譯

顔回説：「外貌端肅而内心謙虚，勉力行事而意志專一，這樣可以嗎？」

孔子説：「唉！這怎麽可以呢！衛君驕氣横溢，喜怒無常，平常人都不敢違背他，壓抑别人對他的勸告，以求自己内心的暢快。這種人每天用小德慢慢感化他都不成，何况用大德來規勸呢？他必定固執不化，即使表面附和而内心也必不如此。你用的方法怎麽可以呢？」

顔回説：「那麽我『内心誠直而外表恭敬』，『引用成説上比於古人』。所謂『内心誠直』，即是和自然同類。和自然同類的，便知道人君和我，在本性上都屬於天生的，這樣我對自己所講的話何必要求人家稱讚爲善，又何必管人指責爲不對呢？這樣，人家都以我爲赤子之心，這就叫做『和自然同類』了。

所謂『外表恭敬』，是和一般人一樣。執笏跪拜，這是人臣應盡的禮節，人家都這樣做，我敢不這樣做嗎？做大家所做的事，別人也不會責怪我，這就叫做『和人家同類』。所謂『引用成説上比於古人』，是和古時候同類。我所引用的成説雖然都是教訓，但是這些諍言都是有根據的，是古時候就有的，並不是我自己造的，像這樣，言語雖然直率卻也不會招來怨恨，這就叫做『和古時同類』。這樣可以嗎？」孔子説：「唉！這怎麽可以呢？要去糾正人家的法子太多而並不妥當。這些法子雖然固陋，倒也可以免罪。然而，只不過如此而已，怎麽能够感化他呢！你太執著自己的成見了。」

顏回曰：「吾无以進矣，敢問其方。」

仲尼曰：「齋，吾將語若！有心〔一〕而爲之，其易邪？易之者，皞天不宜〔二〕。」

顏回曰：「回之家貧，唯不飲酒不茹葷者數月矣。如此，則可以爲齋乎？」

曰：「是祭祀之齋，非心齋也。」

回曰：「敢問心齋。」

仲尼曰：「若一志，無聽之以耳而聽之以心，無聽之以心而聽之以氣〔三〕！耳止於聽〔四〕，心止於符。氣也者，虛而待物者也。唯道集虛〔五〕。虛者，心齋也。」

顏回曰：「回之未始得使〔六〕，實有〔七〕回也；得使之也，未始有回也；可謂虛乎？」

夫子曰：「盡矣。吾語若！若能入遊其樊而無感其名〔八〕，入則鳴，不入則止〔九〕。無門無毒〔一〇〕，一宅〔一一〕而寓於不得已〔一二〕，則幾矣。

「絕迹易，無行地難〔一三〕。爲人使易以僞，爲天使難以僞。聞以有翼飛者矣，未聞以无翼飛者也；聞以有知知者矣，未聞以無知知者也。瞻彼闋者〔一四〕，虛室生白〔一五〕，吉祥止止〔一六〕。夫且不止，是之謂坐馳〔一七〕。夫徇〔一八〕耳目內通而外於心知〔一九〕，鬼神將來舍，而況人乎！是萬物之化也，禹舜之所紐也〔二〇〕，伏羲几蘧〔二一〕之所行終，而況散焉者〔二二〕乎！」

注釋

〔一〕心：今本缺「心」字。郭象注：「夫有其心而爲之者，誠未易也。」可知郭本原有「心」字。茲據闕誤引張君房本及注文補上（王孝魚點校）。

〔二〕皞（gāo 高）天不宜：與自然之理不合（阮毓崧說）。「皞天」，自然（向秀注）。

〔三〕氣：在這裏「氣」當指心靈活動到達極純精的境地。換言之，「氣」即是高度修養境界的空靈明覺之心。所以說：「氣也者，虛而待物者也。」「虛而待物者」顯然是指「心」而言。

徐復觀先生說：「氣，實際只是心的某種狀態的比擬之詞，與老子所說的純生理之氣不同。」（中國人性論史第十二章莊子的心三八二頁）

〔四〕耳止於聽：今本作「聽止於耳」，爲傳寫誤倒。「耳止於聽」，與下句「心止於符」，正相對文。成疏：「不著聲塵，止於聽。此釋無聽之以耳也。」可見成本原作「耳止於聽」。今據俞樾之說改正。

俞樾說：「『聽止於耳』，當作『耳止於聽』，傳寫誤倒也，乃申說無聽之以耳之義。」

〔五〕虛：喻空明的心境。

〔六〕得使：言得教誨（林希逸說）。

王懋竑說：「『使』字不甚協。林云：『得使，言得教誨。』只以意言之。」

〔七〕有：今本作「自」，爲「有」之誤。根據奚侗之說改。

奚侗說：「『自』係『有』字之誤，形相近也。下文『得使之也，未始有回也』，正與此文反應。」

〔八〕無感其名：不爲名位所動。

〔九〕入則鳴，不入則止：能接納你的意見就說，不能接納你的意見就不說。

〔一〇〕無門無毒：「毒」字觸釋頗紛歧；舊注有幾種說法：（一）郭注「毒」爲「治」。（二）林希逸訓「毒」爲「藥」（釋德清、林雲銘、宣穎等從之）。（三）李楨說「毒」乃「壔」之假借。「壔」者，累土爲台以傳信：壔是保衛之所（詳見郭慶藩集釋引）。案舊注均未妥；近人的今譯是：（一）沒有間隙讓人可乘（葉玉麟譯，關鋒今譯從葉譯）。（二）不立門戶，不施壁壘（李鍾豫今譯）。（三）勿固閉勿暴怒（楊柳橋譯詁）。從後說。

葉玉麟說：「『門』者可以沿爲行路，『毒』者可以望爲標的。『無門無毒』，使人無可窺尋指目之意。」（白話莊子讀本注）按：葉從李楨之說作解，然恐非莊書原意。

奚侗說：「『毒』當作『竇』，音同相假。左襄十年傳王叔之宰曰：『蓽門閨竇之人。』是『門』『竇』連文之證。知北遊篇：『無門無房』，與此同義。」

陳啓天說：「『無門』，謂不由門路營求也。『毒』，當讀爲纛，音道，古代官吏儀從之大旗。『無纛』，謂不用旗幟招摇也。」

楊柳橋說：「按：白虎通五祀篇：『門，以閉藏自固也。』廣雅：『門，守也。』王逸楚辭注：『毒，恚也。』韋昭國語注：『毒，猶暴也。』無門、無毒，猶言勿固閉，勿暴怒也。」（莊子譯詁）按：各說以楊說爲優。

〔一一〕一宅：「宅」是指心靈的位置。「一」是形容心靈凝聚的狀態。

釋德清說：「一宅者，謂安心於一，了無二念。」

〔一二〕寓於不得已：指應事寄託於不得已。

釋德清說：「寓意於不得而應之，切不可有心強爲。」

〔一三〕絶迹易，无行地難：不走路容易，走路不留行跡就困難。

釋德清說：「逃人絶世尚易，獨有涉世無心，不著形跡爲難。」

〔一四〕瞻彼闋者：「瞻」，觀照。「闋」，空。觀照那個空明心境。

〔一五〕虛室生白：空明的心境生出光明。

司馬彪說：「『室』比喻心，心能空虛，則純白獨生也。」（釋文引）

〔一六〕吉祥止止：「止止」，前面的「止」字是動詞，後面的「止」字是名詞，喻凝靜之心。意即：吉祥善福，止在凝靜之心（成疏）。

俞樾說：「『止止』連文，於義無取。淮南子俶真訓作『虛室生白，吉祥止也』，疑此文下『止』字亦

『也』字之誤。盧重元注列子天瑞篇曰：『虛室生白，吉祥止耳。』亦可證『止止』連文之誤。」俞說可供參考。

奚侗說：「下『止』字當作『之』。『止』、『之』篆形相似，易誤。陳風『歌以訊止』，今本『止』譌作『之』。小雅：『高山仰止，景行行止』，史記孔子世家引並作『之』，皆其證。」按：奚說可存。句作「吉祥止止」，可通。

〔一七〕坐馳：形坐而心馳（成疏）。

〔一八〕徇：使（李頤說）。

〔一九〕外於心知：排除心機。

〔二〇〕紐：綱紐，關鍵。

〔二一〕几蘧：傳說中的古代帝王。

成玄英疏：「三皇以前無文字之君。」

聞一多說：「案古帝王無號几蘧者，當是遂人，遂譌爲蘧（左傳桓十三年『遂見楚子』，漢書五行志中之上作遽見）。人譌爲几，又誤倒其文，因爲『几蘧』耳。今乙正。遂人即燧人（路史前紀五注引尸子及禮含文嘉並作遂人）。繕性篇曰『及燧人伏羲始爲天下』，亦二王並舉，例與此同。」（莊子內篇校釋）

〔二二〕散焉者：疏散之人，指普通一般人。

今譯

顏回說：「我沒有更好的辦法了，請問有什麼方法？」

孔子說：「你先齋戒，我再告訴你。你有了成心去做事，哪裏有這麼容易呢？如果你以爲容易，那就不合自然的道理了。」

顏回說：「我家裏貧窮，不飲酒、不吃葷已經有好幾個月了。這樣子，可算是齋戒了嗎？」

孔子說：「這是祭祀的齋戒，並不是『心齋』。」

顏回說：「請問什麼是『心齋』？」

孔子說：「你心志專一，不用耳去聽而用心去聽，不用心去聽而用氣去感應。耳的作用止於聆聽外物，心的作用止於感應現象。氣乃是空明而能容納外物的，道只能集於清虛之氣中，清虛的心境，就是『心齋』。」

顏回說：「我在沒有聽到『心齋』道理的時候，實在不能忘我；聽到『心齋』道理之後，頓然忘去自己，這樣可算達到空明的心境嗎？」

孔子說：「對了，我告訴你！如能悠遊於藩籬之內而不爲名位所動，能夠接納你的意見就說，不能接納你的意見就不說。自己不要固閉，也不要暴躁，心靈凝聚而處理事情寄託於不得已，這樣就差不多了。

「不走路還容易，走路而不留行跡就困難了。爲情欲所驅使容易造僞，順其自然而行便難以造僞。

只聽説過有翅膀才能飛，没有聽説過没有翅膀而能飛的；只聽説過用心智去求得知識，没有聽説過不用心智而可求得知識的。觀照那個空明的心境，空明的心境可以生出光明來。福善之事止於凝静之心，如果心境不能寧静，這就叫做『坐馳』。使耳目感官向内通達而排除心機，鬼神也會來依附，何況是人呢！這樣萬物都可以感化，這是禹舜處世的關鍵、伏羲几蘧行爲的準則，何況普通的人呢！」

二

葉公子高〔一〕將使於齊，問於仲尼曰：「王使諸梁也甚重，齊之待使者，蓋將甚敬而不急。匹夫猶未可動，而況諸侯乎！吾甚慄之。子常語諸梁也曰：『凡事若小若大，寡不道以懽成〔二〕。事若不成，則必有人道之患〔三〕；事若成，則必有陰陽之患〔四〕。若成若不成而後無患者，唯有德者能之。』吾食也執粗而不臧，爨無欲清之人〔五〕。今吾朝受命而夕飲冰，我其内熱與〔六〕！吾未至乎事之情，而既有陰陽之患矣；事若不成，必有人道之患。是兩也，爲人臣者不足以任之，子其有以語我來！」

仲尼曰：「天下有大戒〔七〕二：其一，命也；其一，義也〔八〕。子之愛親，命也，不可解於心；臣之事君，義也，無適而非君也，無所逃於天地之間。是之謂大戒，是以夫事其親者，不擇地而安之，孝之至也；夫事其君者，不擇事而安之，忠之盛也；自事其心者，哀樂不易施乎前，知其不可奈何而安之若命，德之至也。爲人臣子者，固有所不得已。行事之情而忘其身，何暇至於悅生而惡死！夫子其行可矣。

「丘請復以所聞：凡交近則必相靡〔九〕以信，交遠則必忠之以言〔一〇〕，言必或傳之。夫傳兩喜兩怒之言，天下之難者也。夫兩喜必多溢美之言，兩怒必多溢惡之言。凡溢之類妄，妄則其信之也莫〔一一〕，莫則傳言者殃。故法言〔一二〕曰：『傳其常情，無傳其溢言，則幾乎全。』

「且以巧鬭力者，始乎陽，常卒乎陰〔一三〕，泰至則多奇巧；以禮飲酒者，始乎治，常卒乎亂，泰至則多奇樂。凡事亦然。始乎諒，常卒乎鄙〔一四〕；其作始也簡，其將畢也必巨。

「言者，風波也；行者，實喪〔一五〕也。夫風波易以動，實喪易以危。故忿設無由，巧言偏辭。獸死不擇音，氣息茀然，於是並生厲心〔一六〕。剋核太至〔一七〕，則必有不肖之心應之，而不知其然也。苟爲不知其然也，孰知其所終！故法言曰：『無遷令，無勸成〔一八〕，過度益〔一九〕也。』遷令勸成殆事，美成在久，惡成不及改，可不愼與！

「且夫乘物以遊心〔二〇〕，託不得已以養中〔二一〕，至矣。何作爲報也〔二二〕！莫若爲致命〔二三〕，此其難者〔二四〕。」

注　釋

〔一〕葉公子高：楚大夫，爲葉縣令，僭稱公，姓沈，名諸梁，字子高（釋文）。

〔二〕寡不道以懽成：未有不依道而能使美滿成就（劉須溪點校莊子，焦竑莊子翼引）；「懽成」，陳碧虛闕誤引江南古藏本作「成懽」。

〔三〕人道之患：人爲的禍患，指人君的懲罰。

〔四〕陰陽之患：陰陽之氣激盪而致失調患病。

李勉說：「言事若成，則胸中陰陽之氣因喜而激動，不得平靜，易以傷神，此亦患也，是謂之陰陽之患。陰陽者，人體内陰陽之氣也。各家解此句爲喜懼交戰於胸中，然事既成矣，喜則有之，何懼之有？故不當解爲喜懼交戰於胸中。」按李說是。各家都從郭注成疏，未妥。

〔五〕吾食也執粗而不臧，爨（cuàn 竄）無欲清之人：依釋文，有兩種斷句法，一至「臧」絶句，一至「爨」絶句。通行本以「執粗而不臧」爲句，可從。

李勉說：「言葉公之於食，持粗而不求精。因葉公於食不求精，故爲之爨者（廚者），不必大事烹飪，自不深受火之熱，故無欲清涼之人。」

〔六〕内熱：内心煩焦。

成玄英說：「怖懼憂愁，内心燻灼。」

〔七〕大戒：「戒」，法（成疏）。指人生足以爲戒的大法。

〔八〕其一，命也；其一，義也：「命」，猶天性（李勉說）。「義」，一種應然的社會生活的存在規範（日本金谷治說）。

〔九〕靡：縻通，維繫（王敔說）。

〔一〇〕交遠則必忠之以言：「交」字原缺。御覽四三〇引「遠」上有「交」字。「交遠」與「交近」對言（王叔岷校釋）。依補。

武延緒說：「『忠』或疑爲『忠』。『忠』古『固』字。」（莊子札記）武說可供參考。

〔一一〕信之也莫：「莫」，薄。信之也薄，猶言信之不篤（奚侗說）。

〔一二〕法言：有兩個解釋：（一）格言；成疏：「先聖之格言，爲當來者之軌轍也。」（二）古書；林希逸說：「法言者，古有此書也。」今譯從（一）。

〔一三〕始乎陽，常卒乎陰：指以巧鬥力者，始於明鬥，而常終於陰謀。

郭嵩燾說：「凡顯見謂之陽，隱伏謂之陰。鬥巧者必多陰謀，極其心思之用以求相勝也。」（見郭慶藩莊子集釋引）按：舊注「陽」「陰」多作「喜」「怒」講，郭說於義爲長。淮南子詮言訓：「故以巧鬥力者，始於陽，常卒於陰，以慧治國者，始於治，常卒於亂。」許注：「言知巧之所施，始於陽善，終於陰惡也。」同於郭解。「陰」作「陰謀」、「陰惡」，與下句「多奇巧」正相應。

〔一四〕始乎諒，常卒乎鄙：始則誠信，終則鄙惡（成疏）。「諒」，見諒，取信之意。「鄙」，欺詐。俞樾說「諒」字爲「都」字之誤，與「鄙」字相對爲文（詳見莊子平議）。按「都」、「鄙」亦含有美惡之意（陳啓天說）。

〔一五〕實喪：猶言得失（郭嵩燾說）。

〔一六〕厲心：狠戾之心。「厲心」原作「心厲」，根據武延緒之說改。

武延緒說：「『心厲』二字倒，疑當作『厲心』，即下文不肖之心也。」武說可從。

〔一七〕剋核太至：逼迫太甚。

〔一八〕無遷令，無勸成：不要改變所受的使命，不要强求事情的成功。

〔一九〕益：「溢」之初文（馬叙倫說）。

劉師培說：「『益』乃『溢』省。上云『溢美』『溢惡』，又言『溢之類妄』及『無傳其溢』，此冡彼言，因以過度詮『溢』詁，成疏以『添益』解之，非也。」（莊子斠補）

〔二〇〕乘物以遊心：心神任隨外物的變化而遨遊（曹礎基莊子淺注）。「遊心」，這最具有莊子思想特色的概念，首出於此。它不僅是精神自由的表現，更是藝術人格的流露。「乘物遊心」的命題，乃古典美學「神與物遊」之先聲。

〔二一〕託不得已以養中：保養心性（曹礎基說）。

〔二二〕何作爲報也：何必作意去報效國君呢！「也」，同「耶」。

焦竑說：「何必有所作爲以還報哉！」（莊子翼）

方潛說：「何必作意以求報命！」（南華經解）

〔二三〕致命：致其君之命（林希逸說），意指真實無妄地傳達君令。成疏：「直致率情，任於天命。」則「致命」似爲順任自然分際之意。里雅各(James Legge)英譯"to be prepared to sacrifice your life"爲誤。

〔二四〕此其難者：完成君主的使命會很困難嗎？

今譯

葉公子高將要出使齊國，問孔子說：「楚王交給我的使命是很重大的，齊國對待外來的使者，總是表面恭敬而實際怠慢。一個普通人尚且不可輕動，何況是諸侯呢！我很害怕。先生曾經對我說：『凡事無論大小，很少有不合乎道而結果是好的。事情若是辦不成功，就必定會遭受懲罰；事情若是成功，就必定會受陰陽之氣激盪之致失調患病。無論是成功或不成功而不會遭到禍患的，那只有盛德的人才能做到。』我平時吃粗食而不求精美，家中没有求清涼的人。現在我早晨接到使命而晚上就要喝冰水，我是心中焦灼了吧！我還没有了解事實的真相，就已經陰陽之氣激盪而致患病；事情如果再辦不成功，必定要遭受到人君的懲罰。這兩種災患降臨在身，爲人臣的實在承受不了，先生可以教導我嗎？」

孔子說：「世間有兩個足以爲戒的大法：一個是『命』（自然的），一個是『義』（人爲的）。子女愛父母，這是人的天性，無法解釋的；臣子事君主，這是不得不然的，無論任何國家都不會没有君主，這是没法逃避得了的。這就是所謂足以爲戒的大法。所以子女養父母，無論什麼境地都要使他們安適，這是行孝的極點了；臣子事君主，無論任何事情都要安然處之，這是盡忠的極點了；從事內心修養的人，不受哀樂情緒的影響，知道事情的艱難無可奈何而能安心去做，這就是德性的極點了。爲人臣子的，當然有不得已的事，但是遇事能如實地去做而忘記自己，這樣那裏會有貪生怕死的念頭呢？你這樣去做就行了！

「我還把所聽到的再告訴你：大凡國與國相交，鄰近的國家就以信用來往，遠途的國家就用忠實的語言維繫，用語言來建立邦交就要靠使臣去傳達。傳達兩國國君喜怒的言詞，是天下最難的事情。兩國國君喜悅的言詞必定過度地添加許多好話，兩國國君憤怒的言詞必定過度的添加許多壞話。凡是過度添地話都是失真的，失真就雙方都不相信，不相信則傳話的使臣要遭殃了。所以古語說：『要傳達真實的言詞，不要傳達過甚的言詞，這樣就可以保全自己。』

「那些以技巧角力的人，開始的時候明來明去，到最後往往使出陰謀，太過分時就詭計百出了；以禮飲酒的人，開始的時候規規矩矩，到最後往往迷亂昏醉，太過分時就放蕩狂樂了。任何事情都是這樣。開始的時候彼此見諒，到最後就往往互相欺詐了。許多事情開始的時候很單純，到後來就變得艱難了。

「語言就像風波；傳達語言，有得有失。風波容易興作，得失之間容易發生危難。所以忿怒的發作沒有別的原因，就是由於花言巧語偏辭失當。困獸要死的時候就尖聲亂叫，呼吸急促，於是產生了噬人的惡念。凡事逼迫太過分時，別人就會興起惡念來報復他，而他自己還不知道爲什麼緣故。如果自己都還不知道怎麼回事，誰能知道他會遭到什麼結果呢！所以古語說：『不要改變所受的使命，不要强求事情的成功。過度就是「溢」了。』改變成命强求事成都會敗事，成就一件好事需要很久的時間，做成一件壞事就後悔不及了。這可以不謹慎嗎？

「心神任隨外物的變化而悠遊自適，寄託於不得已而保養自己的心性，這就是最好的了。何必作意去擔心國君的回報呢！不如如實地傳達國君的指示，這樣會很困難嗎？」

三

顏闔〔一〕將傅衛靈公太子，而問於蘧伯玉〔二〕曰：「有人於此，其德天殺〔三〕。與之爲無方，則危吾國；與之爲有方，則危吾身。其知適足以知人之過，而不知其所以過。若然者，吾奈之何？」

蘧伯玉曰：「善哉問乎！戒之，慎之，正汝身也哉！形莫若就〔四〕，心莫若和〔五〕。雖然，之二者有患。就不欲入〔六〕，和不欲出〔七〕。形就而入，且爲顛爲滅，爲崩爲蹶。心和而出，且爲聲爲名，爲妖爲孽〔八〕。彼且爲嬰兒，亦與之爲嬰兒；彼且爲無町畦〔九〕，亦與之爲無町畦；彼且爲無崖〔一〇〕，亦與之爲無崖。達之，入於無疵。

「汝不知夫螳蜋乎？怒其臂以當車轍，不知其不勝任也，是其才之美者也。戒之，慎之！積伐而美者〔一一〕以犯之，幾〔一二〕矣。

「汝不知夫養虎者乎？不敢以生物與之，爲其殺之之怒也；不敢以全物與之，爲其決之之怒也；時其飢飽，達其怒心。虎之與人異類而媚養己者，順也；故其殺之〔一三〕者，逆也。

「夫愛馬者，以筐盛矢〔一四〕，以蜃盛溺。適有蚉虻僕緣〔一五〕，而拊之不時，則缺銜毀首碎胸〔一六〕。意有所至而愛有所亡，可不慎邪！」

注釋

〔一〕顏闔：姓顏名闔，魯國的賢人。

〔二〕蘧（qú渠）伯玉：姓蘧，名瑗，字伯玉，衞國的賢大夫。

〔三〕其德天殺：言天性刻薄人（劉須溪說）；天資劣薄（浦起龍說）。「殺」，音衰。

〔四〕形莫若就：外貌不如表現親近之態。

〔五〕心莫若和：內心不如存着誘導之意。

林希逸說：「和，調和也，誘導之也。」

〔六〕就不欲入：親附他不要太過度。

〔七〕和不欲出：誘導之意不要太顯露。

〔八〕爲妖爲孽：「孽」，災。謂招致災禍。

〔九〕町（tǐng挺）畦（qí其）：皆田區（陳壽昌說）；即界限。

〔一〇〕無崖：無拘束。

〔一一〕積伐而美者：「積」，屢；「伐」，誇（林希逸說）。「而」，汝（成疏）。

〔一二〕幾：危殆（郭注）。

馬叙倫說：「『幾』借爲『危』。爾雅釋詁曰：『幾，危也。』即借『幾』爲『危』也。」

〔一三〕殺之：「之」字今本缺漏，根據列子黃帝篇補上。王叔岷先生說：「列子黃帝篇『殺者』作『殺之』，疑此文本作『故其殺之者逆也』。今本此文挩『之』字，列子黃帝篇挩『者』字，文意並不完。」

〔一四〕矢：同屎。

〔一五〕僕緣：附著。王念孫說：「『僕』之言『附』也，言蚉蝱附緣於馬體也。『僕』與『附』，聲近而義同。」

〔一六〕毀首碎胸：毀碎口勒與胸上的絡轡。

今譯

顏闔被請去做衛靈公太子的師傅，他去請教蘧伯玉說：「現在有一個人，天性殘酷，如果放縱他，就會危害我們的國家；如果用法度來規諫他，就會危及自身。他的聰明足以知道別人的過錯，但不知道自己爲什麼會犯過錯。遇到這種情形，我怎麼辦呢？」

蘧伯玉說：「你問得很好，要小心謹慎，首先你要立得穩。外貌不如表現親近之態，內心存着誘導之意。雖然這樣，這兩者仍有累患。親附他不要太過分，誘導他不要太顯露。外貌親附太深，就要顛敗毀滅；內心誘導太顯露，他以爲你爲了爭聲名，就會招致災禍。他如果像嬰孩那樣瀾漫，你也姑且隨着他像嬰孩那樣瀾漫；他如果沒有界限，那麼你也姑且隨着他那樣不分界限；他如果不拘束，那麼你也姑且隨着他那樣不拘束。這樣引達他，入於無過失的正途上。

「你不知道那螳螂嗎？奮力舉起臂膀去阻擋車輪，不知道自己的力量不能勝任，這是因爲把自己的才能看得太高的緣故。要小心，謹慎啊！你若多誇自己的長處去觸犯他，就危險了。

「你不曉得那養老虎的嗎？不敢拿活物給牠喫，怕牠撲殺活物時會激起牠殘殺的天性；不敢拿完整的食物給牠喫，怕它撕裂食物時會激起牠殘殺的天性。知道牠飢飽的時刻，順着牠喜怒的性情。虎和人雖是異類卻馴服於養牠的人，因爲能順着牠的性子。至於牠要傷害人，是因爲觸犯了牠的性子。

「喜歡馬的人，用別致的竹筐去接馬糞，用珍貴的盛水器去接馬尿。恰巧有蚊虻叮在馬身上，愛馬的人出其不意撲打蚊虻，馬就會受驚咬斷口勒、毀壞頭上胸上的絡轡。本意出於愛而結果適得其反，這可不謹慎嗎？」

四

匠石之齊，至於曲轅，見櫟社樹〔一〕。其大蔽數千牛，絜之百圍〔二〕，其高臨山，十仞而後有枝〔三〕，其可以爲舟者旁〔四〕十數。觀者如市，匠伯〔五〕不顧，遂行不輟。弟子厭觀〔六〕之，走及匠石，曰：「自吾執斧斤以隨夫子，未嘗見材如此其美也。先生不肯視，行不輟，何邪？」

曰：「已矣，勿言之矣！散木也，以爲舟則沈，以爲棺槨則速腐，以爲器則速毀，以爲門户則液樠，以爲柱則蠹。是不材之木也，無所可用，故能若是之壽。」

匠石歸，櫟社見夢曰：「女將惡乎比予哉？若將比予於文木邪？夫柤梨橘柚，果蓏之屬〔七〕，實熟則剝，剝則辱〔八〕；大枝折，小枝泄〔九〕。此以其能苦其生者也，故不終其天年而中道夭，自掊擊於世俗者也。物莫不若是。且予求無所可用久矣，幾死，乃今得之，爲予大用。使予也而有用，且得有此大也邪？且也若與予也皆物也，奈何哉其相物也〔一〇〕？而幾死之散人，又惡知散木！」

匠石覺而診〔一一〕其夢。弟子曰：「趣取〔一二〕無用，則爲社何邪？」曰：「密！若無言！彼亦直寄焉，以爲不知己者詬厲〔一三〕也。不爲社者，且幾有翦乎！且也彼其所保與衆異，而以義喻〔一四〕之，不亦遠乎！」

注釋

〔一〕櫟（ㄌㄧˋ歷）社樹：以櫟樹爲神社。

林雲銘說：「以櫟樹爲土神而祀之，此二十五家之私社也。」

朱桂曜說：「古時恒擇木之大者以爲社而祀之。」

〔二〕絜之百圍：「絜」，量。「圍」，圓周一尺。

李頤說：「徑尺爲圍，蓋十丈也。」（釋文引）按：或說一抱曰圍，「百圍」是形容樹之大。

〔三〕其高臨山，十仞而後有枝：樹身高達山頭，樹幹七、八十尺以上才生枝。這是形容樹的高大。

〔四〕旁：旁枝（釋文引崔譔說）。

〔五〕匠伯：「伯」，釋文引崔本作「石」。按：「石」是工匠之名，「伯」指工匠之長。

〔六〕厭觀：飽看。

〔七〕果蓏（luǒ 裸）之屬：果瓜之類。

成玄英說：「在樹曰『果』，柤梨之類；在地曰『蓏』，瓜瓠之徒。」

〔八〕辱：扭折。

章炳麟說：「釋名：『辱，衄也。』言折衄也。此『辱』字借爲『衄』義，爲折衄。」

〔九〕泄：當讀爲抴，牽引（俞樾說）。

〔一〇〕奈何哉其相物也：爲什麼還要拿我去類比文木呢？此承上「若將比予於文木邪」而言。「相」，相互。「物」，類（左傳「與吾同物」，注：「物，類也。」）。「相物」，即相互類比。

〔一一〕診：通畛，告。

王念孫說：「向秀司馬彪並云：『診，占夢也。』案下文皆匠石與弟子論櫟社之事，無占夢之事。『診』當讀爲『畛』。爾雅云：『畛，告也。』郭注引禮曰：『畛於鬼神。』『畛』與『診』，古字通。此謂匠石覺而告其夢於弟子，非謂占夢也。」

〔一二〕趣取：意在求取。

釋德清說：「趣，乃意趣，猶言意思也。」

〔一三〕詬厲：辱罵。

〔一四〕義喻：「義」有兩解：一訓爲儀，即外觀；一作常理（宣穎注）。「喻」，通行本作「譬」，依世德堂本及盧文弨校改。「義喻」可解釋爲：（一）從外觀來了解；（二）從常理來衡量。今譯取後者。

今譯

有個名叫石的木匠往齊國去，到了曲轅，看見有一棵爲社神的櫟樹。這棵樹大到可以供幾千頭牛遮蔭，量一量樹幹有百尺粗寬，樹身高達山頭，好幾丈以上才生枝，可以造船的旁枝就有十幾枝。觀賞的人群好像集市一樣，匠伯不瞧一眼，直往前走。

他的徒弟站在那兒看了個飽，追上匠石，問說：「自從我拿了斧頭跟隨先生，沒有見過這麼大的木材。先生不肯看一眼，直往前走，爲什麼呢？」

回說：「算了罷，不要再說了！那是沒有用的散木，用它做船很快就會沈没，用它做棺槨很快就會腐爛，用它做器具很快就會折毀，用它做門户就會流污漿，用它做屋柱就會被蟲蛀，這是不材之木，没有一點用處，所以才能有這麼長的壽命。」

匠石回到家，夜裏夢見櫟社樹對他説：「你要拿什麼東西和我相比呢？把我和有用之木相比嗎？那柤梨橘柚，果瓜之類，果實熟了就遭剥落，剥落就被扭折；大枝被折斷，小枝被拉下來。這都是由於它們的才能害苦了自己的一生，所以不能享盡天賦的壽命而中途就夭折，這都是自己顯露有用招來世俗的打擊。一切東西没有不是這樣的。我求做到無所可用的地步，已經很久了，幾乎被砍死，到現在我才保全了自己，這正是我的大用。假使我有用，我還能長得這麼大嗎？而且你和我都是物，爲什麼還要拿我去類比文木呢？你是將要死的散人，又怎能知道散木呢？」

匠石醒來把夢告訴他的徒弟。徒弟說：「它意在求取無用，爲什麼要做社樹呢？」

匠石說：「停！你別說了！櫟樹也不過是寄託於社，使那些不了解它的人訾議它。假使它不做社樹，豈不就遭到砍伐之害嗎，況且它用以保全自己的方法與衆不同，你只從常理來度量它，不是相差太遠了嗎？」

五

南伯子綦〔一〕遊乎商之丘〔二〕，見大木焉，有異，結駟千乘，將隱芘其所藾〔三〕。子綦曰：「此何木也哉？此必有異材夫？」仰而視其細枝，則拳曲而不可以爲棟梁；俯而視其大根，則軸解〔四〕而不可以爲棺槨；咶其葉，則口爛而爲傷；嗅之，則使人狂酲〔五〕，三日而不已。

子綦曰：「此果不材之木也，以至於此其大也。嗟乎神人，以此不材！」

「宋有荆氏者〔六〕，宜楸柏桑。其拱把〔七〕而上者，求狙猴之杙〔八〕者斬之；三圍四圍，求高名之麗者〔九〕斬之；七圍八圍，貴人富商之家求樿傍〔一〇〕者斬之。故未終其天年，而中道之夭於斧斤，此材之患也。故解之〔一一〕以牛之白顙〔一二〕者與豚之亢鼻〔一三〕者，與人有痔病者不可以適河〔一四〕。此皆巫祝以知之矣，所以爲不祥也。此乃神人之所以爲大祥也。」

注釋

〔一〕南伯子綦：莊子杜撰的人物，即齊物論南郭子綦。

李頤說：「即南郭也。『伯』，長也。」

〔二〕商之丘：今河南商丘縣。

〔三〕將隱芘其所藾：「將隱」，今本誤倒爲「隱將」。根據張君房本改正。「藾」，即蔭。

奚侗說：「此文當作『將隱芘其所藾』，『芘』借作『庇』，『隱』『庇』同義，所以用作連詞。蓋謂結駟千乘，將隱蔽於其所蔭之下也。郭注：『其枝所陰，可以隱芘千乘。』可證郭所見本，正作將隱芘其所藾也。闕誤引張君房本亦作『將隱芘其所藾』，今本『將隱』誤倒，當據以乙正。」按：疑本作「將比其所籟」。「比」通庇，注莊者於「比」旁注「隱」字，後誤入正文。

〔四〕軸解：謂木心分裂（陳啓天說）。

陳壽昌說：「軸解，木紋旋散也。」

嚴復說：「軸解者，木橫截時，則見其由心而裂，至於外也。」

〔五〕酲（chéng 城）：音呈，酒醉。

〔六〕荆氏：地名，在宋國境内。

〔七〕拱把：兩手相合謂「拱」，一手能握謂「把」。

〔八〕杙（yì意）：栓。

〔九〕高名之麗：即高名之家，榮華高屋。「麗」，同欐，屋棟。

〔一〇〕樿傍：棺之全一邊者（司馬彪說）；獨板棺木（李鍾豫今譯）。

〔一一〕解之：猶禳除（王懋竑說）；即祭神求福解罪。

〔一二〕白顙：白額。意即非純色牲，故不與祭。

〔一三〕亢鼻：仰鼻，鼻孔翻上。

〔一四〕適河：把童男童女沈入河中祭神。

成玄英說：「古者將人沈河以祭河伯，西門豹爲鄴令，方斷之，即其類是也。」

今譯

南伯子綦到商丘去遊玩，看到一棵大樹與衆不同，可供千乘的車馬隱息於樹蔭下。子綦說：「這是什麼樹木啊！這樹必定有奇特的材質。」仰起頭來看看它的細枝，卻只見彎彎曲曲而不能做棟梁；低下頭去看看它的大幹，卻見木紋旋散而不能做棺槨；舐舐它的葉子，嘴就潰爛受傷；嗅嗅它，就會使人狂醉，三天醒不過來。

子綦說：「這是不材之木，所以才能長得這麼大。唉！神人也是這樣顯示自己的不材呀！

「宋國荆氏那個地方，適宜種植楸、柏、桑樹。一握兩握粗的，想用做繫猴子木栓的人就把它砍了去；三圍四圍粗的，想用做高大屋棟的人就把它砍了去；七圍八圍粗的，富貴人家想用做棺材的就把它砍了去。所以不能享盡天賦的壽命，而中途就被斧頭砍死，這就是有用之材的禍患。所以古時禳除的祭祀，凡是白額的牛和鼻孔翻上的豬，以及生痔瘡的人，都不可以用來祭河神，這是巫祝都知道的，認爲那是不吉祥的。但這正是神人以爲最吉祥的。」

六

支離疏〔一〕者，頤隱於臍，肩高於頂，會撮〔二〕指天，五管〔三〕在上，兩髀爲脇〔四〕。挫鍼治繲〔五〕，足以餬口；鼓筴播精〔六〕，足以食十人。上徵武士，則支離攘臂而遊於其間；上有大役，則支離以有常疾不受功；上與病者粟，則受三鍾〔七〕與十束薪。夫支離其形者，猶足以養其身，終其天年，又況支離其德者〔八〕乎！

注釋

〔一〕支離疏：寓託的人名。

釋德清說：「此假設人之名也。『支離』者，謂隳其形。『疏』者，謂泯其智也。乃忘形去智之喻。」

〔二〕會撮：髮髻。

司馬彪說：「會撮，髻也。古者髻在頂中，脊曲頭低，故髻指天也。」

李楨說：「……以『會撮』爲髻，當亦是小撮持其髮，故名之。……『會』與『鬠』亦通。集韻有

『⿱髟最』字，音撮，髻也。當是俗因『會撮』造爲頭髻專字。」（郭慶藩集釋引）

〔三〕五管：五臟腧穴。另一説「五管」即五官（高亨新箋）。

〔四〕兩髀（bì必）爲脅：「髀」，股，膝以上的腿骨。「脅」，同脋，胸旁的肋骨。

釋德清説：「髀，大腿也。言大腿爲兩脅，則形曲可知。」

〔五〕挫鍼治繲：縫衣洗衣。「鍼」，同針。

司馬彪説：「『挫鍼』，縫衣也。『治繲』，浣衣也。」

〔六〕鼓筴播精：「鼓」，簸。小箕曰「筴」。簡米曰「精」（司馬彪説）。謂以簸箕篩米去糠。按崔譔以「鼓筴」爲揲蓍鑽龜，以「播精」爲卜卦占兆，非。「播精」，文選注作「播糈」（王應麟説）。

郭慶藩説：「案『精』當爲『糈』之誤。説文：『糈，糧也。』」

奚侗説：「『精』當作『糈』，説文：『糈，糧也。』楚辭王注：『糈，精米，所以享神。』『精』『糈』形近易誤。文選夏侯孝若東方朔畫贊注引此文正作『糈』。」按：作「糈」可，作「精」亦通。

〔七〕鍾：六斛四斗爲一鍾。古時官吏俸禄多以鍾計。

〔八〕支離其德：猶忘德（成疏）；蓋有德而借不德以自覆（周辰拱説）。

林希逸説：「言至人之德亦如此支離者，以無用爲大用也。此與不材之木亦同意。」

今譯

有一個支離疏（形體支離不全的人），臉部隱藏在肚臍下，肩膀高過於頭頂，頸後的髮髻朝天，五臟腧穴向上，兩條大腿和胸旁肋骨相併。替人家縫衣洗服，足够過活；替人家簸米篩糠，足够養十口人。

政府徵兵的時候，則支離搖擺而遊於其間；政府徵夫的時候，則支離因殘廢而免去勞役；政府放賑救濟貧病的時候，他可以領到三鍾米和十綑柴。形體殘缺不全的人，還能够養身，享盡天賦的壽命，又何況那忘德的人呢！

七

孔子適楚，楚狂接輿遊其門曰：

「鳳兮鳳兮，何如德之衰也！

來世不可待，往世不可追也。

天下有道，聖人成〔一〕焉；

天下無道，聖人生〔二〕焉。

方今之時，僅免刑焉。

福輕乎羽，莫之知載；禍重乎地，莫之知避。

已乎已乎，臨人以德！

殆乎殆乎，畫地而趨！

迷陽迷陽〔三〕，無傷吾行！　郤曲郤曲〔四〕，無傷吾足！」

注　釋

〔一〕成：指成就事業。

〔二〕生：指求生，保全生命。

〔三〕迷陽：即荆棘。

王應麟説：「胡明仲云：荆楚有草，叢生修條，四時發穎，春夏之交，花亦繁麗，條之腴者，大如巨擘，剥而食之，其味甘美，野人乎爲迷陽，其膚多刺。」（見奚侗莊子補注及馬叙倫莊子義證引）

王先謙説：「謂棘刺也。生於山野，踐之傷足，至今吾楚輿夫遇之，猶乎迷陽踢也。」

〔四〕郤曲郤曲：言迴護避就（林希逸説）。「郤曲」，郤行曲行，意即轉彎行走。「郤曲郤曲」，今本作「吾行郤曲」，據闕誤引張君房本改。

明焦竑説：「『吾行郤曲』，當從碧虚作『郤曲郤曲，無傷吾足』，庶與上文相協。蓋由傳寫者誤疊『吾行』二字耳。」

王叔岷先生説：「陳碧虚闕誤引張君房本『吾行郤曲』，作『郤曲郤曲』。高士傳載此文同。『郤曲郤曲，無傷吾足』，與上文『迷陽迷陽，無傷吾行』句法一律，當從之。今本挩『郤曲』二字，『吾行』二字，又涉上文而衍。」

今　譯

孔子到楚國，楚國狂人接輿走過孔子門前唱著：

「鳳啊！鳳啊！你的德行爲什麽衰敗！

來世是不可期待的，往世是不可追回的。
天下有道，聖人可以成就事業；
天下無道，聖人只能保全生命。
今天這個時代，只求避免遭受刑害。
幸福比羽毛還要輕，卻不知道摘取，
災禍比大地還要重，卻不知道迴避。
罷了！罷了！在人的面前用德來炫耀自己，
危險啊！危險啊！擇地而蹈。
荆棘啊！荆棘啊！不要刺傷了自己的行徑，
轉個彎兒走，轉個彎兒走，不要刺傷了自己的脚啊！」

山木自寇〔一〕也，膏火自煎也。桂可食〔二〕，故伐之；漆可用，故割之。人皆知有用之用，而莫知無用之用也。

注　釋

〔一〕自寇：自取寇伐。

〔二〕桂可食：桂皮可做藥，所以說可食。

今譯

山木自招砍伐，膏火自招煎熬。桂樹因爲可以吃，所以就遭砍伐；漆樹因爲可以用，所以就遭刀割。世人都知道有用的用處，而不知道無用的用處。

德充符

德充符篇，主旨在於破除外形殘全的觀念，而重視人的內在性，藉許多殘畸之人爲德行充足的驗證。能體現宇宙人生的根源性與整體性的謂之「德」。有「德」的人，生命自然流露出一種精神力量吸引着人。

本篇分爲六章，首章寫兀者王駘，行不言之教，而有潛移默化之功。王駘的弟子與孔子相若，孔子也要拜他爲師。王駘能「守宗」，「保始」，把握事物的本質；「物視其所一」，把萬物看成一個不可分割的整體。心靈能作整體觀，則不拘限於一隅。王駘之過人處，在於他具有統一的世界觀。第二章，爲兀者申徒嘉與子產合堂同師的寓言。這寓言表現出執政不僅不體恤有殘疾的人，還以其高位而傲視有殘疾的人。這寫出一般權高位重者君臨人民的面貌。而申徒嘉的殘廢是遭刑逼的，「遊於彀中，中央者，中地也」。「彀中」「中地」，則人間世如一刑網。再由形的殘全問題，見出有人形體雖殘缺而心智卻完善，有人形體雖完好而心智卻殘缺。執政與申徒嘉同窗，「遊於形骸之內」，所求者道德學問，然而執政卻以貌取人，以勢凌人，而索人於「形骸之外」，這種價值取向顯然是極浮薄的。第三章，爲兀者叔山無趾見孔子的故事。這與申徒嘉一節寫法相似。孔子蔽於形而不知德，見叔山遭刑致殘而歧視他，叔山説他雖亡足，「猶有尊足者存」。責孔子「蘄以諔詭幻怪之名聞」，而不知死生一如，是非平齊之理。第四章，寫哀駘它無權勢、無利禄、無色貌、無言説。有内涵的人卻不外揚，所謂「内保之而外不蕩」。第五章，闉跂支離無脤與甕盎大癭，也是奇形怪狀的人，他們「德有所長，而形有所忘」。篇末一章，爲莊子與惠子的對話，談論人情的問題。「不以好惡内傷其身」，莊子所批判的是縱情肆欲，勞神焦思以至於斲傷性命，塗滅性靈。莊子要人「常因自然」，遮撥俗情，以體悟天地之大美。

出自本篇的著名成語有：肝膽楚越、虚往實歸、無可奈何、廢然而反（返）、無形心成、死生一條、和而不唱等。

一

魯有兀〔一〕者王駘〔二〕，從之遊者，與仲尼相若，常季〔三〕問於仲尼曰：「王駘，兀者也，從之遊者，與夫子中分魯。立不教，坐不議，虚而往，實而歸。固有不言之教，無形而心成〔四〕者邪？是何人也？」

仲尼曰：「夫子，聖人也，丘也直後而未往耳。丘將以爲師，而況不若丘者乎！奚假〔五〕魯國！丘將引天下而與從之。」

常季曰：「彼兀者也，而王〔六〕先生，其與庸〔七〕亦遠矣。若然者，其用心也獨若之何？」

仲尼曰：「死生亦大矣，而不得與之變，雖天地覆墜，亦將不與之遺〔八〕。審乎無假〔九〕而不與物遷，命物之化〔一〇〕而守其宗〔一一〕也。」

常季曰：「何謂也？」

仲尼曰：「自其異者視之，肝膽楚越也；自其同者視之，萬物皆一也。夫若然者，且不知耳目之所宜〔一二〕而遊心乎德之和；物視其所一而不見其所喪〔一三〕，視喪其足猶遺土也。」

常季曰：「彼爲己〔一四〕，以其知得其心，以其心得其常心〔一五〕，物何爲最〔一六〕之哉？」

仲尼曰：「人莫鑑於流水，而鑑於止水，唯止能止衆止〔一七〕。受命於地，唯松柏獨也正，在冬夏青青；受命於天，唯堯舜獨也正，在萬物之首〔一八〕。幸能正生〔一九〕，以正衆生。夫保始之徵〔二〇〕，不懼之實。勇士一人，雄入於九軍〔二一〕。將求名而能自要者，而猶若是，而況官天地，府萬物〔二二〕，直寓六骸〔二三〕，象耳目〔二四〕，一知之所知〔二五〕，而心未嘗死者〔二六〕乎！彼且擇日而登假〔二七〕，人則從是也。彼且何肯以物爲事乎！」

注釋

〔一〕兀（wù悟）：通「介」，斷足。

〔二〕王駘（tái抬）：莊子寓託的理想人物。「王」，取爲人所敬崇之義。「駘」，即駑，含有「大智若愚」的意思。

〔三〕常季：孔子的弟子。

〔四〕無形而心成：潛移默化之功。

林希逸説：「『無形』，無所見也。『心成』，心感之而自化成也。」（莊子口義）

釋德清説：「謂教人不見於形容言語，而但以心相印成者。」

〔五〕奚假：何但（成疏）；何止。

吴汝綸説：「爾雅曰：『假，已也。已，止也。』」

〔六〕王：音「旺」，勝。

〔七〕庸：常人。

〔八〕不與之遺：不會隨着遺落。

〔九〕審乎無假：處於無待。「審」，處。「無假」，無所假借，即無所待。

〔一〇〕命物之化：順任事物的變化。

〔一一〕守其宗：執守事物的樞紐。

〔一二〕不知耳目之所宜：指不知耳目宜於聲色是非。

陳啓天説：「謂如此觀物之人，將不知耳目之所聞見者何謂是或非。」

〔一三〕物視其所一而不見其所喪：把萬物看成一體，則不感到有什麼遺失。「物視」，猶視物。

〔一四〕彼爲己：「彼」，指王駘。「爲己」，修身，謂王駘修己。

〔一五〕以其知得其心，以其心得其常心：用他的智慧去領悟「心」，再根據這個「心」返回到「常心」。「心」，指主體心靈意識，「常心」，指普遍的心靈意識（馬恒君注釋）

傅佩榮說：「『心』是認知作用的主體，『常心』則是化解主體限制之後，能與衆人相通之心。常心是體道之後的虛靜狀態，所以用『止水』作比喻。」（解讀莊子）

〔一六〕最：聚（司馬彪注），歸依。

〔一七〕唯止能止衆止：唯有靜止之物，才能止住一切求靜止者。

〔一八〕受命於地，唯松柏獨也正，在冬夏青青；受命於天，唯堯舜獨也正，在萬物之首：今本作「受命於地，唯松柏獨也在，冬夏青青；受命於天，唯舜獨也正」。根據陳碧虛引張君房本補正。

焦竑說：「『受命於地』至『唯舜獨也正』，文句不齊，似有脱略。張君房校本作『受命於地，唯松柏獨也正，在冬夏青青；受命於天，唯堯舜獨也正，在萬物之首』。補亡七字。因郭注有『下首唯松柏，上首唯聖人』故也。」（引自焦著莊子翼）

俞樾說：「『在』疑『正』字之誤。」（諸子平議）按：俞説可從，當據張君房本改正；其他缺字，亦可據張本補上。

〔一九〕正生：即正性，指堯舜自正性命。

林希逸説：「此『生』字只是『性』字。」

陸長庚説：「正生即正性也；正性即守宗也；守宗即保始也。」（焦竑莊子翼引）

〔二〇〕保始之徵：保全本始的徵驗。

宣穎說：「保始即守宗也。保始者必有徵驗，譬如養勇者自有不懼之實也。」

〔二一〕雄入於九軍：「雄入」，猶言衝入。「九軍」，猶言大軍（陳啓天說）。九軍爲合天子六軍與諸侯三軍，一軍是一萬二千五百人（日本金谷治說）。

〔二二〕官天地，府萬物：統御天地，苞藏萬物。「官」、「府」兩字作動詞用。

〔二三〕直寓六骸：把六骸視爲旅舍。

宣穎說：「直，猶特也。以六骸爲吾寄寓。」

〔二四〕象耳目：把耳目視爲跡象。

〔二五〕一知之所知：把普遍智能的認識統一到道的同一之中（馬恒君注釋）。

成玄英疏：「『一知』，智也。『所知』，境也。能知之智照所知之境。」

曹礎基說：「『一』，同一，作動詞用。前一『知』字通智。『一知之所知』，把人們的種種認識、看法視爲同一。」（莊子淺注）

〔二六〕心未嘗死者：心中未嘗有死生變化的觀念（諸子平議）。

釋德清說：「死，猶喪失也。謂衆人喪失本真之心，唯聖人未喪本有，故能視萬物爲一己也。」

〔二七〕彼且擇日而登假：「且」，將。「擇日」，取日，意即需要一定的時間（曹礎基注）。「登假」，升於高遠。形容超塵絕俗的精神。

釋德清說：「假，猶遐也。謂彼人且將擇日而登遐，而超出塵凡也。」

奚侗說：「『假』借作『遐』，爾雅釋詁：『遐，遠也。』……大宗師篇：『登假於道』則『假』當訓『至』，與此不同。」

今譯

魯國有一個斷了脚的人名叫王駘，跟他求學的弟子和孔子相等，常季問孔子說：「王駘是斷了脚的人，跟他學的弟子和先生在魯國各佔一半。他立不施教，坐不議論，跟他學的人空虛而來，滿載而歸。果真有不用語言的教導，無形感化而達到潛移默化之功嗎？這是什麽樣的人呢？」

孔子說：「這位先生是聖人，我也落在後面還没有去請教他。我準備拜他爲師，何況不如我的人呢！何止魯國，我將要引導天下的人去跟他學。」

常季説：「他是一個斷了脚的人，而能勝過你，那麽他與普通人相比，其間的距離就太大了。果真這樣，他的心智活動有甚麽獨特之處呢？」

孔子説：「死生是一件極大的事，卻不會使他隨之變化，就是天覆地墜，他也不會隨着遺落毁滅。他處於無所待的境界而不受外物變遷的影響，主宰事物的變化而執守事物的樞紐。」

常季説：「這是什麽意思呢？」

孔子説：「從萬物相異的一面去看，肝膽毗鄰卻如遠隔，這就像楚國和越國一樣；從它們相同的一面去看，萬物都是一樣的。如果了解這一點，就不會去關心耳目適宜於何種聲色，只求心靈遊放於德的和諧的境地；從萬物相同的一面去看就看不見有什麽喪失，所以看自己斷了一隻脚就好像失落了一塊泥土一般。」

常季說：「王駘的自身修養，是用他的智力去把握自我的心，再經由主導自我的心去把握普遍相通的『常心』，那麽爲什麽衆人會歸依他呢？」

孔子說：「人不在流動的水面上照自己的影子，而在靜止的水面照自己的影子，唯有靜止的東西才能使他物靜止。接受生命於地，唯有松柏稟自然之正，無分冬夏枝葉常青；接受生命於天，唯有堯舜得性命之正，在萬物之中爲首長。幸而他們能自正性命，才能去引導衆人。能保全本始的徵驗，才會有勇者的無所畏懼。勇敢的武士，一個人衝入千軍萬馬之中。想要追求功名的人尚且能够這樣，何況主宰天地，苞藏萬物，以六骸爲寄寓，以耳目爲跡象，天賦的智慧能够燭照所知的境域，而心中未嘗有死的念頭的人呢！他能從容地選定吉日而超塵絶俗，大家都樂意隨從他。他哪裏肯以吸引衆人爲事呢？」

二

申徒嘉〔一〕，兀者也，而與鄭子産同師於伯昏無人〔二〕。子産謂申徒嘉曰：「我先出則子止，子先出則我止。」其明日，又與合堂同席而坐。子産謂申徒嘉曰：「我先出則子止，子先出則我止。今我將出，子可以止乎，其未邪？且子見執政〔三〕而不違〔四〕，子齊執政乎？」

申徒嘉曰：「先生之門，固有執政焉如此哉？子而悦子之執政而後人〔五〕者也？聞之曰：『鑑明則塵垢不止，止則不明也。久與賢人處則無過。』今子之所取大者〔六〕，先生也，而猶出言若是，不亦過乎！」

子產曰：「子既若是矣，猶與堯爭善，計子之德，不足以自反邪？」

申徒嘉曰：「自狀其過，以不當亡者衆〔七〕，不狀其過，以不當存者寡，知不可奈何，而安之若命，唯有德者能之。遊於羿〔八〕之彀中〔九〕。中央者，中地也；然而不中者，命也。人以其全足笑吾不全足者多矣，我怫然而怒；而適先生之所，則廢然而反〔一〇〕。不知先生之洗我以善〔一一〕邪？吾與夫子遊十九年矣，而未嘗知吾兀者也。今子與我遊於形骸之內，而子索我於形骸之外，不亦過乎！」

子產蹴然〔一二〕改容更貌曰：「子無乃稱〔一三〕！」

注釋

〔一〕申徒嘉：姓申徒，名嘉，鄭國賢人。

〔二〕伯昏無人：「昏」是道家所崇尚的一種人生境界，以「無人」爲名，可見是莊子所寓託。

〔三〕執政：子產爲鄭國執政大臣，這裏是子產的自稱。

〔四〕不違：不避。

〔五〕後人：瞧不起人。

〔六〕所取大者：「取」，求。「大」，指學問德性。謂求廣見識，培養德性。

〔七〕自狀其過，以不當亡者衆：自己辯説過錯以爲不應當殘形的人很多。

〔八〕羿：上古時人，精於射，每發必中。

〔九〕彀（gòu構）中：張弓弩的射程内。

林希逸説：「彀中乃必中之地，喻世之危如此，況在戰國之時，此語尤切。」

王先謙説：「以羿彀喻刑網。言同居刑網之中，孰能自信無過，其不爲刑罰所加，亦命之偶直耳。」

〔一〇〕廢然而反：喻怒氣全消。

郭象注：「廢向者之怒而復常。」

〔一一〕洗我以善：指用善道來教導我。陳碧虚莊子闕誤依張君房本在此句下補「吾之自寤邪」句。

〔一二〕蹴（cù醋）然：慚愧不安的樣子。

〔一三〕子無乃稱：「乃」，讀爲「仍」。「乃稱」猶復言（王闓運莊子内篇注）。

今譯

申徒嘉是一個斷了脚的人，和鄭子産同做伯昏無人的弟子。子産對申徒嘉説：「我先出去，你就停下，你先出去，我就停下。」到了第二天，他們又合堂同席坐在一起。子産對申徒嘉説：「我先出去，你就停下，你先出去，我就停下。現在我要出去，你可以稍停一下嗎？還是不能呢？你見我這執政大臣還不迴避，你把自己看成和我一樣的執政大臣嗎？」

申徒嘉說：「先生的門下，有這樣的執政嗎？你炫耀你的執政而瞧不起人嗎？聽說：『鏡子明亮就不落灰塵，落上灰塵就不明亮。常和賢人在一起就沒有過失。』你今天來先生這裏求學修德，還說出這種話來，不是太過分嗎！」

子產說：「你已經是這樣了，還要和堯爭善，你計量一下自己的德行，還不够你自我反省嗎？」

申徒嘉說：「一個人自己辯說自己的過錯，認爲不應當殘形的人很多，既殘形後，不辯說自己的過錯，以爲自己不當全形的人很少。知道事情的無可奈何而能安下心來視如自然的命運，這只有有德的人才能做得到。走進羿的射程之中，正是當中的地方，進入了必中的境地；然而有時不被射中，那是命。別人因爲兩脚完全而笑我殘廢的很多，我聽了非常生氣；等到來了先生這裏，我的怒氣全消，回復了常態。你還不明白這是先生用善來教化我嗎？我在先生門下已經十九年了，可是他從來没有感覺到我是斷了脚的人。現在你和我遊於『形骸之内』以德相交，但你卻在『形骸之外』用外貌來衡量我，不是很錯誤的嗎？」

子產覺得很慚愧，立刻改變面容說：「請你不要再說了。」

三

魯有兀者叔山無趾〔一〕，踵見〔二〕仲尼，仲尼曰：「子不謹，前既犯患若是矣。雖今來，何及矣！」

無趾曰：「吾唯不知務而輕用吾身，吾是以亡足。今吾來也，猶有尊足者存焉〔三〕，吾是以務全之也。夫天無不覆，地無不載，吾以夫子爲天地，安知夫子之猶若是也！」

孔子曰：「丘則陋矣。夫子胡不入乎，請講以所聞！」

無趾出。孔子曰：「弟子勉之！夫無趾，兀者也，猶務學以複補前行之惡，而況全德〔四〕之人乎！」

無趾語老聃曰：「孔丘之於至人，其未邪？彼何賓賓以學子爲〔五〕？彼且蘄以諔詭幻怪〔六〕之名聞，不知至人之以是爲己桎梏邪？」

老聃曰：「胡不直使彼以死生爲一條，以可不可爲一貫者，解其桎梏，其可乎？」

無趾曰：「天刑之〔七〕，安可解！」

注釋

〔一〕叔山無趾：「叔山」是字，遭刖足，所以稱號爲「無趾」。這又是虛構的名字。

〔二〕踵見：踵行而求見。

〔三〕猶有尊足者存焉：「尊足」，謂尊於足，猶言貴於足（陳啓天說）。「焉」字原缺，依劉文典之說補增。

劉文典說：「御覽六百七引『存』下有『焉』字，文義較完。御覽引書多削，少增益，此必舊有『焉』字，而今本敚之也。」

〔四〕全德：猶全體（釋德清說）。按謂道德完美、內德充足。

張默生說：「『德』者，得也。按此全德之人，猶言全形之人。」（莊子新釋）

〔五〕賓賓以學子爲：總是把自己當成個學者。「賓賓」，猶頻頻、繽繽。「學子」，猶盜跖篇之「學士」。「爲」，助語詞。

俞樾說：「案『賓賓』之義，釋文引司馬云：『恭貌。』張云：『猶賢賢也。』崔云：『有所親疏也。』簡文云：『好名貌。』皆望文生義，未達古訓。『賓賓』，猶頻頻也。漢書司馬相如傳：『仁頻并閭。』顏注曰：『頻字或作賓。』是其例也。」

朱桂曜說：「案『賓』蓋『繽』字，『繽繽』，往來貌也。又『繽繽』與『紛紛』相近，漢書揚雄傳『繽紛往來』，蓋以繽爲往來貌也。」

〔六〕諔詭幻怪：奇異怪誕。同於齊物論：「恢恑憰怪。」

〔七〕天刑之：天然刑罰，指孔子天生根器如此。

林雲銘說：「此意其受好名之累，猶天加刑。」

王先謙說：「言其根器如此。」

今譯

魯國有一個斷了脚趾的人名叫叔山無趾，用脚後跟走路去見孔子。孔子說：「你不謹慎，早先已犯了這樣的過錯。現在雖然來請教，怎麽來得及呢！」

無趾說：「我只因不知時務而輕用我的身子，所以才斷了脚。現在我來這裏，還有比脚更尊貴的東西存在，我想要保全它。天是無所不覆的，地是無所不載的，我把先生當作天地，哪裏知道先生是這樣的啊！」

孔子說：「我實在淺陋。你爲什麼不進來呢！請說說你的看法！」

無趾走了。孔子說：「弟子們勉勵啊！無趾是一個斷了脚趾的人，還努力求學以補過前非，何況没有犯過的全德之人呢！」

無趾對老聃說：「孔子還没有到達『至人』的境地吧！他爲什麼總是把自己當成個學者呢？而他還要企求以奇異的名聲傳聞天下，他不知道至人把名聲當作是一種枷鎖呢！」

老聃說：「你爲什麼不使他了解死生爲一致，可和不可爲平齊的道理，解除他的束縛，這樣可以嗎？」

無趾說：「這是天然加給他的刑罰，怎麼可以解除呢？」

四

魯哀公問於仲尼曰：「衛有惡〔一〕人焉，曰哀駘它〔二〕。丈夫與之處者，思而不能去也。婦人見之，請於父母曰『與爲人妻，寧爲夫子妾』者，十數而未止也。未嘗有聞其唱者也，常和人而矣。無君人之位以濟乎人之死，無聚禄以望〔三〕人之腹。又以惡駭天下，和而不唱，知不出乎四域〔四〕，且而雌雄合乎前〔五〕。是必有異乎人者也。寡人召而觀之，果以惡駭天下。與寡人處，不至以月數，而寡人有意乎其爲人也；不至乎期年，而寡人信之。國無宰，寡人傳國焉。悶然而後應，氾然而若辭〔六〕。寡人醜乎〔七〕，卒授之國。無幾何也，去寡人而行，寡人恤〔八〕焉若有亡也，若無與樂是國也。是何人者也？」

仲尼曰：「丘也嘗使〔九〕於楚矣，適見㹠子〔一〇〕食於其死母者，少焉眴若〔一一〕皆棄之而走。不見己焉爾，不得類焉爾〔一二〕。所愛其母者，非愛其形也，愛使其形者〔一三〕也。戰而死者，其人之葬也不以翣資〔一四〕；刖者之屨，無爲愛之；皆無其本矣〔一五〕。爲天子之諸御〔一六〕，不翦爪〔一七〕，不穿耳；取妻者止於外，不得復使。形全猶足以爲爾，而況全德之人乎！今哀駘它未言而信，無功而親，使人授己國，唯恐其不受也，是必才全〔一八〕而德不形〔一九〕者也。」

哀公曰：「何謂才全？」

仲尼曰：「死生存亡，窮達貧富，賢與不肖毁譽，飢渴寒暑，是事之變，命之行也；日夜相代乎前，而知不能規〔二〇〕乎其始者也。故不足以滑和〔二一〕，不可入於靈府〔二二〕。使之和豫通〔二三〕而不失於兑〔二四〕；使日夜無郤〔二五〕而與物爲春〔二六〕，是接而生時於心者也〔二七〕。是之謂才全。」

「何爲德不形？」

曰：「平者，水停之盛也。其可以爲法也，内保之而外不蕩也。德者，成和之修〔二八〕也。德不形者，物不能離也。」

哀公異日以告閔子〔二九〕曰：「始也吾以南面而君天下，執民之紀而憂其死，吾自以爲至通矣。今吾聞至人之言，恐吾無其實，輕用吾身而亡其國。吾與孔丘，非君臣也，德友而已矣。」

注釋

〔一〕惡：醜。

〔二〕哀駘它：虛構的人名。

宣穎說：「『哀駘』，醜貌。『它』，名也。『駘』乃篤劣之省，又加以『哀』，爲可哀之劣人也。『它』者他也。泛有所指，大抵皆子虛烏有之類。」

〔三〕望：如月望，飽滿的意思。

〔四〕不出乎四域：不超出人世。

〔五〕雌雄合乎前：「雌雄」，指婦人丈夫。成玄英疏：「雌雄，禽獸。」郭注成疏皆誤解。

褚伯秀說：「按『雌雄』之義，所解不一，或以爲禽獸者，本於列子『雌雄在前，孳尾成群』之說。竊考經意：丈夫興處，思而不能去，婦人願爲妾之語，則『雌雄合乎前』，言丈夫婦人歸之者衆也。」（南華真經義海纂微）

林雲銘說：「即上文丈夫之思，婦人之請。用『雌雄』二字，新闢。」

宣穎說：「丈夫婦人皆來親之。」

〔六〕氾然而若辭：「氾然」，形容漫不經心的樣子。「氾」下原缺「然」字，依武延緒之見增補。

武延緒說：「『氾』下疑亦有『然』字。」（莊子札記）武說可從。「氾然而若辭」與上句「悶然而後應」正相對文。

〔七〕寡人醜乎：「醜」，慚愧。喻魯哀公感自愧不如。

〔八〕恤：憂悶的樣子。

朱桂曜說：「『恤』，有『亡失』義。」

〔九〕使：作遊。

陸德明說：「本亦作『遊』。」

馬叙倫說：「孔子無使楚事。本作『遊』者是也。」（莊子義證）

〔一〇〕㹠子：小豬。「㹠」，即「豚」。林希逸本作「豚」。

〔一一〕眴若：驚慌的樣子。

俞樾說：「『眴若』，猶眴然也。徐无鬼篇：『衆狙見之，恂然棄而走。』此云『眴若』，彼云『恂然』，文異義同。」

〔一二〕不得類焉爾：不同一類，意指不像活着的樣子。

〔一三〕使其形者：指主宰形體的精神。

〔一四〕戰而死者，其人之葬也不以翣（shà 廈）資：謂在戰場埋葬死者無棺，則不用棺飾送葬（陳啓天說）。「翣」，古時棺上的裝飾品，形如扉。「資」，送。

朱桂曜說：「戰而能死，不可謂『無武』，郭說非也。古未有以翣爲『武飾』者。說文羽部：『翣，棺羽飾也。天子八，諸侯六，大夫四，士二。』……翣乃自天子諸侯以至於大夫士所通有，非武人所獨有也。是以古人僅謂翣爲『棺飾』，不云『武飾』。」按朱駁郭注，甚是。

〔一五〕刖者之屨，無爲愛之；皆無其本矣：謂刖者無足，無須愛屨。有棺而後用棺飾，有足而後用屨。今戰死者無棺，刖者無足，故曰皆無其本（陳啓天說）。

〔一六〕諸御：指宮女。

〔一七〕不翦爪：今本作「不爪翦」。雖說古人有倒裝句法，但與下句不對文，應據武延緒之說改正。

武延緒說：「『爪翦』疑當作『翦爪』，與下『穿耳』對文。後人據禮記改。」武說可從，「翦」與「穿」爲動詞，「爪」與「耳」爲名詞，正相對文。

〔一八〕才全：才質完備；才性完美。按：「才」的議題由孟、莊提出，東漢王充對才、性作出明確解釋，三國魏末的一些思想家進而探討才、性關係，提出才性同、異、合、離的「才性四本」說。

林希逸說：「才全，猶言全其質性也。」

釋德清說：「才全者，謂不以外物傷戕其性，乃天性全然未壞，故曰全。」

〔一九〕德不形：德不顯露。

〔二〇〕規：爲「窺」省（馬叙倫說）。按「規」讀爲「揆」，揆度之意。

〔二一〕滑和：滑，亂。指擾亂本性的平和。

王孝魚說：「齊物論中列舉心理人情的喜、怒、哀、樂、慮、嘆、變、慹八種情態，說他們『日夜相代乎前而莫知其所萌』。此處則列舉外界人事之變的死生、存亡、窮達、貧富、賢不肖、毀譽、飢渴、寒暑等十六種人生遭遇，也說它們『日夜相代乎前而不知其所始』，文情筆法與齊物論完全相似。……莊子以爲，這十六種外部人事之變，不可讓它們滑亂了自己本心的天和。」

〔二二〕靈府：指心靈。

郭象注：「靈府者，精神之宅也。」

〔二三〕和豫通：謂安適通暢。「和豫」，也就是和樂（王博說）。

〔二四〕兑：悦（釋文引李頤說）。

〔二五〕日夜無郤：日夜沒有間斷，意謂經常保持怡悦的心情。「郤」，與隙同（王懋竑說）。

〔二六〕與物爲春：應物之際，春然和氣（釋德清說）；隨物所在皆同遊於春和之中（宣穎說）。「春」，指和氣之時，即萬物欣欣向榮之意（王治心說）。

林希逸說：「『與物爲春』者，隨所寓而皆爲樂也。此『春』字，與『兑』字同。」

章炳麟說：「說文：『春，推也。』『與物爲春』者，與物相推移也。」備一說。

〔二七〕是接而生時於心者也：謂是以接物而生與時推移之心（陳啓天說）。

〔二八〕成和之修：完滿純和的修養。

〔二九〕閔子：孔子弟子閔子騫。

今譯

魯哀公問孔子說：「衞國有一個面貌醜陋的人，名叫哀駘它。男人和他相處，想念他不捨得離開。女人見了他，請求父母說：『與其做別人的妻子，不如做這位先生的妾。』這樣的女人不止有十幾個。沒有聽到他倡導什麽，只見他應和而已。他沒有權位去救濟別人的災難，也没有錢財去養飽別人的肚子。而且又面貌醜惡使天下人見了都感驚駭，他應和而不倡導，他的知見不超出人世以外，然而婦人男子都親附他。這必定有異於常人之處。我召他來，果然見他面貌醜陋可以驚駭天下人。但是和我相處，不到一個月，我就覺得他有過人之處；不到一年，我就很信任他。這時國內正没有宰相，我就把國事委託給他，他卻淡淡然而無意承應，漫漫然而未加推辭。我覺得很慚愧，終於把國事委託給他。没有好久，他就離開我走了，我憂悶得很，好像失落了什麽似的，好像國中再没有人可以共歡樂似的，他究竟是怎樣的人呢？」

孔子說：「我曾經到楚國去，恰巧看見一群小豬在剛死的母豬身上吃乳，一會兒都驚慌地抛開母豬逃走。因爲母豬已經失去知覺了，不像活着的樣子了。可見牠們所以愛母親的，不是愛牠的形體，乃是愛主宰牠形體的精神。疆場上戰敗而死的人，行葬時不用棺飾；砍斷了脚的人，不會愛惜原先的鞋子；這都是因爲失去了根本啊！做天子嬪妃的，不翦指甲，不穿耳眼；娶妻的人留在宫外，不得再爲役使。爲求形體的完整尚且如此，何況德性完整的人呢！現在哀駘它没有開口就取得人的信任，没有功業就贏得人的親敬，能使别人要把自己的國政委託給他，還怕他不肯接受，這一定是『才全』而『德不形』的人。」

哀公說：「什麼叫做『才全』？」

孔子說：「死、生、得、失，窮、達、貧、富，賢和不肖、毀、譽，飢、渴、寒、暑，這都是事物的變化，運命的流行；好像晝夜的輪轉一般，而人的知見不能揆度它們的起始。了解這點就不足以讓它們擾亂了本性的平和，不至於讓它們侵入我們的心靈。使心靈安逸自得而不失怡悅的心情；使日夜不間斷地隨物所在保持着春和之氣，這樣就能萌生出在接觸外物時與時推移的心靈。這就叫做『才全』。」

哀公說：「什麼叫做『德不形』？」

孔子說：「水平是極端的靜止狀態。它可以爲我們取法的準繩，內心保持極端的靜止狀態就可以不爲外境所搖蕩。德，乃是最純美的修養。德不著形跡，萬物自然親附而不肯離去。」

有一天哀公告訴閔子說：「起初，我以國君的地位治理天下，執掌法紀而憂慮人民的死亡，我自以爲盡善盡美了。現在，我聽了至人的言論，恐怕我沒有實績，只是輕用我的身體，以致危亡我的國家。我和孔子並不是君臣，而是以德相交的朋友。」

五

闉跂支離無脤〔一〕說衛靈公，靈公說之；而視全人，其脰肩肩〔二〕。甕盎大癭〔三〕說齊桓公，桓公說之；而視全人，其脰肩肩。

故德有所長，而形有所忘。人不忘其所忘，而忘其所不忘，此謂誠忘。

故聖人有所遊，而知爲孽〔四〕，約爲膠〔五〕，德爲接〔六〕，工爲商〔七〕。聖人不謀，惡用知？不斲，惡用膠？無喪，惡用德？不貨，惡用商？四者，天鬻〔八〕也；天鬻者，天食〔九〕也。既受食於天，又惡用人！

有人之形，無人之情。有人之形，故群於人，無人之情，故是非不得於身。眇乎小哉，所以屬於人也！謷〔一〇〕乎大哉，獨成其天！

注釋

〔一〕闉（yīn因）跂支離無脤：曲足、傴背、無唇（「脤」同「唇」），形容殘形貌醜的人。

司馬彪說：「『闉』，曲；『跂』，企也。『闉跂支離』，言脚常曲，行體不正卷縮也。」

〔二〕其脰（dòu豆）肩肩：「脰」，頸項。「肩肩」，形容細小的樣子。

〔三〕甕（wèng）㼜大癭：形容頸瘤大如盆。

〔四〕知爲孽：指智巧爲災孽。

〔五〕約爲膠：以約束爲膠漆。

宣穎說：「約束之禮，乃膠漆也，非自然而合者。」

〔六〕德爲接：「德」，小惠施人。「接」，交接。以施惠爲交接手段（王治心說）。

釋德清注：「以小惠要買人心，謂之『德』。『接』，應接於人也。」

〔七〕工爲商：工巧是商賈的行爲。

王孝魚說：「所舉知、約、德、工四項，暗中即在指儒家聖人所倡言的智禮仁義四端。知即智，不必說了。約者約束，當即禮。德字，此處不是『才全而德不形』，有特定涵義的德，而是泛言，當即仁德之德。工者工巧之工，不可因『工爲商』三字而誤認爲我們普通所說的工商之工。以工巧之心來對待人事，或迎或拒，當即制之以義的義。莊子以爲，儒家之智，不過如同草木旁出的支孽，無可大用；儒家之禮，不過如同用膠漆來硬爲黏合，不太可靠；儒家之仁，不過如同中斷之樹，而強爲聯結，只重外表；儒家之義，不過如同壟斷居奇的商人，巧用手段，只求售出其貨。」（莊子內篇新解）

〔八〕天鬻：「天」，自然。「鬻」，音育，養。

〔九〕天食：受自然的飼食。

〔一〇〕謷（áo 熬）：高大的形容。

今譯

有一個跛脚、傴背、缺唇的人去遊說衛靈公，衛靈公很喜歡他；看到形體完整的人，反而覺得他們脖子太細長了。有一個脖子生大瘤的人去遊說齊桓公，齊桓公很喜歡他；看到形體完整的人，反而覺得他們脖子過於細小了。

所以只要有過人的德性，形體上的殘缺就會被人遺忘。人們如果不遺忘所應當遺忘的〔形體的缺陷〕，而遺忘所不應當遺忘的〔德性的不足〕，這才是真正的遺忘。

所以聖人悠遊自適，而智巧是災孽，誓約是膠執，施惠爲交接的手段，工巧是商賈的行徑。聖人不圖謀慮，哪裏還用智巧呢？不割裂，哪裏還用膠執？不喪失天性，哪裏還用得着恩德？不求謀利，哪裏還用得着推銷？這四種品德就是天養；天養就是受自然的飼養。既然受自然的飼養，又何必着意人爲呢！

有人的形體，而没有人的偏情。有人的形體，所以和人相處，没有人的偏情，所以是非不侵擾他。渺小啊，他與人同群！偉大啊，他能超越人群而提昇爲與自然同體！

六

惠子謂莊子曰：「人故無情乎？」

莊子曰：「然。」

惠子曰：「人而無情，何以謂之人？」

莊子曰：「道與之貌，天與之形，惡得不謂之人？」

惠子曰：「既謂之人，惡得無情？」

莊子曰：「是非吾所謂情也。吾所謂無情者，言人之不以好惡内傷其身〔一〕，常因自然而不益生也。」

惠子曰：「不益生，何以有其身？」

莊子曰：「道與之貌，天與之形，無以好惡内傷其身。今子外乎子之神，勞乎子之精，倚樹而吟，據〔槁〕梧而瞑〔二〕。天選〔三〕子之形，子以堅白鳴〔四〕！」

注釋

〔一〕吾所謂無情者，言人之不以好惡内傷其身：「無情」代表着一種重生的態度。莊子一再强調着「無情」就是不以好惡内傷其身，也就是不以之傷害自己的生命（王博莊子哲學）。

〔二〕據〔槁〕梧而瞑：依字面「槁梧」當是枯的梧桐樹，王叔岷引證古書多本無「槁」字，似可從。「瞑」，古「眠」字。

王叔岷先生說：「事類賦二五木部二引，『梧』上無『槁』字。藝文類聚八八，御覽九五六，事文類聚後集二三，合璧事類别集五二，引亦並無『槁』。注『坐則據梧而睡』，疑郭本原無『槁』字。齊物論篇：『惠子之據梧也。』注『或據梧而瞑』，即用此文，亦無『槁』字。『倚樹而吟，據梧而瞑』文正相耦。」

〔三〕天選：天授。

〔四〕堅白鳴：指惠施唱盈堅白的論調。「堅白」，已見於齊物論。

今譯

惠子對莊子說：「人該是無情的嗎？」

莊子說：「是的。」

惠子說：「人若没有情，怎麼能稱爲人？」

莊子說：「道給了人容貌，天給了人形體，怎麼不能稱爲人？」

惠子說：「既然稱爲人，怎麼沒有情？」

莊子說：「這不是我所說的『情』。我所說的無情，乃是說人不以好惡損害自己的本性，經常順任自然而不用人爲去增益。」

惠子說：「不用人爲去增益，怎麼能够保存自己的身體？」

莊子說：「道給了人容貌，天給了人形體，不以好惡損害自己的本性。現在你馳散你的心神，勞費你的精力，倚在樹下歌吟，靠着几案休息。天給了你形體，你卻自鳴得意於堅白之論。」

大宗師

大宗師篇，主旨在於寫真人體道的境界。「大宗師」——即宗大道爲師。宇宙爲一生生不息的大生命；宇宙整體就是道；道亦即是宇宙大生命所散發的萬物之生命。「天人合一」的自然觀，「死生一如」的人生觀，「安化」的人生態度，「相忘」的生活境界，是本篇的主題思想。

本篇分爲十章，首章提出天人的關係，即討論自然與人的關係。其觀點爲天人作用本不分，「天與人不相勝」，人與自然爲息息相關而不可分割的整體，人與自然是爲親和的關係。莊子天人一體的觀念，表達了人和宇宙的一體感，人對宇宙的認同感與融合感。能了解人與自然的這種關係的，便是真人。在這一章裏，對於真人的精神面貌有諸多的描繪。第二章，要人認識死生是自然而不可免的事，正如晝夜的變化一樣，乃是自然的規律。人不當拘限於形軀我，當與大化同流；在自然萬化中求生命的安頓。第三章寫道，簡略地描述道體的無形、永存及無限性。第四章，借南伯子葵對女偊的對話，述學道的進程。第五章，子祀、子輿、子犁、子來四人相與爲友，體認「死生存亡之一體」。第六章，子桑户、孟子反、子琴張三人相與爲友，「相忘以生，無所終窮」，不爲死生之情所懸縛。生來死歸，爲自然變化的必然現象，能安於所化，精神才能獲得大解放。這裏，對於生之無係感與死之無懼感作了許多的描述。子桑户死，二友「臨尸而歌」的泰然神態，拘於禮教的儒家人物見了大爲驚異。儒家「憒憒然爲世俗之禮」，以飾衆人的視聽而已，故二友笑儒者「惡知禮意！」第七章，寫孟孫才善處喪，孟孫氏不受儒家繁瑣禮節所拘，他能了解生死的真相，了解變化的道理。第八章，意而子與許由的對話，指責堯以仁義是非黥人，這是對儒家傳統主義的道德規範、理論價值進行批判。指出在儒家道德規範、理論價值的束縛下，人類精神便無自由活動的可能。第九章寫「坐忘」。「離形去知，同於大通，此謂坐忘。」「離形」，即消解由生理所激起的貪欲。「去知」，即消解由心智作用所產生的僞詐。如此，心靈才能開敞無礙，無所繫蔽，而通向廣大的外境。篇末一章，由子桑的困境，寫其安命的思想。自然變化即是「命」，「安命」亦即安於自然的變化流行。

許多富有哲理性的成語出自本篇，如泉涸之魚、相濡以沫、相忘江湖、自適其適、藏舟於壑、藏山於澤、善始善終、莫逆之交、遊方之外、不生不死、相視莫逆、決疣潰癰、息黥補劓、鼠肝蟲臂等。

一

知天之所爲，知人之所爲者，至矣。知天之所爲者，天而生也〔一〕；知人之所爲者，以其知之所知，以養其知之所不知〔二〕，終其天年而不中道夭者，是知之盛也。

雖然，有患〔三〕。夫知有所待〔四〕而後當，其所待者特未定也。庸詎知吾所謂天之非人乎？所謂人之非天乎？

且有真人而後有真知。何謂真人？古之真人，不逆寡，不雄成，不謨士〔五〕。若然者，過而弗悔，當而不自得也；若然者，登高不慄，入水不濡，入火不熱。是知之能登假〔六〕於道者也若此。

古之真人，其寢不夢，其覺無憂，其食不甘，其息深深。真人之息以踵，衆人之息以喉。屈服者，其嗌言若哇〔七〕。其耆欲深者，其天機〔八〕淺。

古之真人，不知説生，不知惡死；其出不訢〔九〕，其入不距〔一〇〕；翛然〔一一〕而往，翛然而來而已矣。不忘其所始，不求其所終；受而喜之，忘而復之，是之謂不以心損〔一二〕道，不以人助天。是之謂真人。

若然者，其心忘〔一三〕，其容寂，其顙頯〔一四〕；凄然似秋，煖然似春，喜怒通四時，與物有宜而莫知其極。

〔故聖人之用兵也，亡國而不失人心；利澤施乎萬世，不爲愛人，故樂通物，非聖人也；有親，非仁也；天時，非賢也；利害不通，非君子也；行名失己，非士也；亡身不真，非

役人也。若狐不偕、務光、伯夷、叔齊、箕子、胥餘、紀他、申徒狄，是役人之役，適人之適，而不自適其適者也。」〔一五〕

古之真人，其狀義而不朋〔一六〕，若不足而不承；與乎其觚而不堅也〔一七〕，張乎其虛而不華也〔一八〕；邴乎其似喜也〔一九〕！崔乎其不得已也〔二〇〕！滀乎進我色也〔二一〕，與乎止我德也〔二二〕；厲乎其似世也〔二三〕！謷乎其未可制也〔二四〕；連乎〔二五〕其似好閉也，悗乎其忘言也〔二六〕。〔以刑爲體，以禮爲翼，以知爲時，以德爲循。以刑爲體者，綽乎其殺也；以禮爲翼者，所以行於世也；以知爲時者，不得已於事也；以德爲循者，言其與有足者至於丘也；而人真以爲勤行者也。〕〔二七〕故其好之也一，其弗好之也一〔二八〕。其一也一，其不一也一〔二九〕。其一與天爲徒，其不一與人爲徒。天與人不相勝也，是之謂真人。

注釋

〔一〕知天之所爲者，天而生也：知道天的所爲，是順著自然而生的。

郭象說：「『天』者，自然之謂。」

陳啓天說：「天之所爲如何？不外無爲而已，自然而已。故郭注以『自然』釋天。『知天之所爲者，天而生也』，謂知天之無爲而自然者，亦當無爲自然而生也。」（莊子淺說）

〔二〕以其知之所知，以養其知之所不知：「其知」的「知」，讀智。「其知之所知」，人的智力所能知道的。「其知之所不知」，人的智力所難知的，這是指人的智力所難知的自然之規律與生死變化之理。

〔三〕雖然，有患：謂雖如此云云，然有弊病（陳啓天說）；按上下文，似說：這種觀點還有困難或還有問題（關鋒說）。

〔四〕所待：對境（成疏）；所待的對象（張默生今譯）；具備條件（陳啓天說）。

日本金谷治說：「『所待』——成爲認識的必須條件，沒有這個條件則不能成爲認識，這是認識判斷的準則。」（莊子第一册頁一七四，岩波文庫）

〔五〕謨士：「謀事」的同音借字。

林希逸說：「『士』與『事』同，古字通用。如東山詩曰：『勿士行枚也。』『謨』，謀也。無心而爲之，故曰：『不謨事。』」（南華真經口義）

朱桂曜說：「不謨士，即不謀事也。管子君臣上：『官謀士。』注：『「士」，「事」也，官各謀其職事也。』蓋『士』『事』義通，說文士部：『士，事也。』……又『謨』與謀通，爾雅釋詁：『謨，謀也。』」（莊子內篇證補）

王孝魚說：「不以士之附己不附己而謀慮乎爭取擴大自己的陣營。」此說可存。

〔六〕登假：登至。「假」，至。「登假」已見德充符。

林希逸說：「知之能登假於道，言其所見深造於道也。」

〔七〕其嗌（ài 艾）言若哇（wā 洼）：「嗌」，咽喉。「哇」，礙。謂言語吞吐喉頭好像受到阻礙一般。按：此句疑他處之文誤入。上句「真人之息以踵，衆人之息以喉」似爲後世養生服氣者所纂。本段文字「古之真人，其寢不夢，其覺無憂，其食不甘，其息深深。……其嗜欲深者，其天機淺」，文勢順貫。

〔八〕天機：自然之生機（陳啓天説）。當指天然的根器。

〔九〕訢：與「欣」同，即古「欣」字。

朱桂曜説：「『訢』與『欣』同，漢書萬石君傳：『僮僕訢訢然也。』晉灼曰：『許愼云，古欣字也。』」

〔一〇〕距：同「拒」字。

朱桂曜説：「『距』與『拒』同，荀子仲尼篇：『與之書社三百而富人莫之敢距也。』楊注：『距與拒同。』漢書揚雄傳：『距連卷。』師古曰：『距即拒字也。』」

〔一一〕翛（xiāo 道）然：無係貌（成疏）；無拘束的樣子。

唐陸德明説：「『翛』，音蕭。李音『悠』。向云：『翛然，自然無心而自爾之謂。』」

〔一二〕損：今本缺壞誤作「捐」。

武延緒説：「『捐』乃『損』字之譌，與下句『助』字反對，王本作『損』。」

朱桂曜説：「『捐』蓋『損』之壞字，則陽篇郭注『損其名也』，釋文『捐本亦作損』，盧文弨曰『今書捐作損』；荀子大略篇『是異國捐身之道也』，『捐』宋本作『損』。『不以心損道』，猶言不以心害道也。」

王叔岷先生説：「『捐』蓋『損』之壞字。下文『不以人助天』，一『損』一『助』，相對而言，意甚明白。史記賈誼列傳索隱引此文正作『損』。山木篇：『無受天損易。』唐寫本壞作『捐』，與此同例。」

〔一三〕忘：俗本形誤爲「志」，依褚伯秀等説，據趙以夫訂正。

褚伯秀説：「『志』字諸解多牽强不通，趙氏正爲『忘』字，與『容寂』義協，所論甚當，原本應是如

此，傳寫小差耳。」（南華真經義海纂微）

林雲銘說：「『其心忘』三字是通篇扼要語，俗本作『志』，非也。」（莊子因）

陸樹芝說：「『忘』字上括『以所知養所不知』二句，下通『坐忘』一段，乃一篇要旨。」（莊子雪）

王懋竑說：「『志』當作『忘』。郭解誤。『其心忘，其容寂』，文義之顯然者，『志』字明是誤文。」（莊子存校）

王叔岷先生說：「徐无鬼篇『上忘而下畔』，吕氏春秋貴公篇作『志』，即『志』『忘』形近相亂之證。」案「志」確爲「忘」字的形誤，今本多已訂正。

〔一四〕頯（kuí葵）：音魁，寬大的樣子。

〔一五〕〔故聖人之用兵也……而不自適其適者也〕：這一百零一字是別處錯入，應删去。

聞一多說：「案自篇首至『天與人不相勝也，是之謂真人』，中間凡四言『古之真人』，兩言『是之謂真人』，文意一貫，自爲片段，惟此一百一字與上下詞指不類，疑係錯簡。且『聖人之用兵也，亡國而不失人心』，寧得爲莊子語，可疑者一也。務光事與許由同科，許由者逍遥遊篇既擬之於聖人，此於務光乃反譏之爲『役人之役，適人之適，而不自適其適者』。可疑者二也。……『利澤施於萬世』，又見天運，『適人之適而不自適其適者也』，又見駢拇，並在外篇中。以彼例此，則此一百一字蓋亦莊子後學之言，退之外篇可耳。」聞說可從。上下段文字都在描述真人，突然插進這一段文字，隔斷了上下段文義的一貫性，應予删除。現在把這段文字譯在這裏，而不放到今譯部分：

「所以聖人用兵，滅亡了敵國而不失掉人心；恩澤施及萬世，對人卻無偏心。所以有心和人交往，就不是聖人；有私愛，就不是仁人；揣度時勢，就不是賢人；利害不能相通爲一，就不是君子；求名而迷失自己，就不是求學之士；喪身忘性，就不是主宰世人的人。例如狐不偕、務光、伯夷、叔齊、箕子、胥餘、紀他、申徒狄，都是被人役使，使別人安適，而不自求安適的人。」

〔一六〕義而不朋：巍峨而不畏縮。惟成疏「隨物所移而無偏倚」爲是，今譯從之。

俞樾說：「郭注訓『義』爲『宜』，『朋』爲『黨』，望文生訓，殊爲失之。此言其狀，豈言其德乎？『義』當讀爲『峨』，『峨』與『義』並從『我』聲，故得通用。天道篇『而狀義然』，義然即峨然也。『朋』讀爲『崩』。易復象辭『朋來无咎』，漢書五行志引作『崩來无咎』，是也。其狀峨而不崩者，言其狀峨然高大，而不崩壞也。」俞說備存。

陳啓天說：「『狀』，謂真人之精神態度，非謂其身體形狀。本節各句多言真人之精神態度，不僅限於『其狀義而不朋』一句也。『其狀義而不朋』，猶言真人之精神態度，高而無比也。」

〔一七〕與乎其觚而不堅也：「與乎」，容與（林希逸說）；自然貌（林雲銘說）。或說「與」如字無義（王懋竑說）。「觚」，音孤（釋文），特立不群（釋文引王穆夜說）。

郭象說：「常遊於獨而非固守。」

李楨說：「據注疏，『觚』訓獨。……所據本必皆作『孤』，『觚』是叚借。……『與乎』……注云『常遊於獨』，就『遊』字義求之，或原是『趨』字，說文：『趨，安行也。』並與『遊』義合。」

〔一八〕張乎其虛而不華也：謂真人之精神廣大中虛而不浮華（陳啓天說）。

〔一九〕邴乎其似喜也：謂真人之精神開朗，似有喜色（陳啓天說）。「邴乎」，欣喜的樣子。「邴」上原疊「邴」

字，疑係傳寫誤加，依嚴靈峰之說刪去。「喜也」舊作「喜乎」，與上下文不一律，今依陳碧虛莊子闕誤引文如海、成玄英、張君房本改。下文「崔乎其不得已也」、「厲乎其似世也」同。劉文典莊子補注、王叔岷莊子校釋亦謂當依闕誤所引改。

嚴靈峰先生說：「『邴』上原疊『邴』字，作『邴邴乎』。按上下並作『與乎』、『崔乎』、『滀乎』、『厲乎』、『謷乎』、『連乎』、『悗乎』，俱不疊字，依例似不應有，茲依上下文例刪去一字。」嚴說可從。

〔二〇〕崔乎其不得已也：意思是說舉動出於不得已。

成玄英疏：「迫而後動，不得已而應之。」

向秀說：「崔乎，動貌。」

陳啓天說：「『崔』，當讀爲『催』，促，迫。」

〔二一〕滀乎進我色也：形容内心充實而面色可親。「滀」，聚（釋文引簡文帝說）。

釋德清說：「謂中心湛滀，而和氣日見於顔面之間。」

〔二二〕與乎止我德也：「與」通「豫」，寬舒的樣子。「止」，歸止，歸依。即是說，寬厚的德行，令人歸依。

〔二三〕厲乎其似世也：「厲」，即嚴厲，嚴肅的意思。但另一說「厲」作「廣」疑形近致誤。崔譔本正作「廣」，謂「苞羅者廣」。「廣乎其似世也」，謂真人精神之廣，如世界之廣（陳啓天說）。

郭慶藩說：「『厲』當從崔本作『廣』者是。郭注訓『與世同行』，則有廣大之義。經傳中『厲』『廣』二字，往往而混。如禮月令：『天子乃厲飾』，淮南子時則訓作『廣飾』。史記平津侯傳：『厲賢予祿』，徐廣曰：『厲亦作廣。』儒林傳：『以廣賢材』，漢書『廣』作『厲』。漢書地理志齊郡廣，說文水部注『廣』

譌爲『厲』。皆其證。」（莊子集釋）

馬叙倫説：「按『厲』『廣』形近而譌。」

〔二四〕謷乎其未可制也：高邁敖放而不可制止。

郭象説：「高放而自得。」

朱桂曜説：「『謷』，蓋『敖』之假字，『敖』與『放』同義；唯其放敖，故不可制止。」

〔二五〕連乎：形容沈默不語。

林希逸説：「連，合也，密也。方其未言似不欲言。」

釋德清注：「連者，收攝檢束之意。」

〔二六〕悗乎其忘言也：形容無心而忘言。今本作「悗乎忘其言也」，高亨以爲當作「悗乎其忘言也」。高説爲是。

成玄英疏：「悗，無心貌也。」

〔二七〕〔以刑爲體……而人真以爲勤行者也〕：這十三句主張「以刑爲體，以禮爲翼」的話，和莊子思想極不相類，和大宗師主旨更相違，當删除。

張默生説：「自『以刑爲體』至『而人真以爲勤行者也』若干句，在本節中雖可勉强解釋，終覺不類莊子思想，時人已有疑者，或爲他書錯簡。若删去此若干句，則上下文義悉順。」按張説甚是。

〔二八〕其好之也一，其弗好之也一：天和人是合而爲一的，無論人們喜好或不喜好，它們都是合而爲一的。

〔二九〕其一也一，其不一也一：無論人們認爲天和人是合一或不合一，它們都是合而爲一的。

今譯

知道哪些是屬於天然的，哪些是屬於人爲的，這就是洞察事理的極境了。知道天的所爲，是出於自然的；知道人的作爲，是用自己的智力所知的，去保養自己智力所不能知的，使自己享盡天然的年壽而不至於中途夭亡，這是知識的能事了。

雖然這樣，但是還有問題。知識必定要有所待的對象而後才能判斷它是否正確，然而所待的對象卻是變化無定的。怎麽知道我所謂屬於天然的不也是屬於人爲的？所謂屬於人爲的不也是屬於天然的呢？

有真人才能有真知。什麽叫做真人？古時候的真人，不拒絶微少，不自恃成功，不謀慮事情；若是這樣，過了時機而不失悔，順利得當而不自得。像這樣子，登高不發抖，下水不覺濕，入火不覺熱。只有知識能到達與道相合的境界才能這樣。

古時候的真人，睡覺時不作夢，醒來時不憂愁，飲食不求精美，呼吸來得深沈。真人的呼吸是從脚跟運氣，普通人的呼吸用咽喉吐納。議論被人屈服時，言語吞吐喉頭好像受到阻礙一般。凡是嗜欲深的人，他的天然的根器就淺了。

古時候的真人，不知道悦生，不知道惡死；出生不欣喜，入死不拒絶，無拘無束地去，無拘無束地來而已。不忘記他自己的來源，也不追求他自己的歸宿；事情來了欣然接受，忘掉死生任其復返自然，這就是不用心智去損害道，不用人的作爲去輔助天然。這就是真人了。

這樣子，他心裏忘懷了一切，他的容貌靜寂安閒，他的額頭寬大恢宏；冷肅得像秋天一樣，温暖得像春天一樣，一喜一怒如四時運行一樣的自然，對於任何事物都適宜而無法測知他的底蘊。

古時候的真人，其行狀隨物所宜而不偏倚，好像不足卻無所承受；介然不群並非堅執，心志開闊而不浮華；舒暢自適好像很歡喜，一舉一動好像不得已；内心充實而面色可親，德行寬厚而令人歸依；精神遼闊猶如世界的廣大；高速超邁而不拘禮法；沈默不語好像封閉了感覺，不用心機好像忘了要説的話。

〔天和人是合一的，〕不管人喜好或不喜好，都是合一的。不管人認爲合一或不合一，它們也都是合一的。認爲天和人是合一的就和自然同類，認爲天和人是不合一的就和人同類。把天和人看作不是互相對立，這就叫做真人。

二

死生，命〔一〕也，其有夜旦之常，天〔二〕也。人之有所不得與，皆物之情也。彼特以天爲父，而身猶愛之，而況其卓〔三〕乎！人特以有君爲愈乎己，而身猶死之，而況其真〔四〕乎！

泉涸，魚相與處於陸，相呴〔五〕以濕，相濡〔六〕以沫，不如相忘於江湖，與其譽堯而非桀

也，不如兩忘而化其道。〔夫大塊載我以形，勞我以生，佚我以老，息我以死。故善吾生者，乃所以善吾死也。〕〔七〕

夫藏舟於壑，藏山〔八〕於澤，謂之固矣。然而夜半〔九〕有力者負之而走，昧者不知也〔一〇〕。藏小大〔一一〕有宜，猶有所遯〔一二〕。若夫藏天下於天下而不得所遯，是恒物之大情也。〔特犯人之形而猶喜之。若人之形者，萬化而未始有極也，其爲樂可勝計邪！〕〔一三〕故聖人將遊於物之所不得遯而皆存。善夭〔一四〕善老，善始善終，人猶效之，又況萬物之所係，而一化之所待〔一五〕乎！

注釋

〔一〕命：自然而不可免者（釋德清說）。

林希逸說：「人力所不得而預，此則天地萬物之實理也。曰『命』、曰『天』，即此實理也。」

〔二〕天：自然的規律（張默生說）。

〔三〕卓：獨化（郭注），即指「道」。

〔四〕真：指「道」。

〔五〕呴（xū需）：噓吸。

〔六〕濡（rú儒）：濕潤。

〔七〕〔夫大塊載我以形……乃所以善吾死也〕：這六句插入，和上下文不連貫。在後面子來的對話中有這六句，王懋竑疑是錯簡重出，據删。

王懋竑說：「『大塊載我以形』六語，又見後子祀章，其爲錯簡重出無疑也。」

馬叙倫說：「此節疑爲下文錯簡，校者以未錯者對之，未敢删除，遂成羡文。」

王孝魚說：「開頭數句三十字，又見於大段子祀、子輿、子犂、子來一節，重見迭出，置於此處反覺前後文義不相連貫，兹予删去，直接由『夫藏舟於壑，藏山於澤』句起。後面『特犯人之形而猶喜之』數句二十九字，在此亦頗不倫，亦併删去，移於子祀、子輿、子犂、子來一節。」按所說甚是。後文「特犯人之形而猶喜之」數句凡二十九字，亦當依王孝魚之說删移。

〔八〕山：或說當作「汕」，即漁網。

俞樾說：「『山』，疑當讀爲『汕』。藏舟藏汕，疑皆以漁者言，恐爲人所竊，故藏之，乃世俗常有之事，故莊子以爲喻耳。」俞說可供參考，但譯文仍依「山」字。

〔九〕夜半：即半夜，引申爲不知不覺的意思。

〔一〇〕昧者不知也：「昧」，愚昧，一說當讀爲「寐」。淮南子俶真訓作「寐」。

楊樹達說：「『昧』，郭注如字讀之，非也。當讀爲『寐』。負走者以夜半，故臥者不知，義正相貫。『昧』、『寐』聲類同，故得通假。如字讀之，則失義矣。淮南子俶真訓作『寐』，其明證也。」（莊子拾遺）按：審文義，郭注成疏如字讀解於義爲深。楊說可供參考。

〔一一〕藏小大：即藏小於大。

林希逸說：「小大，舟壑山澤也。壑之大可以藏舟，澤之大可以藏山，以大藏小。」

〔一二〕遯（dùn 盾）：亡失。

〔一三〕〔特犯人之形而猶喜之。若人之形者，萬化而未始有極也，其爲樂可勝計邪〕：此數句二十九字爲後文子祀、子輿、子犁、子來一節錯入，遂使上下文義不連貫，删去後上下文勢順通。今移回原處，並據王孝魚莊子内篇新解删去此數語。

朱桂曜說：「案俶真訓（淮南子）：『一範人之形而猶喜。』高注：『範，猶遇也，遭也。』」

〔一四〕夭：陳碧虛闕誤引張君房本作「少」。

〔一五〕一化之所待：一切變化之所依待的，即指道。

林希逸說：「一化之所待者，道也。此所謂大宗師也。」

今譯

人的死生是必然而不可免的，就像永遠有黑夜和白天一般，是自然的規律。許多事情是人力所不能干預的，這都是物理的實情。人們認爲天是生命之父，而終身敬愛它，何況那獨立超絶的道呢？人們認爲君主的勢位超過自己，而捨身效忠，何況那獨立超絶的道呢？

泉水乾了，魚就一同困在陸地上，用濕氣互相嘘吸，用口沫互相濕潤，倒不如在江湖裏彼此相忘。與其讚美堯而非議桀，不如忘卻兩者的是是非非而融化於大道。

把船藏在山谷裏面，把山藏在深澤之中，可以説是很牢固了，但是夜深人靜時造化的大力士還是把它背走了，沈睡的人還絲毫不覺察，把小的東西藏在大的地方是適宜的，但是仍不免於亡失。如果把天下付託給天下，就不會亡失了，這乃是萬物的真實情形。所以聖人要遊於不得亡失的境地而和大道共存。對於老少生死都善於安順的人，大家尚且效法他，又何況那決定着萬物的生成轉化的道呢？

三

夫道，有情有信，無爲無形；可傳而不可受，可得而不可見〔一〕；自本自根，未有天地，自古以固存；神鬼神帝〔二〕，生天生地；在太極之上而不爲高，在六極之下而不爲深〔三〕，先天地生而不爲久，長於上古而不爲老〔四〕。〔狶韋氏得之，以挈天地；伏戲氏得之，以襲氣母；維斗得之，終古不忒；日月得之，終古不息；堪坏得之，以襲崑崙；馮夷得之，以遊大川；肩吾得之，以處大山；黄帝得之，以登雲天；顓頊得之，以處玄宫；禺强得之，立乎北極；西王母得之，坐乎少廣，莫知其始，莫知其終；彭祖得之，上及有虞，下及五伯；傅説得之，以相武丁，奄有天下，乘東維，騎箕尾，而比於列星。〕〔五〕

注釋

〔一〕可傳而不可受，可得而不可見：「受」，與「授」通。謂道可以心傳而不可以口授，可以心得而不可目見（陳啓天説）。

釋德清説：「以心印心，故可傳可得；妙契忘言，故無受無見。」

〔二〕神鬼神帝：「神」，與「生」義同（章炳麟説）。

章炳麟說：「『神』，與『生』義同。說文：『神，天神引出萬物者也。』『神鬼』者，引出鬼；『神帝』者，引出帝。」（莊子解故）

朱桂曜說：「案章說是，神從申，故風俗通怪神篇：『神者申也。』白虎通五行篇釋名釋天並云：『申者身也。』廣雅釋詁四：『身，㑗也。』㑗即有身孕，『生』之意也。」

〔三〕在太極之上而不爲高，在六極之下而不爲深：謂道瀰宇內，無所不在（陳啓天說）。「太極」，通常指天地沒有形成以前，陰陽未分的那股元氣，這裏或當指天。「六極」，即六合。「太極之上」，原作「太極之先」，依俞樾之說改。

俞樾說：「按下云『在六極之下而不爲深』，則此當云『在太極之上』，方與『高』義相應。今作『在太極之先』，則不與『高』義相應，而轉與下文『先天地生而不爲久』，其義相複矣。周易繫辭傳曰：『易有太極。』釋文曰：『太極，天也。』然則莊子原文，疑本作『在太極之上』，猶云在天之上也。後來說周易者，皆以太極謂天地未分之前，於是疑太極當以先後言，不當以上下言，乃改『太極之上』爲『太極之先』，而於義不可通矣。淮南子覽冥訓曰：『引類於太極之上。』」按：俞說可從。日本金谷治譯注莊子本亦依俞說改正爲「太極之上」。

馬叙倫說：「按郭象注曰：『且上下無不格者，不得以高卑稱也。』成玄英疏曰：『道在五氣之上，不爲高遠。』是郭、成二本『先』並作『上』。」

王孝魚說：「太極與六極並言，可見太極二字非由周易繫辭而來，反倒可說，繫辭傳的太極二字，或乃襲用了莊子，那麼繫辭傳可能出現在莊子之後。」

〔四〕先天地生而不爲久，長於上古而不爲老：謂道貫古今，無時不在（陳啓天說）。

〔五〕〔狶韋氏得之……而比於列星〕：這一節神話，疑是後人添加，亦無深意，無妨删去。施天侔著莊子疑檢，已認爲此節非莊周之學。

宣穎說：「以上諸神半出荒唐，莊子但取以寓意不暇論也。」

嚴復說：「自『夫道』以下數百言，皆頌歎道妙之詞，然是莊文最無内心處，不必深加研究。」按：自「狶韋氏得之，以挈天地」至「比於列星」一段，確無深意，然自「夫道」至「長於上古而不爲老」一段，承老子之「道」義，有其深意，不得謂爲「無内心處」。

錢穆説：「此章言『伏羲』、『黄帝』、『顓頊』云云，似頗晚出。」（莊子纂箋）

今譯

道是真實有信驗的，没有作爲也没有形跡的；可以心傳而不可以口授，可以心得而不可以目見；它自爲本自爲根，没有天地以前，從古以來就已存在；它産生了鬼神和上帝，産生了天和地；它在太極之上卻不算高，在六合之下卻不算深，先天地存在卻不算久，長於上古卻不算老。〔狶韋氏得到它，用來整頓天地；伏羲氏得到它，用來調和元氣；北斗星得到它，永遠不會改變方位；日月得到它，永遠運行不息；堪坏（山神）得到它，可以掌管崑崙；馮夷（河神）得到它，就可以遊於大川；肩吾（山神）得到它，可以主持泰山；黄帝得到它，可以登上雲天；顓頊得到它，可以居住玄宫；禺强（北海神，人面鳥形）得到它，可以立於北極；西王母得到它，可以安居少廣山上，没有人知道他年代的始終；彭祖得到它，可以上及有虞的時代，下及五伯朝代；傳説得到它，可以做武丁的宰相，執掌天下的政事，死後成爲天上的星宿，乘駕着東維星和箕尾星，而和衆生並列。」

四

南伯子葵〔一〕問乎女偊〔二〕曰：「子之年長矣，而色若孺子，何也？」

曰：「吾聞道矣。」

南伯子葵曰：「道可得學邪？」

曰：「惡！惡可！子非其人也。夫卜梁倚有聖人之才而無聖人之道，我有聖人之道而無聖人之才，吾欲以教之，庶幾其果爲聖人乎！不然，以聖人之道告聖人之才，亦易矣。吾猶告而守之〔三〕，三日而後能外天下〔四〕；已外天下矣，吾又守之，七日而後能外物；已外物矣，吾又守之，九日而後能外生；已外生矣，而後能朝徹〔五〕；朝徹，而後能見獨〔六〕；見獨，而後能無古今；無古今，而後能入於不死不生〔七〕。殺生者不死，生生者不生〔八〕。其爲物，無不將也，無不迎也；無不毁也，無不成也〔九〕。其名爲攖寧〔一〇〕。攖寧也者，攖而後成者也。」

南伯子葵曰：「子獨惡乎聞之？」

曰：「聞諸副墨之子〔一一〕，副墨之子聞諸洛誦〔一二〕之孫，洛誦之孫聞之瞻明〔一三〕，瞻明聞之聶許〔一四〕，聶許聞之需役〔一五〕，需役聞之於謳〔一六〕，於謳聞之玄冥〔一七〕，玄冥聞之參寥〔一八〕，參寥聞之疑始〔一九〕。」

注釋

〔一〕南伯子葵：齊物論作「南郭子綦」，人間世作「南伯子綦」。「伯」，是尊稱之辭。「葵」，李頤說：當爲「綦」，聲之誤。按：莊子筆下人物，有真名真姓的，亦有杜撰寓託的，「子綦」、「子葵」跡近隱者，或爲架空人物亦未可知，故作「葵」亦可，不得謂爲誤。

林希逸說：「子葵、子綦，皆是寓言。」

〔二〕女偊：寓託的得道之士。

〔三〕告而守之：今本作「守而告之」，根據聞一多校改。

聞一多說：「疏曰：『告示甚易，爲須修守，所以成難。』又曰：『今欲傳告，猶自守之。』是成本正作『告而守之』。今據乙正。」

〔四〕外天下：忘世故（宣穎說）。「外」，猶遺、忘。

〔五〕朝徹：形容心境清明洞徹。

成玄英疏：「死生一觀，物我兼忘，惠照豁然，如朝陽初啓，故謂之朝徹也。」

林希逸說：「朝徹者，胸中朗然，如在天平旦澄徹之氣也。」

〔六〕見獨：指洞見獨立無待的道。「道」爲絶對無待，因以「獨」來稱它。

徐復觀先生說：「莊子一書，最重視『獨』的觀念。老子對道的形容是『獨立而不改』，『獨立』即是在一般因果系列之上，不與他物對待，不受其他因素的影響的意思。不過老子所說的是客觀的道，而莊子則指的是人見道以後的精神境界。」（引自徐著中國人性論史三九〇頁）

〔七〕無古今，而後能入於不死不生：「無古今」，指突破時間的限制。意謂突破時間的限制才能進入不受死生觀念拘執的精神境界。

〔八〕殺生者不死，生生者不生：「殺生者」（死滅生命的）和「生生者」（產生生命的）都是指「道」。謂「道」的本身是不死不生的。

〔九〕其爲物，無不將也，無不迎也；無不毁也，無不成也：「將」，送。道之於物，無不一面有所送，又一面有所迎；一面有所毁，又一面有所成（陳啟天說）。按：指就整體宇宙而言，萬物無時不在生成往來的變化運動中。

〔一〇〕攖寧：擾亂中保持安寧。

林希逸說：「『攖』者拂也。雖攖擾汨亂之中而其定者常在。『寧』，定也。攖擾而後見其寧定，故曰攖寧。」

釋德清說：「攖者，塵勞雜亂，困横拂鬱，撓動其心，曰『攖』，言學道之人，全從逆順境界中做出，只到一切境界不動其心，寧定湛然，故曰『攖寧』。」

楊文會說：「即將、即迎、即毁、即成，合四句爲一『攖』字；朝徹、見獨、無古今、不死生，合四句爲

一『寧』字。」（張默生莊子新釋引）

〔一一〕聞諸副墨之子：「副墨」，指文字。「子」「孫」世代相傳，故本文借用爲流傳之意，「聞諸副墨之子」，謂聞道於文字之流傳（陳啓天説）。

林希逸説：「『副墨』，文字也。因有言而後書之簡册，故曰『副墨』。形之言，正也；書之墨，副也。」

陳壽昌説：「文字生於語言，故以書之墨本者爲『副』。」

〔一二〕洛誦：誦讀的意思。

王先謙説：「謂連絡誦之，猶言反覆讀之。『洛』、『絡』同音借字。」

陳啓天説：「『洛誦』，記誦也，猶言語言也。『副墨之子聞諸洛誦之孫』，謂文字之流傳得之於語言之流傳也。」

〔一三〕瞻明：見解洞徹（王先謙説）。「瞻」，見。

陳啓天説：「『洛誦之孫聞之瞻明』，謂語言之流傳得之於目見也。」

〔一四〕聶（niè 涅）許：目聶而心許（林雲銘説）。

陳啓天説：「『聶許』，謂耳聽。『瞻明聞之聶許』，謂目見得之於耳聽也。」

〔一五〕需役：「需」，須。「役」，行；勤行勿怠（成疏）。「需役」，即實踐（金谷治説）。

陳啓天説：「『需役』，謂修行。『聶許聞之需役』，謂耳聽得之於修行也。」

〔一六〕於謳（ōu 歐）：詠歎歌吟（宣穎説）。「於」，音烏。「謳」，歌謠。

〔一七〕玄冥：深遠幽寂。

陳啓天説：「謂讚歎得之於玄同杳冥無形之境界。」

王孝魚説：「『玄冥』就是學道過程中所説的慧悟。」

〔一八〕參寥：空廓（陸長庚副墨）；「參寥」者，參悟空虚，人間世所謂的「集虚」（王孝魚説）。

李頤説：「『參』，高也。高邈寥曠，不可名也。」（釋文引）

陳啟天説：「謂玄冥之境界得之於寥廓無極之境界。」

〔一九〕疑始：迷茫之始（羅勉道循本）。

唐盧重玄説：「『疑』者，不敢決言以明深妙者。」（列子解，注解列子天瑞篇「疑獨」句）

宣穎説：「似有始而未嘗有始。」

曹礎基説：「疑測天地萬物的起源。這是哲學家首先要解答的基本問題。」

今譯

南伯子葵問女偊説：「你的年齡很大了，而面色如孩童，爲什麼呢？」

女偊説：「我聞道了。」

南伯子葵説：「道可以學得到嗎？」

女偊説：「不！不可以！你不是學道的人。卜梁倚有聖人的才質而沒有聖人的根器，我有聖人的根器而沒有聖人的才質，我想教他，或許他可以成爲聖人了吧！不是這樣的，以聖人之道告訴具有聖人才質的人，也容易領悟的。我告訴他而持守着，持守三天而後能遺忘世故；已經遺忘世故了，我再持守，七天以後就能不被物役；心靈已經不被物役了，我又持守着，九天以後就能無慮於生死；已經把生死置之度外，心境就能清明洞徹；心境清明洞徹，而後能體悟絶對的道；體悟絶對的道，而後能不受時間的限制；不受時間的限制，而後才能没有死生的觀念。大道流行能使萬物生息死滅，而它自身是不死不生的。道之爲物，無不一面有所送，無不一面有所迎；無不一面有所毁，無不一面有所成，這就叫做『攖寧』。『攖寧』的意思，就是在萬物生死成毁的紛紜煩亂中保持寧靜的心境。」

南伯子葵説：「你從哪裏聽得道呢？」

女偊説：「我從副墨（文字）的兒子那裏得來的，副墨的兒子從洛誦（誦讀）的孫子那裏得來的，洛誦的孫子從瞻明（見解明徹）那裏得來的，瞻明從聶許（心得）那裏得來的，聶許從需役（實行）那裏得來的，需役從於謳（詠歎歌吟）那裏得來的，於謳從玄冥（静默）那裏得來的，玄冥從參寥（高邈寥曠）那裏得來的，參寥從疑始（迷茫之始）那裏得來的。」

五

子祀、子輿、子犂、子來〔一〕四人相與語曰：「孰能以無爲首，以生爲脊，以死爲尻〔二〕，孰知死生存亡之一體者，吾與之友矣。」四人相視而笑，莫逆於心〔三〕，遂相與爲友。

俄而子輿有病，子祀往問之。曰：「偉哉夫造物者〔四〕，將以予爲此拘拘也〔五〕！」曲僂發背〔六〕，上有五管，頤隱於齊〔七〕，肩高於頂，句贅〔八〕指天。陰陽之氣有沴〔九〕，其心閒而無事，跰𨇤〔一〇〕而鑑於井，曰：「嗟乎！夫造物者又將以予爲此拘拘也！」

子祀曰：「女惡之乎？」

曰：「亡，予何惡！浸假〔一一〕而化予之左臂以爲雞，予因以求時夜〔一二〕；浸假而化予之右臂以爲彈，予因以求鴞炙〔一三〕；浸假而化予之尻以爲輪，以神爲馬，予因以乘之，豈更駕哉！且夫得者，時也，失者，順也；安時而處順，哀樂不能入也。此古之所謂縣解也。而不能自解者，物有結之。且夫物不勝天久矣，吾又何惡焉！」

俄而子來有病，喘喘然將死，其妻子環而泣之。子犁往問之，曰：「叱！避！無怛〔一四〕化！」倚其戶與之語曰：「偉哉造化〔一五〕！又將奚以汝爲，將奚以汝適？以汝爲鼠肝乎？以汝爲蟲臂乎？」

子來曰：「父母於子〔一六〕，東西南北，唯命之從。陰陽於人，不翅於父母〔一七〕；彼〔一八〕近吾死而我不聽，我則悍矣，彼何罪焉！夫大塊載我以形，勞我以生，佚我以老，息我以死。故善吾生者，乃所以善吾死也。今之大冶鑄金，金踊躍曰『我且必爲鏌鋣』，大冶必以爲不祥之金。今一犯人之形〔一九〕，而曰『人耳人耳』，夫造化者必以爲不祥之人。特犯人之形而猶喜之。若人之形者，萬化而未始有極也，其爲樂可勝計邪？〔二〇〕今一以天地爲大鑪，以造化爲大冶〔一二〕，惡乎往而不可哉！」成然寐〔一三〕，蘧然覺。

注釋

〔一〕子祀、子輿、子犂、子來：寓言，虛構的人物。

〔二〕尻（kāo）：尾、終之意。指背脊骨盡的地方。

〔三〕莫逆於心：內心相契。「莫逆之交」的成語出自這裏。

〔四〕造物者：指道。後文的「造化」，亦係指道，因道能生物、化物。「造化」、「造物者」成爲現在哲學上常用詞，即出於此。

〔五〕拘拘也：形容曲屈不申的樣子。「也」，猶「邪」。淮南子精神訓「也」作「邪」（王引之經傳釋詞）。

〔六〕曲僂發背：形容彎腰駝背。

〔七〕齊：古臍字。

〔八〕句贅：髮髻。人間世作「會撮」。「贅」與「撮」古通（武延緒說）。「句」，音義同「髻」。

〔九〕沴（lì厲）：陵亂（郭注）。奚侗說：「漢書五行志：『氣相傷謂之沴。』『沴』，臨莅不和意也。」

〔一〇〕跰𨇤：形容蹣跚的步子。

〔一一〕浸假：假令（成疏）；假使（宣穎說）。

〔一二〕時夜：訓「司夜」，指公雞報曉。

〔一三〕鴞（xiāo肖）炙（zhì治）：烤斑鳩。

〔一四〕怛（dá達）：驚動。

〔一五〕造化：創造化育，謂道。

〔一六〕父母於子：倒裝句法，言子於父母（宣穎說）。

〔一七〕不翅於父母：「於」猶「如」，「翅」與「啻」同。言「不啻如父母」（王引之說）。

〔一八〕彼：指陰陽言（陳啟天說）。

〔一九〕今一犯人之形：現在造化者剛開始範鑄人的形體。「一」，猶始。

〔二〇〕〔特犯人之形而猶喜之。若人之形者，萬化而未始有極也，其爲樂可勝計邪〕：此數句二十九字，原在上文第二大段，茲依王孝魚莊子內篇新解之說移此，文意語氣前後貫通。

〔二一〕以天地爲大鑪，以造化爲大冶：後代（如北宋張載與程頤）有關「造化生氣」的哲學議題，即源於此。

〔二二〕成然寐：酣睡。「成」，「熟」義。

今譯

子祀、子輿、子犂、子來四個人互相談說：「誰能把『無』當作頭顱，把『生』當作脊梁，把『死』當作尻骨，誰能知道生死存亡是一體的，我們就和他做朋友。」四個人相視而笑，內心相契，就一同做了朋友。

一會兒子輿生病了，子祀去看他。子輿說：「偉大啊！造物者，把我變成這樣一個拘攣的人啊！」子輿腰彎背駝，五臟血管向上，面頰隱在肚臍下，肩膀高過頭頂，頸後髮髻朝天。陰陽二氣錯亂不和，可是他心中閒適而若無其事，他蹣跚地走到井邊照見自己的影子，說：「哎呀！造物者又把我變成這樣一個拘攣的人啊！」

子祀說：「你嫌惡嗎？」

子輿說：「不，我爲什麽嫌惡！假使把我的左臂變做雞，我就用它來報曉；假使把我的右臂變做彈弓，我就用它去打斑鳩烤了吃；假使把我的尻骨變做車輪，把我的精神化爲馬，我就乘着牠走，哪裏還要另外的車馬呢！再説人的得生，乃是適時；死去，乃是順應。能够安心適時而順應變化的人，哀樂的情緒就不會侵入到心中，這就是古來所説的解除束縛。那些不能自求解脱的人，是被外物束縛住的。人力不能勝天然由來已久，我又有什麽嫌惡的呢？」

一會兒子來生病了，喘氣急促快要死了，他的妻子兒女圍着啼哭。子犂去探望他，對子來的家屬説：「去，走開！不要驚動將變化的人！」他靠着門向子來說：「偉大啊！造化者，又要把你變成什麽東西，要把你送到哪裏？要把你變成老鼠的肝嗎？要把你變成小蟲的膀子嗎？」

子來說：「兒子對於父母，無論要到東西南北，都是聽從吩咐。陰陽對於人，無異於父母；它要我死，而我不聽從，我就悍違不順，它有什麽罪過呢？大自然給我形體，用生使我勤勞，用老使我清閒，用死使我安息。因而以生爲安善的，也應該以死爲安善了！譬如現在有一個鐵匠正在鑄造金屬器物，那金屬忽然從鑪裏跳起來說：『一定要把我造成鏌鋣寶劍』，鐵匠必定會認爲這是不祥的金屬。現在造化者開始範鑄人的形體，那模型就喊着『變成人罷，變成人罷』，造化者必定會認爲這是不祥的人。

人們只獲得形體就欣然自喜。如果知道人的形體，千變萬化而未曾有窮盡，那麼這種歡樂豈可計算得清的嗎！如果現在就開始把天地當作大熔爐，把造化看作大鐵匠，那麼到哪裏而不可呢！」子來說完話，酣然睡去，又自在地醒來。

六

子桑户、孟子反、子琴張〔一〕三人相與語〔二〕曰：「孰能相與於無相與〔三〕，相爲於無相爲〔四〕？孰能登天遊霧〔五〕，撓挑無極〔六〕；相忘以生，無所終窮？」

三人相視而笑，莫逆於心，遂相與爲友。

莫然有間〔七〕而子桑户死，未葬。孔子聞之，使子貢往侍事〔八〕焉。或編曲〔九〕，或鼓琴，相和而歌曰：「嗟來〔一〇〕桑户乎！嗟來桑户乎！而已反其真〔一一〕，而我猶爲人猗〔一二〕！」子貢趨而進曰：「敢問臨尸而歌，禮乎？」

二人相視而笑曰：「是惡知禮意！」

子貢反，以告孔子，曰：「彼何人者邪？修行無有〔一三〕，而外其形骸，臨尸而歌，顏色不變，無以命之〔一四〕，彼何人者邪？」

孔子曰：「彼，遊方之外〔一五〕者也；而丘，遊方之内者也。外内不相及，而丘使女往弔之，丘則陋矣。彼方且與造物者爲人〔一六〕，而遊乎天地之一氣。彼以生爲附贅縣疣，以死爲決𤴯潰癰〔一七〕，夫若然者，又惡知死生先後之所在！假於異物，托於同體〔一八〕；忘其肝膽，遺其耳目；反覆終始，不知端倪；芒然〔一九〕彷徨乎塵垢之外，逍遥乎無爲之業。彼又惡能憒憒〔二〇〕然爲世俗之禮，以觀〔二一〕衆人之耳目哉！」

子貢曰：「然則夫子何方之依？」

孔子曰：「丘，天之戮民也。雖然，吾與汝共之。」

子貢曰：「敢問其方。」

孔子曰：「魚相造乎水，人相造乎道。相造乎水者，穿池而養給；相造乎道者，無事而生定〔二二〕。故曰，魚相忘乎江湖，人相忘乎道術。」

子貢曰：「敢問畸人〔二三〕。」

曰：「畸人者，畸於人而侔於天。故曰，天之小人，人之君子；天之君子，人之小人〔二四〕也。」

注釋

〔一〕子桑户、孟子反、子琴張：方外之士，寓言人物。

〔二〕相與語：原文作「相與友」。依前章例，「友」爲「語」之誤（金谷治説）。按前章作「四人相與語曰」，本章當作「三人相與語曰」，而後互相期許，莫逆於心，「遂相與爲友」。文例相同，依金谷治莊子本改正。

〔三〕相與於無相與：形容相交而出於自然。

〔四〕相爲於無相爲：形容相助而不著形跡。

〔五〕登天遊霧：形容精神超然物外。

〔六〕撓挑無極：跳躍於無極。

林希逸說：「『撓挑』，踴躍之意。」

〔七〕莫然有間：「莫然」，漠然。

成玄英說：「寂爾無言，俄頃之間。」

宣穎說：「『莫然』，猶漠漠然。形容淡交也。」

陳啟天說：「奚侗云：『莫，漠也。莫然，謂寂漠無言。』『莫然有間』，謂三人寂漠無言而有頃也。」

〔八〕侍事：助治喪事（宣穎說）。世德堂本「侍」作「待」（王孝魚校）。

〔九〕編曲：編輓歌（陳啟天說）。

宣穎說：「編次歌曲。舊云織簿，非是。」

〔一〇〕嗟來：「來」，句中語助。「嗟來」，猶嗟乎（王引之經傳釋詞）。

楊樹達說：「莊子恒用『來』爲語已詞。人間世篇云：『嘗以語我來。』又云：『子其有以語我來。』

與此『來』字皆是。」然「嗟來」，疑是指魂之語。

〔一一〕而已反其真：謂爾已反歸自然。「真」，謂道，或自然（陳啟天說）。

〔一二〕我猶爲人猗（yī衣）：我們還是做凡人的事，按指編輓曲，歌唱弔魂之事。「猗」，猶「兮」，語助詞。

〔一三〕修行無有：言不修飾禮文（劉鳳苞南華雪心編）。

〔一四〕無以命之：即無以名之。

〔一五〕方之外：方域之外；形容超脱禮教之外，不受禮教的束縛。

〔一六〕爲人：爲偶。

王引之説：「應帝王篇『予方將與造物者爲人』，郭象曰：『任人之自爲。』天運篇『久矣夫，丘不與化爲人』，郭曰：『夫與化爲人者，任其自化者也。』郭未曉人字之義。人者，偶也；爲人，猶爲偶。中庸『仁者人也』，鄭注：『讀如相人偶之人，以人意相存偶之言。』詩匪風箋『人偶能割亨者，人偶能輔周道治民者』，聘禮注：『每門輒揖者，以相人偶爲敬也。』公食大夫禮注『每曲揖及當碑揖相人偶』，是『人』與『偶』同義，故漢世有相人偶之語。淮南子原道訓『與造化者爲人』，義與此同（高注：爲治也，非是。互見淮南）。齊俗篇曰：『上與神明爲友，下與造化爲人。』是其證明也。」（見王念孫讀書雜志餘編內）

〔一七〕決疣（huán環）潰癰（yōng擁）：「疣」，疽。「癰」，紅腫出膿的瘡。

〔一八〕假於異物，託於同體：藉着不同的原質，聚合而成一個形體。

成玄英疏：「水火金木，異物相假，衆諸寄託，共成一身。」

〔一九〕芒然：同茫然。

李頤說：「無係之貌。」（釋文引）

〔二〇〕憒憒：煩亂。

〔二一〕觀：示；炫耀。

〔二二〕生定：「生」通「性」。「生定」，性分靜定而安樂（成疏）。或說「定」爲「足」字之誤。生足，即性分自足。

俞樾說：「『定』疑『足』字之誤。『穿池而養給，無事而生足』，兩句一律。『給』，亦『足』也。『足』與『定』，字形相似而誤。」俞說有理，譯文從此。

〔二三〕畸（ㄐㄧ基）人：同奇人，指不合於俗的人。

〔二四〕天之君子，人之小人：今本作「人之君子，天之小人」。上兩句爲「天之小人，人之君子」，與此兩句重複。王先謙說：「疑複語無義，當作『天之君子，人之小人』。」今據王說校改。

奚侗說：「此文四句義複，下二句『人』字『天』字互誤。」

王叔岷說：「舊鈔本文選江文通雜體詩注引，下二句正作『天之君子，民之小人』。今本『民』作『人』，唐人避太宗諱改。」

今譯

子桑戶、孟子反、子琴張三人互相談說：「誰能夠相交而出於無心，相助而不着形跡？誰能超然於物外，跳躍於無極之中；忘了生死，而沒有窮極？」三個人相視而笑，內心相契，就一同做了朋友。

這樣不久子桑户死了，還没有下葬。孔子聽到了，就叫子貢去助理喪事。子貢看到一個在編歌曲，一個在彈琴，二人合唱着：「哎呀桑户啊！哎呀桑户啊！你已經還歸本真了，而我們還在做凡人的事啊！」

子貢趕上去問說：「請問對着屍體歌唱，合禮嗎？」

二人望望笑着說：「他哪裏懂得禮的真意！」

子貢回去以後，把所見的告訴孔子，問說：「他們是什麽人啊，不用禮儀來修飾德行，而把形骸置於度外，對着屍體歌唱，無悲哀之色，簡直無法形容，他們究竟是什麽人啊！」

孔子說：「他們是遊於方域之外的人，而我是遊於方域之内的人。方域之外和方域之内彼此不相干，而我竟然叫你去弔唁，這是我的固陋啊！他們正和造物者爲友伴，而遨遊於天地之間。他們把生命看作是氣的凝結，像身上的贅瘤一般，把死亡看作〔是氣的消散，〕像膿瘡潰破了一樣，像這樣子，又哪裏知道死生先後的分别呢！藉着不同的原質，聚合而成一個形體；遺忘内面的肝膽，遺忘外面的耳目；讓生命隨着自然而循環變化，不究詰它們的分際；安閑無係地神遊於塵世之外，逍遥自在於自然的境地。他們又怎能不厭煩地拘守世俗的禮節，表演給衆人觀看呢！」

子貢說：「那麽您是依從哪一方呢？」

孔子說：「從自然的道理看來我就像受着刑戮的人。雖然這樣，我們應該共同追求方外之道。」

子貢說：「請問有什麽方法。」

孔子說：「魚相適於水，人相適於道。相適於水的，挖個池子來供養；相適於道的，泰然無事而性分自足。所以說，魚游於江湖之中就忘記一切而悠悠哉哉，人游於大道之中就忘了一切而逍遙自適。」

子貢說：「請問那些不合於俗的異人是什麼人。」

孔子說：「異人是異於世俗人而應合於自然。所以說，從自然的觀點看來是小人的，卻成爲人間的君子；從自然的觀點看來是君子的，卻成爲人間的小人。」

七

顏回問仲尼曰：「孟孫才〔一〕，其母死，哭泣無涕，中心不戚，居喪不哀。無是三者，以善處喪蓋魯國。固有無其實而得其名者乎？回壹怪之〔二〕。」

仲尼曰：「夫孟孫氏盡之矣，進於知矣，唯簡之而不得，夫已有所簡矣。孟孫氏不知所以生，不知所以死；不知孰先，不知孰後〔三〕；若化爲物，以待其所不知之化〔四〕已乎！且方將化，惡知不化哉？方將不化，惡知已化哉？吾特與汝，其夢未始覺者邪！且彼有駭形〔五〕而無損心，有旦宅而無耗精〔六〕。孟孫氏特覺〔七〕，人哭亦哭，是自其所以乃〔八〕。且也相與吾之耳〔九〕矣，庸詎知吾所謂吾之非吾乎〔一〇〕？且汝夢爲鳥而厲〔一一〕乎天，夢爲魚而沒於淵。不識今之言者，其覺者乎，其夢者乎？造適不及笑〔一二〕，獻笑不及排〔一三〕，安排而去化〔一四〕，乃入於寥天一〔一五〕。」

注釋

〔一〕孟孫才：姓孟孫，名才。魯國人。

〔二〕回壹怪之：「壹」，語助（王引之經傳釋詞）。

〔三〕不知孰先，不知孰後：「先」「後」，指生前死後。「孰」今本作「就」，疑形近致誤。

林雲銘說：「『就』字，疑『孰』字之誤。」按林說是，「兩就」字並作「孰」。

〔四〕以待其所不知之化：以應付那不可知的變化。

〔五〕有駭形：「駭」，當讀爲「改」，謂形態有變易（楊樹達說）。

〔六〕有旦宅而無耗精：「旦」，即嬗、禪等字之借（章炳麟說）。「旦宅」，形骸之變（郭注）。按「旦」借嬗，即變化之意；「宅」爲「神之舍」（成疏）；指軀體而言。「耗精」，今本作「情死」，依劉師培之說，據淮南子精神訓改。

劉師培說：「今考淮南子精神訓云：『有戒形而無損於心，有綴宅而無耗精』，語本莊書。而『損』、『耗』，『心』、『精』，詞咸偶列。古籍『耗』恒作『毦』，『毦』、『死』；『精』、『情』，形近互譌，倒書則爲『情死』。」按：劉說可從。「有旦宅而無耗精」與上句「有駭形而無損心」，正相對文。

〔七〕特覺：獨覺。

〔八〕是自其所以乃：這就是他所以這個樣子的緣故。按指孟孫才依世情隨衆哭而哭泣無涕。

林希逸說：「欲簡不得簡而乃隨衆以哭也。此句最難解，故數本以上句『乃』字與下句『且』字，合爲『宜也』兩字，良可笑也。」

宣穎說：「『乃』，猶那等樣。言孟孫氏之哭泣，亦不過見人如此，隨之如此。」

章炳麟說：「『乃』，以雙聲借爲『然』，如此也。」

〔九〕相與吾之耳：互相稱說這是我。

宣穎說：「世人但知有一我耳。」

王先謙說：「人每見吾暫有身，則相與吾之。」

〔一〇〕庸詎知吾所謂吾之非吾乎：「非吾」兩字原缺，根據朱桂曜等說補。

朱桂曜說：「案此句殊不成語，『之』下疑落『非吾』二字，本作『庸詎知吾所謂吾之非吾乎？』上文『庸詎知吾所謂天之非人乎？』齊物論篇『庸詎知吾所謂知之非不知邪』，句法並同也。」按朱說是。劉文典補注、王叔岷校釋引證相同。

〔一一〕厲：「戾」同聲通用，至（王先謙注）。淮南子俶真訓作「飛」。

〔一二〕造適不及笑：形容内心達到最適意的境界（李勉說）。

林希逸說：「意有所適，有時而不及笑者，言適之甚也。亦猶杜詩所謂：『驚定乃拭淚。』欒軒先生亦曰：『及我能哭，驚已定矣。』此言驚也，造適言喜也，驚喜雖異，而不及之意同。」

王孝魚說：「『造適不及笑』句是說，喜者必笑，然而自適其適者，忽逢適意之境，内心自造其樂，不必待笑而後樂。」

〔一三〕獻笑不及排：形容内心適意自得而於自然中露出笑容。

林希逸説：「此笑出於自然，何待安排。此『排』字與下句『排』字雖同，而文勢異，不可聯上字説。」

王孝魚説：「『獻笑不及排』句是説，笑而獻以悦人，就得人爲地布置安排而後使之笑；至於自適其適，自樂其樂者，則一切出於無心，不必待布置安排才能獻出笑來。」

〔一四〕安排而去化：任聽自然的安排而順任變化。

〔一五〕寥天一：即道（宣穎説）。

今　譯

顔回問孔子説：「孟孫才的母親死了，他哭泣没有眼淚，心中不悲戚，居喪不哀痛。没有眼淚、悲戚、哀痛這三點，卻以善處喪而聞名魯國。怎麽有不具其實而得到虚名的嗎？我覺得很奇怪。」

孔子説：「孟孫氏已經盡了居喪之道，他比知道喪禮的人超過多了。喪事應該簡化，只是世俗相因無法做到，然而他已經有所簡化了。孟孫氏不知道什麽是生，也不知道什麽是死；不知道什麽是占先，不知道什麽是居後；他順任自然的變化，以應付那不可知的變化而已！再説如今將要變化，怎麽知道那不變化的情形呢？如今未曾變化，怎麽知道那已經變化的情形呢？我和你現在正在作夢，還没有覺醒過來啊！孟孫氏認爲，人有體形的變化而没有心神的損傷；有軀體的轉化而没有精神的死亡。孟孫氏尤其徹悟，人家哭泣他也哭泣，這就是他所以那個樣子的原因了。世人互相稱説這是我，然而哪裏知道我所謂我果真不是我呢！像你夢作鳥在天空飛翔，夢作魚在水底遊玩。不知道現在談話的我們，是醒着呢？還是作夢呢？忽然達到適意的境界而來不及笑出來，從內心自然地發出笑聲而來不及事先安排。聽任自然的安排而順應變化，就可進入寥遠之處的純一境界。」

八

意而子〔一〕見許由。許由曰：「堯何以資〔二〕汝？」

意而子曰：「堯謂我：『汝必躬服仁義而明言是非。』」

許由曰：「而奚來爲軹〔三〕？夫堯既已黥〔四〕汝以仁義，而劓〔五〕汝以是非矣，汝將何以遊夫遙蕩恣睢轉徙〔六〕之塗乎？」

意而子曰：「雖然，吾願遊於其藩。」

許由曰：「不然。夫瞽者無以與乎眉目顏色之好，盲者無以與乎青黃黼黻之觀〔七〕。」

意而子曰：「夫無莊〔八〕之失其美，據梁〔九〕之失其力，黃帝之亡其知，皆在鑪捶〔一〇〕之間耳。庸詎知夫造物者之不息我黥而補我劓，使我乘成〔一一〕以隨先生邪？」

許由曰：「噫！未可知也。我爲汝言其大略。吾師乎〔一二〕！吾師乎！齏萬物而不爲義〔一三〕，澤及萬世而不爲仁，長於上古而不爲老，覆載天地刻雕衆形而不爲巧。此所遊已〔一四〕。」

注釋

〔一〕意而子：假託的寓言人物。

〔二〕資：資助，教益。

〔三〕而奚來爲軹：「而」，汝。「軹」，同「只」，語助詞。

〔四〕黥（qíng 晴）：古時刑罰，刺在額上，也叫墨刑。

〔五〕劓（yì 義）：割鼻的一種刑罰。

陳啟天說：「『黥』、『劓』，本爲兩種肉刑，此借用爲破壞自然之意。」

〔六〕遙蕩恣睢轉徙：「遙蕩」，逍遙放蕩。「恣睢」，無所拘束，自得的樣子。「轉徙」，指變化。

〔七〕瞽者無以與乎眉目顏色之好，盲者無以與乎青黃黼黻之觀：各本「瞽」「盲」倒置，於義欠當。「瞽」是瞎子，故云「無以與乎眉目顏色之好」。「盲」有二義，其一謂瞎子（說文：「盲，目無眸子。」）。其二，色盲，是一種眼疾。解老：「目不能決黑白之色謂之盲。」論衡別通：「目不見青黃曰盲。」黼（fǔ 府）黻（fú 浮），古禮服，喻華美的衣飾。

〔八〕無莊：古時美人。無莊是沒有裝飾的意思。

〔九〕據梁：古時力士。據梁是强梁的意思。

王懋竑說：「『無莊』、『據梁』，前無所考，或亦寓言耳。」

〔一〇〕鑪捶：陶冶鍛鍊。

〔一一〕乘成：「乘」，猶載。「成」，猶備（郭慶藩說）。按「乘成」，意謂使形體完全，對黥劓而言（張默生說）。

〔一二〕吾師乎：莊子以「道」爲宗師，所以稱「道」爲吾師。

〔一三〕䪢（jī 飢）萬物而不爲義：調和萬物而不以爲義（王治心莊子研究及淺釋）。

陸樹芝說：「『䪢』，和也，凡醯醬之釀和曰『䪢』，借言調和萬物也。」

〔一四〕此所遊已：「遊」字，承上文「遊夫遥蕩恣睢轉徙之塗」而來。

林希逸說：「言吾之所遊者如此。」

今譯

意而子去見許由。許由說：「堯教你什麽？」

意而子說：「堯對我說：『你一定要實行仁義而明辨是非。』」

許由說：「你還來這裏做什麽？堯既然用仁義給你行墨刑，用是非給你行劓刑，你怎麽能够逍遥放蕩，無拘無束地遊於變化的境界呢？」

意而子說：「雖然這樣，我還是希望遊於這個境地的邊緣。」

許由說：「不行。瞎子無從欣賞眉目顔色的美好，盲人無從欣賞彩色錦繡的華麗。」

意而子說：「無莊忘記自己的美麗，據梁忘記自己的力氣，黄帝忘記自己的聰明，都是在大道的陶冶鍛鍊中而成的。怎麽知道造物者不會護養我受了黥刑的傷痕，修補我受了劓刑的殘缺，使我形體復恢完整，隨從先生呢？」

許由說：「唉！這是不可知的啊！不過我說個大略給你聽聽：我的大宗師啊！我的大宗師啊！調和萬物卻不以爲義，澤及萬世卻不以爲仁，長於上古卻不算老，覆天載地、雕刻各種物體的形象卻不以爲靈巧，這是遊心的境地啊！」

九

顏回曰：「回益矣。」

仲尼曰：「何謂也？」

曰：「回忘禮樂〔一〕矣。」

曰：「可矣，猶未也。」

他日，復見，曰：「回益矣。」

曰：「何謂也？」

曰：「回忘仁義矣。」

曰：「可矣，猶未也。」

他日，復見，曰：「回益矣。」

曰：「何謂也？」

曰：「回坐忘矣。」

仲尼蹴然〔二〕曰：「何謂坐忘？」

顏回曰：「墮肢體，黜聰明，離形去知〔三〕，同於大通〔四〕，此謂坐忘。」

仲尼曰：「同則無好〔五〕也，化則無常〔六〕也。而果其賢乎！丘也請從而後也。」

注釋

〔一〕回忘禮樂：「忘」，達於安適狀態的心境。「禮樂」，今本作「仁義」。依劉文典等說，據淮南子道應訓「仁義」兩字與下文「禮樂」兩字互調。

劉文典說：「淮南子道應訓『仁義』作『禮樂』，下『禮樂』作『仁義』，當從之。禮樂有形，固當先忘；仁義無形，次之；坐忘最上。今『仁義』、『禮樂』互倒，非道家之指矣。」

王叔岷先生說：「淮南子道應訓：『仁義』與『禮樂』二字互錯。審文義，當從之。老子云：『失道而後德，失德而後仁，失仁而後義，失義而後禮。』淮南子本經訓：『知道德，然後知仁義之不足行也；知仁義，然後知禮樂之不足脩也。』道家以禮樂爲仁義之次：禮樂，外也；仁義，內也。忘外及內，以至於坐忘。若先言忘『仁義』，則乖厥旨矣。」

〔二〕蹴（cù醋）然：驚異不安的樣子。

〔三〕墮肢體，黜聰明，離形去知：意思是不受形骸、智巧的束縛。

徐復觀先生說：「『墮肢體』、『離形』，實指的是擺脱由生理而來的欲望。『黜聰明』、『去知』，實指的是擺脱普通所謂的知識活動。莊子的『離形』，並不是根本否定欲望，而是不讓欲望得到知識的推波助瀾，以致溢出於各自性分之外。在性分之內的欲望，莊子即視爲性分之自身，同樣加以承認的。所以在坐忘的境界中，以『忘知』最爲樞要。忘知，是忘掉分解性的、概念性的知識活動。」（中國藝術精神七二——七三頁）

〔四〕大通：一切無礙（劉鳳苞說）。

〔五〕同則無好：和同萬物就没有偏好。

劉鳳苞說：「與物玄同，則無不適矣。無不適則忘適矣。又何好何惡哉！」

〔六〕化則無常：參與變化而不執滯。「常」，意指執滯而不變通。

今譯

顏回說：「我進步了。」

孔子說：「怎樣進步呢？」

顏回說：「我安然相忘於禮樂了。」

孔子說：「很好，但是還不够。」

過了幾天，顏回又見孔子說：「我進步了。」

孔子說：「怎樣進步呢？」

顏回說：「我安然相忘於仁義了。」

孔子說：「很好，但是還不够。」

過了幾天，顏回又見孔子說：「我進步了。」

孔子說：「怎樣進步呢？」

顏回說：「我坐忘了。」

孔子驚奇地說：「什麼叫坐忘？」

顏回說：「不着意自己的肢體，不擺弄自己的聰明，超脱形體的拘執，免於智巧的束縛，和大道融通爲一，這就是坐忘。」

孔子說：「和萬物同一體就没有偏私了，參與萬物的變化不偏執滯常理。你果真是賢人啊！我願意追隨在你的後邊。」

一〇

子輿與子桑友，而霖雨〔一〕十日。子輿曰：「子桑殆病矣！」裹飯而往食之。至子桑之門，則若歌若哭，鼓琴曰：「父邪！母邪！天乎！人乎！」有不任其聲〔二〕而趨舉其詩焉〔三〕。

子輿入，曰：「子之歌詩，何故若是？」

曰：「吾思夫使我至此極者而弗得也。父母豈欲吾貧哉？天無私覆，地無私載，天地豈私貧我哉？求其爲之者而不得也。然而至此極者，命也夫！」

注釋

〔一〕霖雨：凡雨自三日以上爲霖（左傳隱公九年）。

〔二〕不任其聲：「不任」，不堪、不勝。形容心力疲憊，發出的歌聲極其微弱。

〔三〕趨舉其詩：詩句急促，不成調子。「趨」，通「促」。

崔譔注：「趨舉其詩，無音曲也。」

林希逸說：「『趨舉其詩』，所謂情隘而其詞蹙是也。歌得不成頭緒，故曰『趨舉』。」

今譯

子輿和子桑做朋友。淫雨霏霏一連下了十天，子輿說：「子桑恐怕要餓病了吧！」於是就帶着飯送給他吃。到了子桑的門前，就聽到裏面又像歌唱又像哭泣，聽見彈着琴唱着：「父親啊！母親啊！天啊！人啊！」歌聲微弱而詩句急促。

子輿進門去，問說：「你唱詩歌，爲什麽這種調子？」

子桑說：「我正想着使我到這般窘困地步的原因而不得解。父母難道要我貧困嗎？天是沒有偏私地覆蓋着，地是沒有偏私地承載着，天地哪裏單單會使我貧困呢？追究使我貧困的道理而得不出來，然而我到這般絕境，這是由於命吧！」

應帝王

應帝王篇，主旨在說爲政當無治。本篇表達了莊子無治主義的思想，主張爲政之道，勿庸干涉，當順人性之自然，以百姓的意志爲意志。

本篇分七章。第一章，借寓言人物蒲衣子道出理想的治者：心胸舒泰，純真質樸；不用權謀智巧，也不假借任何仁義名目去要結人心。第二章，狂接輿與肩吾的對話，認爲「君人者以己出經式義度」是「欺德」的行爲。這裏，對於獨裁者以私意（「以己」）釐訂法律（「經式義度」）的行徑，作了有力的批判。法度條規必須以人民的利益爲準則，必須以人民的意見爲依歸，若僅爲統治者個人及其政權利益爲目的，則雖有武力做後盾，使人「孰敢不聽」，但終難使人心順服。如用這種方式來治國，「猶涉海鑿河，而使蚊負山」，注定要失敗。爲政之道、要在「正而後行，確乎能其事者」；不以我强人，任人各盡所能就是了。第三章，天根遇無名人，問「爲天下」之道。無名人說：「去！汝鄙人也，何問之不豫也！」對於政治權力之厭惡感，在這裏表露無遺。治人的觀念徹底打消，以爲治人不如不治，不治天下反倒安寧，治人的歷史是一部砍殺的歷史，一片血肉横飛的慘景歷歷眼前。天根又問，無名人最後説：「順物自然而無容私焉，則天下治矣。」「順物自然」，則人民可享有自由的生活。治者去私（「無容私」），才能走向爲民爲公的路途。第四章談明王之治，不張揚表露，「化貸萬物而民弗恃」，使百姓不知帝力何所加。第五章，寫神巫替壺子看相的故事，主題在寫「虛」寫「藏」。推之於爲政，則虛己無爲，人民乃可無擾；含藏己意而無容私，百姓乃得以自安。第六章，「無爲名尸」一段，再度提出爲政在於不自專，勿獨斷，亦不用智巧計算人民。最後仍歸結到「虛」。「至人用心若鏡」，則「虛」爲形容空明如鏡的心境。此心境能如實反映外在客觀的景象，亦即能客觀如實地反映民心意向。爲政在「虛」，則治者去私，而能收納廣大人民的意見，且以廣大民衆的利益爲前提。篇末最後一章，爲有名的渾沌的故事。渾沌喻真樸的人民。「日鑿一竅，七日而渾沌死」，爲政者今天設一法，明天立一政，繁擾的政舉屢屢置民於死地。莊子目擊戰國時代的慘景，運用高度的藝術手筆描繪渾沌之死，以喻「有爲」之政給人民帶來的災害。

出自本篇的流行成語有蚊虻負山、涉海鑿河、虛與委蛇、用心若鏡、混沌鑿竅等。

一

齧缺問於王倪，四問而四不知〔一〕。齧缺因躍而大喜，行以告蒲衣子〔二〕。

蒲衣子曰：「而乃今知之乎？有虞氏不及泰氏〔三〕。有虞氏，其猶藏仁以要〔四〕人；亦得人矣，而未始出於非人〔五〕。泰氏，其臥徐徐〔六〕，其覺于于〔七〕；一以己爲馬，一以己爲牛；其知情信，其德甚真，而未始入於非人〔八〕。」

注釋

〔一〕四問而四不知：事見齊物論。「四問」即：一問：「知物之所同是乎？」二問：「知子之所不知邪？」三問：「物無知邪？」四問：「知利害乎？」王倪都答稱不知。

〔二〕蒲衣子：寓言人物。

林希逸說：「蒲衣或曰即被衣。莊子所言人物名字，多是虛言，即烏有亡是公之類，不必致辨。」

〔三〕有虞氏不及泰氏：有虞氏，舜（成疏）。泰氏，上古帝王（釋文引司馬彪說）；無名之君（釋文引李頤說）。按：舜爲儒家構想的聖王天子，莊子則有意創造出另一種形態的人物，以破除世俗的政治觀。

呂惠卿說：「『有虞』，亦訓憂虞。『泰氏』，亦泰定之義，謂有知有虞，不若無知而泰定。」（莊子義）

〔四〕要：音邀，要結。

王懋竑說：「此類皆率意言之，不必有據。」

〔五〕非人：有兩說：一指「天」（林希逸注），一指「物」（宣穎說），譯文從後者。

宣穎說：「非人者，物也。有心要人，則猶繫於物，是未能超然出於物之外也。」

〔六〕徐徐：安閒，舒緩。

〔七〕于于：爲「迂迂」之借字，「迂迂」謂迂緩（胡懷琛莊子集解補正）；形容自得的樣子。

〔八〕未始入於非人：意即從來没有受外物的牽累。

宣穎說：「渾同自然毫無物累，是未始陷入於物之中。」

今譯

齧缺問王倪，問了四次而四次都回説不知道。齧缺喜歡得跳躍起來，走去告訴蒲衣子。

蒲衣子説：「你現在知道了嗎？有虞氏不如泰氏。有虞氏還標榜仁義以要結人心；雖然也能得人心，但是還没有超脱外物的牽累。泰氏睡時安閒舒緩，醒時逍遥自適；任人把自己稱爲馬，任人把自己稱爲牛；他的知見信實，他的德性真實，而從來没有受外物的牽累。」

二

肩吾見狂接輿，狂接輿曰：「日中始〔一〕何以語女？」

肩吾曰：「告我君人者以己出經式義度〔二〕，人孰敢不聽而化諸〔三〕！」

狂接輿曰：「是欺德〔四〕也。其於治天下也，猶涉海鑿河，而使蚊負山也。夫聖人之治也，治外〔五〕乎？正而後行〔六〕，確乎能其事者〔七〕而已矣。且〔八〕鳥高飛以避矰弋〔九〕之害，鼷鼠深穴乎神丘〔一〇〕之下，以避熏鑿〔一一〕之患，而曾二蟲之無如〔一二〕！」

注釋

〔一〕日中始：假託的寓言人物。有兩説：一説日中始，人姓名（李頤説）。一説中始，人名。「日」，猶云日者（詳見俞樾莊子平議），謂往日（見朱桂曜莊子内篇證補）。兩説皆可通，這裏取前説。

〔二〕經式義度：「義」讀爲「儀」。「經式」「義度」，都指法度。

王念孫說：「『義』讀爲『儀』（義與儀，古字通。說文：「義，己之威儀也。」）。儀，法也（見周語注，淮南子精神訓注，楚詞九歎注）。經式儀度，皆謂法度也。」（見王著讀書雜志餘編）

〔三〕諸：同「乎」，句末助字（日本金谷治說）。

〔四〕欺德：欺誑之德（成疏）。指虛僞不實的言行。

〔五〕治外：「外」，指上面所說的「經式義度」。「治外」，指用經式儀度繩之於外。

〔六〕正而後行：自正而後行化。

陳深說：「以無事爲『正』，以自然爲『行』。」

〔七〕確乎能其事者：指任人各盡所能。

成玄英說：「順其實性，於事有能者，因而任之。」

宣穎說：「不強人以性之所難爲。」

〔八〕且：御覽引作「百」。

王叔岷先生說：「御覽九一一引『且』作『百』。『且』疑『百』之形誤。」此說可存。

〔九〕矰（zēng增）弋（yì意）：古時射飛鳥的器具，把箭繫在生絲上。

〔一〇〕神丘：社壇。

〔一一〕熏鑿：煙熏鏟掘。

〔一二〕無如：今本作「無知」。從文義上看，應作「無如」。疑是「知」「如」形近改誤，根據奚侗之說改。

奚侗說：「『知』當作『如』，其義較長。『無如』猶言『不如』也。郭注言曾不如此二蟲之各存而不待教乎？是郭本「知」正作「如」。」

今譯

肩吾見狂接輿，狂接輿問説：「日中始對你説了些什麽？」

肩吾説：「他告訴我做國君的憑己意制定法度，人民誰敢不聽從而被感化呢？」

狂接輿説：「這完全是欺騙人的。這樣去治理天下，就如同在大海裏鑿河，使蚊蟲負山一樣。聖人的治理天下，是用法度繩之於外嗎？聖人是先正自己的性命而後感化他人，任人各盡所能就是了。鳥兒尚且知道高飛以躲避羅網弓箭的傷害，鼷鼠尚且知道深藏在社壇底下，以避開煙熏鏟掘的禍害，難道人還不如這兩種蟲子嗎？」

三

天根〔一〕遊於殷陽〔二〕，至蓼水〔三〕之上，適遭無名人而問焉，曰：「請問爲天下。」

無名人曰：「去！汝鄙人也，何問之不豫〔四〕也！予方將與造物者爲人〔五〕，厭，則又乘夫莽眇之鳥〔六〕，以出六極之外，而遊無何有之鄉，以處壙埌之野〔七〕。汝又何帠〔八〕以治天下感予之心爲？」

又復問。

無名人曰：「汝遊心於淡，合氣於漠〔九〕，順物自然而無容私〔一〇〕焉，而天下治矣。」

注釋

〔一〕天根：和下文無名人同是寓名。

〔二〕殷陽：殷山之陽（成疏）；喻言陰陽主宰（劉鳳苞說）。按爲莊子杜撰的地名。

〔三〕蓼水：疑是莊子自設的水名。

〔四〕何問之不豫：「豫」，悅（釋文引簡文說）。按：「豫」，適，謂妥當。言所問何其不當。

〔五〕予方將與造物者爲人：謂予方將與大道爲友。即正要和大道同遊的意思。「爲人」，訓爲偶，已見大宗師。

〔六〕莽眇（miǎo 秒）之鳥：輕虛之狀（釋文）。喻以清虛之氣爲鳥，遊於太空。

〔七〕壙埌之野：「壙」，與曠同。「埌」，音浪，與「壙」同義（朱桂曜說）。「壙埌之野」與逍遥遊所謂「廣莫之野」同義，皆莊子創詞（張默生說）。

〔八〕何帠（yì 義）：「帠」字字書所無，疑當爲「叚」（孫詒讓說）。「何叚」猶「何假」、「何暇」（朱桂曜說）。「叚」即「暇」之借（王叔岷說）。另一說：「帠」乃「臬」字之誤，「臬」當讀爲「寱」。一切經音義引通俗文曰：夢語謂之「寱」。無名人蓋謂天根所問皆夢語（俞樾說）。按兩說都可解。崔譔本「帠」作「爲」，亦可通。

〔九〕遊心於淡，合氣於漠：「淡」與「漠」都是說清靜無爲。

成玄英疏：「遊汝心神於恬淡之域，合汝形氣於寂寞之鄉。」

〔一〇〕無容私：不參以私意。

今譯

天根遊於殷陽，走到蓼水之上，恰巧遇着無名人而問説：「請問治理天下的方法。」

無名人説：「去吧！你這個鄙陋的人，爲什麽問這不妥當的問題！我正要和造物者交遊；厭煩了，就乘着『莽眇之鳥』，飛出天地四方之外，而遊於無何有之鄉，處在廣闊無邊的曠野。你又爲什麽拿治理天下的夢話來擾亂我的心呢？」

天根又再問。

無名人説：「遊心於恬淡之境，清靜無爲，順着事物自然的本性而不用私意，天下就可以治理好了。」

四

陽子居〔一〕見老聃，曰：「有人於此，嚮疾强梁〔二〕，物徹疏明〔三〕，學道不勧。如是者，可比明王乎？」

老聃曰：「是於聖人也，胥易技係〔四〕，勞形怵心者也。且也虎豹之文來田，猨狙之便來藉〔五〕。如是者，可比明王乎？」

陽子居蹵然曰：「敢問明王之治。」

老聃曰：「明王之治：功蓋天下而似不自己，化貸萬物而民弗恃〔六〕；有莫舉名〔七〕，使物自喜；立乎不測，而遊於無有者也〔八〕。」

注釋

〔一〕陽子居：「居」，名。「子」，男子通稱（釋文引李頤說）。莊子製名寓意（王元澤說）。歷來都以陽子居作楊朱，今人唐鉞寫楊朱考一文，認爲楊子居與爲我主義的楊朱毫無關涉（詳見古史辨第四册下編）。按楊朱「貴己」（呂氏春秋不二篇），「爲輕物重生之士」（韓非子顯學篇），倡「全生保真，不以物累形」。莊書上所寫陽子居的言行，與楊朱思想不僅不相同，且相反。唐鉞所疑，可存。

〔二〕嚮疾强梁：敏捷果幹的意思。「嚮疾」，敏捷如嚮（李頤說）。「嚮」與響通。「强梁」，强幹果決（成疏）。

〔三〕物徹疏明：鑑物洞徹，疏通明敏（成疏）。

李勉說：「詩云『天命不徹』，毛傳：『徹，道也。』爾雅釋訓：『不徹，不道也。』是『徹』之訓『道』已無疑問。案『徹』通『轍』，車所行之道也。故『物徹』即物道也；『物道』猶物理也；言其物理疏明也。『疏明』即通明。」按：「物徹疏明」一語，「徹疏明」三字爲形容詞，「物」字則爲名詞，似可疑。或說「物」乃「徇」字譌（武延緒說）。另說：「物」爲「易」字之誤（章炳麟說）。若作「徇徹疏明」，亦可通。古字假借「徇」爲「濬」（孫詒讓墨子閒詁公孟篇注）。

〔四〕胥易技係：「胥易」兩字，頗費解，舊注以「胥」爲「胥徒」，以「易」爲改易或輕易，都不妥。近人解釋較爲可取的兩說：（一）「胥」即「諝」，有才智。「易」，治。謂胥吏更迭治事（孫詒讓說）。依此說，「胥易技係」意即胥吏治事爲技能所繫累。（二）「胥」謂「大胥」之官，「易」爲占卜之官，其據在禮記；爲「胥」必精習樂舞之技，爲「易」必精習占卜之技，皆爲所纏係而不能移（劉武說）。依此說，「胥易技係」譯爲「胥」（掌樂舞之官）「易」（掌占卜之官）爲技能所累。按：兩說皆可通，今譯姑取前說。

〔五〕虎豹之文來田，猨狙之便來藉：「來田」，招來田獵。「來藉」，致受拘繫（崔譔注：「藉，繫也。」）。「猨狙之便」句下今本有「執，斄之狗」（斄，音狸）四字，根據王叔岷校釋删去。

王叔岷說：「『執斄之狗』四字，疑涉天地篇文竄入。『虎豹之文來田，猨狙之便來藉』，文正相耦。淮南子繆稱訓：『虎豹之文來射，猨狖之捷來措。』（注：『措，刺也。』）詮言訓：『故虎豹之彊來射，猨狖之捷來措。』說林訓：『虎豹之文來射，猨狖之捷來乍。』（王念孫云『措與乍古同聲通用』，亦藉之借字。）凡三用此文，皆無『執斄之狗』四字，是其明證。」

〔六〕化貸萬物而民弗恃：施化普及於萬物而民不覺有所依恃。「貸」，施（林希逸說）。

成玄英說：「百姓皆謂我自然，不賴君之能。」

林希逸說：「此朝野不知而帝力何加之意。」

嚴復說：「『而民弗恃』最關治要，今所謂去其依賴心也。」

〔七〕有莫舉名：有功德而不能用名稱說出來。

〔八〕立乎不測，而遊於無有者也：形容明王清靜幽隱，而遊心於自然無爲的境地。「遊於無有」，行所無事（宣穎說）。

今譯

陽子居去見老聃，問說：「假如有這樣的一個人，敏捷果幹，透徹明達，學道精勤不倦。這樣可以和明王相比嗎？」

老聃說：「在聖人看來，胥吏治事爲技能所累，勞苦形骸擾亂心神。而且虎豹因爲皮有紋所以招人來田獵，猨猴因爲敏捷所以被人捉來拴住。這樣，可以和明王相比嗎？」

陽子居慚愧地說：「請問明王怎樣治理政事？」

老聃說：「明王治理政事：功蹟廣被天下卻像不出自於己，教化施及萬物而人民不覺得有所依恃，他雖有功德卻不能用名稱說出來，他使萬物各得其所；而自己立於不可測識的地位，而行所無事。」

五

鄭有神巫〔一〕曰季咸〔二〕，知人之死生存亡，禍福壽夭，期以歲月旬日，若神〔三〕。鄭人見之，皆棄而走〔四〕。列子見之而心醉，歸，以告壺子〔五〕，曰：「始吾以夫子之道爲至矣，則又有至焉者矣。」

壺子曰：「吾與汝既其文，未既其實〔六〕，而固得道與？衆雌而無雄，而又奚卵焉〔七〕！而以道與世亢，必信〔八〕，夫故使人得而相汝。嘗試與來，以予示之。」

明日，列子與之見壺子。出而謂列子曰：「嘻！子之先生死矣！弗活矣！不以旬數矣！吾見怪焉，見溼灰〔九〕焉。」

列子入，泣涕沾襟以告壺子。壺子曰：「鄉〔一〇〕吾示之以地文〔一一〕，萌乎〔一二〕不震不止〔一三〕。是殆見吾杜德機〔一四〕也。嘗又與來。」

明日，又與之見壺子。出而謂列子曰：「幸矣，子之先生遇我也！有瘳矣，全然有生矣！吾見其杜權〔一五〕矣。」

列子入，以告壺子。壺子曰：「鄉吾示之以天壤〔一六〕，名實不入，而機發於踵。是殆見吾善者機〔一七〕也。嘗又與來。」

明日，又與之見壺子。出而謂列子曰：「子之先生不齊〔一八〕，吾無得而相焉。試齊，且復相之。」

列子入，以告壺子。壺子曰：「鄉吾示之以太沖莫勝〔一九〕。是殆見吾衡氣機〔二〇〕也。鯢桓之審〔二一〕爲淵，止水之審爲淵，流水之審爲淵。淵有九名，此處三焉〔二二〕。嘗又與來。」

明日，又與之見壺子。立未定，自失而走。壺子曰：「追之！」列子追之不及。反，以報壺子曰：「已滅矣，已失矣，吾弗及已。」

壺子曰：「鄉吾示之以未始出吾宗〔二三〕。吾與之虛而委蛇〔二四〕，不知其誰何〔二五〕，因以爲弟靡，因以爲波流，故逃也〔二六〕。」

然後列子自以爲未始學而歸，三年不出。爲其妻爨〔二七〕，食豕如食人〔二八〕。於事無與親〔二九〕，雕琢復樸〔三〇〕，塊然獨以其形立〔三一〕。紛而封哉〔三二〕，一以是終〔三三〕。

注釋

〔一〕神巫：精於巫術和相術者。

〔二〕季咸：這個故事亦出現於列子。列子黄帝篇説：「有神巫自齊來，處於鄭，命曰季咸。」

〔三〕期以歲月旬日，若神：指預言年、月、旬、日，準確如神。

〔四〕鄭人見之，皆棄而走：因爲鄭國人怕預聞到有凶禍的事，所以都棄而走避。

〔五〕壺子：鄭國人，名林，號壺子。壺子爲列子師，屢見於列子書中。

〔六〕吾與汝既其文，未既其實：猶言吾爲汝講究道之名相，尚未講究道之究竟（陳啟天説）。「既」，盡（李頤注）。「文」，外表。

王叔岷先生説：「列子黄帝篇顔回問津人操舟章：『與若玩其文也久矣，而未達其實。』亦襲用此文。『玩』字義長，疑『既』即『玩』之形誤。」按：姑備一説。仍作「既」字爲宜。

〔七〕衆雌而無雄，而又奚卵焉：有雌無雄，無以生卵，以喻有文無實，不得謂之道（陳壽昌説）。

〔八〕而以道與世亢，必信：這個「道」字非指實道，因列子所學只「既其文」，因而所得的只是道之表。「亢」，同抗，列子黄帝篇作「抗」。

宣穎説：「此『道』字就列子所能言之，言汝揚其能以取信於人，自處先已淺露矣。」

王先謙說：「『而』，汝也。『信』，讀曰伸。言汝之道尚淺而乃與世亢，以求必伸。」

〔九〕溼灰：喻其毫無生氣。

林雲銘說：「死灰尚有或燃之時，溼灰則不能。」

〔一〇〕鄉：本作「曏」，亦作「向」（釋文）。

〔一一〕地文：塊然若土（張湛列子注引向秀說）；「文」，象。以不動爲地文（成疏）；猶大地寂然（林雲銘說）。按「地文」爲形容心境寂靜。

〔一二〕萌乎：「萌」猶「芒」（朱桂曜說），喻昏昧的樣子。

〔一三〕不震不止：不動不止。「震」，動。「止」，今本作「正」，形近而誤。按：釋文引崔本作「不誫不止」。闕誤引江南古藏本「正」作「止」。列子黄帝篇亦作「止」。

〔一四〕杜德機：杜塞生機。「杜」，閉塞。「德機」，猶生機。

〔一五〕杜權：「權」，變，動。謂閉塞中有變動。

林雲銘說：「閉藏之中，稍露動變端倪。」

〔一六〕示之以天壤：示之以天地間生氣（李勉說）。「壤」，地。

〔一七〕善者機：即生機。「善」即生意（宣穎說）。

〔一八〕不齊：形容變化無定，精神恍惚。

王叔岷先生說：「案釋文：『「齊」，側皆反，本又作「齋」，下同。』但審文義，當以作『齊』爲是。無跡可相故謂『不齊』。俞樾云：『「齊」，向郭皆談如本字，音側皆反者，非是。』其說是也。」按：「齊」當讀爲「濟」，止。「不齊」言形神變化不定。

〔一九〕鄉吾示之以太沖莫勝：「鄉吾」今本誤倒爲「吾鄉」。上文「鄉吾示之以地文」，「鄉吾示之以天壤」，下文「鄉吾示之以未始出吾宗」，並作「鄉吾」，是其明證。列子黃帝篇作：「向吾示之以太沖莫眹。」「向」與「鄉」同（本字作「曏」），「勝」與「眹」通（王叔岷說）。按：「太沖」，即太虛。「莫勝」，即無眹。「太沖莫勝」，喻太虛而無眹兆之象。

〔二〇〕衡氣機：「衡」，平。謂氣度持平的機兆。

〔二一〕鯢（ㄋㄧˊ尼）桓之審：大鯨魚盤旋之深處。「桓」，猶旋，古音相近。列子正作「旋」。「審」，瀋的省字，假爲「沈」，深意。

奚侗說：「『瀋』，『沈』之叚字，引伸之則有深意。沈爲淵，尤言深爲淵。」（見楊伯峻列子集釋所引）

李勉說：「『審』者深也。深所以成淵。其所以云深者，以喻壺子之道深沈如淵。」

〔二二〕淵有九名，此處三焉：九淵之名見於列子黃帝篇：「鯢旋之潘爲淵，止水之潘爲淵，流水之潘爲淵，濫水之潘爲淵，沃水之潘爲淵，氿水之潘爲淵，雍水之潘爲淵，汧水之潘爲淵，肥水之潘爲淵，是爲九淵焉。」

陳深說：「『此三處焉』，謂杜德機，善者機，衡氣機，是爲三者淵也。『淵』，謂道之靜深不測也。」

陳壽昌說：「鯢桓之水，非靜非動，喻衡氣機。止水靜，喻杜德機。流水動，喻善者機。三者不同，其淵深莫測則一也。」

〔二三〕未始出吾宗：未曾出示我的根本大道。「宗」，大道之根宗（釋德清說）。

〔二四〕虛而委蛇：「虛」，謂無所執著，無所表示（陳啟天說）。「蛇」讀爲移。「委蛇」，隨順應變的意思。

〔二五〕不知其誰何：不知道我是怎麽回事。

林雲銘說：「彼此摸不定。」

〔二六〕因以爲弟靡，因以爲波流，故逃也：「弟」，即稊，茅草類。「稊靡」，列子黄帝篇作「茅靡」。「弟靡」、「波流」，都是形容無所執著，描寫隨順應變之狀。

宣穎說：「『弟靡』，一無所恃也。『波流』，一無所滯也。」

胡文英說：「『弟靡』、『波流』，俱是季咸眼中看見壺子委蛇之象。」

陳啟天說：「謂我既如草之隨風而靡，如水之隨波而流，則無定相可相。」

〔二七〕爨（cuàn 竄）：炊。

〔二八〕食豕如食人：「食」，讀飼。「飼豕如飼人」，忘貴賤（郭注）；無分别矜張意（林雲銘說）；人、物平視（陳壽昌說）。

陳任中說：「『豕』應作『我』，蓋『豸』『豕』二文篆隸章草並因近似而誤也。」（見呂惠卿莊子義陳校）姑備一說。

〔二九〕於事無與親：謂於事無所偏私（陳啟天說）。

〔三〇〕雕琢復樸：指去雕琢而復歸於樸。

成玄英說：「雕琢華飾之務，悉皆棄除，直置任真，復於樸素之道。」

宣穎說：「雕去巧琢，歸於真也。」

李勉說：「『雕』字誤，應作『去』。言離琢之事，悉皆廢去，復歸於樸。」

〔三一〕塊然獨以其形立：「塊然」，如土塊，形容去琢復樸之狀。

〔三二〕紛而封哉：意指在紛紜的世事中持守真樸。「封」，守（成疏）。

〔三三〕一以是終：言終身常如此。「一」，常如此之意（林希逸說）。

今譯

鄭國有一個善於相面的巫人名叫季咸，能够占出人的生死存亡，禍福壽夭，所預言的年、月、日，準確如神。鄭國人見了他，都驚慌地逃開。列子見了爲他心醉，回來告訴壺子說：「原先我以爲先生的道理最高深了，現在才知道還有更高深的。」

壺子說：「我教你的只是名相，真實的道理並没有傳授給你，你就以爲得道了嗎？雌鳥如果没有雄鳥，怎能生出卵來呢？你以表面的道去和世人周旋，而求人的信任，所以被人窺測到你的心思。把他請來，看看我的相。」

第二天，列子邀季咸來看壺子的相。出來對列子説：「唉！你的先生快要死了，不能活了，過不了十天！我看他形色怪異，面如濕灰。」

列子進去，哭得衣服都濕了，把情形告訴壺子。壺子說：「剛才我顯示給他看的是心境寂靜，不動又不止，他看到我閉塞生機。再請他來看看。」

第二天，列子又邀季咸來看壺子，季咸出來對列子說：「你的先生幸虧遇上了我！ 有救了，全然有生氣了！ 我大概看到他閉塞的生機開始活動了。」

列子進去，告訴壺子。壺子說：「剛才我顯示給他看的是天地間的生氣，名實不入於心，一綫生機從脚後跟升起，他看到我這綫生機。你再請他來看看。」

第二天，列子又邀季咸來看壺子。季咸出來對列子說：「你的先生精神恍惚，我無從給他看相。等他心神安寧的時候，我再來給他相面。」

列子進去，告訴壺子。壺子說：「我剛才顯示給他看的是没有朕兆可見的太虛境界，他看到我氣度持平的機兆。鯨魚盤旋之處成爲深淵，止水之處成爲深淵，流水之處成爲深淵。淵有九種，我給他看的只有三種。你再請他來看看。」

第二天，又邀了季咸來看壺子。季咸還没有站定，就驚慌失色地逃走了。壺子說：「追上他！」

列子追趕不上。回來告訴壺子說：「不見蹤影了，不知去向了，我追不上他。」

壺子說：「剛才我顯示給他看的是〔萬象俱空的境界〕未曾出示我的根本大道。我和他隨順應變，他捉摸不定，如草遇風披靡，如水隨波逐流，所以就逃去了。」

列子這才知道自己没有學到什麽，返回家中，三年不出門。替他妻子燒飯、餵豬，就像侍候人一般。對於事物無所偏私，棄浮華而復歸真樸，不知不識的樣子，在紛紜的世界中持守真樸，終身如此。

六

無爲名尸〔一〕，無爲謀府〔二〕；無爲事任〔三〕，無爲知主〔四〕。體盡無窮，而遊無朕〔五〕；盡其所受乎天〔六〕，而無見得〔七〕，亦虛〔八〕而已。至人之用心若鏡，不將不迎，應而不藏〔九〕，故能勝物而不傷。

注釋

〔一〕無爲名尸：不爲名之主。「尸」，主。

〔二〕無爲謀府：勿爲謀之府，猶言計策不可專由一人獨定（陳啟天說）。

釋德清說：「智謀所聚曰『謀府』。」

〔三〕無爲事任：不可强行任事（釋德清說）。

〔四〕無爲知主：「知主」，以知巧爲主。言不可主於智巧（釋德清說）。

陳啟天說：「上四句，謂帝王順物自然，則不可居名，任事，主謀也。」

〔五〕體盡無窮，而遊無朕：謂體悟廣大無邊之道的境界而行所無事（陳啟天說）。

釋德清說：「『體』，言體會於大道，應化無有窮盡。『朕』，兆也。謂遊於無物之初。」

〔六〕盡其所受乎天：承受着自然的本性。

〔七〕無見得：不自現其所得，即不自我誇矜。

〔八〕虛：形容空明的心境。

〔九〕不將不迎，應而不藏：形容順任自然，不懷私意。

成玄英說：「『將』，送。物有去來而鏡無迎送，來者即照，必不隱藏。」

今譯

絶棄求名的心思，絶棄策謀的智慮；絶棄專斷的行爲，絶棄智巧的作爲。體會着無窮的大道，遊心於寂靜的境域；承受着自然的本性，而不自我誇矜，這也是達到空明的心境。至人的用心有如鏡子，任物的來去而不加迎送，如實反映而無所隱藏，所以能够勝物而不被物所損傷。

南海之帝爲儵，北海之帝爲忽，中央之帝爲渾沌〔一〕。儵與忽時相與遇於渾沌之地，渾沌待之甚善。儵與忽謀報渾沌之德，曰：「人皆有七竅〔二〕以視聽食息，此獨無有，嘗試鑿之。」日鑿一竅，七日而渾沌死。

注釋

〔一〕南海之帝爲儵（shū抒），北海之帝爲忽，中央之帝爲渾沌：「儵」、「忽」、「渾沌」，皆是寓言（林希逸說）。按：混沌寓言涵義頗豐。其一，喻純樸自然爲美；其二，喻各適其性（至樂所謂：「義設於適。」），混沌之死，如魯侯飼鳥，「三日而死，此以己養養鳥也，非以鳥養養鳥也」；其三，南海爲陽，北海爲陰，中央爲陰陽之合，易傳繫辭所謂「一陰一陽之謂道」。

簡文帝說：「『儵』『忽』取神速爲名，渾沌以合和爲貌。神速譬有爲，合和譬無爲。」

朱桂曜說：「案『儵忽』乃同聲連詞，李分二字異訓，非也。楚辭遠遊『神儵忽而不反兮』，九辯『羌儵，忽而難當』，九歌『儵而來兮忽而逝』，九章『遂儵忽而捫天』，注：『儵音叔。』招魂『往來儵忽』，注：『儵忽，疾忽貌也。』九懷『儵忽兮容裔』，注：『儵忽往來亟疾若鬼神也。』洪興祖補曰：『儵音叔。』天問『儵忽焉在』，天對『儵忽之帝居南北海』，呂氏春秋決勝篇『德勇無常，儵忽往來』，君守篇『故至神逍遥，儵忽而不見其容』，並以『儵忽』連文也。」

王叔岷先生說：「『儵』借爲『倏』。藝文類聚八引作『倏』，『倏』即『倏』之誤。說文：『倏，犬走疾也。』」按「儵」，有疾速義。「忽」，亦借爲速。簡文及朱說爲是。李注成疏以「儵」「忽」二字異訓爲非。

李勉說：「『儵』『忽』皆取其敏捷有爲之義，與『渾沌』反，『渾沌』則譬其純樸自然。『儵忽』有爲，反傷『渾沌』之自然。」

陳深說：「三者稱帝，謂帝王之道，以純樸未散自然之爲貴也。」

〔二〕七竅：指一口、兩耳、兩目、兩鼻孔。

今譯

南海的帝王名叫儵，北海的帝王名叫忽，中央的帝王名叫渾沌。儵和忽常常到渾沌的境地裏相會，渾沌待他們很好。儵和忽商量報答渾沌的美意，說：「人都有七竅，用來看、聽、飲食、呼吸，唯獨他沒有，我們試着替他鑿開。」一天鑿一竅，到了第七天渾沌就死了。

中國古典名著譯注叢書

莊子今注今譯

最新修訂重排本

中

陳鼓應 注譯

中華書局

外篇

駢拇

駢拇篇，主旨闡揚人的行爲當合於自然，順人情之常。「駢拇」，即併生的足趾。取篇首二字作爲篇名。

本篇的要點：首章指出濫用聰明，矯飾仁義的行爲，並不是自然的正道。自然的正道，要在「不失其性命之情」。仁義的行爲，須合於人情，如不合人情，則成「纆索膠漆」一般，縛束人的行爲。末章批評自三代以下，「奔命於仁義」、「招仁義以撓天下」；爲了追逐仁義之名，弄得「殘生傷性」，這種現象，都是悖違「性命之情」的。

出自本篇的成語有駢拇枝指、纍瓦結繩、鶴長鳧短等。

一

駢拇〔一〕枝指〔二〕，出乎性哉〔三〕！而侈於德〔四〕。附贅縣疣〔五〕，出乎形哉！而侈於性。多方〔六〕乎仁義而用之者，列於五藏哉！而非道德之正〔七〕也。是故駢於足者，連無用之肉也；枝於手者，樹無用之指也；駢枝於五藏之情者〔八〕，淫僻於仁義之行，而多方於聰明之用也。

是故駢於明者，亂五色〔九〕，淫文章〔一〇〕，青黄黼黻〔一一〕之煌煌〔一二〕非乎？而離朱是已〔一三〕。多於聰者，亂五聲〔一四〕，淫六律〔一五〕，金、石、絲、竹、黄鍾、大吕〔一六〕之聲非乎？而師曠〔一七〕是已。枝於仁者，擢德塞性〔一八〕以收名聲，使天下簧鼓〔一九〕以奉不及之法非乎？而曾史〔二〇〕是已。駢於辯者，纍瓦結繩〔二一〕竄句棰辭〔二二〕，遊心〔二三〕於堅白同異之閒，而敝跬譽〔二四〕無用之言非乎？而楊墨是已。故此皆多駢旁枝之道，非天下之至正〔二五〕也。

注　釋

〔一〕駢拇：謂足拇指連第二指（釋文引司馬彪說）。「駢」，併（釋文引李頤說）。「拇」，音母，足大指（釋文）。

〔二〕枝指：旁生的手指。

崔譔說：「『枝』，音歧，謂指有歧。」（釋文引）

〔三〕出乎性哉：出於本性嗎？

李勉說：「此句疑問，言不出乎自然之本性。蓋一手只有五指，此自然之本性，今有六指，則是不出乎自然之本性，所謂畸性者。」

〔四〕侈於德：「侈」，多，剩餘。「德」，通「得」。

林希逸說：「人所同得曰『德』。」（南華真經口義）

宣穎說：「比於人所同得則爲剩餘矣。」（南華經解）

〔五〕附贅縣疣：附懸的贅疣。贅疣是身上所生的肉瘤。語見大宗師。

〔六〕多方：「方」，旁。「多方」，多生枝節（曹礎基說）。

〔七〕正：有自然、本然的意思。

〔八〕駢枝於五藏之情者：「駢枝」上原衍「多方」兩字，依焦竑之說刪去。焦竑說：「『多方駢枝於仁義之情』，此『多方』字疑衍。」按明朱得之亦持此說（見日本福永光司莊子外篇引）。宣穎並從之。刪去「多方」兩字，與下兩句正相對文。

〔九〕五色：青、黃、赤、白、黑（成疏）。

〔一○〕淫文章：青與赤爲「文」，赤與白爲「章」（成疏）。謂耽溺於文采。

〔一一〕黼黻：白與黑謂之「黼」，黑與青謂之「黻」（釋文引周禮）。「黼黻」兩字已見於大宗師。

〔一二〕煌煌：形容光耀眩目。

〔一三〕而離朱是已：「而」、「如」古通用。「而離朱是已」，猶云「如離朱是已」。下文「而師曠」、「而曾史」、「而楊墨」並同（俞樾說）。離朱，孟子作離婁。淮南子原道訓說：「離朱之明，察箴末於百步之外。」

〔一四〕五聲：指宮、商、角、徵、羽。古樂中的五個音節。

〔一五〕六律：指黃鐘、大呂、姑洗、蕤賓、無射、夾鐘。古樂中的六個諧音。

〔一六〕金、石、絲、竹、黃鐘、大呂：都是古樂中的音調。

〔一七〕師曠：晉平公樂師，精於音律。見齊物論。

〔一八〕擢德塞性：炫耀德行、蔽塞本性。「擢」，當讀爲「耀」。

〔一九〕簧鼓：笙簧鼓動，意指喧嚷。

〔二〇〕曾史：指曾參和史鰌。史鰌即史魚，衞靈公臣子。

〔二一〕纍瓦結繩：聚無用之語，如瓦之纍，繩之結（崔譔說）。

林希逸說：「辯者之多言，連牽不已，纍疊無窮而無意味，故以纍瓦結繩比之。」

陳壽昌說：「『纍瓦』，喻砌詞之巧。『結繩』，喻串說之工。」

〔二二〕竄句棰辭：「竄句」，穿鑿文句（司馬彪說）。「棰辭」兩字原缺，依王叔岷校釋增補。

王叔岷先生說：「案唐寫本釋文所出『竄句』下有『棰辭』二字，當從之。『纍瓦結繩、竄句棰辭』，文正相耦。『遊心』二字屬下讀。後漢書張衡傳注引作『竄句籍辭』，亦可證今本之有挩文。」（莊子校釋）

〔二三〕遊心：遊蕩心思（宣穎說）；馳騖心思（劉鳳苞說）。

〔二四〕跬譽：一時的名譽。

郭嵩燾說：「釋文：『敝跬，分外用力之貌。』今案『跬譽』猶云咫言。方言：『半步爲跬。』司馬法：『一舉足曰跬。』『跬』，三尺也。『跬譽』者，邀一時之近譽也。」（見郭慶藩莊子集釋所引）

〔二五〕至正：至道正理（成疏）；本然之理（林希逸說）。

今譯

併生的足趾和歧生的手指，是出於本性麼？卻超過了應得。附生的肉瘤，是出於形體麼？卻超過了本性。多端造作仁義來施用，比列於身體本有的五臟麼？卻不是道德的本然。因而併生在脚上的，只是接連了一塊無用的肉；歧生在手上的，只是長了一個無用的指頭；超出了內在的真性，矯飾仁義的行爲，而多方濫用了聰明。

因而縱情於視覺的，就迷亂五色，混淆文采，豈不像彩色華麗的服飾之耀人眼目嗎？像離朱就是這類人的代表。縱情於聽覺的，就混亂了五聲，放任於六律，豈不是金、石、絲、竹和黄鐘、大吕的音調嗎？像師曠就是這類人的代表。標榜仁義的，炫耀德行、蔽塞本性來求沽名釣譽，豈不是使天下人喧嚷着去奉守不可從的法式嗎？像曾參和史鰌就是這類人的代表。多言詭辯的，説了一大套空話，穿鑿文句，遊蕩心思於堅白同異的論題上，豈不是疲敝精神求一時的名譽而爭執着無益的言論嗎？像楊朱墨翟就是這類人的代表。可見這些都是旁門左道，不是天下的正途。

彼至正〔一〕者，不失其性命之情。故合者不爲駢，而枝者不爲歧〔二〕；長者不爲有餘，短者不爲不足。是故鳧脛〔三〕雖短，續之則憂；鶴脛雖長，斷之則悲。故性長非所斷，性短非所續，無所去憂也〔四〕。意仁義其非人情乎〔五〕！彼仁人何其多憂也？

且夫駢於拇者，決之則泣；枝於手者，齕〔六〕之則啼。二者，或有餘於數，或不足於數，其於憂一也。今世之仁人，蒿目〔七〕而憂世之患；不仁之人，決性命之情而饕貴富〔八〕。故曰仁義其非人情乎〔九〕！自三代以下者，天下何其囂囂〔一〇〕也？

注釋

〔一〕至正：通行本誤作「正正」。依褚伯秀等說改正。

褚伯秀說：「『彼正正者』，宜照上文作『至正』。」（南華真經義海纂微）

宣穎說：「接上『至正』說來。『至』字舊俱誤作『正』。」按宣本已改正爲「至正」。清劉鳳苞南華雪心編亦作「至正」。

俞樾說：「『正』字乃『至』字之誤。上文云：『故此皆多駢旁枝之道，非天下之至正也。』此云：『彼至正者，不失其性命之情』，兩文相承。今誤作『正正』，義不可通。郭曲爲之說，非是。」

〔二〕枝者不爲岐：「岐」，舊誤作「跂」（宣穎說）。碧虛子校引江南古藏本「跂」作「岐」。義較長（劉文典補正）。

〔三〕鳧（fú浮）脛：野鴨小腿。

〔四〕無所去憂也：没有什麼可憂慮。「去」，或作常義解，一說借爲怯（高亨說）。

林希逸說：「長短出於本然之性也。長短性所安，無憂可去也。」

宣穎說：「率其本然，則自無憂，何待於去。」

吳汝綸說：「案『去』當爲『云』。」（莊子點勘）吳說可存。

〔五〕意仁義其非人情乎：「意」，成疏作「噫」，嗟歎之聲。

日本萬治四年刊成玄英疏本正作「噫」（嚴靈峰道家四子新編五九五頁）。「人情」，性命之情，謂本來面目（胡文英說）。

〔六〕齕（hē喝）：咬斷。

〔七〕蒿目：「蒿」，借爲「眊」。説文曰：「眊，目少精。」（馬叙倫義證引朱駿聲説）「蒿目」有獨坐憂愁之意。

林希逸説：「『蒿目』者，半閉其目也。欲閉而不閉，則其睫蒙茸然。」

宣穎説：「愁視則睫毛蒙茸如蒿。」按：「蒙茸」是形容散亂的樣子。

吴汝綸説：「崔云：『憂世之貌。』當是此文『蒿目』之注。」

〔八〕決性命之情而饕貴富：「決」，潰亂。「饕」（tāo滔），貪。

〔九〕故曰仁義其非人情乎：「曰」原作「意」。依嚴靈峰先生之説改。

嚴靈峰先生説：「按：成疏：『此重結前旨也。』接上云：『意！仁義其非人情乎！』前旨云云，即『仁義非人之情』。『意』爲歎詞，上不當有『故』字。疑『意』字乃『曰』字之誤，校者因疏有『重結前旨』之語，乃照録之，因衍『意』字，遂不詞。兹依義改『意』作『曰』。」

〔一〇〕囂囂：嘈雜；喧囂。

今譯

那些合於事物本然實況的，不違失性命的真情。所以結合的並不是駢聯，分枝的並不是有餘，長的並不是多餘，短的並不是不足。所以野鴨的腿雖然短，接上一段便造成了痛苦；野鶴的腿雖然長，切斷一節便造成了悲哀。所以原本是長的，卻不能切斷；原本是短的，卻不必接長，没有什麼可憂慮的。

噫！仁義難道不合於人情嗎！那班仁人爲什麼這樣多憂呢？

併生的足趾，決裂它便要哭泣；歧生的手指，咬去它便要哀啼。這兩種或多於應有的數目，或不足於應有的數目，卻同樣感到痛苦。當代的仁人，憂慮世間的禍患；不仁的人，潰亂性命實情而貪圖富貴。所以説仁義難道不合於人情嗎？然而從三代以下，天下爲什麼這樣喧囂奔競呢？

二

且夫待鉤繩規矩而正者，是削其性者也；待纆索膠漆而固者〔一〕，是侵其德者也；屈折〔二〕禮樂，呴俞〔三〕仁義，以慰天下之心者，此失其常然也。天下有常然。常然者，曲者不以鉤，直者不以繩，圓者不以規，方者不以矩，附離〔四〕不以膠漆，約束不以纆〔五〕索。故天下誘然皆生而不知其所以生，同焉皆得而不知其所以得。故古今不二，不可虧也。則仁義又奚連連如膠漆纆索而遊乎道德之間爲哉，使天下惑也！

注釋

〔一〕待纆索膠漆而固者：「纆索」今本作「繩約」，依馬敘倫義證改。

馬敘倫説：「案下文曰：『附離不以膠漆，約束不以纆索。』又曰：『仁義又奚連連如膠漆纆索而遊乎道德之間爲哉。』並『膠漆』『纆索』對文。此亦宜然。且上文曰：『待鉤繩規矩而正。』則此不作『繩』字尤顯。」按馬説是。然作「繩約」亦可通，但文不一律，故依馬説改。「繩約」即繩索，「約」通繩，成疏以「約」解爲「束縛」誤。

〔二〕屈折：屈肢折體。「屈折禮樂」，是舉樂行禮的形象化的説法。（曹礎基莊子淺注）

馬叙倫説：「案『屈』，當依崔本作『詘』。『折』，借爲『詰』。……『詰』，問。」

〔三〕呴（xū虚）俞：愛撫。

成玄英説：「呴俞，猶嫗撫。」

〔四〕附離：「離」，通麗，依。

成玄英説：「『離』，依也。故漢書云：『哀帝時附離董氏者，皆起家至二千石。』注云：『離，依之也。』」

〔五〕纆：即索；三股合成的繩索。

今譯

要等待鉤、繩、規、矩來修正的，卻是削損了事物的本性；要等待繩索膠漆來固着的，卻是侵蝕了事物的本然；用禮樂來周旋，用仁義來勸勉，以安慰天下人心的，這是違背了事物的本然真性。天下事物有它的本然真性。這本然真性就是：曲的不用鉤，直的不用繩，圓的不用規，方的不用矩，黏合的不用膠漆，綑縛的不用繩索。所以天下事物自然生長卻不知道怎樣生長，各有所得卻不知道怎樣的原因。所以古今的道理一樣，不能用强力去虧損。那麼又何必連續地使用仁義如同使用膠漆繩索一般施加在道德之間呢？這使天下人感到迷惑呀！

夫小惑易方〔一〕，大惑易性。何以知其然邪？有虞氏招仁義以撓天下〔二〕也，天下莫不奔命於仁義，是非以仁義易其性與？故嘗試論之，自三代以下者，天下莫不以物易其性矣。小人則以身殉利，士則以身殉名，大夫則以身殉家，聖人則以身殉天下。故此數子者，事業不同，名聲異號，其於傷性以身爲殉，一也。臧〔三〕與穀〔四〕二人相與牧羊而俱亡其羊。問臧奚事，則挾筴〔五〕讀書；問穀奚事，則博塞〔六〕以遊。二人者，事業不同，其於亡羊均也。伯夷死名於首陽〔七〕之下，盜跖〔八〕死利於東陵〔九〕之上，二人者，所死不同，其於殘生傷性均也。奚必伯夷之是而盜跖之非乎！天下盡殉也，彼其所殉仁義也，則俗謂之君子；其所殉貨財也，則俗謂之小人。其殉一也，則有君子焉，有小人焉；若其殘生損性，則盜跖亦伯夷已，又惡取君子小人於其間哉！

注釋

〔一〕小惑易方：「惑」，迷。「方」，四方。小迷則東西南北易位（林希逸說）。

〔二〕有虞氏招仁義以撓天下：「有」原作「自」。依嚴靈峰先生之說改。「有虞氏」之名屢見於莊書，舊說指舜。若作「虞氏」，則與全書例不合。

嚴靈峰先生說：「成疏：『虞氏，舜也。』按：莊子書中無有稱舜爲『虞氏』者。應帝王篇：『有虞氏不及泰氏。』又：『有虞氏其猶藏仁以要人。』天地篇：『不及有虞氏乎？』又：『天下均治而有虞氏治之邪？』又：『而何計以有虞氏爲？』又：『有虞氏之藥瘍也。』田子方篇：『有虞氏死生不入於心。』知北遊篇：『有虞氏之宮。』俱稱『有虞氏』。此獨稱『虞氏』，與全書例不合。列子說符篇：『虞氏者，梁之富人也。』此則別有所指。此『自』字當係『有』字之闕壞，並涉下文『自三代以下者』句而訛。因據全書例改『自』作『有』。又疑『自』下奪一『有』字，當作：『自有虞氏招仁義以撓天下也。』然在宥篇云：『昔者黃帝始以仁義攖人之心，堯、舜於是股無胈，脛無毛，以養天下之形；愁其五藏以爲仁義。』則言『仁義』不自堯、舜始矣。」（道家四子新編五九六頁）

〔三〕臧：古時候北方的風俗，娶婢女的男僕叫「臧」。

陸德明說：「方言云：齊之北鄙，燕之北郊，凡民男而婿婢謂之『臧』。」

〔四〕穀：童僕。

陸德明說：「崔本作『穀』。云：孺子曰『穀』。」

〔五〕挾筴：即執卷（林希逸說）。

陸德明說：「『筴』字又作策。李云：竹簡也。古以寫書，長二尺四寸。」

〔六〕博塞：「簙簺」的省字，猶擲骰子。

林希逸說：「投瓊曰『博』，不投瓊曰『塞』。瓊猶今骰子也。」

〔七〕首陽：山名，在河東蒲坂縣（釋文）。

〔八〕盜跖（zhí植）：春秋時代的大盜。雜篇有盜跖篇，謂「柳下季之弟，名曰盜跖，盜跖從卒九千人」，恐是寓言。然跖之反叛爲盜，或實有其人其事。孟子盡心篇說：「孳孳爲利者，蹠之徒也。」荀子不苟篇說：「盜跖吟口，名聲若日月，與舜禹俱傳而不息。」呂氏春秋當務篇說：「跖……備說非六王五伯，以爲堯有不慈之名，舜有不孝之行，禹有淫湎之意，湯武有放殺之事，五伯有暴亂之謀，世皆譽之，人皆諱之，惑也。故死而操金椎以葬曰：『下見六王五伯，將敲其頭矣。』」

〔九〕東陵：陵名，濟南境內。

今譯

小的迷惑會錯亂方向，大的迷惑會錯亂本性。怎樣知道是這樣呢？虞舜標榜仁義來撓擾天下，天下没有不奔命於仁義，這不是用仁義來錯亂本性嗎？現在試作申論：自三代以後，天下没有不用外物來錯亂本性的。小人犧牲自己來求利，士人犧牲自己來求名，大夫犧牲自己來爲家，聖人則犧牲自己來爲天下。這幾種人，事業不同，名號各異，但是傷害本性、犧牲自己，卻是一樣。男僕和童僕二個人一同去放羊，把羊全丢了。問男僕在做什麼？他卻手執竹簡讀書；問童僕在做什麼？他卻擲骰子遊玩。這兩個人所做的事不同，卻同樣地丢失了羊。伯夷爲了名，死於首陽山下；盗跖爲了利，死於東陵山上，這兩個人所死的原由不同，卻同樣地殘生傷性。何必認定伯夷是對而盗跖是錯呢！天下人盡都在犧牲呀！有的爲仁義而犧牲，而世俗卻稱他爲君子；有的爲貨財而犧牲，而世俗卻稱他爲小人。他們同樣地在犧牲，而有的是君子，有的是小人；若就殘生傷性看來，則盗跖也和伯夷一樣，又何從分别君子小人呢？

且夫屬其性乎仁義者，雖通如曾史，非吾所謂臧〔一〕也；屬其性於五味，雖通如俞兒〔二〕，非吾所謂甘〔三〕也；屬其性乎五聲，雖通如師曠，非吾所謂聰也；屬其性乎五色，雖通如離朱，非吾所謂明也。吾所謂臧者，非仁義之謂也，臧於其德而已矣；吾所謂臧者，非所謂仁義之謂也，任其性命之情而已矣；吾所謂聰者，非謂其聞彼也，自聞而已矣；吾所謂明者，非謂其見彼也，自見而已矣。夫不自見而見彼，不自得而得彼者，是得人之得而不自得其得者也，適人之適而不自適其適者也〔四〕。夫適人之適而不自適其適，雖盜跖與伯夷，是同爲淫僻也。余愧乎道德，是以上不敢爲仁義之操，而下不敢爲淫僻之行也。

注釋

〔一〕臧：善。

〔二〕俞兒：古時善於識味的人。

〔三〕甘：通行本作「臧」，疑本作「甘」，涉上文「臧」字而誤。「甘」，知味。外物：「目徹爲明、耳徹爲聰、口徹爲甘」，即其證，文例與此正相同。

〔四〕適人之適而不自適其適者也：語見大宗師。

今譯

改變本性去從屬於仁義，雖然像曾參史魚那樣精通，卻不是我所認爲的完善；改變本性去從屬於五味，雖然像俞兒那樣知味，卻不是我所認爲的完善；改變本性從屬於五聲，雖然像師曠那樣精通，卻不是我所認爲的聰敏；改變本性去從屬於五色，雖然像離朱那樣精通，卻不是我所認爲的明達。我所認爲的完善，不是所謂仁義之稱，而是在於自得就是了；我所認爲的完善，並不是所謂仁義之稱，而是在於率性任情就是了；我所認爲的聰敏，並不是指聽聞別人，而是省察自己罷了；我所認爲的明達，並不是指看清別人，而是内視自己罷了。要是只看清別人而不内視自己，只羨慕別人而不欣悅自己，這是求別人的有所得不自求欣悅的人，適於別人的安適而不自求安適的人。若是適於別人而不自求安適的人，無論盜跖和伯夷，都同是偏僻的行徑。我愧對「道德」，所以上不敢爲仁義的節操，而下不敢作偏僻的行徑。

馬蹄

馬蹄篇，主旨在於抨擊政治權力所造成的災害，並描繪自然放任生活之適性。「馬蹄」，就是馬的蹄子。取篇首二字作爲篇名。

本篇的要點：首章指出「治天下者之過」，刑法殺伐、規範束縛，如同馬兒遭到燒剔刻雒。治權施於民，如馬的遭受「橛飾之患」、「鞭筴之威」。種種政教措施，都有違「真性」。人當自然放任（「天放」），依「常性」而生活。進而描繪「至德之世」，這是對於反禮教的自由人生活情境的一種憧憬。

出自本篇的成語有：伯樂治馬、詭銜竊轡、鼓腹而遊等。

一

馬，蹄可以踐霜雪，毛可以禦風寒，齕草飲水，翹足而陸〔一〕，此馬之真性也。雖有義臺路寢〔二〕，無所用之。及至伯樂〔三〕，曰：「我善治馬。」燒之，剔之〔四〕，刻之〔五〕，雒〔六〕之，連之以羈馽〔七〕，編之以皁棧〔八〕，馬之死者十二三矣；飢之，渴之，馳之，驟之，整之，齊之，前有橛飾之患〔九〕，而後有鞭筴〔一〇〕之威，而馬之死者已過半矣。陶者曰：「我善治埴〔一一〕，圓者中規，方者中矩。」匠人曰：「我善治木，曲者中鉤，直者應繩。」夫埴木之性，豈欲中規矩鉤繩哉？然且世世稱之曰「伯樂善治馬，而陶匠善治埴木」，此亦治天下者之過也。

注釋

〔一〕陸：跳（釋文引司馬彪說）。

王叔岷先生說：「文選江賦注引作『踛』。郭慶藩、奚侗並謂『陸』爲『踛』之誤，非也。『陸』亦有跳義。」

〔二〕義臺路寢：高臺大殿（成疏）。「義」，借爲「巍」，說文：「巍，高也。」（章炳麟解故）按：「義」與峨古通，高。「路」，大（釋文）。

李勉說：「案『路』，大也（見爾雅釋詁），『大寢』者，謂其寢臥之榻寬大舒適。『大寢』與『高臺』對文。」

〔三〕伯樂：姓孫，名陽，字伯樂，秦穆公時人，善於識馬。

〔四〕剔（tī 踢）之：翦馬毛。

〔五〕刻之：削馬蹄。

〔六〕雒（luò 洛）：謂印烙（郭嵩燾說，郭慶藩集釋引）。

王念孫說：「此云燒之、剔之、刻之、雒之，語意相似。司馬以『雒』爲羈絡，非也。下文連之以羈馽，乃始言羈絡耳。」（見讀書雜志餘編）

〔七〕羈馽：絡首曰「羈」，絡足曰「馽」（林雲銘莊子因）。按：「馽」（zhí直），讀縶，絆。

〔八〕皁棧：「皁」（zào灶），槽櫪（成疏）。「棧」，編木作似床，以禦濕（釋文）；所謂馬床（成疏）。

〔九〕橛飾之患：「橛」，銜。「飾」，謂加飾於馬鑣（司馬彪說）。

〔一〇〕鞭筴：帶皮曰「鞭」，無皮曰「筴」，俱是馬杖（成疏）。

〔一一〕埴：黏土。

今譯

馬蹄可以踐踏霜雪，毛可以抵禦風寒，吃草飲水，翹足跳躍，這是馬的真性。縱使有高臺大殿，對牠並沒有用處。到了伯樂出現，他說：「我會管理馬。」於是用鐵燒牠，翦牠的毛，削牠的蹄，烙上印記，絡首絆脚把牠拴連起來，編入馬槽，馬便死去十分之二三了；然後將牠餓着，渴着，驅馳，奔跑，訓練，修飾，先有口銜鑣纓的禍患，而後有皮鞭竹筴的威脅，馬就死掉大半了。泥匠說：「我會捏陶土，使圓的合於規，方的合於矩。」木匠說：「我會削木，使曲的合於鉤，直的合於繩。」陶土樹木的本性，難道要合於圓規方矩鈎鉤繩墨嗎？然而世世代代稱說：「伯樂會管理馬，而陶工木匠會製作黏土木材。」這也和治理天下的人一樣的過錯啊！

吾意善治天下者不然。彼民有常性，織而衣，耕而食，是謂同德〔一〕；一而不黨〔二〕，命曰天放〔三〕。故至德之世，其行填填〔四〕，其視顛顛〔五〕。當是時也，山無蹊隧〔六〕，澤無舟梁；萬物群生，連屬其鄉；禽獸成群，草木遂長。是故禽獸可係羈而遊，鳥鵲之巢可攀援而闚〔七〕。

夫至德之世，同與禽獸居，族與萬物並，惡乎知君子小人哉！同乎無知，其德不離；同乎無欲，是謂素樸；素樸而民性得矣。及至聖人，蹩躠爲仁，踶跂爲義〔八〕，而天下始疑矣；澶漫〔九〕爲樂，摘僻〔一〇〕爲禮，而天下始分矣。故純樸不殘〔一一〕，孰爲犧樽〔一二〕！白玉不毁，孰爲珪璋〔一三〕！道德不廢，安取仁義〔一四〕！性情不離，安用禮樂！五色不亂，孰爲文采！五聲不亂，孰應六律！夫殘樸以爲器，工匠之罪也；毁道德以爲仁義，聖人之過也。

注釋

〔一〕同德：共同的本能。

成玄英說：「『德』者，得也。率其真常之性，物各自足，故同德。」

〔二〕一而不黨：渾然一體而不偏私。「黨」，偏（成疏）。

宣穎說：「渾一無偏。」

〔三〕命曰天放：「命」，名。「天放」，自然放任。

林希逸說：「放肆自樂於自然之中。齊物論之『天行』，『天鈞』，『天遊』，與此『天放』，皆是莊子做此名字以形容自然之樂。」

〔四〕填填：質重貌（釋文）。

〔五〕顛顛：專一（釋文引崔譔說）。

林希逸說：「顛顛，直視之貌。形容其人樸拙無心之意。」

李勉說：「『填填』、『顛顛』押韻，同一意義，當時口頭語也，自在而得意之詞。言民之真性。」

〔六〕蹊隧：「蹊」，小徑。「隧」，隧道。

〔七〕烏鵲之巢可攀援而闚：西晉時代有一個「攀援鵲巢」的故事，「八達」之一的王澄（字平子），爲荆州刺史，友人相送赴任，「時庭中有大樹，上有鵲巢，平子脱衣巾，徑上樹取鵲子；涼衣拘閡樹枝，便復脱去。得鵲子還，下弄，神色自若」（世説新語簡傲篇）。

〔八〕蹩（bié別）躠（xiè屑）爲仁，踶（zhì至）跂爲義：「蹩躠」、「踶跂」，形容勉强力行的樣子。

李頤說：「『蹩躠』、『踶跂』，皆用心爲仁義之貌。」（釋文引）

劉師培說：「『踶跂』，當作『踶跌』，爲疾馳之貌，若云奔趨赴義耳。下云『分背相踶』，『踶』亦疾馳。下文又云『而民乃始踶跂好知』，『跂』字亦當作『跌』，謂民人馳騖外知也。」（莊子斠補）

〔九〕澶（dǎn但）漫：猶縱逸（李頤注）。

〔一〇〕摘僻：煩瑣。

郭嵩燾說：「『摘僻』，當作『摘擗』。王逸注楚辭：『擗，析也。』『摘』者，摘取之；『擗』者，分之；謂其煩碎也。」按姑取郭說。

李勉說：「『摘僻』者，謂摘取怪僻之行以求譽。」備一說。

〔一一〕純樸不殘：「純樸」，全木。「不殘」，未雕（成疏）。

〔一二〕犧樽：酒器。

司馬彪說：「畫犧牛象以飾樽也。」

〔一三〕珪璋：玉器。上尖下方的玉器爲「珪」，形像半珪爲「璋」。

〔一四〕道德不廢，安取仁義：老子十八章有言：「大道廢，有仁義。」

今譯

我認爲會治理天下的不是這樣。人民有真常的本性，紡織而衣，耕耘而食，這是共同的本能；渾然一體而不偏私，名爲自然放任。所以盛德的世代，人民行爲遲重，樸拙無心。在那時候，山中沒有路徑通道，水上沒有船隻橋梁；萬物衆生，比鄰而居；禽獸衆多，草木滋長。因而禽獸可以牽引着遊玩，鳥鵲的窠巢可以攀援上去窺望。

盛德的世代，和鳥獸同居，和萬物並聚，何從區分君子小人呢！大家都不用智巧，本性就不致離失；大家都不貪欲，所以都純真樸實；純真樸實便能保持人民的本性了。等到聖人出現，急急於求仁，汲汲於爲義，天下才開始迷惑；縱逸求樂，煩瑣爲禮，天下才開始分離了。所以完整的樹木不被雕刻，怎會有酒器！潔白的玉不毀壞，怎會有珪璋！「道德」不被廢弛，那會有仁義！真性不被離棄，那會要禮樂！五色不被散亂，怎會有文采！五聲不被錯亂，怎會合六律！殘破原木來做器具，這是工匠的罪過；毀壞道德來求仁義，這是聖人的過失。

二

夫馬，陸居則食草飲水，喜則交頸相靡〔一〕，怒則分背相踶〔二〕。馬知已此矣。夫加之以衡扼〔三〕，齊之以月題〔四〕，而馬知介倪〔五〕、闉扼〔六〕、鷙曼〔七〕、詭銜〔八〕、竊轡〔九〕。故馬之知而態至盜者〔一〇〕，伯樂之罪也。

夫赫胥氏〔一一〕之時，民居不知所爲，行不知所之，含哺而熙〔一二〕，鼓腹而遊，民能以此矣〔一三〕。及至聖人，屈折禮樂以匡天下之形，縣跂〔一四〕仁義以慰天下之心，而民乃始踶跂好知〔一五〕，爭歸於利，不可止也。此亦聖人之過也。

注釋

〔一〕靡：通摩，親順之意。

〔二〕踶：踢，蹋。

〔三〕衡扼：横木頸扼。

陸德明說：「『衡』，轅前横木，縛軛者也。『扼』，叉馬頸者也。」

〔四〕月題：馬額上的佩飾，形狀如月。

林希逸說：「月題，今所謂額鏡也。」

〔五〕介倪：有幾種解釋：（一）怒視；如李頤說：「介倪，猶睥睨也。」陳壽昌說：「『介』，獨也。馬獨立而怒視也。」〔二〕加上馬甲；如郭嵩燾説：「案成二年左傳『不介馬而馳之』，杜預注：『介，馬甲也。』説文：『俾，益也。』倪，俾也。言馬知甲之加其身。」〔三〕折輗；如馬叙倫説：「孫詒讓曰：『倪借爲輗。』倫案：『介』者，兀之譌字，『兀』爲『杌』省。杌輗，言折輗也。」通常都依〔一〕説，但因下文都在描寫馬的掙脱束縛，所以今譯從〔三〕解。

〔六〕闉（yīn因）扼：「闉」，曲（李頤注）。「扼」，通軛。「闉扼」，即曲頸脱軛。

〔七〕鷙（zhì擲）曼：「鷙」，抵（李頤注）；案「鷙」借爲輊。説文曰：「輊，抵。」（馬叙倫義證）「曼」爲幔省（朱駿聲説），説文：「幔，衣車蓋。」「鷙曼」，抗擊車蓋。

〔八〕詭銜：吐出銜（釋文）；即吐出口勒。

〔九〕竊轡：齧轡（釋文）。「竊」借爲「齧」，聲同脂類（馬叙倫説）。

孫詒讓説：「『倪』、『扼』、『曼』、『銜』、『轡』，皆車馬被具之物，而馬介之，闉之，鷙之，詭之，竊之也。」

李勉説：「按『倪』借爲輗，大車持衡者。『扼』通軛，叉馬頸之物也。『曼』借爲幔，車覆也。『銜』，横貫馬口中者；『轡』，馬韁繩也，所以御馬者。『介』、『闉』、『鷙』三字義相近，均爲抗拒之意，謂抗輗，抗軛，抗幔也。」

〔一〇〕馬之知而態至盜者：與人抗敵者曰「盜」。馬之知，至於抗敵人（林希逸説）。「知」，作智。

〔一一〕赫胥氏：疑即列子書所稱華胥氏（俞樾説）。蓋爲假託的古代人物。

〔一二〕熙：同嬉。

〔一三〕民能以此矣：言人民意態舉止安然自適地生活。「能」，當讀爲「態」。能、態古通。

〔一四〕縣跂：高揭而提起之意（林希逸說）；如懸物相示，使人跂足以視（陳壽昌說）。

〔一五〕踶跂好知：相競相高，逞其私智（陳壽昌說）。

今譯

馬生活在陸地，吃草飲水，高興時交頸相摩，發怒時轉身相踢。馬所曉得的僅止於此。等到加上了車衡頸扼，裝上了額前佩飾，馬就懂得折毁車輗、曲頸脱扼、抗擊車蓋、吐出口勒、齧斷籠頭。所以馬的機智而形成和人抗敵的動作，這是伯樂的罪過啊！

上古帝王赫胥氏的時代，人民安居而無所爲，悠遊而無所往，口含食物而嬉戲，挺胸飽腹而遨遊，人民意態安然自適如此。等到聖人出現，用禮樂來周旋以匡正天下人的形態，用仁義作標榜來安慰天下人的心，人民才開始奔競用智，汲汲爭利，而不可制止。這也是聖人的過失啊！

胠篋

胠篋篇，寫出聖智禮法的創設，本用以防盜制賊，卻反被盜賊所竊，用爲護身的名器，張其恣肆之欲，而爲害民衆。所以主張莫若絶棄聖智禮法，以免爲大盜所乘。「胠篋」，就是開箱的意思。取篇首二字爲篇名。

本篇起筆便描繪大盜小賊的竊用聖智禮法。最顯著的，莫過於當世田成子之流，不但盜了國家，連「聖知之法」也一併竊了去。「彼竊鉤者誅，竊國者爲諸侯，諸侯之門而仁義存焉。」禮法終究爲强有力者所獨占，用以裝修門面，維護既得權益。禮法繩小民有餘，防大盜不足。本篇自開頭到「是乃聖人之過」一章止，雄論滔滔，文辭激昂有力，餘文則爲複贅。篇中有「聖人生而大盜起」、「聖人不死，大盜不止」的名句，順文而讀，有其深意在，並非故作驚人之語。

出自本篇的成語有：盜亦有道、唇竭齒寒、竊鉤竊國、絶聖棄智、掊斗折衡、延頸舉踵等。

一

將爲胠篋〔一〕探囊發匱〔二〕之盜而爲守備，則必攝緘縢〔三〕固扃鐍〔四〕，此世俗之所謂知也。然而巨盜至，則負匱揭〔五〕篋擔囊而趨，唯恐緘縢扃鐍之不固也。然則鄉〔六〕之所謂知者，不乃爲大盜積者也？

故嘗試論之，世俗之所謂知者，有不爲大盜積者乎？所謂聖者，有不爲大盜守者乎？何以知其然邪？昔者齊國鄰邑相望，雞狗之音相聞〔七〕，罔罟之所布〔八〕，耒耨〔九〕之所刺，方二千餘里。闔四竟之内〔一〇〕，所以立宗廟社稷〔一一〕，治邑屋州閭鄉曲〔一二〕者，曷嘗不法聖人哉！然而田成子〔一三〕一旦殺齊君而盜其國。所盜者豈獨其國邪？並與其聖知之法而盜之。故田成子有乎盜賊之名，而身處堯舜之安，小國不敢非，大國不敢誅，專有齊國〔一四〕。則是不乃竊齊國，並與其聖知之法以守其盜賊之身乎？

注釋

〔一〕胠（qū 區）篋（qiè 妾）：從旁開爲「胠」（釋文引司馬彪説）。「篋」，箱子。

〔二〕探囊發匱：掏布袋開櫃子。「匱」，同櫃。

〔三〕攝緘縢：「攝」，結（釋文引李頤注）；纏繞（林希逸口義）。「緘」「縢」，皆繩（釋文引廣雅）。

〔四〕固扃（jiōng 坰）鐍（jué 決）：堅固扃鐍。「扃」，關鈕；「鐍」，鎖鑰（成玄英疏）。

〔五〕揭：舉起。

〔六〕鄉：本又作「向」，亦作「嚮」，同（釋文）。當以作「嚮」爲正（王叔岷校釋）。

〔七〕鄰邑相望，雞狗之音相聞：老子八十章：「鄰國相望，雞犬之聲相聞。」

〔八〕罔罟之所布：網罟所及之處，指水上的面積（黃錦鋐注釋）。「罔」，同網。「罟」，網的總稱。

〔九〕耒（lěi 儡）耨（nòu 檽）：「耒」，犂。「耨」，鋤頭。

〔一〇〕闔四竟之內：「闔」，合。「四竟」，四境。

〔一一〕宗廟社稷：「宗廟」，祭祀祖先的地方。「社稷」，祭祀土地神、五穀神的場所。

〔一二〕邑屋州閭鄉曲：都是古代大小不同的地方行政區域。

成玄英說：「司馬法云：『六尺爲步，步百爲畝，畝百爲夫，夫三爲屋，屋三爲井，井四爲邑。』又云：『五家爲比，五比爲閭，五閭爲族，五族爲黨，五黨爲州，五州爲鄉。』鄭玄云：『二十五家爲閭，二千五百家爲州，萬二千五百家爲鄉也。』」（莊子疏）

〔一三〕田成子：齊國大夫陳恆。魯哀公十四年，殺齊簡公，奪取了齊國。

〔一四〕專有齊國：今本作「十二世有齊國」。俞樾疑是「世世有齊國」。今依嚴靈峰之說改爲「專有齊國」。

俞樾說：「釋文曰：『自敬仲至莊子九世，知齊政；自太公和至威王，三世爲齊侯；故云十二世。』此說非也。本文是說田成子，不當追從敬仲數起。疑莊子原文本作『世世有齊國』，言自田成子之後，世有齊國也。古書遇重字，止於字下作『二』字以識之，應作『世二有齊國』。傳寫者誤倒之，則爲『二世有齊國』。於是其文不可通，而從田成子追數至敬仲適得十二世，遂臆加十字於其上耳。」（諸子平議內莊子平議）俞說可存。

嚴靈峰先生說：「上明言『田成子一旦殺齊君而盜其國』，彼既於『一旦』得之，則簡公被殺之日，即陳恒竊國之時；奚必待『十二世』之久邪？列子楊朱篇：『田恒專有齊國。』當是此文所本。疑莊子原文亦作『專』，因漫漶殘缺分而爲三：校者不察，以其形近，遂改作『十二世』，馴致譌誤。且作

『十二世』既乖史實，因據列子文臆改。」（道家四子新編五七九頁）按：上文說「田成子一旦殺齊君而盜其國」，則田成子殺君竊國之日，便「專有齊國」，不必等待「十二世」之久。嚴說有理，茲依嚴說據列子文改。

今譯

爲了防備撬箱、掏布袋、開櫃子的小賊，就綑緊繩索，關緊鎖鈕，這是世俗上所謂的聰明。但是大盜一來，便背起櫃子、舉起箱篋、挑起囊袋而走，唯恐繩索鎖鈕不夠牢固。那麼以前所謂的聰明，不就是替大盜儲聚的嗎？

讓我們試作申論，世俗上所謂的聰明，能有不替大盜儲聚的嗎？所謂的聖人，能有不替大盜守備的嗎？怎麼知道是這樣的呢？從前的齊國，鄰里相望，雞鳴狗吠之聲相聞，網罟所散布到的範圍，犁鋤所耕作的地方，方圓有二千多里。統括四境之內，凡是建立宗廟社稷，以及治理大小不同的行政區域，何嘗不是效法聖人的呢！但是田成子一旦殺了齊君而盜取了齊國，所盜取的豈止是那個國家呢？連齊國聖智的法制也一起盜取了去。所以田成子雖然有盜賊的名稱，卻身處堯舜一般的安穩；小國不敢非議他，大國不敢誅討他，擅據齊國。這豈不是不僅竊取了齊國，並且把聖智的法制也竊取了去，保護他那盜賊之身嗎？

嘗試論之，世俗之所謂至知者，有不爲大盜積者乎？所謂至聖者，有不爲大盜守者乎？何以知其然邪？昔者龍逢斬，比干剖，萇弘胣，子胥靡，故四子之賢而身不免乎戮〔一〕。故跖之徒問於跖曰：「盜亦有道乎？」跖曰：「何適而無有道邪！夫妄意〔二〕室中之藏，聖也；入先，勇也；出後，義也；知可否，知也；分均，仁也。五者不備而能成大盜者，天下未之有也。」由是觀之，善人不得聖人之道不立，跖不得聖人之道不行；天下之善人少而不善人多，則聖人之利天下也少而害天下也多。故曰，脣竭則齒寒〔三〕，魯酒薄而邯鄲圍〔四〕，聖人生而大盜起。掊擊聖人，縱舍〔五〕盜賊，而天下始治矣。夫谷虛而川竭〔六〕，丘夷而淵實。聖人已死，則大盜不起，天下平而無故矣。

聖人不死，大盜不止。雖重聖人而治天下，則是重利〔七〕盜跖也。爲之斗斛〔八〕以量之，則並與斗斛而竊之；爲之權衡〔九〕以稱之，則並與權衡而竊之；爲之符璽〔一〇〕以信之，則並與符璽而竊之；爲之仁義以矯之，則並與仁義而竊之。何以知其然邪？彼竊鉤者誅，竊國者爲諸侯，諸侯之門而仁義存焉〔一一〕，則是非竊仁義聖知邪？故逐於〔一二〕大盜，揭諸侯〔一三〕，竊仁義並斗斛權衡符璽之利者，雖有軒冕〔一四〕之賞弗能勸，斧鉞之威〔一五〕弗能禁。此重利盜跖而使不可禁者，是乃聖人之過也。

注釋

〔一〕龍逢斬，比干剖，萇弘胣，子胥靡，故四子之賢而身不免乎戮：「龍逢」、「比干」已見於人間世篇。「萇弘」，春秋末期周靈王的賢臣，被國君所殺害，事見左傳哀公三年。「胣」（chǐ），讀若尺，車裂之刑，一說刳腸。「子胥靡」，伍子胥向吴王夫差諍諫遭殺，屍首糜爛於江中。

李勉說：「『身不免乎戮』，言暴君之戮賢人而莫之敢抗者，皆孔子聖法所謂尊君之故，此聖法之罪也。向無聖法，則桀紂焉得守斯位而放其毒，故黄宗羲曰：『爲天下之大害者，君而已矣。』何況暴君乎！聖法稱國君如天如父，使民不敢誅淫亂之君，國君更得藉此任意屠戮賢臣，此亦聖法之罪也。」

〔二〕妄意：猜測。

〔三〕脣竭則齒寒：有兩解：（一）「竭」，當從戰國策作「揭」（孫詒讓札迻）。「脣竭」，謂反舉其脣向上（俞樾說）。（二）春秋左傳云：「脣亡齒寒。」「竭」，與亡義通。脣亡謂脣缺，脣缺則齒寒（李勉說）。按兩說均可通。

〔四〕魯酒薄而邯鄲圍：這事件有兩種說法：（一）楚宣王會合諸侯，魯恭公後到，而所獻的酒也淡薄。楚宣王就不高興，想侮辱他。魯恭公說：「我是周公的後代，行天子的禮樂，現在我送酒已經失禮了，還要怪我的酒不好，這不是太過分了嗎？」於是不告而别。楚宣王生氣，遂出兵攻打魯國。以前，梁惠王一直就想攻伐趙國，但是恐怕楚國援救而遲遲不敢出兵，現在正逢楚國和魯國相爭，梁惠王就乘機圍攻趙城邯鄲（根據成玄英疏）；（二）另一種說法是：楚國會同諸侯，魯國和趙國都獻酒給楚王。魯國的酒淡薄而趙國的酒濃。楚國管酒的人向趙國討酒，趙國不給他，於是管酒的人就把趙國的好酒和魯國的薄酒相調换，楚王因趙國的酒淡薄，就圍攻邯鄲（根據許慎注淮南子所說的）。

〔五〕縱舍：釋放。「舍」，同捨。

〔六〕谷虚而川竭：原作「川竭而谷虚」。應作「谷虚而川竭」，與下句「丘夷而淵實」對文，謂谷虚則川亦竭，蓋川之水由衆谷而來（李勉説）。

〔七〕重利：謂增益其利。漢書文帝紀：「是重吾不德也。」注云：「重，謂增益。」（陶鴻慶札記）

〔八〕斛（hú胡）：量器；可容五斗。

〔九〕權衡：「權」，稱鎚（李頤説）。「衡」，稱梁（成疏）。

〔一〇〕符璽（xǐ喜）：印章。

成玄英説：「『符』者，分爲兩片，合而成一，即銅魚木契也。『璽』者，是王者之玉印，握之所以攝召天下也。」

〔一一〕彼竊鉤者誅，竊國者爲諸侯，諸侯之門而仁義存焉：雜篇盜跖篇：「小盜者拘，大盜者爲諸侯，諸侯之門，義士存焉。」史記遊俠傳引作：「竊鉤者誅，竊國者侯，侯之門，仁義存。」「鉤」，即腰帶環。

〔一二〕逐於：隨（成疏）。按「逐」，爭。「於」，爲。

〔一三〕揭諸侯：「揭」，同達生篇「揭日月而行」之「揭」，謂舉幟立爲諸侯。

〔一四〕軒冕：高車冠冕。「軒」是古時大夫以上所乘的車子。「冕」是古時大夫以上所戴的帽子。

〔一五〕斧鉞之威：指死刑的威嚇。「鉞」（yuè月），大斧。

今譯

讓我們來試作申論，世俗上所謂最聰明的，能有不替大盜儲聚的嗎？所謂的至聖，能有不替大盜守備的嗎？怎麽知道是這樣的呢？從前關龍逢被斬首，比干被剖心，萇弘被刳腸，伍子胥屍體糜爛於江中，像這四個人的賢能都不免於殺身之禍。因此盜跖的門徒問盜跖説：「盜也有道嗎？」盜跖説：「無論哪裏怎會没有道呢！如猜測屋内所儲藏的，就是聖；帶頭先進去，就是勇；最後出來，就是義；酌情判斷能不能下手，就是智；分贓平均，就是仁。這五樣不具備而能成大盜，這是天下絶没有的事。」這樣看來，善人如果不懂得聖人之道便不能自立，盜跖如果不懂得聖人之道便不能横行；天下的善人少而不善的人多，那麽聖人有利於天下的也少而有害於天下的也多。所以説嘴脣反張，牙齒便覺寒冷，魯侯的酒味薄，趙國的邯鄲便遭圍困，聖人出現，大盜便興起了。打倒聖人，釋放盜賊，天下才得太平。谿谷空虚，河川便乾涸，丘陵移平，深淵便填滿。聖人死了，大盜就不會興起，天下便太平無事了。

如果聖人不死，大盜便不會停止。雖然是借重聖人來治理天下，卻大大增加了盜跖的利益。製造斗斛來量，卻連斗斛也盜竊去了；製成天秤來稱，卻連天秤也盜竊去了；刻造印章來取信，卻連印章也盜竊去了；提倡仁義來矯正，卻連仁義也盜竊去了。怎麽知道是這樣的呢？那些偷竊帶鉤的人便遭刑殺，而盜竊國家的反倒成爲諸侯，諸侯的門裏就有仁義了，這不是盜竊了仁義和聖智嗎？因而那些爭爲大盜，擁位諸侯，盜竊仁義和斗斛、天秤、符印利益的人，即使用高車冠冕的賞賜也不能勸阻他們，用斧鉞的威刑也不能禁止他們。這樣大大有利於盜跖而無法禁止的，都是聖人的過錯。

故曰：「魚不可脱於淵，國之利器不可以示人〔一〕。」彼聖人者〔二〕，天下之利器也，非所以明天下也。故絶聖棄知〔三〕，大盜乃止；擿〔四〕玉毁珠，小盜不起；焚符破璽，而民樸鄙；掊斗折衡，而民不爭；殫殘〔五〕天下之聖法，而民始可與論議。擢亂六律〔六〕，鑠絶竽瑟〔七〕，塞師曠之耳〔八〕，而天下始人含其聰矣；滅文章，散五采，膠離朱之目，而天下始人含其明矣；毁絶鉤繩而棄規矩，攦工倕之指〔九〕，而天下始人含其巧矣〔一〇〕。削曾史之行，鉗楊墨之口，攘棄仁義，而天下之德始玄同〔一一〕矣。彼人含其明，則天下不鑠〔一二〕矣；人含其聰，則天下不累矣；人含其知，則天下不惑矣；人含其德，則天下不僻矣。彼曾、史、楊、墨、師曠、工倕、離朱，皆外立其德而以爚亂〔一三〕天下者也，法之所無用也。

注釋

〔一〕魚不可脱於淵，國之利器不可以示人：語見老子三十六章。「利器」，指權勢禁令、仁義聖智等。

〔二〕彼聖人者：「聖人」，當作「聖知」（褚伯秀説）。

〔三〕絶聖棄知：語見老子十九章。

〔四〕擿（zhì智）：義與「擲」字同（釋文）；猶投棄之（崔譔説）。

〔五〕殫（dān丹）殘：盡毁（成疏）。

〔六〕擢亂六律：「擢」，疑借爲攪（馬叙倫説）。

〔七〕鑠絶竽瑟：「鑠」，同爍（李勉説），「鑠絶」，燒斷之（崔譔説）。「竽」，形與笙相似。「瑟」，長八尺一寸，闊一尺八寸，二十七弦（成疏）；琴的一種。

〔八〕塞師曠之耳：「師曠」，今本作「瞽曠」。依王叔岷之説改。

王叔岷先生説：「案此與下文『膠離朱之目』對言，世德堂本無『瞽』字，當補。但本書無瞽曠與離朱對言之例，下文『彼曾、史、楊、墨、師曠、工倕、離朱者』云云，所謂『師曠』，即承此言，則『瞽曠』必『師曠』之誤（駢拇篇兩以『師曠』『離朱』對言，可爲旁證），或寫者因師曠之瞽，遂誤書爲瞽曠耳。鶡冠子泰鴻篇陸注引，正作『塞師曠之耳』。」

〔九〕攦工倕之指：「攦」，折斷。「工倕」，古時以巧藝稱著者。

〔一〇〕而天下始人含其巧矣：「含」，原作「有」。按：「有」疑「含」之誤，上文「而天下始人含其聰矣」，「而天下始人含其明矣」，與此句法一律，下文「人含有知，則天下不惑矣」（「知」疑當從此文作「巧」），即承此言，尤其明證（王叔岷校釋）。按：審文義，當作「含」，即含藏、内斂之意。又：此句下原有「故曰『大巧若拙』」六字，爲贅詞，删去則前後文句正相對耦。王懋竑説：「此句衍。」（莊子存校）爲是。

〔一一〕玄同：語見老子五十六章。

〔一二〕不鑠（shuò 朔）：不炫耀。

李勉説：「『鑠』，當是炫之意。言人人能含其明而不外露，則天下不致有炫耀之事，意可以歸真返璞。」

〔一三〕爚（yuè 月）亂：與「擢亂」同，「擢」借爲攪（馬叙倫説）。

林希逸説：「爚亂者，言熏灼而燒亂之也。」

今譯

所以説：「魚不能離開深淵，國家的利器不可以隨便耀示於人。」那些聖人就是天下的利器，不可以明示於天下。所以抛棄聰明智巧，大盜才能休止；毁棄珠玉，小盜就没有了；焚燒符印，人民就純樸了；擊破斗秤，人民就不爭了；毁盡天下的聖智法制，人民才可以參與議論。攪亂六律，銷毁竽琴，塞住師曠的耳朵，天下的人才内斂他的聰慧；消滅文飾，拆散五采，黏住離朱的眼目，天下的人才内藏他的明敏；毁壞鉤繩，抛棄規矩，折斷工倕的手指，天下的人才隱匿他的技巧。滅除曾參史魚的行爲，封着楊朱墨翟的口舌，擯棄仁義，天下人的德性才能達到玄妙齊同的境地。人們都内藏明慧，天下就不會迷亂了；人們都内斂聰敏，天下就没有憂患了；人們都内含知巧，天下就不會眩惑了；人們都内聚德性，天下就不會邪僻了。像那曾參、史魚、楊朱、墨翟、師曠、工倕、離朱等人，都是向外炫耀他們的才能，用來擾亂天下，這是正法所不取的。

二

子獨不知至德之世乎？昔者容成氏、大庭氏、伯皇氏、中央氏、栗陸氏、驪畜氏、軒轅氏、赫胥氏、尊盧氏、祝融氏、伏犧氏、神農氏〔一〕，當是時也，民結繩而用之，甘其食，美其服，樂其俗，安其居，鄰國相望，雞狗之音相聞，民至老死而不相往來〔二〕。若此之時，則至治已。今遂至使民延頸舉踵曰，「某所有賢者」，贏糧而趣之〔三〕，則内棄其親而外去其主之事，足跡接乎諸侯之境，車軌結乎千里之外。則是上好知之過也。

注釋

〔一〕容成氏、大庭氏、伯皇氏、中央氏、栗陸氏、驪畜氏、軒轅氏、赫胥氏、尊盧氏、祝融氏、伏犧氏、神農氏：這十二人爲傳説中的古代帝王。

林希逸説：「十二個氏，只軒轅、伏犧、神農見於經，自此以上，古書中無之，或得於上古之傳，或出於莊子自譔，亦未可知。」

〔二〕民結繩而用之，甘其食，美其服，樂其俗，安其居，鄰國相望，雞狗之音相聞，民至老死而不相往來：這些文字，引自於老子八十章。

〔三〕贏（yíng 營）糧而趣之：「贏」，裹（崔譔説）。「趣」，趨。

今譯

你不知道盛德的時代嗎？從前容成氏、大庭氏、伯皇氏、中央氏、栗陸氏、驪畜氏、軒轅氏、赫胥氏、尊盧氏、祝融氏、伏犧氏、神農氏，在那時代，人民結繩來記事，以飲食爲甜美，以衣服爲美觀，以習俗爲安樂，以居所爲安適，鄰國之間可以互相看得見，雞鳴狗吠的聲音可以互相聽得到，人民從生到死互相不往來。像這樣的時代，就是真正的太平了。現在竟然使人們盼望着説「某地方有賢人」，於是攜帶糧食歸向他，弄得對內遺棄了雙親，對外拋棄了主上的事物，足跡接連不斷地出入於各國境域，車軌往來縱橫地交錯於千里以外，這都是居上位的喜好機智的過錯。

上誠好知而無道，則天下大亂矣。何以知其然邪？夫弓弩畢弋〔一〕機辟〔二〕之知多，則鳥亂於上矣；鉤餌罔罟罾笱〔三〕之知多，則魚亂於水矣；削格羅落〔四〕罝罘〔五〕之知多，則獸亂於澤矣；知詐漸毒〔六〕頡滑〔七〕堅白解垢〔八〕同異之變多，則俗惑於辯矣。故天下每每大亂，罪在於好知。故天下皆知求其所不知而莫知求其所已知者，皆知非其所不善而莫知非其所已善者，是以大亂。故上悖日月之明，下爍〔九〕山川之精，中墮〔一〇〕四時之施；惴耎〔一一〕之蟲，肖翹〔一二〕之物，莫不失其性。甚矣夫好知之亂天下也！自三代以下者是已，舍夫種種〔一三〕之民而悅夫役役〔一四〕之佞，釋夫恬淡無爲而悅夫哼哼〔一五〕之意，哼哼已亂天下矣。

注釋

〔一〕弓弩畢弋：「弩」，有機關的弓。「畢」，捕鳥網。「弋」（yì亦），箭。

成玄英說：「網小而柄，形似畢星，故名爲『畢』。以繩繫箭射，謂之『弋』。」

郭嵩燾說：「說文：『率，捕鳥畢也。』詩小雅：『畢之羅之。』鳥罟亦謂之『畢』。李云：『兔網曰「畢」。』失之。」（見郭慶藩集釋引）

〔二〕機辟：弩牙曰「機」（李頤說）。「辟」字原作「變」，依武延緒之說改。

武延緒說：「按：『變』，疑讀爲『辟』。『辟』與『薜』同。逍遥遊：『中於機辟。』山木篇：『然且不免於機、辟、罔、罟之患。』是其證。此誤作『變』者，『辟』與『辯』近，初譌作『辨』，『辨』、『變』音近，後人不知爲『辟』之譌，因習見『機變』之文，遂疑爲『變』字之譌而改之也。何以知『變』譌字，上下文皆以物言，『變』非物也；注中所以無訓者，正疑之也。『機辟』連用，已見於逍遥遊和山木篇，況且上下文皆以物言，『變』非物也。」按：武説爲是。下文「鉤、餌、罔、罟、罾、笱」，「削格、羅落、罝罘」，都是捕物器，作名詞用。「機變」當是「機辟」之誤。

〔三〕罾（zēng增）笱（gǒu狗）：「罾」，魚網。「笱」，筌，捕魚的竹簍子。

〔四〕削格、羅落：都是指捕獸機檻。

林希逸説：「削格，猶漢書曰：『儲胥也。』猶今之木栅也。」

郭嵩燾説：「説文：『格，木長貌。』徐鍇曰：『長枝爲格。』『削格』，謂刮削之。……『削格』『羅落』，皆所以遮要禽獸。」

〔五〕罝（jū居）罘（fú浮）：捕兔網。

〔六〕漸毒：欺詐。

郭慶藩説：「『漸』，詐也。荀子議兵：『是漸之也。』正論：『上凶險，則下漸詐矣。』皆欺詐之義（李頤謂爲漸漬之毒，失之遠矣）。」（莊子集釋）

陶鴻慶説：「『漸』者，欺也。孫卿子不苟篇：『小人知則攫盜而漸，愚則毒賊而亂。』……王氏引之，皆釋爲詐欺，並引此文爲證。」（讀莊子札記）

〔七〕頡滑：機巧，狡黠。「頡」，借爲黠。

〔八〕解垢：詭曲之辭（釋文）。

〔九〕爍（shuò 朔）：銷毀。

〔一〇〕墮：破壞。

〔一一〕惴耎（ruǎn 軟）：蠕動的意思，指蠕動的小蟲。「惴」，趙諫議本作「喘」（王孝魚校）。「耎」，爲「輭」的省字。

陸德明說：「『惴』，本亦作『蝡』，又作『喘』。崔云：『蠉蝡，動蟲也。』一云：『惴耎』，謂無足蟲。」

林希逸說：「喘耎，微息而動之物，附地者也，蝸蜒之類。」

李勉說：「案『耎』係『輭』字之省，謂惴輭之蟲也。蟲之體輭，故云『輭』。『惴』，不安之貌。」

〔一二〕肖翹：微小的飛蟲。

林希逸說：「『肖』，小也。『翹』，輕也，飛物也。蜂蝶之類。」

〔一三〕種種：淳厚（釋文）。

胡文英說：「『種種』，樸也。今吳楚諺言樸實者，謂之種種打種種，即此意也。」

馬叙倫說：「案『種』借爲『𢡖』。說文：『𢡖，遲也。』即重厚之重。」

〔一四〕役役：形容奔走鑽營的樣子。

〔一五〕啍啍（tūn 吞）：多言（林雲銘莊子因）。郭注「以己誨人」，誤。

胡文英說：「『啍啍』，或訓作『多言』，承『俗惑於辯』意來。要知『悅』字是承『上誠好知』來，則『啍啍』宜作『多智』意講爲妥。」

今譯

在上位的喜好運用機智而無道，天下就會大亂。怎樣知道是這樣的呢？弓箭、鳥網、機關的智巧多，上空的鳥就要被擾亂了；鉤餌、魚網、竹簍的智巧多，水底的魚就要被擾亂了；木栅、獸檻、兔網的智巧多，草澤的野獸就要被擾亂了；欺詐、詭僞、狡黠、曲辭、堅白、同異的言辯多，世俗上的人就要被迷惑了。所以天下常常大亂，罪過便在於喜好智巧。因而天下都只知追求他所不知道的，卻不知探索他已經知道的，都只知非難他所認爲不好的，卻不知非難他認爲好的，因此天下才大亂。以致上而掩蔽了日月的光明，下而銷毁了山川的精華，中而破壞了四時的運行；無足的爬蟲，微小的飛蟲，没有不喪失本性。喜好機智的擾亂天下到達這般地步啊！自從三代以後都是這樣的，捨棄淳厚的百姓而愛好狡黠的佞民，捨棄恬淡無爲的引導而愛好喋喋多言的教化，喋喋多言的教化已經擾亂天下了！

在宥

在宥篇，主旨反對他治，反干涉主義。從人的本性上，說明人好自然而厭干涉。「在宥」，自在寬宥的意思。取首句中「在宥」二字作爲篇名。

本篇的主要章節：第一章，批評「治天下」的結果，「使天下瘁瘁焉人苦其性」；指責自三代以下，「匈匈焉終以賞罰爲事」，使人不能安於性命之情。第二章，借崔瞿與老聃的對話，指「黄帝始以仁義攖人之心」，堯舜「矜其血氣以規法度」，於是刑具禮教叢生，弄得「天下脊脊大亂」。今世的情狀更爲慘烈，鐐銬的人不計其數，刑戮的人觸目皆是，而仁義聖智復爲統治工具，變成了刑具的楔木孔柄。在這種悲慘的境況下，再度發出「絶聖棄知」的呼籲。第三章，借廣成子和黄帝對話的寓言，描述至道之精，在於治身。第四章，雲將和鴻蒙的寓言，抹去治跡而提出「心養」。第五章，「世俗之人」一段寫當時諸侯假借國家人民來爲自己圖謀，然而終將被人民所唾棄。「大人之教」一段，寫至人精神的開廣，爲「天地之友」。這一章疑是斷簡錯入，與在宥篇主題思想無關。本篇末了「賤而不可不任者」至「不可不察也」一段，與本篇主旨相違，亦與莊學精神不合，疑爲黄老之作竄入，或爲莊子後學染有黄老思想者所爲。

出自本篇的成語有：尸居龍見、雀躍不已、獨往獨來等。

一

聞在宥〔一〕天下，不聞治〔二〕天下也。在之也者，恐天下之淫其性也；宥之也者，恐天下之遷其德也。天下不淫其性，不遷其德，有治天下者哉！昔堯之治天下也，使天下欣欣焉人樂其性，是不恬也；桀之治天下也，使天下瘁瘁焉人苦其性，是不愉也。夫不恬不愉，非德也。非德也而可長久者，天下無之。

人大喜邪？毗〔三〕於陽；大怒邪？毗於陰。陰陽並毗，四時不至，寒暑之和不成，其反傷人之形乎！使人喜怒失位，居處無常，思慮不自得，中道不成章〔四〕，於是乎天下始喬詰卓鷙〔五〕，而後有盜跖、曾、史之行〔六〕。故舉天下以賞其善者不足，舉天下以罰其惡者不給〔七〕，故天下之大，不足以賞罰。自三代以下者，匈匈〔八〕焉終以賞罰爲事，彼何暇安其性命之情哉！

注釋

〔一〕在宥：自在寬容。

林希逸說：「『在』者，優遊自在之意。『宥』者，寬容自得之意。」（南華真經口義）

羅勉道說：「『在宥』兩字，想當時有此語；今人讀之差異耳。」（南華真經循本）

李勉說：「觀全文，『在宥』二字應是『任宥』二字之誤。『任』『在』形似，故以互混。『任』者，放任之也。放任者，不予拘範，任其自在也。『宥』者，寬宥之也。寬宥者，不予拘囿，亦任其自在之謂也。」李說可存。

〔二〕治：統馭。

成玄英說：「自在寬宥，即天下清謐；若立教以馭蒼生，物失其性。」（莊子疏）

〔三〕毗（pí 琵）：傷。淮南子原道訓引作「破」。

林希逸說：「毗，益也。醫書上所謂有餘之病也。」

俞樾說：「釋文：『毗，如字。司馬云：「助」也。一云：「並」也。』……訓『助』已不可通，若訓『並』更爲失之矣。案此『毗』字，當讀爲『毗劉暴樂』之『毗』，毗劉，暴樂也。暴樂，毛公傳作爆爍。……爆爍猶剝落也。喜屬陽，怒屬陰，故大喜則傷陽，大怒則傷陰。毗陰毗陽，言傷陰陽之和也……淮南子原道訓：『人大怒破陰，大喜破陽。』正與此同義。」（莊子平議）

〔四〕成章：有條理（林希逸口義）。

〔五〕喬詰卓鷙：矯拂悖戾之意（胡文英莊子獨見）。「喬詰」，意不平。「卓鷙」，行不平（釋文引崔譔說）。

林希逸說：「『喬』，好高而過當也。『詰』，議論相詰責也。『卓』，孤立也。『鷙』，猛厲也。此四字形容不和之意。」

于省吾說：「『喬詰』，應讀作『狡黠』。『喬』、『狡』，乃雙聲疊韻字。『詰』、『黠』並諧吉聲，故相通借。」（莊子新證）

〔六〕有盜跖、曾、史之行：後文有「下有桀跖，上有曾史」句。馬叙倫說：「案『盜』當爲『桀』，傳寫譌也。下文曰『下有桀跖，上有曾史』可證。」（莊子義證）馬說可存。

〔七〕不給：猶不足。

〔八〕匈匈：喧囂。成玄英說：「『匈匈』，讙譁也，競逐之謂也。」馬叙倫說：「案『匈』借爲『訩』。」

今譯

只聽說使天下安然自在，没有聽說要管治天下。〔人人〕自在，唯恐天下擾亂了他的本性；〔人人〕安舒，唯恐天下改變了他的常德。天下人不擾亂本性，不改變常德，哪裏還用管治天下呢！從前堯管治天下，使天下人熙熙攘攘樂了本性，這是不安靜啊！桀管治天下，使天下人身勞神疲苦了本性，這是不歡愉啊！要是弄得不安靜不歡愉，便是違背常德。違背常德而可以長久，是天下絕没有的事。

人過於歡樂，就會傷害陽氣；過於憤怒，就會傷害陰氣。陰陽的氣互相侵害，四時不順序，寒暑不調和，豈不反而傷害到人體麽！使人喜怒失常，胡爲妄動，思念漂浮不自主，行事中途欠缺條理，於是天下才矯僞乖戾，而後産生盜跖、曾參、史魚的行爲。因此用盡天下的力量不足以獎賞善舉，用盡天下的力量也不足以懲罰惡行，所以天下之大，不足以處理獎賞懲罰的事。自從三代以後，喧囂着以獎賞懲罰爲能事，他們哪得空閒來安定性命之情呢！

而且說〔一〕明邪？是淫於色也；說聰邪？是淫於聲也；說仁邪？是亂於德也；說義邪？是悖於理也；說禮邪？是相於技也〔二〕；說樂邪？是相於淫也；說聖邪？是相於藝也；說知邪？是相於疵也。天下將安其性命之情，之八者，存可也，亡可也；天下將不安其性命之情，之八者，乃始臠卷〔三〕獊囊〔四〕而亂天下也。而天下乃始尊之惜之，甚矣天下之惑也！豈直過也而去之邪！乃齋戒以言之，跪坐以進之，鼓歌以儛〔五〕之，吾若是何哉！

故君子不得已而臨莅天下，莫若無爲。無爲也而後安其性命之情。故曰：「貴以身爲天下，則可以託天下；愛以身爲天下，則可以寄天下。」〔六〕故君子苟能無解〔七〕其五藏，無擢〔八〕其聰明；尸居而龍見〔九〕，淵默而雷聲〔一〇〕，神動而天隨〔一一〕，從容無爲而萬物炊累〔一二〕焉。吾又何暇治天下哉！

注釋

〔一〕說：同悅。

〔二〕相於技也：「相」，助（釋文）。謂有助於技巧。

〔三〕臠卷：不申舒之狀（釋文引司馬彪說）；局束之貌（林希逸說）。

〔四〕傖囊：猶搶攘（崔譔說）；多事之貌（林希逸說）。

〔五〕儛：即「舞」之俗字（馬叙倫說）。

〔六〕故曰：「貴以身爲天下，則可以託天下；愛以身爲天下，則可以寄天下」：引老子十三章文。「故」字下原缺「曰」字，依陶鴻慶之說補。「身」下兩「於」字，當衍（王先謙集解引蘇輿說）。據老子原文删去。

陶鴻慶說：「此老子之言也。『故』下當有『曰』字，而寫者奪之。本書引道德經文，胠篋凡兩見，知北遊凡三見，本篇一見，皆冠以『故曰』字。」（讀莊札記）

〔七〕解：開示，含有放縱的意思。

〔八〕擢：顯耀，自詡。

〔九〕尸居而龍見：形容安居不動而神采奕奕。

〔一〇〕淵默而雷聲：形容沈靜緘默而感人深切。

林希逸說：「『淵』，深也，靜也。『默』，不言也。『雷聲』，感動人也。雖不言而德動人也。禪家所謂是雖不言，其聲如雷也。」

〔一一〕神動而天隨：精神活動都合於自然。

林希逸說：「『神』，精神也。『天』，天理也。動容周旋，無非天理，故曰『神動而天隨』。」

〔一二〕萬物炊累：「炊累」，猶動升（司馬彪說）。形容萬物的蕃殖如炊氣積累而升。

今譯

至於說愛好目明麼？卻是迷亂於彩色；愛好耳聰麼？卻是迷亂於音聲；愛好仁麼？卻是惑亂於常德；愛好義麼？卻是違逆於常理；愛好禮儀麼？卻是助長了技巧；愛好樂章麼？卻是助長了淫聲；愛好聖跡麼？卻是助長了技藝；愛好機智麼？卻是助長了各種流弊。天下人要想安定性命的真情，這八種可有可無；天下人要不想安定性命的真情，這八種才糾結擾攘而迷亂天下。天下人反而開始尊崇它、珍惜它，天下的迷惑到達這般地步啊！這八種東西豈只是隨着時間的流逝而消失了呢？還要齋戒去談論它，致恭盡禮去傳授它，手舞足蹈去供奉它，真是無可奈何呢！

因而君子如果不得已而君臨天下，最好是順任自然。順任自然才能使大家安定性命的真情。因此說：「以尊重生命的態度去爲天下，才可以把天下寄付給他；以珍愛生命的態度去爲天下，才可以把天下託交給他。」所以君子如果能不放縱情欲，不顯耀聰明；安居不動而神采奕奕，沈靜緘默而感人深切，精神活動都合於自然，從容無爲而萬物的蕃殖就像炊氣積累而升。我又何必需要治理天下呢！

二

崔瞿〔一〕問於老聃曰：「不治天下，安臧〔二〕人心？」

老聃曰：「女愼無攖〔三〕人心。人心排下而進上〔四〕，上下囚殺〔五〕，淖約〔六〕柔乎剛彊。廉劌彫琢〔七〕，其熱焦火，其寒凝冰〔八〕。其疾俛仰之間〔九〕而再撫四海之外，其居也淵而靜，其動也縣而天。僨驕〔一〇〕而不可係者，其唯人心乎！

「昔者黃帝始以仁義攖人之心，堯舜於是乎股無胈，脛無毛〔一一〕，以養天下之形，愁其五藏以爲仁義，矜其血氣〔一二〕以規法度。然猶有不勝也，堯於是放讙兜於崇山，投三苗於三峗，流共工於幽都〔一三〕，此不勝天下也。夫施及三王而天下大駭矣。下有桀跖，上有曾史，而儒墨畢起。於是乎喜怒相疑，愚知相欺，善否相非，誕信相譏〔一四〕，而天下衰矣；大德不同，而性命爛漫〔一五〕矣；天下好知，而百姓求竭〔一六〕矣。於是乎釿鋸制焉，繩墨殺焉，椎鑿決焉〔一七〕。天下脊脊〔一八〕大亂，罪在攖人心。故賢者伏處〔一九〕大山嵁巖〔二〇〕之下，而萬乘之君憂慄乎廟堂之上。

「今世殊死〔二一〕者相枕也，桁楊〔二二〕者相推也，刑戮者相望也，而儒墨乃始離跂〔二三〕攘臂乎桎梏之間。意〔二四〕，甚矣哉！其無愧而不知恥也甚矣！吾未知聖知之不爲桁楊椄槢〔二五〕也，仁義之不爲桎梏鑿枘〔二六〕也，焉知曾史之不爲桀跖嚆矢〔二七〕也！故曰：『絕聖棄知而天下大治。』」

注　釋

〔一〕崔瞿（qū區）：杜撰的人名。成玄英疏：「姓崔，名瞿，不知何許人也。」

〔二〕臧：善。今本誤作「藏」。

王先謙說：「『藏』是『臧』之誤，古字止作『臧』。『安臧人心』，言人心無由善。」（莊子集解）

〔三〕攖：擾亂。

〔四〕人心排下而進上：人心，壓抑它就消沈，推進它就高舉。

郭象說：「排之則下，進之則上，言其易搖蕩也。」

林希逸說：「『排下』者，不得志之時，愈見頹塌；得志之時，則好進不已。」

林雲銘說：「人心，或爲人所排，則失志銷魂而下；或進之，則希高望遠而上。」（莊子因）

〔五〕上下囚殺：形容心志向上趨下如同被拘囚傷殺。

林希逸說：「『上』，此心向上。『下』，心趨下。向上向下皆爲囚殺，乃自累自苦之意。」

郭嵩燾說：「『上下囚殺』，言詭上詭下，使其心拘囚噍殺，不自適也。」（郭慶藩集釋引）

〔六〕淖約：柔美。詞見逍遥遊篇。

〔七〕廉劌彫琢：「廉」，借爲稜。「劌」（guì貴），割傷。老子五十八章：「廉而不劌」，即鋭利而不割傷的意思。「廉劌彫琢」是形容一個人飽受折磨。

林希銘說：「少年得志之人，多少圭角，更涉憂患世故，皆消磨了，故曰：『廉劌彫琢。』」

〔八〕其熱焦火，其寒凝冰：這是形容人心急躁和戰慄的情狀。

林希逸說：「其内熱時，如焦火，其凜凜時，如凝冰然。此皆形容人心躁怒憂恐之時。」

〔九〕俛仰之間：指短暫時間。「俛」，同俯。

〔一〇〕僨驕：不可禁之勢（郭象注）。「僨」，同憤。

〔一一〕股無胈，脛無毛：大腿上没有肉，小腿上不長毛。形容勞動辛勤。

〔一二〕矜其血氣：苦費心血的意思。

郭慶藩説：「『矜其血氣』，猶孟子言苦其心志也。『矜』者，苦也，訓見爾雅釋言篇。」（莊子集釋）

〔一三〕放讙兜於崇山，投三苗於三峗，流共工於幽都：語見尚書堯典。「讙兜（dōu）」，堯時人，和堯爲敵，被流放到崇山（湖南大庸縣西南）。「投」，尚書作「竄」，史記引作「遷」。「三苗」，名饕餮，爲堯諸侯，封三苗之國。「三峗」，甘肅敦煌縣南。「共工」，官名，爲堯水官，名窮奇。「幽都」尚書作「幽州」，在今北京密雲境内。

〔一四〕喜怒相疑，愚知相欺，善否相非，誕信相譏：形容種種自是而非他的心理與行爲表現。

林希逸説：「自喜於我而加怒於人，自以爲知而以人爲愚，自以爲喜而以人爲否，自以爲信而以人爲誕，彼此皆然，故有相疑、相欺、相非、相譏之事。即齊物篇中『彼亦一是非，此亦一是非』之意。」

〔一五〕爛漫：散亂（成疏）。

〔一六〕求竭：即「膠葛」，今作「糾葛」（章炳麟莊子解故）。按：「求竭」郭注照常義解爲「無以供其求」。然觀上下文義，似當從章解。這句「天下好知而百姓求竭矣」，與上句「大德不同而性命爛漫矣」，正相對文。而「求竭」猶「爛漫」，爲糾葛淆亂的意思。

〔一七〕釿鋸制焉，繩墨殺焉，椎鑿決焉：「釿鋸」、「繩墨」、「椎鑿」，都是指刑具。「殺」，當爲「設」（吴汝綸莊子點勘）。

王先謙說：「工匠以繩墨正木，人君以禮法正人；工匠以斤鋸椎鑿殘木，人君以刑法殘人。」

〔一八〕脊脊：猶籍籍（林希義口義）；紛紛同義。

陸德明說：「『脊脊』，音籍，相踐籍。」

〔一九〕伏處：隱遁，潛居。

〔二〇〕嵁巖：深岩。

俞樾說：「『嵁』當爲『湛』。『湛巖』猶深巖，因其以山巖言，故變從水者而從山耳。」

〔二一〕殊死：死刑。

陸德明說：「廣雅云：『殊，斷也。』司馬云：『決也。』一云：誅也。」

李勉說：「『殊』，異也。『殊死』，言各種不同之死。蓋聖法設，五刑行，由五刑而致死者，謂之『殊死』，言其死法不同也。」

〔二二〕桁（héng 衡）楊：古時一種夾脚和頸的刑具。

〔二三〕離跂：即翹足。形容用力的樣子。

馬叙倫說：「『離』爲攡省。說文曰：『攡，舒也。』」（義證）

〔二四〕噫：各本多作「意」，依道藏纂微本改爲「噫」（吕惠卿莊子義）。

〔二五〕椄槢：械楔（司馬彪說）；今枷中横木，亦楔（林希逸口義）。

〔二六〕鑿枘：指固定桎梏的孔枘。所謂鑿圓方枘。

〔二七〕嚆（hāo 蒿）矢：矢之鳴者（向秀注）；今之響箭（林希逸說）；喻先聲（陳壽昌說）。

今譯

崔瞿問老聃說：「不治理天下，怎樣使人心向善？」

老聃說：「你要小心別攖亂了人心。人心，壓抑它就消沈，推進它就高舉，心志的消沈和高舉之間，猶如被拘囚、傷殺，柔美的心志表現可以柔化剛强。有稜角的人必遭折磨，使其性時而急躁如烈火，時而憂恐如寒冰。變化的迅速，頃刻之間像往來於四海之外，人心安穩時深沈而寂靜，躍動時懸騰而高飛。强傲而不可羈制的，就是人心麽！

「從前黃帝就用仁義攖亂人心，於是堯舜勞累得大腿上沒有肉，小腿上不長毛，來供養天下人的形體，愁勞心思去施行仁義，苦費心血去規定法度。然而還是有不足的地方，於是堯將讙兜放逐到崇山，將三苗投置在三峗，將共工流配到幽州，這是未治好天下的證明。到了三代帝王，天下大受驚擾。下有夏桀盜跖，上有曾參史魚，而儒墨的爭論紛起，於是喜怒互相猜忌，愚智互相欺侮，善與不善互相非議，荒誕與信實互相譏諷，天下風氣從此衰頹了；大德分歧，而性命的情理散亂了；天下愛好智巧，而百姓多糾葛了。於是用斧鋸來制裁，用禮法來擊殺，用肉刑來處決。天下紛紛大亂，罪過在於攖亂人心。所以賢者隱遁在高山深岩，而萬乘君主憂慄於朝廷之上。

「當世處死的人殘籍堆積，鐐銬的人連連不斷，刑殺的人滿眼都是，於是儒墨奮力呼嚷於枷鎖之間，噫！太過分了！他們是如此地不知愧怍和羞恥！我不知道聖智不是鐐銬的楔木，仁義不是枷鎖的孔枘麽！怎麽知道曾參史魚不是夏桀盜跖之流的嚮導呢！所以說：『抛棄聰明智巧，天下就太平了。』」

三

黃帝立爲天子十九年，令行天下，聞廣成子〔一〕在於空同之山〔二〕，故往見之，曰：「我聞吾子達於至道，敢問至道之精。吾欲取天地之精〔三〕，以佐五穀，以養民人，吾又欲官陰陽〔四〕，以遂群生，爲之奈何？」

廣成子曰：「而〔五〕所欲問者，物之質〔六〕也；而所欲官者，物之殘也。自而治天下，雲氣不待族〔七〕而雨，草木不待黃而落，日月之光益以荒矣。而佞人之心翦翦〔八〕者，又奚足以語至道哉〔九〕！」

黃帝退，捐天下，築特室，席白茅，閒居三月，復往邀之。

廣成子南首而臥，黃帝順下風〔一〇〕膝行而進，再拜稽首而問曰：「聞吾子達於至道，敢問，治身奈何而可以長久？」廣成子蹶然而起，曰：「善哉問乎！來！吾語汝至道。至道之精，窈窈冥冥〔一一〕；至道之極，昏昏默默〔一二〕。無視無聽，抱神以靜，形將自正。必靜必清，無勞汝形，無搖汝精，乃可以長生。目無所見，耳無所聞，心無所知，汝神將守形，形乃長生。慎汝內，閉汝外〔一三〕，多知爲敗。我爲汝遂於大明〔一四〕之上矣，至彼至陽之原也；爲汝入於窈冥之門矣，至彼至陰之原也。天地有官〔一五〕，陰陽有藏〔一六〕，愼守汝身，物將自壯。我守其一以處其和，故我修身千二百歲矣，吾形未常衰。」

黄帝再拜稽首曰：「廣成子之謂天矣！」

廣成子曰：「來！余語汝。彼其物〔一七〕無窮，而人皆以爲有終；彼其物無測，而人皆以爲有極。得吾道者，上爲皇而下爲王；失吾道者，上見光而下爲土〔一八〕。今夫百昌〔一九〕皆生於土而反於土，故余將去汝，入無窮之門，以遊無極之野。吾與日月參光，吾與天地爲常。當我，緡乎！遠我，昏乎〔二〇〕！人其盡死，而我獨存乎！」

注釋

〔一〕廣成子：體會自然無爲之道的寓言人物。

〔二〕空同之山：杜撰的地名。「空」含空虛、空明的意思。「同」含混同、冥同的意思。「山」字通行本作「上」，依闕誤引張君房本及成疏改（王孝魚校）。

〔三〕天地之精：天地自然的精氣（福永光司說）。

〔四〕官陰陽：「官」，管、治。謂調和陰陽。

林希逸說：「燮調陰陽。『官』，各任其職也。陰陽不相戾，各當其職曰『官』。」

〔五〕而：汝。下文：「自而治天下」「而佞人之心」的「而」，同作「汝」。

〔六〕質：原質、真質。

林希逸說：「物之本然曰『質』，即前言至道也。」

〔七〕族：聚（司馬注）。

〔八〕翦翦：猶淺淺（林希逸口義）。

〔九〕又奚足以語至道哉：「哉」字原缺。御覽六二四引「道」下有「哉」字，文意較完（王叔岷校釋）。

〔一〇〕順下風：順下方。

李勉說：「『風』，方。古『風』『方』通音，故二字通用。天運篇『雄鳴於上風，雌應於下風』，天地篇『禹趨就下風』，又『願先生言其風』，漁父篇『竊待於下風』，各『風』字皆『方』字之意。」

〔一一〕窈窈冥冥：深遠暗昧。「窈」，微不可見。「冥」，深不可測。老子二十一章作：「窈兮冥兮。」

〔一二〕昏昏默默：喻深靜（李勉說）。

〔一三〕慎汝內，閉汝外：「慎汝內」，不動其心。「閉汝外」，不使外物得以動吾心（林希逸口義）。

〔一四〕遂於大明：「大明」指太陽。禮記禮器篇：「大明生於東，月生於西。」（福永光司說）

〔一五〕天地有官：「官」，職。天地各官其官（林希逸說）。

〔一六〕陰陽有藏：「藏」，府。陰陽各居其所（林希逸說）。

〔一七〕彼其物：指「道」而言（林雲銘莊子因）。

〔一八〕上見光而下爲土：指上見日月之光，下則化爲土壤。

林希逸說：「『上見光』者，日月也。『下爲土』者，地。言居天地之間，懵然無知，舉頭但見日月，低頭但見地下而已。」（口義）

〔一九〕百昌：百物昌盛（成疏）；猶百物（司馬彪說）。

〔二〇〕當我，緡乎！遠我，昏乎：「當我」，迎我而來。「遠我」，背我而去（林希逸說）。「緡乎」，泯合（釋文）。「緡」「昏」，並無心之謂（司馬彪說）。

今譯

黃帝在位爲天子，十九年，教令通行天下，聽說廣成子在空同山上，特地去看他，對他說：「我聽說先生明達『至道』，請問至道的精粹。我想攝取天地的精華，來助成五穀，來養育人民，我又想管理陰陽，來順應萬物，對這，我將怎樣去做？」

廣成子說：「你所要問的，乃是事物的原質；你所要管理的，乃是事物的殘渣。自從你治理天下，雲氣不等待凝聚就下雨，草木不等待枯黃就凋落，日月的光輝更加失色，你這佞人的心境這般淺陋，又怎麼能談『至道』呢！」

黃帝退回，拋棄政事，築一間別室，鋪着白茅，閒居了三個月，再去請教他。

廣成子朝南躺着，黃帝從下方匍匐過去，再叩頭拜禮問說：「聽說先生明達『至道』，請問，怎樣修身才能長久？」廣成子頓然起身說：「你問得好！來！我告訴你『至道』。『至道』的精粹，深遠暗昧；『至道』的極致，靜默沈潛。視聽不外用，抱持精神的寧靜，形體自能康健。靜慮清神，不要勞累你的形體，不要耗費你的精神，才能够長生。眼睛不要被眩惑，耳朵不要被騷擾，內心不要多計慮，你的精神守護着形體，形體才能够長生。持守你內在的虛靜，棄絕你外在的紛擾，多智巧便要敗壞，我幫助你達到大明的境地上，到達『至陽』的根源；幫你進入深遠的門徑中，到達『至陰』的根源。天地各司其職，陰陽各居其所，謹愼守護你自身，道會自然昌盛。我持守『至道』的純一而把握『至道』的和諧，所以我修身一千二百歲了，我的形體卻還没有衰老。」

黃帝再叩頭拜禮說：「廣成子可說和天合一了。」

廣成子說：「來！我告訴你。『至道』没有窮盡，但人們都以爲有終結；『至道』深不可測，但人們都以爲有究極。得到我的『道』，在上可以爲皇，在下可以爲王；喪失我的『道』，在上只能看見日月之光，在下則化爲塵土。萬物都生於土而復歸於土，所以我將離開你，進入無窮的門徑，以遨遊無極的廣野。我和日月同光，我和天地爲友。迎我而來，茫然不知！背我而去，昏暗不覺！人不免於死，而我還是獨立存在啊！」

四

雲將〔一〕東遊，過扶搖〔二〕之枝而適遭鴻蒙〔三〕。鴻蒙方將拊脾〔四〕雀躍而遊。雲將見之，倘然止〔五〕，贄然立〔六〕，曰：「叟何人邪？叟何爲此？」

鴻蒙拊脾雀躍不輟，對雲將曰：「遊！」

雲將曰：「朕願有問也。」

鴻蒙仰而視雲將曰：「吁！」

雲將曰：「天氣不和，地氣鬱結，六氣不調，四時不節。今我願合六氣之精以育群生，爲之奈何？」

鴻蒙拊脾雀躍掉頭曰：「吾弗知！吾弗知！」

雲將不得問。又三年，東遊，過有宋之野而適遭鴻蒙。雲將大喜，行趨而進曰：「天〔七〕忘朕邪？天忘朕邪？」再拜稽首，願聞於鴻蒙。

鴻蒙曰：「浮遊，不知所求；猖狂〔八〕，不知所往；遊者鞅掌，以觀無妄〔九〕。朕又何知！」

雲將曰：「朕也自以爲猖狂，而民隨予所往；朕也不得已於民，今則民之放〔一〇〕也。願聞一言。」

鴻蒙曰：「亂天之經，逆物之情，玄天弗成〔一一〕；解獸之群，而鳥皆夜鳴；災及草木，禍及止蟲〔一二〕。噫〔一三〕，治人之過也！」

雲將曰：「然則吾奈何？」

鴻蒙曰：「噫，毒哉！僊僊乎歸矣〔一四〕。」

雲將曰：「吾遇天難，願聞一言。」

鴻蒙曰：「噫！心養〔一五〕。汝徒處無爲，而物自化。墮爾形體，黜爾聰明〔一六〕，倫與物忘〔一七〕；大同乎涬溟〔一八〕，解心釋神，莫然無魂〔一九〕。萬物云云，各復其根〔二〇〕，各復其根而不知；渾渾沌沌〔二一〕，終身不離；若彼知之，乃是離之。無問其名，無闚其情，物固自生。」

雲將曰：「天降朕以德，示朕以默；躬身求之，乃今也得。」再拜稽首，起辭而行。

注釋

〔一〕雲將：雲之主將。寓言。

〔二〕扶搖：神木（李頤注）。一說「扶搖」作「扶桑」。「扶桑」見山海經（海外東經），爲神話中的巨木（福永光司說）。

〔三〕鴻蒙：自然元氣（司馬彪說）。

〔四〕拊脾：脾，即髀。拍着股部。

〔五〕倘然止：停止的樣子。

司馬彪說：「『倘』，欲止貌。」

馬叙倫說：「『倘』，借爲『党』。說文曰：『党，歫也。』歫，止也。」

李勉說：「『倘』，通『躺』。『躺然』，身向後躺作呆止之狀。」

〔六〕贄然立：形容站着不動的樣子。

李頤說：「『贄』，不動貌。」

林雲銘說：「拱立之貌。」

章炳麟說：「說文無『贄』字，但作『摯』。云：『摯，至也。』訓『至』者，有底定義，故曰摯然立。」

〔七〕天：尊稱鴻蒙。如前文黄帝尊稱廣成子。

〔八〕猖狂：形容隨心所欲，自由奔放。

〔九〕遊者鞅掌，以觀無妄：「遊者鞅掌」，遊於舉世紛紜衆多的事物中（黄錦鋐新譯莊子讀本）。「者」，通「諸」，之於。「無妄」，真實，指事物的真相。一說「無妄」爲無窮之意。

成玄英說：「鴻蒙遊心之處寬大，涉見之物衆多，能觀之智，知所觀之境無妄也。『鞅掌』，衆多也。」

〔一〇〕民之放：爲民所仿效（郭注）。

福永光司說：「『放』，同『依』。論語里仁篇：『放於利而行，多怨。』『放』作『依』講。」（莊子外篇一二二頁）

〔一一〕玄天弗成：自然之原狀不能保全（李勉說）。

成玄英說：「自然之化不成。」

〔一二〕止蟲：本亦作「昆蟲」（釋文）。趙諫議本「止」作「昆」（王孝魚校）。「止」，豸同（蘇輿說，王先謙集解引）。

〔一三〕噫：多本作「意」。道藏各本、趙諫議本皆作「噫」。「意」與「噫」通（王叔岷校釋）。

〔一四〕毒哉！僊僊乎歸矣：毒害人啊！快回去。

郭象說：「『毒哉』，言治人之過深。」

成玄英說：「『僊僊』，輕舉之貌。勸令歸。」

〔一五〕心養：如人間世「心齋」。郭注成疏似作「養心」。

〔一六〕墮爾形體，黜爾聰明：「黜」原作「吐」。依大宗師篇改。

王引之說：「『吐』當爲『咄』。『咄』與『黜』同。」（見王念孫讀書雜志餘編）

俞樾說：「『吐』當作『杜』，言杜塞其聰明也。」（莊子平議）

劉文典說：「『吐爾聰明』，文不成義。『吐』疑『絀』字之壞。淮南子覽冥訓『隳肢體，絀聰明』，即襲用此文，字正作『絀』，是其塙證。大宗師作『墮肢體，黜聰明』，『黜』、『絀』音義同。」按：劉說可從。今依大宗師篇改作「黜」。

〔一七〕倫與物忘：「倫」，同淪，没。泯没而與物相忘（林希逸口義）。

〔一八〕涬溟：自然氣（司馬彪說）。

〔一九〕莫然無魂：去除心機智巧的意思。

成玄英說：「『魂』，好知爲也。『莫然』無知。」

〔二〇〕萬物云云，各復其根：老子十六章有「夫物芸芸，各復歸其根」句。

〔二一〕渾渾沌沌：真樸自然之意。與應帝王篇「渾沌」同義。

今譯

雲將到東方遊玩，經過神木的枝頭，恰好遇見了鴻蒙。鴻蒙正在拍着腿跳躍遊行。雲將見到，忽然停下，恭敬地站着，說：「老先生是誰呀？老先生爲什麼來這裏？」

鴻蒙拍着腿跳躍不停，對雲將說：「遨遊！」

雲將說：「我想請問。」

鴻蒙仰面看着雲將說：「啊！」

雲將說：「天氣不適宜，地氣鬱結着，六氣不調和，四時不順序。現在我想融合六氣的精華來養育萬物，要怎麼辦？」

鴻蒙拍着腿跳躍掉過頭說：「我不知道！我不知道！」

雲將得不到所問。又過了三年，向東遊行，經過宋國的原野，恰好遇見了鴻蒙。雲將高興極了，快步上前說：「您忘了我嗎？您忘了我嗎？」叩頭拜禮，希望鴻蒙指點他。

鴻蒙說：「悠遊自在，無所貪求；隨心所欲，無所不適；遊心在紛紜的現象中，來觀看萬物的真相。我又知道什麼！」

雲將說：「我自以爲隨心所欲，而人民跟隨着我；我不得已接觸人民，現在卻爲人民所依順。請你指教。」

鴻蒙說：「擾亂了自然的常道，違逆了萬物的真情，自然的狀態不能保全；群獸離散，飛鳥夜鳴；殃及草木，禍臨昆蟲。噫，這是治理人民的過錯！」

雲將說：「那麼我怎麼辦？」

鴻蒙說：「噫，毒害人啊！快快回去吧！」

雲將說：「我遇見您很難得，希望指點指點。」

鴻蒙說：「噫！修養心境。你只要順任自然無爲，萬物就會自生自化。忘掉你的形體，抛開你的聰明，和外物泯合，和自然元氣混同，釋放心神，無所計較。萬物紛紛紜紜，各自返回到它的本根，各自返回本根而不知所以然；渾然不用心機，才能終身不離本根；如果使用心智，就會離失本根。不必追問它的名稱，不必探究它的真相，萬物乃是自然生長。」

雲將說：「你施給我恩德，曉示我靜默；親身求道，現在才有所得。」叩頭拜禮，告辭而去。

五

世俗之人，皆喜人之同乎己而惡人之異於己也。同於己而欲之，異於己而不欲者，以出乎衆爲心也。夫以出乎衆爲心者，曷常〔一〕出乎衆哉！因衆以寧所聞，不如衆技衆矣。而欲爲人之國者，此攬〔二〕乎三王之利而不見其患者也。此以人之國僥倖也，幾何僥倖而不喪人之國乎！其存人之國也，無萬分之一；而喪人之國也，一不成而萬有餘喪矣。悲夫，有土者〔三〕之不知也！

夫有土者，有大物〔四〕也。有大物者，不可以物〔五〕；物而不物，故能物物〔六〕。明乎物物者之非物也，豈獨治天下百姓而已哉！出入六合〔七〕，遊乎九州〔八〕，獨往獨來，是謂獨有〔九〕。獨有之人，是謂至貴。

注釋

〔一〕曷常：即何嘗。「常」，同嘗。

〔二〕攬：音覽，本亦作「覽」（釋文）。

〔三〕有土者：即有國者，指當時諸侯。

〔四〕大物：指廣大的土地人民。

〔五〕有大物者，不可以物：此言有天下者，必超乎天下（馬其昶莊子故）。

〔六〕物而不物，故能物物：這和山木篇「物物而不物於物」同義。「物而不物」，即「爲而不爲」，意指雖居其位，統管其事，然要能不侵占，任物自爲。

郭象說：「夫用物者，不爲物用也。不爲物用，斯不物矣，不物，故物天下之物，使各自得也。」

〔七〕六合：指天地四方。詞見齊物論。

〔八〕九州：古代將中國全土分成九大行政區域，即：冀州、兗（yǎn）州、青州、徐州、揚州、荆州、豫州、梁州、雍州（見尚書禹貢）。古人將世界全體分成九部，謂：神州（東南）、次州（正南）、戎州（西南）、弇州（正西）、冀州（正中）、台州（西北）、泲州（正北）、薄州（東北）、陽州（正東）（見淮南子墬形訓，此說本於戰國末年騶衍）。

〔九〕獨有：意指擁有自己的內在人格世界，在精神上能特立獨行。

今譯

世俗上的人，都喜歡別人和自己相同而厭惡別人和自己不同。希望別人和自己相同，不願別人和自己不同，這是存着出人頭地的心理。要是存着出人頭地的心理，何嘗就超出大衆呢！只因大衆的認同而得心安。其實不如衆人的才智太多了。想要貪圖國土的人，這是求取三代帝王的利益而沒有看見他們的禍害。這是用國家來圖謀自己的僥倖，有多少這種僥倖而不喪失國家的呢！這樣能保存國家的，沒有萬分之一；而喪失國家的，沒有一次成功的機會而萬分有餘的要喪失。悲哀啊，擁有國家的人卻不明白呀！

擁有國家的，就擁有土地人民。擁有土地人民的，不可以受外物支配；支配物而不被物役使，才能主宰外物。明白主宰外物的不是物，豈止只能治理天下百姓而已呢！〔他的精神境界〕卻能往來於天地四方，神遊於九州，獨來獨往，這可稱爲「獨有」。具有這樣特立獨行的人，便是無上的尊貴。

大人〔一〕之教，若形之於影，聲之於響。有問而應之，盡其所懷，爲天下配〔二〕。處乎無響，行乎無方〔三〕。挈汝適復之撓撓〔四〕，以遊無端，出入無旁〔五〕，與日無始〔六〕；頌論形軀，合乎大同〔七〕，大同而無己。無己，惡乎得有有〔八〕！覩有者，昔之君子；覩無者，天地之友〔九〕。

注釋

〔一〕大人：至人，即上文獨有之人。

〔二〕配：對。問者爲主，應者爲配（宣穎說）。

〔三〕無方：無跡（林希逸說）。

〔四〕挈汝適復之撓撓：意指引導紛雜的人群。

林希逸說：「『撓撓』，群動不已之貌。『適』，往也。『挈』，提也。『汝』，指舉世之人也。」

〔五〕出入無旁：獨來獨往，無所依傍（林雲銘說）。

〔六〕與日無始：與日俱新（郭注）。

〔七〕頌論形軀，合乎大同：容貌形軀，合於天地自然。

郭象說：「其形容與天地無異。」

李勉說：「按『頌』，容也。莊書迭有言及。天下篇『稱神明之容』，『容』『頌』互通。顏師古注漢書儒林傳亦云『頌』與『容』同；蘇林亦云頌貌威儀連稱，頌貌即容貌也。章太炎云：『論，與類可互借。』廣雅云：『類，像也。』像即貌也。故『頌論形軀』，爲容貌形軀之意，言其容貌形軀合乎大同也。『合乎大同』謂與物混同，忘物我，忘形骸也。」按：郭象便以「形容」注「頌論形軀」。成疏：「論，語。」王先謙說：「論其形貌。」皆非。當依李說，「頌論」訓爲「容貌」。

〔八〕有有：有形相，意指執著於形相。第二個「有」字爲名詞，指現象物。

〔九〕覩無者，天地之友：「無」，即老子第一章「無，名天地之始」的「無」，指道。

按：本篇當於此告結。此下有一段：「賤而不可不任者，物也；卑而不可不因者，民也；匿而不可不爲者，事也；麤而不可不陳者，法也；遠而不可不居者，義也；親而不可不廣者，仁也；節而不可不積者，禮也；中而不可不高者，德也；一而不可不易者，道也；神而不可不爲者，天也。故聖人觀於天而不助，成於德而不累，出於道而不謀，會於仁而不恃，薄於義而不積，應於禮而不諱，接於事而不辭，齊於法而不亂，恃於民而不輕，因於物而不去。物者莫足爲也，而不可不爲。不明於天者，不純於德；不通於道者，無自而可；不明於道者，悲夫！何謂道？有天道，有人道。無爲而尊者，天道也；有爲而累者，人道也。主者，天道也；臣者，人道也。天道之與人道也，相去遠矣，不可不察也。」這段文義，和本篇主旨相違，且與莊學思想不合。宣穎說：「此一段意膚文雜，與本篇之義不類，全不似莊子之筆。」劉鳳苞說：「上段已不類南華筆意，……若以『覩有』、『覩無』二句作結，屹然而止。至此段則意淺詞膚，畫蛇添足。」胡文英說：「自『賤不可不任』以下，無甚精義……爲贋手所竄。」馬叙倫說：「自『世俗之人』至此，疑非在宥篇文。」馮友蘭說：「這段話在本篇的末尾，跟本篇前一部分的精神不合。可能前一部分比較早，後一部分是後來加上去的。」李勉說：「此下一段文意俗雜，尤多矛盾之句，疑爲俗儒所竄。上文既云『無心因任，與物俱忘』，此段又云『物不可不任，民不可不因，事不可不爲，法不可不陳……』，是皆不能忘心無爲，舉上文矛盾者也，豈莊子之道乎？且尊禮崇法，居仁由義，是孔孟之道也，莊子焉能爲之？足見此段乃是後人有意於功名而欲掊擊莊子之道者所雜。」以上各說爲是。然其隆無爲之天道，與「孔孟之道」不合，乃屬黃老派觀點。

今譯

至人的教導，就像形對於影，聲對於響。有問就有答，盡其所能，替大家對答。〔至人〕處身於沒有聲響的境況，往來於没痕跡的境界。引導紛雜的人群，遊於無始無終的境域；獨來獨往，與日俱新；容貌形軀，合於大同，大同便不盡限於個我。不局限於個我，怎會執著於形相！執著於形相，是從前的君子；體悟着根源，是天地的朋友。

天地

天地篇，由十五章文字雜纂而成。各章意義不相關聯，屬於雜記體裁。「天地」，指天和地而言。取篇首二字爲篇名。

本篇第一章，寫天地的演化運作，本於自然，人君應順天地自然無爲的規律而行事。第二章談道，求道當「刳心」。「刳心」即洗心——洗去貪欲智巧之心。第三章由道引出無聲之樂。第四章是黄帝遺玄珠的寓言，譬喻道不是感覺的對象，感官、言辯都無從求得。「象罔得之」，喻無心得道——棄除心機智巧，在靜默無心之中領會道。第五章，許由告誡堯，「治」爲「亂之率」。第六章，華封人曉喻堯，要隨遇而安，無心任自然，如鳥飛行而無跡。第七章，伯成子高責禹行刑政。第八章，泰初有「無」，述宇宙的創造歷程。第九章，孔子以治道請教老聃，老聃指出統治者當「忘己」。第十章，蔣閭葂與季徹對話，提出爲政者要化除賊害人民的心念，使人民增進獨立的人格意志。第十一章，申説爲政者當去「機心」而保持真樸。第十二章，諄芒與苑風相遇的寓言，描述「聖治」、「德人」與「神人」。第十三章，門無鬼與赤張滿稽的寓言，寫「至德之世」，人民相愛於自然的情景。第十四章，諷忠臣孝子爲「阿諛之人」，評人情之導諛盲從。末了一章，寫獵取功名聲色者衣冠楚楚的樣態，譏評這些人的生活，如同囚檻中的禽獸一般。

著名典故「象罔得玄珠」，出自本篇。許多著名成語如神乎其神、華封三祝、鶉居鷇食、獨弦哀歌、變容失色、大惑不解、二缶鍾惑等亦出自本篇。

一

天地雖大，其化均也；萬物雖多，其治一也〔一〕；人卒〔二〕雖衆，其主君也。君原於德而成於天〔三〕，故曰，玄古之君天下，無爲也，天德〔四〕而已矣。以道觀言，而天下之名正〔五〕；以道觀分，而君臣之義明；以道觀能，而天下之官治；以道汎觀，而萬物之應備〔六〕。故通於天者，道也；順於地者，德也；行於萬物者，義也〔七〕；上治人者，事也〔八〕；能有所藝者，技也。技兼於〔九〕事，事兼於義，義兼於德，德兼於道，道兼於天，故曰：古之畜天下者，無欲而天下足，無爲而萬物化，淵靜而百姓定〔一〇〕。記曰〔一一〕：「通於一而萬事畢，無心得而鬼神服。」

注釋

〔一〕其治一也：「治」，條理（李鍾豫譯）。

郭象說：「一以自得爲治」。

嚴靈峰先生說：「按『治』疑當作『始』。形近致誤。」嚴說可供參考。

〔二〕人卒：即民衆。見秋水篇、至樂篇、盜跖篇。

〔三〕原於德而成於天：「德」者，自得。「天」者，自然（王懋竑莊子存校）。

〔四〕天德：體現天地自然理法的一種存在方式（福永光司說）。

〔五〕以道觀言，而天下之名正：「名」原作「君」。依嚴靈峰之說改。

嚴靈峰先生說：「錢穆曰：『按「君」或「名」字之譌。』錢說是也。按：論語：『名不正，則言不順。』反之，『言』順則『名』正，故云：『以道觀言，而天下之名正。』『言』與『正』上下相蒙，玆依錢說並文義臆改。」

〔六〕以道汎觀，而萬物之應備：從道的觀點廣泛地看來，萬物的對應都已齊備。

林希逸說：「萬物之間，未有無對者。有寒則有熱，有雌則有雄；有上則有下；有前則有後；有左則有右，箇箇相應，皆出自然。故曰：以道汎觀而萬物之應備。」

〔七〕故通於天者，道也；順於地者，德也；行於萬物者，義也：今本作「故通於天地者，德也；行於萬物者，道也」。陳碧虛莊子闕誤引江南古藏本改。

劉文典說：「碧虛子校引江南古藏本作『故通於天者道也；順於地者德也；行於萬物者義也』。典案：江南古藏本是也。下文『事兼於義；義兼於德；德兼於道』。即承上『道』『德』『義』而言。今本敓一句，『義』譌爲『道』，則與下文不相應矣。」（莊子補正）按王叔岷校釋所說同。

日本福永光司說：「天地自然的秩序是所有秩序的根本，存在於天地宇宙間的普遍性的秩序，就是『道』。存在於天地萬物中的普遍性的價值，而以『道』爲基礎的存在方式爲『德』。」（莊子外篇

解說一四四頁)

〔八〕上治人者，事也：上位的治理人民，是各任其事。

郭象說：「使人人各得其事。」

成玄英說：「雖則治民，因其本性，物各率能，咸自稱適。」(成玄英疏)

〔九〕兼於：統屬於。

〔一〇〕無欲而天下足，無爲而萬物化，淵靜而百姓定：老子五十七章作：「我無爲而民自化，我好靜而民自正，我無欲而民自樸。」

〔一一〕記曰：「記」，謂古書之記載，不指定某書(李勉說)。按釋文：「云老子所作。」成疏：「語在西升經。」皆非。

今譯

天地雖然大，演化卻是均勻的；萬物雖然多，條理卻是一致的；民衆雖然多，主政的卻是君主。君主任事是依據着「德」而成全於天然，所以說，遠古的君主治理天下，出於無爲，順任自然就是了。

從「道」的觀點來看言論，天下的名稱都合理；從「道」的觀點來看分際，君臣的名分都明顯；從「道」的觀點來看才能，天下的官員都盡職；從「道」的觀點廣泛地看來，萬物的對應都齊備。所以通達於天的是「道」；順適於地的是「德」；周行於萬物的是「義」；上位的治理人民，是各任其事；才能有所專精，是技藝。技術統屬於事，事統屬於義理，義理統屬於德，德統屬於道，道統屬於天。所以說：古時候養育百姓的，〔君主〕不貪欲，天下便可富足；自然無爲，萬物便將自化；清靜不擾，百姓便能安定。古書上説：「貫通於道而萬事可成，無心獲取而鬼神敬服。」

二

夫子〔一〕曰：「夫道，覆載萬物者也，洋洋乎大哉！君子不可以不刳心〔二〕焉。無爲爲之之謂天，無爲言之之謂德，愛人利物之謂仁，不同同之之謂大，行不崖異〔三〕之謂寬，有萬不同之謂富。故執德之謂紀，德成之謂立，循於道之謂備，不以物挫志之謂完。君子明於此十者，則韜乎其事心之大也〔四〕，沛乎其爲萬物逝〔五〕也。若然者，藏金於山，沈珠於淵〔六〕，不利貨財，不近貴富；不樂壽，不哀夭；不榮通，不醜窮；不拘一世之利〔七〕以爲己私分，不以王天下爲己處顯。〔顯則明，〕〔八〕萬物一府，死生同狀〔九〕。」

注　釋

〔一〕夫子：莊子（釋文引司馬彪説）；門人記莊子之言（陳壽昌正義）。按：成玄英認爲是指老子，宣穎以爲乃指孔子，皆非。

嚴靈峰先生説：「就文氣觀之，文似莊子；從以外文字察之，有與儒家及天下篇相近者；其文出於莊周後學殆屬可信。當依司馬彪説：『夫子』爲『莊子』也。」嚴説是。

〔二〕刳（kū枯）心：剔去其知覺之心（林希逸口義）；去其私以入於自然（林雲銘莊子因）。

王懋竑說：「當作『刻心』解，言極用心於道也。」王說可存。

〔三〕崖異：乖異。

〔四〕韜乎其事心之大也：「韜」，借爲「滔」（馬叙倫義證）。按：盛大之意。「事心」，猶立心，言其立心之大（俞樾莊子平議）。

〔五〕爲萬物逝：任萬物之自往（郭注）。「逝」，往（成疏）。

〔六〕藏金於山，沈珠於淵：「沈」各本作「藏」。闕誤引張君房「藏」作「沈」（馬叙倫、劉文典、王叔岷校），據改。

〔七〕不拘一世之利：「拘」，借爲取。章炳麟說：「『拘』與『鉤』同。天運篇：『一君無所鉤用。』釋文云：『鉤，取也。』此『鉤』亦訓『取』。」

〔八〕顯則明：此三字爲淺人所纂入，有乖文勢，當删。（莊子解故）

〔九〕萬物一府，死生同狀：「萬物一府」，即德充符篇「府萬物」。「死生同狀」，即德充符篇「以死生爲一條」。

今譯

先生說：「道是覆載萬物的，浩瀚廣大啊！君子不可以不棄除成心。以無爲的態度去做就是道，以無爲的方式去表達就是德，愛人利物就是仁，融合不同的就是大，行爲不標顯乖異就是寬，包羅萬象就是富。所以執持德行就是綱紀，德行實踐就是建立，依循於道就是全備，不受外物挫折心志就是完全。君子明瞭這十項，便是包容萬物心地寬大廣闊，滂沛爲萬物所歸往。像這樣，藏金於深山，沈珠在深淵，不謀財貨，不求富貴，不以高壽爲樂，不以夭折爲哀，不以通達爲榮，不以貧窮爲恥，不收攬舉世的利益來據爲己有，不以稱王於天下而彰顯自己。彰顯便是炫耀，萬物一體，死生同狀。」

三

夫子曰：「夫道，淵乎其居也，漻〔一〕乎其清也。金石〔二〕不得，無以鳴。故金石有聲，不考不鳴〔三〕。萬物孰能定之〔四〕！

「夫王德之人〔五〕，素逝而恥通於事〔六〕，立之本原而知通於神〔七〕。故其德廣，其心之出，有物採之〔八〕。故形非道不生，生非德不明。存形窮生，立德明道，非王德者邪！蕩蕩乎！忽然出，勃然動，而萬物從之乎！此謂王德之人。

「視乎冥冥！聽乎無聲。冥冥之中，獨見曉焉；無聲之中，獨聞和焉。故深之又深而能物焉，神之又神而能精焉〔九〕；故其與萬物接也，至無而供其求〔一〇〕，時騁而要其宿〔一一〕〔大小，長短，修遠〕〔一二〕。」

注釋

〔一〕漻：清澈。

〔二〕金石：鐘磬，古代樂器。

〔三〕不考不鳴：「考」，擊（成疏）。淮南子詮言訓「不考不鳴」作「弗叩弗鳴」。「考」「叩」一聲之轉（王叔岷校釋）。

〔四〕萬物孰能定之：意指萬物的感應誰能確定它的性質。

〔五〕王德之人：「王」，同「旺」，盛大的意思（福永光司說）。「王德之人」，即盛德之人。

〔六〕素逝而恥通於事：「素」，真。「逝」，往（成疏）。「素逝」，即抱樸而行。

嚴靈峰先生說：「按『素逝』二字費解。……疑『素逝』二字原作『素樸』。此句當作『素樸而恥通於事』。」嚴說可供參考。

〔七〕知通於神：「知」音智。「神」，形容變化不測的境界。

〔八〕其心之出，有物採之：他的心思起作用，乃是由於外物的交感。

林希逸說：「物有取於我而後其心應之。『採』猶感也。『出』猶應也。」

〔九〕深之又深而能物焉，神之又神而能精焉：「能物」，物由此生（宣穎說）；即能生物。「精」，真實在的本質（福永光司說）。

李勉說：「老子：『恍兮惚兮，其中有物；竊兮冥兮，其中有精。』據此，『能』或『有』字之誤。言道處於深之又深，但有物存在（確有道之質在也），道雖神之又神，但有其精焉（確乎有道之精在也）。」

〔一〇〕至無而供其求：指道體至虛卻能供應萬物的需求。

〔一一〕時騁而要其宿：謂道時出不窮卻能使萬物有所歸宿。

〔一二〕「大小，長短，修遠」：這六字句義不全，疑是郭象注文竄入正文。

吳汝綸說：「案『大小長短修遠』六字，當爲郭氏注文。郭注：『大小長短修遠皆恣而任之，會其所極而已。』蓋釋『時騁而要其宿』之義。今注文無上六字，奪入正文也。又據淮南子原道訓作『大小修短，各有其具』云云，則姚（鼐）謂有缺文者是也。」（莊子點勘）按：吳說是，此六字似可删除。

今譯

先生說：「道是淵深幽隱，清澈澄明的。鐘磬不得道便無由鳴響。所以鐘磬有聲，不敲不鳴。萬物的感應誰能確定它！

「盛德的人，懷抱純素的真情而立身行事，不願周旋於俗務，立身於本原，智慧可與神明相通。因而他的德行廣遠，他的心思起作用，乃是由於外物的交感。因而形體非道不能產生，生命非德不能彰明。保存形體，充實生命，立德明道，豈不就是盛德嗎！浩大啊！忽然出現，勃然而動，萬物依從呀！這就是盛德的人。

「〔道〕視而深遠，聽而無聲。深遠之中，但見其象；無聲之中，但聞和音。深而又深卻能生物，玄妙又玄妙卻能成精氣；所以道和萬物接應，道體虛寂卻能供應萬物的需求，馳騁不已卻能爲萬物的歸宿。」

四

黃帝遊乎赤水〔一〕之北，登乎崑崙之丘而南望，還歸遺其玄珠〔二〕。使知〔三〕索之而不得，使離朱索之而不得，使喫詬〔四〕索之而不得也。乃使象罔〔五〕，象罔得之。黃帝曰：「異哉！象罔乃可以得之乎？」

注　釋

〔一〕赤水：杜撰的地名。

〔二〕玄珠：喻道（司馬彪說）。

郭慶藩說：「文選劉孝標廣絶論注引司馬云『赤水，假名』。」

〔三〕知：音智。寓名。

〔四〕喫詬：言辯（成疏）。寓名。

〔五〕象罔：無心之謂（成疏）；按：「象」即形跡，「罔」同無，同忘；「象罔」喻無形跡，亦寓名。

王叔岷先生說：「案覆宋本『象罔』並作『罔象』。御覽八〇三引同。李白大獵賦『使罔象掇玄珠於赤水』，金門答蘇秀才詩『玄珠寄罔象』，白居易求玄珠賦『與罔象而同歸』，並用此文，皆作『罔象』。」按：作「罔象」或「象罔」均可通。

今　譯

黃帝遊歷於赤水的北面，登上崑崙的高山向南眺望，返回時，遺失了玄珠。讓知尋找不着，讓離朱尋找也找不着，讓喫詬尋找又找不着。於是請象罔尋找，象罔找到了。黃帝說：「奇怪呀！象罔才能找到麼？」

五

堯之師曰許由，許由之師曰齧缺，齧缺之師曰王倪，王倪之師曰被衣〔一〕。堯問於許由曰：「齧缺可以配天〔二〕乎？吾藉王倪以要〔三〕之。」

許由曰：「殆哉圾〔四〕乎天下！齧缺之爲人也，聰明叡知，給數以敏〔五〕，其性過人，而又乃以人受天〔六〕。彼審乎禁過〔七〕，而不知過之所由生。與之配天乎？彼且乘人而無天〔八〕，方且本身而異形〔九〕，方且尊知而火馳〔一〇〕，方且爲緒使〔一一〕，方且爲物絯〔一二〕，方且四顧而物應〔一三〕，方且應衆宜，方且與物化而未始有恒〔一四〕。夫何足以配天乎？雖然，有族，有祖〔一五〕，可以爲衆父〔一六〕，而不可以爲衆父父〔一七〕。治，亂之率也，北面之禍也，南面之賊也〔一八〕。」

注釋

〔一〕齧缺，王倪，被衣：都是求道之士。已見於應帝王篇，被衣即應帝王篇中的蒲衣子。齊物論有一段「齧缺問乎王倪」。知北遊有一段「齧缺問道乎被衣」。這些人名都是莊子杜撰的。

〔二〕配天：爲天子。

〔三〕要：邀。

〔四〕圾：本又作「岌」（釋文），危。

〔五〕給數以敏：「給」，捷（成疏）。「數」，借速。「給數」，捷速。「給數以敏」，謂機警敏捷。

〔六〕而又乃以人受天：「乃」，猶能（吳汝綸、馬叙倫說）。

〔七〕審乎禁過：明於禁阻過失。

〔八〕乘人而無天：依憑人爲造作而摒棄自然。

〔九〕本身而異形：以己身爲本，令天下異形（成疏）；即以自身爲本位來區分人我。宣穎說：「分己分人。」

〔一〇〕尊知而火馳：尊尚知識而謀急用。

林希逸說：「『火馳』，如火之馳，言其急也。自尊尚其知而急用之。」

林雲銘說：「機謀急速也。」

〔一一〕緒使：爲細事所役（宣穎說）。

于省吾說：「按爾雅釋詁：『緒，事也。』『方且爲緒使』，言方且爲事使也。下句『方且爲物絯』，『事』、『物』對文。」（莊子新證）

〔一二〕物絯：「絯」，礙（郭注）。「物絯」，即爲外物所拘束。

〔一三〕四顧而物應：顧盼四方而應接外物。

宣穎說：「酬接不暇。」

〔一四〕與物化而未始有恒：受外物影響而未嘗有定則。

〔一五〕有族，有祖：一族之聚必尊其祖（林希逸說）。指有人群族聚則當有宗主人群之事者。

〔一六〕衆父：族之祖（馬其昶莊子故），這裏指百姓的官長。

〔一七〕衆父父：祖之所自出，則配天者（馬其昶說）。

〔一八〕北面之禍也，南面之賊也：指治將會導致人臣的禍患，君主的禍害。古時候帝王的座位向南，臣子見君主都向北拜禮，因而以「南面」喻君主，以「北面」喻臣子。

今譯

堯的老師是許由，許由的老師是齧缺，齧缺的老師是王倪，王倪的老師是被衣。

堯問許由說：「齧缺可以做天子嗎？我請王倪來邀他。」

許由說：「危險啊！要危及天下！齧缺的爲人，聰明睿智，機警敏捷，天性過人，而又用人事來對應天然，他精於禁阻過失，卻不知道過失産生的根由。讓他做天子嗎？他要依憑人爲而摒棄自然，他將會以自身爲本位來區分人我，會尊尚智巧而謀急用，會爲瑣事所役使，會爲外物所拘束，會酬接四方不暇，會事事求合宜，會受外物影響而没有定則，他怎能做天子呢？儘管如此，有人群就要有首領，他可以做一方百姓的官長，卻不可以做一國的君主。治是導致亂的起因，治是人臣禍患，君主禍害的根由。」

六

堯觀乎華〔一〕。華封人〔二〕曰：「嘻，聖人，請祝聖人。」

「使聖人壽。」堯曰：「辭。」「使聖人富。」堯曰：「辭。」「使聖人多男子。」堯曰：「辭。」

封人曰：「壽、富、多男子，人之所欲也，女獨不欲，何邪？」

堯曰：「多男子則多懼，富則多事，壽則多辱。是三者，非所以養德也，故辭。」

封人曰：「始也我以女爲聖人邪，今然君子也〔三〕。天生萬民，必授之職，多男子而授之職，則何懼之有？富而使人分之，則何事之有！夫聖人，鶉居而鷇食〔四〕，鳥行而無彰〔五〕，天下有道，則與物皆昌；天下無道，則修德就閒；千歲厭世〔六〕，去而上僊；乘彼白雲，至於帝鄉〔七〕；三患〔八〕莫至，身常無殃，則何辱之有！」

封人去之。堯隨之，曰：「請問？」

封人曰：「退已！」

注釋

〔一〕華：地名。今陝西省華縣。

〔二〕封人：守邊疆的人。已見齊物論。

〔三〕今然君子也：「然」，借爲「乃」（章炳麟解故、楊樹達拾遺）。

〔四〕鶉居而鷇食：「鶉（chún 淳）居」，謂無常處（釋文）。「鷇（kòu 叩）食」，形容無心求食。

林希逸說：「『鷇』，鳥初生者也。其母哺之，雖食而非自求也。言無心於食也。」

〔五〕無彰：無跡。

〔六〕厭世：「厭」，盡世，一生已盡。

〔七〕帝鄉：天地之鄉（成疏）。陶淵明歸去來辭：「富貴非吾願，帝鄉不可期。」「帝鄉」一詞即來自於此。

〔八〕三患：指病、老、死三種禍患。

林雲銘說：「三患，病、老、死也。或解水、火、風三災，恐未必然。」

今譯

堯到華地觀遊。華地守封疆的人說：「啊，聖人！請受我的祝福。」「祝福聖人長壽。」堯說：「謝絶了。」「祝福聖人富有。」堯說：「謝絶了。」「祝福聖人多男孩。」堯說：「謝絶了！」

守封疆人說：「長壽，富有，多男孩，這是大家共同的願望，你卻不想要，爲什麽呢？」堯說：「多男孩便多恐懼，富有便多繁事，長壽便多困辱。這三種不適於培養德性，所以謝絶。」

守封疆的人說：「起初我以你是聖人呀，現在竟然是個君子。天生萬民，必定會授予職事，男孩多而授與職事，還有什麽恐懼的？富有而使人分享，還有什麽繁事？聖人隨遇而安，無心求食，如鳥飛行而無跡；天下上軌道，便與衆同昌；天下混亂，便修德閒居；千歲之後一生已盡，離去人世而升仙，騰駕白雲，到達帝鄉，你上面所説的三種憂患都不會來，災殃不見，還有什麽困辱的？」

守封疆人離去，堯跟隨他說：「請問要怎樣辦？」

守封疆人說：「回去吧！」

七

堯治天下，伯成子高〔一〕立爲諸侯。堯授舜，舜授禹，伯成子高辭爲諸侯而耕。禹往見之，則耕在野。禹趨就下風〔二〕，立而問焉，曰：「昔堯治天下，吾子立爲諸侯。堯授舜，舜授予，而吾子辭爲諸侯而耕，敢問，其故何也？」

子高曰：「昔堯治天下，不賞而民勸，不罰而民畏。今子賞罰而民且不仁，德自此衰，刑自此立，後世之亂自此始矣。夫子闔〔三〕行邪？無落吾事〔四〕！」偒偒〔五〕乎耕而不顧。

注釋

〔一〕伯成子高：「伯成」，雙姓，見廣韻（李勉說）。或爲杜撰的人物。

〔二〕趨就下風：「下風」，即下方。「風」、「方」古通音通義。謂禹趨就下方，不敢居於上方，此自謙之詞（李勉說）。

〔三〕闔：本亦作「盍」（釋文），何不。

〔四〕無落吾事：「落」猶廢（釋文）。呂覽「落」作「慮」，高注：「慮」，猶「亂」（吳汝綸說）。

于省吾說：「『落』、『格』古通，『格』之通詁爲止爲拒。然則『無格吾事』，謂無阻吾事。」

〔五〕偒偒：低首而耕之貌（林希逸口義）。

今譯

堯治理天下，伯成子高立位爲諸侯。堯授位給舜，舜授位給禹，伯成子高辭别諸侯位子去耕田。禹去看他，正在田野耕種。禹走在下面，站着問説：「從前堯治理天下，先生立位爲諸侯，堯傳給舜，舜傳給我，而先生辭去諸侯職位來耕田，請問，爲什麽？」

伯成子高説：「從前堯治理天下，不必行賞而人民卻能勉勵，不必刑罰而人民卻能有所敬畏。現在你行使賞罰而人民卻不仁愛，德行從此衰落，刑罰從此興建，後世的禍亂從此開始了。先生爲什麽不走呢？不要耽誤了我的耕作！」低下頭耕田，而不回顧。

八

泰初有無〔一〕，無有無名〔二〕；一〔三〕之所起，有一而未形。物得以生，謂之德；未形者有分〔四〕，且然無間〔五〕，謂之命〔六〕；留動而生物〔七〕，物成生理〔八〕，謂之形；形體保神，各有儀則，謂之性。性修反德，德至同於初。同乃虚，虚乃大。合喙鳴〔九〕；喙鳴合，與天地爲合。其合緡緡〔一〇〕，若愚若昏，是謂玄德，同乎大順〔一一〕。

注釋

〔一〕泰初有無：宇宙始原便是「無」。列禦寇作「太初」。

成玄英疏：「『泰』，太；『初』，始也。元氣始萌，謂之太初。」

林希逸説：「『泰初』，造化之始也，所有者只是『無』而已。」

〔二〕無有無名：有兩種解釋：（一）作：無有『無』名，即没有『無』的名稱。（二）作：無『有』無『名』，即没有『有』也没有『名』。今譯從後者。

成玄英疏：「太初之時，惟有此『無』，未有於『有』。『有』既未有，名將安寄，故無『有』無『名』。」

〔三〕一：形容「道」（「無」）的創生活動中向下落實一層的未分狀態。

〔四〕未形者有分：「未形」，未有形質（成疏）。「有分」，分陰分陽（宣穎説）。

〔五〕且然無間：猶且流行無間。

林希逸説：「若有分矣，而又分他不得，故曰：『且然無間』。『且然』，猶且也。『無間』，便是渾然者。」

宣穎説：「雖然陰陽，猶且陽變陰合，流行無間。」

曹礎基説：「『無間』，不可分割地有機聯繫着。」

〔六〕命：謂萬物先天性的存在條件（福永光司説）。

〔七〕留動而生物：有兩種解釋：（一）〔元氣運動不已。〕運動稍時滯留便産生了物。如成玄英疏：「『留』，靜也。陽動陰靜，化生萬物。」如林希逸説：「元氣之運動不已，生而爲物，則是其動者留於此，故曰『留動而生物』。『留動』二字下得極精微，莫草草看。『動』，陽也。『留動』，靜也。靜爲陰。正句便有陽生陰成之意。」又如宣穎説：「『動』，即造化流行也。少停於此，便生一物。」（二）解作：流動〔的過程中〕而産生物；如陸德明説：「『留』或作『流』。」徐復觀先生説：「『流動』是形容分化而生物過程

中的活動情形。」（中國人性論史三七三頁）

兩種解釋都可通，今譯從〔一〕。

〔八〕物成生理：萬物生成具有各別樣態。

徐復觀先生說：「『物成生理』，是說成就物後而具有生命、條理。」

福永光司說：「『物成生理』是說萬物生成後各個物呈各別樣相。『理』，即模樣的意思。」

〔九〕合喙鳴：渾合無心之言。「喙」，鳥口（成疏）。

郭象注：「無心於言而自言者，合於喙鳴。」

林希逸說：「『合喙』者，不言也。『鳴』者，言也。以不言之言。」

〔一〇〕緡緡：泯泯，沒有痕跡。

〔一一〕大順：即自然。同於老子六十五章：「乃至大順。」

林希逸說：「大順，即太初自然之理。」

今譯

宇宙始原是「無」，沒有「有」，也沒有名稱；〔道的活動〕呈現混一的狀態，混一的狀態還沒有成形體。萬物得到道而生成，便是「德」，沒有成形體時卻有陰陽之分，猶且流行無間稱之爲「命」；〔道在〕運動中稍時滯留便產生了物，萬物生成具有各別樣態，就稱爲「形」；形體保有精神，各有軌則，便稱爲「性」。性經修養再返於「德」，「德」同於太初。同於太初便虛豁，虛豁便包容廣大。渾合無心之言；無心之言的渾合，便和天地融合。這種融合泯然無跡，如質樸又如昏昧，這就叫做「玄德」，同於自然。

九

夫子〔一〕問於老聃曰：「有人治道若相放〔二〕，可不可，然不然〔三〕。辯者有言曰：『離堅白若縣宇〔四〕。』若是則可謂聖人乎？」

老聃曰：「是胥易技係，勞形怵心者也〔五〕。執狸之狗來田，猿狙之便來藉〔六〕。丘，予告若，而所不能聞與而所不能言，凡有首有趾〔七〕無心無耳〔八〕者衆，有形者〔九〕與無形無狀〔一〇〕而皆存者盡無。其動止也，其死生也，其廢起也〔一一〕，此又非其所以也〔一二〕。有治在人〔一三〕，忘乎物，忘乎天，其名爲忘己，忘己之人，是之謂入於天。」

注釋

〔一〕夫子：仲尼（釋文）。

〔二〕有人治道若相放：「若相放」，若相仿效（郭注）。另一說：若相背逆（于省吾新證）。依文義，當從後說。

于省吾說：「郭注：『若相放效。』按注說非是。『放』，釋文作『方』。孟子梁惠王：『方命虐民。』趙注：『方，猶逆也。』是『方命』猶『逆命』。『有人治道若相放』，謂有人治道若相背逆也。下文『可不可，然不然』，郭注謂『以不可爲可，不然爲然』，正伸相背逆之義。」按觀下文，當以于說爲優。

李勉說：「『放』與『反』者近致誤。字當作『反』。下文『以可爲不可，以然爲不然』，則是相反也。」按李說可存。

〔三〕可不可，然不然：以不可爲可，不然爲然（郭注）。語見秋水篇。

〔四〕離堅白若縣宇：分析堅白同異，好像高懸在天宇。

林希逸說：「雖曰堅白同異，紛紛多端，而我能分辯之，若懸於天宇之間，謂能曉然揭而示人也。『離』，分析也。」

〔五〕胥易技係，勞形怵心者也：語見於應帝王篇。

〔六〕執狸之狗來田，猿狙之便來藉：「狸」，各本作「留」，司馬本作貁。趙諫議本、成玄英本作「狸」，據改。「來田」今本作「成思」，「成思」當爲「來田」之訛，「成」、「來」草書形相近（吳汝綸說）。「田」，獵。「猿狙之便來藉」，今本作「猿狙之便自山林來」，句義不完整。「自山林來」宜爲「來藉」之訛（吳汝綸說）。校以應帝王篇當改作「猿狙之便來藉」。

孫詒讓說：「『思』疑『累』之誤。『成累』謂見繫累也。」按：孫說可存。原文玆依吳汝綸、奚侗、章炳麟諸說，並據應帝王篇而改。

〔七〕有首有趾：具體之人（林雲銘莊子因）。

〔八〕無心無耳：無知無聞。

〔九〕有形者：指人。

〔一〇〕無形無狀：指「道」。

〔一二〕其動止也，其死生也，其廢起也：「動止」，起居。「廢起」，窮達。言起居、死生、窮達之間，皆有自然而然者（林希逸說）。

〔一三〕此又非其所以也：成疏：「此六者，自然之理，不知所以然也。」

〔一四〕有治在人：人事有治跡。

福永光司說：「『有治在人』下補一句『無治在天』，意義較完足。」（莊子外篇解說一八〇頁）按：福永之說，可供參考。

今譯

先生問老聃說：「有人修道卻相背逆，不可以的說成可，不是的說成是。辯論的人說：『分離堅白好像高懸在天宇那樣易曉。』這樣可以稱做聖人嗎？」

老聃說：「這樣的人如同胥吏治事爲技能所累，勞苦形骸擾亂心神。捕狸的狗被人拘繫，猿猴因爲靈敏才被人從山林裏捉來。孔丘，我告訴你，你所不能夠聽到和你所不能夠說出的，凡是具體的人，無知無聞的多，有形的人和無形無狀的道共同存在是絕對沒有的。起居、死生、窮達，這是自然而不知所以然的。人事有治跡，不執滯於物，不執滯於天然，這便名爲不執滯於自己。不執滯於自己的人，稱爲與天融合爲一。」

一〇

蔣閭葂見季徹〔一〕曰：「魯君謂葂也曰：『請受教。』辭不獲命，既已告矣，未知中否，請嘗薦之。吾謂魯君曰：『必服恭儉，拔出公忠之屬而無阿私，民孰敢不輯〔二〕！』」季徹局局然〔三〕笑曰：「若夫子之言，於帝王之德，猶螳蜋之怒臂以當車軼，則必不勝任矣〔四〕。且若是，則其自爲處危，其觀臺多物，將往投迹者衆〔五〕。」

蔣閭葂覤覤然〔六〕驚曰：「葂也汒若〔七〕於夫子之所言矣。雖然，願先生之言其風也〔八〕。」

季徹曰：「大聖之治天下也，搖蕩民心〔九〕，使之成教易俗，舉滅其賊心〔一〇〕而皆進其獨志〔一一〕，若性之自爲，而民不知其所由然。若然者，豈兄堯舜之教民，溟涬然弟之哉〔一二〕？欲同乎德而心居〔一三〕矣！」

注釋

〔一〕蔣閭葂見季徹：蔣閭及季，姓。葂，徹，名。未知何許人（成疏）。

李勉說：「廣韻閭字注，引藝文志云：『古有蔣閭子，名葂，好學著書。』」

馬叙倫說：「按季徹疑即本書則陽篇之季真。」

〔二〕輯：和。

〔三〕局局然：笑的樣子。

〔四〕螳蜋之怒臂以當車軼，則必不勝任矣：人間世篇：「汝不知夫螳蜋乎，怒其臂以當車轍，不知其不勝任也。」「軼」，同轍，古字相通。

〔五〕則其自爲處危，其觀臺多物，將往投迹者衆：「處危」，身處高危。「觀臺多物」，喻朝廷多事。這一句，各家的斷句不一；郭象的讀法是：「其自爲處危其觀臺，多物將往，投迹者衆。」郭慶藩的讀法是：「則其自爲處危，其觀臺多，物將往，投迹者衆。」這裏從王先謙的讀法。

王先謙說：「『觀臺』，君所居地。『物』，事也。言君所自此多事。」

〔六〕覤覤然：驚訝的樣子。

〔七〕汒若：茫然。

〔八〕言其風：言其略（林希逸說）。「風」當讀爲「凡」，猶云：言其大凡（俞樾說）。另一說：「風」與「方」通（奚侗說）。

〔九〕搖蕩民心：「搖蕩」，與大宗師篇「遥蕩」同，自由縱任之意。

曹受坤說：「『搖蕩民心』，猶今言解放人心使得思想自由耳。」（莊子哲學）

〔一〇〕賊心：知巧之害心（陳壽昌說）。

〔一一〕獨志：獨特之志。

曹受坤說：「『獨志』是個人本能獨創性之活躍。」

〔一三〕豈兄堯舜之教民，溟涬然弟之哉：何必要尊堯舜的教民，而茫然跟從他們呢？

林希逸說：「以堯舜爲高而我次之，故曰：兄堯舜之教而弟之。謂堯舜豈能勝我；我不在堯舜之下。『溟涬』有低頭甘心之意。言豈肯兄堯舜之教而自處其下也。」

宣穎說：「言不肯讓堯舜居先而己後之耳。」

李勉說：「此數句郭注成疏有可取者，惟其謂『溟涬』爲甚貴之謂則非是。『溟涬』二字已見在宥篇，蓋謂冥冥愚沌，無所知貌。『兄』『弟』二字未誤，孫詒讓謂『兄』爲『況』字，『弟』乃『夷』之誤，平等之義，其解殊非。案文義，蓋謂大聖之治，在順民之性，逍遥其心，如是則民性自得，自化成俗，豈必視堯舜爲兄而聽從其教化哉？『溟涬』者，無知盲從之貌，『溟涬弟之哉？』謂茫然從之哉？『弟』作動詞用，弟須尊兄，『弟之』猶言從之。意言大聖之治遠過堯舜，不必尊之爲兄而自居於弟以後之也。」按：審上下文義，李說是。近人章炳麟、于省吾、王叔岷等從孫詒讓改字爲說，反不合原義。

〔一三〕心居：「居」，安定之謂（成疏）。「心居」，即心安。

今譯

蔣閭葂見季徹說：「魯侯對我說：『請指教。』推辭不掉告訴了他，不知道對不對，讓我說給你聽聽。我對魯侯說：『爲政一定要做到恭敬節儉，選拔公正忠直的人而没有偏私，人民誰敢不和呢！』」

季徹吃吃地笑着說：「像先生的話，對於帝王的德業，如同螳螂的奮臂來抗拒車轍，那就一定不勝任了。果真這樣，就身處高危，朝廷多事，奔競歸湊的人多了。」

蔣閭葂吃驚說：「我對先生所說的感到茫然。不過，請先生說個概略。」

季徹說：「大聖治理天下，讓人思想自由，使教化自成、風俗自移，完全消除賊害的心念而增進獨化的心志，好像是本性如此的，人民卻不自知爲什麽這樣。你這樣，哪裏還用尊崇堯舜的教化方法，低頭甘心跟隨他呢？　聖人是要〔人民〕同於自然之德而心安啊！」

一一

子貢南遊於楚，反於晉，過漢陰〔一〕，見一丈人〔二〕方將爲圃畦〔三〕，鑿隧而入井，抱甕而出灌，搰搰然〔四〕用力甚多而見功寡。子貢曰：「有械於此，一日浸百畦，用力甚寡而見功多，夫子不欲乎？」

爲圃者仰而視之曰：「奈何？」曰：「鑿木爲機，後重前輕，挈水若抽；數如泆湯〔五〕，其名爲槔。」爲圃者忿然作色而笑曰：「吾聞之吾師，有機械者必有機事，有機事者必有機心。機心存於胸中，則純白不備；純白不備，則神生〔六〕不定；神生不定者，道之所不載也。吾非不知，羞而不爲也。」

子貢瞞然〔七〕慙，俯而不對。

有閒，爲圃者曰：「子奚爲者邪？」

曰：「孔丘之徒也。」

爲圃者曰：「子非夫博學以擬聖，於于以蓋衆〔八〕，獨弦哀歌以賣名聲於天下者乎？汝方將忘汝神氣，墮汝形骸，而庶幾乎〔九〕！汝身之不能治，而何暇治天下乎？子往矣，無乏吾事〔一〇〕！」

子貢卑陬〔一一〕失色，頊頊然〔一二〕不自得，行三十里而後愈。

其弟子曰：「向之人何爲者邪？夫子何故見之變容失色，終日不自反邪？」

曰：「始吾以夫子爲天下一人耳〔一三〕，不知復有夫人也。吾聞之夫子，事求可，功求成。用力少，見功多者，聖人之道。今徒不然〔一四〕。執道者德全，德全者形全，形全者神全。神全者，聖人之道也。託生與民並行而不知其所之，汒乎〔一五〕淳備哉！功利機巧必忘夫人之心。若夫人者，非其志不之，非其心不爲。雖以天下譽之，得其所謂，謷然〔一六〕不顧；以天下非之，失其所謂，儻然〔一七〕不受。天下之非譽，無益損焉，是謂全德之人哉！我之謂風波之民〔一八〕。」

反於魯，以告孔子，孔子曰：「彼假脩渾沌氏之術者也〔一九〕，識其一，不知其二〔二〇〕；治其內，而不治其外〔二一〕。夫明白太素〔二二〕，無爲復樸，體性抱神，以遊世俗之間者，汝將固驚邪？且渾沌氏之術，予與汝何足以識之哉！」

注釋

〔一〕漢陰：漢水之陰。水南曰「陰」（成疏）。

〔二〕丈人：老人，長者之稱。

〔三〕圃畦（qí旗）：種菜之園曰「圃」，種稻之田曰「畦」。此處「圃畦」作動詞用，謂方將種菜種稻（李勉說）。

〔四〕揁揁然：灌水聲，字從半面讀「骨」（李勉說）。釋文作「用力貌」，非。

〔五〕數如泆湯：疾速如湯沸溢（李頤說）。「數」，通速。「泆」，音逸，本或作溢（釋文）。

〔六〕生：讀爲性（吳汝綸說）。

〔七〕瞞然：羞怍之貌（成疏）。

〔八〕於于以蓋衆：「於于」，夸誕貌（司馬彪說）。淮南子俶真訓作「華誣」（劉文典說）。

李勉說：「案齊物論『前者唱于，而隨者唱喁』，『于喁』，隨和之意。此處『於于』同『于喁』，謂子貢隨和世俗，媚上欺世，取得顯位以蓋衆。」李說可取。

〔九〕而庶幾乎：「幾」，近。而後庶近於道（成疏）。「而」，王先謙解爲「汝」，非，係轉折詞。下二「而」字，似可作「汝」字解（李勉說）。

〔一〇〕無乏吾事：「乏」，廢（釋文）。

〔一一〕卑陬（zōu 鄒）：愧懼貌（李頤說）；慙怍之貌（成疏）。

章炳麟說：「『卑陬』，即顰蹙。說文：『顰，從卑聲。』故『卑』得借爲『顰』。『陬』，即『趣』之借，『趣』、『蹙』聲義近。」

〔一二〕頊頊（xū 虛）然：自失貌（李頤說）。疑「規規」之誤，秋水篇：「規規然自失也。」（王叔岷校釋）

〔一三〕始吾以夫子爲天下一人耳：「夫子」二字原缺。事文類聚續集九、合璧事類別集二一，引「吾以」下並有「夫子」二字，當從之。注：「謂孔子也。」（王叔岷校釋）

〔一四〕今徒不然：「徒」，但，乃（王引之經典釋詞）。

〔一五〕汒乎：芒昧深遠（成疏）；同「茫然」，忘思慮分別之意（福永光司說）。

〔一六〕謷然：高大的神態。「謷」，通傲。德充符篇：「謷乎大哉！」大宗師篇：「謷乎其未可制也。」義同。

〔一七〕儻然：無心之貌（成疏）。

〔一八〕風波之民：「風波」，爲世故所役而不自定（林希逸說）。

〔一九〕假脩渾沌氏之術者也：修習渾沌氏的道術的。

李勉說：「『假』，借。言彼借渾沌氏之術以修身者。『渾沌氏之術』即上文忘神氣，墮形骸，不用機心者。此原借孔子子貢之言以讚揚丈人，而譏子貢與孔子。郭象之注誤『假』爲真假之假，遂以爲孔子嗤丈人之詞。」

〔二〇〕識其一，不知其二：「識其一」，所守純一。「不知其二」，言心不分（林希逸說）；言其心單純，不用機心（李勉說）。

〔二一〕治其內，而不治其外：「內」，本心。「外」，外物（林希逸說）。言渾沌之術在治其本，不治其表。即不求外炫，而求內無機巧之心（李勉說）。

〔二二〕明白太素：「太」字原作「入」。依楊樹達之說，據淮南子精神訓改。

楊樹達說：「『入』字無義，字當爲『太』，形近誤也。淮南子精神訓云：『處其一不知其二，治其內不識其外，明白太素，無爲復樸，體本抱神以遊於天地之樊。』襲用此文，字正作『太』。」（莊子拾遺）

今譯

子貢往南到楚國遊歷，回到晉國，經過漢陰的地方，看見一個老人在菜園的畦間種菜，挖水溝通到井中，抱着甕取水來灌漑，水汩汩地流入畦中。子貢說：「這裏有一種機械，一天灌漑一百區田，用力很少而見效多，先生不願意用嗎？」

灌園的仰頭看看他說：「用什麽辦法呢？」子貢說：「鑿木爲機械，後重前輕，提水如同抽引，快速如同沸湯湧溢，名叫桔槔。」灌園的面起怒色而哂笑着說：「我聽我的老師說，有機巧一類的機械必定有機巧的事，有機巧的事必定有機心。機心存在胸中，便不能保全純潔空明；不能保全純潔空明，便心神不定；心神不定，便不能載道。我不是不知道，而是感到羞恥所以才不那樣做。」

子貢羞愧滿面，低頭不答話。

一會兒，灌園的說：「你是做什麽的？」

子貢說：「我是孔丘的弟子。」

灌園的說：「你不就是以博學比擬聖人，以誇矜來超群出衆，自奏悲歌向天下賣弄名聲的嗎？你遺忘精神，不執著形骸，就差不多接近於道了！你自身都不能修持，怎能治理天下呢！你去吧！不要耽誤了我的耕事。」

子貢慚愧失色，悵然若失，走了三十里路才好些。

子貢的弟子說：「剛才那個是什麽人呢？先生爲什麽見了他變容失色，整天不能復元呢？」

子貢説：「起初我以爲我老師是獨一無二的呢，不知道還有這樣的人。我聽我老師說：事情求可行，功業求成就，用力少而見效多的，就是聖人之道。現在才知道不是這樣。執持大道的德行完備，德行完備的形體健全，形體健全的精神飽滿，精神飽滿的便是聖人之道。託跡人世和人民並行而不知所往，其道茫昧深遠，德性淳厚而完備，功利機巧必定不放在這種人心上。像這樣的人，不是他意志的不會去求，不是他心願的不會去做。縱然舉世都稱譽他，即使合於事實，他也傲然不顧；縱然天下都非議他，即使不合於事實，他也不予理會。世上的毀譽，對他並沒有增加和減少，這便是全德的人呢！我卻是隨俗之人。」

回到魯國，告訴孔子。孔子説：「他是以渾沌的道術來修身的人；持守內心的純一，心神不外分；修養內心，而不求治外在。像這樣明澈純素，自然真樸，體悟本性抱守精神而遨遊於世俗間的人，你會感到驚異嗎？而且渾沌氏的道術，我和你怎麽能理解呢？」

一二

諄芒〔一〕將東之大壑〔二〕，適遇苑風〔三〕於東海之濱。苑風曰：「子將奚之？」

曰：「將之大壑。」

曰：「奚爲焉？」

曰：「夫大壑之爲物也，注焉而不滿，酌焉而不竭，吾將遊焉。」

苑風曰：「夫子無意於橫目之民〔四〕乎？ 願聞聖治。」

諄芒曰：「聖治乎？ 官施而不失其宜，拔舉而不失其能，畢見情事而行其所爲，行言自爲而天下化，手撓顧指〔五〕，四方之民莫不俱至，此之謂聖治。」

「願聞德人。」

曰：「德人者，居無思，行無慮，不藏是非美惡。四海之內共利之之謂悅，共給之之爲安〔六〕；怊乎〔七〕若嬰兒之失其母也，儻乎〔八〕若行而失其道也。財用有餘而不知其所自來，飲食取足而不知其所從，此謂德人之容。」

「願聞神人。」

曰：「上神乘光〔九〕，與形滅亡〔一〇〕，此謂照曠〔一一〕。致命盡情，天地樂而萬事銷亡〔一二〕，萬物復情，此之謂混冥。」

注釋

〔一〕諄芒：寓託人名，取意於前文之「汒乎淳備哉」。

李頤說：「望之諄諄，察之芒芒，故曰『諄芒』。」

陳壽昌說：「誨言重複曰『諄』，『芒』，通茫。諄芒者，不以言教。」

〔二〕大壑：海。

〔三〕苑風：小風（成疏）。「諄芒」、「苑風」，爲寓言。

〔四〕橫目之民：指人。人之目，橫生於面（林雲銘說）。

〔五〕手撓顧指：手招目視的意思。「撓」，動（司馬彪說）；借爲「招」（馬叙倫義證）。「手撓」，即手招。「顧指」，以目示意（李勉說）。

〔六〕共利之之謂悅，共給之之爲安：「共利」、「共給」，與人同樂之意（林希逸說）；乃互利互惠之意。

成玄英說：「動手指揮，舉目顧眄。」

郭慶藩說：「『顧指』，目顧其人而指使之。」

「謂」，猶爲。古「謂」、「爲」字同義互用（郭慶藩說）。

〔七〕怊乎：「怊」，悵（釋文引字林）。按「怊」字説文所無，蓋借爲「惆」（馬叙倫義證）。

〔八〕儻乎：「儻」，借爲悵（馬叙倫義證）。

〔九〕上神乘光：神人駕馭光明。

林希逸說：「言其神騰躍而上，出乎天地之外，日月之光反在其下，故曰『乘光』。」

李勉說：「言至神者與光參合。」

〔一〇〕與形滅亡：不見形跡（王先謙說）。

〔一一〕照曠：照徹空曠（林雲銘說）。文選謝靈運富春渚詩注引「照」作「昭」（馬叙倫說）。

〔一二〕天地樂而萬事銷亡：「萬事銷亡」，意謂不受物累。

宣穎說：「與天地同樂而物累皆捐。」（宣穎說）

今譯

諄芒東遊到海，在東海的岸邊，正遇見苑風。苑風說：「你要到哪裏去？」

諄芒說：「要去大海。」

苑風說：「做什麼？」

諄芒說：「大海的情形，流注而不會滿溢，酌取而不會涸竭，我想去遊歷。」

苑風說：「先生不關心人民嗎？　請說聖治。」

諄芒說：「聖治嗎？　設官施教而不失合宜，任用而不失才能，明察事情而實行所當爲的，言行自動而天下可化育，〔這樣，〕揮手舉目，四方的人民沒有不歸往的，這就是聖治。」

苑風說：「請說德人。」

諄芒說：「德人，安居沒有思念，行動沒有謀慮，不計議是非美醜。四方之內，共同分享便是喜悅，共同施給便是安樂；悵悵然好像嬰兒失去母依，茫茫然好像走路失去方向。財用足餘而不知所從來，飲食充足而不知所從出，這就是德人的容態。」

苑風說：「請說神人。」

諄芒說：「至上的神人乘駕光輝，不見形跡，這稱爲照徹空曠。究極性命揮發性情，和天地共樂而萬事不牽累，萬物回復真情，這就是混同玄冥。」

一三

門無鬼與赤張滿稽〔一〕觀於武王之師。赤張滿稽曰：「不及有虞氏乎！故離〔二〕此患也。」

門無鬼曰：「天下均治而有虞氏治之邪？其亂而後治之與？」

赤張滿稽曰：「天下均治之爲願，而何計以有虞氏爲！有虞氏之藥瘍〔三〕也，禿而施髢〔四〕，病而求醫。孝子操藥以修慈父，其色燋然，聖人羞之〔五〕。

「至德之世，不尚賢〔六〕，不使能；上如標枝〔七〕，民如野鹿，端正而不知以爲義，相愛而不知以爲仁，實而不知以爲忠，當而不知以爲信，蠢動〔八〕而相使〔九〕，不以爲賜。是故行而無迹，事而無傳。」

注釋

〔一〕門無鬼與赤張滿稽：司馬彪本「無鬼」作「無畏」，謂：門，姓；無畏，字。赤張，姓；滿稽，名（李頤說）。疑是寓言化人物。

〔二〕離：同「罹」，遭。

〔三〕藥瘍：「藥」，古讀曜，聲與「療」相近（王引之說）。「瘍（yáng羊）」，頭瘡（成疏）。「藥瘍」，即治頭瘡。

〔四〕髢（dí敵）：髢，髮（李頤說）。

〔五〕孝子操藥以修慈父，其色燋然，聖人羞之：「修」，治。「燋然」，憔悴。林雲銘說：「『修』，治也。言孝子以藥治父之病，是不能使父無病也。故爲聖人所羞，以爲亂而後治之喻。」

〔六〕不尚賢：語見老子三章。

〔七〕上如標枝：言樹杪之枝無心在上（釋文）。「標」，指樹枝的末端。成玄英說：「君居民上，恬淡虛忘，猶如高樹之枝，無心榮貴也。」李勉說：「『標』，揚也。『標枝』，任枝枒之自由揚空也。謂在上者聽民自爲，不加拘束，使民自由逍遥，不以政力强治。」

〔八〕蠢動：指動作單純。

〔九〕相使：相友助（林希逸說）。

今譯

門無鬼和赤張滿稽看到武王伐紂的軍隊。赤張滿稽說：「不如虞舜喲！所以遭遇這禍患。」門無鬼說：「天下太平虞舜才去治理呀！還是天下混亂才去治理呢？」赤張滿稽說：「天下太平是大家的心願，何必需要虞舜呢！虞舜的治療頭瘡，禿了才裝假髮，病了才去求醫。孝子拿藥來治他慈父的病，面色憔悴，聖人〔認爲不能使父親不生病〕還羞他。「至德的世代，不標榜賢能，不指使才技；君上如同高枝，人民如野鹿；行爲端正卻不知道什麼是義，相互親愛卻不知道什麽是仁，内心真實卻不知道什麽是忠，言行得當卻不知道什麽是信，行動單純而互相友助，卻不以爲恩賜。因此行徑没有跡象，事蹟没有留傳。」

一四

孝子不諛其親，忠臣不諂其君，臣子之盛也。親之所言而然，所行而善，則世俗謂之不肖子；君之所言而然，所行而善，則世俗謂之不肖臣。而未知此其必然邪？世俗之所謂然而然之，所謂善而善之，則不謂之道諛〔一〕之人也。然則俗故嚴於親〔二〕而尊於君邪？謂己道人〔三〕，則勃然作色，謂己諛人，則怫然作色。而終身道人也，終身諛人也，合譬飾辭〔四〕聚衆也，是終始本末不相罪坐〔五〕。垂衣裳，設采色，動容貌，以媚一世，而不自謂道諛；與夫人之爲徒，通是非，而不自謂衆人，愚之至也。知其愚者，非大愚也；知其惑者，非大惑也。大惑者，終身不解；大愚者，終身不靈〔六〕。三人行而一人惑，所適者猶可致也，惑者少也；二人惑則勞而不至，惑者勝也。而今也以天下惑，予雖有祈嚮〔七〕，不可得也。不亦悲乎！

大聲〔八〕不入於里耳〔九〕，折楊皇荂〔一〇〕，則嗑〔一一〕然而笑。是故高言不止於衆人之心，至言不出，俗言勝也。以二垂踵惑，而所適不得矣〔一二〕。而今也以天下惑，予雖有祈嚮，其庸可得邪！知其不可得也而强之，又一惑也，故莫若釋之而不推〔一三〕。不推，誰其比憂〔一四〕？厲之人〔一五〕夜半生其子，遽取火而視之，汲汲然唯恐其似己也。

注釋

〔一〕道諛：同諂諛。「諂」與「道」一聲之轉。

〔二〕俗故嚴於親：「故」，「固」同字（吳汝綸說）。「嚴」，敬（成疏）。

〔三〕道人：即諂人。漁父篇曰：「希意道言謂之諂。」「道」與「諂」同義（郭慶藩說）。

〔四〕合譬飾辭：譬喻修辭。林希逸說：「『合其譬』者，言合天下譬喻以立說。『飾辭』者，言修飾其言辭。」

〔五〕終始本末不相罪坐：「坐」上今本脱「罪」字，據陳碧虛闕誤引張君房本補。

劉文典說：「『坐』上『罪』字舊敓。碧虛子校引張本『坐』上有『罪』字。案：張本是也。注：『應受道諛之罪，恒不見罪坐也。』是郭見本亦有『罪』字，今據補。」

〔六〕靈：曉（司馬說）；知（成疏）。

〔七〕祈嚮：嚮導，引導之意。

章炳麟說：「詩大雅傳：『祈，報也。』釋詁：『祈，告也。』『嚮』，即今嚮導字。凡嚮導主呼路徑以報告人，故謂之『祈嚮』。」

〔八〕大聲：偉大的音樂，高雅的音樂。

〔九〕里耳：記纂淵海七八引「里」作「俚」。「里」與「俚」通（王叔岷說）。

〔一〇〕折楊皇荂：古之俗中小曲（成疏）。「皇荂」，道藏各本作「皇華」。「化」、「華」音義同（王叔岷説）。

〔一一〕嗑（hè何）：笑聲。

〔一二〕以二垂踵惑，而所適不得矣：「二垂踵」，各本作「二缶鐘」。釋文本、道藏成玄英疏本、褚伯秀義海纂微本、覆宋本皆作「垂踵」，今據改。「二垂踵」字義解釋極紛歧，較可取者有二説：（一）解「垂踵」爲「垂脚不行」，成玄英、林希逸主此説。（二）解「二垂」爲「歧路」，馬其昶持此説。餘者如俞樾、郭嵩燾、于省吾等，或改字爲訓，或解説迂曲。

成玄英説：「『踵』，足也。夫迷方之士，指北爲南，而二惑既生，垂脚不行，一人亦無由獨進，欲達前所，其可得乎！　此復釋前惑者也。」

林希逸説：「『垂踵』者，垂其足而坐不肯行也。『二垂踵惑』者，即前言二人惑也。『所適不得』，即前言勞不至也。傳寫之誤，以『垂』爲『缶』，以『踵』爲『鐘』，皆不可解。」按：林説承成疏。依成説，「二垂踵」可釋爲二人迷惑而裹足不前。

劉師培説：「釋文云：『司馬本作「二垂鐘」。云：「鐘，注意也。」』如司馬説，蓋以『邊』釋『垂』。……然則『二垂』猶『二方』矣。『二垂鐘惑』，謂傾意兩方，故曰：『所適不得。』」按：馬其昶釋「二垂」爲「歧路」，與劉説近。

〔一三〕不推：不推究。

〔一四〕誰其比憂：「比」，與。憂患誰與（成疏）。

〔一五〕厲之人：醜病人（成疏）。「厲」，音賴（釋文），爲「癘」省（馬叙倫説）。

今譯

孝子不阿諛他的父母，忠臣不諂媚他的君主，這是做臣、子的最好表現。父母所説的都認爲是，所行的都認爲對，世俗便稱他爲不肖子；君主所説的都認爲是，所行的都認爲對，世俗便稱他爲不肖臣。而不知道這樣果真是必然妥當的麼？世俗上所認爲是的便以爲是，所認爲對的便以爲對，卻不稱他爲諂諛的人。然而，世俗果然比父母更可敬，比君主更可尊嗎？有人説自己是諂媚的人，便勃然變色，説自己是阿諛的人，便忿然變容。然而終身諂媚人，終身阿諛人，譬喻修辭來邀衆，卻始終認不出過錯。陳設衣裳，布施文彩，華飾容貌，來諂媚一世，自己卻不以爲是阿諛。他與世俗之輩爲伍，〔和流俗〕是非相同，自己卻不明白和世俗庸衆一般，真是愚昧極了。知道自己是愚昧的，並不是大愚昧；知道自己是迷惑的，並不是大迷惑。大迷惑的人，終身不解悟；大愚昧的人，終身不自知。三個人同行，是一個人迷惑，所要去的地方還可以到達，因爲迷惑的人少；要是兩個人迷惑，就會徒勞而達不到，因爲迷惑的人多。現在卻天下人都迷惑，我雖然有期求的方向，卻無助於衆人，這不是可悲麽！

高尚的音樂不被俚俗所欣賞，里巷小曲，聽了便欣然而笑。所以崇高的言論聽不進世俗衆人的心中，至理的言論不顯現，卻是被流俗的言論所掩蓋。要是兩個人迷惑而裹足不前，所要去的地方達不到了。現在天下人都迷惑，我雖然有期求的方向，怎麽能達到呢！知道達不到還要勉强，這又是迷惑呀，所以還不如放開手來不必推究。要是不追究，誰還能有憂愁呢？醜人半夜生孩子，趕快打燈來看，惶惶然唯恐像自己。

一五

百年之木，破爲犧樽〔一〕，青黄而文之，其斷在溝中。比犧樽於溝中之斷，則美惡有間矣，其於失性一也。桀跖與曾史〔二〕，行義有間矣，然其失性均也。且夫失性有五：一曰五色亂目，使目不明；二曰五聲亂耳，使耳不聰；三曰五臭〔三〕薰鼻，困惾〔四〕中顙〔五〕；四曰五味濁口，使口厲爽〔六〕；五曰趣舍〔七〕滑心〔八〕，使性飛揚。此五者，皆生之害也。而楊墨乃始離跂〔九〕自以爲得，非吾所謂得也。夫得者困，可以爲得乎？則鳩鴞〔一〇〕之在於籠也，亦可以爲得矣。且夫趣舍聲色以柴其内〔一一〕，皮弁鷸冠〔一二〕搢笏紳修〔一三〕以約其外，内支盈於柴柵〔一四〕外重纆繳〔一五〕，睆睆然〔一六〕在纆繳之中而自以爲得，則是罪人交臂歷指〔一七〕而虎豹在於囊檻〔一八〕，亦可以爲得矣。

注釋

〔一〕犧樽：祭祀用的酒器。「犧樽」一詞，已見於馬蹄篇。

〔二〕桀跖與曾史：「跖」上原缺「桀」字。依劉師培之説補。劉師培説：「『跖與曾史』，『跖』上挩『桀』字。成疏云：『桀跖之縱凶殘。』是成疏故本作桀跖也。在宥篇云：『上有桀跖，下有曾史。』又云：『焉知曾史之不爲桀跖嚆矢也。』僉以曾史、桀跖並詞，本篇之文當亦然也。」劉説可從，因據成玄英疏補上「桀」字。

〔三〕五臭：羶、薰、香、腥、腐稱爲五臭。

〔四〕困惾：衝逆人（林希逸說）。「惾」，讀衝，襲刺之意。

〔五〕中顙：自鼻而通於顙（林希逸說）。

〔六〕厲爽：病傷。

郭慶藩說：「大雅思齊箋曰：『厲，病也。』逸周書謚法篇曰：『爽，傷也。』（廣雅同）『使口厲爽』，病傷滋味也。」

〔七〕趣舍：取捨。

成玄英說：「『趣』，取也。順心則取，違情則舍。」

林希逸說：「『趣舍』，是非好惡也。」

〔八〕滑心：亂心。「滑」作迷亂講，和齊物論「滑疑之耀」與徐无鬼「頡滑有實」的「滑」同義。

〔九〕離跂：翹起足跟，形容用力想出人頭地。「離跂」一詞，已見於在宥篇。

〔一〇〕鳩鴞：齊物論大宗師有「鴞炙」語。「鴞」是小鳩。

〔一一〕柴其內：塞在心中。

林雲銘說：「『柴』，梗礙也。芥帶胸中也。」

宣穎說：「如木枝塞胸中。」

〔一二〕皮弁（biàn 卞）鷸（yù 玉）冠：古時的冠冕。

成玄英說：「『皮弁』者，以皮爲冠也。『鷸』者，鳥名，似鶩，紺色，取其翠羽飾冠，故謂之『鷸冠』。」

〔一三〕緡笏紳修：古時的朝服。

成玄英說：「『緡』，插也。『笏』，猶珪，謂插笏也。『紳』，大帶也。『修』，長裙也。此皆以飾朝服也。」

〔一四〕內支盈於柴柵：「支」，塞。「盈」，滿（成疏）。「柴」，與「棧」通，謂積木圍護四周（劉師培說）。「內支盈於柴柵」，即內心塞滿了欄柵。

〔一五〕纆繳：繩索。和駢拇篇「纆索」同義。

〔一六〕睆睆（huǎn 緩）然：極目遠望的樣子。

李頤說：「睆睆，窮視貌。」

〔一七〕交臂歷指：反手綑縛。

司馬彪說：「交臂，反縛也。」

林希逸說：「歷指，繩縛其手而指可數也。」

馬叙倫說：「『歷』爲『櫪』省。押指也。」

〔一八〕囊檻：圈檻。

馬叙倫說：「『囊』，不可以養虎豹。蓋本是『桊』字。說文曰：『桊，囊也。』校者注『囊』字以釋之。傳寫譌爲『囊』耳。『桊』借爲『圈』，淮南子主術訓『故夫養豹屏象者爲之圈檻』，是其例證。說文曰：『圈，獸之閑也。』」

今譯

百年的樹木，破開做成「犧樽」酒器，用青黄彩色來修飾，砍斷不用的抛棄在溝中。犧樽酒器和棄置溝中的斷木比起來，美醜是有差别的，然而從喪失本性來看卻是一樣的。夏桀盜跖和曾參史魚，行爲的好壞是有差别的，然而從喪失本性來看卻是一樣的。而喪失本性可列爲五種：一是五色紊亂眼目，使得眼睛不明；二是五聲撓亂聽覺，使得耳朶不靈；三是五臭薰人嗅覺，使得鼻腔受激擾；四是五味敗壞口舌，使得味覺喪失；五是好惡迷亂心弦，使得性情浮動。這五種都是生命的禍害。楊朱墨翟想出人頭地而自以爲有所得，這並不是我所謂的自得。有所得反倒受困，這可以算做是自得嗎？那麼斑鳩在籠子裏，也可以算做是自得了。況且好惡聲色充塞心中，冠冕服飾拘束體外，内心塞滿了欄栅，體外束縛了繩索，眼看在繩索綑縛之中還自以爲得意，那麼罪人反手被縛、手指被刑具鉗夾着，虎豹囚在獸檻裏，也可以算做是自得了！

天道

天道篇，以闡述自然之義爲主，由八章文字雜纂而成。各章意義不相關聯，屬於雜記體裁。「天道」，即自然的規律。取篇首二字爲篇名。

本篇各本第三章自「夫帝王之德」至「非上之所以畜下也」，與莊周之旨不相侔，自王船山以來學者多人指出屬黄老派之作，姑予存留，但不作譯釋。本篇其他各章的要義依次如下：第一章，寫自然規律運行而不輟；自然界中，萬物自動自爲。聖人法自然的規律，以明靜之心觀照萬物。第二章，寫「天樂」，體會天樂的人，能順自然而行，與萬化同流。第三章，堯與舜的對話，寫治天下當法天地的自然。第四章，寫孔子求教於老聃，老聃評六經冗贅，仁義絶人。進而申説天地萬物的本然性與自然性。以爲人情世教，當順任自然，無擾人的本性。第五章，藉士成綺與老子對話，評智巧驕泰，讚無心任自然。第六章，要人退仁義，擯禮樂，體道的廣大涵容。第七章，指出「意之所隨者，不可以言傳」，因而世之所貴的書，並不可貴。第八章，輪扁與桓公對話，述真意之不可言傳性。

出自本篇的成語有六通四辟、水靜燭眉、膠膠擾擾、呼牛呼馬、不可言傳、得心應手等。

一

天道運而無所積〔一〕，故萬物成；帝道運而無所積，故天下歸；聖道運而無所積，故海內服。明於天，通於聖，六通四辟〔二〕於帝王之德者，其自爲也，昧然〔三〕無不靜者矣。聖人之靜也，非曰靜也善，故靜也；萬物無足以鐃〔四〕心者，故靜也。水靜則明燭鬚眉，平中準，大匠取法焉。水靜猶明，而況精神！聖人之心靜乎！天地之鑑也，萬物之鏡也〔五〕。夫虛靜恬淡寂漠無爲〔六〕者，天地之本〔七〕，而道德之至〔八〕，故帝王聖人休焉〔九〕。休則虛，虛則實〔一〇〕，實者備矣〔一一〕。虛則靜，靜則動，動則得矣。靜則無爲，無爲也則任事者責〔一二〕矣。無爲則俞俞〔一三〕，俞俞者憂患不能處，年壽長矣。夫虛靜恬淡寂漠無爲者，萬物之本也。明此以南鄉〔一四〕，堯之爲君也；明此以北面，舜之爲臣也。以此處上，帝王天子之德也；以此處下，玄聖素王之道也〔一五〕。以此退居而閒遊，則江海山林之士服〔一六〕；以此進爲而撫世，則功大名顯而天下一也。靜而聖，動而王，無爲也而尊，樸素而天下莫能與之爭美。

注釋

〔一〕天道運而無所積：自然規律的運行是不停頓的。

成玄英說：「『運』，動也。『積』，滯也。言天道運轉，照之以日月，潤之以雨露，曾無滯積，是以四序回轉，萬物生成。」

嚴北溟說：「『天道』的内容，最早包含着天文學家關於天體運行軌道的推算和占星術用來預卜吉凶禍福的兩種因素，即科學的和迷信的兩種因素。隨着人們對自然界認識的提高和原始宗教迷信的動摇，『天道』觀念中的迷信成分也逐漸褪色，進步思想家開始用『天道』來表示天體運用的一種客觀規律性。」

〔二〕六通四辟：六合通達四時順暢。「六」，指六合，即四方上下，「四」，指四時；一指空間，一指時間。「辟」，同「闢」。「六通四辟」見於天下篇。

〔三〕昧然：冥然，不知不覺的意思。「昧然」見於田子方和知北遊。

〔四〕鐃：與「撓」同（林希逸口義）。御覽六七引「鐃」作「撓」（馬叙倫校）。

〔五〕聖人之心靜乎！天地之鑑也，萬物之鏡也：後來禪家開悟的境地——「明鏡止水」一觀念，即源於此（福永光司說）。

〔六〕虚靜恬淡寂漠無爲：「虚」「靜」見老子十六章，「恬淡」見老子三十一章，「寂漠」與老子二十五章「寂寥」同義（福永光司說）。

〔七〕天地之本：「本」今本誤爲「平」，根據馬叙倫之説改正。

馬叙倫說：「案『平』刻意篇作『本』，今本誤作『平』，當從之。下文曰：『夫虚靜恬淡寂漠無爲者，萬物之本也。』是其證。『平』『本』形聲相近而譌。」

〔八〕道德之至：「至」，與「質」同。「至」，實。刻意篇正作「道德之質」（郭慶藩說）。陳碧虛闕誤引張君房本「至」下有「也」字。

〔九〕休焉：休慮息心（成疏）。

〔一〇〕虛則實：即禪家所謂真空而後實有（林希逸說）。

〔一一〕實者備矣：「者」，讀爲「則」（馬叙倫義證）。「備」，今本作「倫」。闕誤引江南古藏本「倫」作「備」，於義爲長（奚侗補注）。「實者備矣」，與下「動則得矣」爲韻。「備」以形近譌爲「倫」（劉文典補正）。

〔一二〕責：指各盡其責。

〔一三〕俞俞：猶愉愉（林雲銘莊子因）；形容安逸的樣子。

〔一四〕南鄉：通「南向」，即南面。「南面」「北面」見於天地篇。

〔一五〕玄聖素王之道也：「素王」二字本之於此（胡文英獨見）。

〔一六〕則江海山林之士服：「則」字通行本缺，依武延緒之說補。

武延緒說：「按『江』上疑脱『則』字。」

嚴靈峰先生說：「武說是也。下文『則功大名顯而天下一也』與此一律，因據補。」

今譯

自然規律的運行是不停頓的，所以萬物得以生成；帝王之道的運行是不停頓的，所以天下歸向；聖人之道的運行是不停頓的，所以海内賓服。明於自然的規律，通於聖人之道，六合四時暢達於帝王之德的，任各物自動，萬物無不靜悄悄地自生自長。聖人的清靜，並不是説清靜是好的所以才清靜；萬物不足以攪擾内心才是清靜。水清靜便能明澈照見鬚眉，水平面合於規準，可爲大匠所取法。水清靜便明澈，何況是精神呢！聖人的内心清靜，可以作爲天地的明鑑，萬物的明鏡。虛靜、恬淡、寂漠、無爲，乃是天地的本原和道德的極致。所以帝王聖人便休止在這境地上。心神休靜便空明，空明便得充實，充實便是完備。〔心境〕空明便清靜，清靜而後活動，活動而無不自得。清靜便無爲，無爲便任事各盡其責。無爲便安逸，安逸的人不被憂患所困擾，年壽便能長久。虛靜、恬淡、寂漠、無爲，乃是萬物的本原。明白這個道理來做君主，便像堯爲國君；明白這個道理來做人臣，便像舜爲臣子。以這個道理來處於上位，便是帝王天子的常德；以這個道理來處於下位，便是玄聖素王的原則。以這道理來隱居閒遊，江海山林之士便遵從；以這個道理來進而安撫世界，便能功大名顯而天下統一。清靜則爲玄聖，行動則爲帝王，無爲則爲萬物所尊崇，樸素則稱美於天下。

二

夫明白於天地之德者，此之謂大本大宗，與天和者也；所以均調天下，與人和者也。與人和者，謂之人樂；與天和者，謂之天樂。

莊子曰：「吾師乎！吾師乎！𩐋萬物而不爲義，澤及萬世而不爲仁，長於上古而不爲壽，覆載天地刻雕衆形而不爲巧〔一〕，此之爲天樂。故曰：『知天樂者，其生也天行〔二〕，其死也物化。靜而與陰同德，動而與陽同波〔三〕。』故知天樂者，無天怨，無人非，無物累，無鬼責。故曰：『其動也天，其靜也地，一心定而天地正〔四〕；其魄不祟〔五〕，其魂不疲〔六〕，一心定而萬物服。』言以虛靜推於天地，通於萬物，此之謂天樂。天樂者，聖人之心，以畜天下也〔七〕。」

注釋

〔一〕吾師乎！吾師乎！齏（ㄐㄧ基）萬物而不爲義，澤及萬世而不爲仁，長於上古而不爲壽，覆載天地刻雕衆形而不爲巧：這幾句已見於大宗師。「吾師乎」，指「道」。「義」，今本作「戾」，據大宗師改正。

林希逸說：「此數句與大宗師篇同，卻又著『莊子曰』三字，前曰許由之言，今以爲自言，可見件件寓言，豈可把作實話看。」

劉咸炘說：「大宗師作許由語，而此直引作『莊子』顯是後人語。」（引自嚴靈峰先生道家四子新編七一九頁）

〔二〕天行：順乎自然而運行。

林希逸說：「『天行』，行乎天理之自然也。」

〔三〕同波：同流。

〔四〕一心定而天地正：「天地正」原作「王天下」，根據武延緒的說法改正。

武延緒說：「按『王』疑『正』字之譌，本在句末。後人不知其誤，又嫌於義未協；故乙於『天下』之上耳。『天下』疑當作『天地』，『天地正』與『萬物服』對文。下文『推於天地，通於萬物』，正承此而言。」

嚴靈峰先生說：「武說是也。後文『乘天地，馳萬物』，亦以『天地』與『萬物』對言。」武、嚴之說可從。

〔五〕其魄不祟：形體沒有病患。「魄」今本作「鬼」，當是「魄」字，與下句「魂」字對舉，「魄」指形體，「魂」指精神。「祟」作「病」講。

王懋竑說：「『鬼』當爲『魄』。」

馬敘倫說：「按『祟』，借爲『疷』。說文曰：『疷，病也。』」

〔六〕其魂不疲：精神不倦（林希逸注）。語亦見刻意篇。

〔七〕聖人之心，以畜天下也：「畜」，養。

按：此下自「夫帝王之德」至「非上之所以畜下也」一大段文，與莊周之學不類。歐陽修說：「此以下，俱不似莊子。」（劉鳳苞南華雪心編、吳汝綸莊子點勘引）。這段原文如下：

夫帝王之德，以天地爲宗，以道德爲主，以無爲爲常。無爲也，則用天下而有餘；有爲也，則爲天下用而不足。故古之人貴夫無爲也。上無爲也，下亦無爲也，是下與上同德，下與上同德則不臣；下有爲也，上亦有爲也，是上與下同道，上與下同道則不主。上必無爲而用天下，下必有爲爲天下用，此不易之道也。故古之王天下者，知雖落天地，不自慮也；辯雖彫萬物，不自說也；能雖窮海內，不自爲也。天不產而萬物化，地不長而萬物育，帝王無爲而天下功。故曰莫神於天，莫富於地，莫大於帝王。故曰帝王之德配天地。此乘天地，馳萬物，而用人群之道也。

本在於上，末在於下；要在於主，詳在於臣。三軍五兵之運，德之末也；賞罰利害，五刑之辟，教之末也；禮法度數，形名比詳，治之末也；鐘鼓之音，羽旄之容，樂之末也；哭泣衰絰，隆殺之服，哀之末也。此五末者，須精神之運，心術之動，然後從之者也。

末學者，古人有之，而非所以先也。君先而臣從，父先而子從，兄先而弟從，長先而少從，男先而女從，夫先而婦從。夫尊卑先後，天地之行也，故聖人取象焉。天尊，地卑，神明之位也；春夏先，秋冬後，四時之序也。萬物化作，萌區有狀，盛衰之殺，變化之流也。夫天地至神，而有尊卑先後之序，而況人道乎！宗廟尚親，朝廷尚尊，鄉黨尚齒，行事尚顯，大道之序也。語道而非其序者，非其道也；語道而非其道者，安取道！

是故古之明大道者，先明天而道德次之，道德已明而仁義次之，仁義已明而分守次之，分守已明而形名次之，形名已明而因任次之，因任已明而原省次之，原省已明而是非次之，是非已明而賞罰次之。賞罰已明而愚知處宜，貴賤履位；仁賢不肖襲情，必分其能，必由其名。以此事上，以此畜下，以此治物，以此修身，知謀不用，必歸其天，此之謂大平，治之至也。

故書曰：「有形有名。」形名者，古人有之，而非所以先也。古之語大道者，五變而形名可舉，九變而賞罰可言也。驟而語形名，不知其本也；驟而語賞罰，不知其始也；倒道而言，迕道而說者，人之所治也，安能治人！驟而語形名賞罰，此有知治之具，非知治之道；可用於天下，不足以用天下，此之謂辯士，一曲之人也。禮法數度，形名比詳，古人有之，此下之所以事上，非上之所以畜下也。

各家對這段文義，頗多評論。王夫之說：「此篇之說，有與莊子之旨迥不相侔者。蓋秦漢間學黃老之術以干人主者之所作也。……以無爲爲君道，有爲爲臣道，則剖道爲二。且既以有爲臣道矣，又曰『以此南鄉，堯之爲君也；以此北面，舜之爲臣也』。則自相刺謬。……定非莊子之書，且非善學莊子者之所擬作，讀者所宜辨也。」王夫之又於這段文後評說：「其意以兵刑法度禮樂委之於下，而按分寸、執名法以原省其功過，此形名家之言，而胡亥督責之術，因師此意，要非莊子之旨。」（莊子解）胡文英說：「議論頗似韓非慎到根柢。」（莊子獨見）錢穆說：「此皆晚世儒生語耳，豈誠莊生之言哉！」（莊子纂箋）關鋒說：「這裏所表述的思想和尹文子完全一致。……承認形名之學對於治之作用，主張正名、定分、明分（或守分），兩者也是完全一致的。這既不是老子或莊子一派的主張，也不是儒家的主張。」（莊子外雜篇初探）馮友蘭說：「這是稷派所講的；這幾段話，主要的目的，是使『愚、知處宜，貴賤履位，仁賢、不肖襲情』，就是說，嚴格地維持封建社會等級和秩序。這裏思想與老子不同，更與莊子不同。」（哲學史新編第二册一三六頁）。李勉說：「尊卑先後之言，則頗不類老莊之旨。」（莊子總論及分篇評注）以上各家所論極是。然莊周衆多後學中個別門人染有黃老之學觀點，亦不無可能。

今譯

明瞭天地常德的，便是大根本大宗原，便是與天冥合；用來均調天下，便是與人冥合。與人冥合的，稱爲人樂；與天冥合的，稱爲天樂。

莊子說：「我的大宗師啊！調和萬物卻不以爲義，澤及萬世卻不以爲仁，長於上古卻不算老，覆天載地、雕刻各種物體的形象卻不顯露技巧，這就是天樂。所以說：『體會天樂的，他存在時便順自然而行，他死亡時便和外物融合。靜時和陰氣同隱寂，動時和陽氣同波流。』所以體會天樂的，不怨天，不尤人，没有外物牽累，没有鬼神責罰。所以說：『動時如天運轉，靜時如地寂然，一心安定而天地正位，形體没有病患，精神不會疲乏，一心安定而萬物歸服。』這是說寂靜推及於天地，通達於萬物，這就是天樂。所謂天樂，便是聖人的愛心，來養育天下。」

三

昔者舜問於堯曰：「天王〔一〕之用心何如？」

堯曰：「吾不敖〔二〕無告〔三〕，不廢窮民，苦〔四〕死者，嘉〔五〕孺子而哀婦人。此吾所以用心已。」

舜曰：「美則美矣，而未大也。」

堯曰：「然則何如？」

舜曰：「天德而土寧〔六〕，日月照而四時行，若晝夜之有經，雲行而雨施矣。」

堯曰：「膠膠〔七〕擾擾乎！子，天之合也；我，人之合也。」

夫天地者，古之所大也，而黄帝堯舜之所共美也。故古之王天下者，奚爲哉？天地而已矣。

注釋

〔一〕天王：猶天子（成疏）。

〔二〕敖：侮慢（成疏）。

〔三〕無告：指無所告訴，無所依靠的。

〔四〕苦：悲憫。

〔五〕嘉：喜愛。

〔六〕天德而土寧：「德」作「成」解（章炳麟說）。「土」，今本作「出」，據孫詒讓之說改作「土」。

孫詒讓說：「『出』當爲『土』，形近而誤。墨子天志篇：『君臨下土。』今本『土』誤『出』，是其證。『天』與『土』，『日月』與『四時』，文皆平列。」

章炳麟說：「『德』，音同『登』，說文：『德，升也。』『升』即『登』之借，公羊隱五年傳：『登來』亦作『得來』。故『德』可借爲『登』，釋詁：『登，成也。』『天登而土寧』，所謂『地平天成』，與下『日月照而四時行』相儷。」

〔七〕膠膠：形容擾亂，如「擾擾」同義。

今譯

從前舜問堯說：「天王的用心怎麼樣？」

堯說：「我不輕慢孤苦伶仃的人，不捨棄貧窮的人，悲憫死者，喜愛孺子而同情婦女，這是我的用心所在。」

舜說：「好是很好，卻不是最完善的。」

堯說：「那要怎麼做呢？」

舜說：「天成而地寧，日月光照而四時運行，好像晝夜有常，雲飄雨降一樣。」

堯說：「攪擾多事啊！　你是冥合於自然；我只是符合於人事。」

天地是自古以來最大的，爲黃帝堯舜所共同稱賞的。　所以古來治理天下的，還要做什麼呢？（順着天地法則就是了。）

四

孔子西藏書於周室。　子路謀曰：「由聞周之徵藏史〔一〕有老聃者，免而歸居，夫子欲藏書，則試往因焉。」

孔子曰：「善。」

往見老聃，而老聃不許，於是繙六經〔二〕以說。

老聃中其說〔三〕，曰：「大謾〔四〕，願聞其要。」

孔子曰：「要在仁義。」

老聃曰：「請問，仁義，人之性邪？」

孔子曰：「然。君子不仁則不成，不義則不生。仁義，真人之性也，又將奚爲矣？」

老聃曰：「請問，何謂仁義？」

孔子曰：「中心物愷〔五〕，兼愛無私，此仁義之情也。」

老聃曰：「意，幾乎後言〔六〕！夫兼愛，不亦迂乎！無私焉，乃私也。夫子若欲使天下無失其牧乎？則天地固有常矣，日月固有明矣，星辰固有列矣，禽獸固有群矣，樹木固有立矣。夫子亦放德〔七〕而行，循道而趨，已至矣；又何偈偈乎〔八〕揭仁義，若擊鼓而求亡子〔九〕焉？意，夫子亂人之性也！」

注釋

〔一〕徵藏史：「徵」，「典」的意思。「徵藏」，即書庫，猶今圖書館。掌管儲藏典籍的史官稱爲「徵藏史」。

〔二〕六經：原作「十二經」，根據嚴靈峰先生之説改。

嚴靈峰先生説：「釋文引説者云：『詩、書、禮、樂、易、春秋六經，又加六緯，合爲十二經也。』一説云：『易上下經並十翼爲十二。』又一云：『春秋十二公經也。』諸説並傅會也。按：孔子之時無緯書，十翼亦未成。天運篇云：『丘治詩、書、禮、樂、易、春秋六經。』又云：『夫六經先王之陳跡也。』天下篇云：『詩以道志，書以道事，禮以道行，樂以道和，易以道陰陽，春秋以道名分。』皆舉六經，未及六緯，則『十二經』之説，在先秦無有。又天運篇：『不與化爲人。』郭注：『若播六經以説則疏也。』是郭注莊時亦以六經爲説。『十二』二字疑係『六』字缺壞，折而爲二；核者不察，改爲『十二』耳。玆據天運篇文改。」嚴説可取，當改「十二經」爲六經。

〔三〕中其説：半中間插斷他的話。

林希逸説：「中其説者，言方及半。」

嚴靈峰先生説：「中，猶半也。謂孔子未終其言而老子中止之也。」

〔四〕大謾：太冗長。趙諫議本「大」作「太」。「大」「太」字通。

成玄英疏：「大謾者，嫌其繁謾太多。」

〔五〕中心物愷：「愷」，樂（釋文引司馬彪説）。「物」，一説「易」之譌文（吳汝綸説）；一説「和」字之誤（李勉説）。兩説皆可通。

章炳麟説：「『物』爲『易』之誤。『易愷』，即豈弟。周語毛傳皆訓『豈弟』爲『樂易』。」（莊子解故）

李勉説：「『物』係『和』字之誤。『物』『和』二字形似，所以誤混，『物愷』即和樂。」

〔六〕幾乎後言：「幾乎」，危殆。「後言」指後面説的這些話。

嚴靈峰先生説：「成疏：『後發之言。』成説是也。按：上云『中其説』，曩者中止之説爲『前言』，後半所説爲『後言』。『幾』，危殆也，意謂後半繼續所説之言，危殆矣。」

陶鴻慶説：「正文『後』乃『復』字之誤。『幾乎復言』四字爲句，『幾』，殆也。『復』之義爲反復。意蓋病其名言也。」（見陶著讀老莊札記）陶説可存。盧文弨亦説：「舊本『後』作『復』。」

〔七〕放德：依放自然之德（林希逸説）。

嚴靈峰先生說：「論語里仁篇：『放於利而行。』孔安國曰：『放，依也。』」

〔八〕偈偈（jié 詰）乎：形容用力的樣子。

〔九〕亡子：失迷的人。

今譯

孔子想去西邊把經書儲藏在周室。子路謀議說：「我聽說周朝掌管典籍的史官老聃，引退在家，先生要藏書，可以請他幫忙。」

孔子說：「好。」

去見了老聃，老聃卻不答應，於是孔子引述六經來解說。

老聃插斷他的話，說：「太冗長了，希望聽聽要點。」

孔子說：「要點在仁義。」

老聃說：「請問，仁義是人的本性嗎？」

孔子說：「是的。君子不仁便不能成長，不義便不能生存，仁義確是人的本性，還有什麼指教？」

老聃說：「請問，什麼是仁義？」

孔子說：「正心和樂，兼愛無私，這是仁義的實情。」

老聃說：「噫，危殆啊，你後面這些話！談兼愛，豈不是迂曲！說無私，才是偏私。先生想讓天下人不要失去了養育嗎？那〔你要知道〕天地原本是常在的，日月原本是光明的，星辰原本是羅列的，禽獸原本是成群的，樹木原本是成長的。先生依德而行，順道去做，就是最好的了；又何必急急於標舉仁義，好像敲鑼打鼓去尋找失迷的孩子？先生擾亂人的本性啊！」

五

士成綺〔一〕見老子而問曰：「吾聞夫子聖人也，吾固不辭遠道而來願見，百舍重趼〔二〕而不敢息。今吾觀子，非聖人也。鼠壤有餘蔬〔三〕，而棄妹〔四〕之者，不仁也，生熟〔五〕不盡於前，而積斂無崖。」

老子漠然不應。

士成綺明日復見，曰：「昔者，吾有刺於子，今吾心正郤矣〔六〕，何故也？」

老子曰：「夫巧知神聖之人，吾自以爲脫〔七〕焉。昔者子呼我牛也而謂之牛，呼我馬也而謂之馬〔八〕。苟有其實，人與之名而弗受，再受其殃〔九〕。吾服也恒服，吾非以服有服〔一〇〕。」

士成綺鴈行避影〔一一〕，履行遂進〔一二〕而問：「修身若何？」

老子曰：「而容崖然〔一三〕，而目衝然〔一四〕，而顙頯然〔一五〕，而口闞然〔一六〕，而狀義然〔一七〕，似繫馬而止也。動而持〔一八〕，發也機〔一九〕，察而審〔二〇〕，知巧而覩於泰〔二一〕，凡以爲不信〔二二〕。邊竟〔三〕有人焉，其名爲竊。」

注釋

〔一〕士成綺：姓士，字成綺，不知何許人（成疏）。

〔二〕百舍重趼（jiǎn 減）：形容走了很長遠的路脚跟長了厚厚的繭。「百舍」，旅途百日。「趼」，同「繭」，脚跟厚皮。

司馬彪說：「百舍，百日止宿也。」

郭慶藩說：「『趼』，又讀若『繭』。荀子勸學篇『百舍重繭』，宋策墨子『百舍重繭』，皆假『繭』作『趼』也。」

〔三〕鼠壤有餘蔬：鼠穴有餘糧。「鼠壤」，鼠穴土中（成疏）。「蔬」，指穀物。

王念孫說：「穀梁疏引麋信曰：『齊魯之間謂鑿地出土、鼠作穴出土，皆曰壤。』」

司馬彪說：「『蔬』，讀曰『糈』。『糈』，粒也。」

〔四〕棄妹：「妹」，猶昧（成疏）；不愛物（林希逸注）。

馬其昶說：「釋名：『妹，昧也。』易略例明昧，釋文：一作『妹』。『棄』『昧』二字同義。荀子注：『昧，蔑也。』」（莊子故）按：馬說是，「棄妹」即棄蔑。「棄妹之」，宣穎說：「不知惜物而棄之。」宣說承林希逸解，爲是。舊注多非。英譯本（如 James Legge, Herbert A. Giles, James R. Warf, Bwrto Watson 等譯本），都依字面譯「棄妹」爲「遺棄妹妹」，誤。

〔五〕生熟：指生物熟物。

成玄英說：「『生』，謂粟帛；『熟』，謂飲食。」

〔六〕吾心正卻矣：「卻」，通隙。正隙，正在開竅，意即有所覺悟（曹礎基說）。

〔七〕脱：過免（成疏）；離（林希逸説）。

〔八〕呼我牛也而謂之牛，呼我馬也而謂之馬：無成心而順任自然之意。和應帝王篇「一以己爲馬，一以己爲牛」句義相同。

〔九〕苟有其實，人與之名而弗受，再受其殃：若實有此事，人以譏我而我乃拒之，是兩重罪過（林希逸説）。

郭象說：「有實，故不以毁譽經心也。一毁一譽，若受之於心，則名實俱累，斯所以再受其殃也。」

〔一〇〕吾服也恒服，吾非以服有服：「服」，服從，接受。謂：我接受〔别人給與的名稱〕常常是順其自然地接受，並不是〔有心〕接受才去接受。

李勉說：「『服』，順也。言我常順乎自然，吾非爲順服而有所服，即我之順服出乎自然，非有意順服而順服；無存心也。即吾率性順乎自然。」

〔一一〕鴈行避影：像鴈斜行，側身避影。形容側身行走的樣子。

福永光司說：「禮記王制篇：『父之齒隨行，兄之齒鴈行。』『鴈行』，表示對尊者之禮。」

〔一二〕履行遂進：踵步而前（林雲銘注）。

林希逸說：「『履行』，一步躡一步也。『履行遂進』，形容其躡足漸行漸進之貌。」

〔一三〕而容崖然：「而」，同「汝」。下面四句「而」字亦作「汝」。「崖然」，容態高傲，自命不凡的樣子。

王先謙說：「岸然，崖然自異。」

〔一四〕衝然：形象鼓目突視的樣子。

〔一五〕頯（kuí葵）然：形容寬大高亢。大宗師有「其顙頯」句。

〔一六〕闞（kǎn看）然：張口自辯（陳壽昌經解）。

章炳麟說：「『闞』，借爲『凵』。說文：『凵，張口也。』」

〔一七〕義然：形容巍峨的樣子。「義」借爲「峨」，詳見大宗師注釋。

〔一八〕動而持：欲動而强持（宣穎說）。

〔一九〕發也機：發動如放弩矢。形容快速。齊物論：「其發若機栝。」句義相同。

〔二〇〕察而審：好明察而又精審（林希逸注）；察事審詳（王先謙注）。

〔二一〕知巧而覩於泰：智巧而見於驕泰之色（王先謙注）。「覩」，外現。「泰」，驕泰。

〔二二〕凡以爲不信：意指這些都不是真實的本性。

郭嵩燾說「郭象云『凡此十事，以爲不信性命而蕩夫毁譽』，於文多一轉折。『凡以爲不信』，言凡所爲皆出於矯揉，與自然之性不相應，故謂之不信。容也，目也，顙也，口也，狀也，一有矜持，若繫馬而制其奔突，不能自信於心也。動而發，一其機應之，而相勝以知巧，不能自信於外也。微分兩義，不得爲十事。」（引自郭慶藩莊子集釋）

〔二三〕竟：同「境」。趙諫議本作「境」。

今譯

士成綺見了老子問說：「我聽說先生是聖人，我不辭艱苦遠道而來希望見到你，旅途百日，脚跟長厚繭，卻没有止步。現在我看先生，不算是聖人。鼠穴裏有剩餘穀物，不愛惜東西，可說不仁，生物熟品堆滿在面前，還聚斂不已。」

老子漠然不回應。

第二天士成綺再去見老子，說：「昨天我說了先生幾句，今天我心裏有所覺悟，爲什麼呢？」

老子說：「巧智神聖的這種人，我自認爲不是。先前你喊我是牛，我便稱爲牛，你喊我是馬，我便稱爲馬，如果我有其實，別人給與名稱〔來譏諷〕而我卻拒不接受，這是兩重的罪過。我接受〔別人給與的名稱〕常常是順其自然地接受，並不是〔有心〕接受才去接受。」

士成綺側身而行，躡步向前，問說：「怎樣修身？」

老子說：「你的容態自命不凡，你的眼睛鼓目突出，你的額頭高亢，你的口舌誇張，你的形貌巍峨，好似繫住的奔馬〔身雖被繫而心在馳騖〕。蠢蠢欲動而強自抑制，發動迅速如放弩矢，明察而精審，智巧而顯現驕泰之色，這都不是真實的本性。邊境上有一種人，名爲取巧。」

六

夫子曰〔一〕：「夫道，於大不終〔二〕，於小不遺，故萬物備，廣廣乎其無不容也，淵淵乎〔三〕其不可測也。形德仁義〔四〕，神之末也，非至人孰能定之！夫至人有世〔五〕，不亦大乎〔六〕！而不足以爲之累。天下奮棅〔七〕而不與之偕，審乎無假而不與利遷〔八〕，極物之真，能守其本，故外天地，遺萬物，而神未嘗有所困也。通乎道，合乎德，退仁義，賓〔九〕禮樂，至人之心有所定矣。」

注釋

〔一〕夫子曰：與天地篇引二條「夫子曰」同，爲莊周後學所作（福永光司說）。按：成玄英以爲指老子，非。

〔二〕終：窮（成疏）。

〔三〕淵淵乎：今本作「淵乎」。陳碧虛莊子闕誤引江南古藏本疊「淵」字，當據補，以與上句「廣廣乎」對文。「淵淵乎」語亦見於知北遊。

〔四〕形德仁義：「形」，「刑」的借字。「刑德」，賞罰之謂（福永光司說）。

〔五〕有世：有天下（林希逸注）。論語泰伯：「巍巍乎，舜、禹之有天下也。」「有世」和「有天下」同義。

〔六〕不亦大乎：〔責任〕不是很大嗎？

詹姆士·里格英譯："The perfect man has (the charge of) the world;——is not the charge great ?"

（引自James Legge英譯本三九〇頁）

〔七〕奮棅：奮爭柄權。「棅」，同「柄」，指柄權。

陸德明說：「棅，音柄。司馬云：『威權也。』」

〔八〕審乎無假而不與利遷：「無假」，無所假借。「審乎無假」，處於無待。「利」，奚侗認爲「物」的誤字，作「利」亦通。

奚侗說：「『利』當作『物』。『利』，古文作『物』，與『物』形近似易誤。德充符：『審乎無假而不與物遷。』可證。」

馬叙倫說：「按：『利』，當據德充符作『物』。古文『利』字作『物』，形與『物』近，故誤爲『物』。」按楊樹達拾遺與奚、馬説同。

〔九〕賓：同「擯」。

俞樾說：「『賓』，當讀爲『擯』。謂擯斥禮樂也。與上句『退仁義』一律。達生篇曰：『賓於鄉里，逐於州部。』此即假『賓』爲『擯』之證。」

今譯

先生說：「道，對於任何大的東西都不窮盡，對於任何小的東西都不遺漏，所以具備在萬物內。廣大啊，無所不容，淵深啊，不可測量。刑、賞、仁、義，乃是精神的末跡，若不是至人，誰能確定它！至人有天下，責任不是很大嗎！卻不足以牽累他。天下奮爭柄權卻不爲心動，處於無待卻不爲利誘，究極事物的真性，能持守本根，所以能無視天地，忘懷萬物，而精神未嘗有所困擾。貫通於道，融合於德，辭退仁義，擯棄禮樂，至人的心靜定了。」

七

世之所貴道者書也，書不過語，語有貴也。語之所貴者意也，意有所隨。意之所隨者，不可以言傳也〔一〕，而世因貴言傳書。世雖貴之，我猶不足貴也，爲其貴非其貴也。故視而可見者，形與色也；聽而可聞者，名與聲也。悲夫，世人以形色名聲爲足以得彼之情！夫形色名聲果不足以得彼之情，則知者不言，言者不知〔二〕，而世豈識之哉！

注釋

〔一〕意之所隨者，不可以言傳也：這和外物篇「得魚忘筌」、「得兔忘蹄」的意義相通。

〔二〕知者不言，言者不知：見老子五十六章。

今譯

世人所珍貴的道載見於書，書不過是語言，語言有它的可貴處。語言所可貴的是意義，意義有所指向。意義所指向的，卻不能用語言來表達，而世人因爲珍貴語言才傳之於書。世人雖然貴重書，我卻以爲不足貴，因爲所珍貴的並不是〔真正〕可貴的。因而，可以看得見的，是形和色；可以聽得見的是名和聲。可悲啊，世人以爲從形色和名聲就可以得到事象的實情！假如形色名聲果然不足以確知事象的實情，那麽知道的不說，說的並不知道，但世人又怎能了解呢？

八

桓公讀書於堂上，輪扁〔一〕斲〔二〕輪於堂下，釋椎鑿而上，問桓公曰：「敢問，公之所讀者何言邪？」

公曰：「聖人之言也。」

曰：「聖人在乎？」

公曰：「已死矣。」

曰：「然則君之所讀者，古人之糟魄〔三〕已夫！」

桓公曰〔四〕：「寡人讀書，輪人安得議乎！有說則可，無說則死。」

輪扁曰：「臣也以臣之事觀之。斲輪〔五〕，徐則甘而不固，疾則苦而不入〔六〕。不徐不疾，得之於手而應於心，口不能言，有數〔七〕存焉於其間。臣不能以喻臣之子，臣之子亦不能受之於臣，是以行年七十而老斲輪。古之人與其不可傳也死矣，然則君之所讀者，古人之糟魄已夫！」

注釋

〔一〕輪扁：製造車輪的人，名扁。

〔二〕斲（zhuó 啄）：同「斫」。

〔三〕糟魄：即糟粕。「魄」，「粕」的借字。

成玄英說：「酒滓曰『糟』，漬糟曰『粕』。」

〔四〕桓公曰：淮南子道應訓「桓公」下有「悖然作色而怒」六字。

〔五〕斲輪：後漢書張衡傳注引「斲輪」下有「之法」二字（王叔岷校釋）。

〔六〕徐則甘而不固，疾則苦而不入：「甘」，滑。「苦」，澀。「徐」，寬。「疾」，緊。寬則甘滑易入而不堅；緊則滯澀而難入（林希逸說）。

丁展成說：「斲輪者，斲輪孔也。說文：『有輻曰輪，無輻曰輇。』斲輪『徐則甘而不固』，言斲輪孔大則輻易脫。……『徐』有舒義。此謂：輪孔闊也。『疾則苦而不入』，言斲輪孔小則輻不得入。」（莊子音義繹）丁說供參考。

〔七〕數：術（李頤說）。

今譯

桓公在堂上讀書。輪扁在堂下斫車輪，放下椎鑿走上前來，問桓公說：「請問，公所讀的是什麼書？」

桓公說：「是聖人之言。」

問說：「聖人在嗎？」

桓公說：「已經死了。」

輪扁說：「那麼你所讀的，是古人的糟粕了！」

桓公說：「寡人讀書，輪人怎能隨便議論！說得出理由還可以，說不得理由就要處死。」

輪扁說：「我用我所從事的事來觀察。斫車輪，輪孔做得寬就鬆滑而不堅固，做得緊就滯澀而難入。不慢不快，得心應手，口裏說不出來，有奧妙的技術存在其間。我不能告訴我的兒子，我的兒子也不能繼承我，所以七十歲了還在斫輪。古時人和他所不能傳授的，都已經消失了，那麼你所讀的，就是古人的糟粕了！」

天運

天運篇，由七章文字雜纂而成。各章意義不相關聯，屬於雜記體裁。「天運」，即自然的運轉。首句「天其運乎」取二字爲篇名。

本篇第一章，寫宇宙萬物的運行，乃是五種原因在空間運動的結果。第二章，大宰蕩與莊子談仁，申説「至仁無親」之義。第三章，北門成與黄帝論樂，寫聞樂時心境的變化。第四章，師金對顔淵評孔子的復禮，認爲「禮義法度」是應時而變的，守舊者推行古禮，就好像「推舟於陸」一般，是行不通的。第五章，寫老聃向孔子談道，談「采真之遊」。第六章，老聃告訴孔子，仁義憒人心。第七章，寫老子告訴孔子，六經乃先王之陳跡，非「所以迹」。

出自本篇的成語有不主故常、在谷滿谷、滿阬（坑）滿谷、推舟於陸、勞而無功、西子捧心、西施捧心、東施效顰、播糠眯目等。

一

「天其運乎？地其處乎〔一〕？日月其爭於所乎？孰主張〔二〕是？孰維綱是？孰居無事而推行是〔三〕？意者〔四〕其有機緘而不得已邪？意者其運轉而不能自止邪？雲

者爲雨乎？雨者爲雲乎？孰隆施〔五〕是？孰居無事淫樂〔六〕而勸是〔七〕？風起北方，一西一東，在上彷徨〔八〕，孰噓吸〔九〕是？孰居無事而披拂〔一〇〕是？敢問何故？」

巫咸袑〔一一〕曰：「來！吾語女。天有六極五常〔一二〕，帝王順之則治，逆之則凶。九洛之事〔一三〕，治成德備，監照下土，天下戴之，此謂上皇。」

注釋

〔一〕天其運乎？地其處乎：天道篇：「其動也天，其靜也地。」義同。「天運」當指日月星辰運轉、風吹雲飄雨降等現象。

〔二〕主張：主宰而施張（成玄英疏）。

〔三〕而推行是：原作「推而行是」，依奚侗之說改。

奚侗說：「案：『推』字當在『而』下。『推行』連語，與『主張』、『綱維』相耦。」

陶鴻慶說：「郭注云：『無則無能推，有則各有事；然則無事而推行者誰乎哉？各自行耳。』據自，是郭所見本作『而推行是』。與『主張』、『綱維』句法一律。今本蓋校者據釋文改之。」

王叔岷先生說：「注：『然則無事而推行者誰乎哉？』是郭本『推』字正在『而』下。湛然輔行記一三，朱子語類一二五引並同，今本誤倒。」各說可從。

〔四〕意者：猶「或者」。

〔五〕隆施：「隆」，興（成疏）。一說：「隆」當作「降」，古字通用（詳見俞樾莊子平議）。湛然輔行記四〇引正作「降」（王叔岷校釋）。

〔六〕淫樂：過求歡樂。

林雲銘説：「雲雨陰陽和氣所成，故曰『淫樂』。」

〔七〕勸是：勸勉，助成之意。

〔八〕在上彷徨：「在」，今本作「有」。「有」係「在」字之誤。闕誤引張君房本「有」作「在」，當據改（奚侗莊子補注）。唐寫本亦作「在」（王叔岷校）。「彷徨」，迴轉之貌（成疏）；往來之貌（林希逸口義）。

〔九〕噓吸：同呼吸。古時以風爲「大塊噫氣」（齊物論語）。

〔一〇〕披拂：吹動。

〔一一〕巫咸袑：寓設人物。

胡文英説：「『巫咸袑』，或解『袑』爲『招』字，或解爲『巫咸』名『袑』。俱屬鑿空，何用解之。」（莊子獨見）

〔一二〕六極五常：「六極」，即六合，指東、南、西、北、上、下。「五常」，即五行，指金、木、水、火、土。

〔一三〕九洛之事：有兩解：（一）九州聚落之事（成疏）。（二）洛書九疇之事（楊慎注）。「九疇」，指九類大法：一、五行，二、五事，三、八政，四、五紀，五、皇極，六、三德，七、稽疑，八、庶徵，九、五福六極（詳見尚書洪範）。

今譯

「天在運轉嗎？地在定處嗎？日月往復照臨嗎？有誰主宰着？有誰維持着？有誰安居無事

而推動着？或者有機關發動而出於不得已？或者它自行運轉而不能停止？雲層是爲了降雨嗎？降雨是爲了雲層嗎？有誰興降雲雨？有誰安居無事過分求樂去助成它？風從北方吹起，忽西忽東，在上空迴轉往來，有誰嘘吸着？誰安居無事去吹動它？請問什麽緣故？」

巫咸祒說：「來！我告訴你。天有六合五行，帝王順着它便能安治，違逆它便生禍亂。〔順着這自然之理〕九州的事物，功成而德備，照臨人間，天下擁戴，這就是上皇之治。」

二

商大宰蕩〔一〕問仁於莊子。莊子曰：「虎狼，仁也。」

曰：「何謂也？」

莊子曰：「父子相親，何爲不仁？」

曰：「請問至仁。」

莊子曰：「至仁無親〔二〕。」

大宰曰：「蕩聞之，無親則不愛，不愛則不孝。謂至仁不孝，可乎？」

莊子曰：「不然。夫至仁尚矣，孝固不足以言之。此非過孝之言也，不及孝之言也。夫南行者至於郢〔三〕，北面而不見冥山〔四〕，是何也？則去之遠也。故曰：以敬孝易，以愛孝難；以愛孝易，以忘〔五〕親難；忘親易，使親忘我難；使親忘我易，兼忘天下難；兼忘天下易，使天下兼忘我難。夫德遺堯舜而不爲也〔六〕，利澤施於萬世，天下莫知也，豈直太息而言〔七〕仁孝乎哉！夫孝悌仁義，忠信貞廉，此皆自勉以役其德〔八〕者也，不足多〔九〕也。故曰，至貴，國爵并焉〔一〇〕；至富，國財并焉；至顯〔一一〕，名譽并焉。是以道不渝〔一二〕。」

注釋

〔一〕商大宰蕩：「商」，即宋。周朝封殷代後裔爲宋，所以稱爲商。「大宰」是官號，字蕩。

〔二〕至仁無親：即至仁無私，謂至仁者一視同仁，無所偏愛。老子七十九章有「天道無親」，句法相同。齊物論「大仁不仁」，句義一致。

〔三〕郢（yǐng 影）：楚國都邑。在今湖北省江陵縣。

〔四〕冥山：山名寓設。

李勉說：「『冥』，杳遠迷恍之謂。此『冥山』者，作者自命之山，意喻遥遠冥恍之山，在最北之地，非真有此山。言冥山已不易見，則復南行至郢，更不易見，以言愈孝愈遠至仁之道。」（莊子總論及分篇評注）

〔五〕忘：形容心境達到適度的一種境界。

〔六〕德遺堯舜而不爲也：「遺」，忘懷之意。忘懷堯舜而無爲（林希逸口義）。

〔七〕太息而言：嗟嘆自夸（林希逸口義），憂心的表現（曹礎基説）。

〔八〕役其德：「德」，真性，勞役其性（成疏）。

〔九〕不足多：不足尚。

〔一〇〕至貴，國爵并焉：「并」，讀爲「屛」，棄。

林希逸說：「我之至貴，何取於國爵。」

〔一一〕至顯：原作「至願」。「願」字爲「顯」字的筆誤，依奚侗之說改。

奚侗說：「『願』爲『顯』譌。本篇下文『以顯爲是者，不能讓名』。庚桑楚篇：『貴、富、顯、嚴、名、利六者勃志也。』皆足爲本文『願』當作『顯』之證。」

〔一二〕是以道不渝：「渝」，變（成疏）。

馬叙倫說：「按文有奪失。」

李勉說：「上文言『至仁』，『至貴』，『至富』，『至顯』：此處應作『至道』，漏一『至』字也。『渝』應作『喻』，口稱也。『至道不渝』，謂至道不自稱其道以誇揚，所謂大道不稱是也。」按李說可存。

今譯

宋國大宰蕩向莊子問仁。莊子說：「虎狼也有仁性。」

大宰說：「怎麽說呢？」

莊子說：「父子相親，爲什麽不是仁？」

大宰說：「請問至仁。」

莊子說：「至仁超乎親愛。」

大宰說：「蕩聽說：無親便不愛，不愛便不孝。要說至仁不孝，可以嗎？」

莊子說：「不是的。至仁是最高的境界，孝還不足以說明它。你所說的並沒有超過孝，而是沒有達到孝的境界。像往南走到郢都，往北便看不到冥山，這是爲什麽呢？距離太遥遠了。所以說：用敬來行孝容易，用愛來行孝難；用愛來行孝容易，使父母安適難；使父母安適容易，讓父母不牽掛我難；讓父母不牽掛我容易，使天下安適難；使天下安適容易，讓天下忘我難。所謂至德便是遺忘堯舜而虛靜無爲，澤及萬世而天下不知，難道非要憂心忡忡去宣揚仁孝嗎！孝悌仁義，忠信貞廉，這些都是用來勉勵自己而勞苦人性的，卻是不足以刻意標舉的。所以說：最尊貴的，一國的爵位可以捨棄；最富足的，一國的財貨可以捨棄；最顯榮的，任何名譽可以捨棄。這乃是依道而行事的緣故。」

三

北門成〔一〕問於黃帝曰：「帝張咸池〔二〕之樂於洞庭之野〔三〕，吾始聞之懼，復聞之怠，卒聞之而惑；蕩蕩默默〔四〕，乃不自得。」

帝曰：「汝殆其然哉！吾奏之以人，徽〔五〕之以天，行之以禮義，建之以太清〔六〕。四時迭起，萬物循生；一盛一衰，文武倫經〔七〕；一清一濁，陰陽調和，流光其聲；蟄蟲始作，吾驚之以雷霆；其卒無尾，其始無首；一死一生，一僨〔八〕一起；所常無窮〔九〕，而一不可待〔一〇〕。汝故懼也。

「吾又奏之以陰陽之和，燭之以日月之明；其聲能短能長，能柔能剛，變化齊一，不主故常〔一一〕；在谷滿谷，在阬滿阬；塗郤〔一二〕守神，以物爲量〔一三〕。其聲揮綽〔一四〕，其名〔一五〕高明。是故鬼神守其幽，日月星辰行其紀。吾止之於有窮，流之於無止。子欲慮之而不能知也，望之而不能見也，逐之而不能及也；儻然立於四虛之道〔一六〕，倚於槁梧而吟〔一七〕。心窮乎所欲知，目窮乎所欲見，力屈乎所欲逐〔一八〕，吾既不及已夫！ 形充空虛，乃至委蛇〔一九〕。汝委蛇，故怠。

「吾又奏之以無怠之聲，調之以自然之命〔二〇〕，故若混逐叢生〔二一〕，林樂而無形〔二二〕；布揮而不曳〔二三〕，幽昏而無聲。動於無方〔二四〕居於窈冥〔二五〕；或謂之死，或謂之生；或謂之實，或謂之榮；行流散徙，不主常聲。世疑之，稽於聖人。聖也者，達於情而遂於命也。天機不張而五官皆備，無言而心說，此之謂天樂〔二六〕。故有焱氏〔二七〕爲之頌曰：『聽之不聞其聲，視之不見其形，充滿天地，苞裹六極。』汝欲聽之而無接焉，而〔二八〕故惑也。

「樂也者，始於懼，懼故祟。吾又次之以怠，怠故遁；卒之於惑，惑故愚〔二九〕；愚故道，道可載而與之俱也。」

注釋

〔一〕北門成：姓北門，名成，黄帝臣（成疏）。黄帝與北門成對話係寓設。

〔二〕咸池：古代樂章名稱。

〔三〕洞庭之野：即廣漠之野。

成玄英疏：「洞庭之野，天地之間，非太湖之洞庭也。」

〔四〕蕩蕩默默，乃不自得：「蕩蕩」，精神散（林希逸説）。「蕩蕩默默」，摇摇昏昏。「不自得」，内心空虚疑惑，不知所以然（李勉説）。

〔五〕徽：今本作「徵」。古本多作「徽」（釋文）。與「揮」同（馬叙倫義證），奏樂之意。

〔六〕建之以太清：「太清」，天道（成疏）。

按：「建之以太清」句下，通行本原有「夫至樂者，先應之以人事，順之以天理，行之以五德，應之以自然，然後調理四時，太和萬物」三十五字，疑係郭象注文羼入。

蘇輿説：「『夫至樂者』以下三十五字是注文。」

馬叙倫説：「蘇説是也。當是郭象注。」

于省吾説：「蘇轍云：『夫至樂者以下三十五字是注文。宜在下文『流光其聲』下注文『自然律吕』云云之上。』按蘇説是也。郭慶藩集釋竟未採此説，疏矣。兹列五證以明之：敦煌古鈔本無此三十五字，其證一也。『先應之以人事，順之以天理』，與上『奏之以人，徵之以天』詞複，其證二也。『調理四時，太和萬物』，與下『四時迭起，萬物循生』，詞義俱複，其證三也。上言『行之以禮義，建之以太清』，『清』字與下文『生』『經』爲韻，有此三十五字，則『清』字失韻，其證四也。郭於三十五字之以無注，其證五也。」

王叔岷先生說：「案唐寫本，趙諫議本，道藏成玄英本，王元澤本，林希逸口義本，並無此三十五字，乃疏文竄入正文也。」劉文典補注與王說同。

〔七〕文武倫經：「倫經」，猶經綸（胡文英、郭嵩燾、章炳麟說）。

林希逸說：「發生，『文』也。肅殺，『武』也。『倫經』，次序也。」

曹礎基說：「『經綸』，指政治上的比和分合。『文武經綸』，指樂曲表現了文治武功的各種變化。」（莊子淺注）

〔八〕僨：仆（司馬彪說）。

〔九〕所常無窮：「常」，與「當」古通。管子宙合：「應變不失之謂當。」這句話意即其所對應之變化無窮。

〔一〇〕一不可待：皆不可待（俞樾莊子平議）。

曹礎基說：「『一不可待』，全都不能預料。以上四句意謂：樂曲一高一低，一靜一響，都表現了萬物的生死起落，以無窮的變化爲常態，故聽者都感到不可預料。」

〔一一〕不主故常：不拘泥於固定。

林希逸說：「『故』，舊也。『不主故常』，言愈出愈新也。」

〔一二〕塗郤：「塗」，借「杜」，即杜塞的意思，「郤」，同隙，指七竅。「塗郤」，與老子五十六章「塞其兑」同義。

〔一三〕以物爲量：順任外物爲原則。

林希逸說：「隨萬物而爲之劑量，言我之作樂，不用智巧而循自然也。」

〔一四〕揮綽：悠揚越發（林雲銘説）。

〔一五〕名：作節奏解。

林雲銘説：「名者，節奏之可名象者也。」

〔一六〕四虛之道：四方没有際限的大道。

〔一七〕倚於槁梧而吟：德充符有「倚樹而吟，據槁梧而瞑」句。「槁梧」，即几案。

〔一八〕心窮乎所欲知，目窮乎所欲見，力屈乎所欲逐：這三句是承上文「欲慮之而不能知也，望之而不能見也，逐之而不能及也」而來的，今本脱誤爲「目知窮乎所欲見，力屈乎所欲逐」，據馬叙倫之説改正。

馬叙倫説：「案此有脱誤。上文『子欲慮之而不能知也，望之而不能見也，逐之而不能及也』，是『目窮乎所欲見』，應『望之』句；『力屈乎所欲逐』，應『逐之』句，則上宜有一句以應『慮之』句，此『目』下『知』字，即奪文之迹猶可尋者。今在『目』下，則文義不順。蓋本有『口窮乎所欲知』一句，今奪失耳。」馬説確實，惟「口窮乎所欲知」，當爲「心窮乎所欲知」，因「知」與「慮」（上文）都是「心」的作用；「心知」「心慮」連用，已成慣例。

〔一九〕委蛇：隨順應變。已見於應帝王篇。

〔二〇〕自然之命：「命」，借爲「令」，「令」，謂節奏（馬叙倫義證）。

〔二一〕混逐叢生：混然相逐，叢然並生（林雲銘注）。

馬叙倫説：「按『逐』疑爲『遯』之省，混遯猶混沌。」可備一解。

〔二二〕林樂而無形：「林樂」，喻衆樂齊奏。

林希逸說：「『林樂』，林然而樂，言林林總總，無非樂也，而不見其形。」

林雲銘說：「林然共樂，而無有形象。」

郭嵩燾說：「說文：『叢木曰林。』『林樂』者，相與群樂之。五音繁會，不辨聲之所從出，故曰無形。『林樂而無形』，其聲聚也。」（引自郭慶藩莊子集釋）

章炳麟說：「『林』，借爲『隆』。漢避諱改『隆慮』爲『林慮』，明古『隆』『林』音近。說文：『隆，豐大也。』」可備一說。

〔二三〕布揮而不曳：「布揮」，形容樂聲的播散振揚。

林雲銘說：「其布散發作，雖若罄盡而不留曳。」

郭嵩燾說：「『揮』者，振而揚之，若布之曳而愈長，而亦無有曳之者。『布揮而不曳』，其聲悠也。」

〔二四〕動於無方：「方」，限定之意（福永光司說）。

〔二五〕窈冥：語見老子二十一章。亦見於在宥篇。

〔二六〕無言而心說，此之謂天樂：原作：「此之謂天樂，無言而心說。」語句疑是倒錯。從文勢看，「此之謂天樂」應是承接「無言而心說」的結語。

王懋竑說：「『無言而心說』，當在『此之謂天樂』上。」按：王說是。

〔二七〕有焱（yàn 咽）氏：神農（成疏）。

〔二八〕而：同汝。

〔二九〕愚：林希逸說：「愚是意識俱亡，大用不行之時。」

今譯

北門成問黃帝說：「你在廣漠的原野上放奏咸池樂章，我初聽時感到驚懼，再聽時便覺鬆弛，最後聽得迷惑了；心神恍惚，把握不住自己。」

黃帝說：「你可能會那樣罷！ 我以人事來彈奏，以天理來伴演，以仁義來運行，以自然元氣應合。四時相繼而起，萬物順序而生；忽盛忽衰，生殺循序；一清一濁，陰陽調和，聲光交流；蟄蟲剛要振作，我以雷霆之聲驚動它；〔樂聲〕終了卻尋不着結尾，開始卻尋不着源頭；忽而消逝忽而興作，忽而停止忽而升起；對應變化而無窮盡，而全然不可期待，所以你感到驚懼。

「我又用陰陽的和諧來演奏，用日月的光明來燭照；聲調可短可長，能柔能剛；變化有規律，卻能翻陳出新，樂聲盈滿阬谷；約制情欲，凝守精神，循任自然。音樂悠揚，節奏明朗。因而鬼神幽隱，日月星辰依軌道運行。我演奏有時而止，回聲卻流泛無窮。你要思慮卻不能明白，要觀看卻見不到，要追逐卻趕不及；茫然置身於四面無際限的大道，倚着几案而談吟。內心窮竭於所要明瞭的，眼睛窮竭於所要見到的，精力窮竭於所要追逐的，你追趕我不上了！ 形體充滿而內心空明，才可隨順應變。你隨順應變，所以覺得鬆弛。

「我又用無怠的聲音來演奏，用自然的節奏來調和，所以音調混然相逐，叢然並生，衆樂齊奏而不見形跡，樂聲播散振揚而不留曳，意境幽深而不可聞。它變化無常，止於玄妙的境界；忽而好像消逝，忽而陡然興起；忽而有如結果，忽而有如開花；它流行不定，不限於老調。世人疑惑，查問聖人。所謂聖，便是通達情理順任自然。性不動而五官俱備，無言而心悅，這就是天樂。所以神農稱頌它說：『聽不到聲音，看不見形象，充滿了天地，包藏着六極。』你想聽也無法聽到，所以你會迷惑。

「這種樂章，開始時感到驚懼，驚懼便以爲是禍患，我又演奏使人心情鬆弛的聲調，心情鬆弛，所以驚懼之情逍滅終於覺得迷惑，迷惑才淳和無識，心靈淳和無識才合於道，到達這種境地，可與道會通融合。」

四

孔子西遊於衛。顏淵問師金〔一〕曰：「以夫子之行爲奚如？」

師金曰：「惜乎，而夫子其窮哉！」

顏淵曰：「何也？」

師金曰：「夫芻狗〔二〕之未陳也，盛以篋衍〔三〕，巾〔四〕以文繡，尸祝齊戒以將〔五〕之。及其已陳也，行者踐其首脊，蘇者〔六〕取而爨之而已。將復取而盛以篋衍，巾以文繡，遊居寢臥其下〔七〕，彼不得夢，必且數眯〔八〕焉。今而夫子，亦取先王已陳芻狗，聚弟子遊居寢臥其下。故伐樹於宋〔九〕，削迹於衛〔一〇〕，窮於商周〔一一〕，是非其夢邪？圍於陳蔡之間〔一二〕，七日不火食，死生相與鄰，是非其眯邪？

「夫水行莫如用舟，而陸行莫如用車。以舟之可行於水也而求推之於陸，則沒世不行尋常〔一三〕。古今非水陸與？周魯非舟車與？今蘄行周於魯，是猶推舟於陸也，勞而無功，身必有殃。彼未知夫無方之傳〔一四〕，應物而不窮者也。

「且子獨不見夫桔槔〔一五〕者乎？引之則俯，舍之則仰。彼，人之所引，非引人也，故俯仰而不得罪於人。故夫三皇五帝〔一六〕之禮義法度，不矜〔一七〕於同而矜於治，故譬三皇五帝之禮義法度，其猶柤梨橘柚〔一八〕邪！其味相反而皆可於口。

「故禮義法度者，應時而變者也。今取猨狙〔一九〕而衣以周公之服，彼必齕齧挽裂，盡去而後慊〔二〇〕。觀古今之異，猶猨狙之異乎周公也。故西施病心而矉〔二一〕其里，其里之醜人見之而美之，歸亦捧心而矉其里。其里之富人見之，堅閉門而不出，貧人見之，挈妻子而去走。彼知矉美，而不知矉之所以美。惜乎，而夫子其窮哉！」

注釋

〔一〕師金：魯國太師，名金。

〔二〕芻狗：用草紮成的狗，作爲祭祀時使用。老子五章：「天地不仁，以萬物爲芻狗。」李頤說：「結芻爲狗，巫祝用之。」

〔三〕篋衍：「篋」，即竹篋。「衍」，笥（李頤注）。

朱駿聲說：「『衍』，借爲『簞』。說文：『簞，笥也。』」（馬叙倫義證引）

〔四〕巾：「覆」（見成疏）。

郭慶藩說：「『巾』字，疑『飾』字之誤。太平御覽引淮南子『絹以綺繡』作『飾以綺繡』。」僅備一說。

〔五〕將：送。和應帝王「不將不迎」的「將」，用法相同。

〔六〕蘇者：樵人（王敔注）。

陸德明說：「李云：『穌，草也，取草者得以炊也。』案方言云：『江淮南楚之間謂之蘇。』史記云『樵蘇後爨』，注云：『穌，取草也。』」

〔七〕寢臥其下：語見於逍遥遊篇。

〔八〕眯（mí 泌）：夢魘。

成玄英疏：「眯，魘。」

〔九〕伐樹於宋：孔子周遊到宋國境内，和弟子們歇在一棵大樹下，孔子叫弟子們温習所學過的禮節。正在演習的時候，宋國的司馬魋帶了一夥人來，把大樹砍倒了，還想殺孔子，孔子隨即帶着弟子逃退。這據説桓魋是個很奢侈的人，他要替自己造一個石槨，造了三年都没有造好，可是工匠都病倒了。事曾被孔子嚴厲地批評，所以結怨於桓魋。

〔一〇〕削迹於衛：孔子離開魯國時，走到衛國（河南北部），衛靈公對他不放心，派了公孫余假監視孔子。孔子不得不離開衛國。孔子離開衛國時，經過一個叫匡的地方（這地方被衛靈公驅逐的一個貴族公孫戌所占據）。匡城人把孔子誤認爲陽虎，原來陽虎曾經帶兵擾亂過這個地方，於是孔子他們被圍困起來，圍困了五天，才被放出來。孔子被放出來的時候，占據匡城的公孫戌還警告他不許再到衛國來。

〔一一〕窮於商周：「窮」，不得志。商是殷地，周是東周（成疏）。「周」，當指宋與衛。

〔一二〕圍於陳蔡之間：陳蔡之間是指負函（現在的河南信陽縣）的地方，孔子在宋國，碰到了桓魋，幾乎遇險。孔子怕遭不測，於是便穿上「微服」（即便衣，見孟子萬章上）逃出了宋國。孔子離開宋國，走到陳國，但是陳國局勢很混亂，於是孔子想去楚國，路經陳蔡之間的負函，這時正逢吳楚交戰。孔子就在路上被亂兵圍住，帶的糧食也吃光了，後來派子貢和楚軍交涉，才解了圍。

〔一三〕尋常：指短距離。八尺的長度爲「尋」，一丈六尺爲「常」。

馬其昶說：「尋常，猶尺寸。左傳：『爭尋常以盡其民。』注言：『爭尺寸之地。』」

〔一四〕無方之傳：没有限定的轉化。「無方」，見於上文。

郭慶藩說：「『傳』，讀若『轉』，言無方之轉動也。呂氏春秋必己篇『若夫萬物之情，人倫之傳』，高注：『傳，猶轉也。』」

〔一五〕桔槔：汲水的器具。天地篇作「槔」。

〔一六〕三皇五帝：「三皇」有兩說：一說天皇、地皇、人皇（河圖三五曆）；一說燧人、伏羲、神農（尚書大傳）。「五帝」有兩說：一說黃帝、顓（zhuān）頊（xū）、帝嚳、堯、舜（史記五帝本紀）；一說少昊、顓頊、高辛、堯、舜（孔安國尚書序）。

〔一七〕矜：尚（林雲銘注）。

〔一八〕柤梨橘柚：見於人間世。

〔一九〕猨狙（jū居）：「猨」，同猿。「狙」，形像猴。「猨狙」，已見於齊物論、應帝王及天地篇。

〔二〇〕慊（qiàn欠）：滿足。

〔二一〕矉：同「顰」，蹙額。

今譯

孔子西遊到衛國。顏淵問師金：「你認爲我先生的做法怎麽樣？」

師金說：「可惜了，你先生之道行不通！」

顏淵說：「爲什麽呢？」

師金說：「芻狗還没有獻祭的時候，用竹筐盛着，用繡巾蓋着，巫師齋戒來迎送。等到獻祭以後，行路人踐踏着它的頭部和脊背，樵夫撿去炊食罷了，若有人再拿來用竹筐盛，用繡巾蓋着，遨遊居處而取來睡在一旁，即使他不會得〔噩〕夢，也會覺得困擾。現在你先生，也拿了先王已經使用過的芻狗，聚集弟子，遊歷居處而取來睡在一旁。所以在宋國遭受到伐樹的屈辱，在衛國被禁止居留，不得志於商、周等地！這不是得噩夢嗎？圍困在陳、蔡兩國交界的地方，餓了七天，走近死亡的邊緣，這不是困擾嗎？

「水上通行莫過於用船，陸上行走莫過於用車。以爲船可行於水上便希望推到陸地上走，那就終生走不了多遠。古和今不就像水和陸的不同嗎？周和魯不就像船和車的不同嗎？現在企求將周朝的制度實行到魯國，這就像把船推到陸地上行走，徒勞而無功，自身還會遭殃。他不知道遵循無常定的轉進，乃是順應事物，變化無窮的道理。

「你没有看見過汲水的桔槔嗎？人牽引它便俯下，捨放它便仰上。它是被人所牽引，並不是牽引人的，所以無論俯下或仰起都不會得罪人。因而三皇五帝的禮義法度，不貴於相同，而貴於能使天下太平。因而三皇五帝的禮義法度，就好比柤、梨、橘、柚呀！味道全然不同卻都可口。

「可見禮義法度是隨着時代而改變的。現在讓猿猴穿上周公的禮服，它一定咬破撕裂，脱光而後快。看古今的不同，就像猿猴不同於周公一樣。西施心病，在村里皺着眉頭，鄰里的醜女看到覺得很美，回去也在村里捧着心皺着眉。村里的富人看見，緊閉着門不出來，窮人看見，帶了妻子和孩子走開。她知道皺眉頭的美，卻不知道皺眉頭爲什麽美。可惜啊！你先生之道行不通了！」

五

孔子行年五十有一而不聞道，乃南之沛〔一〕見老聃。

老聃曰：「子來乎？吾聞子，北方之賢者也，子亦得道乎？」

孔子曰：「未得也。」

老子曰：「子惡乎求之哉？」

曰：「吾求之於度數〔二〕，五年而未得也。」

老子曰：「子又惡乎求之哉？」

曰：「吾求之於陰陽，十有二年而未得。」

老子曰：「然。使道而可獻，則人莫不獻之於其君；使道而可進，則人莫不進之於其親；使道而可以告人，則人莫不告其兄弟；使道而可以與人，則人莫不與其子孫。然而不可者，無佗也，中無主而不止〔三〕，外無正〔四〕而不行。由中出者，不受於外，聖人不出；由外入者，無主於中，聖人不隱。名，公器也，不可多取。仁義，先王之蘧廬〔五〕也，止可以一宿而不可久處，覯〔六〕而多責。

「古之至人，假道於仁，託宿於義，以遊逍遙之墟，食於苟簡〔七〕之田，立於不貸之圃。逍遙，無爲也；苟簡，易養也；不貸，無出〔八〕也。古者謂是采真〔九〕之遊。

「以富爲是者，不能讓祿；以顯爲是者，不能讓名；親權者，不能與人柄。操之則慄，舍之則悲，而一無所鑒，以闚其所不休者〔一〇〕，是天之戮民也。怨恩取與諫教生殺，八者，正之器也，唯循大變無所湮者爲能用之。故曰，正者，正也〔一一〕。其心以爲不然者，天門〔一二〕弗開矣。」

注釋

〔一〕沛：江蘇省沛縣。

〔二〕度數：制度名數（林雲銘注）。「度數」一詞已見於天道篇。

〔三〕中無主而不止：心中不自得則道不停留。

郭象注：「心中無受道之質，則雖聞道而過去也。」

林希逸説：「中無主而不止，非自見自悟也。言學道者雖有所聞於外，而其中自無主，非所自得，雖欲留之，不住也。」

〔四〕正：證（王敔注）。

林希逸説：「今禪家所謂印證也。」

〔五〕蘧廬：旅舍。

林希逸説：「蘧廬，草屋也。」

〔六〕覯（gòu 購）：見。

〔七〕苟簡：簡略。

王穆夜説：「『苟』，且也。『簡』，略也。」（釋文引）

〔八〕無出：不費力，無費於我（林希逸注）。

〔九〕采真：探求內真。「采」，同「採」。

吕吉甫説：「凡所采者，莫非真也。」（引自焦竑莊子翼）

褚伯秀說：「采真之遊，言不容一毫私僞於其間，如天之運出乎自然，而生生化化未嘗息。」（南華真經義海纂微）

〔一〇〕一無所鑒，以闚其所不休者：指他們一無鑒識，以反省自己所不停地追逐者。

林希逸說：「『闚』，視也。『所不休』，迷而不知返也。心無明見，而不能反視其迷。」

〔一一〕正者，正也：自正的，才能正人。

林希逸說：「在我者正，而後可以正物。」

〔一二〕天門：心（成疏）。老子十章有「天門開闔」語。

陸長庚說：「『天門』，猶言『靈府』也。」（陸著南華副墨，引自焦竑撰莊子翼）

今　譯

孔子五十一歲還沒有得道，於是往南到沛地去見老聃。

老聃說：「你來了嗎？我聽說你是北方的賢人，你也得道嗎？」

孔子說：「還沒有得道。」

老子說：「你怎樣尋求的呢？」

孔子說：「我從制度名數來尋求，五年還沒有得到。」

老子說：「你又怎樣去尋求呢？」

孔子說：「我從陰陽的變化來尋求，十二年還沒有得到。」

老子說：「對的。假使道可以奉獻，人臣就沒有不奉獻給君主的；假使道可以進供，人子就沒有不進供給父母的；假使道可以告訴別人，人們就沒有不告訴兄弟的；假使道可以給與他人，人們就沒有不給與子孫的。然而這事是不可能的，沒有其他的因素，心中不自悟則道不停留，向外不能印證則道不能通行。出自於內心的領悟，不爲外方所承受時，聖人便不告示；由外面進入，而心中不能領受時，聖人便不留存。名器是天下共用的，不可以多取。仁義是先王的旅舍，只可以停留一宿而不可以久居，形跡昭彰便多責難。

「古時的至人，假道於仁，託足於義，以悠遊於逍遥的境地，生活在簡略的田地，立身於不施與的園圃。這樣便能逍遥無爲；簡略便容易滿足；不施與便不耗費。從前稱這爲『采真之遊』。

「以財富爲追求對象的，便不能讓人利祿；以榮顯爲追求對象的，便不會讓人名譽；迷戀權勢的，便不肯給人柄權。操持它便戰慄，捨棄它便悲憂，〔這種人〕心中一無明見，只關注自己所不停追逐的，從自然的道理看來，他們像受着刑戮的人。怨、恩、取、與、諫、教、生、殺，這八種是糾正人的方法，只有能够順任自然的變化而不爲物欲所滯塞的人，才能使用它。所以說，自正的人，才能正人。如果內心不能認識這一點，心靈活動便不能通暢。」

六

孔子見老聃而語仁義。老聃曰：「夫播穅〔一〕眯目，則天地四方易位矣；蚊虻噆膚，則通昔〔二〕不寐矣。夫仁義憯〔三〕然乃憒吾心〔四〕，亂莫大焉。吾子使天下無失其樸，吾子亦放風而動〔五〕，總〔六〕德而立矣，又奚傑傑然揭仁義〔七〕，若負建鼓〔八〕而求亡子者邪？夫鵠〔九〕不日浴而白，烏不日黔〔一〇〕而黑。黑白之樸，不足以爲辯；名譽之觀，不足以爲廣。泉涸，魚相與處於陸，相呴以濕，相濡以沫，不若相忘於江湖〔一一〕！」

孔子見老聃歸，三日不談，弟子問曰：「夫子見老聃，亦將何規〔一二〕哉？」

孔子曰：「吾乃今於是乎見龍！龍，合而成體，散而成章，乘雲氣而養〔一三〕乎陰陽。予口張而不能嗋〔一四〕，予又何規老聃哉！」

子貢曰：「然則人固有尸居而龍見，淵默而雷聲〔一五〕，發動如天地者乎？賜亦可得而觀乎？」遂以孔子聲見老聃。

老聃方將倨〔一六〕堂而應，微曰：「予年運而往矣〔一七〕，子將何以戒〔一八〕我乎？」

子貢曰：「夫三皇〔一九〕五帝之治天下不同，其係〔二〇〕聲名一也。而先生獨以爲非聖人，如何哉？」

老聃曰：「小子少進！子何以謂不同？」

對曰：「堯授舜，舜授禹，禹用力而湯用兵，文王順紂而不敢逆，武王逆紂而不肯順，故曰不同。」

老聃曰：「小子少進！余語汝三皇五帝之治天下。黄帝之治天下，使民心一，民有其親死不哭而民不非也。堯之治天下，使民心親，民有爲其親殺其殺〔二一〕而民不非也。舜之治天下，使民心競，孕婦十月而生子〔二二〕，子生五月而能言，不至乎孩而始誰〔二三〕，則人始有夭矣。禹之治天下，使民心變，人有心而兵有順〔二四〕，殺盜非殺人，自爲種而天下耳〔二五〕，是以天下大駭，儒墨皆起。其作始有倫，而今乎婦，女何言哉〔二六〕！余語汝，三皇五帝之治天下，名曰治之，而亂莫甚焉。三皇之知，上悖日月之明，下睽山川之精，中墮四時之施〔二七〕，其知憯於蠆蠆〔二八〕之尾，鮮規之獸〔二九〕，莫得安其性命之情者，而猶自以爲聖人，不亦可恥乎〔三〇〕，其無恥也？」

子貢蹴蹴然立不安。

注　釋

〔一〕播穅：「播」，借爲「簸」（馬叙倫義證）。「穅」，同「糠」。

〔二〕通昔：即通夕。「昔」「夕」古通。道藏成玄英疏本「昔」作「夕」。

林希逸説：「『昔』，即『夕』也。左傳曰：『居則備一昔之衛。』」

郭慶藩説：「案『昔』，猶『夕』，通昔，猶通宵也。」

嚴靈峰先生説：「按：列子周穆王篇：『昔昔夢爲國君。』殷敬順釋文云：『昔昔，夜夜也。』」（道家四子新編七七四頁）

〔三〕憯（cǎn 慘）：通「慘」。

林希逸說：「憯然，毒之狀也。」

〔四〕憒吾心：「憒」，今本作「憤」，形近而誤。

郭慶藩說：「案『憤』，釋文：『本又作「憒」。』當從之。『賁』『貴』形相近，故從『賁』從『貴』之字常相混。」

嚴靈峰先生說：「說文：『憒，亂也。』與下文『亂莫大焉』正相應，因據郭說改。」

〔五〕放風而動：「放」，依（司馬注）。

林希逸說：「『放風』，順化也。順化而行，故曰：『放風而動。』」

〔六〕總：執（林希逸口義）。

〔七〕又奚傑傑然揭仁義：「傑傑然」，用力貌（成疏）。今本作「傑然」，陳碧虛莊子闕誤引張君房本重「傑」字，趙諫議本同（王孝魚校），據補。今本並缺「揭仁義」三字，依劉師培等說補。

劉師培說：「天道篇述聃語，作『夫子亦放德而行，循道而趨，已至矣，又何偈偈乎仁義，若擊鼓而求亡子焉』，二文略同。『傑然』『偈乎』音義並符。……『若負』以上，似總『揭仁義』三字。郭云：『揭仁義以超道德之鄉。』所據弗誤。」（莊子斠補）

于省吾說：「天道：『又何偈偈乎仁義若擊鼓而求亡子焉。』『偈偈』即『傑傑』。庚桑楚：『若規規然若喪父母，揭竿而求諸海也。』與此文例並相仿。」（莊子新證）

王叔岷先生說：「案劉師培據天道篇及郭注，以證『傑然』下總『揭仁義』三字，其說是也。惟『傑然』亦當作『傑傑然』，與天道篇作『揭揭乎』一律（『傑』與『偈』音義並同）。唐寫本，趙諫議本，陳碧虛闕誤引張君房本，並疊『傑』字。」

〔八〕負建鼓：打大鼓。

劉師培說：「『負』，讀爲『掊』，『掊』猶『擊』也。」（引自劉著莊子）

馬叙倫說：「『建』，借爲『鼙』。說文：『鼙，大鼓也。』」

〔九〕鵠：本又作「鶴」（釋文）。唐寫本正作「鶴」。「鵠」、「鶴」古多混用（王叔岷說）。

〔一〇〕黔（qián 拑）：染黑。

〔一一〕泉涸，魚相與處於陸，相呴以濕，相濡以沫，不若相忘於江湖：五句襲自大宗師篇。

〔一二〕規：諫。

〔一三〕養：借爲「翔」。

劉師培說：「『養』『翔』古通。月令：『群鳥養羞。』淮南子時則訓下：『群鳥翔。』是其比。」

〔一四〕口張而不能嗋：「嗋」（xuē 薛），合（釋文）。陳碧虛闕誤引江南古藏本「嗋」下有「舌舉而不能訒」六字（奚侗、馬叙倫等校）。

〔一五〕尸居而龍見，淵默而雷聲：語見在宥篇。「淵默而雷聲」，今本倒爲「雷聲而淵默」，當依在宥篇改。

〔一六〕倨：踞（成疏）。

〔一七〕予年運而往矣：「運」，時。予年衰邁（成疏）。老子自謙，吾老矣，年馳而事去矣（陸長庚說）。

〔一八〕戒：同「誡」。

〔一九〕三皇：原作「三王」。陳碧虚闕誤「王」作「皇」，林希逸本亦作「皇」，下文「三皇」兩字出現三次，爲求一例據闕誤改。

〔二〇〕係：同「繫」。

〔二一〕民有爲其親殺其殺：「殺」字借爲「差」（馬叙倫義證）。指親有差等。

李勉説：「『民有爲其親，殺其殺，而民不非也』：『殺』，差也。中庸『親親之殺』可證。言堯治天下，使民各親其親，致親有差等，而民亦不非議。以上言黄帝與堯之治各有偏矣。」

〔二二〕孕婦十月而生子：「孕」上原有「民」字。按：「民」字疑羡（馬叙倫義證），可删去。「而」字原缺。御覽三六〇引「月」下有「而」字（王叔岷校釋），據補。

〔二三〕不至乎孩而始誰：未至於孩提而早能問人爲誰。「始」，早（林希逸説）。「孩」，應讀作「期」。言未至乎期年而知别人（于省吾新證）。

〔二四〕人有心而兵有順：人人各有私心，以用兵爲順事（林希逸説）。

于省吾説：「『順』應讀『巡』。説文：『巡，視行貌。』『兵有巡』，謂兵有所巡視也。」于説可存。

〔二五〕殺盗非殺人，自爲種而天下耳：舊注以「殺盗非殺」斷句，今從孫詒讓等説，從「人」字絶句。「自爲種而天下耳」，義頗難曉，郭注：不能大齊萬物而人人自别。章炳麟説：言天下人皆自行其意。

劉文典説：「孫詒讓曰：郭讀『非殺』句斷，荀子正名篇云：『殺盗非殺人。』楊注云：『殺盗非殺人，亦見莊子。』則楊倞讀『人』字句斷，亦通。案孫讀是也。墨子小取篇：『殺盗非殺人也。』亦以『殺盗非殺人』爲句。注，疏並以『人』字屬下爲句，失其讀矣。」按：馬叙倫義證、王叔岷校釋亦主「人」字斷句，可從。

李勉說：「『自爲種而天下耳』，『而』字下漏『役』字。『種』，本也。『自爲種』謂自爲本，即自尊而奴役天下之人也。亦即自尊而獨裁者也。故不服我者輒殺人，殺之而稱之爲盜，使民不敢抗也。」按：李增字作解，惜欠憑證，然於義勝舊說，今譯姑從之。

〔二六〕而今乎婦，女何言哉：按：婦、否古通用。易否「否之匪人」，馬王堆出土帛書「否」作「婦」。又本卦「休否」、「傾否」之「否」，帛書均作「婦」。是古「否」字多假「婦」字爲之也。「其始作有倫，而今乎否」，意思甚明，言其始作也尚有倫序，而今則非也。

〔二七〕上悖日月之明，下睽山川之精，中墮四時之施：三語已見於胠篋篇。「睽」，胠篋篇作「爍」。

〔二八〕蠆（chài 瘥）：皆蠍之異名（王引之說，見王念孫讀書雜志餘編上）。屬毒蟲類。

〔二九〕鮮規之獸：小獸（見釋文）。

林希逸說：「『鮮』，少也。『規』，求也。小獸之求不過鮮少，如狐狸之類。」

馬叙倫說：「按『鮮』『規』聲同支類，疊韻連綿詞也。鮮規之獸，謂小小之物也。」

〔三〇〕不亦可恥乎：御覽九四七「不」下有「亦」字，文意較完（王叔岷校釋），據補。

今譯

孔子見到老聃便談說仁義。老聃說：「簸糠進入眼睛，天地四方便看來顛倒了；蚊虻叮皮膚，就會通宵不得安眠。仁義毒害騷擾人心，再没有比這更大的禍亂。你如果使天下不要喪失真樸，你可順化而行，執德而立了，又何急急於標舉仁義像敲打大鼓找尋迷失的孩子呢？白鶴不必天天洗才白，烏鴉不必天天染才黑。黑白的本質，不值得辯論；名譽的頭銜，不值得誇張。泉水乾了，魚就一同困在陸地上，由濕氣互相噓吸，用口沫互相濕潤，倒不如在江湖裏彼此相忘。」

孔子見了老聃回來，三天不講話。弟子問說：「先生見到老聃，有什麼規諫呢？」

孔子說：「我現在竟然見到了龍！龍，合起來成一體，散開來成文采，乘駕雲氣而翱翔於陰陽之間，我張着口不能合攏，我又有什麼去規諫老聃呢！」

子貢說：「那麼人固然有安居不動而神采奕奕，沈靜緘默而感人深切，發動如天地嗎？我也可以去看看他嗎？」於是由孔子的名義去見老聃。

老聃正坐在堂上，微聲回應說：「我年事老邁了，你對我有什麼指教嗎？」

子貢說：「三皇五帝的治理天下固然不同，卻同樣地共繫聲名，只有先生以爲他們不是聖人，爲什麼呢？」

老聃說：「年輕人上前來！你爲什麼說不同呢？」

子貢回答說：「堯傳給舜，舜傳給禹，禹用辛勞而湯用武力，文王順從紂王而不敢違逆，武王違逆紂王而不肯順從，所以說不同。」

老聃說：「年輕人再上前來！我告訴你三皇五帝的治理天下。黃帝的治理天下，使民心淳一，有人死了親人不哭泣而別人並不非議。堯的治理天下，使民心相親，有人爲了親近親人減去一些禮數，但別人並不非議。舜的治理天下，使民心競爭，孕婦十個月生產，嬰兒生下五個月就能說話，不等到成兒童就開始區分人我，人開始有短命的。禹的治理天下，使民心多變，人各懷心機而以用兵爲順事，認爲殺盜不算是殺人，自以爲獨尊而奴役天下的人，因此天下震驚，儒墨都興起。開始時還有倫序，現在卻不是這樣了，你有什麼話呢！我告訴你，三皇五帝的治理天下，雖說治理，實則弊亂可大了。三皇的心智，上而掩蔽了日月的光明，下而睽違了山川的精華，中而破壞四時的運行。他們的心智毒如蠍子的尾端，就連微小的動物，都得不到安情定性，他們居然還自以爲聖人，不是可恥嗎，他們是這樣無恥啊！」

子貢驚恐地站立不安。

七

孔子謂老聃曰：「丘治詩書禮樂易春秋六經，自以爲久矣，孰知其故矣〔一〕；以奸者七十二君〔二〕，論先王之道而明周召〔三〕之迹，一君無所鉤〔四〕用。甚矣夫！人之難説也！道之難明邪？」

老子曰：「幸矣子之不遇治世之君也！夫六經，先王之陳迹也，豈其所以迹哉！今子之所言，猶迹也。夫迹，履之所出，而迹豈履哉！夫白鶂〔五〕之相視，眸子不運〔六〕而風化〔七〕；蟲，雄鳴於上風，雌應於下風而風化〔八〕；類〔九〕自爲雌雄，故風化。性不可易，命不可變，時不可止，道不可壅。苟得於道，無自而不可；失焉者，無自而可。」

孔子不出三月，復見曰：「丘得之矣。烏鵲孺〔一〇〕，魚傅沫〔一一〕，細要〔一二〕者化，有弟而兄啼〔一三〕。久矣夫丘不與化爲人〔一四〕！不與化爲人，安能化人！」老子曰：「可。丘得之矣！」

注釋

〔一〕孰知其故矣：「孰」，同「熟」。林雲銘本作「熟」。「故」，典故（林希逸說）。

〔二〕以奸者七十二君：「奸者」讀爲「干諸」。干，求也。諸，之於。干諸，謂向某人求取俸禄。「七十二君」，謂很多君主。「七十二」，乃古習用之虛數，如七十二鑽（外物）、七十二行等。

嚴靈峯說：「按：史記孔子世家，孔子所歷者：魯、齊、宋、衛、陳、蔡六國，而所遇者，齊景公、魯定公、魯哀公而已。其餘史書莫詳。且春秋時只十二諸侯，亦無七十二國，其經所記爲魯十二君而已，似孔子未能見七十二君之多。」

〔三〕周召：指周公、召公，都是武王的弟弟。

〔四〕鉤：取（釋文）。

〔五〕白鶂：水鳥的一種。「鶂」，同「鷁」，形如鸕鷀，毛白色，能高飛，遇風不避。前人畫鷁像於船頭，所以叫船頭爲「鷁頭」。

馬叙倫說：「『鶂』，御覽引作『鷁』……。說文『鶂』下引春秋傳曰：『六鶂退飛。』左傳作『鷁』，是其證。」

〔六〕不運：定睛注視（宣穎注）。

〔七〕風化：生物的意思。

郭象注：「不待合而便生子，故曰風化。」

王先謙說：「案『風』，讀如『牛馬其風』之『風』，謂雌雄相誘也。『化』者，感而成孕。」

〔八〕蟲，雄鳴於上風，雌應於下風而風化：雄蟲鳴於上方，雌蟲在下方應和而感化生子。

〔九〕類：一種虛構的動物，一身兩性，見山海經。

陸德明說：「山海經云：亶爰之山有獸焉，其狀如狸而有髮，其名曰『師類』，帶山有鳥，其狀如鳳，五采文，其名曰『奇類』，皆自牝牡也。」

〔一〇〕烏鵲孺：「孺」，孚乳而生（釋文引李頤說）。謂烏鵲孵化而生。

〔一一〕魚傅沫：「傅」，同付。謂魚濡沫而生。

〔一二〕細要：指蜂。「要」，即腰。

〔一三〕有弟而兄啼：有了弟弟，哥哥失愛而啼哭。

郭象說：「言人之性舍長而親幼，故啼也。」

林希逸說：「兄弟同母，必乳絶而後生，兄不得乳而後有弟，故曰『兄啼』。……佛經所言胎生，卵生，化生，濕生，真樂必出於此。」

唐順之說：「烏鵲孺，卵生；魚傅沫，濕生；細要者，化生；有弟而兄啼，胎生。佛所謂四生本此。」（見王船山莊子解王敔注所引）

〔一四〕與化爲人：與造化爲友。大宗師「與造物者爲人」同義。「人」，訓「偶」；「爲人」，即「爲偶」。

今譯

孔子對老聃說：「我研究詩書禮樂易春秋等六經，自以爲很久了，熟悉其中的道理了，拿來進見七十二個君主，講解先王的道理，闡揚周公召公的業績，可是没有被一個君主所取用。太難了！這些人難以說服嗎，還是道理難以發揚呢？」

老子說：「幸好你没有遇到治世的君主啊！所謂六經，只是先王陳舊的足跡，哪裏是足跡的根源呢！你現在所說的，就像是足跡。足跡，乃是鞋所踩的痕跡，而足跡哪算是鞋呢！白鶂雌雄相看，定眼凝視而生育；蟲，雄的在上方叫，雌的在下方應，便生育；有種名『類』的動物，身懷雌雄兩性，所以自身可生育。本性不可改易，命不可變更，時間不可止留，道不可閉塞。如果得到道，怎樣都可行，失去道，怎樣都不可行。」

孔子三個月不出門，然後再去見老聃說：「我懂得了。烏鴉喜鵲孵化而生，魚濡沫而生，蜂類是化生，弟弟出生，哥哥失愛而啼哭。很久了，我没有和造化爲友，不和造化爲友，怎能去化人！」

老子說：「可以。孔丘得道了！」

刻意

刻意篇，主旨寫養神。「刻意」，即雕礪心志的意思。取篇首二字作爲篇名。本篇開頭描寫世間五種人格形態，接着寫聖人之德，聖人體天地之道而澹然無極。再由聖人的德象，說到「養神」、「貴精」。

出自本篇的成語有：離世異俗、吐故納新、熊經鳥申等。

一

刻意〔一〕尚行，離世異俗，高論怨誹〔二〕，爲亢〔三〕而已矣；此山谷之士，非世〔四〕之人，枯槁赴淵者〔五〕之所好也。語仁義忠信，恭儉推讓〔六〕爲修而已矣；此平世之士〔七〕，教誨之人，遊居學者之所好也。語大功，立大名，禮君臣，正上下，爲治而已矣；此朝廷之士，尊主强國之人，致功并兼〔八〕者之所好也。就藪澤〔九〕，處閒曠，釣魚閒處，無爲〔一〇〕而已矣；此江海之士，避世之人，閒暇者之所好也。吹呴呼吸，吐故納新〔一一〕，熊經鳥申〔一二〕，爲壽而已矣；此導引〔一三〕之士，養形之人，彭祖壽考者之所好也。

若夫不刻意而高，無仁義而修，無功名而治，無江海而閒，不導引而壽，無不忘也，無不有也，澹然無極而衆美從之。此天地之道，聖人之德也。

注釋

〔一〕刻意：雕礪心志；即礪志。

司馬彪説：「刻，削也，峻其意也。」（釋文引）

〔二〕怨誹：非世無道（釋文引李頤説）；憤世嫉邪（林希逸口義）。

〔三〕亢：高傲。

〔四〕非世：議論世事是非（林希逸説）。「非」，動詞，以濁世爲非，而出言責之（李勉莊子分篇評注）。御覽五〇一引「非」作「誹」，「誹」與「非」通（王叔岷校釋）。

〔五〕枯槁赴淵者：指刻苦自礪、犧牲自我的人。

司馬彪説：「『枯槁』，若鮑焦介推；『赴淵』，若申徒狄。」按：史記屈原列傳載：「屈原至於江濱，被髮行吟澤畔，顏色憔悴，形容枯槁。」屈原投汨羅江，當屬「枯槁赴淵者」。

胡文英説：「『枯槁』，志甘淡泊也。『赴淵』，潔身也。」（莊子獨見）

〔六〕語仁義忠信，恭儉推讓：「仁義忠信」，語見孟子告子篇上。「恭儉推讓」，語見論語學而篇（「夫子温、良、恭、儉、讓」）。

〔七〕平世之士：平時治世之士（成玄英疏）。

〔八〕并兼：指合併敵國領土。

〔九〕藪澤：與「山澤」同義。

〔一○〕無爲：無所爲，悠閒自在之意。

奚侗說：「案上文『爲亢而已矣』、『爲修而已矣』、『爲治而已矣』，下文『爲壽而已矣』，皆言有所爲也。此不得獨言『無爲』，當作『爲無』。說文：『無，亡也；亡，逃也。』『爲無』，猶爲逃；謂逃世也。」（見莊子補注）按：「無爲」就是閒暇自在的意思，上句「處閒曠，釣魚閒處」已經說得很清楚了。奚侗顛倒文字作解，不切原義，聊備一說。

〔一一〕吹呴（xū虛）呼吸，吐故納新：「呴」，噓吸。「吹呴」與「呼吸」同，指一出一入地吞吐空氣。「吐故納新」，吐故氣納新氣（李頤說）。

〔一二〕熊經鳥申：若熊之攀樹而引氣（司馬彪說），類鳥飛空而伸脚（成疏）。按：這是一種健身操，形容動作如熊吊頸如鳥舒展。「經」，直立的意思。「申」，同「伸」。

〔一三〕導引：指導通氣血。「導」原作「道」，「導」「道」古通。趙諫議本「道」作「導」，據改。

嚴靈峯說：「釋文：『道，音導；下同。』李云：『導氣令和，引體令柔。』是李本原亦作導』。敦煌寫本作『導』，下同；『道』、『導』雖通，因並據改。」

今譯

雕礪心志崇尚品行，超脱世俗，言論不滿，表現得高傲而已，這是山林隱士，憤世的人，刻苦自礪、犧牲自我的人所喜好的。談說仁義忠信，恭儉推讓，潔好修身而已；這是治世之士，實施教育的人，講學設教的人所喜好的。談論大功，建立大名，維護君臣的秩序，匡正上下的關係，講求治道而已，這是朝廷之士，尊君强國的人，開拓疆土建功者所喜好的。隱逸山澤，棲身曠野，釣魚閒居，無爲自在而已；這是悠遊江海之士，避離世事的人，閒暇幽隱者所喜好的。吹嘘呼吸，吞吐空氣，像老熊吊頸飛鳥展翅，爲了延長壽命而已；這是導引養形的人，彭祖高壽者所喜好的。

若有不雕礪心志而高尚，不講仁義而修身，不求功名而治世，不處江海而閒遊，不事導引而高壽，無所不忘，無所不有，恬淡無極而衆美會聚，這是天地的大道，聖人的成德。

二

故曰，夫恬惔寂漠虛無無爲，此天地之本而道德之質也〔一〕。故聖人休焉，休則平易矣〔二〕，平易則恬惔矣。平易恬惔，則憂患不能入，邪氣不能襲，故其德全而神不虧。

故曰，聖人之生也天行，其死也物化；靜而與陰同德，動而與陽同波〔三〕；不爲福先，不爲禍始；感而後應，迫而後動，不得已而後起。去知與故〔四〕，循天之理。故曰〔五〕無天災，無物累，無人非，無鬼責〔六〕。不思慮，不豫謀。光矣而不燿〔七〕，信矣而不期。其寢不夢，其覺無憂〔八〕。其生若浮，其死若休〔九〕。其神純粹，其魂不罷〔一〇〕。虛無恬惔，乃合天德。

故曰，悲樂者，德之邪；喜怒者，道之過；好惡者，心之失〔一一〕。故心不憂樂，德之至也；一而不變，靜之至也；無所於忤，虛之至也；不與物交，惔之至也；無所於逆，粹之至也。

注　釋

〔一〕夫恬惔寂漠虛無無爲，此天地之本而道德之質也：語出天道篇。「本」，今本作「平」，形近而誤。「質」，古通「至」，然作本字講亦可通。

馬叙倫說：「『平』，當依藝文類聚引作『本』。」（莊子義證）

俞樾說：「按『質』當讀『至』。史記蘇秦傳：『已得講於魏，至公子延。』索隱曰：『至當爲質。謂以公子延爲質也。』是『至』『質』古通用。『至』可爲『質』，『質』亦可爲『至』矣。『道德之質』，即『道德之至』也。」

〔二〕故聖人休焉，休則平易矣：今本作「故曰聖人休休焉則平易矣」。「曰」字衍文。此涉上文「故曰」而誤衍（陶鴻慶讀莊札記）「休焉」二字，傳寫誤倒，陳碧虛莊子闕誤引張君房本「休休焉」作「休焉休」。

俞樾說：「『休焉』二字，傳寫誤倒，此本作『故曰聖人休焉，休則平易矣』。天道篇：『故帝王聖人休焉，休則虛。』與此文法相似，可據訂正。」俞說可信。

王先謙說：「案郭注成疏陸釋，皆止一『休』字，俞說是也。此後來刊本之誤。」（莊子集解）

〔三〕聖人之生也天行，其死也物化；靜而與陰同德，動而與陽同波：四句引自天道篇。「天行」，郭注：「任自然而運動。」

〔四〕去知與故：「故」，猶巧講。

郭慶藩說：「案『故』，詐也。晉語：『多爲之故，以變其志。』韋注曰：『謂多作計術以變易其志。』呂覽論人篇『去巧故』，高注：『巧故，僞詐也。』淮南子主術訓『上多故則下多詐』，高注：『故，巧也。』皆其例。管子心術篇『去智與故』，尹知章注：『故，事也。』失之。」（莊子集釋）

〔五〕故曰：「曰」字原闕。此引天道篇文，當有「曰」。依上下例補（嚴靈峯道家四子新編九四頁）。

〔六〕無天災，無物累，無人非，無鬼責：引自天道篇：「無天怨，無人非，無物累，無鬼責。」

〔七〕光矣而不燿：引自老子五十八章：「光而不燿。」

〔八〕其寢不夢，其覺無憂：語見大宗師。

〔九〕其生若浮，其死若休：「浮生」二字，本之於此（胡文英說）。這兩句原在「無鬼責」句下，根據嚴靈峯先生之說移改。

嚴靈峯先生說：「按：此八字原在『無鬼責』句下。敦煌寫本列子抄殘卷作：『其寢不夢，其覺不憂；聖人也，其生若浮，其死若休也。』此八字在『其覺不憂』下。上文『故無天災，無物累，無人非，無鬼責』皆三字爲句，應逕接『不思慮，不豫謀』之上。此八字移此，則成：『其寢不夢，其覺無憂；其生若浮，其死若休；其神純粹，其魂不罷。』皆四字爲句，文例亦一律。」

〔一〇〕其魂不罷：天道篇作「其魂不疲」。「罷」與「疲」同（林希逸口義）。

〔一一〕悲樂者，德之邪；喜怒者，道之過；好惡者，心之失：「心之失」，今本誤作「德之失」。依淮南子精神訓、原道訓及文子九守篇可證「德」爲「心」之誤。此文「德」、「道」、「心」三者分言，今本「心」作「德」，即涉上文「德之邪」而誤（詳見劉文典補注、王叔岷校釋）。

今譯

所以說，恬惔、寂漠、虛無、無爲，乃是天地的本原和道德的極致。所以聖人息心於此，息心便能安穩，安穩便得恬惔。安穩恬惔，則憂患不能進入，邪氣不能侵襲，於是德性完整而精神不虧損。

所以說，聖人存在時順自然而行，死亡時和外物融化；靜時和陰氣同隱寂，動時和陽氣同波流；不作幸福的起因，不爲禍患的開始；有所感而後回應，有所迫而後動作，不得已而後興起，拋棄智巧僞詐，順着自然的常理。所以說，没有天災，没有外物牽累，没有人非薄，没有鬼神責罰。不須思慮，不作預謀。光亮而不會刺耀，信實而不必期求。睡着不作夢，醒來不憂愁。生時如浮遊，死去如休息。心神純一，精力不疲。虛無恬惔，才合自然的德性。

所以說，悲樂是德的邪僻；喜怒是道的過錯；好惡是心的失誤。所以内心没有憂樂，乃是德的極致；專一而不變，乃是靜的極致；無所牴觸，乃是虛的極致；不和外物交接，乃是惔的極致；無所違逆，乃是純粹的極致。

三

故曰，形勞而不休則弊，精用而不已則竭〔一〕。水之性，不雜則清，莫動則平；鬱閉而不流，亦不能清；天德之象〔二〕也。故曰，純粹而不雜，靜一而不變，惔而無爲，動而天行〔三〕，此養神之道也。夫有干越之劍者，柙而藏之，不敢輕用也〔四〕，寶之至也。精神四達並流，無所不極，上際於天，下蟠於地〔五〕，化育萬物，不可爲象，其名爲同帝〔六〕。

純素之道，唯神是守；守而勿失，與神爲一；一之精通，合於天倫〔七〕。野語有之曰：「衆人重利，廉士重名，賢人尚志，聖人貴精。」故素也者，謂其無所與雜也；純也者，謂其不虧其神也。能體純素，謂之真人。

注釋

〔一〕形勞而不休則弊，精用而不已則竭：「精用而不已則竭」，原作「精用而不已則勞，勞則竭」。依王叔岷先生之說删改。

王叔岷先生說：「『竭』上『勞勞則』三字，疑傳寫誤衍，或淺人妄加。精用不已，何待言勞乎！淮南子精神訓：『形勞而不休則蹶，精用而不已則竭』，即襲用此文，正無『勞勞則』三字。」

〔二〕天德之象：即自然的現象。

〔三〕動而天行：「而」下原有「以」字，乃是衍文，依武延緒、嚴靈峯之說删。

武延緒說：「按『以』字衍文。」

嚴靈峯先生說：「武説是也。『動而天行』與上文『淡而無爲』相對爲文，因依武説删。」

〔四〕干越之劍者，柙而藏之，不敢輕用也：「干越」，即吳越。「輕」字原缺，依郭注成疏增補（王叔岷、王孝魚校）。

陸德明說：「司馬云：『干，吳也。吳越出善劍也。』李云：『干溪、越山出名劍。』案：吳有溪名干溪，越有山名若耶，並出善鐵，鑄爲名劍也。」

〔五〕下蟠於地：「蟠」，當讀爲播，布。馬王堆帛書十大經三禁「播於下土」，即同此。

〔六〕同帝：功用同與天地。

〔七〕天倫：「倫」，理。自然之理（成疏）。

今譯

所以說，形體辛勞而不休息就會疲困，精力使用而不停歇就會枯竭。水的本性，不混雜就清澈，不攪動就平靜；閉塞而不流通，也不能澄清；這是自然的現象。所以說，純粹而不混雜，虛靜專一而不變動，恬淡而無爲，行動而循順自然，這是養神的道理。就像吳越的寶劍，收藏在匣子裏，不敢輕易使用，這是最珍貴的。精神通達流溢，無所不至，上達於天，下及於地，化育萬物，不見跡象，它的功用如同天地。

純精素質的道理，只有保守精神；保守而不喪失，和精神凝合爲一；純一的精通，合於自然之理。俗語說：「普通人注重利，廉潔之士重視名，賢人崇尚志節，聖人寶貴精神。」所以素的意思，是說不含雜質；純的意思，是說不損精神。能够體會純素的，就是真人。

繕性

繕性篇，主旨寫「以恬養知」。「繕性」，修治本性的意思。取篇首二字爲篇名。

本篇開頭批評俗學俗思蒙蔽性靈。提出「以恬養知」的方法——透過内心的恬靜以涵養生命的智慧。本篇後段，勉人「不爲軒冕肆志，不爲窮約趨俗」。揭露了求榮華者「喪己於物」，對於當世「文滅質」的景況，作了有力的批判。

出自本篇的成語，有儻來之物、深根寧極、樂全得志、軒冕肆志、窮約趨俗、失性於俗等。

一

繕性於俗學〔一〕，以求復其初；滑欲於俗思〔二〕，以求致其明；謂之蔽蒙之民。

古之治道者，以恬養知〔三〕；知生而無以知爲也〔四〕，謂之以知養恬。知與恬交相養，而和理出其性。夫德，和也；道，理也。德無不容，仁也；道無不理，義也；義明而物親，忠也；中純實而反乎情，樂也；信行容體而順乎文，禮也。禮樂偏行，則天下亂矣。〔五〕彼正而蒙己德，德則不冒，冒則物必失其性也〔六〕。

注釋

〔一〕繕性於俗學：「繕性」，修治本性。「俗」下原疊「俗」字，陳碧虚莊子闕誤引張君房本不重「俗」字。蘇輿説：「衍一『俗』字。」（王先謙莊子集解引）。下「俗」字衍，「繕性於俗學」，與下「滑欲於俗思」，句法正一律（劉文典補注）。道藏羅勉道循本，焦竑莊子翼本，並删一「俗」字（王叔岷校釋）。

林希逸説：「繕性以俗學，譏當時儒墨之言性也。」（南華真經口義）

林雲銘説：「性非學不明，而俗學所以障性。」（莊子因）

〔二〕滑欲於俗思：「滑」，訓亂（參看齊物論「滑疑之耀」注釋）。

焦竑説：「『繕性於俗學』『滑欲於俗思』爲句。舊解失之。性非學不復，而俗學不可以復性；明非思不致，而俗思不可以求明。」（莊子翼）

〔三〕以恬養知：以恬靜涵養心知。

〔四〕知生而無以知爲也：上「知」字（闕誤無此「知」字），作知曉講，下「知」字，同「智」。「無以知爲」，不用智巧去爲，即以恬靜樸質自守。

〔五〕「夫德，和也；道，理也。……則天下亂矣」：這幾句（五十四字），疑爲莊子後學中染有黄老思想之文字。

〔六〕彼正而蒙己德，德則不冒，冒則物必失其性也：「蒙己德」，即斂藏自己的德行。「不冒」，即不眩露。

林希逸説：「『蒙』，晦。德積於己而不自眩露，德不自晦而求以加諸人，則失其自然。」

李勉説：「『蒙』，蔽也。『冒』，露也。言彼守正而隱晦其德，則其德不致外露，露則物失其性。

蓋言大德不德，則物性自全。若必强露我德使物受之，則物失其性。上文言『恬淡』，下文言『澹漠』，皆謂不宜露德以制人。」

今譯

用世俗的學問來修治本性，以求復歸本初；用世俗的思想來迷亂情欲，以求獲得明達；這種人稱爲蔽塞愚昧的人。

古時修道的人，以恬靜涵養智慧；智慧生成，卻不外用，稱爲以智慧涵養恬靜。智慧與恬靜交相涵養，而和順之理便從本性中流露出來。德就是和，道就是理。德無不相容，就是仁；道無不合理，就是義；義理顯明就是忠；心中樸實而回復到性命真情的，就是樂；行爲信實、心思寬容而合乎自然的節文，就是禮。禮樂普遍地强加推行，那就天下大亂了。各人自正而斂藏自己的德性，斂藏自己的德性而不强加給別人，刻意强加給別人必定違失自然的本性。

二

古之人，在混芒〔一〕之中，與一世而得澹漠〔二〕焉。當是時也，陰陽和靜，鬼神不擾，四時得節〔三〕，萬物不傷，群生不夭，人雖有知，無所用之，此之謂至一〔四〕。當是時也，莫之爲而常自然〔五〕。

逮德下衰，及燧人伏羲始爲天下，是故順而不一。德又下衰，及神農黃帝始爲天下，是故安而不順。德又下衰，及唐虞始爲天下，興治化之流，澆淳散朴〔六〕，離道以爲，險德以行〔七〕，然後去性而從於心。心與心識知，而不足以定天下〔八〕，然後附之以文〔九〕，益之以博。文滅質，博溺心，然後民始惑亂，無以反其性情而復其初。

由是觀之，世喪道矣，道喪世矣。世與道交相喪也，道之人何由興乎世，世亦何由興乎道哉！道無以興乎世，世無以興乎道，雖聖人不在山林之中，其德隱矣。

隱，故不自隱。古之所謂隱士者，非伏身而弗見也，非閉其言而不出也，非藏其知而不發也，時命大謬也。當時命而大行乎天下，則反一無迹〔一〇〕；不當時命而大窮乎天下，則深根寧極〔一一〕而待；此存身之道也。

注釋

〔一〕混芒：混沌芒昧。

林希逸說：「『混芒之中』，即晦藏不自露之意。」

〔二〕澹漠：同「淡漠」。

成玄英疏：「冥然無迹，君臣上下不相往來，俱得恬澹寂漠無爲之道也。」

林希逸說：「澹然漠然，上下不相求之意。」

〔三〕四時得節：「得」，闕誤引張君房本作「應」（馬叙倫、劉文典校）。

〔四〕至一：完滿純一的境界。詹姆士里格（James Leege）英譯爲"The state of Perfect — Unity"，甚是。

郭象說：「物皆自然，故至一也。」

〔五〕莫之爲而常自然：和老子五十一章「莫之命而常自然」同義。

〔六〕⿰氵梟淳散朴：「⿰氵梟」，本亦作「澆」（釋文）。成本正作「澆」，淮南子俶真訓亦作「澆」。「朴」即樸之借（王叔岷校釋）。「澆淳散朴」，謂澆薄淳厚、離散樸質。

〔七〕離道以爲，險德以行：「爲」，原作「善」，依郭慶藩之說，據淮南子俶真訓改。「險」，通儉，少之意。「險德」，即寡德。

郭慶藩說：「『善』字疑是『爲』字之誤，言所爲非大道，所行非大德也。淮南子俶真訓：『雜道以僞（『雜』當爲『離』字之誤。『僞』，古『爲』字，『爲』亦『行』也），儉德以行（『儉』『險』，古字通）。』即本於此。」

〔八〕心與心識知，而不足以定天下：有兩種讀法：（一）以「心與心識」斷句；如郭象注：「彼邦之心，競爲先識。」又如林希逸說：「我以有心爲，彼以有心應，故曰：『心與心識。』『識』，相識察也。似此『心』字，皆機心也。」（二）以「心與心識知」斷句；如劉辰翁說：「『心與心識知』句連，謂彼此看破耳。」（莊子點校）又如俞樾說：「識、知二字連文。詩曰：『不識不知。』是識、知同義，故連言之曰『識知』也。『心與心識知，而不足以定天下』，明必不識不知而後可言定也。諸家皆斷『識』字爲句，非是；向本作『職』，尤非。」今譯從（二）。

〔九〕附之以文：「文」，即上言俗學（李勉說）。

〔一〇〕反一無迹：反於至一而不見有爲之跡（林雲銘注）。

〔二〕深根寧極：深藏緘默（李鍾豫譯）。

林希逸說：「『深根』，猶曰退藏於密。『寧極』，猶曰安汝止也。」

曹礎基說：「『深根』，使根長得深深的。『極』，本。『寧極』，使本紮得穩穩的。」

今譯

古代的人，在混沌芒昧之中，舉世都淡漠互不相求。在那時候，陰陽和順寧靜，鬼神不攪擾，四時合於節度，萬物不受傷害。衆生沒有夭折，人雖然有心智，卻無處可用，這稱爲完滿純一的境地。在那時候，無所作爲而讓萬物順任自然。

等到德性衰落，到了燧人伏羲開始治理天下，只能順隨民心卻不能返回完滿純一的境地。德性再衰落，到了神農黃帝開始治理天下，只能安定天下卻不能順隨民心。德性又衰落，到了唐堯虞舜開始治理天下，大興教化，澆薄淳厚離散樸質，離開了道去作爲，寡德行事，然後捨棄本性而順從心機。心與心互相識察便不足以安定天下了，然後附加着文飾，增益着博學。文飾破壞素質，博學淹沒心靈，然後人民才迷亂，無法再返歸恬惔的性情而回復自然的本初。

這樣看來，世上亡失了大道，大道亡失了人世。人世和大道互相亡失，有道的人怎樣興起人世，人世怎樣興起大道呢！大道不能在人世興起，人世不能使大道興起，即使聖人不在山林裏，而他的德性也如同隱蔽了。

隱匿，卻不是自己隱藏的。古時所謂的隱士，並不是伏匿形體而不見人，並不是閉塞言論而不宣示，也不是潛藏智慧而不發露，乃是時機大相背謬呀！逢着時機而大行於天下，就返回「至一」的境界而不顯形跡；不逢時機而窮困於天下，就深藏緘默來等待；這是保全生命的方法。

三

古之存身〔一〕者，不以辯飾知，不以知窮天下，不以知窮德，危然〔二〕處其所而反其性已，又何爲哉！道固不小行〔三〕，德固不小識〔四〕。小識傷德，小行傷道。故曰，正已而已矣。樂全之謂得志〔五〕。

古之所謂得志者，非軒冕〔六〕之謂也，謂其無以益其樂而已矣。今之所謂得志者，軒冕之謂也。軒冕在身，非性命也，物之儻來〔七〕，寄者也。寄之，其來不可圉〔八〕，其去不可止。故不爲軒冕肆志，不爲窮約趨俗〔九〕，其樂彼與此〔一〇〕同，故無憂而已矣。今寄去則不樂，由是觀之，雖樂，未嘗不荒也。故曰，喪己於物，失性於俗者，謂之倒置〔一一〕之民。

注釋

〔一〕存身：道藏成玄英疏本、林希逸口義本、趙諫議本「存」作「行」。世德堂本「行」作「存」，據改。王叔岷說：「褚伯秀云：『「行身」當作「存身」，上文可照。』其說是也。此承上文『此存身之道也』言，『行』即『存』之形誤。」按王說是。爲求與上文一例，此宜作「存身」。

〔二〕危然：獨立貌（司馬彪注）。

〔三〕小行：指仁義禮樂的行爲。

〔四〕小識：小知（成疏）；指是非的分別智（福永光司解）。

〔五〕得志：即適志，自得。

林希逸說：「得志，猶快意也。」

〔六〕軒冕：「軒」，車。「冕」，冠。指榮華高位。

〔七〕儻來：意外忽來者（成疏）。

〔八〕圉（yǔ語）：本又作「禦」（釋文）。「圉」與「禦」通。

〔九〕不爲窮約趨俗：不因窮困而趨附世俗。

馬叙倫說：「按『約』借爲『貶』，從『貝』，『乏』聲，即窮乏之『乏』本字。古書言『約』，少儉約，皆貶之借。」

〔一〇〕彼與此：「彼」，指軒冕。「此」，指窮約。

〔一一〕倒置：本末顛倒。

向秀說：「以外易內，可謂倒置。」（釋文所引）

今譯

古時保全身命的，不用辯說來文飾智慧，不用機智來困累天下，不用心智來困擾德性，獨立自處而返回自然的本性，還有什麼要做的呢！道本來是不需要〔仁義禮智的〕小行，德本來是不需要〔是非分別的〕小識。小識損傷了德，小行損傷了道。所以說，自己站得正就是了。樂全天性叫做快意自適。

古時所謂的快意自適，並不是指榮華高位，而是無可復加的欣悦而已。現在所謂的快意自適，只是以爲榮華高位。榮華高位在身，並不是真性本命，外物偶然來到，如同寄託。寄託的東西，來時不能抵禦，去時不能阻止。所以不要爲榮華高位而恣縱心志，不要因窮困緊迫而趨附世俗，他身處榮華與窮困其樂相同，所以没有憂慮。現在寄託的東西失去了便不快樂，這樣看來，即使有過快樂，何嘗不是心靈疏荒呢！所以説，喪失自己於物欲，迷失本性於世俗的，就叫做本末倒置的人。

秋水

秋水篇，主題思想爲討論價值判斷的無窮相對性。「秋水」即秋天雨水。取篇首二字作爲篇名。

本篇以河伯與海若的對話爲主要部分，河伯與海若共七問七答。第一番問答，寫河伯的自我中心心境——「欣然自喜，以天下之美爲盡在己」。河伯的自以爲多，和海若的未嘗自多，恰成一鮮明的對比。由海若描述海的大與天地的無窮，舒展思想的視野，使人心胸爲之開闊。第二番對話，述時空的無窮性與事物變化的不定性，指出認知與確切判斷的不易。第三番對話，指出宇宙間有許多事物是「言之所不能論，意之所不能致」的。第四番對話，進一步申論大小貴賤的無常性。第五番對話，要突破主觀的局限性與執著性，以開敞的心靈觀照萬物。第六番對話，河伯問：「道有什麼可貴？」海若回說，認識「道」，就是認識自然的規律，認識自然的規律，便可明瞭事物變化的真相。第七番對話，河伯最後問：「什麼是天？什麼是人？」這裏「天」即自然，「人」指人爲，含有妄爲的意思。海若認爲順真性，便是自然（「天」），違逆常性便是妄爲（「人」）。本篇到此，文意完足，其餘數章，疑是散段羼入。最末，莊子與惠子遊於濠梁之上辯論魚樂一章，寫出莊子觀賞事物的藝術心態與惠子分析事物的認知心態。

許多富有慧見的成語出自本篇，如：望洋興嘆、大方之家、見笑大方、太倉稊米、一日千里、非愚則誣、欬唾成珠、井蛙之見、埳井之蛙、逡巡而退、蚊虻負山、以管窺天、邯鄲學步、泥塗曳尾、鵷鶵之志、濠梁歡魚等。

一

秋水時至，百川灌河，涇流〔一〕之大，兩涘渚崖之間〔二〕不辯牛馬〔三〕。於是焉河伯〔四〕欣然自喜，以天下之美爲盡在己。順流而東行，至於北海，東面而視，不見水端，於是焉河伯始旋其面目〔五〕，望洋向若而歎〔六〕曰：「野語〔七〕有之曰『聞道百〔八〕以爲莫己若者』，我之謂也。且夫我嘗聞少仲尼之聞而輕伯夷之義者，始吾弗信；今我睹子之難窮也，吾非至於子之門，則殆矣，吾長見笑於大方〔九〕之家。」

北海若曰：「井鼃〔一〇〕不可以語於海者，拘於虛〔一一〕也；夏蟲不可以語於冰者，篤於時〔一二〕也；曲士〔一三〕不可以語於道者，束於教也。今爾出於崖涘〔一四〕，觀於大海，乃知爾醜，爾將可與語大理矣。天下之水，莫大於海，萬川歸之，不知何時止而不盈；尾閭〔一五〕泄之，不知何時已而不虛；春秋不變，水旱不知〔一六〕。此其過江河之流，不可爲量數。而吾未嘗以此自多者，自以比形於天地〔一七〕而受氣於陰陽，吾在天地之間，猶小石小木之在大山也，方存乎見少，又奚以自多！計四海之在天地之間也，不似礨空〔一八〕之在大澤乎？計中國之在海內，不似稊米之在大倉乎？號物之數謂之萬，人處一焉；人卒〔一九〕九州，穀食之所生，舟車之所通，人處一焉〔二〇〕；此其比萬物也，不似毫末之在於馬體乎？五帝之所運〔二一〕，三王之所爭，仁人之所憂，任士之所勞，盡此矣。伯夷辭之以爲名，仲尼語之以爲博，此其自多也，不似爾向之自多於水乎？」

注釋

〔一〕涇流：水流。「涇」，水脈。

陸德明說：「司馬云：『涇，通也。』崔本作『徑』，云：『直度日徑。』」按：釋文引「涇流」作通流或徑流。章炳麟解作水流。

章炳麟說：「『涇』，借爲『巠』。說文曰：『巠，水脈也。』」（莊子解故）

〔二〕兩涘（sì寺）渚（zhǔ主）崖之間：「涘」，涯（釋文），岸（成玄英疏）。「兩涘」，即兩岸。水中可居曰「渚」（釋文引司馬彪說）。「崖」，字又作涯（釋文）。「渚崖」，即渚岸，即水洲岸邊。

〔三〕不辯牛馬：「辯」通辨。覆宋本正作「辨」。「不辯牛馬」，水大崖遠，見物模糊（林雲銘莊子因）。即形容河面廣闊，遠而見不明。

〔四〕河伯：河神（成疏）。「伯」，長者之稱，「河伯」，河之長（李勉說）。

〔五〕始旋其面目：斂容慙恧之狀（陳壽昌南華真經正義）。

李勉說：「『河伯始旋其面目』，坊間譯文，多譯爲河伯方才轉過頭來。其實北海在黃河之前，河伯望海神正須向前直視，何得云轉過頭來？句應解作『河伯方才轉變其面目』，『旋』，轉也。河伯初以黃河之水大而不辨牛馬，以爲天下之大，盡在乎己，及見海洋，其大更甚，始瞿然自慚，變其自滿之面目，故云『旋其面目』。」（莊子總論及分篇評注）按：李說甚是。清陳壽昌所解即異於成疏。

〔六〕望洋向若而歎：「望洋」一詞有多種解釋，舊注作：仰視貌（司馬彪、崔譔注）。按：「望洋」一語，或假「洋」爲「陽」，「望陽」訓仰視之意（詳見郭慶藩莊子集釋）。或假「洋」爲「羊」，「望羊」申遠視之意（詳見馬叙倫莊子義證）。然「望洋」作常義解即可。「洋」即海洋，上文云北海可證（李勉說）。「若」，海神（司馬彪說）。按：「望洋興歎」一成語即本於此。

〔七〕野語：俗語。

〔八〕聞道百：「百」，古讀若「博」（郭慶藩說）。「百」者，多詞（郭嵩燾說）。按：「百」乃形容多數，李頤注「萬分之一」，非。

〔九〕大方：大道（司馬彪說）。

〔一〇〕鼃：同「蛙」。道藏成玄英疏本、林希逸口義本、褚伯秀義海纂微本並作「蛙」。王引之說：「『鼃』，本作『魚』，後人改之也。太平御覽時序部七、鱗介部七、蟲豸部一引此，並云『井魚不可語於海』，則舊本作『魚』可知。」（見王念孫著讀書雜志餘編上）

〔一一〕虛：同「墟」。趙諫議本作「墟」。作「虛」是故書（王叔岷說）。

〔一二〕篤於時：拘限於時。「篤」，固，拘限之意。郭慶藩說：「爾雅釋詁：『篤，固也。』凡鄙陋不達謂之固，夏蟲爲時所蔽而不可語冰，故曰『篤於時』。『篤』字正與上下文拘束同義。」（見郭撰莊子集釋）

〔一三〕曲士：曲知之士（荀子解蔽篇）；曲見之士，偏執之人（成疏）與天下篇「一曲之士」同。「曲」，一部分之意。

〔一四〕今爾出於崖涘：「崖涘」，承上文「兩涘渚崖」而來，指受河岸所拘束，即喻河伯的思想角度受生存的環境所限。

〔一五〕尾閭：泄海水之所（成疏）。蓋出於傳說想象所杜撰的地名。郭慶藩說：「案文選嵇叔夜養生論注引司馬云：『尾閭，水之從海外出者也。』『尾』者，在百川之下，故稱『尾』。『閭』者，聚也，水聚族之處，故稱『閭』也。」

〔一六〕春秋不變，水旱不知：春秋不變其多少，水旱不知其增減（成疏）。

〔一七〕比形於天地：「比」，讀爲「庇」。廣雅釋詁：「庇，寄也。」「比形於天地」，謂寄形於天地（高亨新箋）。

〔一八〕罍（lěi 壘）空：「罍」，崔音壘。「空」，音孔。「壘孔」，小穴。一云：蟻冢（釋文）。李勉說：「『罍空』，小穴也。奚侗莊子補注曰：『罍當作礨。』爾雅曰：『罍，器也。』按字當作罍，古人多用作酒器，『罍空』二字，指酒杯中之空窪處，其空不大，故云『小穴』。」

〔一九〕人卒：人衆。與天地篇「人卒雖衆」同義。至樂篇：「人卒聞之，相與還而觀之。」盜跖篇：「人卒未有不興名就利者。」「人卒」均指人衆而言。俞樾疑是「大率」之誤，非。

丁展成說：「『卒』當爲『萃』之借字。言人聚處乎九州也。」（莊子音義繹）

〔二〇〕人處一焉：這裏是以人類對萬物而說的。下文「人處一焉」，是以個人對衆人而言的。

〔二一〕五帝之所運：今本「運」作「連」。江南古藏本「連」作「運」，似從運爲妥（郭嵩燾說）。按：「運」即運籌；「連」即連續。

王叔岷先生說：「『五帝之所連』，義頗難通。『連』疑『禪』之誤，『禪』與『爭』對言，意甚明白。下文『昔者堯舜讓而帝』，『帝王殊禪』，並以禪讓言，與此同例。陳碧虛闕誤引江南古藏本『連』作『運』，『運』亦禪之誤。」按：王說有理。作「連」、「運」亦可通。

今譯

秋天（霖雨綿綿）河水及時上漲，所有的小川都灌注到黄河裏去，水流的寬闊，兩岸及河中水洲之間，連牛馬都分辨不清。於是河神揚揚自得，以爲天下的盛美都集在他一身。他順着水流往東行走，到了北海，他向東面瞭望，看不見水的邊際，於是河神才改變自得的臉色，望着海洋對海神而感歎說：「俗語說，『聽了許多道理，總以爲誰都不如自己』，這就是説我了。而且我曾經聽説有人小看孔子的見聞和輕視伯夷的義行，起初我不相信；現在我看見你這樣博大而難以窮盡，我要是不到你這裏來，可就糟了，我一定會永遠被懂得大道的人所譏笑了。」

北海神説：「井裏的魚不可以和它談大海的事，這是因爲受了地域的拘限；夏天的蟲子不可以和它談冰凍的事，這是因爲受了時間的固蔽；鄉下的書生不可以和他談大道理，這是因爲受了禮教的束縛。現在你從河邊出來，看見了大海，知道你自己的醜陋，這才可以和你談一些大道理了。天下的水，沒有比海更大的，所有的河流都歸向這裏，不知道什麼時候才停止，可是海水並不因此而盈滿；海水從尾閭洩漏出去，不知道什麼時候停止，而海水並不減少；無論春天或秋天都不受影響，無論水潦或是旱災都沒有感覺。容量超過江河的水流，簡直不能用數量來計算。但是我並沒有因爲這樣就感到自滿，我自以爲從天地那裏具有了形體，從陰陽那裏稟受了生氣，我在天地之間，就好像小石頭小樹木在大山上一樣，只存了自以爲小的念頭，又怎麼會自滿呢！計算四海在天地中間，不就像蟻穴在大澤裏一樣嗎？計算中國在四海之內，不就像小米在大倉裏一樣嗎？物類名稱的數目有萬種之多，而人類只是萬物中的一種；人衆聚在九州，糧食所生長的地方，舟車所通行的地方，個人只是人類中的一分子；個人和萬物比起來，不就像一根毫毛在馬身上一樣嗎？凡是五帝所運籌的，三王所爭奪的，仁人所憂慮的，能士所勤勞的，不過如此而已。伯夷辭讓以取得聲名，孔子遊談以顯示淵博，他們這樣的自誇，不就像你剛才對於河水的自誇一樣嗎？」

河伯曰：「然則吾大天地而小毫末，可乎？」

北海若曰：「否，夫物，量無窮〔一〕，時無止〔二〕，分無常〔三〕，終始無故〔四〕。是故大知觀於遠近，故小而不寡，大而不多，知量無窮；證曏今故〔五〕，故遥而不悶〔六〕，掇而不跂〔七〕，知時無止；察乎盈虛，故得而不喜，失而不憂，知分之無常也；明乎坦塗〔八〕，故生而不說，死而不禍〔九〕，知終始之不可故也。計人之所知，不若其所不知；其生之時，不若未生之時；以其至小求窮其至大之域〔一〇〕，是故迷亂而不能自得也。由此觀之，又何以知毫末之足以定至細之倪〔一一〕！又何以知天地之足以窮至大之域！」

注釋

〔一〕物量無窮：言物不可得而量度（林希逸口義）；各有局量，無有窮盡（陳壽昌正義）。「量」，謂局量之大小（林雲銘莊子因）。

〔二〕時無止：時序没有止期。和天運篇「流之於無止」「時不可止」同義。

林希逸說：「寒暑晝夜，相尋無止。」

〔三〕分無常：得與失皆「分」（郭注）。按：指貴賤貧富的得失。下文「貴賤有時，未可以爲常」，即「分無常」。「常」即定，「無常」即無定。

宣穎說：「處無定境。」（南華經解）

〔四〕故：同「固」，固定的意思。

〔五〕證曏（xiàng象）今故：「曏」，明。「今故」，猶古今（郭注）。「故」讀爲「古」（馬叙倫義證）。

〔六〕遥而不悶：對於遥遠的並不感到納悶。

宣穎說：「不以遠不可致而悶。」

〔七〕掇而不跂：「掇」，拾取，形容近。「跂」，求。

王先謙說：「近可掇取，我亦不跂而求之。」

〔八〕坦塗：「塗」，同途。明刊崇德書院本作「途」。

〔九〕生而不說，死而不禍：大宗師作「不知說生，不知惡死」。

〔一〇〕以其至小求窮其至大之域：「至小」，智；「至大」，境。以有限之小智，求無窮之大境（成疏）。

〔一一〕至細之倪：「倪」，端倪，限度。

今譯

河神說：「那麼我以天地爲大，以毫毛爲小，可以嗎？」

北海神說：「不可以。萬物的量是沒有窮盡的，時序是沒有止期的，得失是沒有一定的，終始是沒有不變的。所以大智慧的人無論遠近都觀照得到，因而小的不以爲少，大的不以爲多，這是因爲知道物量是沒有窮盡的；明白了古今本來是一樣的，所以對於遥遠的並不感苦悶，對於近前的並不去强求，這是因爲知道時序是沒有止期的；洞察事物盈虧的道理，所以得到並不欣然自喜，失掉並不憂愁懊惱，這是因爲知道得失是沒有一定的；明白了死生之間是一條無可阻隔的坦途，所以生存不加喜悅，死亡也不以爲禍害，這是因爲知道終了和起始不是一成不變的。計算人所知道的，總比不上他所不知道的；人有生命的時間，總比不上他沒有生命的時間；以極其有限的生命去追求無窮的知識領域，必然會茫然而無所得。由這樣看來，又怎麼知道毫毛的末端可以確定最小的限度，怎麼知道天地可以窮盡最大的領域呢！」

河伯曰：「世之議者皆曰：『至精無形，至大不可圍〔一〕。』是信情〔二〕乎？」

北海若曰：「夫自細視大者不盡，自大視細者不明。故異便，此勢之有也〔三〕。夫精，小之微也；垺，大之殷也〔四〕；夫精粗者，期於有形者也；無形者，數之所不能分也；不可圍者，數之所不能窮也。可以言論者，物之粗也；可以意致者，物之精也；言之所不能論，意之所不能致者〔五〕，不期精粗焉。

〔是故大人之行，不出乎害人，不多仁恩；動不爲利，不賤門隸；貨財弗爭，不多辭讓；事焉不借人，不多食乎力，不賤貪污；行殊乎俗，不多辟異；爲在從衆，不賤佞諂；世之爵祿不足以爲勸，戮恥不足以爲辱；知是非之不可爲分，細大之不可爲倪。聞曰：「道人不聞，至德不得，大人無己。」約分之至也。〕〔六〕

注釋

〔一〕至精無形，至大不可圍：與則陽篇「精至於無倫，大至於不可圍」同。與天下篇述惠施語「至小無内，至大無外」義近。

〔二〕信情：信實。

〔三〕夫自細視大者不盡，自大視細者不明。故異便，此勢之有也：「故異便」原在「夫精，小之微也；垺，大之殷也」句下。馬叙倫説：「此三字當在上文『自大視細者不明』下。」馬説是。然「此勢之有也」句，爲解釋所以「異便」之故，當順文移。「異便」，郭注「大小異，故所便不得同」，這是解釋「自細視大者不盡，自大視細者不明」二句。今本誤倒，則將文勢隔斷。此下爲「夫精粗者」句，正承上「精」「垺」兩句而來。今依上下文義移正。按：「故異便」，言各有不全面的地方。「便」當讀爲「偏」。說文通訓定聲：「便，假借爲偏。」禮記樂記疏：「偏，謂不周備也。」天下篇「選則不偏」，蔣錫昌說：「由我見以選事物，則必有所棄而致不偏焉。」此亦可爲本文之注。荀子解蔽所謂「蔽於一曲」即此。天下「不該不徧，一曲之士也」義同。

〔四〕垺，大之殷也：「殷」，大。「垺」，特大之意。

〔五〕意之所不能致者：「致」上原有「察」字。依馬叙倫、嚴靈峯之說删。

馬叙倫說：「按『察』字羨文。」

嚴靈峯先生說：「按：上文：『可以言論者，物之粗也，可以意致者，物之精也。』『論』與『致』對文，故此當云：『言之所不能「論」，意之所不能「致」。』此『致』字乃禮記大學『致知』之『致』，有『察』字則文贅矣。疑係衍文，玆删去。」（道家四子新編五六三頁）

〔六〕是故大人之行……約分之至也：這一段文字（共一百十一字）與上文不相連續。上文討論河伯提出的「至精無形，至大不可圍」問題，北海若的回答到「不期精粗焉」已告段落，也把問題交代清楚。這裏突然冒出和上下文義不相干涉的一段，顯係他文錯入，或爲後人羼入，當删。

今譯

河神說：「世俗的議論者都說：『最精細的東西是沒有形體的，最廣大的東西是沒有外圍的。』這是真實的情況嗎？」

北海神說：「從小的觀點去看大的部位是看不到全面的，從大的觀點去看小的部位是看不分明的。所以說是各有所偏執，這是情勢如此的。『精』是微小中最微小的；『垺』是廣大中最廣大的；所謂精小粗大，乃是期限有形跡的東西；至於沒有形跡的東西，便是數量都不能再分了；沒有外圍的東西，便是數量也不能窮盡了。可以用語言議論的，乃是粗大的事物；可以用心意傳達的，乃是精細的事物；至於語言所不能議論、心意所不能傳達的，那就不期限於精細粗大了。」

河伯曰：「若物之外，若物之內，惡至而倪貴賤〔一〕？惡至而倪小大？」

北海若曰：「以道觀之，物無貴賤；以物觀之，自貴而相賤；以俗觀之，貴賤不在己。以差觀之，因其所大而大之，則萬物莫不大；因其所小而小之，則萬物莫不小；知天地之爲稊米也，知毫末之爲丘山也，則差數覩矣。以功觀之，因其所有而有之，則萬物莫不有；因其所無而無之，則萬物莫不無；知東西之相反而不可以相無，則功分定矣。以趣觀之，因其所然而然之，則萬物莫不然〔二〕；因其所非而非之，則萬物莫不非；知堯桀之自然而相非，則趣操覩矣〔三〕。

「昔者堯舜讓而帝，之噲讓而絕〔四〕；湯武爭而王，白公爭而滅〔五〕。由此觀之，爭讓之禮，堯桀之行，貴賤有時，未可以爲常也。梁麗〔六〕可以衝城，而不可以窒穴，言殊器也；騏驥騄騮〔七〕，一日而馳千里，捕鼠不如狸狌〔八〕，言殊技也；鴟〔鵂〕〔九〕夜撮蚤，察毫末，晝出瞋目〔一〇〕而不見丘山，言殊性也。故曰，蓋〔一一〕師是而無非，師治而無亂乎？ 是未明天地之理，萬物之情者也。是猶師天而無地，師陰而無陽，其不可行明矣。然且語而不舍，非愚則誣也〔一二〕。帝王殊禪〔一三〕，三代殊繼。差其時，逆其俗者，謂之篡夫；當其時，順其俗者，謂之義之徒。默默乎河伯！女惡知貴賤之門，小大之家！」

注釋

〔一〕惡至而倪貴賤：何至而分貴賤。「倪」，端倪，有區別之義。

〔二〕因其所然而然之，則萬物莫不然：同於齊物論：「物固有所然，無物不然。」

〔三〕知堯桀之自然而相非，則趣操覩矣：「然」，猶「是」（成疏）。「自然而相非」，即自以爲是而互相非薄。「趣操」，情趣志操（成疏）。「操」疑「捨」字之誤，「趣捨」即取舍（劉文典補正）。此說亦可存。

王仲鏞說：「這裏，莊子有意誇大事物的相對性而忽視相對事物中的絕對性，把不同的趣向等同起來，即所謂『均異趣』。而其目的則在於使人破除偏執，擴大視野。在同一章中，他除『以趣觀之』而外，一氣還提了『以道觀之』、『以物觀之』、『以俗觀之』、『以差觀之』、『以功觀之』等等一系列從不同角度看問題的方法，構成了他相對主義的認識論。但是也該看到，在特定情況下，莊子也是並不完全否認事物的絕對性的。逍遥遊中的大鵬和蜩（以及斥鴳與學鳩），莊子就没有忽視它們之間的『大小之辯』。」

〔四〕之噲讓而絕：戰國時代燕王噲接受蘇代的意見，仿效堯舜的禪讓，將王位讓給宰相子之（紀元前三一六年），引起國人不滿，招致內亂，齊宣王來伐，殺燕王及子之。

〔五〕白公爭而滅：白公名勝，楚平王之孫，太子建之子。起兵爭國，爲葉公子高所殺，事見左傳哀公十六年及史記楚世家。

〔六〕梁麗：即樑欐，屋棟。「麗」，作「欐」，已見於人間世（「高名之麗」）。

郭慶藩說：「案：司馬訓『梁麗』爲『小船』，非也。俞氏以爲『樓車』，亦近附會。考列子湯問篇：『雍門鬻歌，餘音繞梁欐，三日不絕。』『梁欐』，即此所云『梁麗』也。」

〔七〕騏驥驊騮：都是駿馬。「騏驥」，古稱千里馬（指一天能行千里）。「驊騮」，周代良馬（周穆王八駿馬之一）。

〔八〕狸狌：見逍遥遊篇。「狸」，即貓。「狌」，同鼪，即鼬，俗稱黃鼠狼。

〔九〕鴟（chī 吃）〔鵂〕（xiū 休）：貓頭鷹。

王引之說：「『鵂』字，涉釋文內『鴟鵂鶹』而衍。案釋文曰：『鴟，尺夷反。』崔云：鴟鵂鶹，而不爲『鵂』字作音，則正文內本無『鵂』字明矣。淮南子主術訓亦云：『鴟夜撮蚤。』」

〔一〇〕瞋（chēn 抻）目：「瞋」，張（司馬彪說）。說文：「瞋，怒目。」「瞋目」，張目，即瞪大了眼。

〔一一〕蓋：同「盍」，何不。

楊樹達說：「『蓋』與『盍』通，何不也。禮記檀弓上篇云：『子蓋言子之志於公乎？』又云：『子蓋行乎？』鄭注云：『蓋皆當爲盍，盍，何不也。』此二文通用之證。」（莊子拾遺）

〔二二〕語而不舍，非愚則誣也：「舍」爲「捨」的省字。「非愚則誣」一成語本於此，韓非子顯學篇亦見此一語。

〔二三〕帝王殊禪：「帝王」疑當作「五帝」（馬叙倫說）。

今譯

河神說：「那麼在萬物的外面，萬物的內面，從什麼地方來區分貴賤？從什麼地方來區分小大？」

北海神說：「從道看來，萬物本沒有貴賤的分別；從萬物本身看來，萬物都自以爲貴而互相賤視；從流俗看來，貴賤都由外來而不在自己。從等差上看來，順着萬物大的一面而認爲它是大的，那就沒有一物不是大的了；順着萬物小的一面而認爲它是小的，那就沒有一物不是小的了；明白了天地如同一粒小米的道理，明白了毫毛如同一座丘的道理，就可以看出萬物等差的數量了。從功用上看來，順着萬物有的一面而認爲它是有的，那就沒有一物不是有的了；順着萬物所沒有的一面而認爲它是沒有的，那就沒有一物不是沒有的了；知道東方和西方的互相對立而不可以缺少任一方向，那麼就可以確定萬物的功用和分量了。從取向看來，順着萬物對的一面而認爲它是對的，那就沒有一物不是對的了；順着萬物錯的一面而認爲它是錯的，那就沒有一物不是錯的了；知道了堯和桀的自以爲是而互相非薄，那麼就可以看出萬物的取向和操守了。

「從前堯和舜因禪讓而成爲帝，燕王噲和燕相子之卻因禪讓而滅絕；商湯和周武因爭奪而成爲王，白公勝卻因爭奪而滅絕。由這樣看來，爭奪和禪讓的體制，唐堯和夏桀的行爲，那一種可貴可賤是有時間性的，不可以視爲固定不變的道理。

「棟梁可以用來衝城，但不可以用來塞小洞，這是説器用的不同；騏驥驊騮等好馬，一天能跑一千里，但是捉老鼠還不如貓和黄鼠狼，這是説技能的不同；貓頭鷹在夜裏能捉跳蚤，明察秋毫，但是大白天瞪着眼睛看不見丘山，這是説性能的不同。常常有人説：『爲什麼不只取法對的而抛棄錯的，取法治理的而抛棄變亂的呢？』這是不明白天地的道理和萬物的實情的説法。這就像只取法於天而不取法於地，取法於陰而不取法於陽，很明顯是行不通的。然而人們還把這種話説個不停，那便不是愚蠢就是故意瞎説了。

「帝王的禪讓彼此不同，三代的繼承各有差别。不投合時代，違逆世俗的，就被稱爲篡奪的人；投合時代，順應世俗的，就被稱爲高義的人。沈默吧，河伯！你哪裏知道貴賤的門徑，小大的區别啊！」

河伯曰：「然則我何爲乎，何不爲乎？吾辭受趣舍〔一〕，吾終奈何？」

北海若曰：「以道觀之，何貴何賤，是謂反衍〔二〕；無拘而志〔三〕，與道大蹇〔四〕。何少何多，是謂謝施〔五〕；無一而行，與道參差。嚴嚴乎〔六〕若國之有君，其無私德；繇繇乎〔七〕若祭之有社，其無私福；泛泛乎〔八〕其若四方之無窮，其無所畛域。兼懷萬物，其孰承翼〔九〕？是謂無方〔一〇〕。萬物一齊，孰短孰長？道無終始，物有死生，不恃其成；一虚一盈，不位乎其形〔一一〕。年不可舉〔一二〕，時不可止；消息盈虚，終則有始。是所以語大義〔一三〕之方，論萬物之理也。物之生也，若驟若馳，無動而不變，無時而不移。何爲乎，何不爲乎？夫固將自化。」

注釋

〔一〕辭受趣舍：即出處進退的意思（福永光司說）。「趣舍」，取捨。

〔二〕反衍：反覆（郭注）；向相反方向發展，即今說轉化（曹礎基說）。

〔三〕無拘而志：「而」，汝。

〔四〕蹇（jiǎn 減）：違礙（林希逸說）。

〔五〕何少何多，是謂謝施：「謝施」，代謝交替。

李勉說：「『謝施』，猶交替也。少可以爲多，多可以爲少，不宜拘視也。即反覆委蛇之意。司馬彪曰：『謝，代也。施，用也。』謂交代爲用也。言少聚而成多，多散可成少。」

〔六〕嚴嚴乎：原缺一「嚴」字。「嚴」字當重。與「繇繇乎」、「泛泛乎」相耦（奚侗補注）。

〔七〕繇繇乎：同「悠悠」，自得的樣子。

〔八〕泛泛乎：普遍之貌（成疏）。

〔九〕承翼：承受卵翼，受助之意。

〔一〇〕無方：無所偏向（王先謙注）。

〔一一〕一虛一盈，不位乎其形：「盈」原作「滿」，依楊樹達之說改。「不位乎其形」，形無定位（宣穎說），即没有固定不變的形狀。

楊樹達說：「『滿』當爲『盈』，與『生』、『成』、『形』爲韻。下文云『消息盈虛』即其證。此漢人避惠帝諱所改。」

〔二二〕年不可舉：年歲不能存留。按：「舉」當讀爲「拒」。禮記內則注：「舉，或爲巨。」「年不可拒，時不可止」即達生篇「生之來不能卻，其去不能止」。山木篇「來者勿禁，往者勿止」亦與此文相發揮。

宣穎說：「往者莫存。」

〔二三〕大義：即大道（林希逸口義）。

今譯

河神說：「那麼我應該做什麼，應該不做什麼？我對於事務的辭受取捨，到底應該怎麼辦呢？」

北海神說：「從道的觀點看來，無所謂貴賤，貴賤是相互轉化的；不要拘束你的心志，致使和大道相違。無所謂多少，多少是互相更代變換的；不要拘執一偏而行，致使和大道不合。要嚴正像一國的君主，沒有偏私的恩惠；要超然像祭祀時的社神，沒有偏私的保佑；要寬大像四方的無窮無盡，沒有彼此的界限。包容萬物，有誰承受扶助？這是說沒有偏向。萬物是齊一的，誰是短誰是長的呢？大道是沒有終始的，萬物有死生的變化，不以一時所成而爲可恃；萬物時而空虛，時而盈滿，沒有固定不變的形狀。年歲不能存留，時光不能挽住；消滅、生長、充實、空虛，終結了再開始。這就是講大道的方向，談萬物的道理。萬物的生長，猶如快馬奔馳一般，沒有一個動作不在變化，沒有一個時間不在移動，應該做什麽，應該不做什麽？萬物原本會自然變化的。」

河伯曰：「然則何貴於道邪？」

北海若曰：「知道者必達於理，達於理者必明於權〔一〕，明於權者不以物害己。至德者，火弗能熱，水弗能溺〔二〕，寒暑弗能害，禽獸弗能賊。非謂其薄之〔三〕也，言察乎安危，寧於禍福，謹於去就，莫之能害也。故曰，天在內，人在外〔四〕，德在乎天〔五〕。知乎人之行〔六〕，本乎天，位乎得〔七〕；蹢躅〔八〕而屈伸，反要而語極〔九〕。」

注 釋

〔一〕權：應變。

〔二〕火弗能熱，水弗能溺：逍遥遊篇：「大浸稽天而不溺，大旱金石流、土山焦而不熱。」大宗師篇：「入水不濡，入火不熱。」同義。

〔三〕薄之：輕犯（成疏）；迫近（林希逸説）。「薄」，迫（王先謙注）。

〔四〕天在內，人在外：天機藏在心內，人事露在身外。

成玄英疏：「天然之性，韞之内心；人事所順，涉乎外跡。」

〔五〕德在乎天：至德（最高修養）合於自然。

〔六〕知乎人之行：「乎」字通行本作「天」。審文義，當從江南古藏本作「乎」。

王叔岷先生説：「褚伯秀云：『「天」當是「夫」，音符。』其説是也。陳碧虚闕誤引江南古藏本作『乎』。『夫』猶『乎』也。」

〔七〕位乎得：處於自得的境地。

〔八〕蹢躅：進退不定的樣子。

〔九〕反要而語極：返回道的中心而談論道的極致。林希逸説：「道之至要也，理之至極也。」林雲銘説：「道要理極，即上文『大義之方』，『萬物之理』者。」

今譯

河神説：「那麼爲什麼還以道爲貴呢？」

北海神説：「認識道的人必定通達事理，通達事理的人必定明瞭應變，明瞭應變的人不會讓外物傷害自己。有最高修養的人，火不能燒他，水不能淹他，寒暑不能損傷他，禽獸不能侵害他。並不是説他迫近它們而不受損傷，而是説他能觀察安全和危險的境地，安心於禍患和幸福的情境，進退卻很謹慎，所以没有能加害於他的。因此説：『天機藏在心内，人事露在身外，至德在於不失自然。』知道人的行爲，本於自然，處於自得的境地；時進時退時屈時伸，這就返回了道的中心而談論了理的極致。」

河伯〔一〕曰：「何謂天？何謂人？」

北海若曰：「牛馬四足，是謂天；落〔二〕馬首，穿牛鼻，是謂人。故曰，無以人滅天，無以故滅命〔三〕，無以得殉名〔四〕。謹守而勿失，是謂反其真〔五〕。」

注釋

〔一〕河伯：「河伯」二字原缺，依前例補上。

嚴靈峰先生説：「按：通篇問語在『曰』字上並有『河伯』二字，此疑脱失。」嚴説爲是。

〔二〕落：同「絡」。

〔三〕無以故滅命：不要用造作來毁滅性命。

陳壽昌説：「有心曰『故』，『命』，天性。」

劉師培説：「『無以故滅命』，『故』，即巧故之故。國語晉語云：『多爲之故，以變其志。』語例正符。郭注：『不因其自爲而故爲之。』非也。」（莊子斠補）

徐復觀先生説：「『故』是後起的生活習慣。」（中國人性論史三七六頁）

〔四〕無以得殉名：「得」，貪。見論語「戒之在得」句朱注。「殉」應作「徇」，言無以貪而徇名。「徇名」猶求名（李勉説）。

〔五〕反其真：復於真性（成疏）。「反」，同返。

今譯

河神説：「什麽叫做天？什麽叫做人？」

北海神説：「牛馬生來有四隻脚，這叫做天然；用轡頭絡在馬頭上，用韁繩穿過牛鼻上，這叫做人爲。所以說：不要用人事去毀滅天然，不要用造作去摧殘性命，不要因貪得去求聲名。謹守這些道理而不違失，這就叫做回復到天真的本性。」

二

夔憐蚿〔一〕，蚿憐蛇，蛇憐風，風憐目，目憐心。

夔謂蚿曰：「吾以一足趻踔〔二〕而行，予無如矣〔三〕。今子之使萬足，獨奈何？」

蚿曰：「不然。子不見夫唾者乎？噴則大者如珠，小者如霧，雜而下者不可勝數也。今予動吾天機〔四〕，而不知其所以然。」

蚿謂蛇曰：「吾以衆足行，而不及子之無足，何也？」

蛇曰：「夫天機之所動，何可易邪？吾安用足哉！」

蛇謂風曰：「予動吾脊脅而行，則有似也〔五〕。今子蓬蓬然〔六〕起於北海，蓬蓬然入於南海，而似無有，何也？」

風曰：「然。予蓬蓬然起於北海而入於南海也，然而指我則勝我，鰌〔七〕我亦勝我。雖然，夫折大木，蜚〔八〕大屋者，唯我能也，故以衆小不勝爲大勝也。爲大勝者，唯聖人能之。」

注釋

〔一〕夔（kuí葵）憐蚿：「夔」，獨脚獸，乃是想象的動物。「憐」，愛慕。「蚿」，多足蟲。成玄英疏：「『憐』是愛尚之名。『夔』是一足之獸。山海經云：『東海之内，有流波之山，其山有獸，狀如牛，蒼色，無角，一足而行，聲音如雷，名之曰夔。』『蚿』，百足蟲也。」馬叙倫説：「方言曰：『愛，宋魯之間曰憐。』此『憐』字亦宋語也。」

〔二〕趻（chěn碜）踔（chuō戳）：跳躑（成疏）。

〔三〕予無如矣：没有比我更方便了。成玄英説：「天下簡易，無如我者。」

〔四〕天機：自然。郭慶藩説：「案文選陸士衡文賦注引司馬云：『天機，自然也。』釋文闕。」

〔五〕有似也：「似」，像。蛇雖無足，而有形像（成疏）。玉篇：「似，肖。」有形則有肖（郭嵩燾説）。按：「有似」，即有形。下文「似無有」即形無有，乃無形之意。王先謙解作「似有足」，馬叙倫、王叔岷以爲「有似」乃「似有」誤倒，均非。

〔六〕蓬蓬然：風動聲。

〔七〕鰌（qiū鰍）：本又作「蹭」（釋文）。與「蹭」同，蹴（王敔注）。

郭嵩燾說：「荀子强國篇：『大燕鰌吾後，勁魏鉤吾右。』楊倞注：『鰌，蹴也，言蹴踏於後也。』」

〔八〕蜚：同「飛」。

今譯

獨脚獸夔羨慕名叫蚿的多足蟲，蚿羨慕蛇，蛇羨慕風，風羨慕眼睛，眼睛羨慕心。

夔對蚿說：「我用一隻脚跳躍着行走，再没有比我更簡便的了。現在你使用一萬隻脚，怎麼走法呢？」

蚿說：「你錯了，你没有見過吐口沫的人嗎？噴出來大的像珠子，小的像濛濛細霧，混雜着落下來，數都數不清。現在我順其自然而行，自己也不知道爲什麼能這樣。」

蚿對蛇說：「我用好多脚行走，還不如你没有脚走得快。爲什麼呢？」

蛇說：「我順着自然的行動，怎麼可以更改呢？我那裏要用脚呢！」

蛇對風說：「我運動着脊背和腰部行走，還像有脚似的。現在你呼呼地從北海飇起來，呼呼地吹入南海，卻像没有形跡似的，爲什麼呢？」

風說：「是的。我呼呼地從北海飇起來而吹入南海，但是人們用手來指我就能勝過我，用脚踢我也能勝過我。然而，折毀大樹，吹散大屋，卻只有我才能够做到，這是不求小的勝利而求大的勝利。完成大的勝利的，只有聖人才能够做到。」

三

孔子遊於匡〔一〕，衛人圍之〔二〕數帀〔三〕，而弦歌不惙〔四〕。子路入見，曰：「何夫子之娱也？」孔子曰：「來！吾語女。我諱窮〔五〕久矣，而不免，命也；求通久矣，而不得，時也。當堯舜之時〔六〕而天下無窮人〔七〕，非知得也；當桀紂之時而天下無通人〔八〕，非知失也；時勢適然。夫水行不避蛟龍者，漁父之勇也；陸行不避兕虎〔九〕者，獵夫之勇也；白刃交於前，視死若生者，烈士之勇也；知窮之有命，知通之有時，臨大難而不懼者，聖人之勇也。由處〔一〇〕矣，吾命有所制矣。」

無幾何，將甲者〔一一〕進，辭曰：「以爲陽虎也，故圍之。今非也，請辭而退。」

注釋

〔一〕匡：衛國地名，在今河南長垣西南。

〔二〕衛人圍之：「衛」原作「宋」，字之誤（成疏）。匡是衛地，當據司馬彪之説改正。司馬彪説：「『宋』當作『衛』。匡，衛邑也。衛人誤圍孔子，以爲陽虎。虎嘗暴於匡人。」

〔三〕帀（zā 咂）：周。

〔四〕惙：同「輟」，止。趙諫議本作「輟」。

〔五〕諱窮：諱忌道行不能通達。這裏的「窮」不是指物質生活上的貧困，乃是指道行不張。成疏：「窮，否塞。」是。

〔六〕當堯舜之時：「之時」二字通行本缺。據陳碧虛闕誤引張君房本補。下句「桀紂」同。

劉文典說：「『堯舜』、『桀紂』下『之時』二字舊敚。……疏：『夫生當堯舜之時而天下太平；當桀紂之時而天下暴亂。』是所見本亦並有此二字。」

〔七〕窮人：不得志的人。

〔八〕通人：得志的人。

〔九〕陸行不避兕（sì寺）虎：老子五十章作「陸行不遇兕虎」。

〔一〇〕處：安息（成疏）。

〔一一〕將甲者：「將甲」，本亦作「持甲」（釋文）。將，帥（馬叙倫義證引説文）。「將甲者」，即帥兵者。

李勉説：「傳世銘曰：『將，率也。』『甲』，指士兵。『將甲者』，謂率領士兵之人。」

今譯

孔子周遊到匡，衛國人把他重重圍住，然而他還是不停止彈琴歌唱。子路進見孔子，問説：「爲什麼先生還這樣快樂呢？」

孔子説：「過來！我告訴你。要諱忌道行不能通達已經很久了，然而還是不免潦倒，這是命啊！我希望我的道行通達已經很久了，然而還是不能得到，這是時運啊！當堯舜的時代，天下没有不得志的人，並不是因爲他們的智慧高超；當桀紂的時代，天下没有得志的人，並不是因爲他們的才能低落；這是時勢造成的。在水裏行走不躲避蛟龍，這是漁夫的勇敢；在陸上行走不躲避野牛和老虎，這是獵人的勇敢；光亮的刀子横在面前，把死亡看得和生存一樣，這是烈士的勇敢；知道窮困是由於天命，知道通達是由於時機，遇着大難並不畏懼，這是聖人的勇敢。仲由，你憩憩吧！我的命運受到了限定的。」

不多一會，有個帶着兵器的軍官進來，道歉説：「我們把你當作陽虎，所以圍住你。現在才知道你不是，我們撤退圍兵，向你道歉。」

四

公孫龍〔一〕問於魏牟〔二〕曰：「龍少學先王之道，長而明仁義之行；合同異，離堅白〔三〕；然不然，可不可〔四〕；困百家之知，窮衆口之辯；吾自以爲至達已。今吾聞莊子之言，汒焉〔五〕異之。不知論之不及與，知之弗若與？今吾無所開吾喙〔六〕，敢問其方。」公子牟隱机大息，仰天而笑曰：「子獨不聞夫埳井〔七〕之鼃乎？謂東海之鱉曰：『吾樂與！出跳梁乎井幹之上〔八〕，入休乎缺甃之崖〔九〕；赴水則接腋持頤，蹶泥則没足滅跗〔一〇〕；還視〔一一〕虷〔一二〕蟹與科斗，莫吾能若也。且夫擅一壑之水〔一三〕，而跨跱〔一四〕埳井之樂，此亦至矣，夫子奚不時來入觀乎！』東海之鱉左足未入，而右膝已縶〔一五〕矣。於是逡巡而卻〔一六〕，告之海曰：『夫千里之遠，不足以舉其大；千仞之高，不足以極其深。禹之時十年九潦〔一七〕，而水弗爲加益；湯之時八年七旱，而崖不爲加損。夫不爲頃久推移〔一八〕，不以多少進退者，此亦東海之大樂也。』於是埳井之鼃聞之，適適然〔一九〕驚，規規然〔二〇〕自失也。

「且夫知不知是非之竟〔二一〕，而猶欲觀於莊子之言，是猶使蚊虻負山，商蚷馳河〔二二〕也，必不勝任矣。且夫知不知論極妙之言而自適一時之利者，是非埳井之鼃與？且彼方跐〔二三〕黃泉而登大皇〔二四〕，無南無北，奭然〔二五〕四解，淪於不測；無東無西，始於玄冥，反於大通。子乃規規然而求之以察，索之以辯，是直用管窺天〔二六〕，用錐指地也，不亦小乎！子往矣！且子獨不聞夫壽陵〔二七〕餘子〔二八〕之學行於邯鄲〔二九〕與？未得國能〔三〇〕，又失其故行〔三一〕矣，直匍匐而歸耳。今子不去，將忘子之故，失子之業。」

公孫龍口呿〔三二〕而不合，舌舉而不下，乃逸而走。

注釋

〔一〕公孫龍：趙人，曾爲趙平原君客。天下篇稱：「公孫龍辯者之徒。」漢書藝文志名家有公孫龍子，現存公孫龍子僅六篇，即：跡府，白馬論，指物論，通辯論，堅白論，名實論。其中以白馬論最著名，而跡府一篇，則爲後人所作。

〔二〕魏牟：魏公子，封於中山（河北省定縣）。

〔三〕合同異，離堅白：把事物的同和異合而爲一，把一物的堅硬和白色分別開來。

馮友蘭說：「惠施之觀點注意於個體的物，故曰『萬物畢同畢異』，而歸結於『氾愛萬物，天地一體』也。公孫龍之觀點，則注重於共相，故『離堅白』而歸結於『天下皆獨而正』。二派之觀點異，故其學說亦完全不同。戰國時論及辯者之學，皆總而言之曰：『合同異，離堅白。』或總指其學說爲『堅白同異之辯』。此乃籠統言之。其實辯者之中，當分二派：一派爲『合同異』，一派爲『離堅白』；前者以惠施爲首領，後者以公孫龍爲首領。」（引自馮著中國哲學史二六八頁）

勞思光說：「『合同異』即否認『同』與『異』二概念之確定性。此種說法主要代表爲與莊子同時之惠施。……萬物彼此間皆有某一層次之相同點，亦有許多異點。取其異點，則萬物中無兩物相同；甚至同一物在兩瞬間中，亦成爲互不相同之狀態——此點即爲流變觀念與同異問題之關聯所在。反之，萬物皆占有時空之對象，此即見萬物有基本相同處。……惠施由此種理論引出一態度，即所謂：『氾愛萬物，天地一體也。』其據則在於『合同異』。

「離堅白之說原以『堅、白、石』之辯爲中心。此說之原始材料見於公孫龍子堅白論。其言曰：『堅、白、石，三，可乎？曰，不可；曰，二，可乎？曰，可。曰，何哉？曰無堅得白，其舉也二；無白得堅，其舉也二。』此謂『石』不與『堅』及『白』同時相離，但『堅』與『白』則可以互離；『石』與『白』爲二；『石』與『堅』亦爲二，故曰，『其舉也二』。然則『堅』與『白』如何能相離？公孫龍即就知覺能力釋之，而謂：『視不得其所堅，而得其所白者，無堅也；拊不得其所白，而得其所堅，得其堅也，無白也。』此即指由視之知覺僅能得『白』，由拊之知覺僅能得『堅』；不視則不得白，不拊則不得堅；故

『白』與『堅』並非必然一同呈現於知覺中，則『白』與『堅』可以相離；其所離者，則因二者本爲兩個不同之性質，爲不同之知覺能力所把握者。」（引自勞著中國哲學史第五章二三四至二四〇頁）

〔四〕然不然，可不可：把不對的説成對，不可的説成可。

〔五〕汒焉：同茫然。御覽八十九引「汒」作「茫」（劉文典補正）。

〔六〕喙（huì卉）：口。

〔七〕埳（kǎn砍）井：猶淺井（成疏）。「埳」，凹地（福永光司説）。荀子正論篇：「坎井之鼃，不可語東海之樂。」即本於此。

〔八〕跳梁乎井幹之上：「跳梁」，猶跳躍。見逍遥遊篇。「井幹（hán含）」，井欄（司馬彪説）。

劉文典説：「馬叙倫曰：『梁字羨文。』……案馬説未碻。碧虚子校引江南古藏本亦無『梁』字。惟逍遥遊篇：『東西跳梁，不避高下。』是『跳梁』固莊子書中之恒言。」

〔九〕休乎缺甃（zhòu胄）之崖：「甃」，井中累磚（成疏）。謂休息於破磚邊上。

〔一〇〕跗（fū膚）：同「趺」，脚背。

〔一一〕還視：「視」字原缺。御覽一八九引「還」下有「視」字，據以補上。

馬叙倫説：「按當依御覽引『還』下補『視』字。成玄英疏曰：『顧瞻蝦蟹之類，俯視科斗之徒。』是成本亦有『視』字。」按：馬説可從。補上「視」字，文義完足。

〔一二〕虷（hán含）：井中赤蟲（釋文）。

〔一三〕擅一壑之水：「擅」，專。

〔一四〕跨跱（zhì 峙）：盤據之意。

〔一五〕縶（zhí 直）：拘，絆住。

〔一六〕逡（qūn 囷）巡而卻：「逡巡」，形容退卻的樣子。成疏釋爲「從容」，失解。然田子方篇：「背逡巡」，成疏：「猶卻行。」讓王篇：「子貢逡巡而有愧色」，成疏：「逡巡，卻行貌。」所解則無誤。

〔一七〕潦：水淹，指洪水。

〔一八〕頃久推移：「頃」，少時。「久」，多時。「推移」，改變。

〔一九〕適適然：驚怖之容（成疏）。

〔二〇〕規規然：自失之貌（成疏）。

〔二一〕知不知是非之竟：上「知」音智。「竟」同境。謂智不足以知是非之境。

〔二二〕蚊虻負山，商蚷馳河：「虻」字原缺。依王叔岷之説補。「商蚷」，馬蚿蟲。

王叔岷先生説：「『蚊』下疑脱『虻』字。『蚊虻負山，商蚷馳河』，耦語也。」

〔二三〕跐（zǐ 子）：踏。

〔二四〕大皇：天（成疏）。

馬叙倫説：「按『皇』即『光』之異文。『大皇』謂天也。淮南子精神訓『登太皇』，高注：『太皇，天也。』」按：「大皇」形容至高，故釋爲「天」。

〔二五〕奭（shì 式）然：釋然，形容絲毫不受拘束。

〔二六〕用管窺天：喻所見極有限。「以管窺天」一成語本於此。

〔二七〕壽陵：燕國地名。

〔二八〕餘子：少年人。司馬彪說：「未應丁夫爲餘子。」

〔二九〕學行於邯鄲：御覽三九四引「行」作「步」，下「故行」同（馬叙倫、劉文典、王叔岷校）。邯鄲，趙國都邑。

〔三〇〕未得國能：未得趙國之能（成疏）；謂其國之絶技（馬其昶莊子故）。御覽三九四引「國」作「其」（馬叙倫說）。

〔三一〕故行：指從前的步法。

〔三二〕呿（qū區）：開。

今譯

公孫龍問魏牟説：「我年輕時學習先王之道，年長後明白仁義的行爲，能把事物的同和異混合爲一，把一物的堅硬和白色分別開來；不對的説成對，不可的説成可；困倒百家的知識，屈服衆口的辯論；我自以爲是最明達的了。現在我聽到莊子的言論，感到茫然不解。不知道是我的辯論不及他呢，還是知識不及他？現在我張不開口，請問這是什麽道理？」

魏牟聽了，靠着桌子長歎一聲，仰頭朝天笑着説：「你没有聽過淺井裏的蝦蟆的故事嗎？它對東海的大鱉説：『我快樂極了！我出來在井欄杆上跳躍着，回去在破磚邊上休息着；游到水裏就浮起我的兩腋托着我的兩腮，跳到泥裏就蓋没我的脚背；回頭看看井裏的赤蟲、螃蟹和蝌蚪，卻不能像我這樣快樂。而且我獨占一坑水，盤據一口淺井，這也是最大的快樂了。先生，你何不隨時進來看看呢！』東海的鱉，左脚還没有伸進去，右脚就已經被絆住了，於是乃回轉退卻，把大海的情形告訴它説：『千里路的遥遠，不足以形容它的大；八千尺的高度，不足以量盡它的深。禹的時代十年有九年水災，可是海水並不增加；湯的時代八年有七年旱災，可是海岸並不淺露。不因爲時間的長短而有所改變，不因爲雨水的多少而有所增減，這也是東海的大快樂。』淺井的蝦蟆聽了，驚慌失措，茫然自失。

「你的智慧不足以了解是非的究竟，就想觀察莊子的言論，這就像使蚊蟲負山、馬蚿渡河一般，必定是不能勝任的。而且你的智慧不足以了解極微妙的理論，自己卻滿足於一時口舌的勝利，這不也像淺井裏的蝦蟆一樣嗎？況且莊子的道理就像下達地層而上登天空，不分南北，四面通達而毫無阻礙，進入到深不可測的境地；不分東西，起於幽深玄遠的盡頭，返回到無所不通的大道。你還瑣瑣碎碎地想用察辯去尋求，這簡直是如同用竹管去看天，用錐子去量地一樣，不是太渺小了嗎？你去吧！你没有聽説過壽陵的少年到邯鄲去學走路的故事嗎？他不但没有學會趙國人的走法，而且把自己原來的步法也忘了，結果只好爬着回去。現在你還不走開，將要忘記你原來的技能，失去你本來的學業了。」

公孫龍嘴也張得合不攏來，舌頭翹得放不下來，心神恍惚，悄悄地溜走了。

五

莊子釣於濮水〔一〕，楚王使大夫二人往先焉〔二〕，曰：「願以境内累矣！」

莊子持竿不顧，曰：「吾聞楚有神龜，死已三千歲矣，王以巾笥而藏之〔三〕廟堂之上。此龜者，寧其死爲留骨而貴乎？寧其生而曳尾於塗中〔四〕乎？」

二大夫曰：「寧生而曳尾塗中。」

莊子曰：「往矣！吾將曳尾於塗中。」

注釋

〔一〕濮水：在山東濮縣南。史記老莊申韓列傳正義引「水」下有「之上」二字。

〔二〕往先焉：「先」，謂宣其言（釋文）。「往先」者，往見之，先道此意（林希逸説）。初學記二二、御覽八三四，後漢書馮衍傳注引「往先焉」作「往見」。

〔三〕王以巾笥而藏之：「以」字原缺。後漢書馮衍傳注引「王」下有「以」字（馬叙倫説）。有「以」字文義較長（劉文典説）。「巾笥」，指布巾竹箱。

〔四〕塗中：泥中。藝文類聚九六、史記老莊申韓列傳正義引「塗」並作「泥」（王叔岷校釋）。

今譯

莊子在濮水釣魚，楚威王派了兩個大夫先去表達他的心意説：「我希望將國内的政事委託先生！」

莊子持着魚竿頭也不回，遂說：「我聽說楚國有隻神龜，已經死了三千年了，國王把它盛在竹盒裏用布巾包着，藏在廟堂之上。請問這隻龜，寧可死了留下一把骨頭讓人尊貴呢？還是願意活着拖着尾巴在泥巴裏爬？」

兩個大夫說：「寧願活着拖着尾巴在泥巴裏爬。」

莊子說：「那麼請便吧！我還是希望拖着尾巴在泥巴裏爬。」

六

惠子相梁〔一〕，莊子往見之。或謂惠子曰：「莊子來，欲代子相。」於是惠子恐，搜於國中三日三夜。

莊子往見之，曰：「南方有鳥，其名爲鵷鶵〔二〕，子知之乎？夫鵷鶵，發於南海而飛於北海，非梧桐不止，非練實〔三〕不食，非醴泉〔四〕不飲。於是鴟〔五〕得腐鼠，鵷鶵過之，仰而視之曰：『嚇！』今子欲以子之梁國而嚇我邪？」

注釋

〔一〕相梁：做梁惠王的宰相。「梁」，魏都大梁，在今河南開封。

〔二〕鵷（yuān 冤）鶵（chú 除）：屬於鳳凰一類的鳥。

〔三〕練實：竹實（成疏）。藝文類聚八八、九五，初學記二八，御覽九一一、九一五、九五六引「練實」並作竹實(王叔岷說)。

〔四〕醴(lǐ里)泉:泉甘如醴(李頤注)。「醴」是甜酒,形容天然泉水的甜美。

〔五〕鴟:貓頭鷹。已見於前文。

今譯

惠施做梁惠王的宰相,莊子要去看他。有人向惠施說:「莊子來,想代替你做宰相。」於是惠施感到恐慌,乃在國内搜尋莊子,搜了三天三夜。

莊子去看他,對他說:「南方有一種鳥,名叫鵷鶵,你知道嗎? 鵷鶵從南海出發,飛到北海,不是梧桐樹它不休息,不是竹子的果實它不吃,不是甜美的水泉它不飲。有一隻貓頭鷹找到一隻腐爛的老鼠,鵷鶵剛好飛過,貓頭鷹仰起頭來叫喊一聲:『嚇!』現在你想用你的梁國來嚇我嗎?」

七

莊子與惠子遊於濠梁〔一〕之上。莊子曰:「鯈魚〔二〕出遊從容,是魚之樂也。」

惠子曰:「子非魚,安知魚之樂?」

莊子曰:「子非我,安知我不知魚之樂?」

惠子曰:「我非子,固不知子矣;子固非魚也,子之不知魚之樂,全矣。」

莊子曰:「請循其本〔三〕。子曰『汝安知魚樂』云者,既已知吾知之而問我,我知之濠上〔四〕也。」

注释

〔一〕濠梁：「濠」，水名，在淮南鍾離郡（成疏），即在今安徽省鳳陽縣附近。「梁」，橋。

〔二〕儵（tiáo條）魚：白魚（釋文）。「儵」，當作「鯈」，此書内多混用（郭慶藩集釋引盧文弨說）。姚鼐說：「『鯈』，即至樂篇『食之鰌鰷』『鰷』字耳。」（王先謙集解引）馬叙倫說：「涵本、世本『儵』作『鯈』。按：『儵』借爲『鯈』。説文：『鯈，魚名。』」

〔三〕循其本：「循」，猶尋。尋其源（成疏）。宋代褚伯秀說：「物我之性本同，以形間而不知耳，會之以性，則其樂彼與此同，即人之所安而知魚之樂矣。」

〔四〕我知之濠上：我在濠梁之上知道的。「濠上」，濠水橋上。宣穎說：「我遊濠上而樂，則知魚遊濠下亦樂也。」

今譯

莊子和惠子在濠水的橋上遊玩。

莊子說：「白魚悠悠哉哉地游出來，這是魚的快樂啊！」

惠子問：「你不是魚，怎麽知道魚是快樂的？」

莊子回說：「你不是我，怎麽知道我不曉得魚的快樂？」

惠子辯說：「我不是你，固然不知道你；你也不是魚，那麼你不知道魚的快樂，是很明顯的了。」

莊子回說：「請把話題從頭說起吧！你說『你怎麼知道魚是快樂的』這句話，就是你已經知道了我知道魚的快樂才來問我，〔現在我告訴你〕我是在濠水的橋上知道的啊！」

至樂

至樂篇，討論人生快樂和生死態度的問題。「至樂」，至極的快樂。取首句中二字爲篇名。

本篇共七章，各自成獨立單元。第一章，談人生有没有至極的快樂。評世俗縱情於官能之樂；富貴者求樂，適足以傷生，疏離生命。標示「至樂無樂」——「至樂」爲超脱俗情縱欲而求内心恬和之樂。第二章，莊子妻死，鼓盆而歌，忘卻死亡之憂，以爲生死不過是氣的聚散。第三章，支離叔與滑介叔「觀化」，天地間無時不在變化中，人當順隨變化而安於所化。第四章，莊子與空髑髏對話的寓言。借髑髏寫出人生的種種累患。第五章，爲孔子和子貢的對話，講魯侯養海鳥的寓言，魯侯「以己養養鳥，非以鳥養養鳥」，結果把鳥弄死了。這寓言喻治者以己意强施於民，往往造成衆人的災害。所以主張爲政之道，要使人民「不一其能，不同其事」。第六章，列子見髑髏而有所感言，以爲人的死生當不爲憂樂所執。第七章，寫物種演化的歷程。

出自本篇的著名成語，有鼓盆而歌、夜以繼日、褚小懷大、綆短汲深等。此外，髑髏見夢、魯侯養鳥等富有哲理性的寓言，亦見於本篇。

一

天下有至樂無有哉？有可以活身者無有哉？今奚爲奚據？奚避奚處？奚就奚去？奚樂奚惡？

夫天下之所尊者，富貴壽善〔一〕也；所樂者，身安厚味美服好色音聲也；所下者，貧賤夭惡也；所苦者，身不得安逸，口不得厚味，形不得美服，目不得好色，耳不得音聲；若不得者，則大憂以懼，其爲形也，亦愚哉！

夫富者，苦身疾作〔二〕，多積財而不得盡用，其爲形也亦外矣〔三〕。夫貴者，夜以繼日，思慮善否，其爲形也亦疏矣。人之生也，與憂俱生，壽者惛惛〔四〕，久憂不死，何苦也！其爲形也亦遠矣。烈士爲天下見善矣，未足以活身。吾未知善之誠善邪，誠不善邪？若以爲善矣，不足活身；以爲不善矣，足以活人。故曰：「忠諫不聽，蹲循〔五〕勿爭。」故夫子胥爭之以殘其形，不爭，名亦不成。誠有善無有哉？

今俗之所爲與其所樂，吾又未知樂之果樂邪，果不樂邪？吾觀夫俗之所樂，舉群趣〔六〕者，誙誙然〔七〕如將不得已〔八〕，而皆曰樂者，吾未知之樂也，亦未知之不樂也〔九〕。果有樂無有哉？吾以無爲誠樂矣，又俗之所大苦也。故曰：「至樂無樂，至譽無譽。」

注釋

〔一〕善：善名（成疏）；所遇順善（王先謙注）。

〔二〕疾作：勤勉勞動。

〔三〕外矣：「内矣」相反字。下文「疏矣」「遠矣」，即是「密矣」「近矣」的相反字，都是指違反常性的意思。

〔四〕惛惛（mèn 悶）：即昏昏；指精神懵懂。涵本「惛惛」作「惽惽」（馬叙倫莊子義證）。

〔五〕蹲循：即「逡巡」，卻退的意思。

林雲銘説：「蹲循，逡巡退聽之貌。言忠諫不見聽，即當卻去不必與之爭也。」（莊子因）

俞樾説：「『蹲循』，當讀爲『逡巡』。古書『逡巡』字或作『逡遁』；漢鄭固碑：『逡遁，退讓也。』是也，此又作『蹲循』者，據外物篇：『帥弟子而踆於竅水。』釋文引字林云：『踆，古蹲字。』然則『蹲循』者，『踆遁』也。漢碑作『逡遁』，莊子書作『蹲循』，字異而音義同矣。『忠諫不聽，蹲循勿爭』，謂人主不聽忠諫，則爲人臣者當逡巡而退，勿與之爭也。」（諸子平議）

〔六〕舉群趣：言舉世群然而趨之（林希逸口義）；形容一窩蜂地追逐。

〔七〕誙誙然：必取之意（林希逸口義）；專確貌（宣穎南華經解）。按：形容執著的樣子。

〔八〕不得已：「已」，作「止」。

〔九〕吾未知之樂也，亦未知之不樂也：兩「知」字今本原缺。按：陳碧虛闕誤引江南古藏本，兩「未」字下並有「知」字，當從之。「吾未知之樂也，亦未知之不樂也」，即「吾未知其樂也，亦未知其不樂也」。「之」猶「其」（王叔岷校釋）。

今譯

世界上有没有至極的歡樂呢？有没有可以養活身命的方法呢？如果有，要做些什麽？依據什麽？迴避什麽？留意什麽？從就什麽？捨去什麽？喜歡什麽？嫌惡什麽？

世界上所尊貴的，就是富有、華貴、長壽、善名；所享樂的，就是身體的安適、豐盛的飲食、華麗的裝飾、美好的顏色、悦耳的聲音；所厭棄的，就是貧窮、卑賤、夭折、惡名；所苦惱的，就是身體不能得到安逸，口腹不能得到美味，外表不能得到華麗服飾，眼睛不能看到美好顏色，耳朵不能聽到動人聲音；如果得不到這些，就大爲憂懼。這樣的爲形體，豈不是太愚昧了嗎？

富人勞苦身體，辛勤工作，聚積很多錢財而不能完全使用，這樣對於護養自己的形體，豈不是背道而馳嗎？貴人日以繼夜，憂慮着名聲的好壞，這樣對於護養自己的形體，豈不是很疏忽嗎？人的一生，和憂愁共存，長命的人昏昏沈沈，久久地憂患着如何才能不死，多麽苦惱啊！這樣對於保全自己的形體豈不是很疏遠嗎？烈士被天下的人所稱讚，然而卻保不住自己的性命，我不知道這真是完善呢，還是不完善？如果説是完善，卻保不住自己的性命；如果説不完善，卻救活了别人。俗語説：「忠誠地諫告，如果不聽，就退去，不必再爭諫。」所以子胥因爲諫諍而遭殘戮，如果他不爭諫，就不會成名。這樣看來有没有真正的完善呢？

現在世俗所追求和所歡樂的，我不知道果真是快樂，還是不快樂？我看世俗所歡樂的，一窩蜂地追逐，十分執著地好像欲罷不能，而大家都説這是快樂，我不知道這算是快樂，還是不快樂。果真有快樂没有呢？我以爲清静無爲是真正的快樂，但這又是世俗人所大感苦惱的。所以説：「至極的歡樂在於『無樂』，最高的聲譽在於『無譽』。」

天下是非果未可定也。雖然，無爲可以定是非。至樂活身，唯無爲幾存〔一〕。請嘗試言之。天無爲以之清，地無爲以之寧〔二〕，故兩無爲相合，萬物皆化生〔三〕。芒乎芴乎〔四〕，而無從出乎！芴乎芒乎，而無有象乎！萬物職職〔五〕，皆從無爲殖〔六〕。故曰天地無爲也而無不爲也〔七〕，人也孰能得無爲哉！

注釋

〔一〕無爲幾存：「幾」，近。老子六十四章有「無爲故無敗」句。

〔二〕天無爲以之清，地無爲以之寧：同於老子三十九章：「天得一以清，地得一以寧。」（「一」即指無爲之道。）

〔三〕兩無爲相合，萬物皆化生：「生」字舊脱。陳碧虚闕誤引江南古藏本「化」下有「生」字，當從之。「生」與上文「清」、「寧」爲韻，疏「而萬物化生」，是成本亦有「生」字（劉文典、王叔岷校）。

〔四〕芒乎芴乎：恍惚芒昧（成疏）。老子二十一章有「恍兮惚兮」句。

〔五〕職職：繁多的樣子。

馬叙倫説：「按『職』借爲『秩』。説文曰：『秩，積也。』」

〔六〕無爲殖：意指萬物在自然中產生。郭象注：「皆自殖耳。」

〔七〕天地無爲也而無不爲也：老子三十七章作：「道常無爲而無不爲。」

今譯

天下的是非確實不可以成定論的。雖然這樣，然而「無爲」的態度可以定論是非。至極的歡樂可以養活身心，只有「無爲」的生活方式或許可以得到歡樂。請讓我說說：天「無爲」卻自然清虛，地「無爲」卻自然寧靜，天地「無爲」而相合，萬物乃變化生長。恍恍惚惚，不知道從哪裏生出來！恍恍惚惚，找不出一點跡象來！萬物繁多，都從無爲的狀態中產生。所以說：天地無心作爲卻沒有一樣東西不是從它們生出來的。誰能够學這種「無爲」的精神呢！

二

莊子妻死，惠子弔之，莊子則方箕踞〔一〕鼓盆〔二〕而歌。惠子曰：「與人居〔三〕，長子、老、身死〔四〕，不哭，亦足矣，又鼓盆而歌，不亦甚乎！」莊子曰：「不然。是其始死也，我獨何能無概〔五〕然！察其始而本無生，非徒無生也而本無形，非徒無形也而本無氣。雜乎芒芴〔六〕之間，變而有氣，氣變而有形，形變而有生，今又變而之死，是相與爲春秋冬夏四時行也。人且偃然〔七〕寢於巨室〔八〕，而我噭噭然〔九〕隨而哭之，自以爲不通乎命，故止也。」

注釋

〔一〕箕踞：蹲坐，如簸箕形狀。

〔二〕盆：瓦缶，古時樂器。

〔三〕與人居：「人」指莊子妻。

〔四〕長子、老、身死：長養子孫，妻老死亡（成疏）。歷來多以「長子老身」爲句，「死」字屬下讀。今從宣穎本讀法。

〔五〕概：即慨，感觸哀傷。

〔六〕芒芴：讀同恍惚（褚伯秀義海纂微）。

〔七〕偃然：安息的樣子。

〔八〕巨室：指天地之間。

〔九〕噭噭然：叫哭聲。

今譯

莊子的妻子死了，惠子去弔喪，看到莊子正蹲坐着，敲着盆子唱歌。

惠子說：「和妻子相住一起，爲你生兒育女，現在老而身死，不哭也够了，還要敲着盆子唱歌，這豈不太過分了嗎？」

莊子說：「不是這樣。當她剛死的時候，我怎能不哀傷呢？可是觀察她起初本來是沒有生命的，不僅沒有生命而且還沒有形體，不僅沒有形體而且還沒有氣息。在若有若無之間，變而成氣，氣變而成形，形變而成生命，現在又變而爲死，這樣生來死往的變化就好像春夏秋冬四季的運行一樣。人家靜靜地安息在天地之間，而我還在啼啼哭哭，我以爲這樣是不通達生命的道理，所以才不哭。」

三

支離叔與滑介叔〔一〕觀於冥伯之丘〔二〕，崑崙之虛，黃帝之所休。俄而柳〔三〕生其左肘〔四〕，其意蹶蹶然〔五〕惡之。

支離叔曰：「子惡之乎？」

滑介叔曰：「亡，予何惡！生者，假借〔六〕也；假之而生生者，塵垢〔七〕也。死生爲晝夜。且吾與子觀化〔八〕而化及我，我又何惡焉！」

注釋

〔一〕支離叔與滑介叔：寓託人名。

李頤說：「支離忘形，滑介忘智，言二子乃識化也。」（釋文引）

〔二〕冥伯之丘：寓託丘名。

李頤說：「丘名，喻杳冥。」

〔三〕柳：借爲「瘤」。

郭嵩燾説：「『柳』，『瘤』字，一聲之轉。」（見郭慶藩莊子集釋引）

〔四〕肘（zhǒu 箒）：臂部關節彎曲處。

〔五〕蹶蹶然：驚動的樣子。

〔六〕假借：指身體乃是外在物質元素假合而成。

〔七〕塵垢：暫時的湊集（據宣穎注）。

〔八〕觀化：觀於變化。「化」指生死的變化。

徐復觀先生説：「所謂『觀化』，即對萬物的變化，保持觀照而不牽惹自己的感情判斷的態度。」（中國人性論史莊子的心第三九二頁）

今譯

支離叔和滑介叔一同到冥伯的丘陵、崑崙的荒野去遊覽，那是黄帝曾經休息過的地方。忽然間滑介叔左臂上長了一個瘤，他顯得驚動不安，好像厭惡它的樣子。

支離叔説：「你嫌惡它嗎？」

滑介叔説：「不，我爲什麽嫌惡！身體乃是外在物質元素假合而成；外在元素假合而産生的生命，乃是暫時的湊集。死生就好像晝夜一般的運轉。我和你觀察萬物的變化，現在變化臨到了我，我又爲什麽要嫌惡呢？」

四

莊子之楚，見空髑髏，髐然〔一〕有形，撽〔二〕以馬捶〔三〕，因而問之，曰：「夫子貪生失理，而爲此乎？將子有亡國之事，斧鉞之誅，而爲此乎？將子有不善之行，愧遺父母妻子之醜，而爲此乎？將子有凍餒之患，而爲此乎？將子之春秋〔四〕故及此乎？」於是語卒，援髑髏，枕而臥。夜半，髑髏見夢曰：「子之談者似辯士。視子所言，皆生人之累也，死則無此矣。子欲聞死之説乎？」

莊子曰：「然。」

髑髏曰：「死，無君於上，無臣於下；亦無四時之事，從然〔五〕以天地爲春秋，雖南面王樂，不能過也。」

莊子不信，曰：「吾使司命〔六〕復生子形，爲子骨肉肌膚，反子父母妻子閭里知識〔七〕，子欲之乎？」

髑髏深矉蹙頞〔八〕曰：「吾安能棄南面王樂而復爲人間之勞乎！」

注釋

〔一〕髐（xiāo 霄）然：空枯的樣子。

〔二〕撽：說文作「擊」，云：旁擊（釋文）。

〔三〕馬捶：「捶」，作「箠」，即馬鞭。

〔四〕春秋：年紀。

〔五〕從然：「從」，通「縱」，形容縱逸的樣子。闕誤引張君房本「從然」作「泛然」。

〔六〕司命：掌管生命的鬼神。

〔七〕知識：指朋友。

〔八〕深矉蹙（cù醋）頞（è遏）：「矉」，同顰，皺眉。「頞」，同「額」。形容眉目之間露出憂愁的樣子。

今譯

莊子到楚國，看見一個骷髏，空枯成形，他就用馬鞭敲敲，問說：「先生是因爲貪生背理，以至於死的嗎？還是國家敗亡，遭到斧鉞的砍殺，而死於戰亂的呢？你是做了不善的行爲，玷辱父母妻兒，而慚愧致死的嗎？還是凍餓的災患而致死的呢？或是年壽盡了而自然死亡的呢？」

這樣說完了話，就拿着骷髏，當着枕頭睡覺。半夜裏，莊子夢見骷髏向他說：「你的談話好像辯士。看你所說，都是生人的累患，死了就没有這些憂慮。你要聽聽死人的情形嗎？」

莊子說：「好。」

骷髏說：「死了，上面没有君主，下面没有臣子；也没有四季的冷凍熱曬，從容自得和天地共長久，雖是國王的快樂，也不能勝過。」

莊子不相信，他說：「我使掌管生命的神靈恢復你的形體，還給你骨肉肌膚，把你送回到父母妻子故鄉朋友那裏，你願意嗎？」

髑髏聽了，眉目之間露出憂愁的樣子說：「我怎能拋棄國王般的快樂而回復到人間的勞苦呢！」

五

顏淵東之齊，孔子有憂色，子貢下席而問曰：「小子敢問，回東之齊，夫子有憂色，何邪？」

孔子曰：「善哉汝問！昔者管子有言，丘甚善之，曰：『褚〔一〕小者不可以懷大，綆〔二〕短者不可以汲深。』夫若是者，以爲命有所成而形有所適也〔三〕，夫不可損益。吾恐回與齊侯言堯舜黃帝之道，而重以燧人神農之言。彼將內求於己而不得，不得則惑，人惑則死。

「且女獨不聞邪？昔者海鳥止於魯郊，魯侯御〔四〕而觴〔五〕之於廟，奏九韶以爲樂，具太牢〔六〕以爲膳。鳥乃眩視憂悲，不敢食一臠，不敢飲一杯，三日而死。此以己養養鳥也，非以鳥養養鳥也。夫以鳥養養鳥者，宜棲之深林，遊之壇陸〔七〕，浮之江湖，食之鰌鰷〔八〕，隨行列而止，委虵〔九〕而處。彼唯人言之惡聞，奚以夫譊譊〔一〇〕爲乎！咸池九韶之樂，張之洞庭之野〔一一〕，鳥聞之而飛，獸聞之而走，魚聞之而下入〔一二〕，人卒〔一三〕聞之，相與還而觀之。魚處水而生，人處水而死，彼必相與異，其好惡故異也。故先聖不一其能，不同其事。名止於實，義設於適〔一四〕，是之謂條達〔一五〕而福持〔一六〕。」

注釋

〔一〕褚：布袋。

〔二〕綆（gěng 梗）：繩索。

〔三〕命有所成而形有所適也：性命各有它形成之理，而形體各有它適宜之處。

〔四〕御：迎。

〔五〕觴（shāng 傷）：宴飲。

〔六〕太牢：指牛羊豕。

〔七〕壇陸：「壇」，司馬本作「澶」（釋文）；水中沙澶。「壇陸」，即湖渚。

〔八〕鰌鮍：小魚名。「鰌」，泥鰍。「鮍」，白魚子。

〔九〕委虵：寬舒自得（成疏）。「委」，成疏作逶。「委」爲逶省（馬叙倫說）。

〔一〇〕譊譊（náo 撓）：喧雜。

〔一一〕洞庭之野：即廣漠之野。見天運篇。

〔一二〕鳥聞之而飛，獸聞之而走，魚聞之而下入：齊物論作：「魚見之深入，鳥見之高飛，麋鹿見之決驟。」

〔一三〕人卒：衆人。已見於天地篇與秋水篇。

〔一四〕義設於適：事理的設施在於適性。

成玄英疏：「『義』者，宜也，隨宜施設，適性而已。」

林希逸說：「義設於適，蓋言人各隨其分也。」

〔一五〕條達：條理通達。

〔一六〕福持：福分常在。

今譯

顏淵往東到齊國，孔子面色憂愁。子貢即離席向前問說：「學生請問，顏回東往齊國，先生面色憂愁，爲什麽呢？」

孔子說：「你問得很好！從前管子有句話，我覺得很好，他說：『布袋小的，不可以藏大的東西，繩索短的不可以汲深井的水。』這樣說來，認爲性命各有它形成的道理，而形體各有它適宜的地方，這是不可以改變的。我恐怕顏回向齊侯談說堯舜黄帝的道理，而强調燧人神農的言論。齊侯聽了會内求自己而不得了解，不得了解就會産生疑惑，起了疑惑就要遭殃了。

「你没有聽説過這個故事嗎？從前有隻海鳥飛落在魯國的郊外，魯侯把它迎進太廟，送酒給它飲，奏九韶的音樂取樂它，宰牛羊餵它。海鳥目眩心悲，不敢吃一塊肉，不敢飲一杯酒，三天就死了。這是用養人的方法去養鳥，不是用養鳥的方法去養鳥。用養鳥的方法去養鳥，就應該讓鳥在深林裏棲息，在沙灘上漫遊，在江湖中漂浮，啄食小魚，隨鳥群行列而止息，自由自在的生活。鳥最怕聽到人的聲音，爲什麼還要弄得這般喧雜呢！ 如果在洞庭的野外演奏咸池九韶的音樂，鳥聽了會飛去，獸聽了會逃走，魚聽了會沈下，然而人們聽了，卻會圍過來觀賞。 魚在水裏才能得生，人在水裏就會淹死，人和魚的稟性各別，所以好惡也就不同了。 所以先聖不求才能的劃一，不求事物相同。 名和實相副，事理的設施求其適合於各自的性情，這就叫做『條理通達而福分常在』。」

六

列子行食於道從〔一〕，見百歲髑髏，攓〔二〕蓬而指之曰：「唯予與汝知而〔三〕未嘗死，未嘗生也。 若果養〔四〕乎？ 予果歡乎？」

注釋

〔一〕道從：「從」，道旁（司馬彪注）。

〔二〕攓（qiān 牽）：拔。

〔三〕而：汝。

〔四〕養：憂。

宣穎說：「養，心憂不定貌。詩曰：『中心養養。』是也。」

俞樾說：「『養』，讀爲『恙』，爾雅釋詁：『恙，憂也。』」

今譯

列子旅行在路旁進餐，看見一個百年的骷髏，撥開蓬草指着它說：「只有我和你知道，你沒有死也沒有生的道理。你果真憂愁嗎？我果真歡樂嗎？」

七

種有幾〔一〕，得水則爲㡭〔二〕，得水土之際則爲鼃蠙之衣〔三〕，生於陵屯〔四〕則爲陵舄〔五〕，陵舄得鬱棲〔六〕則爲烏足〔七〕。烏足之根爲蠐螬〔八〕，其葉爲胡蝶。胡蝶胥也〔九〕化而爲蟲，生於竈下，其狀若脫〔一〇〕，其名爲鴝掇〔一一〕。鴝掇千日化而爲鳥，其名爲乾餘骨。乾餘骨之沫〔一二〕爲斯彌〔一三〕，斯彌爲食醯〔一四〕。頤輅〔一五〕生乎食醯；黃軦〔一六〕生乎九猷〔一七〕；瞀芮〔一八〕生乎腐蠸〔一九〕。羊奚〔二〇〕比乎不箰久竹〔二一〕生青寧〔二二〕；青寧生程〔二三〕，程生馬，馬生人，人又反入於機〔二四〕。萬物皆出於機，皆入於機。

注釋

〔一〕種有幾：有多種解釋：（一）物種的變化有多少；如張湛說：「先問變化種數凡有幾條，然後明之於下。」（列子注）如郭象說：「變化種類，不可勝計。」（二）「幾」作「機」講；如陶鴻慶說：「『幾』當讀爲『機』。黃帝篇之『杜德幾』『善者幾』『衡氣幾』諸『幾』字，莊子皆作『機』，即其例也。『機』即下文『萬物皆出於機皆入於機』也。」（見陶著讀列子札記，引自楊伯峻撰列子集釋內）（三）物種中有一種極微小的生物叫做「幾」；如馬叙倫說：「寓言篇曰：『萬物皆種也。』是此『幾』字謂萬物之種也。『幾』者，說文曰：『微也。』從二『幺』，『幺』小也，從二『幺』，故爲『微』也。」如胡適說：「『種有幾』的『幾』字，當作『幾微』的『幾』字解。易繫辭傳說：『幾者，動之微，吉凶之先見者也。』正是這個『幾』字。『幾』字從『𢆶』，『𢆶』字以從8，本象生物胞胎之形。我以爲此處的『幾』字，是指物種最初時代的種子。」（中國哲學史）今譯從〔三〕。

〔二〕㡭：司馬本作「繼」，指一種斷續如絲的草。

林希逸說：「繼者，水上塵垢初生苔而未成，亦有絲縷相縈之意，但其爲物甚微耳。」

王先謙說：「釋草：『蕢，牛脣。』郭注引毛詩傳曰：『水舄也，如續斷，寸寸有節，拔之可復。』說文：『蕢，水舄也。』郝懿行云：『今驗馬舄生水中者，華如車前而大，拔之，節節復生。』據此，即莊子所謂『㡭』也。拔之寸節復生，故以『繼』爲名。」

〔三〕鼃蠙之衣：青苔，俗稱蝦蟆衣（見成疏）。

〔四〕陵屯：高地。「屯」，阜（司馬彪注）。

〔五〕陵舄：車前草（成疏）。

〔六〕鬱棲：糞壤（李頤注）。

〔七〕烏足：草名。

〔八〕蠐（qí齊）螬（zāo 糟）：金龜子的幼蟲。

馬叙倫說：「論衡無形篇曰：『蠐螬化而爲復育，復育轉而爲蟬。』陳藏器曰：『蠐螬居糞土中，身短足長，背有毛筋，但從夏入秋，蜕而爲蟬。」李時珍曰：「蠐螬，狀如蠶而大，身短節促，足長，有毛，生樹根及糞土中者，外黄内黑，生舊茅屋上者，外白内黯。」」

〔九〕胥也：同「須臾」。

俞樾說：「釋文曰：『胡蝶胥也，一名胥。』此失其義，當屬下句讀之。本云『胡蝶胥也化而爲蟲』，與下文『鴝掇千日爲鳥』，兩文相對。『千日爲鳥』，言其久也；『胥也化而爲蟲』，言其速也。列子天瑞篇釋文曰：『胥，少也，謂少時也。』得其義矣。」

〔一〇〕脱：借爲「蜕」。

〔一一〕鴝掇：蟲名。

馬叙倫說：「『鴝掇』疑即『竈馬』。酉陽雜俎：竈馬狀如促織，稍大，脚長，好穴竈旁。」

〔一二〕沫：口中唾沫。

〔一三〕斯彌：蟲名。

〔一四〕食醯（xī希）：酒甕裏的蠛蠓。

〔一五〕頤輅：蟲名。

〔一六〕黄軦：蟲名。

〔一七〕九猷：蟲名。

〔一八〕瞀（mào冒）芮（ruì瑞）：即蟁蚋。「瞀」、「蟁」一聲之轉（馬叙倫義證）。

〔一九〕腐蠸：螢火蟲。

〔二〇〕羊奚：草名。

〔二一〕不箰久竹：久不長筍的竹子。「箰」，列子作「筍」。

〔二二〕青寧：蟲名。

〔二三〕程：豹。

段敬順說：「尸子云：『程，中國謂之豹，越人謂之貘。』」（列子釋文）

羅勉道說：「筆談云：『延州人至今謂虎豹爲程。蓋言蟲也。』」（南華真經循本）

〔二四〕人又反入於機：有兩種解釋：（一）「機」，作天機，自然講；如成玄英疏：「機者發動，所謂造化也。造化者，無物也。人既從無生有，又反入歸無也。」（二）「機」，作「幾」，如馬叙倫說：「按『機』當爲『幾』。即『種有幾』之『幾』也。」又如胡適說：「這一節的末三句所用三個『機』字，皆當作『幾』，即是上文『種有幾』的『幾』字。若這字不是承上文來的，何必說：『人又反入於機』呢？用『又』字和『反』字，可見這一句是回照『種有幾』一句。易繫辭傳『極深而研幾』一句，據釋文，一本『幾』作『機』。可見『幾』字誤作『機』是常有的事。」兩說都言之成理。今譯從（一）。

今譯

物種中有一種極微小的生物叫幾，它得到水以後就變成斷續如絲的繼草，在水和土的交境就變成青苔，生在高地上就變爲車前草，車前草得到糞土以後就變爲烏足草，烏足草的根變爲金龜子幼蟲，它的葉子變爲蝴蝶。蝴蝶一會兒就化爲蟲，生在火灶底下，形狀好像蜕化了皮似的，它的名叫鴝掇。鴝掇蟲過了一千日以後就變成鳥，名叫乾餘骨。乾餘骨的唾沫變爲斯彌，斯彌變成蠛蠓。頤輅蟲生於蠛蠓；黄軦生於九猷蟲；瞀芮蟲生於螢火蟲。羊奚草和不箰久竹結合就生出青寧蟲；青寧蟲生出赤蟲，赤蟲生出馬，馬生出人，人又復歸於自然。萬物都從自然中出來，又回歸於自然。

達生

達生篇，主旨在説養神，强調人的精神作用。「達生」，暢達生命。取篇首二字爲篇名。

本篇由十一個寓言故事組成，篇首一章是通篇的綱領，指出通達生命實情的人，不重財物、名位、權勢，認爲健全的生命，當求形體健全、精神充足（「形全精復」），與自然爲一（「與天爲一」）。第二章，關尹與列子的對話，由「純氣之守」説到「神全」。「純氣之守」，即保守純和的精神；「神全」，即是精神的凝聚。這一章主要寫精神凝聚的作用。第三章，仲尼見痀僂者承蜩，寫駝背老人「用志不分，乃凝於神」；由於他心志專一於對象上，發揮了洗鍊的技藝。第四章，顔淵與孔子的對話，指善游者忘水，乃神暇與專一之功。本章「外重者内拙」一語，頗有深義。第五章，田開之與周威公對話的故事，寫單豹「養其内而虎食其外」，張毅「養其外而病攻其内」，都各有所偏廢。養生要在「形」「精」並重。第六章，祝宗人説彘，諷權貴人物惑榮華而遭害，逐權位而取禍。第七章，寫桓公心神不寧而病生，心神釋然而病除，喻養神的重要。第八章，由養鬥雞寫養神的作用。第九章，孔子在吕梁觀人游水，得安習成性的道理。第十章，梓慶削木爲鐻，寫一位專技者的精修用心的過程。第十一章，東野稷御馬，馬力竭而困敗，寫耗神過度，則勞竭必敗。第十二章，工倕畫圖，「指與物化」，寫其創造技能的精巧純熟，達到與被創造對象融合爲一的化境。「忘足，履之適也；忘要(腰)，帶之適也；忘是非，心之適也」的名句及「忘適之適」的命題，見於本節。

出自本篇的著名成語，有用志不分、外重内拙、呆若木雞、履適忘足、帶適忘腰、忘適之適、昭然若揭等。此外，痀僂承蜩、梓慶爲鐻等富有啓發性的寓言亦見於本篇。

一

達生之情〔一〕者，不務生之所無以爲〔二〕；達命之情者，不務命〔三〕之所無奈何。養形必先之以物，物有餘而形不養者有之矣；有生必先無離形，形不離而生亡者有之矣。生之來不能卻，其去不能止。悲夫！世之人以爲養形足以存生；而養形果不足以存生，則世奚足爲哉！雖不足爲而不可不爲者，其爲不免矣。

夫欲免爲形者，莫如棄世〔四〕。棄世則無累〔五〕，無累則正平〔六〕，正平則與彼更生〔七〕，更生則幾〔八〕矣。事奚足棄而生奚足遺？棄事則形不勞，遺生〔九〕則精不虧。夫形全精復〔一〇〕，與天爲一。天地者，萬物之父母也，合則成體，散則成始〔一一〕。形精不虧，是謂能移〔一二〕；精而又精，反以相天〔一三〕。

注　釋

〔一〕達生之情：通達生命的真義。「情」，實情、真相之意。

〔二〕生之所無以爲：「無以爲」謂無可爲。生不能强求，故云「無以爲」（李勉莊子分篇評注）。

林雲銘説：「『無以爲』，身外之物，無所用也。」（莊子因）

宣穎説：「爲無益之養者，『生之所無以爲』也。」（南華經解）

〔三〕命：今本作「知」。「知」乃「命」字之譌（武延緒札記）。弘明集正誣論引「知」作「命」，當從之。兩「命」字與兩「生」字對言，淮南子詮言訓、泰族訓亦並作「命」（王叔岷校釋）。兹依武延緒、馬叙倫、劉文典、王叔岷、嚴靈峰諸説改。

〔四〕棄世：棄卻世間分外之事（成玄英疏）。

林希逸説：「『棄世』者，非避世也。處世以無心，感而後應，迫而後動，不得已而後起，則我自我而世自世矣。」

〔五〕無累：指不被分外之事所累。

〔六〕正平：心正氣平（陳壽昌南華真經正義）；心性純正平和（曹礎基説）。

〔七〕與彼更生：「更生」，日新之謂（郭象注）。「彼」，指自然。「與彼更生」是説和自然共同變化、推陳出新。

曹礎基説：「『彼』，指形體。『更生』，新生。句謂心性純正平和則身體亦會隨之健康。」

〔八〕幾：近道（林雲銘説）。

〔九〕遺生：「遺」，忘。指遺忘生活中的分外之事。

〔一〇〕形全精復：「復」讀爲「備」，古字通。儀禮特牲之「復」字，今文漢簡均作「備」，是其證。「精備」即本篇之「神全」，即上文之「精不虧」。形精完備，即下文之「形精不虧」。

〔一一〕合則成體，散則成始：指物質原素相合便形成物體，離散便成爲另一物體結合的開始。宣穎說：「二氣合，則生物形；散於此者，生於彼之始。」

〔一二〕能移：「移」，遷轉（成疏）。指能隨自然變化而更新。

〔一三〕相天：「相」，助（成疏）。還輔其自然（郭注）。

今譯

通達生命實情的，不追求生命所不必要的東西；通達命運實況的，不追求命運所無可奈何的事故。保養形體必定先用物資，可是有些人物資豐餘而形體卻保養不好；保有生命必定先不使脱離形體，可是有些人形體沒有離散而生命卻已亡失了。生命的來臨不能拒絕，生命的離去不能阻止。可悲啊！世上的人以爲保養形體便是保存生命；然而保養形體果真不足以保存生命，那麽世間的事還有什麽值得去做的呢！雖然不值得做卻不可不去做，這樣去做便不免於累了。

要想免於爲形體勞累，便不如捨棄俗世。捨棄俗世就没有拖累，没有拖累就心正氣平，心正氣平就和自然共同變化更新，和自然共同變化更新就接近道了。俗事爲什麽須捨棄，生命爲什麽須遺忘？捨棄俗事就形體不勞累，遺忘生命中的事務就精神不虧損。形體健全，精神充足，便和自然合而爲一。

天地是產生萬物的根源，〔物質原素〕相合便形成物體，離散便成爲另一物體結合的開始。形體精神不虧損，就是能隨自然變化而更新；精而又精，返回過來輔助自然。

二

子列子問關尹〔一〕曰：「至人潛行不窒，蹈火不熱〔二〕，行乎萬物之上而不慄。請問何以至於此？」

關尹曰：「是純氣之守〔三〕也，非知巧果敢之列。居，予語汝！凡有貌象聲色者，皆物〔四〕也，物與物何以相遠？夫奚足以至乎先？是形色而已〔五〕。則物之造乎不形而止乎無所化〔六〕，夫得是而窮之者，物焉得而止焉〔七〕！彼〔八〕將處乎不淫之度〔九〕，而藏乎無端之紀〔一〇〕，遊乎萬物之所終始，壹其性，養其氣，合其德，以通乎物之所造〔一一〕。夫若是者，其天守全，其神無郤〔一二〕，物奚自入焉！

「夫醉者之墜車，雖疾不死。骨節與人同而犯害與人異，其神全也，乘亦不知也，墜亦不知也，死生驚懼不入乎其胸中，是故遻〔一三〕物而不慴。彼得全於酒而猶若是，而況得全於天乎？聖人藏於天，故莫之能傷也。」

〔復讎者不折鏌干，雖有忮心者不怨飄瓦，是以天下平均。故無攻戰之亂，無殺戮之

刑者，由此道也。不開人之天，而開天之天，開天者德生，開人者賊生。不厭其天，不忽於人，民幾乎以其真！」〔一四〕

注　釋

〔一〕關尹：即關令尹，以官職作名稱。關尹與老聃並列，見天下篇。舊説關尹名喜，其實「喜」是高興的意思（見史記老莊申韓列傳），誤爲人名。

郭鼎堂説：「『關令尹喜曰』（史記）本來是『關令尹高興而説道』的意思，到了漢書藝文志竟有了『關尹子九篇，名喜』的著録了。這九篇出於僞託，是毫無疑問的。……照天下篇所引的關尹遺説看來，他是主張虛己接物的，心要如明鏡止水，對於外物要如響之應聲，影之隨形。」（十批判書一五一頁）

蔣伯潛説：「漢志道家有關尹子九篇，今存一卷，舊題『周尹喜撰』。關尹子，不但今存的本子靠不住，作這書的人，也是不可靠的。經典釋文載喜字公度，不知何據。李道謙終南祖庭仙真内傳，説：『終南樓觀，爲尹喜故居。』也是道士們底讕言。按關尹子，列仙傳又作關令子。可見稱他爲關尹子，是因爲他曾做關令尹，並非姓『尹』；何得逕稱之曰『尹喜』呢？」（諸子學纂要二〇二頁）

〔二〕潛行不窒，蹈火不熱：大宗師作：「入水不濡，入火不熱。」

成玄英説：「不爲物境障礙。」

楊樹達説：「説文十一篇上水部：『潛，涉及也。』『潛行不窒』謂潛行水中呼吸不窒，與下文『蹈火

不熱』文正相對。疏云：『潛伏行世。』非也。」（莊子拾遺）

〔三〕純氣之守：保守純和之氣（成疏）。

〔四〕物：指人物。

〔五〕夫奚足以至乎先？ 是形色而已：意指同樣具有形色的東西，〔有些人〕怎能超在他人前面呢？ 按：「形色而已」句，「色」字上原缺「形」字，當依陳碧虛闕誤引江南古藏本補上。依郭注亦有「形」字（奚侗說）。

〔六〕物之造乎不形而止乎無所化：指至人達到不露形跡且臻於不變滅的境地。按：「物」，根據詹姆士·里格（James Legge）英譯爲「至人」（The perfect man），甚是。能達到「不形」和「無所化」的境界的「物」，當指「至人」。「造」，至。「不形」，指道。

〔七〕物焉得而止焉：「止」，猶入（李勉說）。謂外物怎能進入心中來攪擾。

郭象說：「夫至極者，非物所制。」

成玄英說：「世間萬物，何得止而控馭焉！」

〔八〕彼：指「得是而窮之者」，即至人。

〔九〕不淫之度：即恰如其分，指合乎天道的分寸（曹礎基說）。

林雲銘說：「適當而不過也。」

〔一〇〕無端之紀：形容循環變化的境地。

郭象注：「冥然與變化日新。」

馬叙倫說：「『紀』借爲『基』。詩終南：『有紀有堂。』傳曰：『紀，基也。』此借『紀』爲『基』之證。」

〔二〕物之所造：指自然（見成疏）。

王夫之說：「物之所造者，氣也。……物者，氣之凝滯者也。」（莊子解）

〔三〕無郤：「郤」，同隙。見德充符：「使日夜無郤。」

〔三〕遻（wù悟）：同「迕」，逆。

〔四〕〔復讎者不折鏌干，……民幾乎以其真〕：這一段七十二字疑是別處錯入，和本節主題（論神全）無關。關尹回答列子的問題，到「聖人藏於天，故莫之能傷也」，文義已完足。列子黃帝篇正同，文至「故莫之能傷也」句而止。根據列子並省察文義，宜删。今僅存其文，不加注譯。

今譯

列子問關尹說：「至人潛行水中不受阻礙，脚蹈火上不覺炎熱，行走在萬物之上而不畏懼。請問爲什麽能達到這樣？」

關尹說：「這是保守純和之氣的緣故，不是知巧果敢所能做到的。坐下，我告訴你：凡是有形象聲色的，都是人，人與人爲什麽有很大的差別？同樣是具有形色的東西，〔有些人〕怎能超在〔他人〕前面呢？而至人能達到不露形跡而不變滅的境界，能達到這境界而窮理盡性的，他物怎能阻撓得了他呢！至人要處於適當的位置，而藏心於循環變化的境地，神遊於萬物的根源，專一他的本性，涵養他的精氣，融合他的德性，以通向自然。像這樣的人，他的天性完備，他的精神凝聚，外物怎樣侵入呢！

「酒醉的人從車上墜下，雖然受傷卻不會摔死。骨節和別人一樣而遇到傷害的情況卻和別人不同，這是由於他的精神凝聚，乘車也不知道，墜下也不知道，死生驚懼進不了他的胸中，所以觸撞外物而不驚懼。那個得全於酒的人都可以這樣，何況是得全於自然之道的人呢？聖人含藏於自然，所以外物傷害不了他。」

三

仲尼適楚，出於林中，見痀僂〔一〕者承蜩〔二〕，猶掇〔三〕之也。

仲尼曰：「子巧乎！有道邪？」

曰：「我有道也。五六月〔四〕累丸二而不墜，則失者錙銖〔五〕；累三而不墜，則失者十一；累五而不墜，猶掇之也。吾處身也，若橛株枸〔六〕；吾執臂也，若槁木之枝；雖天地之大，萬物之多，而唯蜩翼之知。吾不反不側〔七〕，不以萬物易蜩之翼，何爲而不得！」

孔子顧謂弟子曰：「用志不分，乃凝於神，其痀僂丈人之謂乎！」

注釋

〔一〕痀僂：即曲背。同大宗師「曲僂」。抱朴子對俗篇引「痀」作「傴」，義同。

〔二〕承蜩：以竿黏蟬曰「承」（林雲銘說）。

〔三〕掇：拾取。

〔四〕五六月：指學習所經過的時間。王敔說：「學之五六月。」（見王夫之莊子解內）陶鴻慶說：「案『五六月』，釋文引司馬曰：『黏蜩時也。』此說失之。『五六月』，謂數習所歷之時也。」（讀莊子札記）

〔五〕錙銖：古時衡重量的名稱，喻最小最輕。

〔六〕橛株拘：今所謂木樁（林希逸說）。形容身心的凝定；郭注「不動之至」爲是。「橛」，世德堂本作「厥」。「橛」、「厥」古通。「拘」今本作「拘」。道藏褚伯秀義海纂微本、陳碧虛闕誤引張君房本、江南古藏本「拘」並作「枸」，「枸」與「拘」同音通用（王叔岷說）。「枸」指木根部分。郭嵩燾說：「山海經海內經：『達木下有九枸。』郭璞注：『枸，根盤錯也。』說文：『株，木根也。』徐鉉曰：『在土曰根，在土上曰株。』『株枸』者，近根盤錯處；『厥』者，斷木爲杙也。身若斷株，臂若槁木之枝，皆堅實不動之意。」

〔七〕不反不側：念無迴顧（王敔注）。「反側」，猶變動（成疏）。按「不反不側」形容內心凝靜，心無二念。

今　譯

孔子到楚國去，經過樹林中，看見一個駝背的在黏蟬，好像拾取一樣容易。

孔子說：「你是有技巧呢？還是有道？」

回答說：「我有道。經過五六個月〔訓練〕在竿頭上累疊兩個丸子而不會掉下來，那麼失手的機會就很少；累疊三個丸子而不會掉下來，那麽失手的機會只有十分之一；累疊五個丸子而不會掉下來，就好像拾取一樣容易。我安處身心，猶如木樁；我用臂執竿，如同枯槁樹枝；雖面對天地之大，萬物之多，卻只用心在蜩翼。我心無二念，不因外物紛繁而改變對蜩翼的注意，爲什麽會得不到呢！」

孔子回向弟子説：「用心不分散，凝神會精，不就是説這位駝背老人麽！」

四

顔淵問仲尼曰：「吾嘗濟〔一〕乎觴深〔二〕之淵，津人〔三〕操舟若神。吾問焉，曰：『操舟可學邪？』曰：『可，善游者數能〔四〕。若乃夫没人〔五〕，則未嘗見舟而便操之也。』吾問焉而不吾告，敢問何謂也？」

仲尼曰：「善游者數能，忘水也。若乃夫没人之未嘗見舟而便操之也，彼視淵若陵，視舟之覆猶其車卻也。覆卻萬方陳乎前而不得入其舍〔六〕，惡往而不暇！以瓦注〔七〕者巧，以鉤〔八〕注者憚，以黄金注者殙〔九〕。其巧一也，而有所矜〔一〇〕，則重外也。凡外重者内拙〔一一〕。」

注釋

〔一〕濟：同「渡」。

〔二〕觴深：淵名。

〔三〕津人：擺渡的人。

〔四〕數能：猶速成（嚴復說）。「數」，借爲速（馬叙倫說）。按：「數」、「速」古通，老子五章「多言數窮」，即多言速窮。

〔五〕没人：潛水的人。

〔六〕舍：指心。

林希逸說：「心者，神明之舍也。」

〔七〕注：射，射而賭物曰「注」（林希逸說）。

〔八〕鉤：即帶鉤。墨子辭過篇：「鑄金以爲鉤。」

〔九〕殙（hūn 昏）：同「惛」。列子黄帝篇作「惛」。

〔一〇〕矜：顧惜。

徐復觀先生說：「『矜』是對象與主觀有距離，而主觀感受有對象壓力之心理狀態。」（中國藝術精神一二四頁）

〔一一〕外重者内拙：重視外物的，内心就笨拙。

成玄英說：「爲重於外物，故内心昏拙。」

今譯

顔淵問孔子説：「我曾在觴深淵過渡，擺渡的人操舟如神。我問說：『操舟可以學習嗎？』回說：『可以。會游泳的很快就學會。要是像會潛水的人，即使没有見過船也會行駛。』我再問他，他不告訴我，請問這是怎麽説的。」

孔子説：「會游泳的很快就學會，這是因爲他適於水性。像會潛水的人没有見過船就能行駛，這是因爲他視深淵如同高地，視船的覆没猶如車的倒退。覆没倒退的萬種景象呈現在他眼前，也不會攪擾他的内心，到哪兒他不從容呢！用瓦作賭注的便心思靈巧，用帶鉤作賭注的便心生怖懼，用黄金作賭注的便心緒紊亂。他的技巧還是一樣，而有所顧惜，便重視外物。凡是重視外物的，内心就笨拙。」

五

田開之〔一〕見周威公〔二〕。威公曰：「吾聞祝腎〔三〕學生〔四〕，吾子與祝腎遊，亦何聞焉？」

田開之曰：「開之操拔篲〔五〕以侍門庭，亦何聞於夫子！」

威公曰：「田子無讓，寡人願聞之。」

開之曰：「聞之夫子曰：『善養生者，若牧羊然，視其後者而鞭之。』」

威公曰：「何謂也？」

田開之曰：「魯有單豹〔六〕者，巖居而水飲，不與民共利，行年七十而猶有嬰兒之色；不幸遇餓虎，餓虎殺而食之。有張毅〔七〕者，高門縣薄〔八〕，無不趨也〔九〕，行年四十而有内熱之病以死。豹養其內而虎食其外，毅養其外而病攻其內，此二子者，皆不鞭其後者也〔一〇〕。」

仲尼曰：「無入而藏，無出而陽〔一一〕，柴立其中央〔一二〕。三者若得，其名必極〔一三〕。夫畏塗〔一四〕者，十殺一人，則父子兄弟相戒也，必盛卒徒而後敢出焉，不亦知乎！人之所取畏者，衽席〔一五〕之上，飲食之間；而不知爲之戒者，過也！」

注釋

〔一〕田開之：姓田，名開之，學道之人（成疏）。

〔二〕周威公：東周的一位君主。

〔三〕祝腎：姓祝，名腎，懷道者（成疏）。

〔四〕學生：學習養生。

〔五〕拔篲（huì惠）：掃帚（成疏）。

〔六〕單豹：隱人姓名（釋文引李頤説）。疑是寓設之名。

〔七〕張毅：姓張名毅，亦魯人（成疏）。呂氏春秋必己篇和淮南子人間訓説：「張毅好恭。」

〔八〕高門縣薄：指大家小户。「縣」，同「懸」。「薄」，簾（司馬注），借爲「幕」（馬叙倫義證）。

林雲銘説：「『高門』，大家也。『縣薄』，謂懸帷薄於門首，閭閻之小户也。」

〔九〕無不趨也：没有不往來的。「趨」，今本作「走」，依俞樾之説，據呂覽與淮南子改。

俞樾說：「『無不走也』，語意未明。『走』乃『趨』之壞字。呂覽必己篇：『張毅好恭，門閭帷薄聚居衆無不「趨」。』高注曰：『過之必「趨」。』淮南子人間訓：『張毅好恭，遇宫室廊廟必「趨」。』莊子文不備，故學者莫得其解。」按：「走」本有「趨」義，作「走」亦可通。今依俞説改爲「趨」，義較明。

李勉說：「言張毅爲人好禮，無論貴家貧户皆無不往，以示一視同仁。下文『毅養其外』，即言張毅能養道乎外也。成玄英言張毅追奔世利，成説殊失之。若張毅果是如此之徒，則本節不得舉之爲養生之例，下文亦不得云『毅養其外』。呂覽必己篇及淮南子人間訓皆言張毅好恭，是其證矣。」

〔一〇〕不鞭其後者也：意指不能彌補自己的不足。

郭象說：「『鞭其後者』，去其不及。」

林雲銘說：「『不鞭其後』，不能勉其所不足。」

〔一一〕無入而藏，無出而陽：不要太深入而潛藏，不要太表露而顯揚。「陽」，借爲「揚」（馬叙倫説）。

成玄英說：「入既入矣，而又藏之。偏滯於處，此單豹也。『陽』，顯也。出既出矣，而又顯之。偏滯於出，此張毅也。」

〔一二〕柴立其中央：形容像柴木般無心而立於中央。

郭象說：「若槁木之無心而中適。」

林希逸說：「『柴立』，無心而立之貌。」

宣穎說：「如槁木之無心而立乎動静之中。」

〔一三〕其名必極：可名爲至人。「必極」，極至（林希逸説）。

〔一四〕畏塗：「塗」，道路。路有劫賊，險難可畏（成疏）。

〔一五〕衽席：指色欲之事。

今譯

田開之見到周威公。威公說：「我聽說祝腎學習養生，你和祝腎學習，也曾聽到過什麼嗎？」

田開之說：「我拿掃帚在門庭打掃，哪裏聽得到先生的教導！」

威公說：「田先生不必謙虛，我想聽聽。」

開之說：「聽先生說：『善於養生的，就像牧羊一樣，看見落後的就鞭策它。』」

威公說：「這是什麼意思？」

田開之說：「魯國有個名單豹的，山居而飲水，不和人爭利，行年七十還有嬰兒的容色；不幸遇到餓虎，餓虎撲食了他。有個叫張毅的，大户小家，没有不往來的，行年四十卻得內熱病死了。單豹調養內心卻被老虎吃了他的形體，張毅供養形體卻遭病侵襲他的內部，這兩個人，都是不能彌補自己的不足。」

孔子說：「不要太深入而潛藏，不要太表露而顯揚，像柴木一般無心而立於動靜之中。三種都能做到，可稱至人。要是路有劫賊行人怯畏，十人中有一人被殺害，於是父子兄弟就互相警戒，必定要多結夥伴才敢外出，不是也很聰明麽！人所最該畏懼的，是在枕席之上，飲食之間；可是不知道要警戒，這是過錯呀！」

六

祝宗人〔一〕玄端〔二〕以臨牢筴〔三〕，説彘〔四〕曰：「汝奚惡死？吾將三月豢〔五〕汝，十日戒，三日齊，藉白茅〔六〕，加汝肩尻乎彫俎之上，則汝爲之乎？」爲彘謀，曰不如食以糠糟而錯〔七〕之牢筴之中，自爲謀，則苟生有軒冕之尊，死得於腞楯〔八〕之上、聚僂〔九〕之中則爲之。爲彘謀則去之，自爲謀則取之，所〔一〇〕異彘者何也？

注釋

〔一〕祝宗人：祭祀官。

〔二〕玄端：衣冠（成疏）；祭祀穿的齋服。福永光司説：「『玄端』，朝服。『玄』，黑色。『端』，用布正幅（見穀梁傳僖公三年疏）。」（見福永著莊子外篇四九一頁）

〔三〕牢筴：豬欄。「筴」，借爲栅（朱駿聲説）；讀爲柙（高亨説）。李頤説：「『牢』，豕室也。『筴』，木欄也。」

〔四〕彘（zhì智）：豬的别名。

〔五〕豢（huàn 涣）：同「豢」，餵養。闕誤引張君房本「豢」作「豢」。

〔六〕藉白茅：「藉」，借爲「席」（馬叙倫義證）。在宥篇作「席白茅」。

〔七〕錯：借爲「措」。説文曰：「措，置也。」（馬叙倫説）成疏作「措」。

〔八〕腞（zhuàn 轉）楯（xún 旬）：畫飾的柩車。

陳壽昌説：「『腞』，通篆，畫飾。『楯』，通輴，喪車，載柩之車，畫龍爲飾，故曰『腞楯』。」

王念孫説：「『楯』，讀爲『輴』，謂載柩車。」（讀書雜志餘編）

〔九〕聚僂：棺槨上的采飾。

王念孫説：「『聚僂』，謂柩車飾也。衆飾所聚，故曰『聚僂』。」

陳壽昌説：「『聚』，叢積也。『僂』，通蔞，音柳，棺之牆飾，以木叢棺而致飾於外，故曰『聚僂』。」

〔一〇〕所：闕誤引張潛夫本「所」上有「其」字。

今譯

祭祀官穿着朝服到豬欄，對豬説：「你爲什麼怕死？我要餵養你三個月，十天戒，三天齋，鋪上白茅，把你的肩臀放在雕板上，你願意嗎？」替豬打算，認爲不如用糟糠來餵食，放在豬欄裏，爲自己打算，就希望生時有榮華高位的尊貴，死後能放在雕刻的柩車上面，采飾的棺槨之中。替豬打算就拋棄白茅雕俎，爲自己打算就貪取軒冕柩車，所不同於豬的原因是什麼呢？

七

桓公田〔一〕於澤，管仲御，見鬼焉。公撫管仲之手曰：「仲父〔二〕何見？」對曰：「臣無所見。」

公反，誒詒〔三〕爲病，數日不出。齊士有皇子告敖〔四〕者曰：「公則自傷，鬼惡能傷公！夫忿滀〔五〕之氣，散而不反，則爲不足；上而不下，則使人善怒；下而不上，則使人善忘；不上不下，中身當心〔六〕，則爲病。」

桓公曰：「然則有鬼乎？」

曰：「有。沈〔七〕有履〔八〕，竈有髻〔九〕。户内之煩壤〔一〇〕，雷霆〔一一〕處之；東北方之下者，倍阿鮭蠪〔一二〕躍之；西北方之下者，則泆陽〔一三〕處之。水有罔象〔一四〕，丘有峷〔一五〕，山有夔〔一六〕，野有彷徨〔一七〕，澤有委蛇。」

公曰：「請問，委蛇之狀何如？」

皇子曰：「委蛇，其大如轂，其長如轅，紫衣而朱冠。其爲物也，惡聞雷車之聲，則捧其首而立。見之者殆乎霸。」

桓公輾然〔一八〕而笑曰：「此寡人之所見者也。」於是正衣冠與之坐，不終日而不知病之去也。

注釋

〔一〕田：畋獵。

〔二〕仲父：齊桓公對管仲的尊稱，見戰國策齊策。

〔三〕誒（éi）詒（dài代）：各家解說不一，司馬彪說：「懈倦貌。」李頤說：「失魂魄。」林雲銘說：「應作譫語、囈語解。」胡文英說：「神魂不寧而誑語。」馬敘倫說：「誒詒借爲譺佁。說文曰：『譺，騃也。』『佁』，癡貌，讀若騃。」按：「誒詒」從「言」旁，似有驚嚇失神而囈語之意。

〔四〕皇子告敖：姓皇子，字告敖，齊之賢人（成疏）。

俞樾說：「廣韻六止子字注：『複姓十一氏，莊子有皇子告敖。』則以皇子爲複姓。列子湯問篇末載錕鋙劍火浣布事，云皇子以爲此物，殆即其人也。」

〔五〕忿滀：「忿」，滿。「滀」，結聚（李頤注）。「忿滀」，即鬱結（林希逸說）。

〔六〕中身當心：指淤積在心中。

林希逸說：「病在身之中，而當其心，今人所謂中管之病也。」

〔七〕沈：水污泥（司馬彪說）；溝泥之中（林希逸說）。

俞樾說：「『沈』當爲『煁』。『煁』從『甚』聲，『沈』從『冘』聲，兩音相近。……毛傳曰：『堪，竈也。』是『煁』『竈』同類，故以『煁有履』『竈有髻』並言之耳。」俞說可存。按：「煁」爲行竈，即可移動的竈。

〔八〕履：神名。司馬彪本作「漏」。

〔九〕髻：竈神，著赤衣，狀如美女（司馬彪說）。

〔一〇〕煩壤：煩攘的意思。

章炳麟說：「『煩壤』，即『煩孃』。說文曰：『孃，煩擾也。』」（莊子解故）

李勉說：「『壤』當是『攘』字之誤，『攘』、『壤』形似互混也。成玄英等解『煩壤』爲『糞壤』，似欠允當。門户之内焉有糞壤？」

〔一一〕雷霆：鬼名。

〔一二〕倍阿鮭蠪：鬼名。

司馬彪說：「『倍阿』，神名也。『鮭蠪』，狀如小兒，長一尺四寸，黑衣赤幘大冠，帶劍持戟。」按：馬叙倫則說「倍阿」是蜥蜴類，「鮭蠪」是蝦蟆類。馬說可存。

〔一三〕泆陽：鬼名。與國語周語「夷羊」同（馬叙倫說）。

司馬彪說：「『泆陽』，豹頭馬尾。」

〔一四〕罔象：水神名。

司馬彪說：「狀如小兒，赤黑，赤爪，大耳，長臂。」

〔一五〕峷（xīn 辛）：山鬼。

司馬彪說：「狀如狗，有角，文身五采。」

〔一六〕夔（kuí 奎）：山神名。

成玄英說：「大如牛，狀如鼓，一足行。」

〔一七〕彷徨：野中神名。

司馬彪說：「狀如蛇，兩頭，五采文。」

〔一八〕囅（zhèn 振）然：歡笑的樣子。

今　譯

齊桓公在野澤裏打獵，管仲駕車，桓公見到了鬼。桓公捉住管仲的手說：「仲父見到什麼？」回答說：「我沒有看見什麼！」

桓公回去，受驚嚇而生病，幾天不出門。齊國士人皇子告敖說：「您是自己憂傷，鬼哪能傷害你呢！要是鬱結的氣，散而不還，就精力不足。上升而不下通，就使人容易發怒；下淤而不上達，就使人容易遺忘；不上達也不下通，閉塞在心中，就要生病。」

桓公說：「那麼有鬼嗎？」

皇子說：「有。溝泥中有履神，竈有髻神。户内擾攘處，有雷霆神居住；東北方牆下，有倍阿鮭蠪神占住；西北方牆下，有泆陽神居住。水中有罔象神，丘陵有峷神，山中有夔神，野外有彷徨神，大澤中有委蛇神。」

桓公說：「請問，委蛇的形狀怎麼樣？」

皇子說：「委蛇神，大如車轂，長如車轅，紫衣紅冠。這種鬼神，怕聽雷車的聲音，聽到便捧着頭站住。看到的人要成霸主。」

桓公開懷地笑着說：「這就是我所看到的。」於是整衣冠和他坐談，不到一天而不覺病已經好了。

八

紀渻子〔一〕爲王〔二〕養鬥雞。

十日而問：「雞可鬥已乎〔三〕？」曰：「未也，方虛憍而恃氣。」

十日又問，曰：「未也。猶應嚮景〔四〕。」

十日又問，曰：「未也。猶疾視而盛氣。」

十日又問，曰：「幾矣。雞雖有鳴者，已無變〔五〕矣，望之似木雞矣，其德全矣〔六〕，異雞無敢應，見者反走矣〔七〕。」

注釋

〔一〕紀渻子：姓紀，名渻子，亦作「消」字（成疏）。

〔二〕王：列子黃帝篇作周宣王。

〔三〕雞可鬥已乎：原作「雞已乎」。列子黃帝篇作「雞可鬥已乎」，當從之。此文脱「可鬥」二字，意遂不明（王叔岷說）。

〔四〕應嚮景：「嚮」，本亦作「響」（釋文）。「嚮」同「響」，聞聲覩影猶動心（宣穎說）。林希逸說：「聞響而應，見影而動，則是此心猶爲外物所動也。」

〔五〕無變：不爲變動（宣穎說）。

〔六〕其德全矣：精神凝寂（宣穎說）。天地篇有「執道者『德全』」句，刻意篇有「『德全』而神不虧」句。

〔七〕異雞無敢應，見者反走矣：今本作「異雞無敢應者，反走矣」。陳碧虛闕誤引文如海、劉得一本「者」上有「見」字。因據補。

今譯

紀渻子替周宣王養鬥雞。

十天就問：「雞可以鬥了嗎？」回說：「不行，還驕昂而恃氣。」

十天又問，回說：「不行，聽到聲音見到影像就起回應。」

十天又問，回說：「不行，還怒視而盛氣。」

十天又問，回說：「差不多了。別的雞雖然鳴叫，它已經不爲所動了，看起來像隻木雞，它精神凝寂，其他的雞不敢應戰，見到回頭就走了。」

九

孔子觀於呂梁〔一〕，縣水三十仞〔二〕，流沫四十里，黿鼉〔三〕魚鼈之所不能游也。見一丈夫游之，以爲有苦而欲死也，使弟子並流而拯之。數百步而出，被髮行歌而游於塘下〔四〕。

孔子從而問焉，曰：「吾以子爲鬼，察子則人也。請問，蹈水有道乎？」

曰：「亡，吾無道。吾始乎故〔五〕，長乎性，成乎命〔六〕。與齊〔七〕俱入，與汩〔八〕偕出，從水之道而不爲私焉〔九〕。此吾所以蹈之也。」

孔子曰：「何謂始乎故，長乎性，成乎命？」

曰：「吾生於陵而安於陵，故也；長於水而安於水，性也；不知吾所以然而然，命也。」

注釋

〔一〕呂梁：有兩說：一說在西河（山西省離石縣），一說在彭城（江蘇省銅山縣）。

成玄英說：「解者不同，或言是西河離石，有黄河懸絶之處，名呂梁也；或言蒲州二百里有龍門，河水所經，瀑布而下，亦名呂梁；或言宋國彭城縣之呂梁。」

馬叙倫說：「説文曰：『呂，脊骨也。』『呂梁』猶今人言脊梁，以居河之高處，故名。」

〔二〕縣水三十仞：「縣」，同「懸」。「仞」，八尺，見人間世篇。

〔三〕黿（yuán 原）鼉（tuó 駝）：「黿」，像鼈，而形體更大。「鼉」，像鱷魚，長一、二丈，有四足，性貪睡，俗稱「豬婆龍」，皮可以製鼓。

〔四〕塘下：岸下（成疏）。

〔五〕故：故舊（成疏）；本然（林希逸說）。

〔六〕命：自然之理（林希逸說）。

〔七〕齊：漩渦。

王敔說：「『齊』，『臍』通，水之旋渦如臍也。」（見王夫之莊子解內）

段玉裁說：「司馬云：『回水如磨齊也。』皆『臍』字引伸叚借之變。」（見馬其昶著莊子故所引）

〔八〕汩（gǔ骨）：湧流。

〔九〕從水之道而不爲私焉：順着水勢而不由自己。

郭象注：「任水而不任己。」

今譯

孔子在呂梁觀賞山水，高懸瀑布二十多丈，激流濺沫四十里，黿鼉魚鼈都無法上游。看見一個男子在游水，以爲是遭遇困苦而尋死的，叫弟子順流趕去拯救他。〔那人没水〕好幾百步才浮出來，披髮吟歌而游到岸下。

孔子跟過去問說：「我以爲你是鬼，仔細看看乃是人。請問，游水有特別的方法嗎？」

回說：「我没有特別的方法。我起初是故常，長大是習性，有所成是順於自然。和漩渦一起没入，和湧流一起浮出，順著水勢而不由自己。這是我的游水。」

孔子說：「什麼叫做起初本於常故，長大由於習性，有所成是順乎自然？」

回說：「我生於高地而安於高地，是故常；成長於水邊而安於水，是習性；我不知道所以然而然，是順於自然。」

一〇

梓慶〔一〕削木爲鐻〔二〕，鐻成，見者驚猶鬼神。魯侯見而問焉，曰：「子何術以爲焉？」對曰：「臣工人，何術之有！雖然，有一焉。臣將爲鐻，未嘗敢以耗氣也，必齊〔三〕以靜心。齊三日，而不敢懷慶賞爵禄；齊五日，不敢懷非譽巧拙；齊七日，輒然〔四〕忘吾有四枝〔五〕形體也。當是時也，無公朝〔六〕，其巧專而外滑〔七〕消；然後入山林，觀天性〔八〕；形軀至矣〔九〕，然後成見鐻〔一〇〕，然後加手〔一一〕焉；不然則已。則以天合天〔一二〕，器之所以疑神者，其由是與〔一三〕！」

注　釋

〔一〕梓慶：「梓」，木工。「慶」，人名。

李頤說：「魯大匠也。『梓』，官名；『慶』，其名也。」

俞樾說：「春秋襄四年左傳：『匠慶謂季文子。』杜注：『匠慶，魯大匠。』即此梓慶。」

嚴靈峰先生說：「按孟子滕文公篇：『梓、匠、輪、輿。』趙注：『梓，木工也。』」

〔二〕鐻：樂器，似夾鐘（司馬彪說）。即裝置在架台上的鐘鼓。

〔三〕齊：齋字。下同。

〔四〕輒然：一說忽然（宣穎說）。一說不動的樣子（司馬彪說）。

〔五〕四枝：同四肢。

〔六〕無公朝：視公朝若無（郭注）；不知有朝廷（林希逸說）。

〔七〕滑：亂。齊物論「滑疑之耀」、「置其滑涽」，德充符「故不足以滑和」，天地篇「五日趣舍滑心」，繕性篇「滑欲於俗」，「滑」皆作「亂」。

〔八〕觀天性：指觀察樹木的質性。

〔九〕形軀至矣：指形態極合於做鐻。

宣穎說：「木質宛然恰可爲鐻。」

〔一〇〕然後成見鐻：「見」，即現。

宣穎說：「恍乎一成鐻在目。」

〔一一〕加手：施工。

〔一二〕以天合天：用（我的）自然來合（樹木的）自然。

林希逸說：「以我之自然，合其物之自然，故曰『以天合天』。」

王先謙說：「以吾之天，遇木之天。」

曹礎基說：「上一『天』字，指自己心性的自然；下一『天』字，指外界鳥獸的天然神態。兩者相合，則成鐻上的雕刻。」

〔一三〕其由是與：「由」字原缺。陳景元闕誤引江南古藏本「其」下有「由」字，據補。

今譯

有位名叫慶的木工削木做鐻，鐻做成了，看見的人驚爲鬼斧神工。魯侯見了問說：「你用什麽技術做成的呢？」

回答說：「我是個工人，哪裏有什麽技術！不過，卻有一點。我要做鐻的時候，不敢耗費精神，必定齋戒來安靜心靈。齋戒三天，不敢懷着慶賞爵禄的心念；齋戒五天，不敢懷着毁譽巧拙的心意；齋戒七天，不再想念我有四肢形體。在這個時候，忘記了朝廷，技巧專一而外擾消失；然後進入山林，觀察樹木的質性；看到形態極合的，一個形成的鐻鐘宛然呈現在眼前，然後加以施工；不是這樣就不做。這樣以我的自然來合樹木的自然，樂器所以被疑爲神工，就是這樣吧！」

一一

東野稷〔一〕以御見莊公〔二〕，進退中繩，左右旋中規。莊公以爲文弗過也〔三〕，使人鉤百而反〔四〕。

顏闔〔五〕遇之，入見曰：「稷之馬將敗。」公密〔六〕而不應。少焉，果敗而反。公曰：「子何以知之？」

曰：「其馬力竭矣。而猶求焉，故曰敗。」

注釋

〔一〕東野稷：姓東野，名稷，善於駕車。荀子哀公篇作「東野畢」。

〔二〕莊公：魯莊公。荀子哀公篇作定公。

〔三〕以爲文弗過也：以爲畫圖都比不上。

司馬彪說：「謂過織組之文也。」

羅勉道說：「所畫規矩之文。」（南華真經循本）

〔四〕鉤百而反：「鉤」，轉。「鉤百」即百轉。「反」，同返。

成玄英說：「任馬旋回，如鉤之曲，百度反之，皆復其跡。」

林希逸說：「『鉤』，御馬而打圍也，『鉤百而反』，言百轉也。」

〔五〕顏闔：姓顏名闔，魯國賢人。見人間世篇。

〔六〕密：默。

今譯

東野稷以善於駕車得見魯莊公，進退往來如繩一般的直，左右旋轉如規一般的圓。莊公以爲畫圖也不過如此，要他打一百個轉再回來。

顏闔遇見，進來見莊公說：「東野稷的馬疲困了。」莊公默不出聲。一會兒，果然疲困而返，莊公說：「你怎麼知道？」

回答說：「馬力竭盡，還要奔跑，所以知道會失足。」

一二

工倕〔一〕旋〔二〕而蓋〔三〕規矩，指與物化〔四〕而不以心稽〔五〕，故其靈臺〔六〕一而不桎〔七〕。忘足，屨之適也；忘要〔八〕，帶之適也；忘是非〔九〕，心之適也；不內變，不外從，事會〔一〇〕之適也。始乎適〔一一〕而未嘗不適者，忘適之適也。

注釋

〔一〕工倕：堯時代的人，以巧藝著名。已見於胠篋篇。

〔二〕旋：轉，指旋轉畫圓。

〔三〕蓋：有兩種解釋：（一）超過；如林雲銘說：「『蓋』，猶過也。」（二）合；如呂惠卿說：「『蓋』，則其畫與之合而不露也。」（莊子義）如陶鴻慶說：「『蓋』當爲『盇』之借字，爾雅釋詁：『盇，合也。』淮南子主術訓：『譬猶方圓之不相蓋。』『蓋』亦訓爲『合』。」（讀莊子札記）今譯從前者。

〔四〕指與物化：手指與物象化而爲一。

林希逸說：「『指』，手指也。『指與物化』，猶山谷論書法曰『手不知筆，筆不知手』是也。手與物兩忘。」

徐復觀先生說：「指與物化，是說明表現的能力、技巧（指）已經與被表現的對象，沒有距離了。

這表示出最高的技巧的精熟。」（中國藝術精神第二章一二七頁）

〔五〕稽：計量。

〔六〕靈臺：心。德充符作「靈府」。

〔七〕桎：借爲「窒」（馬叙倫說）。

〔八〕要：即腰。

〔九〕忘是非：今本「忘」上有「知」字，疑是衍文。上文「忘足」「忘要」，和本句「忘是非」對應，闕誤引文如海、張君房本正缺「知」字，當據以刪去。

〔一〇〕事會：指和外界事象的接應。林雲銘說：「會，處境也。」

〔一一〕始乎適：「始」，本。本性常適（成疏）。

今譯

工倕用手旋轉而技藝超過用規矩畫出來的，手指和所用物象凝合爲一，而不必用心思來計量，所以他的心靈專一而不窒礙。忘了手脚，是鞋子的舒適；忘了腰，是帶子的舒適；忘了是非，是心靈的安適；內心不移，外不從物，是處境的安適。本性常適而無往不安適，便是忘了安適的安適。

一三

〔有孫休者，踵門而詫子扁慶子曰：「休居鄉不見謂不脩，臨難不見謂不勇；然而田原不遇歲，事君不遇世，賓於鄉里，逐於州部，則胡罪乎天哉？休惡遇此命也？」扁子曰：「子獨不聞夫至人之自行邪？忘其肝膽，遺其耳目，芒然彷徨乎塵垢之外，逍遥乎無事之業，是謂爲而不恃，長而不宰。今汝飾知以驚愚，脩身以明汙，昭昭乎若揭日月而行也。汝得全而形軀，具而九竅，無中道夭於聾盲跛蹇而比於人數，亦幸矣，又何暇乎天之怨哉！子往矣！」

孫子出。扁子入，坐有間，仰天而歎。弟子問曰：「先生何爲歎乎？」扁子曰：「向者休來，吾告之以至人之德，吾恐其驚而遂至於惑也。」弟子曰：「不然。孫子之所言是邪？先生之所言非邪？非固不能惑是。孫子所言非邪？先生所言是邪？彼固惑而來矣，又奚罪焉！」扁子曰：「不然。昔者有鳥止於魯郊，魯君説之，爲具太牢以饗之，奏九韶以樂之，鳥乃始憂悲眩視，不敢飲食。此之謂以己養養鳥也。若夫以鳥養養鳥者，宜棲之深林，浮之江湖，食之以鰌鮍，委蛇而處，則安平陸而已矣〔一〕。今休，款啓寡聞之民也，吾告以至人之德，譬之若載鼷以車馬，樂鴳以鐘鼓也。彼又惡能無驚乎哉！」〔二〕

注　釋

〔一〕食之以鰌鮍，委蛇而處，則安平陸而已矣：此三句通行本作「食之以逶蛇，則平陸而已矣」，文義不全，疑有闕文，據王先謙説補。「則安平陸而已矣」句，原無「安」字，據闕誤引劉得一本補。

王先謙説：「至樂篇：『夫以鳥養養鳥者，宜棲之深林，游之壇陸，浮之江湖，食之鰌鰷，隨行列而止，委蛇而處。』然則此文亦當云：『食之以鰌鰷，委蛇而處。』傳寫有闕文耳。且云『委蛇而處』方與下文『則平陸而已矣』文義相屬。若無『而處』二字，下句便不貫矣。」（莊子集解）

〔二〕有孫休者，……彼又惡能無驚乎哉：這一段不類達生篇文，宜删去。理由有二：（一）本篇首段爲通篇之綱，標示達生之情者，要在「形全精復」，與自然爲一。接着創設十一個寓言故事，以闡述全精、養神、守氣的妙用。每個寓言的涵義，均爲發揮「達生」的主題思想，惟篇末一段不類。（二）孫休和扁子的對話，後半段「昔者有鳥止於魯郊」一節，已見於至樂篇，而前半段文也語多襲自他篇。如「忘其肝膽，遺其耳目，芒然仿偟乎塵垢之外，逍遥乎無事之業」四句，襲自大宗師篇；「爲而不恃，長而不宰」，則爲老子第十章、五十一章語；「飾知以驚愚，脩身以明汙，昭昭乎若揭日月而行」三句，見於山木篇。達生篇文，至「工倕旋」一段「忘適之適也」句止，意境高超，文義完足，這段是畫蛇添足，當删去，今僅存舊文而不加注譯。

山木

山木篇，寫人世多患，並提出免患之道。「山木」，山木之中。篇首二句有「山中……大木」，取爲篇名。

本篇由九個寓言故事組成。第一章，莊子與弟子對話，由大木「無所可用」而見存，而雁以不材而見殺，道出遠害全身之難。所謂「乘道德而浮遊」「其唯道德之鄉」，也不過在無奈的境況中，唯有將心思從糾結的現實中提升一級，以衛護其精神的自主性而免於淪爲工具價值而已。第二章，市南宜僚見魯侯焦憂，指出統治者的權位是啓爭之端，爲一切禍殃的根源。勸魯侯「虛己以遊世」，「虛己」即消除一己貪圖名位之念。第三章，北宮奢賦斂製鐘，喻爲政在於循任自然，無巧取於民。第四章，孔子圍於陳、蔡之間，大公任告誡他「去功與名而還與衆人」、「削迹捐勢，不爲功名」。第五章，孔子問子桑雽，逢患難時何以親疏友散，子桑雽說：以利結合的人，則窮困禍患而相棄；真性相感的人，窮困禍患而相收。第六章，莊子穿破補的粗布衣服見魏王，魏王説他憊，莊子回説處於「昏上亂相之間」，怎能不憊。第七章，孔子圍於陳、蔡之間，處逆境而怡然自得，談宇宙的變化，示人當安然而順化。第八章，莊周郊遊，見螳螂搏蟬，異鵲又從後取之，有名的「螳螂捕蟬，黄鵲在後」的典故就出在這裏。這故事説出了物物競逐，人類社會亦常在不休止的爭鬥之中。「觀於濁水而迷於清淵」，喻示奔求物欲而迷忘了真性。第九章，寫陽子旅舍所見，感悟修身涉世不可自炫。

出自本篇的成語，有一龍一蛇、猖狂妄行、自崖而反、送往迎來、直木先伐、甘井先竭、削迹捐勢、交淡若水、得意忘形以及螳螂捕蟬，黄雀在後等。

一

莊子行於山中，見大木，枝葉盛茂，伐木者止其旁而不取也。問其故，曰：「無所可用。」莊子曰：「此木以不材得終其天年夫！」

出於山〔一〕，舍〔二〕於故人之家。故人喜，命豎子〔三〕殺雁而烹之〔四〕。豎子請曰：「其一能鳴，其一不能鳴，請奚殺？」主人曰：「殺不能鳴者。」

明日，弟子問於莊子曰：「昨日山中之木，以不材得終其天年；今主人之雁，以不材死；先生將何處？」

莊子笑曰：「周將處乎材與不材之間。材與不材之間，似之而非也，故未免乎累。若夫乘道德〔五〕而浮遊則不然。無譽無訾〔六〕，一龍一蛇〔七〕，與時俱化，而無肯專爲；一上一下〔八〕，以和爲量〔九〕，浮遊乎萬物之祖；物物〔一〇〕而不物於物，則胡可得而累邪！此神農黄帝之法則也。若夫萬物之情，人倫之傳〔一一〕，則不然。合則離，成則毁；廉則挫〔一二〕，尊則議〔一三〕，有爲則虧，賢則謀，不肖則欺，胡可得而必乎哉〔一四〕！悲夫！弟子志之，其唯道德之鄉乎！」

注釋

〔一〕終其天年夫！出於山：「夫」下原有「子」字。吴汝綸以「夫」字屬上句（莊子點勘）。釋文所出本無「子」字，當從。

于鬯說：「『夫』爲句末助辭，語甚平易。上文既出『莊子行於山中』，則此『出於山』者其爲莊子，不言可知。復著『夫子』，本贅辭也。」（見嚴靈峰莊子章句新編引）按：于說是。馬叙倫、王叔岷也以爲當據釋文所出本無「子」字。惟以爲「夫」乃「矣」之壞文，並引吕氏春秋必己篇爲證，然「夫」爲句末助辭可通，不必更字。

〔二〕舍：息。

〔三〕豎子：同孺子。

〔四〕殺雁而烹之：「雁」，鵝。「烹」，吕氏春秋必己篇引作「饗」。

王念孫說：「此『亨』讀爲『享』。『享之』，謂享莊子。故人喜莊子之來，故殺雁而享之。『享』與『饗』通。吕氏春秋必己篇作『命豎子爲殺雁饗之』，是其證也。古書『享』字作『亨』，『烹』字亦作

「亨」，故釋文誤讀爲「烹」，而今本遂改「亨」爲「烹」矣。」（讀書雜志餘編）

〔五〕乘道德：順自然（林希逸口義）。

〔六〕訾（zǐ子）：毁。

〔七〕一龍一蛇：意指時而顯現，時而隱晦。

林希逸說：「猶東方朔曰：用之則爲虎，不用則爲鼠；用捨隨時。」

林雲銘說：「龍蛇，言其屈伸無定。」

王先謙說：「或龍見或蛇蟄。」

〔八〕一上一下：即一進一退。

〔九〕以和爲量：「和」，順。「量」，則，度。以順自然爲則（林希逸說）。

〔一〇〕物物：物使外物，主宰外物。

〔一一〕人倫之傳：人類的習慣。

林希逸說：「『傳』，習也。『人倫之傳』，人類之傳習也。」

〔一二〕廉則挫：利則挫。「廉」假借爲「利」。國語晉語：「殺君以爲廉。」即是説殺君以爲利。呂覽孟秋：「其器廉以深。」即是説其器利以深。老子五十八章：「廉而不劌。」「廉」亦作「利」解。這裏「廉」不當「清廉」講。

〔一三〕尊則議：尊貴者又遭議疑（成玄英疏）。

俞樾説：「『議』，當讀爲『俄』。鄭箋云：『俄，傾貌。』『尊則議』，謂崇高必傾側也。古書或以『義』

爲之，或以『儀』爲之，管子法禁篇：『法制不議，則民不相私。』『議』亦『俄』也，謂法制不傾衺也。」按：譯文從俞說。

〔一四〕胡可得而必乎哉：不能免於累（宣穎南華經解）；怎麼可以偏執一方呢（黄錦鋐今譯）。按：「必」，猶今語「肯定」（王叔岷莊子校詮）。

今譯

莊子在山中行走，看見一棵很大的樹，枝葉長得很茂盛，伐木的人停在樹旁而不去砍取它。問他是什麽緣故，他回説：「没有一點用處。」莊子説：「這棵樹因爲不中用所以能享盡自然的壽命吧！」

莊子從山上出來，就宿在朋友家。朋友很高興，叫童僕殺隻鵝款待客人。童僕問説：「一隻鵝會叫，另一隻鵝不會叫，請問要殺那一隻？」主人説：「殺那隻不會叫的。」

第二天，學生問莊子説：「昨天山上的樹木，因爲『不材』所以能享盡自然的壽命；現在主人的鵝，因爲『不材』而被殺。請問先生要怎樣處世呢？」

莊子笑着説：「我將處於『材』和『不材』之間。不過『材』和『不材』之間，雖然似乎是妥當的位置，但其實不然，這樣還是不能免於累患。若是順其自然而處世，就不是這樣了。既没有美譽也没有毁辱，時現時隱如龍見蛇蟄，順着時序而變化，不偏滯於任何一個固定點；時進時退，以順任自然爲原則，遊心於萬物的根源；主宰外物而不被外物所役使，這樣怎會受到累患呢！這是神農和黄帝的處世態度。

若是萬物的私情，人類的習慣，就不是這樣了：有聚合就有分離，有成功就有毁損；鋭利就會遭到挫折，崇高就會受到傾覆；有爲就會受虧損，賢能就會被謀算，不肖就會受欺辱，怎麽可以偏執一方呢！可嘆啊！弟子記住，凡事只有順其自然啊！」

二

市南宜僚〔一〕見魯侯，魯侯有憂色。市南子曰：「君有憂色，何也？」

魯侯曰：「吾學先王〔二〕之道，脩先君〔三〕之業；吾敬鬼尊賢，親而行之，無須臾居〔四〕；然不免於患，吾是以憂。」

市南子曰：「君之除患之術淺矣！夫豐狐文豹，棲於山林，伏於巖穴，靜也；夜行晝居，戒也；雖飢渴隱約〔五〕，猶且胥疏於江湖之上〔六〕而求食焉，定也；然且不免於罔羅機辟之患〔七〕。是何罪之有哉？其皮爲之災也。今魯國獨非君之皮邪？吾願君刳形去皮，洒心去欲，而遊於無人之野。南越〔八〕有邑焉，名爲建德之國。其民愚而樸〔九〕，少私而寡欲〔一〇〕；知作而不知藏，與而不求其報；不知義之所適，不知禮之所將〔一一〕；猖狂妄行〔一二〕，乃蹈乎大方〔一三〕；其生可樂，其死可葬。吾願君去國捐俗，與道相輔而行。」

君曰：「彼其道遠而險，又有江山，我無舟車，奈何？」

市南子曰：「君無形倨〔一四〕，無留居，以爲君車。」君曰：「彼其道幽遠而無人，吾誰與爲鄰？ 吾無糧，〔我無食，〕安得而至焉〔一五〕？」市南子曰：「少君之費，寡君之欲，雖無糧而乃足。君其涉於江而浮於海，望之而不見其崖，愈往而不知其所窮。送君者皆自崖而反，君自此遠矣！ 故有人者〔一六〕累，見有於人者〔一七〕憂。故堯非有人，非見有於人也。吾願去君之累，除君之憂，而獨與道遊於大莫〔一八〕之國。方舟〔一九〕而濟於河，有虛船來觸舟，雖有惼〔二〇〕心之人不怒；有一人在其上，則呼張歙〔二一〕之；一呼而不聞，再呼而不聞，於是三呼邪，則必以惡聲隨之。向也不怒而今也怒，向也虛而今也實〔二二〕。人能虛己以遊世，其孰能害之！」

注釋

〔一〕市南宜僚：熊宜僚，居市南，因爲號（釋文引司馬彪說）。按：左傳云：市南有熊宜僚，楚人（釋文）。

〔二〕先王：指王季文王。

〔三〕先君：指周公伯禽。

〔四〕無須臾居：與禮記中庸篇「道也者不可須臾離也」同。即沒有片刻的休息。「居」有止義。「居」上今本有「離」字，釋文引崔譔本無「離」字，俞樾以爲「離」字衍。

俞樾說：「崔譔本無『離』字，當從之。呂覽愼人篇『胼胝不居』，高誘訓『居』爲『止』。『無須臾居』者，無須臾止也，正與上句行字相對成義。學者不達『居』字之旨，而習於中庸『不可須臾離』之文，遂妄加『離』字，而『居』字屬下讀，失之矣。」（莊子平議）俞說可從。因據以删去「離」字。

〔五〕隱約：有數解：（一）猶斟酌（成疏）。（二）僻處（林希逸口義）；潛藏（王先謙集解）。（三）猶窮約（楊樹達莊子拾遺）。按：以後解爲是，「隱約」含有逼困之意。成疏非。

楊樹達說：「『隱約』猶窮約也。荀子宥坐篇『奚居之隱也』，楊注：『隱謂窮約。』論語里仁篇云『不可以久處約』，皇疏云：『約，猶貧困也。』」

〔六〕猶且胥疏於江湖之上：「且」，成玄英疏本作「旦」，非。「胥疏」，疏遠的意思。「胥」通「疏」，司馬以「順」解，李頤以「相」解，皆非。

郭嵩燾說：「『胥疏』，疏也，言足跡之所未經也。舊注似皆失之。」（郭慶藩莊子集釋引）。

郭慶藩說：「案『胥』『疏』二字，古通用，『胥』即『疏』也。宣十四年左傳『車及於蒲胥之市』，吕氏春秋作『蒲疏』；史記蘇秦列傳『東有淮、潁、煮棗、無胥』，魏策作『無疏』。是其證。」

奚侗說：「『胥疏』當作疏踈，謂遠跡也。」（莊子補注）

〔七〕罔羅機辟之患：「罔」同網。「辟」爲繴省。「罔羅」「機辟」皆捕鳥獸之具。逍遥遊篇：「中於機辟，死於罔罟。」句義相同。

〔八〕南越：形容遥遠的地方。

林希逸說：「戰國之時，南越未通中國，故借其地以爲名。」

〔九〕其民愚而樸：老子五十七章有「我無欲而民自樸」句。

〔一〇〕少私而寡欲：老子十九章：「少私寡欲。」

〔一一〕將：行。

〔一二〕猖狂妄行：從心所欲（林希逸說）。「猖狂」一詞，見於在宥篇和庚桑楚篇。

〔一三〕大方：大道。

〔一四〕形倨：形態倨傲。

〔一五〕吾無糧，〔我無食，〕安得而至焉：「我無食」三字疑衍。蓋有本作「吾我糧」，或本作「我無食」，傳抄之間，將二語疊用，故贅疣。上句問「我無舟車，奈何」，答「無留居，以爲君車」，此句問「吾無糧，安得而至」，答「寡君之欲，雖無糧而乃足」。「我無食」一語間於其中，顯爲羨文。

〔一六〕有人者：掌有人民的。

郭象說：「『有人者』，有之以爲己私也。」

〔一七〕見有於人者：爲人所役用的。

〔一八〕大莫：猶廣漠（宣穎說）。「莫」，當讀爲「漠」（楊樹達說）。

〔一九〕方舟：兩舟相並曰方舟（成疏）。「方」，今通作舫（胡懷琛莊子集解補正）

〔二〇〕惼：同褊，狹急。

〔二一〕張歙（ㄒㄧˋ隙）：「張」，撐開。「歙」，退。

〔二二〕向也虛而今也實：「虛」，指空船無人。「實」，指有人。

今譯

市南宜僚去看魯侯，魯侯面帶憂色。市南宜僚問說：「你面色憂慮，爲什麽呢？」

魯侯說：「我學習先王的道理，經營先君的事業；我敬奉鬼神，尊重賢能，身體力行，没有片刻的休息；然而還是免不了禍患，所以我感到憂慮。」

市南宜僚說：「你避免禍患的方法太淺了！例如豐美的狐狸和文彩的豹子，棲居在山林，潛藏在山洞，這够沈靜的了；夜裏出來行走，白天留在洞穴裏，這够警戒的了；雖然飢渴逼困，但還是遠離於江湖之上去求食，這够穩定的了；然而還是免不了遭到羅網和機關的禍患。它們有什麽過錯呢？是它們自己的皮招來的災禍啊！現在魯國不正是你的皮嗎？我希望你破開形體，捨去皮毛，洗淨内心，棄除物欲，而遨遊於没有人的曠野。南越有個地方，名叫建德之國。那裏的人民，單純而樸質，少私而寡欲；知道耕作卻不知道儲藏，幫助別人但不求報答；不知道怎樣才合於義，不知道怎樣才算是禮；從心所欲，任意而行，都合於道；活着時能够歡樂，死了時可以安葬。我希望你捨去國位，拋開俗務，和道相輔而行。」

魯侯說：「那裏路途遥遠而險峻，又有山河的阻隔，我没有車輛船隻，怎麽辦？」

市南宜僚說：「你不要倨傲，不要執著，就以這態度作爲你的車輛。」

魯侯說：「那裏路途幽遠，没有人民，我和誰作伴？我没有米糧，怎麽能够到達呢？」

市南宜僚說：「減少你的費用，節制你的欲念，雖然没有糧食，也够了。你渡過了河而飄向海，看不見岸，愈往前進卻不知道窮盡。送你的人都從岸邊回去，你從此遠離了！所以役用別人的就有累患，被人役用的就有憂患。所以堯不役用別人，不被人役用。我希望捨去你的累患，除去你的憂患，只和大道悠遊於大莫之國。併起船來渡河，有隻空船撞上來，雖然有性急的人也不會生氣；假如上面有一個人，就會喊着：『撐開，後退！』喊一聲聽不見回應，再喊一聲仍然聽不見回應，於是第三聲就一定惡聲惡氣地隨口罵起來。起先不生氣而現在生氣，這是因爲起先空船沒有人而現在卻有人。人如果能以『虚己』的態度悠遊於人世，誰能够傷害他！」

三

北宮奢〔一〕爲衛靈公賦斂〔二〕以爲鐘〔三〕，爲壇乎郭門之外，三月而成上下之縣〔四〕。王子慶忌見而問焉，曰：「子何術之設？」

奢曰：「一之間〔五〕，無敢設也。奢聞之：『既彫既琢，復歸於樸。』侗乎〔六〕其無識，儻乎〔七〕其怠疑〔八〕；萃乎芒乎〔九〕，其送往而迎來；來者勿禁，往者勿止；從其强梁〔一〇〕，隨其曲傅〔一一〕，因其自窮〔一二〕，故朝夕賦斂而毫毛不挫，而況有大塗〔一三〕者乎！」

注釋

〔一〕北宮奢：衛大夫，居北宮，因以爲號。奢，其名（李頤說）。

〔二〕賦斂：似即今募緣之事（宣穎說）；斂鑄鐘之費，非租賦（劉鳳苞南華雪心編）。

〔三〕鐘：樂器名（成疏）。

〔四〕上下之縣：上下兩層的鐘架。

林希逸說：「鐘有架，所以懸鐘也。架有兩層，故曰上下縣，此言編鐘也。」

〔五〕一之間：「一」，純一；循自然（林希逸說）。純任自然，言此外別無方術（陳壽昌正義）；一聽於民，不敢勉強（劉鳳苞說）。按：「一之間」，對百姓而言，是純任自然，不勉強索取，聽人民自動出錢出力；對自己而言，是使心靈達到純一無雜的狀態，專注於造鐘。

〔六〕侗乎：形容淳樸的樣子。

〔七〕儻乎：無心的樣子。

〔八〕怠疑：形容不急於求取。

林雲銘說：「不急趨赴也。」

〔九〕萃乎芒乎：「萃」，聚（成疏）。「芒」，不辨（王先謙說）。形容聚在一塊，分辨不清。

〔一〇〕從其強梁：指不願意捐獻的任聽自便。「強梁」是指不順從的。

王先謙說：「『從』讀曰『縱』，不願者聽之。」

〔一一〕隨其曲傅：和「從其強梁」義正相反，言曲意順從的也隨其自便。

司馬云：「謂曲附己者隨之也。」

〔一二〕因其自窮：指依着各人自己的能力。

林雲銘說：「因其力之所自盡，而不強人之所不堪。」

〔一三〕大塗：大道。

今譯

北宮奢替衛靈公募捐鑄鐘，在城門外先設了祭壇，三個月就完成了上下兩層的鐘架。

王子慶忌見到，問他說：「你用的是什麼方法？」

北宮奢說：「專心一致的鑄鐘，沒有其他的方法。我聽說：『既已雕切琢磨，現在要回復真樸。』〔我〕無知無識的樣子，又好像淳真無心的樣子；任大家聚在一堆，送往迎來分辨不清；來的人不拒絕，去的人不留住；願意捐獻的任他自去；不贊助我的隨他自便，依着各人自己的能力，所以雖然朝夕募款，但是人民絲毫不受損傷，何況有大道的人呢？」

四

孔子圍於陳蔡之間，七日不火食。

大公任〔一〕往弔之曰：「子幾死乎？」曰：「然。」

「子惡死乎？」曰：「然。」

任曰：「予嘗言不死之道。東海有鳥焉，其名曰意怠〔二〕。其爲鳥也，翂翂翐翐〔三〕，而似無能；引援而飛〔四〕，迫脅而棲〔五〕；進不敢爲前，退不敢爲後；食不敢先嘗，必取其緒〔六〕。是故其行列不斥〔七〕，而外人卒不得害，是以免於患。直木先伐，甘井先竭。子其意者飾知以驚愚，修身以明汙，昭昭乎如揭日月而行，故不免也。昔吾聞之大成之人〔八〕

曰：『自伐者無功〔九〕，功成者墮，名成者虧〔一〇〕。』孰能去功與名而還與衆人！道流而不明居，德行而不名處〔一一〕；純純常常〔一二〕，乃比於狂〔一三〕；削迹捐勢〔一四〕，不爲功名。是故無責〔一五〕於人，人亦無責焉。至人不聞，子何喜哉？」

孔子曰：「善哉！」辭其交遊，去其弟子，逃於大澤；衣裘褐〔一六〕，食杼栗；入獸不亂群，入鳥不亂行。鳥獸不惡，而況人乎！

注釋

〔一〕大公任：「大公」，老者稱。「任」，名（成疏）。疑是杜撰之名。

俞樾說：「廣韻一東公字注：世本有大公穎叔。然則大公迺複姓，非大夫之稱。」（俞樓雜纂內莊子人名考）

〔二〕意怠：今之燕（林希逸說）。即後文「鷾鴯」。

〔三〕翂翂翐翐：形容飛行遲緩的樣子。

〔四〕引援而飛：「引援」，群飛（林希逸說）。

〔五〕迫脅而棲：群棲乃棲。「迫脅」者，脅相接（陳壽昌說）；形容擠在一堆而棲息。

呂惠卿說：「迫脅而棲，則躊躇不得已於動止之間也。」（莊子義）

〔六〕緒：棄餘（林希逸說）。

王念孫說：「緒者，餘也。讓王篇：『其緒餘以爲國家。』司馬彪曰：『緒者，殘也，謂殘餘也。』」

〔七〕行列不斥：同列〔飛行〕不受排斥。

蘇輿說：「言爲衆鳥所容。」（見王先謙莊子集解引）

〔八〕大成之人：指老子。

〔九〕自伐者無功：語見老子二十四章。

〔一〇〕功成者墮，名成者虧：今本老子没有這兩句話，只有「功成而不居」（二章）、「功遂身退」（九章）句。

〔一一〕道流而不明居，德行而不名處：「不明居」，不顯耀自居。「德」，俗本作「得」，「得」當是「德」（褚伯秀）。今據褚説及宣穎本改。郭象以「道流而不明」斷句，「居」字屬下讀，非。

褚伯秀說：「『道流而不明居，得行而不名處』，二句停勻分讀，義自顯然。郭氏乃於『明』字下著注，故後來解者不越此論，唯吕氏疑獨二家從『居』從『處』爲句。蓋『得』當是『德』，『名』應是『明』，庶與上文義協。言道德流行無往不在，但不欲自顯其道德，以取伐竭耳。」（南華真經義海纂微）

〔一二〕純純常常：純樸平常。

林雲銘說：「『純』，純一也。『常』，平常也。純一其心，平常其行。」

〔一三〕乃比於狂：同於愚狂。

〔一四〕削迹捐勢：削除形位、捐棄權勢。

〔一五〕無責：無求。

〔一六〕裘褐：「裘」，皮衣。「褐」，毛布。指粗布衣服。

今譯

孔子被圍困在陳、蔡兩國交界的地方，七天没有起火煮食。

大公任去慰問他：「你快要餓死了吧！」

孔子回說：「是的。」

大公任說：「你嫌死嗎？」

孔子回說：「是的。」

大公任說：「讓我說說不死的方法。東海有種鳥，名叫意怠。這種鳥，飛行緩慢，好像没有氣力的樣子；隨群而飛，棲息時夾在衆鳥之中；行進時不敢飛在前面，退回時不敢落在後頭；飲食時不敢爭先嘗，一定吃剩餘的。所以它在同列中不受排斥，外人也終究不能傷害它，因此它能免於禍患。直樹先被砍伐，甘井先被涸竭。你有心在文飾才智來驚駭愚俗，修飭品行來顯露別人的汚濁，光芒耀射好像舉着太陽月亮而行走，所以你不免要招來禍患了。我曾經聽過集道之大成的人說：『自己誇耀的反而没有功績，功成不退的就要墮敗，名聲彰顯的就要受到損傷。』誰能够抛棄功名而把它還給衆人！大道流行而不顯耀自居；德行廣被而不自求聲名；純樸平常，同於愚狂；削除形位捐棄權勢，不求功名。所以無求於人，人也無求於我。至人不求聲名，你爲什麽喜好呢？」

孔子說：「好極了！」於是就辭别朋友，離開學生，逃到曠野；穿着粗布衣服，食着杼栗野果；走進獸群，獸不驚亂；走進鳥群，鳥不驚飛。鳥獸都不厭惡他，何況人呢！

五

孔子問子桑雩〔一〕曰：「吾再逐於魯〔二〕，伐樹於宋〔三〕，削迹於衛〔四〕，窮於商周〔五〕，圍於陳蔡之間〔六〕。吾犯〔七〕此數患，親交益疏，徒友益散，何與？」

子桑雩曰：「子獨不聞假人之亡〔八〕與？林回棄千金之璧，負赤子而趨。或曰：『爲其布〔九〕與？赤子之布寡矣；爲其累與？赤子之累多矣；棄千金之璧，負赤子而趨，何也？』林回曰：『彼〔一〇〕以利合，此以天屬也。』夫以利合者，迫窮禍患害相棄也；以天屬者，迫窮禍患害相收也。夫相收之與相棄亦遠矣。且君子之交淡若水，小人之交甘若醴；君子淡以親，小人甘以絶〔一一〕。彼無故以合者，則無故以離。」

孔子曰：「敬聞命矣！」徐行翔佯〔一二〕而歸，絶學捐書，弟子無挹於前〔一三〕，其愛益加進。異日，桑雩又曰：「舜之將死，乃命〔一四〕禹曰：『汝戒之哉！形莫若緣〔一五〕，情莫若率〔一六〕。緣則不離，率則不勞；不離不勞，則不求文〔一七〕以待形；不求文以待形，固不待物。』」

注釋

〔一〕子桑雩：姓桑，名雩，隱居者。

俞樾說：「疑即大宗師之子桑户。雽音户，則固與子桑户同矣。」

〔二〕再逐於魯：魯定公時，孔子擔任司寇的官職。齊國的執政者們想製造孔子和魯君的不和，於是帶了八十名美女和一百二十匹好馬送給魯國的國君。由於齊國的離間，孔子遂遭魯定公的冷淡，於是孔子不得不出走魯國。

〔三〕伐樹於宋：指孔子到宋國境内，在一棵樹下休息，宋國司馬桓魋趕來，砍倒大樹，威脅孔子。「伐樹於宋」，已見天運篇。

〔四〕削迹於衛：孔子在衛國匡城被人誤爲陽虎而遭圍困。「削迹於衛」，已見於天運篇。

〔五〕窮於商周：不得志於商周（「商」，殷後裔土地。「周」，指宋與衛），已見於天運篇。

〔六〕圍於陳蔡之間：指孔子路經陳蔡兩國交境的負函（河南信陽），被楚軍圍困。「圍於陳蔡之間」，已見於天運篇。

〔七〕犯：借爲「逢」。與大宗師篇「犯人之形」同例（章炳麟莊子解故）。

〔八〕假人之亡：「假」，國名。或説假乃殷之誤。「亡」，逃亡。

孫詒讓説：「司馬彪曰：『林回，殷之逃民之姓名。』則『假人』當爲『殷人』之誤。然文選王仲寶褚淵碑文李注引司馬彪云：『假，國名。』」

馬叙倫説：「按史記酷吏傳：『楚有殷仲。』徐廣曰：『殷，一作假。』……此字當爲殷，殷即宋也。疑謂宋偃王暴虐，其民有逃亡者。」

〔九〕布：指財貨。

〔一〇〕彼：指璧。

〔一一〕君子之交淡若水，小人之交甘若醴；君子淡以親，小人甘以絶：禮記表記篇作：「君子之接如水，小人之接如醴；君子淡以成，小人甘以壞。」

〔一二〕翔佯：今通作徜徉（胡懷琛説）；形容閒放自得。

〔一三〕無挹於前：無揖讓之禮（成疏）。「挹」，音揖，揖禮。

林雲銘説：「挹，拱挹也。虚文去而真意流。」

〔一四〕乃命：今本作「真泠」。各家曲説作解。依據王引之之説改。

陸德明説：「司馬本作『直』。司馬云：『泠，或爲命，又作令。』」

王引之説：「『直』，當爲『卤』。『卤』，籀文『乃』字，隸書作『迺』。『卤』形似『直』，故譌作『直』，又譌作『真』。『命』與『令』，古字通，作『命』作『令』者是也。卤令禹者，乃命禹也。」（見王念孫讀書雜志餘編）

林雲銘説：「『真泠』二字，乃『其命』之誤。」按：宣穎本據以改作「其命」，並説：「舊本訛作『真泠』二字。」

〔一五〕緣：因其自然之意（林希逸説）。

〔一六〕率：真率。

林希逸説：「『率』，循其自然之意。」

〔一七〕文：虚文。

今譯

孔子問子桑雽說：「我兩次被魯國驅逐出境，在宋國遭受到伐樹的屈辱，在衞國被禁止居留，在商、周沒有出路，在陳、蔡兩國交界的地方被圍困。我遇到這些患難，親戚舊交更疏遠了，學生朋友更離散了，爲什麽會這樣？」

子桑雽說：「你没有聽說假國人逃亡的故事嗎？林回捨棄了價值千金的玉璧，背着嬰兒逃走。有人說：『爲了錢財嗎？嬰兒的價值少得很；爲了累贅嗎？嬰兒的累贅多得很；捨棄了千金的玉璧，背着嬰兒逃走，爲什麽呢？』林回說：『我和玉璧是利的結合，我和嬰兒是天性的關聯。』以利而結合的，受到窘迫禍患的時候，就互相遺棄了；以天性相關的，遇着窘迫禍患的時候，就互相收留了。互相收留的和互相遺棄的，相差得太遠了。再說，君子的交情淡薄得像水一樣，小人的交情甘美得像甜酒一樣；君子淡薄卻親切，小人甜蜜卻易斷絶。所以凡是没有緣故結合的，也就没有緣故而離散了。」

孔子說：「我誠心的接受你的指導！」於是漫着步子安閒地回去，終止學業，拋開聖書，學生無須行揖拜的禮節，但是他們對他的敬愛卻更爲增進。

有一天，桑雽又說：「舜快要死的時候，告訴禹說：『你要當心啊！形體不如因順，情感不如率真。因順就不會離失，率真就不會勞累；不離失，不勞累，就不求虛文來粉飾形體，這種就無需求待於外物了。』」

六

莊子衣大布〔一〕而補之，正緳係履〔二〕而過魏王。魏王曰：「何先生之憊邪？」莊子曰：「貧也，非憊也。士有道德不能行，憊也；衣弊履穿，貧也，非憊也；此所謂非遭時也。王獨不見夫騰猿乎？其得柟梓豫章〔三〕也，攬蔓〔四〕其枝而王長〔五〕其間，雖羿、蓬蒙〔六〕不能眄睨〔七〕也。及其得柘棘枳枸〔八〕之間也，危行〔九〕側視，振動悼慄；此筋骨非有加急〔一〇〕而不柔〔一一〕也，處勢不便，未足以逞其能也。今處昏上亂相之間，而欲無憊，奚可得邪？此比干之見剖心徵〔一二〕也夫！」

注釋

〔一〕大布：粗布。

〔二〕正緳係履：「正」，郭嵩燾解作「整」，疑是「以」字之譌。「緳」，帶（司馬彪說）；當是麻繩做的帶子。「係」，同繫。這句話是說用麻帶穿〔破〕鞋。

郭嵩燾說：「說文：『絜，麻一耑也。』與『緳』通，言整齊麻之一端，以納束其履而係之。履無絇，係之以麻，故曰『憊』。」

〔三〕柟（nán南）梓（zǐ子）豫章：都是端直好木。

〔四〕攬蔓：猶把捉（成疏）。

劉鳳苞說：「『攬』，把。『蔓』，纏繞；攬其枝而盤結之，如蔓生然。」

〔五〕王長：猶自得（成疏）；同旺漲，形容意氣軒昂（福永光司說）。

〔六〕羿、蓬蒙：羿是古時候精於射箭的人，蓬蒙是羿的弟子。

〔七〕眄（miǎn 棉）睨（nì 膩）：斜視。

〔八〕柘（zhè 這）棘枳枸：都是有刺的小木。

〔九〕危行：行動謹慎。

〔一〇〕加急：限制，收緊。

〔一一〕不柔：不靈活。

〔一二〕徵：明證。

今譯

莊子穿着一件補過破洞的粗布衣服，用麻繩綁着破鞋子，去見魏王。魏王說：「先生，你怎麽這樣疲困呢？」

莊子說：「是貧窮啊，並不是疲困！讀書人有理想卻不能施行，這是疲困啊；衣服破舊鞋子破爛，這是貧窮，而不是疲困；這就叫做不逢時啊！你沒有看見跳躍的猿猴嗎？當牠爬在柟、梓、豫、章等大樹上的時候，攀緣着樹枝，在那裏自得其樂，即使善射的羿和蓬蒙也無可奈何牠。等到牠跳落在柘、棘、枳、枸等多刺的樹叢中時，小心謹慎，内心還戰慄不已；這並不是筋骨受了束縛而不靈活，乃是處在不利的情勢下，不能夠施展牠的才能呀！　現在處於昏君亂相的時代，要想不疲困，怎麼可能呢？　像比干的被剖心，不是個顯明的例證嗎？」

七

孔子窮於陳蔡之間，七日不火食，左據槁木，右擊槁枝，而歌猋氏〔一〕之風，有其具而無其數〔二〕，有其聲而無宮角〔三〕，木聲與人聲，犂然〔四〕有當於人之心。

顏回端拱還目〔五〕而窺之。仲尼恐其廣己而造大〔六〕也，愛己而造哀也，曰：「回，無受天損易〔七〕，無受人益難〔八〕。無始而非卒〔九〕也，人與天一〔一〇〕也。夫今之歌者其誰乎？」

回曰：「敢問無受天損易。」

仲尼曰：「飢渴寒暑，窮桎不行〔一一〕，天地之行也，運物之泄也〔一二〕，言與之偕逝〔一三〕之謂也。爲人臣者，不敢去之。執臣之道猶若是，而況乎所以待天乎！」

「何謂無受人益難？」

仲尼曰：「始用四達〔一四〕，爵祿並至而不窮，物之所利，乃非己也〔一五〕，吾命其在外者也。君子不爲盜，賢人不爲竊。吾若取之，何哉！　故曰，鳥莫知〔一六〕於鷾鴯〔一七〕，目之所不宜處，不給視，雖落其實，棄之而走。其畏人也，而襲諸人間〔一八〕，社稷存焉爾〔一九〕。」

「何謂無始而非卒？」

仲尼曰：「化其萬物而不知其禪〔二〇〕之者，焉知其所終？焉知其所始？正而待之〔二一〕而已耳。」

「何謂人與天一邪？」

仲尼曰：「有人，天〔二二〕也；有天，亦天也。人之不能有天，性也；聖人晏然〔二三〕體逝而終矣！」

注釋

〔一〕猋（biāo 標）氏：神農（成疏）。「猋氏」，即焱氏（王先謙集解）。已見天運篇。

〔二〕有其具而無其數：有枝擊木而無節奏（宣穎說）。「有其具」，有擊木之具（陳壽昌說）。「數」指節奏之數。

〔三〕無宮角：不合五音（林希逸說）；不主音律（宣穎說）。

〔四〕犂然：釋然，悠然。

焦竑說：「犂然，如犂田者，其土釋然也。」

〔五〕端拱還目：「端拱」，拱手直立。「還目」，回目。「還」音旋。

林雲銘說：「『端拱』，則頭容直矣，不能瞠視，故轉其睛，而還視之也。」

〔六〕廣己而造大：張顯自己而至於誇大。

林雲銘說：「『造』，至也。尊己則至於大。」

〔七〕無受天損易：不受自然的損傷還容易。

〔八〕無受人益難：不受人的利祿卻難。

林雲銘說：「人益之來，欲辭不能，故難。」

福永光司說：「人益，即人爲的附加物。」

〔九〕無始而非卒：没有起始而不是終結的。

郭象說：「『卒』，終也。於今爲始者，於昨爲卒，則所謂始者，即是卒矣。言變化之無窮。」

〔一〇〕人與天一：天人一體（馬恒君說）。「人」，人事。「天」，自然的情勢。「一」，共同一致。

〔一一〕窮桎不行：窮困不通。

郭嵩燾說：「『窮桎不行』，言飢渴寒暑，足以桎梏人，而使不自適。」

〔一二〕運物之泄也：品物的發動。闕誤引江南古藏本「運物」作「運化」。

司馬彪說：「『運』，動也。『泄』，發也。」

章炳麟說：「『天地之行』，『運物之泄』，耦語也。『運』借爲『員』。越語『廣運』，西山經作『廣員』，是其例。說文：『員，物數也。』『員物』，猶言品物。『泄』與『動』義近；韓非揚搉篇『根榦不革則動泄不失矣』，『泄』，亦動也。」按：前人都依司馬注，當從章解爲確。後文「目大運寸」，「運」亦作「員」，成疏「運，員也」可證。「運物」與上句「天地」對舉，皆屬名詞。

馬叙倫說：「按：『泄』，借爲『迻』。說文曰：『迻，遷徙也。』」

〔一三〕偕逝：共同參與變化。

成玄英說：「『偕』，俱也。『逝』，往也。既體運物之無常，故與變化而俱往，而無欣惡於其間也。」

〔一四〕始用四達：言初進便順利（林雲銘說）。

〔一五〕物之所利，乃非己也：外物的利益，非己本有。

〔一六〕知：音智，聰明。

〔一七〕鷾鴯：燕（釋文）。

〔一八〕襲諸人間：「襲」，入。指入人屋舍築巢。

〔一九〕社稷存焉爾：「社稷」，謂鳥巢（馬叙倫說）。這是比喻鳥有所寄存，猶如人依存於社稷。

郭嵩燾說：「有土因而有社，有田因而有稷。社者，所以居也；稷者，所以養也。鳥也有其居，鳥亦有其養，鷾鴯之襲諸人間，不假人以居而自爲居，不假人以養而自爲養也。」

〔二〇〕禪：同代。

〔二一〕正而待之：謂順任自然的變化。「正」是指上文所說的「萬物的變化」（「化其萬物」）。

林雲銘說：「正而待之，以順其自化而已。」

福永光司說：「『正而待之』，若人間世篇（孔子與顏回問答）『虛而待物』。」（見福永著莊子五六四頁）

〔二二〕天：指自然。

郭象說：「凡所謂天，皆明不爲而自然。」

〔三〕晏然：即安然。

成玄英說：「晏然，安也。」

馬叙倫說：「『晏』，借爲『宴』。說文曰：『宴，安也。』」

今譯

孔子窮困在陳蔡兩國交界的地方，七天没有生火煮食，他左手靠着枯樹，右手敲枯枝，而唱着神農時代的歌謠，有擊敲的器具而没有音律，擊木聲和歌唱聲舒徐動聽，使人心裏感到舒適。

顔回恭敬地站着，轉過眼來看。孔子怕他寬解自己而至於誇大，愛惜自己而陷於哀傷，便說：「回，不受自然的損傷還容易，不受人的利禄卻難。没有一個開始而不是終結的，人爲和自然是一樣的。現在唱歌的是誰呢？」

顔回問說：「請問什麽是不受自然的損傷還容易？」

孔子說：「飢餓、乾渴、寒冷、暑熱、窮困不通，都是天地的運行，萬物的遷移，這就是說共同參與變化呀！做人臣的，不敢逃避國君的使命。執守人臣之道的都能這樣，何況對待自然呢！」

顔回問說：「什麽是不受人的利禄困難呢？」

孔子說：「初次被任用就很順利，爵位利禄齊來而不窮盡，但是這些外物的利益，並不是屬於自己的，只是我的機遇得到這些外物罷了！君子不做盜劫的事，賢人不做偷竊的事，我要去求取，爲什麽呢？所以説：鳥兒没有比燕子更聰明的，看到有不適宜的地方，就不再看第二眼，雖然失落了口中的食物，也捨置而飛去。它畏懼人，卻又入人屋舍，只是寄居築巢罷了。」

顏回問説：「什麽是没有一個開始而不是終結的？」

孔子説：「萬物的變化而不知道誰是替代者，怎能知道它的終結？怎能知道它的開始呢？順其自然的變化就是了。」

顏回問説：「什麽是人爲和自然都一樣呢？」

孔子説：「人爲，是出於自然的；自然的事，也出於自然的。人爲所以不能保全自然，是由於性分的限制，只有聖人能安然地順着自然而變化呢！」

八

莊周遊於雕陵之樊〔一〕，覩一異鵲自南方來者，翼廣七尺，目大運寸〔二〕，感〔三〕周之顙而集於栗林。莊周曰：「此何鳥哉，翼殷〔四〕不逝〔五〕，目大不覩？」蹇裳〔六〕躩步〔七〕，執彈而留〔八〕之。覩一蟬，方得美蔭而忘其身；螳蜋執翳〔九〕而搏之，見得而忘其形；異鵲從而利之，見利而忘其真〔一〇〕。莊周怵然曰：「噫！物固相累，二類相召〔一一〕也！」捐〔一二〕彈而反走，虞人〔一三〕逐而誶〔一四〕之。

莊周反入，三日不庭〔一五〕。藺且從而問之：「夫子何爲頃間甚不庭乎？」

莊周曰：「吾守形而忘身，觀於濁水而迷於清淵。且吾聞諸夫子曰：『入其俗，從其令〔一六〕。』今吾遊於雕陵而忘吾身，異鵲感吾顙，遊於栗林而忘真，栗林虞人以吾爲戮〔一七〕，吾所以不庭也。」

注释

〔一〕雕陵之樊：雕陵是丘陵的名稱。「樊」，即藩。

司馬彪說：「『雕陵』，陵名；『樊』，藩。謂遊於栗園藩籬之内。」

〔二〕目大運寸：眼睛的直徑有一寸長。

成玄英疏：「『運』，員也。眼圓一寸。」

王念孫說：「『運寸』與『廣七尺』相對爲文，『廣』爲横則『運』爲從也。『目大運寸』，猶言目大徑寸耳。越語：『句踐之地廣運百里。』韋注曰：『東西爲廣，南北爲從也。』西山經曰：『是山也廣員百里。』『員』與『運』同。」

〔三〕感：觸。

〔四〕殷：大。與秋水篇「大之殷」同。

〔五〕逝：往，飛去。

〔六〕蹇（jiǎn 儉）裳：作褰裳，即提起衣裳。

王叔岷先生說：「陳碧虚闕誤引張君房本『蹇』作『褰』。道藏王元澤新傳本、褚伯秀義海纂微本、羅勉道循本並同。『蹇』與『褰』通。」

〔七〕躩（jué 厥）步：疾行，快步。

〔八〕留：伺候。

〔九〕翳（yì 意）：隱蔽。

〔一〇〕忘其真：「真」，性命（成疏）。

郭象說：「目能覩，翼能逝，此鳥之真性也。今見利，故忘之。」

〔一一〕二類相召：指蟬召螳螂，螳螂召鵲，物類自相召害。

〔一二〕捐：棄。

〔一三〕虞人：守園者（林希逸說）；守苑囿之吏（見孟子滕文公下「招虞人以旌」朱熹注）。

〔一四〕誶（suì 歲）：罵。

〔一五〕三日不庭：「三日」，通行本作「三月」，釋文：「『三月不庭』，一本作『三日』。」依王念孫之說改。「不庭」，讀「不逞」，即不愉快。

王念孫說：「『庭』，當讀爲『逞』，不快也。……『三月不庭，一本作三日』是也。下文言夫子頃間甚不庭，若三月之久，不得言頃間矣。」

馬其昶說：「案：舊作『三月』，據下言『頃間』，則從釋文『一本作三日』是也。」按：馬氏莊子故本已改正「三月」爲「三日」。

〔一六〕夫子曰：「入其俗，從其令」：成疏：「莊周師老聃，故稱老子爲夫子也。」按：「夫子」是尊稱，這裏未必指老子，因爲下面的話不必是老子講的，今本老子没有這兩句話。所謂「莊周師老聃」，乃是傳統的眼光，莊周何曾師老聃？在各家中，莊周雖然較推崇老聃，但也有所批評。以師徒來稱呼他們，是流俗的看法。「令」，通行本作「俗」，依闕誤引成玄英本改，郭注亦作「令」。「令」，即禁令（郭注）。

〔一七〕戮：辱（王先謙注）。

馬叙倫説：「今通用『辱』字。」

今譯

莊周到雕陵的栗園裏遊玩，看見一隻怪異的鵲從南面飛來，翅膀有七尺寬，眼睛直徑有一寸長，碰到莊周的額角而飛停在栗樹林中。莊周説：「這是什麼鳥呀！翅膀大卻不能遠飛，眼睛大卻目光遲鈍？」於是提起衣裳快步走過去，把着彈弓窺伺牠的動静。這時看見一隻蟬，正得着美葉蔭蔽而忘了自身；有隻螳螂以樹葉作掩護而搏住牠，螳螂見有所得而忘自己的形體；異鵲乘機攫取螳螂，只顧貪利而忘記了性命。莊周看了警惕着説：「唉！物類互相累害，這是由於兩者互相召引貪圖所致！」於是扔下彈弓回頭就走，管園的人（以爲他偷栗子）追趕着責駡他。

莊周回去，三天都感到不愉快。學生藺且問他説：「先生爲什麼最近覺得不愉快呢？」

莊周説：「我爲了守護形體而忘了自己；觀照濁水反而對清淵迷惑了。我聽先生説：『到一個地方，就要順從那裏的風俗習慣。』現在我到雕陵遊玩而忘了自身，異鵲碰到我的額角，飛到栗樹林裏而忘了真性，管園的人辱責我，所以我感到不愉快。」

九

陽子〔一〕之宋，宿於逆旅〔二〕。逆旅人有妾二人，其一人美，其一人惡，惡者貴而美者賤。陽子問其故，逆旅小子〔三〕對曰：「其美者自美，吾不知其美也；其惡者自惡，吾不知其惡也。」

陽子曰：「弟子記之！行賢而去自賢之心〔四〕，安往而不愛哉！」

注釋

〔一〕陽子：韓非子說林上引這同一故事作「楊子」。

〔二〕逆旅：旅舍。

〔三〕逆旅小子：韓非子說林上作「逆旅之父」。

〔四〕行賢而去自賢之心：「心」，原作「行」，根據韓非子說林上改。作「心」於義爲優。

今譯

陽子到宋國，住在旅舍。旅舍主人有兩個妻妾，一個美麗，一個醜陋，醜陋的受尊寵，美麗的被冷落。陽子問他是什麼緣故，旅舍的童子回說：「那美麗的自以爲美麗，但是我並不覺得她的美麗；那醜陋的自認爲醜陋，但是我不覺得她醜陋。」

陽子說：「弟子們記住！行爲良善而能去除自我炫耀的心念，到那裏會不受喜愛呢！」

田子方

田子方篇，由十一章文字彙集而成。各章意義不相關聯，屬於雜記體裁。「田子方」，人名，魏國賢者。取篇首三字爲篇名。

本篇第一章，田子方與魏文侯對話，要在寫「真」。稱讚爲人的質真淳厚，並評仁義聖智對真實生命的束縛。第二章，借温伯雪子評儒家「明乎禮義而陋乎知人心」。孔子見温伯雪子而體悟「目擊而道存，亦不可以容聲矣」。這就是「得意忘言」的情境。第三章，顏淵與孔子對話，寫宇宙長流不息，萬物變動神速，自我亦變故日新。這裏提出「日徂」之説；「日徂」即一天天地參與變化。不能參與變化的，即是「心死」。「哀莫大於心死，而人死亦次之。」第四章，孔子見老聃「遊心於物之初」。「物之初」即一切存在的根源。認識一切存在的根源，認識自然運行的規律（「紀」），認識「天地之大全」，是爲「至人」。自然界充滿着美與光輝，至人「得至美而遊乎至樂」，於此可見莊子至人的藝術心態。第五章，莊子見魯哀公的寓言，指出魯國滿街穿着儒服的人，盡是假儒。第六章，百里奚一小段，寫「爵禄不入於心」，「死生不入於心」。第七章，「解衣般礴」，寫真畫家的創作突破規格的約束。第八章，文王見姜太公釣魚，「其釣莫釣」，援引爲政，則守自然無爲。第九章，寫伯昏無人射箭的凝定神態。第十章，寫孫叔敖的爵祿無變於己。第十一章，寫凡君外在得失無變於己。

許多富有哲理性的成語出自本篇，如目擊道存、亦步亦趨、奔逸絕塵、瞠乎其後、不言而信、失之交臂、唐肆求馬、形若槁木、日改月化、天高地厚、千轉萬變、解衣槃礴以及明禮義而陋知人心、處卑細而不憊、哀莫大於心死等。

一

田子方〔一〕侍坐於魏文侯，數稱谿工〔二〕。

文侯曰：「谿工，子之師邪？」

子方曰：「非也，無擇之里人也；稱道數當〔三〕，故無擇稱之。」

文侯曰：「然則子無師邪？」

子方曰：「有。」

曰：「子之師誰邪？」

子方曰：「東郭順子〔四〕。」

文侯曰：「然則夫子何故未嘗稱之？」

子方曰：「其爲人也真，人貌而天虛〔五〕，緣而葆真〔六〕，清而容物。物無道，正容以悟之，使人之意也消。無擇何足以稱之！」

子方出，文侯儻然〔七〕終日不言，召前立臣而語之曰：「遠矣，全德之君子〔八〕！始吾以聖知之言仁義之行爲至矣，吾聞子方之師，吾形解〔九〕而不欲動，口鉗而不欲言。吾所學者直土梗〔一〇〕耳，夫魏真爲我累耳！」

注釋

〔一〕田子方：姓田，名無擇，字子方。魏賢人。釋文引李頤注，說他是魏文侯師。馬叙倫則從呂氏春秋舉難與察賢等篇，引證說明田子方乃魏文侯友，而非魏文侯師（詳見馬著莊子義證）。當從馬說。

〔二〕谿工：姓谿，名工。魏國的賢人。

〔三〕稱道數當：言論常常很確當。

成玄英說：「稱說言道，頻當於理。」（成疏）

〔四〕東郭順子：居在郭東，因以爲氏，名順子，子方之師（成疏）。

〔五〕人貌而天虛：人的容貌而心契合自然。「虛」，意指「心」。

俞樾說：「郭注以『人貌而天』四字爲句，殆失其讀也。此當以『人貌而天虛』爲句。『人貌天虛』，相對成義。『緣而保真』爲句，與『清而容物』相對成義。『虛』者，孔竅也。淮南子氾論訓：『若循虛而出入。』高注曰：『虛，孔竅也。』訓『孔竅』，故亦訓『心』。俶真訓：『虛室生白。』注曰：『虛，心也。』……此云『人貌而天虛』，即人貌而天心，言其貌則人，其心則天也。學者不達『虛』字之義，誤屬下讀，則『人貌而天』句文義不完。下兩句本相儷者亦參差不齊也。」俞說可從。

〔六〕葆真：即保真。「葆」，同保。

〔七〕儻然：自失的樣子。

馬叙倫說：「按『儻』，借爲『悵』。」

〔八〕全德之君子：指東郭順子。

〔九〕形解：形體解脱。

林希逸說：「形解，言自失也。」

馬叙倫說：「『解』，爲『懈』省。說文曰：『懈，怠也。』」

〔一〇〕土梗：土人（司馬彪注）。

馬叙倫說：「『梗』，借爲『偶』。國策趙策：『土梗與木梗鬥，曰：『汝不如我，我乃土也。逢風雨壞沮，仍復歸土；汝逢風雨，汜濫無所止。』史記孟嘗君列傳：『見木偶人與土偶人語。』其辭相同。是土梗木梗即是土偶木偶也。」

林希逸說：「土梗者，得其粗，不得其精也。」

今譯

田子方陪坐在魏文侯那裏，幾次稱頌谿工。

文侯說：「谿工是你的老師嗎？」

子方說：「不是的，是我的同鄉；言論見解常常很正確，所以我稱讚他。」

文侯說：「那麽你没有老師嗎？」

子方説：「有。」

文侯説：「你的老師是誰呢？」

子方説：「東郭順子。」

文侯説：「那麽先生爲什麽没有稱讚他？」

子方説：「他爲人真純，常人的容貌而内心契合自然，順應於人而保守天真，清介不阿而能容人。如遇無道的人，便正容開悟他，使人的邪念自然消除。我哪裏配稱讚！」

子方走了，文侯惝悵地整天不説話，召面前立侍的臣子告訴他們説：「太深遠了，全德的君子！起初我以爲聖智的言論、仁義的行爲最好了，我聽到了子方老師的言論，我身體解脱而不想動，嘴巴閉着而不想説。我所學的不過是粗跡而已，魏國真是我的包袱啊！」

二

温伯雪子〔一〕適齊，舍於魯。魯人有請見之者，温伯雪子曰：「不可。吾聞中國〔二〕之君子，明乎禮義而陋於知人心，吾不欲見也。」

至於齊，反舍於魯，是人也又請見。温伯雪子曰：「往也蘄見我，今也又蘄見我，是必有以振〔三〕我也。」

出而見客，入而歎。明日見客，又入而歎。其僕曰：「每見之客〔四〕也，必入而歎，何耶？」

曰：「吾固告子矣：『中國之民，明乎禮義而陋乎知人心。』昔之見我者，進退一成規一成矩，從容〔五〕一若龍一若虎，其諫我也似子，其道〔六〕我也似父，是以歎也。」

仲尼見之而不言。子路曰：「吾子欲見温伯雪子久矣，見之而不言，何邪？」

仲尼曰：「若夫人者，目擊而道存矣，亦不可以容聲矣。」

注釋

〔一〕温伯雪子：姓温，名伯，字雪子，楚之懷道人（成疏）。

〔二〕中國：指中原之國，即魯國。

成玄英疏：「中國，魯國也。」

〔三〕振：起，發。這裏有啓發之意。另一説「振」訓「告」（高亨新箋）。

〔四〕之客：此客。

〔五〕從容：猶動容（王念孫説，見章炳麟莊子解故所引）。

〔六〕道：同「導」。陳碧虛闕誤引江南古藏本作「導」。

今譯

温伯雪子往齊國，歇足在魯國。魯國有人要見他，温伯雪子説：「不行。我聽説中國的君子，明於禮義卻拙於了解人心，我不想接見。」

到了齊國，回程歇足在魯國，那個人又要見他。温伯雪子說：「上次求見我，現在又來求見，一定有什麼啓發我的。」

出去見了客人，回來就嘆息。第二天見了客人，回來又嘆息。他的僕人問說：「每次見到這個客人，回來就要嘆息，爲什麼呢？」

回說：「我原先告訴你了：『中國的人民，明瞭禮義卻拙於了解人心。』剛才來看我的那位，進退完全合於規矩，動容猶如龍虎，他諫告我，好像兒子對待父親；他開導我，好像父親對待兒子，因此嘆息。」

孔子見了面不說話。子路說：「先生想見温伯雪子很久了，見了面不說話，爲什麼呢？」

孔子說：「像這樣的人，視綫所觸而道自存，也不容再用語言了。」

三

顏淵問於仲尼曰：「夫子步亦步，夫子趨亦趨，夫子馳亦馳；夫子奔逸絶塵〔一〕，而回瞠若〔二〕乎後矣！」

仲尼曰〔三〕：「回，何謂邪？」

曰：「夫子步，亦步也；夫子言，亦言也；夫子趨，亦趨也；夫子辯，亦辯也；夫子馳，亦馳也；夫子言道，回亦言道也：及奔逸絶塵而回瞠若乎後者，夫子不言而信，不比而周〔四〕，無器〔五〕而民滔〔六〕乎前，而不知所以然而已矣。」

仲尼曰：「惡！可不察與！夫哀莫大於心死，而人死亦次之。日出東方而入於西極，萬物莫不比方〔七〕，有首有趾者〔八〕，待是〔九〕而後成功，是出則存，是入則亡〔一〇〕。萬物亦然，有待也而死，有待也而生〔一一〕。吾一受其成形，而不化以待盡〔一二〕，效〔一三〕物而動，日夜無隙，而不知其所終；薰然〔一四〕其成形，知命不能規〔一五〕乎其前，丘以是日徂〔一六〕。「吾終身與汝交一臂而失之〔一七〕，可不哀與！女殆著乎吾所以著也〔一八〕。彼已盡矣〔一九〕，而女求之以爲有，是求馬於唐肆〔二〇〕也。吾服〔二一〕女也甚忘，女服吾也亦甚忘。雖然，女奚患焉！雖忘乎故吾，吾有不忘者存。」

注釋

〔一〕奔逸絕塵：快速的形容。

林希逸說：「『奔逸』，飛馳也。『絕塵』，去速而不見其塵也。」

〔二〕瞠若：直視的樣子。

〔三〕仲尼曰：原作「夫子曰」。這節對話前後答語者一律作「仲尼曰」，這裏作「夫子曰」爲誤寫，依馬叙倫之說改正。

馬叙倫說：「按下文作『仲尼曰』，此亦當然，疑傳寫之誤。」

〔四〕不比而周：「比」，阿私。「不比而周」，指不偏私而周遍。論語爲政篇有「君子周而不比」句。

朱熹說：「『周』，普遍也。『比』，偏黨也。」（見論語爲政篇朱注）

〔五〕器：爵位（成疏）。

〔六〕滔：同聚。

〔七〕比方：指順着太陽的方向（宣穎說）。

宣穎說：「從日爲方向。」

馬其昶說：「『比』，順也。『方』，道也。謂萬物之化生皆順太陽之軌道也。」

福永光司說：「比方，平行的意思。」（莊子外雜篇解說五九二頁）

〔八〕有首有趾者：指人。語見天地篇。「首」，今本作「目」，形近而誤，根據天地篇改正。

馬叙倫說：「『目』當依天地篇作『首』。」

〔九〕待是：待日。「是」，指日。

〔一〇〕是出則存，是入則亡：即日出而作，日入而息（林希逸口義）。

王先謙說：「日出則有世事，日入則無世事。」

〔一一〕有待也而死，有待也而生：有的將趨於死，有的將待以生。

郭象說：「待隱謂之死，待顯謂之生。」

〔一二〕一受其成形，而不化以待盡：語見齊物論。

〔一三〕效：猶感。

〔一四〕薰然：形容成形的樣子。

成玄英疏：「薰然，自動之貌。」

羅勉道說：「薰然者，如氣之薰蒸而成也。」（南華真經循本）

王敔說：「薰然，芳草叢生貌。」

〔一五〕規：「窺」的省字（見馬叙倫義證）。

〔一六〕日徂：一天天地參與變化。「徂」，往。

郭象說：「與變俱往。」

〔一七〕交一臂而失之：意思是說我和你這麼接近而你卻不能了解宇宙的道理。

林希逸說：「『交一臂』者，並立也。終身與汝周旋，而汝未得此道，故曰：『交一臂而失之。』」

〔一八〕女殆著乎吾所以著也：你大概只看到我所能看到的現象。「著」，可見的東西。

福永光司說：「『以』字誤加。『所著』，意指現象面；『所以著』，指現象賴以成立的本質。」按：福永之說可從。

〔一九〕彼已盡矣：它已經消失了。

宣穎說：「『彼』，所著。所著者忽已過去，可見不足據也。」

〔二〇〕唐肆：「唐」，空（朱駿聲說，見馬其昶莊子故所引）。「肆」，市（成疏）。「唐肆」，空市場。

林希逸說：「『唐』，無壁之屋也。詩云：『中唐有甓。』『唐肆』，今之過路亭也。」

〔二一〕服：思存（郭注）。

林疑獨說：「『服』，猶『思』也。」（見褚伯秀南華真經義海纂微引）按：舊注有依羅勉道作「佩服」

解，誤。

今譯

顔回問孔子説：「先生緩步我也緩步，先生快走我也快走，先生奔馳我也奔馳；先生奔逸絶塵，而我卻直瞪着眼落在後面了！」

孔子説：「回，怎麽説呢？」

顔回説：「先生緩步，我也緩步；先生論説，我也論説；先生快走，我也快走；先生辯論，我也辯論；先生奔馳，我也奔馳；先生談道，我也談道；等到先生奔逸絶塵而我卻直瞪着眼落在後面，乃是先生不言説而取信，不偏私而周遍，没有爵位而人民來相聚，卻不知道爲什麽能够這樣。」

孔子説：「啊！這可不明察麽！最悲哀的莫過於心死，而身死都還是次要的。太陽從東方出而入於西極，萬物没有不順着這個方向，有頭有脚的人，見日起而後事可爲，日出而作，日入而息。萬物也是一樣，有的將趨於死亡，有的將待以降生。我一旦秉受了形體，不變滅而等待氣盡，感應外物而活動，日夜没有間斷，而不知道自己的歸宿；薰然自動成形，知道命運是不可預知的，我因而一天天參與變化。

「我一直和你這麽接近而你卻不能了解這個道理，可不悲哀嗎？你大概只看到我所能看到的現象。它們已經消逝，而你追尋着還以爲存在，這就像在空市場上尋求馬一樣。我心中的你很快就忘記，你心中的我也很快就忘記。雖然這樣，你有什麽憂慮！即使忘了過去的我，我還有不會被遺忘的東西存在。」

四

孔子見老聃，老聃新沐，方將被髮而乾，慹然〔一〕似非人〔二〕。孔子便而待之〔三〕，少焉見，曰：「丘也眩與，其信然與？向者先生形體掘若槁木〔四〕，似遺物離人而立於獨也。」

老聃曰：「吾遊心於物之初。」

孔子曰：「何謂邪？」

曰：「心困焉而不能知，口辟〔五〕焉而不能言，嘗爲汝議乎其將〔六〕。至陰肅肅〔七〕，至陽赫赫〔八〕；肅肅出乎天，赫赫發乎地；兩者交通成和〔九〕而物生焉，或爲之紀〔一〇〕而莫見其形。消息滿虛〔一一〕，一晦一明，日改月化，日有所爲，而莫見其功。生有所乎萌，死有所乎歸，始終相反乎無端而莫知乎其所窮。非是也，且孰爲之宗！」

孔子曰：「請問遊是。」

老聃曰：「夫得是，至美至樂也，得至美而遊乎至樂，謂之至人。」

孔子曰：「願聞其方。」

曰：「草食之獸不疾易藪〔一二〕，水生之蟲不疾易水，行小變而不失其大常也，喜怒哀樂不入於胸次。夫天下也者，萬物之所一〔一三〕也。得其所一而同焉，則四支百體將爲塵垢，而死生終始將爲晝夜而莫之能滑，而況得喪禍福之所介〔一四〕乎！棄隸〔一五〕者若棄泥塗〔一六〕，知身貴於隸也，貴在於我而不失於變。且萬化而未始有極〔一七〕也，夫孰足以患心！已爲道者解乎此。」

孔子曰：「夫子德配天地，而猶假至言以修心，古之君子，孰能脱焉？」

老聃曰：「不然。夫水之於汋〔一八〕也，無爲而才自然矣。至人之於德也，不修而物不能離焉，若天之自高，地之自厚，日月之自明，夫何脩焉！」

孔子出，以告顔回曰：「丘之於道也，其猶醯雞〔一九〕與！微夫子之發吾覆也，吾不知天地之大全也。」

注釋

〔一〕慹然：形容不動的樣子。

林希逸説：「慹然，凝定而立之貌。」

朱駿聲説：「『慹』，假爲『蟄』。」

〔二〕非人：猶木偶人（林希逸口義）。

〔三〕便而待之：「便」，借爲「屏」，即屏蔽。

章炳麟説：「『便』，借爲『屏』。漢書張敞傳：『自以便面拊馬。』師古曰：『便面所以障面，蓋扇之類也。亦曰屏面。』『便』『屏』一聲之轉，故『屏』或作『便』。說文：『屏，屏蔽也。』老聃方被髮不可直入相見，故屏隱於門下而待之。」（莊子解故）

〔四〕掘若槁木：「掘」是「兀」的借字，形容直立不動的樣子。

林希逸說：「掘，兀兀然也。」

〔五〕辟：閉，合。

司馬彪說：「辟，卷不開。」

〔六〕議乎其將：說個概略。

章炳麟說：「『嘗爲女議乎其將』者，嘗爲女說其大劑也。猶知北遊篇云：『將爲女言其崖略耳。』『將』聲與『牄』亦通，藝文志曰：『庶得粗牄。』師古曰：『牄，粗略也。』」

〔七〕肅肅：嚴冷之意（林希逸說）。

〔八〕赫赫：形容炎熱。

〔九〕兩者交通成和：可參看老子四十二章：「萬物負陰而抱陽，沖氣以爲和。」

〔一〇〕紀：綱紀，規律。

〔一一〕消息滿虛：消逝、生長、盈滿、空虛，即事物死生盛衰規律。同秋水篇：「消息盈虛。」

〔一二〕不疾易藪（sǒu 叟）：不怕變換草澤。

〔一三〕萬物之所一：與德充符「物視其所一」同義。

〔一四〕介：際（宣穎說）；即分際。

〔一五〕隸：僕隸；指身分的得失禍福（黃錦鋐語譯）。

〔一六〕若棄泥塗：同德充符：「〔視喪其足，〕猶遺土也。」「塗」，同土。

〔一七〕萬化而未始有極：語見於大宗師。

〔一八〕汋：水湧流。

郭嵩燾說：「汋者，水自然湧出。非若泉之有源，而溪澗之交匯以流行也。」

馬其昶說：「釋文：『汋，澤也。』有潤澤也。」

〔一九〕醯（xī希）雞：酒甕裏的小飛蟲「蠛蠓」。

今譯

孔子去見老聃，老聃剛洗完頭，正披着髮等乾，凝神定立好像木偶人。孔子就退出等待他。過了一會兒見面說：「我是眼花了呢，還是真的？剛才先生形體直立不動有如枯木，好像超然物外而獨立自存。」

老聃說：「我遊心於萬物的本始。」

孔子說：「怎麼說呢？」

老聃說：「心困而不能知曉，口合而不能言說，試爲你說個概略。至陰寒冷，至陽炎熱；寒冷出於天，炎熱出於地；兩者互相交通融合而各物化生，或爲萬物的規律，卻不見形象。死生盛衰，時隱時現，日遷月移，無時不在作用，卻不見它的功績。生有所由始，死有所歸趨，始終循環無端而不知道它的窮盡。如果不是這樣，又有誰是它的宗本呢！」

孔子說：「請問遊心於此的情境。」

老聃說：「達到這種境界，是至美至樂，體味至美而遊於至樂，稱爲至人。」

孔子說：「希望聽聽用什麼方法。」

老聃說：「吃草的獸類不怕變換草澤，水生的蟲類不怕變換池沼，只作小的變換而没有失去根本的需要；喜怒哀樂的情緒不會侵入心中。天下的萬物都有共通性。了解它們的共通性而同等看待，那麼四肢百骸便視如塵垢，而死生終始猶如晝夜的變化，並不致受擾亂，何況是得失禍福的分際呢！捨棄得失禍福如同捨棄泥土一樣，知道自身比得失禍福更可貴，可貴在於我自身卻不因變換而喪失。千變萬化而未曾有窮盡，這有什麼值得困擾内心！修道的人了解這點。」

孔子說：「先生德合天地，還用至言來〔教我〕修心，古時的君子，誰能超過呢！」

老聃說：「不是的。像水的湧流，無爲而自然。至人的德，不需要修飾而萬物自然受影響，就像天自然地高，地自然地厚，日月自然地光明，哪裏需要修飾呢！」

孔子出去，告訴顏回說：「我對於大道的了解，豈不像甕中小飛蟲麼！要不是先生啓發我的蒙蔽，我真不知道天地的全貌。」

五

莊子見魯哀公[一]。哀公曰：「魯多儒士，少爲先生方[二]者。」莊子曰：「魯少儒。」哀公曰：「舉魯國而儒服，何謂少乎？」莊子曰：「周聞之，儒者冠圜[三]冠者，知天時；履句[四]屨者，知地形；緩佩玦[五]者，事至而斷。君子有其道者，未必爲其服也；爲其服者，未必知其道也。公固以爲不然，何不號於國中曰：『無此道而爲此服者，其罪死！』」於是哀公號之五日，而魯國無敢儒服者，獨有一丈夫儒服而立乎公門。公即召而問以國事，千轉萬變而不窮。莊子曰：「以魯國而儒者一人[六]耳，可謂多乎？」

注釋

〔一〕莊子見魯哀公：莊子是六國時人，與魏惠王、齊威王同時，去魯哀公一百二十年，如此言見魯哀公者，蓋寓言（成疏）。

〔二〕方：道，術。

〔三〕圜：音「圓」（釋文）。

〔四〕句：方（李頤注）。

〔五〕緩佩玦：用五色的絲帶穿繫玉玦。「緩」，司馬本作「綬」。「綬」即絲的條帶。

成玄英疏：「緩者，五色條繩，穿玉玦以飾佩也。」

〔六〕一人：或說指孔子，但原意未必指特定的人。

嚴靈峰說：「成疏：『謂孔子。』按：此係『寓言』，言其事未必指其人，不必謂孔子也。」（道家四子新編七八九頁）

今譯

莊子去見魯哀公。哀公說：「魯國多儒士，很少有學先生道術的。」

莊子說：「魯國的儒士很少。」

哀公說：「全魯國都穿儒者的服裝，怎麼說少呢？」

莊子說：「我聽說，儒者戴圓帽的，知道天時；穿方鞋的，知道地形；用五色絲帶繫玉玦的，事到而決斷。君子有這種道術的，未必穿這種服裝；穿這種服裝的，未必懂得這種道術。你既不以爲然，爲什麼不號令於國中說：『不懂得這種道術而穿這種服裝的，要處死罪。』」

於是哀公下號令五天，而魯國沒有人敢穿儒服的，只有一個男子穿着儒服而站在朝門。哀公召來詢問國事，千轉萬變而對答不窮。

莊子說：「整個魯國只有一個儒者，可以說多嗎？」

六

百里奚〔一〕爵禄不入於心，故飯〔二〕牛而牛肥，使秦穆公忘其賤，與之政也。有虞氏死生不入於心，故足以動人。

注釋

〔一〕百里奚：紀元前五世紀的一位著名人物。複姓百里，名奚，秦人稱爲五羖（gǔ股）大夫。百里奚原居虞國（山西省平陸縣東北地區），後入秦國，爲秦穆公所重用。孟子對他頗有好評（見孟子萬章篇上、告子篇下）。

〔二〕飯：同飼。

今譯

百里奚不把爵禄放在心裏，所以養牛而牛肥，使秦穆公忘了他的卑賤，將政事授與他。有虞氏不把死生觀念放在心裏，所以能感發他人。

七

宋元君〔一〕將畫圖，衆史〔二〕皆至，受揖而立〔三〕；舐筆和墨，在外者半〔四〕。有一史後至者，儃儃然〔五〕不趨，受揖不立，因之舍。公使人視之，則解衣槃礴〔六〕贏〔七〕。君曰：「可矣，是真畫者也。」

注釋

〔一〕宋元君：宋元公，名佐（見史記宋微子世家）。

〔二〕史：指畫工。

〔三〕受揖而立：古代臣見國君，臣先拜，國君行揖答謝。受揖是接受國君的揖謝。「揖」，拱手。「立」古「位」字，作動詞，就位（曹礎基莊子淺注）。

〔四〕在外者半：言其趨競者多（成疏）。

〔五〕儃儃然：安閒的樣子。

〔六〕槃礴：交叉着坐着。司馬彪說：「謂箕坐。」

〔七〕贏：同裸，光着身子。

今譯

宋元君要畫圖，各個畫師都來到，接受國君揖禮而就位；濡筆調墨，（來的畫師很多，）還有一半在外面沒位置坐。有一個畫師後來，安然徐行，他受揖卻不就位，隨即返回住所。國君派人去看，見他解衣露身交叉着脚坐着。國君說：「行呀，他才是真正的畫師。」

八

文王觀於臧〔一〕，見一丈人〔二〕釣，而其釣莫釣；非持其釣有釣者也，常釣也〔三〕。文王欲舉而授之政，而恐大臣父兄之弗安也；欲終而釋之，而不忍百姓之無天〔四〕也。於是旦而屬之大夫曰：「昔者〔五〕寡人夢見良人，黑色而頾〔六〕，乘駁馬〔七〕而偏朱蹄〔八〕，號曰：『寓而〔九〕政於臧丈人，庶幾乎民有瘳乎！』」

諸大夫蹵然曰：「先君王也。」

文王曰：「然則卜之。」

諸大夫曰：「先君之命，王其無它〔一〇〕，又何卜焉！」

遂迎臧丈人而授之政。典法無更，偏令無出。三年，文王觀於國，則列士壞植散群〔一一〕，長官者不成德，斔斛〔一二〕不敢入於四竟。列士壞植散群，則尚同也；長官者不成德，則同務也；斔斛不敢入於四竟，則諸侯無二心也。

文王於是焉以爲大師，北面而問曰：「政可以及天下乎？」臧丈人昧然而不應，泛然而辭〔一三〕，朝令而夜遁，終身無聞。

顔淵問於仲尼曰：「文王其猶未邪？又何以夢爲乎？」

仲尼曰：「默，汝無言！夫文王盡之也，而又何論刺〔一四〕焉！彼直以循斯須〔一五〕也。」

注　釋

〔一〕臧：地名，近渭水，即西安附近。

〔二〕丈人：對老人的尊稱，這裏指姜子牙。「丈人」今本作「丈夫」，疑是筆誤。釋文：「『丈夫』本或作『丈人』。」下文「丈人」出現三次，爲求一例，當據改。

〔三〕非持其釣有釣者也，常釣也：不是執持釣竿而有意在釣（喻無心之釣），爲上乘之釣。按：奚侗說「常」借爲「尚」，尚釣，謂釣之上乘。

林希逸說：「『常釣』者，釣常在手也。釣竿雖在手，而無意於釣，故曰：『非持其釣有釣者也。』」

王念孫說：「古人謂『鉤』爲『釣』也。」

〔四〕無天：失於覆蔭（成疏）。

〔五〕昔者：「昔」通「夕」。參看齊物論注釋。

郭慶藩說：「案『昔』者，『夜』者也。古謂『夜』爲『昔』。」

〔六〕頩（rán）：同髯，髫鬚。

〔七〕駁馬：雜色的馬。

〔八〕偏朱蹄：馬蹄的半邊是紅色的。

〔九〕而：汝。

〔一〇〕其無它：不必猶疑。

〔一一〕壞植散群：不立朋黨（林希逸說）。

俞樾說：「宣二年左傳：『華元爲植。』杜注曰：『植，將主也。』列士必先有主，而後得有徒衆，故欲散其群，必先壞其植也。」

〔一二〕斔（yú俞）斛（hú胡）：穀物的量器。一斛容五斗，六斛四斗爲「斔」。

〔一三〕昧然而不應，泛然而辭：與德充符「悶然而後應，氾若辭」句相近。

〔一四〕論刺：譏刺（成疏）。

〔一五〕循斯須：「斯須」，猶須臾。「循」，順（成疏）。意謂順衆情於一時。

郭象注：「『斯須』者，百姓之情，當悟未悟之頃，故文王循而發之，以合其大情也。」

今譯

文王在渭水遊歷，看見一位老者在釣魚，而他的釣魚卻不是有心釣魚；他不是執持釣竿有意在釣，只是鉤常在手而已。

文王想推舉出來把政事委託給他，但怕引起大臣父兄們的不安；最後想作罷，卻又不忍心百姓得不到庇蔭。於是清晨就告訴大夫說：「昨夜我夢見一位賢良的人，面黑色而有鬍鬚，騎着雜色的馬，而馬蹄的半邊是紅色的，號令我說：『將你的政事寄託給臧地老者，這樣人民的災難或許可挽救。』」

諸位大夫皺着眉頭說：「夢中顯靈的是君主的父親。」

文王說：「那麼占卜看看。」

諸位大夫說：「君主父親的命令，不必猶疑，又何必占卜呢！」

於是迎接臧地老者而把政事委託給他。典章法規不更改，偏頗政令不發布。三年以後，文王考察國境，見到列士不立朋黨，長官不顯功德，別的度量衡不再進入四境。列士不立朋黨，便是同心協力；長官不顯功德，便是群策群力；別的度量衡不再進入四境，便是諸侯沒有異心。

於是文王拜他爲大師，北面站立而請問說：「政事可以推及天下嗎？」臧地老者默默地不回應，漫漫然不作答，早上還行使政令而夜晚就遁匿了，終身沒有訊息。

顏回問孔子說：「文王還不能取信於人嗎？又何必假託是夢呢？」

孔子說：「別作聲，你不要說話！文王已經做得很完善了，你又何必譏刺他呢！他只是順着衆情於一時就是了。」

九

列禦寇爲伯昏無人〔一〕射，引之盈貫〔二〕，措杯水其肘上，發之，適矢復沓〔三〕，方矢復寓〔四〕。當是時，猶象人〔五〕也。

伯昏無人曰：「是射之射，非不射之射也〔六〕。嘗與汝登高山，履危石，臨百仞之淵，若能射乎？」

於是無人遂登高山，履危石，臨百仞之淵，背逡巡〔七〕，足二分垂在外〔八〕，揖禦寇而進之。禦寇伏地，汗流至踵。伯昏無人曰：「夫至人者，上窺青天，下潛黃泉，揮斥八極〔九〕，神氣〔一〇〕不變。今汝怵然有恂目〔一一〕之志，爾於中〔一二〕也殆矣夫！」

注釋

〔一〕伯昏無人：人名寓託，見於德充符。列子黃帝篇作伯昏瞀人。

〔二〕引之盈貫：謂拉滿了弓弦。「引」即引弦。「貫」，謂滿張弓（史記伍子胥列傳司馬貞索隱）。

〔三〕適矢復沓（tà踏）：形容剛射出一箭又緊接着一箭。

林希逸說：「『適』，去也。『沓』，重也，又也。矢方去而矢又在弦上。」

羅勉道說：「適矢復沓者，矢去而復沓前矢也。」

〔四〕方矢復寓：第二箭剛射出去，第三箭又扣入了弦。

林希逸說：「沓於弦上者才去，而方來之矢又寓於弦上矣。此言一箭接一箭，如此其神速也。」

羅勉道說：「方矢復寓者，矢方發而後矢復寓於弦上也。」

宣穎說：「第二矢方去，第三矢又已寄在弦上。」

〔五〕象人：偶人，即木偶。

〔六〕是射之射，非不射之射也：是有心的射，不是無心的射。

成玄英疏：「仍是有心之射，非忘懷無心，不射之射也。」林雲銘說：「言能以巧用，而不能以神用也。」

〔七〕背逡巡：背淵卻行（成疏）。「逡巡」一詞見秋水篇。

〔八〕足二分垂在外：有兩種說法：（一）「二分」，作十分中的二分；如李鍾豫說：「脚下有十分之二懸空。」（見語體莊子李譯）（二）「二分」，作三分中的二分；如林希逸說：「三分其足，一分在岸，二分垂於虛處。」今譯採取後說。

〔九〕揮斥八極：「揮斥」，猶縱放（郭注）；形容精神自由奔放。「八極」，八方。

〔一〇〕神氣：神色，表情。

〔一一〕恂目：「恂」，謂眩（釋文）。

〔一二〕中：命中，射中。

今譯

列禦寇給伯昏無人表演射箭，他拉滿了弓弦，在臂肘上放杯水，射出去，剛發出一箭又緊跟着一箭，第二箭剛射出，第三箭又扣上弦。這時候，就像木偶一般〔屹然不動〕。伯昏無人說：「這是有心的射，不是無心的射。我想和你登上高山，踩着險石，身臨百丈深淵，你能射嗎？」

於是無人就登上高山，踩着險石，身臨百丈深淵，背對深淵向後退步，脚的三分之二懸在外空，邀請禦寇上前，禦寇伏在地上，汗流到脚跟。

伯昏無人說：「至人，上窺青天，下隱黃泉，飛翔八方，神色不變。現在你驚慌目眩，你想射中就很難了！」

一〇

肩吾〔一〕問於孫叔敖〔二〕曰：「子三爲令尹〔三〕而不榮華，三去之而無憂色。吾始也疑子，今視子之鼻間栩栩然〔四〕，子之用心獨奈何？」

孫叔敖曰：「吾何以過人哉！吾以其來不可卻也，其去不可止也，吾以爲得失之非我也，而無憂色而已矣。我何以過人哉！且不知其在彼乎，其在我乎〔五〕？其在彼邪？亡乎我；在我邪？亡乎彼〔六〕。方將躊躇，方將四顧〔七〕，何暇至乎人貴人賤哉！」

仲尼聞之曰：「古之真人，知者不得說〔八〕，美人不得濫〔九〕，盜人不得劫，伏戲黃帝不得友。死生亦大矣，而無變乎己〔一〇〕，況爵祿乎！若然者，其神經乎大山而無介〔一一〕，入乎淵泉而不濡，處卑細而不憊，充滿天地，既以與人，己愈有〔一二〕。」

注釋

〔一〕肩吾：隱士。見於逍遙遊。

〔二〕孫叔敖：楚國賢人。曾任宰相的官職。

〔三〕令尹：宰相。

〔四〕栩栩然：齊物論有「栩栩然蝴蝶也」句，形容蝴蝶的翩翩飛舞。這裏引申爲歡暢自適的樣子。

〔五〕且不知其在彼乎，其在我乎：「其」，指尊貴。「彼」，指令尹的官職。

宣穎說：「不知可貴者在令尹乎，在我乎！」

〔六〕其在彼邪？亡乎我；在我邪？亡乎彼：要是〔可貴〕在於令尹嗎？就和我無關；在於我嗎？就和令尹無關。

林希逸說：「令尹之貴若在於令尹，則與我無預；我之可貴若在於我，則與令尹無預。」

〔七〕方將躊躇，方將四顧：養生主庖丁解牛有「爲之四顧，爲之躊躇滿志」句。

成玄英疏：「『躊躇』是逸豫自得，『四顧』是高視八方。」

〔八〕說：遊說，辯說，說服。

王敔注：「『說』，音稅。巧不可惑也。」

〔九〕濫：淫亂。

〔一〇〕死生亦大矣，而無變乎己：同於德充符：「死生亦大矣，而不得與之變。」

〔一一〕介：礙（成疏）；借爲「界」（馬叙倫說）。

〔一二〕既以與人，己愈有：老子八十一章：「既以爲人，己愈有。」

今　譯

肩吾問孫叔敖說：「你三次做令尹而不感到榮耀，三次離職而没有憂色。我起初不相信你，現在看你鼻間欣然自適，你的心裏是怎麽想的？」

孫叔敖說：「我有什麽過人的呢！我認爲爵位的來不能推卻，它的去不能阻止，我認爲得失不在於我，只是没有憂色而已。我有什麽過人的呢！況且不知道可貴的是在令尹呢，還是在我呢？如果是在於令尹，就和我無關；如果是在於我，就和令尹無關。我心滿意足，張望四方，哪裏顧得人間的貴賤呢！」

孔子聽到說：「古時的真人，智者不能遊說他，美人不能淫亂他，强盜不能劫持他，伏戲黄帝不能和他交遊。死生是件極大的事，卻不能影響他自己，何況是爵禄呢！像這樣的人，他的精神穿越大山而没有阻礙，進入深淵而不受淹没，處在卑微而不覺厭倦，充滿天地，他愈是幫助人，自己反而更加充足。」

一一

楚王〔一〕與凡君〔二〕坐，少焉，楚王左右曰凡亡者三〔三〕。凡君曰：「凡之亡也，不足以喪吾存。夫『凡之亡不足以喪吾存』，則楚之存不足以存存。由是觀之，則凡未始亡而楚未始存也。」

注釋

〔一〕楚王：楚文王。

〔二〕凡君：凡僖侯（成疏）。

陸德明說：「司馬云：『凡，國名，在汲郡共縣。』案左傳，凡，周公之後也。」

〔三〕凡亡者三：指楚王左右說了三次凡國將滅亡。

俞樾說：「楚王左右言凡亡者三人也。郭注曰：『言有三亡徵也。』非是。」按：俞說「三」作「三人」，從下文文義看，不通。「三」當作三次，即屢稱凡將亡。

丁展成說：「案『楚王左右曰凡亡者三』，猶曰再三言也。」（莊子音義繹）

今譯

楚王和凡君同坐，一會兒，楚王左右的人來說了三次凡國滅亡了。凡君說：「凡國的滅亡，不足以喪失我的存在。要是『凡國的滅亡不足以喪失我的存在』，那麼楚國的存在也不足以保存它的存在。這樣看來，可說凡國不曾滅亡而楚國不曾存在。」

知北遊

知北遊篇，主旨在談道。「知北遊」，知向北方遊歷。知，音智，這裏是寓言，託爲人名。取篇首三字作爲篇名。

本篇由十一個寓言組合而成。第一章，首段寫「知者不言，言者不知」。次寫「通天下一氣耳」，認爲氣是自然界的基本物質粒子，人的生死，就是氣的聚散。第二章，説：「天地有大美而不言，四時有明法而不議，萬物有成理而不説。」從這些名句中可看出莊子的自然觀。第三章，齧缺問道於被衣，被衣告以使思慮專一，精神凝聚。第四章，舜問丞，寫天地萬物的變化及氣的聚散運動。第五章，孔子問老聃，説「天不得不高，地不得不廣，日月不得不行，萬物不得不昌」，寫天地萬物獨特存在的本然性。第六章，東郭子問道，莊子説「無所不在」。第七章，由老龍吉寫道之不可言傳性——「所以論道，而非道」。第八章，泰清問道，無始説：「道不可聞，聞而非也；道不可見，見而非也；道不可言，言而非也。」「道不當名」，這是説道不是具象的東西，所以無法用名言來規限它。第九章，光曜問道於無有。老子以「無」「有」爲道的别名，這裏則在「無」之上更提出「無無」，即含有無窮性、開放性的意義。第十章，寫捶鉤者的專精凝注。第十一章，冉求與孔子的對話，討論天地之始的問題。進而由天地的生生不息，説到聖人的「愛人無已」。第十二章，顔淵和孔子的對話，談化與安化。

許多富有哲理的典故、成語出自本篇，如三問而不答、化臭腐爲神奇、天地有大美而不言、大聖不作、不形而神、初生之犢、食不知味、白駒過隙、辯不若默、道不可聞、無所不在、每下愈況、道在屎溺、異名同實等。

一

知〔一〕北遊於玄水〔二〕之上，登隱弅之丘〔三〕而適遭無爲謂〔四〕焉。知謂無爲謂曰：「予欲有問乎若〔五〕：何思何慮則知道？何處何服〔六〕則安道？何從何道則得道？」三問而無爲謂不答也，非不答，不知答也。

知不得問，反於白水之南〔七〕，登狐闋〔八〕之上，而睹狂屈〔九〕焉。知以之言也問乎狂屈。狂屈曰：「唉！予知之，將語若，中欲言而忘其所欲言。」

知不得問，反於帝宮，見黄帝而問焉。黄帝曰：「無思無慮始知道，無處無服始安道，無從無道始得道。」

知問黄帝曰：「我與若知之，彼與彼不知也，其孰是邪？」

黄帝曰：「彼無爲謂真是也，狂屈似之；我與汝終不近也。夫知者不言，言者不知〔一〇〕，故聖人行不言之教〔一一〕。道不可致，德不可至。仁可爲也，義可虧也，禮相僞也。故曰：『失道而後德，失德而後仁，失仁而後義，失義而後禮。禮者，道之華而亂之首也〔一二〕。』故曰：『爲道者日損，損之又損之以至於無爲，無爲而無不爲也〔一三〕。』今已爲物也，欲復歸根〔一四〕，不亦難乎！其易也，其唯大人乎！

「生也死之徒〔一五〕，死也生之始，孰知其紀〔一六〕！人之生，氣之聚也；聚則爲生，散則爲死。若死生爲徒，吾又何患！故萬物一也〔一七〕，是其所美者爲神奇，其所惡者爲臭腐；臭腐復化爲神奇，神奇復化爲臭腐。故曰：『通天下一氣耳〔一八〕。』聖人故貴一。」

知謂黃帝曰：「吾問無爲謂，無爲謂不應我，非不我應，不知應我也。吾問狂屈，狂屈中欲告我而不我告，非不我告，中欲告而忘之也。今予問乎若，若知之，奚故不近？」

黃帝曰：「彼其真是也，以其不知也；此其似之也，以其忘之也；予與若終不近也，以其知之也。」

狂屈聞之，以黃帝爲知言。

注釋

〔一〕知：寓名。音智，意指分別智。

林希逸說：「前後人名，皆是寓言。有分別名，有思惟心者也。」（南華真經口義）

宣穎說：「知，識也。託爲人名。」（南華經解）

〔二〕玄水：水名，寓言。「玄」，黑色，深奥的意思，和老子一章「玄之又玄」同義。

褚伯秀說：「知北遊於玄水，喻多識之士欲求歸本源。」（南華真經義海纂微）

〔三〕隱弅之丘：丘名寓託。「弅」，通「湓」，謂滿起（方以智說，見馬其昶莊子故引）。

陸德明說：「『弅』，音紛。李云：『隱出弅起，丘貌。』」（釋文）

成玄英說：「『隱』則深遠難知，『弅』則鬱然可見。欲明至道玄絕，顯晦無常，故寄此言以彰其義也。」（莊子疏）

褚伯秀說：「『隱弅之丘』，謂未能全隱，其知猶有以示人也。」

〔四〕無爲謂：假託的名字。

林希逸說：「『無爲謂』，自然者也。」

宣穎說：「『無爲謂』者，道妙本無爲無謂也。又託一個人名。」

〔五〕若：汝。

〔六〕服：行。

〔七〕白水之南：水名寓託。「白」和「南」都是顯明的意思。

成玄英疏：「『白』是潔素之色，『南』是顯明之方。」

宣穎說：「白水、南方，皆昭著之處，求玄不得，反於知之故處也。」

〔八〕狐闋：丘名寓託。意即「疑心已空」（褚伯秀說）。

成玄英疏：「『狐』者疑似夷猶，『闋』者空靜無物。」

〔九〕狂屈：寓託的人名。

林希逸說：「『狂』，猖狂也。『屈』者，掘然如槁木之枝也。此書『猖狂』字，便與逍遥遊『浮遊』字同。猖狂而屈然，無知之貌也。」

宣穎說：「猖狂放屈，不拘迹相也。又託一個人名。」

〔一〇〕知者不言，言者不知：語見老子五十六章。

〔一一〕不言之教：語見老子四十三章。

〔一二〕失道而後德，失德而後仁，失仁而後義，失義而後禮。禮者，道之華而亂之首也：出自老子三十八章。「禮者，道之華而亂之首也」句，老子作：「夫禮者，忠信之薄而亂之首。前識者，道之華而愚之始。」

〔一三〕爲道者日損，損之又損之以至於無爲，無爲而無不爲也：語見老子四十八章。

〔一四〕復歸根：老子十六章作「復歸其根」。

〔一五〕死之徒：語見老子五十章與七十六章。

〔一六〕紀：規律。和達生篇「無端之紀」的「紀」同義。

〔一七〕萬物一也：指萬物有共通性、一體性。和逍遥遊「旁礴萬物以爲一」、齊物論「萬物一馬也」、德充符「自其同者視之，萬物皆一也」以及田子方「萬物之所一也」相同意義。

〔一八〕通天下一氣耳：陳碧虛莊子闕誤引劉得一本作：「通天地之一氣耳。」

嚴北溟說：「『通天下一氣耳』命題，明確肯定世界是物質性的，排除了宋尹那樣給『氣』以倫理化的企圖。」（哲學研究一九八〇年第一期）

今譯

知向北遊歷到玄水旁邊，登上隱弅的丘陵，恰巧遇到無爲謂。知對無爲謂說：「我想問你一些問題：怎樣思索，怎樣考慮才懂得道？怎樣處身，怎樣行爲才安於道？由什麼途徑，用什麼方法才獲得道？」問了三次而無爲謂都不回答，並不是不回答，而是不知道回答。

知得不到解答，回到白水的南邊，登臨狐闋的丘上，看見了狂屈。知用同樣的問題問狂屈。狂屈說：「唉！我知道，正要告訴你，心中要説卻忘記了所要説的。」

知得不到解答，回到帝宮，看見黃帝便請問。黃帝說：「沒有思索、沒有考慮才懂得道，沒有居處、沒有行爲才安於道，沒有途徑、沒有方法才獲得道。」

知問黃帝說：「我和你知道，他們不知道，究竟誰對呢？」

黃帝說：「那無爲謂是真正對的，狂屈差不多；我和你終究不接近。知道的人不說話，說話的人不知道，所以聖人施行不說話的教導。道是不可以招致的，德是不可以達到的。仁是可以作爲的，義是可以虧損的，禮是相互虛僞的。所以說：『失去了道而後才有德，失去了德而後才有仁，失去了仁而後才有義，失去了義而後才出現禮。禮是道的虛華而禍亂的開端。』所以說：『求道一天比一天減少〔貪欲〕，減少又減少，一直到無爲的境地，無爲就沒有什麼事情做不成的了。』現在已經把道形成物了，要想返回到本根，不是很難麽！要是容易的，只有得道的大人吧！

「生是死的連續，死是生的開始，誰知道其中的規律！人的出生，乃是氣的聚積，聚積便成生命，消散便是死亡。如果死生是相屬的，我又有什麽憂患呢！所以萬物是一體的，這是把所稱美的視爲神奇，把所厭惡的視爲臭腐；臭腐又化爲神奇，神奇又化爲臭腐。所以説：『整個天下就是通於一氣罷了。』所以聖人珍貴〔無分别的〕同一。」

知對黄帝説：「我問無爲謂，無爲謂不回答我，並不是不回答我，乃是不知道回答我。我問狂屈，狂屈心裏要告訴我卻不告訴我，並不是不告訴我，心中要説卻忘記了。現在我問你，你知道，爲什麽説和道不接近呢？」

黄帝説：「無爲謂是真正對的，因爲他不知道；狂屈差不多也是對的，因爲他忘記了；我和你終究和道不相近，因爲是知道了。」

狂屈聽了，認爲黄帝是知言。

二

天地有大美而不言，四時有明法〔一〕而不議，萬物有成理而不説。聖人者，原天地之美而達萬物之理，是故至人無爲，大聖不作，觀於天地之謂也。

合〔二〕彼〔三〕神明〔四〕至精，與彼〔五〕百化〔六〕，物已死生方圓，莫知其根也，扁然〔七〕而萬物自古以固存〔八〕。六合爲巨，未離其內；秋毫爲小，待之成體〔九〕。天下莫不沈浮〔一〇〕，終身不故〔一一〕；陰陽四時運行，各得其序。惛然〔一二〕若亡而存，油然〔一三〕不形而神，萬物畜而不知。此之謂本根，可以觀於天矣。

注釋

〔一〕明法：明顯的規律。

〔二〕合：今本作「今」。陳碧虛莊子闕誤引劉得一本作「今」作「合」，據改。

褚伯秀說：「『今彼』，陳碧虛照散人劉得一本『合彼』，參之上文，於義爲優。」

〔三〕彼：天地（宣穎注）。

〔四〕神明：喻天地大自然的靈妙（福永光司說）。

〔五〕彼：物（宣穎注）。

林希逸說：「上『彼』字，在天底；下『彼』字，在物底。」

王先謙說：「上『彼』，彼天地；下『彼』，彼物。」（莊子集解）

〔六〕百化：百物之化（林希逸說）。

成玄英疏：「今言百，千萬者，並舉其大綱數爾。」

〔七〕扁然：翩然（成疏）。

褚伯秀說：「扁然而萬物，即萬物芸芸之義。」

〔八〕自古以固存：語見大宗師。

〔九〕六合爲巨，未離其内；秋毫爲小，待之成體：與天道篇「夫道，於大不終，於小不遺」同義。「六合」「秋毫」語見齊物論。

成玄英疏：「『六合』，天地四方也。獸逢秋景，毛端生毫，毫極微細，謂『秋毫』也。六合雖大，猶居至道之中，毫毛雖小，資道以成體質也。」

〔一〇〕沈浮：升降（成疏）；往來（林希逸口義）；形容事物的變化。

〔一一〕終身不故：終生没有不變的。「故」，同固，固定的意思。和秋水篇「終始無故」的「故」相同。

成玄英疏：「新新相續，未嘗守故也。」

曹礎基説：「天地萬物在升降變化，新陳代謝，因而日新月異。『故』，陳舊。」（莊子淺注）

〔一二〕惛然：暗昧的樣子。

林希逸説：「惛然，不可見也。」

〔一三〕油然：形容内含生意。

今譯

天地有大美卻不言語，四時有分明的規律卻不議論，萬物有生成的條理卻不説話。聖人推原天地的大美而通達萬物的道理，所以至人順任自然，大聖不妄自造作，這是説取法於天地的緣故。

天地靈妙精純，參與事物的千變萬化，萬物的或生或死或圓或方，没有誰知道它的本根，萬物蓬勃生長，自古以來就存在着。六合是巨大的，卻超不出它的範圍；秋毫是渺小的，卻依恃它才成形體。天下萬物沒有不浮沈變化的，它們不會一直是固定的，陰陽四時的運行，各有自己的順序。〔大道〕茫昧的樣子彷彿不存在而卻是存在的，自然產生不見形跡而有神妙的作用，萬物受養育而不自知。這就稱爲本根，〔知道這個道理〕可以觀察天道了。

三

齧缺問道乎被衣，被衣曰：「若正汝形，一汝視，天和〔一〕將至；攝汝知，一汝度〔二〕，神將來舍。德將爲汝美，道將爲汝居，汝瞳焉〔三〕如新生之犢而無求其故〔四〕！」

言未卒，齧缺睡寐。被衣大說，行歌而去之，曰：「形若槁骸，心若死灰〔五〕，真其實知，不以故自持〔六〕。媒媒〔七〕晦晦，無心而不可與謀。彼何人哉！」

注釋

〔一〕天和：天然和氣。

林希逸說：「天和者，元氣也。」

〔二〕度：意度（林希逸說）。

〔三〕瞳焉：無知直視之貌（成疏）。

〔四〕無求其故：不追究事故。

林希逸說：「無求其故，謂人不知其所以視者如何也。此即形容無心之貌。」

〔五〕形若槁骸，心若死灰：二語出自齊物論：「形固可使如槁木，心固可使如死灰乎。」曹礎基說：「『槁骸』，形容靜寂非常。『心若』句，說明心神無限收斂。」

〔六〕不以故自持：不自矜持於事故（成疏）。

〔七〕媒媒：晦晦的樣子。

李頤說：「媒媒，晦貌。」（釋文引）

林雲銘說：「媒媒，即昧昧。」（莊子因）

今譯

齧缺向被衣問道，被衣說：「你要端正你的形體，專一你的視覺，自然的和氣就會來到；收斂你的聰明，專一你的思慮，精神就會凝聚。德要爲你顯示完美，道要作爲你的居所，你純真無邪如同初生的小牛而不追究事故！」

話還沒有說完，齧缺就睡着了。被衣十分高興，唱着歌走了，唱着說：「形體靜定像枯槁的枝木，心神內斂像息滅的灰燼，他確實了悟道的真實，不矜持自己的成見，晦暗的樣子，沒有心機而不可謀議。那是什麼人呀！」

四

舜問乎丞〔一〕曰：「道可得而有乎？」

曰：「汝身非汝有也，汝何得有夫道？」

舜曰：「吾身非吾有也，孰有之哉？」

曰：「是天地之委〔二〕形也；生非汝有，是天地之委和也；性命非汝有，是天地之委順也；子孫〔三〕非汝有，是天地之委蜕也。故行不知所往，處不知所持，食不知所味。天地之强陽〔四〕氣也，又胡可得而有邪！」

注釋

〔一〕丞：舜師，一説官名（見釋文引李頤注）。

〔二〕委：委託，付屬。

俞樾説：「司馬云：『委，積也。』於義未合。國策齊策：『願委之於子。』高注曰：『委，付也。』成二年左傳：『王使委於三吏。』杜注曰：『委，屬也。』『天地之委形』，謂天地所付屬之形也。下三『委』字並同。」（莊子平議）

〔三〕子孫：通行本作「孫子」。闕誤引張君房本作「子孫」，據改。

曹礎基説：「生長子孫是由於天地賦予你蜕變、遺傳的生機的結果。」

〔四〕强陽：猶運動（郭注）。

今譯

舜問丞説：「道可以獲得而保有嗎？」

〔丞〕說：「你的身體都不是你所保有的，你怎麽能保有道呢？」

舜說：「我的身體不是我所保有，是誰所保有呢？」

〔丞〕說：「這是天地所委付的形體；生命不是你所保有的，乃是天地所委付的和氣；性命不是你所保有的，乃是天地所委付的自然；子孫不是你所保有的，乃是天地所委付的蜕變。所以行動時不知道去處，居留時不知道把持，吃飯時不知道口味。只是天地間氣的運動，又怎能够獲得而保有呢！」

五

孔子問於老聃曰：「今日晏閒〔一〕，敢問至道。」

老聃曰：「汝齊戒，疏瀹〔二〕而心〔三〕，澡雪〔四〕而精神，掊擊而知！夫道，窅然〔五〕難言哉！將爲汝言其崖略〔六〕。

「夫昭昭生於冥冥，有倫〔七〕生於無形，精神生於道，形本生於精，而萬物以形相生，故九竅〔八〕者胎生，八竅〔九〕者卵生。其來無迹，其往無崖，無門無房，四達之皇皇也〔一〇〕。邀於此者〔一一〕，四肢强〔一二〕，思慮恂達〔一三〕，耳目聰明，其用心不勞，其應物無方。天不得不高，地不得不廣，日月不得不行，萬物不得不昌，此其道與！

「且夫博之不必知〔一四〕，辯之不必慧〔一五〕，聖人以斷之矣。若夫益之而不加益，損之而不加損者，聖人之所保也。淵淵乎其若海，巍巍乎其若山〔一六〕，終則復始也，運量萬物而不匱〔一七〕。則君子之道，彼其外與！萬物皆往資焉而不匱，此其道與！

「中國有人焉，非陰非陽，處於天地之間，直且爲人，將反於宗。自本觀之，生者，喑醷〔一八〕物也。雖有壽夭，相去幾何？須臾之說也。奚足以爲堯桀之是非！果蓏有理，人倫雖難，所以相齒。聖人遭之而不違，過之而不守。調而應之，德也；偶而應之，道也；帝之所興，王之所起也。

「人生天地之間，若白駒之過郤〔一九〕，忽然而已。注然勃然，莫不出焉；油然漻然〔二〇〕，莫不入焉。已化而生，又化而死，生物哀之，人類悲之。解其天弢〔二一〕，墮其天袠〔二二〕，紛乎宛乎，魂魄將往，乃身從之，乃大歸乎！不形之形，形之不形〔二三〕，是人之所同知也，非將至之所務也，此衆人之所同論也。彼〔二四〕至則不論，論則不至。明見無值〔二五〕，辯不若默。道不可聞，聞不若塞。此之謂大得。」

注釋

〔一〕晏閒：即安閒。

〔二〕疏瀹（yuè月）：通導（林希逸說）。「瀹」，原作「瀹」，當從崇德書院本作「瀹」（馬叙倫義證）。

〔三〕而心：「而」，即汝。下文「而精神」「而知」的「而」，亦同。

〔四〕澡雪：洗滌（林希逸說）。

馬叙倫說：「『雪』，借爲『洒』。說文曰：『洒，滌也。』」

〔五〕窅（yǎo 咬）然：深奥之貌（莊子解故）。

〔六〕崖略：概略。

林希逸說：「『崖』，邊際也。『崖略』者，謂邊際粗略。」

〔七〕有倫：「倫」，借爲形（馬叙倫莊子義證）。

林希逸說：「見而可得分別者，謂之『有倫』。『有倫』，萬物也。」

曹礎基說：「『倫』，紋理。『有倫』，有紋理結構，即有形。」

〔八〕九竅：人獸之類。

〔九〕八竅：禽魚之類。

〔一〇〕無門無房，四達之皇皇：形容道的通達廣大。

林希逸說：「四達皇皇，言太虚之間。人之室居則有門有旁，太虚之間，但見其皇皇之大，豈知其所從入從出者乎？」

章炳麟說：「『皇皇』者，堂皇也。漢書胡建傳：『列坐堂皇上。』師古曰：『室無四壁曰皇。』故此言四達，又言無門無房。」（莊子解故）

〔一一〕邀於此者：「邀」，通「順」。

俞樾說：「說文無『邀』字，彳部：『徼，循也。』即今『邀』字也。又曰：『循，行順也。』然則『邀』亦

『順』也。『邀於此者』，猶言順於此者。郭注曰『人生而遇此道』，是以『遇』訓『邀』，義既迂曲，且於古訓無徵，殆失之矣。」

武延緒說：「據文子原道篇，『者』下疑有『五藏寧』三字。」（莊子札記）姑備一說。

〔一二〕四肢强：「强」下疑有脱字。

奚侗說：「墨子公孟篇：『身體强良，思慮徇通。』此文『强』下疑奪『良』字。」（莊子補注）奚說可存。

〔一三〕恂達：通達（成疏）。

〔一四〕博之不必知：老子八十一章作「知者不博」。

〔一五〕辯之不必慧：老子八十一章作「辯者不善」。

〔一六〕若山：原缺「若山」兩字。依馬叙倫之說補。

馬叙倫說：「『其』字下疑奪『若山』二字。」馬說可從。按：「巍巍乎其若山」，與上句「淵淵乎其若海」正相對文。

〔一七〕運量萬物而不匱：運轉萬物而不匱乏。陳碧虛莊子闕誤引文如海、劉得一本「匱」作「遺」。

林希逸說：「『運量萬物而不匱』，應物而不窮也。運用而量度之，故曰『運量』。」

于省吾說：「此言周度萬物而無所遺逸也。義謂萬物皆在其範圍權衡之中。易繫辭傳：『曲成萬物而不遺。』語例同。」

楊柳橋說：「『運量萬物而不匱』句，與下文『萬物皆資焉而不匱』句，文意重複，必有衍文；且本段擬象『道體』，中間夾以『則君子之道』一語，不相連屬，亦與下句『此其道與』不協。疑『運量萬物而不匱，則君子之道，彼其外與』三句，原係古注，抄寫者誤入正文。」（莊子譯詁）

〔一八〕暗（yìn音）醷（yì億）：聚氣貌（李頤注）。

〔一九〕白駒之過郤：陽光掠過空隙。

陸德明說：「『白駒』，或云『日』也。『郤』，本亦作『隙』。」

〔二〇〕油然漻然：形容萬物的變化消逝。「漻」，音「流」（釋文）。呂覽古樂篇「降通漻水以導河」，「漻」亦作「流」。

林希逸說：「油然漻然，此即往者伸也，來者屈也。易之所謂窮神知化者也。」

〔二一〕弢（tāo滔）：弓袋。

〔二二〕袠（zhì擲）：劍袋。按：「弢」和「袠」皆取束縛之義。

〔二三〕不形之形，形之不形：無形到有形，有形到無形。

褚伯秀說：「『不形之形』，出而生也。『形之不形』，入而死也。」

〔二四〕彼：指得道的人。

〔二五〕值：會遇（成疏）。

今　譯

孔子問老聃說：「今天較安閒，請問什麽是最高的道。」

老聃說：「你要齋戒，通導你的心靈，洗滌你的精神，去除你的智識！道是深奧難説的呀！我爲你說個概略。

「那顯明的東西是從冥暗中生出來的，有形的東西是從無形中生出來的，精神是從大道中生出來的，形質是從精氣中生出來的，而萬物都是依各別的類形互相產生的，所以九竅的動物是胎生的，八竅的動物是卵生的。它的來臨沒有痕跡，它的離去沒有界限，沒有門徑沒有歸宿，四面宏達皇皇大通。順着這個道，四肢强健，思想通達，耳目聰敏，他的用心不勞苦，他的應物不拘執。天不得不高，地不得不廣，日月不得不運行，萬物不得不昌盛，這就是道呀！

「學問廣博的不一定具有真知，善於辯論的不一定具有慧見，聖人早已棄絶這些了。像那增加了卻看不出增加，減少了卻看不出減少，乃是聖人所要保持的。道淵深似海，高大如山，周而復始地循環運行，運轉萬物而不匱乏，然而君子的道，只是呈現在外麼！萬物都憑藉着它而不匱乏，這就是道呀！

「中國有人，不偏於陰也不偏於陽，住在天地之間，姑且稱他爲人，人將來總要返歸本宗。從本源上來看，所謂生命，就是氣聚而成的東西。雖然其中有的長壽有的短命，但相差多少呢？人的一生只是俄頃之間而已。哪還值得分別堯和桀的是非呢！瓜果有它生長的道理，人倫關係雖然複雜，還是可以依序相處。聖人遇人事而不違拒，過往而不拘守。調和順應，便是德；隨機適應，便是道；帝就是因它而興，王就是藉它而起的。

「人生在天地之間，就像陽光掠過空隙，忽然而已。萬物蓬蓬勃勃，没有不生長的，變化衰萎，没有不死去的。已經變化而生，又變化而死，生物爲之哀傷，人類感到悲痛。解開自然的束縛，毁壞自然的囊裹，變移轉化，精神消散，身體隨着消逝，這是返歸大本呢！由無形變成有形，由有形返於無形，這是大家都知道的，並不是得道的人所追求的，這是衆人所同議論的。得道的人是不議論的，議論的人是不能得道的。從明處尋就不會遇見，辯説不如緘默。道是不能聽聞到的，聽聞便不如塞耳不聽，這才是真正的得道。」

六

東郭子〔一〕問於莊子曰：「所謂道，惡乎在？」

莊子曰：「無所不在。」

東郭子曰：「期而後可。」

莊子曰：「在螻蟻。」

曰：「何其下邪？」

曰：「在稊稗〔二〕。」

曰：「何其愈下邪？」

曰：「在瓦甓。」

曰：「何其愈甚邪？」

曰：「在屎溺。」

東郭子不應。莊子曰：「夫子之問也，固不及質〔三〕。正獲〔四〕之問於監市〔五〕履狶〔六〕也，每下愈況。汝唯莫必〔七〕，無乎逃物。至道若是，大言亦然。周遍咸三者，異名同實，其指一也。

「嘗相與遊乎無何有之宮〔八〕，同合而論，無所終窮乎！嘗相與無爲乎！澹而靜乎！漠而清乎！調而閒乎！寥已吾志〔九〕，無往焉而不知其所至，去而來而不知其所止，吾已往來焉而不知其所終；彷徨乎馮閎〔一〇〕，大知入焉而不知其所窮。物物者與物無際〔一一〕，而物有際者，所謂物際者也；不際之際〔一二〕，際之不際〔一三〕者也。謂盈虛衰殺〔一四〕，彼〔一五〕爲盈虛非盈虛，彼爲衰殺非衰殺，彼爲本末非本末，彼爲積散非積散也。」

注　釋

〔一〕東郭子：住在東郭的一位先生。

成玄英說：「居在東郭，故號東郭子，則無擇之師東郭順子也。」

〔二〕稊稗（bài敗）：含米的小草。

〔三〕質：實（成疏）。

〔四〕正獲：市場監督官，名獲。

成玄英説：「正，官號也，則今之市令也。獲，名也。」

〔五〕監市：監督市場的人；今屠卒（成疏）。

〔六〕履狶：指用脚踩豬的下腿〔探豬的肥瘦〕。

李頤説：「『狶』，大豕也。『履』，踐也。」

〔七〕必：限定，指明。猶今語「肯定」（王叔岷校詮）。

〔八〕無何有之宮：逍遥遊作「無何有之鄉」。

〔九〕寥已吾志：即「吾志已寥」的倒裝句，謂我的心志寥闊。

〔一〇〕馮閎：寥闊的空間。

郭象説：「馮閎者，虚廓之謂也。」

〔一一〕物物者與物無際：支配物的和物没有界際。

林希逸説：「『物物者』，道也。『與物無際』，通生萬物之謂也。」

〔一二〕不際之際：没有界限的界限。

林希逸説：「不際之際，道散而爲物也。」

〔一三〕際之不際：界限中的没有界限。

林希逸説：「際之不際，物全而歸道也。」

〔一四〕衰殺：「衰」，疑作「隆」字之譌（馬叙倫説）。

曹礎基說：「衰殺，疑是『隆殺』之誤。因爲前後文説的盈與虛、本與末、積與散，都是反義詞相配搭的，而『衰』與『殺』是同義詞。隆，升。殺，降。」

〔三五〕彼：指道。

今譯

東郭子問莊子説：「所謂道，在哪裏？」

莊子説：「無所不在。」

東郭子説：「指出一個地方來。」

莊子説：「在螻蟻裏面。」

問説：「怎麼這樣卑下呢？」

答説：「在稊稗裏面。」

問説：「怎麼更加卑下呢？」

答説：「在瓦甓裏面。」

問説：「怎麼愈來愈卑下呢？」

答説：「在屎溺裏面。」

東郭子不回應。莊子説：「先生所問的，本來就没有接觸到實質。有個名獲的市場監督官問屠卒關於檢查大豬肥瘦的方法，那就是愈往下腿踩便愈容易明白。除非你不肯定指明，道是不離物的。最高的道是這樣，最偉大的言論也是這樣。『周』『遍』『咸』三者，異名而同質，所指的意義是一樣的。

「試着一同來遨遊於無何有的處所，混同一體而論，道是没有窮盡的吧，試着一同來順任自然無爲吧！恬淡而安靜吧！漠然而清虛吧！調和而悠閒吧！我的心志寥闊，無所往而不知道要到哪裏去，去了又來卻不知道要停在哪裏，我已經來來往往卻不知道哪裏是終結；飛翔於寥闊的空間，大智的人與道相契而不知道它的究極。支配物的和物没有界限，而物有界限，乃是所謂物的界限；没有界限的界限，乃是界限中的没有界限。説到盈虚衰殺，道使物有盈虚而自身卻没有盈虚，道使物有衰殺而自身卻没有衰殺，道使物有始終而自身卻没有始終，道使物有聚散而自身卻没有聚散。」

七

婀荷甘〔一〕與神農同學於老龍吉〔二〕。神農隱几闔户晝瞑，婀荷甘〔日中〕奓〔三〕户而入曰：「老龍死矣！」神農擁杖而起〔四〕，嚗然〔五〕放杖而笑，曰：「天〔六〕知予僻陋慢訑〔七〕，故棄予而死。已矣！夫子無所發予之狂言〔八〕而死矣夫！」

弇堈弔〔九〕聞之曰：「夫體道者，天下之君子所繫焉。今於道，秋毫之端萬分未得處一焉，而猶知藏其狂言而死，又況夫體道者乎！視之無形，聽之無聲，於人之論者，謂之冥冥，所以論道，而非道也。」

注釋

〔一〕妸荷甘：姓妸，字荷甘（成疏）。杜撰的人名。

〔二〕老龍吉：懷道人（李頤注）。

〔三〕〔日中〕奓（zhà 乍）：「奓」，開（司馬説）。「日中」，上文「晝瞑」與此「日中」義複，故疑「日中」二字爲羨文。

〔四〕神農擁杖而起：「擁杖」上原有「隱几」二字，疑是衍文，根據俞樾之説删去。

俞樾説：「既言『擁杖』而起，不當言『隱几』。疑『隱几』字涉上文『神農隱几闔户晝瞑』而衍。」

〔五〕嚗然：放杖聲（李頤説）。

〔六〕天：尊稱老龍吉。

成玄英疏：「言其有自然之德，故呼之曰『天』也。」

〔七〕慢訑（yí 夷）：作漫誕。

〔八〕狂言：猶至言（成疏）。

郭象説：「自肩吾已下，皆以至言爲狂而不信也。故非老龍連叔之徒，莫足與言也。」

〔九〕弇（yǎn 演）堈弔：「弇堈」，體道人；「弔」，其名（釋文引李頤注）。按：人名當是寓設的。

今譯

妸荷甘和神農一同求學於老龍吉。神農靠在几案上關起門來睡午覺，妸荷甘推開門進來説：「老龍死了！」神農扶着枴杖起來，剥地一聲放下枴杖笑了，他説：「先生知道我僻陋漫誕，所以捨棄我而死。完了！先生没有留下啓發我的至言就死了啊！」

弇堈弔聽到説：「體現道的人，是天下君子所依歸的。現在〔老龍〕對於道，連一根毫毛末端的萬分之一都没有得到，還知道懷藏着至言而死，何況能够體現道的人！道是要看它卻没有形象，要聽它卻没有聲音，有人議論的，稱它爲冥冥，所以議論的道，就不是道。」

八

於是泰清問乎無窮曰：「子知道乎？」

無窮曰：「吾不知。」

又問乎無爲。無爲曰：「吾知道。」

曰：「子之知道，亦有數乎〔一〕？」

曰：「有。」

曰：「其數若何？」

無爲曰：「吾知道之可以貴，可以賤，可以約，可以散，此吾所以知道之數也。」

泰清以之言也問乎無始曰：「若是，則無窮之弗知與無爲之知，孰是而孰非乎？」

無始曰：「不知深矣，知之淺矣；弗知内矣，知之外矣。」

於是泰清中〔二〕而歎曰：「弗知乃知乎！知乃不知乎！孰知不知之知？」

無始曰：「道不可聞，聞而非也；道不可見，見而非也；道不可言，言而非也。知形形之不形乎！道不當名。」

無始曰：「有問道而應之者，不知道也。雖問道者，亦未聞道。道無問，問無應。無問問之，是問窮〔三〕也；無應應之，是無內也。以無內待問窮，若是者，外不觀乎宇宙，內不知乎大初，是以不過乎崑崙，不遊乎太虛。」

注釋

〔一〕數：歷歷可言（林希逸說）。

〔二〕中：釋文引崔譔本作「卬」。「卬」同「仰」。

〔三〕窮：空（成疏）。

今譯

這時泰清問無窮說：「你知道嗎？」

無窮說：「我不知道。」

又問無爲。無爲說：「我知道道。」

問說：「你所知道的道，也有名數嗎？」

答說：「有。」

問說：「它的名數是什麽？」

無爲說：「我知道道可以尊貴，可以卑賤，可以聚合，可以離散，這是我所知道道的名數。」

泰清把這些話來問無始說：「像這樣，那麽無窮的不知道和無爲的知道，究竟誰是誰非呢？」

無始說：「不知道的是深奥，知道的是淺薄；不知道的是内行，知道的是外行。」

於是泰清仰起頭來感嘆着說：「不知道的便是知道麽！知道的便是不知道麽！誰知道不知就是知呢？」

無始說：「道不可聽聞，聽到的就不是道；道不可眼見，見到的就不是道；道不可言説，言説的就不是道。知道造化有形的東西是無形的麽！道不當有名稱。」

無始說：「有人問道就回答的，是不知道道。問道的人，也没有聽聞過道。道無可問，問了無可回答。本來無可問的卻要强去問，這是空洞的問；本來無可回答的卻要强來回答，這是没有内容的。以没有内容去回答空洞的問，像這樣，對外便不能觀察宇宙，對内便不能知道自身的本源，因此他不能越過崑崙高處，不能遊於太虚境界。」

九

光曜問乎無有〔一〕曰：「夫子有乎？其無有乎？」

無有弗應也〔二〕。光曜不得問，而孰〔三〕視其狀貌，窅然空然，終日視之而不見，聽之而不聞，搏之而不得〔四〕也。光曜曰：「至矣！其孰能至此乎！予能有無矣，而未能無無也；及爲無有矣〔五〕，何從至此哉！」

注釋

〔一〕光曜問乎無有：「光曜」、「無有」，都是託名。成玄英疏：「『光曜』者，是能視之智者。『無有』者，所觀之境也，智能照察，故假名光曜；境體空寂，故假名無有也。」

〔二〕無有弗應也：這五字脱落，根據淮南子道應訓補上。俞樾說：「淮南子道應訓『光曜不得問』上，有『無有弗應也』五字，當從之。惟無有弗應，故光曜不得問也。此脱五字，則義不備。」

〔三〕孰：同「熟」。

〔四〕視之而不見，聽之而不聞，搏之而不得：語出老子十四章。

〔五〕及爲無有矣：及爲「無」，而又未免於有矣（宣穎）。

今譯

光曜問無有說：「先生是有呢？還是没有？」無有不回應。光曜得不到回答，就詳細地觀看它的狀貌，空虛的樣子，整天看它卻看不見，聽它卻聽不到，摸它卻摸不着。

光曜說：「這是最高的境界了！誰能够達到這種境界呢！我能達到『無』的境界，卻還不能達到『無無』的境界；等到要達到『無』的境界又不免爲『有』境了，怎能達到這種境界呢！」

一〇

大馬〔一〕之捶鉤〔二〕者，年八十矣，而不失豪芒。大馬曰：「子巧與？有道與？」曰：「臣有守〔三〕也。臣之年二十而好捶鉤，於物無視也，非鉤無察也。是用之者，假不用者也〔四〕以長得其用，而況乎無不用者乎！物孰不資焉！」

注釋

〔一〕大馬：即大司馬，官號。

奚侗說：「大司馬稱大馬，猶漢書食貨志稱大司農爲大農。」

〔二〕鉤：劍名（林雲銘莊子因）。漢書韓延壽傳「鑄作刀劍鉤鐔」，章懷注：「鉤，兵器，似劍而曲。」

〔三〕有守：有所守持（成疏）。

王念孫說：「『守』即『道』字。達生篇仲尼曰：『子巧乎！有道耶？』曰：『我有道也。』是其證。『道』字古讀若『守』故與『守』通。」

〔四〕假不用者也：憑藉着不用心於他物，即形容心無旁騖。

成玄英疏：「假賴於不用心視察他物故也。」

今譯

大司馬家中捶製鉤戟的工匠，年高八十了，卻還做得絲毫沒有差錯。大司馬說：「你有技巧呢？還是有道？」

回說：「我有所守持。我二十歲時就喜好捶鉤戟，對於別的東西都不看，不是鉤戟就不去關心。我能得捶鉤之用，乃是因着不用心旁騖才能發揮所長，何況無爲而不用的呢！誰不往助他呢！」

一一

冉求〔一〕問於仲尼曰：「未有天地可知邪？」

仲尼曰：「可。古猶今也。」

冉求失問而退，明日復見，曰：「昔者吾問『未有天地可知乎？』夫子曰：『可。古猶今也。』昔日吾昭然，今日吾昧然，敢問何謂也？」

仲尼曰：「昔之昭然也，神者先受之〔二〕；今之昧然也，且又爲不神者求〔三〕邪！無古無今，無始無終。未有子孫而有子孫，可乎？」

冉求未對。仲尼曰：「已矣，未應矣！不以生生死，不以死死生。死生有待邪？皆有所一體〔四〕。有先天地生者〔五〕物邪？物物者非物〔六〕。物出不得先物也〔七〕，猶〔八〕其有物也。猶其有物也，無已〔九〕。聖人之愛人也終無已者，亦乃取於是者也。」

注釋

〔一〕冉求：孔子弟子，姓冉名求。

〔二〕神者先受之：心神已有默契。

林希逸說：「『神』者，在我之知覺者也。虛靈知覺者在也，故能受之。」

林雲銘說：「心本無物，一聞略覺領悟。」

〔三〕又爲不神者求：又滯於跡象而求問。「不神者」，指外界物象。

王敔說：「思則倚於形而失神。」

宣穎說：「轉念又徇於跡象也。」

王先謙說：「『不神者』，跡象也。滯於跡象，故覆求解悟。」

〔四〕死生有待邪？皆有所一體：死生有對待嗎？都各自成一體。

成玄英疏：「死生聚散，各自成一體耳，故無所因待也。」

〔五〕者：猶「之」（王先謙注）。

〔六〕物物者非物：化生萬物的〔道〕不是物象。

〔七〕物出不得先物也：萬物所由出不得先於道。前一「物」字指萬物，後一「物」字指道，如老子二十五章「有物混成先天地生」的「物」相同用法。

龔樂群說：「『物出不得先物』一語，上一『物』字是萬物之『物』，下一『物』字是先天地生之『物』。所謂『物出』，意謂『萬物之所由出』。所謂『不得先物』，意謂『萬物不得先其所出而存在』。」（引自龔著莊子的宇宙觀一文，見恒毅月刊第二十卷六期，二九頁）

〔八〕猶：作「由」。如孟子公孫丑：「然而文王猶方百里起。」「猶」，作「從」，通「由」。

褚伯秀說：「『猶』字疑當是『由』。」

宣穎說：「猶，同由。」

〔九〕猶其有物也，無已：有了物界，便生生不息。

林希逸說：「既曰有物，則物之相物無窮已矣，故曰：『猶其有物也無已。』」

林雲銘說：「有則從一生萬，生生不已，皆有天地以後之事。」

胡適說：「西方宗教家往往用因果律來證明上帝之說。以爲有因必有果，有果必有因。從甲果推到乙因，從乙果又推到丙因，……如此類推，必有一個『最後之因』。那最後之因便是萬物主宰的上帝。不信上帝的人，也用這因果來駁他道：因果律的根本觀念是『因必有果，果必有因』一條。如今說上帝是因，請問上帝的因，又是什麼呢？若說上帝是『最後之因』，這便等於說上帝是『無因之果』。這便不合因果律了，如何還可用這律來證明有上帝呢？若說上帝也有因，請問『上帝之因』又以什麼爲因呢？這便是知北遊篇說的『猶其有物也無已』。正如算學上的無窮級數，終無窮極之時，所以說是『無已』。可見萬物有個主宰的天之說是不能成立的了。」（引自胡著中國古代哲學史第九篇莊子一百十七頁，台灣商務版）胡適這段破除「主宰的天之說」雖與莊子思想相合，但「猶其有物也無已」一句，乃在於講物界生生不已的情形，並未涉及超現象的上帝的問題。

今譯

冉求問孔子說：「沒有天地以前可以知道嗎？」

孔子說：「可以，古時和現在一樣。」

冉求一時不知再問些什麼便退了回來，第二天又來見，問道：「昨天我問：『沒有天地以前可以知道嗎？』老師說：『可以，古時和現在一樣。』昨天我很明白，今天我卻茫然了，請問爲什麼呢？」

孔子說：「昨天你的明白，是用心神先去領會；今天你的茫然，卻是滯於形象而求問啦！沒有古就沒有今，沒有始就沒有終。沒有子孫以前便已有子孫，可以嗎？」

冉求沒有回答。孔子說：「算了，不必回答了！本來是不爲了生來生出死，不爲了死來停止生。死生是對待的嗎？死和生是一體的。有比天地更早產生的物體嗎？化生萬物的道不是物象。萬物所由出不得先於道，由它（道）而有了天地萬物。有了天地萬物，〔各類〕便生生不息。聖人的愛人永不休止，也就是取法於天地的生生不息。」

一二

顏淵問乎仲尼曰：「回嘗聞諸夫子曰：『無有所將，無有所迎。』回敢問其遊〔一〕。」

仲尼曰：「古之人，外化而內不化〔二〕，今之人，內化〔三〕而外不化。與物化者，一不化〔四〕者也。安化安不化〔五〕，安與之相靡〔六〕，必與之莫多〔七〕。狶韋氏之囿，黃帝之圃，有虞氏之宮，湯武之室。君子之人，若儒墨者師，故以是非相𩐠〔八〕也，而況今之人乎！聖人處物不傷物。不傷物者，物亦不能傷也。唯無所傷者，爲能與人相將迎。山林與！皋壤〔九〕與！使〔一〇〕我欣欣然而樂與！樂未畢也，哀又繼之。哀樂之來，吾不能禦，其去弗能止。悲夫，世人直爲物逆旅耳！夫知遇而不知所不遇，能能〔一一〕而不能所不能。無知無能者，固人之所不免也。夫務免乎人之所不免者，豈不亦悲哉！至言去言，至爲去爲。齊知之所知，則淺矣。」

注釋

〔一〕其遊：「遊」，遊心，精神活動。「其遊」，指精神進入不將不迎的境界（曹礎基注）。

〔二〕內不化：內心凝靜（成疏）。

馬其昶說：「案文子云：『有一定之操而外能屈伸與物推移。』」

〔三〕內化：內心游移。

陳碧虛說：「蕩性曰內化。」（引自褚伯秀南華真經義海纂微）

〔四〕一不化：內不化（王敔注）。

〔五〕安化安不化：意指化與不化都安然順任。

〔六〕靡：順（成疏）。

〔七〕莫多：不增益（王敔注），不妄自尊大。

〔八〕相鳌：互相攻擊的意思。郭注：「鳌，和也。」誤。詹姆士·里格（James Leege）英譯爲："to attack each other"，爲確解。

〔九〕皋壤：原野。

〔一〇〕使：陳碧虛莊子闕誤引江南古藏本「使」上有「與我無親」四字。

〔一一〕能能：能够做到所能做到的。今本「能能」上有「知」字，衍文，據敦煌本删去。

馬其昶說：「案郭注以知與不知，能與不能並言，似『能能』上衍一『知』字。」

今譯

顏回問孔子說：「我曾聽老師說過：『無所送，無所迎。』請問怎樣達到這種境界。」

孔子說：「古時的人，行動能順物運轉而內心凝靜，現時的人，內心游移而外在則滯呆不變。隨物變化的，內心卻凝靜不變。化和不化都安然順任，安然和外境相順，參與變化而不妄自尊大。狶韋氏的苑囿，黃帝的園圃，虞舜的宮闕，湯武的屋宇〔愈來愈狹隘了〕。君子一類的人，像儒墨的師輩，還要用是非互相攻擊，何況現時的人呢！聖人與物相處卻不傷物。不傷物的，物也不會損傷他。只有無所損傷的，才能和人相往來。山林啊！原野啊！欣然歡樂啊！快樂還沒有消逝，悲哀又接着興起。哀樂情緒的來臨，我不能抗拒，它的離去不能制止。可悲啊！世人只是物的旅舍而已！知道所遇着的而不知道所遇不着的，能够做到所能做到的而不能够做到所不能做到的。有所不知有所不能，乃是人所不能免的。要是追求人所不能免的事，豈不是很可悲麽！至言無言，至爲無爲，要想使人所知的相同，那就淺陋了。」

中國古典名著譯注叢書

莊子今注今譯

最新修訂重排本

下

陳鼓應 注譯

中華書局

雜篇

庚桑楚

庚桑楚篇，由十二章文字雜纂而成。「庚桑楚」，人名，這裏説是老聃的弟子。取首句人名爲篇名。

本篇第一章，庚桑楚與弟子對話。「春氣變而百草生，秋正得而萬寶成」，這是自然規律運行的結果。爲政之道也宜自然無爲。抨擊堯舜以來，標舉賢名，使人民互相傾軋，任用心智使人民互相爭盜的混亂政情。第二章，南榮趎請教老子，談護養生命的道理。第三章，寫心境。「宇泰定者，發乎天光」，即是説心境安泰靜定的人，行於無名跡。第四章，談求知的境域。第五章，談保養「靈台」（心靈）。第六章，寫「宇」「宙」、自然的總門（「天門」）爲萬物生滅變化的根源。第七章，由「古之人，其知有所至」説到現代人的是非不定。這一節雜抄齊物論，文字艱澀。第八章，以蹍人之足爲例，申説至禮是没有人我之分的，至仁是不表露愛跡的。第九章，列舉擾亂人心的二十四種因素。第十章，寫「全人」善於契合自然應合人爲。第十一章，寫順人的所好，就容易被籠絡住，逆人的本性，就難以馴服。第十二章，寫「平氣」「順心」，應事則出於不得已。

出自本篇的成語，有吞舟之魚、數米而炊、冰解凍釋及日計不足，歲計有餘等。

一

老聃之役〔一〕，有庚桑楚〔二〕者，偏得〔三〕老聃之道，以北居畏壘〔四〕之山，其臣之畫然〔五〕知者去之，其妾之挈然仁者〔六〕遠之；擁腫〔七〕之與居，鞅掌〔八〕之爲使。居三年，畏壘大穰〔九〕。畏壘之民相與言曰：「庚桑子之始來，吾洒然〔一〇〕異之。今吾日計之而不足，歲計之而有餘。庶幾其聖人乎！子胡不相與尸〔一一〕而祝之，社而稷之乎？」

庚桑子聞之，南面而不釋然〔一二〕。弟子異之。庚桑子曰：「弟子何異於予？夫春氣發而百草生，秋正得而萬寶成〔一三〕。夫春與秋，豈無得而然哉？天道已行矣！吾聞至人，尸居環堵之室〔一四〕，而百姓猖狂不知所如往。今以畏壘之細民而竊竊焉欲俎豆〔一五〕予於賢人之間，我其杓〔一六〕之人邪！吾是以不釋於老聃之言。」

弟子曰：「不然。夫尋常之溝〔一七〕，巨魚無所還〔一八〕其體，而鯢鰌爲之制〔一九〕；步仞之丘〔二〇〕，巨獸無所隱其軀，而孽狐爲之祥〔二一〕。且夫尊賢授能，先善與利，自古堯舜以然，而況畏壘之民乎！夫子亦聽矣！」

庚桑子曰：「小子來！夫函〔二二〕車之獸，介〔二三〕而離山，則不免於罔罟之患；吞舟之魚，碭〔二四〕而失水，則螻蟻能苦之〔二五〕。故鳥獸不厭高，魚鼈不厭深。夫全其形生之人，藏其身也，不厭深眇〔二六〕而已矣。

「且夫二子〔二七〕者，又何足以稱揚哉！是其於辯〔二八〕也，將妄鑿垣牆而殖蓬蒿也。簡髮而櫛，數米而炊，竊竊乎又何足以濟世哉！舉賢則民相軋，任知則民相盜。之數物者，不足以厚民。民之於利甚勤，子有殺父，臣有殺君，正晝爲盜，日中穴阫〔二九〕。吾語女，大亂之本，必生於堯舜之間，其末存乎千世之後。千世之後，其必有人與人相食者也！」

注釋

〔一〕役：學徒弟子（釋文引司馬彪說）。

〔二〕庚桑楚：姓庚桑，名楚。列子黃帝篇作亢倉子。

〔三〕偏得：獨得（林希逸口義）。

成玄英說：「門人之中，庚桑楚最勝，故稱偏得也。」（莊子疏）

〔四〕畏壘：山名，在魯國（成疏）；疑爲莊子假設之山（李勉說）。

〔五〕畫然：明察炫耀的樣子。

〔六〕挈然仁者：標舉仁愛的。

褚伯秀說：「挈然，顯示貌。」（義海纂微）

〔七〕擁腫：形容鈍樸。

〔八〕鞅掌：習勞役者（王敔注）；勞苦奔走之人（王先謙集解）。

〔九〕大穰：大熟，豐收。

〔一〇〕洒然：驚貌（釋文引崔譔、李頤說）。

朱駿聲說：「『洒』借爲『洒』，說文：驚聲也。」（馬叙倫莊子義證引）

〔一一〕尸：主。

〔一二〕南面而不釋然：語見齊物論。「不釋然」，不愉快。

〔一三〕秋正得而萬寶成：通行本「春氣發而百草生，正得秋而萬寶成」爲偶句，「正得秋」當作「秋正得」。正與徵通，後漢書魯恭傳注：「三正，三徵也。」徵，候也。列子周穆王：「覺有八徵，夢有六候。」徵、候換文同義。「秋候得」與「春氣發」相偶。秋候得，謂秋候適宜。

〔一四〕環堵之室：方丈小室。

司馬彪說：「一丈曰『堵』。『環堵』者，面各一丈，言小也。」

宣穎說：「隱處不耀。」

〔一五〕俎豆：奉祀（宣穎南華經解）。

成玄英說：「『俎』，切肉之几；『豆』，盛脯之具；皆禮器也。」

〔一六〕杓：音「的」（釋文）。指衆人注目的存在（福永光司說）。

〔一七〕尋常之溝：八尺爲「尋」，一丈六尺爲「常」。見天運篇。

馬叙倫說：「御覽七五引『溝』下有『洫』字。按『溝』下當依御覽引補『洫』字。『尋常之溝洫』，與下文『步仞之丘陵』，相對爲文。」按：馬說可存。然當依王叔岷之說删下文「陵」字，作「步仞之丘」，與此句「尋常之溝」相耦。

〔一八〕還：同「旋」，反轉。

〔一九〕鯢鰌爲之制：泥鰌等小魚能轉折自如。「制」，通折，曲折迴旋。

陸德明說：「廣雅云：『制，折也。』謂小魚得曲折也。王云：『制，謂擅之也，鯢鰌專制於小溝也。』」

奚侗說：「案『制』當作『利』，形近而譌。說文：『祥，福也。』言尋常之溝，爲鯢鰌之利；步仞之丘陵，爲孽狐之福也。」按：奚說可存。

〔二〇〕步仞之丘：六尺爲「步」，七尺曰「仞」（釋文）。「丘」下原有「陵」字，疑是衍文，依王叔岷之說刪。

王叔岷先生說：「案釋文引崔云：『蠱狐以小丘爲善也。』疑崔本『丘』下無『陵』字。『步仞之丘』與上文『尋常之溝』相耦。記纂淵海五五引正無『陵』字，亢倉子全道篇同。蓋由丘陵爲習見連文，傳寫遂竄入耳。據此，則上文『尋常之溝』下，御覽引有『洫』字，疑亦後人臆加，不知此文原無『陵』字也。淮南俶真篇：『尋常之溝，無吞舟之魚。』即襲用上文，可證古本『溝』下無『洫』字。」

〔二一〕祥：善（崔譔注），如意。

〔二二〕函：借「含」。

馬叙倫說：「按：『函』同音借爲『含』。」

〔二三〕介：獨。

〔二四〕碭（dàng 蕩）：同「蕩」，流出。

林希逸說：「碭，流蕩也。比喻名見於世，能害其身也。」

〔二五〕螻蟻能苦之：「蟻」上原缺「螻」字。「螻蟻」與上文「罔罟」對文，茲據御覽九三五、九四七及文選賈誼弔屈原文注等書補（詳見馬叙倫義證、王叔岷校釋）。

〔二六〕深眇：深遠。

〔二七〕二子：指上文堯舜二人。

〔二八〕辯：同「辨」。

宣穎說：「凡事分辨，如尊賢授能，先善與利之類。」

〔二九〕阫（pēi）：牆（向秀注）。

今譯

老聃的弟子，有個名叫庚桑楚的，獨得老聃之道，去北邊住在畏壘山上，他的僕人中有炫耀聰明的被辭去，他的侍女中有矜持仁義的被疏遠；鈍樸的和他一起，勤勞的留下供使。住了三年，畏壘豐收。畏壘的人民相互說：「庚桑子剛來時，我對他感到詫異。現在我以〔短暫的〕時日來看他便覺得不足，以〔長遠的〕歲月來看他卻爲有餘。他差不多是聖人了罷！你爲什麼不一塊來舉他爲主，而敬奉他呢？」

庚桑子聽說要南面爲君，心裏不愉快。弟子們覺得奇怪。庚桑子說：「弟子們對我有什麼奇怪的呢？春氣勃發而百草叢生，秋候適宜而萬實成熟。春季和秋季，難道無故就能這樣嗎？乃是自然之道在運行呢！我聽說至人，安居方丈小室，而百姓隨心所欲悠遊自適。現在畏壘的人民都有心要把我敬奉於賢人之間，我難道是引人注目的人嗎！面對老聃的教誨我因此感到不安。」

弟子說：「不是。像小水溝裏，大魚無法轉動身體，而小魚卻能來去自如；小丘陵上，巨獸無法隱蔽身體，而妖狐卻適宜藏匿。況且尊賢授能，賞善施利，自古堯舜就這樣，何況畏壘的人民呢！老師就聽隨他們吧！」

庚桑子說：「年輕人來！口能吞車的巨獸，獨自離開山林，就不免於網羅的禍患；吞舟的大魚，流出江河而失水，就會被螻蟻所困苦。所以鳥獸不厭高飛，魚鼈不厭深入。全形養生的人，斂藏自己，也是不厭深遠罷了。

「像堯舜這兩個人，又有什麼好稱讚的呢！像他們這樣的區別賢名善利，正如妄自穿鑿垣牆來種植蓬蒿艾草一般。簡擇頭髮來梳，數點米粒來煮，察察然又怎能夠救世呢！標舉賢能則使人民互相傾軋，任用心智則使人民互相爭盜。這些方法，不足以使人民淳厚。人民貪利心切，弄得有子殺父，臣殺君，白日搶劫，正午挖牆。我告訴你，大亂的根源，必定起於堯舜的時期，而流弊存在於千載之後，必定會變得人吃人了！」

二

南榮趎〔一〕蹴然正坐曰：「若趎之年者已長矣，將惡乎托業〔二〕以及此言邪？」

庚桑子曰：「全汝形，抱汝生〔三〕，無使汝思慮營營。若此三年，則可以及此言矣。」

南榮趎曰：「目之與形，吾不知其異也，而盲者不能自見；耳之與形，吾不知其異也，而聾者不能自聞；心之與形，吾不知其異也，而狂者不能自得。形之與形亦辟〔四〕矣，而物或間之〔五〕邪，欲相求而不能相得？今謂趎曰：『全汝形，抱汝生，勿使汝思慮營營。』趎勉聞道達耳矣！」

庚桑子曰：「辭盡矣。奔蜂〔六〕不能化藿蠋〔七〕，越雞不能伏鵠卵，魯雞固能矣。雞之與雞，其德非不同也，有能與不能者，其才固有巨小也。今吾才小，不足以化子。子胡不南見老子！」

南榮趎贏〔八〕糧，七日七夜至老子之所。

老子曰：「子自楚之所來乎？」南榮趎曰：「唯。」

老子曰：「子何與人偕來之衆也？」南榮趎懼然顧其後。

老子曰：「子不知吾所謂乎？」

南榮趎俯而慙，仰而歎曰：「今者吾忘吾答，因失吾問。」

老子曰：「何謂也？」

南榮趎曰：「不知乎？人謂我朱愚〔九〕。知乎？反愁我軀。不仁則害人，仁則反愁我身；不義則傷彼，義則反愁我己。我安逃此而可？此三言者，趎之所患也，願因楚而問之。」

老子曰：「向吾見若眉睫之間，吾因以得汝矣，今汝又言而信之。若規規然〔一〇〕若喪父母，揭竿而求諸海也。女亡人〔一一〕哉，惘惘乎！汝欲反汝情性而無由入，可憐哉！」

南榮趎請入就舍，召其所好，去其所惡，十日自愁〔一二〕，復見老子。

老子曰：「汝自洒濯，孰哉鬱鬱乎〔一三〕！然而其中津津乎〔一四〕猶有惡也。夫外韄〔一五〕者不可繁〔一六〕而捉，將內揵〔一七〕；內韄者不可繆而捉，將外揵。外內韄者，道德不能持，而況放道而行者乎！」

南榮趎曰：「里人有病，里人問之，病者能言其病，然其病病者，猶未病也〔一八〕。若趎之聞大道，譬猶飲藥以加病也，趎願聞衞生之經〔一九〕而已矣。」

老子曰：「衞生之經，能抱一乎？能勿失乎〔二〇〕？能無卜筮而知吉凶乎〔二一〕？能止乎？能已乎？能舍諸人而求諸己乎？能翛然〔二二〕乎？能侗然〔二三〕乎？能兒子乎〔二四〕？兒子終日嗥而嗌不嗄，和之至也〔二五〕；終日握而手不掜〔二六〕，共其德〔二七〕也；終日視而目不瞚〔二八〕，偏不在外〔二九〕也。行不知所之，居不知所爲，與物委蛇，而同其波。是衞生之經已。」

南榮趎曰：「然則是至人之德已乎？」

曰：「非也。是乃所謂冰解凍釋者，能乎？夫至人者，相與交食乎地而交樂乎天〔三〇〕，不以人物利害相攖，不相與爲怪，不相與爲謀，不相與爲事，翛然而往，侗然而來。是謂衛生之經已。」

曰：「然則是至乎？」

曰：「未也。吾固告汝曰：『能兒子乎？』兒子動不知所爲，行不知所之，身若槁木之枝而心若死灰〔三一〕。若是者，禍亦不至，福亦不來。禍福無有，惡有人災也！」

注釋

〔一〕南榮趎（chú除）：姓南榮，名趎，庚桑弟子（成疏）。

〔二〕托業：言受學（林希逸注）。

〔三〕抱汝生：「抱」，同「保」。

俞樾說：「釋名釋姿容曰：『抱，保也，相親保也。』是『抱』與『保』義通。『抱汝生』，即『保汝生』。」

〔四〕辟：開（釋文）；假「辟」爲「闢」（郭嵩燾說）。

馬叙倫說：「『辟』爲『襞』省。『襞』，親也。形之與形甚親，而物或間之。」按：馬說亦可通。

〔五〕物或間之：「物」，物欲（宣穎說），指物欲形成間隔。

〔六〕奔蜂：小蜂（司馬彪說）；細腰土蜂（成疏）。「奔蜂」上原有「曰」字。「曰」字疑羨文（馬叙倫義證引張伯禧說),疑涉上「曰」字而衍,陳碧虛闕誤引江南李氏本、張君房本並無下「曰」字,當從之(王叔岷校釋)。

〔七〕藿蠋(zhú燭):豆藿中大青蟲(司馬彪說)。

〔八〕贏:音盈,擔負。

〔九〕朱愚:猶專愚,無知的樣子。「朱」,通銖,鈍(胡遠濬說)。

郭嵩燾說:「左傳襄公四年朱儒,杜預注:『短小曰朱儒。』『朱愚』者,智術短小之謂。」

〔一〇〕規規然:自失的樣子。已見於秋水篇。

〔一一〕亡人:如流亡之人(宣穎注)。

〔一二〕十日自愁:「自」,陳碧虛闕誤引江南李氏本、文如海本、劉得一本、張君房本並作「息」(馬叙倫義證)。奚侗以爲「自」乃「息」之壞字(莊子補注)。依褚伯秀之說,仍當作「自愁」解。

褚伯秀說:「『自愁』,一本作『息愁』,又作『愁息』。說俱未通,審詳經意,猶書云『自怨自艾』之義,退處旬日,怨艾日前爲學不力,見道不明。」

〔一三〕孰哉鬱鬱乎:何鬱鬱乎哉。

嚴靈峰先生說:「諸解並未得。按『孰』,何也。『孰哉鬱鬱乎』,乃倒裝句,猶云『何鬱鬱乎哉』也。爲何而鬱鬱乎? 是其中猶有惡邪?」(道家四子新編七五二頁)

〔一四〕津津乎:形容外溢的樣子。

林疑獨說:「津津,猶有發見於外者。」(見褚伯秀南華真經義海纂微引)

〔一五〕韄：音獲，同「縛」。

林希逸說：「韄，以皮束物。」

王先謙說：「外韄者，耳目爲物所縛。」

〔一六〕繁：疑當作「繫」。廣韻：「繫，音繆。」玉篇：「縛也。」「繫」與下「繆」對文（武延緒札記）。

〔一七〕內揵：「揵」，同閉。

林希逸說：「揵，閉門之牡，皆檢束之喻。應物於外，欲自檢柅。」

王先謙說：「內閉其心，以息耳目之紛。」

〔一八〕然其病病者，猶未病也：老子七十一章：「夫唯病病，是以不病。」

〔一九〕衞生之經：即護養生命的道理。「衞生」，即上文庚桑楚所說的「全形抱生」。

〔二〇〕能抱一乎？能勿失乎：語見老子十章：「載營魄抱一，能無離乎？」

〔二一〕能無卜筮而知吉凶乎：語見管子心術篇下。

〔二二〕翛然：無拘無束的樣子。已見於大宗師篇。

〔二三〕侗然：無所知的樣子。山木篇有「侗乎其無識」句。

〔二四〕能兒子乎：老子十章作：「能嬰兒乎？」

〔二五〕終日嗥（háo 豪）而嗌不嗄（shà 霎），和之至也：「嗥」，同「號」。「嗌」，即喉。「嗄」，啞。老子五十五章作：「終日號而不嗄，和之至也。」

〔二六〕終日握而手不掜（nǐ 你）：「掜」，拳曲（曹礎基莊子淺注）。「不掜」，謂不攣曲（歐陽景賢莊子釋譯）。

〔二七〕共其德：猶云同其性（林希逸注）。或説「共」「拱」同（王敔注）。

〔二八〕瞚：字又作「瞬」（釋文）。一切經音義七二引正作「瞬」。「瞬」即「瞚」之俗（王叔岷説）。

〔二九〕偏不在外：不偏滯於外務。

〔三〇〕相與交食乎地而交樂乎天：「交」，即邀（俞樾説）。徐无鬼篇作「吾與之邀樂於天，吾與之邀食於地」。

〔三一〕身若槁木之枝而心若死灰：二語見齊物論篇及知北遊篇。

今譯

南榮趎驚異地端坐着説：「像我這樣的年紀已經大了，要怎樣學習才能達到所説的境界呢？」

庚桑子説：「保全你的形體，護養你的性命，不要使你的思慮焦憂。像這樣三年，就可以達到所説的境界了。」

南榮趎説：「眼睛的形狀，我不知道彼此有什麼不同，而盲人卻不能看見；耳朵的形狀，我不知道彼此有什麼不同，而聾子卻不能聽到；心的形態，我不知道彼此有什麼不同，而瘋狂的人卻不能自適。形體和形體之間坦然相通，或許由於物欲的間隔，使得彼此想互相會通而不可得嗎？現在對我説：『保全你的形體，護養你的生命，不要使你的思慮焦憂。』我努力求道只能達到耳朵裏！」

庚桑子説：「話説盡了。土蜂不能孵化大青蟲，越雞不能孵天鵝卵，魯雞就行。雞和雞之間，性分並没有不同，所以有能和不能的分別，乃是才能有大有小的緣故。現在我的才能小，不足來教導你。

你爲什麽不到南邊去見老子！」

南榮趎擔着糧食，七天七夜走到老子的地方。

老子説：「你從庚桑楚那裏來的嗎？」南榮趎説：「是的。」

老子説：「你爲什麽和這麽多人一起來呢？」南榮趎驚異地回看後面。

老子説：「你不知道我所説的嗎？」

南榮趎低頭羞慚，仰面歎息説：「現在我忘了我的回答，因而忘了我的所問。」

老子説：「怎麽講呢？」

南榮趎説：「要是不知道呢？人説我愚昧。要是知道呢？反而危害自身。不行仁便傷害他人，行仁反而危害自身；不行義便傷害他人，行義反而危害自己。我怎樣才能避免這些？這三項，是我所憂慮的，希望藉着庚桑楚的介紹來請教。」

老子説：「剛才我看你眉目間的神色，我便得知你的心意，現在又從你的話得到證實。你茫然自失的樣子好像喪失了父母，如同舉着竿子去探尋大海。你像流亡的人呀，迷惘啊！你想回復你的性情而不知所從，可憐呀！」

南榮趎請求留在館舍受業，求取所好，摒棄所惡，十天自感愁困，再去見老子。

老子説：「你自行洗淨，爲什麽還鬱鬱不安呢！可見心中溢溢然還有惡念存在。外物的束縛不可被繁擾執著，要内心檢束；内心的困擾不可被繆亂執著，要杜絶外在的誘惑。内外都受束縛的人，即使是有道德的人也不能自持，何況是學道的人呢！」

南榮趎說：「村里的人有病，鄰里的人去問候他，病人能說出自己的病狀，他能把病當作病，那就不足爲病了。像我聽到大道，好譬吃藥加重了病，我只希望聽聽護養生命的道理就够了。」

老子說：「護養生命的道理，能〔使精神和形體〕合一嗎？能不分離嗎？能不占卜便知吉凶嗎？能不求分外嗎？能適可而止嗎？能捨棄外求而反身自求嗎？能無拘無束嗎？能純真無知嗎？能像嬰兒嗎？嬰兒整天號哭而喉嚨卻不沙啞，這是和氣純厚的緣故；整天緊握而不拳曲，這是拱守本性的緣故；整天瞪眼而目不轉動，這是不馳心向外的緣故。行動時自由自在，安居時無掛無礙，順物自然，同波共流。這就是護養生命的道理了。」

南榮趎說：「那麽這就是至人的境界了嗎？」

答說：「不是的。這只是執滯之心的消釋，够得上嗎？要是至人，求食於地而與天同樂，不以人物利害而受攪擾，不立怪異，不圖謀慮，不務俗事，無拘無束而去，純真無知而來。這就是護養生命的道理了。」

問說：「要是這樣就達到最高點了嗎？」

答說：「還没有。我原來告訴你說：『能像嬰兒嗎？』嬰兒的舉動無意無識，行動自由自在，身體像枯木而心靈像死灰。像這樣，禍既不到，福也不來。禍福都没有，哪裏還有人爲的災害呢！」

三

宇泰定者，發乎天光〔一〕。發乎天光者，人見其人，物見其物〔二〕。人有脩者，乃今有恒；有恒者，人舍之〔三〕，天助之。人之所舍，謂之天民；天之所助，謂之天子。

注釋

〔一〕宇泰定者，發乎天光：「宇」，指心。「天光」，自然之光。

陳碧虛說：「靈宇大寧者，慧光内發。」（褚伯秀義海纂微引）

林雲銘說：「『宇』，心宇也。心宇泰然而定，則定而生慧，可以迴光自照。」

薛瑄說：「言心定則明也。」（馬其昶莊子故引）

〔二〕物見其物：依陳碧虛莊子闕誤引張君房本及郭象注文補上。

〔三〕人舍之：人來依止（王先謙注）。「舍」，舍止（成疏），作依歸講。

今譯

心境安泰的人，便發出自然的光輝。發出自然光輝的，人便顯現其人的天然本質，物便顯現其物的天然本質。人能自修，才能培養常德；有常德的，人來依歸，自然也佑助他。人來依歸的，稱爲天民；自然所佑助的，稱爲天之子。

四

學者，學其所不能學也；行者，行其所不能行也；辯者，辯其所不能辯也。知止乎其所不能知，至矣〔一〕；若有不即是者，天鈞〔二〕敗之。

注釋

〔一〕知止乎其所不能知，至矣：語見齊物論：「知止其所不知，至矣。」

〔二〕天鈞：自然之性（成疏）。語見齊物論。

今譯

要學習的人，是學他所不能學的；實行的人，是行他所不能行的；辯論的人，是辯他所不能辯的。知的探求止於他所不能知的境域，便是極點了；如果不這樣，自然的本性就要遭受虧損。

五

備物以將形〔一〕，藏〔不〕虞以生心〔二〕，敬中以達彼〔三〕，若是而萬惡〔四〕至者，皆天也，而非人也，不足以滑成〔五〕，不可內〔六〕於靈臺〔七〕。靈臺者有持〔八〕，而不知其所持，而不可持者也。

不見其誠己而發〔九〕，每發而不當，業入而不舍〔一〇〕，每更爲失。爲不善乎顯明之中者，人得而誅之；爲不善乎幽闇〔一一〕之中者，鬼得而誅之。明乎人，明乎鬼者，然後能獨行。

券內〔一二〕者，行乎無名；券外者，志乎期費〔一三〕。行乎無名者，唯庸有光〔一四〕；志乎期費者，唯賈人也，人見其跂，猶之魁然。與物窮者，物入焉〔一五〕；與物且〔一六〕者，其身之不能容，焉能容人！不能容人者無親，無親者盡人〔一七〕。兵莫憯於志，鏌鋣爲下〔一八〕；寇莫大於陰陽，無所逃於天地之間。非陰陽賊之，心則使之也。

注釋

〔一〕備物以將形：言人備物以奉身（林雲銘說）。達生篇：「養形必先之以物。」義同。「將」，訓養。奚侗說：「詩小雅：『不遑將父。』鄭箋：『將，養也。』」

〔二〕藏〔不〕虞以生心：「生」猶養。按：「不」字疑爲衍文。「備物以將形，藏虞以生心，敬中以達彼」，此三句皆五字爲句，且相儷偶。「藏虞」，即斂息思慮不使外騖以養其心。

〔三〕敬中以達彼：敬修內智以通達外物（黃錦鋐今譯）。成玄英說：「『中』，內智也。『彼』，外境也。」

〔四〕惡：災患（宣穎說）。

〔五〕滑成：滑亂成德（林雲銘說）。「滑」，同亂。「不足以滑成」，德充符作：「不足以滑和。」

〔六〕內：入（成疏）；同「納」（王敔注）。

〔七〕靈臺：心。德充符作「靈府」。

方師東美說：「莊子叫做『靈臺』，也就是一種自覺性的自我。這種自覺性的自我，固然是意識的中心，但是這一種意識中心能夠反省自己本身的缺陷與限制，而去除掉。莊子認爲這一種的自我——所謂『靈臺』——能夠表現思想的統一、思想的持續，同時也是每個人的人格所共有。如此一來，他即可肯定自我的觀點，同時也容忍、承認別人也有同樣的權利表現自我的統一。」

〔八〕有持：有所主（林希逸說）。

郭象說：「『有持』者，謂不動於物耳。」

〔九〕不見其誠己而發：自身不真誠而妄發。

陸德明說：「謂不自照其内而外馳也。」（釋文）

〔一〇〕業入而不舍：「業」，事（成疏）。外事擾入於心而不去（宣穎說）。

〔一一〕幽闇：原作「幽閒」，御覽六四五引「閒」作「闇」，並依褚伯秀、馬叙倫之說改。

褚伯秀說：「『幽闇』舊音『閑』，當是『幽闇』傳寫欠筆。」

馬叙倫說：「按『閒』，當依御覽引作『闇』。廣弘明集六引釋道恒釋駁論引易曰：『爲不善於幽昧之中，鬼得而誅之。』『幽昧』與『幽闇』義同，亦可證也。音義出『閒』字，音『閑』，是陸本已誤。」

〔一二〕券内：券，又作「卷」。「卷」，契。契合乎内（宣穎說）。

林希逸說：「卷内者，所求在我之分内也。」

林雲銘說：「卷内者，爲己之學。」

〔一三〕券外者，志乎期費：謂務外的人，志在於求財用。

俞樾說：「荀子書每用『綦』字爲窮極之義。王霸篇：『目欲綦色，耳欲綦聲。』楊注曰：『綦，極也，亦或作期。』……『期』與『綦』通。『期費』者，極費也。費謂財用也。」

〔一四〕庸有光：平常而有光輝（王先謙說）。

林希逸說：「『唯庸有光』，充實而有光輝也。『庸』，常也，光常在也。」

〔一五〕與物窮者，物入焉：「窮」，謂終始（郭注）。「入」，歸依（成疏）。

褚伯秀說：「『與物窮者』，言盡物之性。『入』猶歸也。」

宣穎說：「窮者，相終始也。我與物相終始，則物亦來就。」

〔一六〕與物且：與物齟齬（褚伯秀說）。「且」，同阻。

姚永概說：「儀禮注：古文『且』爲『阻』。」（馬其昶莊子故引）

〔一七〕無親者盡人：人而無親則人道絶（林希逸說）。「盡」，絶。「盡人」即棄絶人。

〔一八〕兵莫憯於志，鏌鋣爲下：兵器没有比心意更鋭利的，鏌鋣利劍還在其次。

朱駿聲說：「『憯』借爲『殲』。說文曰：『殲，鋭意也。』淮南注：『憯，利也。』」（馬叙倫莊子義證）

林雲銘說：「志之爲兵，傷人之心。鏌鋣，則傷人之形而已。」

今譯

備物來奉養形體，斂息思慮來培養心神，敬修内智以通達外物，如果這樣做而各種災患仍然降臨，那是天然，而不是人事，這並不足以擾亂已經成就的德性，不能侵入内心。心靈有所操持，而不自覺自己所操持，但不可有意操持。

自己還把握不住便向外奔馳，每次外馳都失去御制，外物擾入心中而不去，更喪失了本真。明目張膽地作惡，便要受到大衆的制裁；暗地裏作惡，便要受到良心的責備。能够坦然地面對人，坦然地面對良心的，就能獨行而無愧。

務内的人，所行没有名跡；務外的人，志在於求取財用。行爲不拘名跡的人，充實而有光輝；志在求取財用的人，只是商人而已，看他跂行着，自以爲安穩的樣子。和物順應相終始的，外物也來歸依；和外物齟齬的，他自身都不能相容，那能容人呢！不能容人的就没有親愛，没有親愛的就棄絶於人。兵器没有比心意更鋭利的，鏌鋣利劍還在其次；傷人没有甚於陰陽的，充滿於天地之間。並不是陰陽來傷害他，乃是受到心意的驅使。

六

道通。其分也成也〔一〕，其成也毁也。所惡乎分者，其分也以備；所以惡乎備者，其有以備。故出而不反，見其鬼〔二〕；出而得，是謂得死。滅而有實〔三〕，鬼之一也。以有形者象〔四〕無形者而定矣。

出無本，入無竅；有所出而無竅者有實〔五〕。有實而無乎處，有長而無乎本剽〔六〕。有實而無乎處者，宇〔七〕也。有長而無本剽者，宙〔八〕也。有乎生，有乎死，有乎出，有乎入，入出而無見其形，是謂天門〔九〕。天門者，無有也，萬物出乎無有。有不能以有爲有，必出乎無有，而無有一無有。聖人藏乎是〔一〇〕。

注釋

〔一〕其分也成也：各本脱落「成也」二字。高山寺本古鈔卷子「其分也」下有「成也」二字，當從之。齊物論篇「其分也成也，其成也毁也」，文與此同，今本脱「分也」二字，則文意不完（王叔岷校釋）。又：上句「道通」，依齊物論作「道通爲一」，疑脱落「爲一」兩字。

〔二〕出而不反，見其鬼：心神外馳，死期近（宣穎說）。

〔三〕滅而有實：指迷滅本性而徒有形骸之實。

〔四〕象：同法（福永光司說）。

〔五〕有所出而無竅者有實：此句通行本在「有長而無乎本剽」句下，據奚侗、王叔岷之説移此。

奚侗云：「『有所出而無竅者有實』句，是釋『出無本，入無竅』之義，當迻置『有實而無乎處』句之上。本書誤到『有長而無乎本剽』句之下，則上下不連貫矣。」

王叔岷先生説：「此九字當迻在上文『有實而无乎處』之上，奚説是。宣（穎）解本删此九字。」

〔六〕本剽：本末，始終。

王先謙説：「釋文：『剽，本亦作標。崔云：「末也。」』案：木枝之遠揚者謂之『標』，故以訓『末』。言道之源流甚長，而不見其本末。」

〔七〕宇：上下四方叫宇。

〔八〕宙：古往今來叫宙。

〔九〕天門：自然的總門。同於老子一章所説的「衆妙之門」。

〔一〇〕藏乎是：指藏心於「無有」之境。

林希逸説：「『藏』者，退藏於密也。聖人之心藏於無有，故曰：『藏乎是。』」

今譯

道是大通的。任何事物有分就有成，有成就有毀。厭惡分離的，乃是由於分離了還求其全；所以厭惡全的，乃是由於有了全還在求全不已。所以心神外馳而不返，就死期近了；心神外馳而以爲有所得，這可説是步入死地了。絕滅本性而徒具形骸，和鬼是一類。能够以有形的形體效法無形的道那就安定了。

生來没有根柢，消逝不見藏所；有所出而没有孔竅的，卻真實存在。有實際存在而没有一定界限，有成長而没有始終；有實際存在而没有界限的，便是宇。有成長而没有始終的，便是宙。有生，有死，有出，有入，入出而不見其形，是爲自然的總門。自然的總門，就是「無有」，萬物生於「無有」。「有」不能以「有」生出「有」，必定出於「無有」，而「無有」是無和有的統一。聖人遊心於這種境界。

七

古之人，其知有所至矣。惡乎至？有以爲未始有物者，至矣，盡矣，弗可以加矣。其次以爲有物矣〔一〕，將以生爲喪〔二〕也，以死爲反也，是以分已〔三〕。其次曰始有無，既而有生，生俄而死；以無有爲首，以生爲體，以死爲尻〔四〕；孰知有無死生之一守〔五〕者，吾與之爲友。是三者〔六〕雖異，公族也〔七〕。昭景〔八〕也，著戴〔九〕也，甲氏〔一〇〕也，著封也，非一也。有生，黬〔一一〕也，披然〔一二〕曰移是〔一三〕。嘗言移是，非所言〔一四〕也。雖然，不可知者也〔一五〕。臘者之有膍胲〔一六〕，可散而不可散也〔一七〕；觀室者周於寢廟，又適其偃溲焉〔一八〕，爲是舉〔一九〕移是。

請常言移是。是以生爲本，以知爲師，因以乘是非；果有名實，因以己爲質〔二〇〕，使人以爲己節〔二一〕，因以死償節。若然者，以用爲知，以不用爲愚〔二二〕，以徹〔二三〕爲名，以窮爲辱。移是，今之人也，是蜩與學鳩同於同也〔二四〕。

注釋

〔一〕古之人，其知有所至矣……其次以爲有物矣：這一段文字襲自齊物論。

〔二〕以生爲喪：以生爲流落。「喪」，齊物論作「弱喪」（即自幼流落）。

〔三〕是以分已：這已經有所分了。「以」，已。「分」，指分生死。「已」，矣。

〔四〕以無有爲首，以生爲體，以死爲尻：三語襲自大宗師篇：「以无爲首，以生爲脊，以死爲尻。」

〔五〕一守：作「一體」（福永光司說）。

〔六〕三者：指「以无爲首，以生爲體，以死爲尻」。

〔七〕公族：形容同一宗源。

宣穎説：「言同一大宗，蓋同宗乎道也。」

〔八〕昭景：楚王族姓氏。

〔九〕著戴：以有職任而著。「戴」，任。任，職（林希逸説）。

〔一〇〕甲氏：楚王族姓氏。昭景屈是楚國公族三姓，「甲」借爲「屈」（馬叙倫説）。

王應麟説：「王逸注楚詞自序云：『三閭之職，掌王族三姓，曰：昭屈景。』而此釋文云：『昭景甲三者，皆楚之同宗也。』『甲氏』，其即屈氏與。」（莊子逸篇）

〔一一〕黬：音闇，形容幽暗。喻氣之凝聚（林希逸説）。

〔一二〕披然：形容分別的樣子。

林希逸説：「人之生也，同是此氣，而强自分別，故曰：『披然。』『披』者，分也。」

〔一三〕移是：指是非不定。

林希逸説：「『移』，不定也。彼亦一是非，此亦一是非，移也。其意只與齊物論同，而又撰出『移是』兩字。」

〔一四〕非所言：謂不當言（林希逸説）；本不足言（宣穎説）。

〔一五〕雖然，不可知者也：然世人亦不知此（王先謙解）。

〔一六〕臘者之有膍（pí疲）胲（gāi該）：「臘者」，大祭。「膍」，牛百葉。「胲」，牛蹄（成疏）。指大祭時四肢五臟的牲品。

成玄英說：「臘祭之時，牲牢甚備，至於四肢五臟，並皆陳設。」

〔一七〕可散而不可散也：分臟與胲於俎上，是可散，而總有一牲之體，則不可散（林雲銘說）。

〔一八〕周於寢廟，又適其偃溲焉：「偃」，謂屏廁（郭注）。「偃溲」，即廁所。「溲」字原缺，據闕誤引江南古藏本及張君房本補上。

郭象注：「寢廟則以饗燕，屏側則以偃溲；當其偃溲，則寢廟之是移於屏側矣。故是非之積，一彼一此，誰能常之！」

林希逸說：「一室之中，有寢有廟又有偃息之所，在在不同。謂之寢，謂之廟，謂之偃，則同乎一室。謂之室，則又有寢廟偃之異名，亦猶移是之不可定也。」

〔一九〕舉：皆（林希逸說）。

〔二〇〕質：主（郭注）。

〔二一〕節：節操。

〔二二〕以用爲知，以不用爲愚：以炫耀爲智，晦跡爲愚（成疏）。

〔二三〕徹：通達。

〔二四〕同於同：指「今之人」的卑見同於蜩與學鳩。

今譯

古時候的人，他們的智識有個限度。限度在哪裏？認爲萬物未曾形成時，便是極限，盡頭，不能再增進了。次一等的人，認爲萬物形成了，把生視爲流落，把死看作回歸，這已經有所分了。再次一等的人認爲原本是空無的，後來有了生命，生命迅即死亡；把「無」當作頭顱，把生命當作軀幹，把死亡當作尻骨；誰能知道有無死生是一體的，我就和他做朋友。這三項雖有差别，卻同源於道。昭氏景氏，以職任而稱著，甲氏，以封地而稱著，姓氏不一（卻爲同族）。

有生命，乃是氣的凝聚，曉然分辨説是非不定。嘗説是非不定，本來是不當説的。但是，這個道理不容易知道。如同大祭時有四肢五臟的牲品，（四肢五臟）可以分割而（牲體陳設）不可散列；又如同參觀宫室的人周覽廟堂寢室，又到便廁，這些（同體異名的情形）都像是非的移易不定。

請讓我説是非的不定。這是以生爲根本，以心智爲標準，因而造生是非；果真有名實的區分，便以自身爲主；使人以自己爲節操的模範，而以死來報償節操，像這樣，便以炫耀爲智，以隱晦爲愚，以通達爲名譽，以窮困爲恥辱。是非不定，是現代人呀，是如同蜩與小鳩一般見識呀！

八

蹍〔一〕市人之足，則辭以放驁〔二〕，兄則以嫗，大親〔三〕則已矣。故曰，至禮有不人〔四〕，至義不物〔五〕，至知不謀，至仁無親〔六〕，至信辟金〔七〕。

注　釋

〔一〕蹍：蹋，踐履。

〔二〕辭以放驁：辭謝以放肆，即以放肆自責來謝過。「驁」，通「敖」，即「傲」的省字。

〔三〕大親：指父母。

〔四〕至禮有不人：「不人」，不看作是别人，指没有人我之分。

郭象注：「不人者，視人若己。」

林希逸說：「至禮有不人，謂禮之至者，無人己之分，忘其揖遜也。」

〔五〕至義不物：「義」，通「宜」，指萬物秩序得其所宜。「不物」，指没有物我之分。

〔六〕至仁無親：已見天運篇。

〔七〕辟金：不需要拿金錢作質證。

林希逸說：「言不待以金寶爲質也。『辟』，音屏，除也。」

今譯

踩了街道上人的脚，就賠罪説自己放肆，兄長踩了弟弟就憐惜撫慰，父母至親踩了就無須謝過。所以説，至禮是没有人我之分的，至義是没有物我之分的，至知是不用謀略的，至仁是不表露愛跡的，至信是不用金錢作質證的。

九

徹〔一〕志之勃〔二〕，解心之謬〔三〕，去德之累，達道之塞。貴富顯嚴名利六者，勃志也。容動色理〔四〕氣意六者，謬心也。惡欲喜怒哀樂六者，累德也。去就取與知能六者，塞道也。此四六者不盪〔五〕胸中則正，正則靜，靜則明，明則虛，虛則無爲而無不爲也。道者，德之欽也；生者，德之光也；性者，生之質也。性之動，謂之爲；爲之僞，謂之失。知者，接〔六〕也；知者，謨〔七〕也；知者之所不知，猶睨也〔八〕。動以不得已之謂德，動而〔九〕非我之謂治，名相反而實相順也〔一〇〕。

注釋

〔一〕徹：與「撤」同（林希逸說）。

〔二〕勃：同悖，亂。

〔三〕謬：一本作「繆」（釋文）；借爲「繆」，繫縛之意。

〔四〕色理：顏色、辭理（成疏）。

〔五〕盪：蕩亂。

〔六〕接：應接。

曹礎基說：「『接』，接觸，如耳聞目見之類。這指感性認識。」

〔七〕謨：同謀。

曹礎基說：「謀慮，思索。這指理性認識。」

〔八〕猶睨也：如目斜視一方。

〔九〕而：原作「無」。按：「無」字疑「而」字之誤（馬叙倫說）。作「無」字有背莊學原義，當改正爲「而」字。

〔一○〕名相反而實相順也：驁名則相反求實則相順。

今譯

消解意志的錯亂，打開心靈的束縛，去除德性的負累，貫通大道的障礙。榮貴、富有、高顯、威勢、聲名、利祿六項，是錯亂意志的。姿容、舉動、顏色、辭理、氣息、情意六項，是束縛心靈的。憎惡、愛欲、欣喜、憤怒、悲哀、歡樂六項，是負累德性的。去捨、從就、貪取、付與、知慮、技能六項，是阻礙大道的。這四種每六項不在胸中擾亂就能平正，內心平正就能安靜，安靜就能明澈，明澈就能空明，空明就能順任自然而沒有什麼做不成的。道爲德所尊崇；生是德的光輝；性是生的本質。性的活動，叫做爲；有爲而流於人僞，叫做失。知是〔和外界〕應接；智是〔內心〕謀慮；智慧有所不知，好像斜視一方所見有限。動作自然出於不得已是爲德，動作自然不由於我是爲合理，驁名則相反而求實則相順。

一○

羿〔一〕工〔二〕乎中微而拙乎使人無己譽。聖人工乎天而拙乎人。夫工乎天而俍〔三〕乎人者，唯全人能之。唯蟲能蟲，唯蟲能天〔四〕。全人惡天？惡人之天？而況吾天乎人乎〔五〕！

注釋

〔一〕羿：古人，精於射擊。已見德充符篇。

〔二〕工：巧。

〔三〕俍（liáng良）：音良，善。

〔四〕唯蟲能蟲，唯蟲能天：只有鳥獸才能安於爲鳥獸，只有鳥獸才能契合天然。「蟲」，飛鳥走獸各類動物的總稱。

林希逸說：「『蟲』，鳥獸百物之總名也。物物雖微，皆有得諸天者，如能飛走能啼能噭能鳴能躍，皆能遂其天性，故曰『能蟲』『能天』。」

〔五〕全人惡天？惡人之天？而況吾天乎人乎：全人哪裏知道天然，哪裏知道人爲的天然，何況用己意來分別天然人爲呢！

王敔說：「二『惡』字俱平聲。在全人則惡有所謂天者，惡有所謂人之天者，而況有所謂吾立於天人之間乎！」

姚鼐說：「全人烏知所謂天乎，烏知人之異於天乎，況妄以己意分別天人乎！則陽篇：『聖人未始有天。』」（馬其昶莊子故引）

今譯

羿這個人巧於射中微物而拙於使人不稱譽自己。聖人善於契合天然而拙於應合人爲。善於契合天然而又善於應合人爲的，只有全人才能做到。只有鳥獸才能安於爲鳥獸，只有鳥獸才能契合天然。全人哪裏知道天然？哪裏知道人爲的天然？何況用己意來分別天人呢！

一一

一雀適羿，羿必得之，威也；以天下爲之籠，則雀無所逃〔一〕。是故湯以庖人籠伊尹，秦穆公以五羊之皮籠百里奚〔二〕。是故非以其所好籠之而可得者，無有也。

注釋

〔一〕一雀適羿，羿必得之，威也；以天下爲之籠，則雀無所逃：韓非子難三作：「宋人語曰：『一雀過羿，羿必得之，則羿誣矣。以天下爲之羅，則雀不失矣。』」

〔二〕百里奚：複姓百里，名奚，號五羖大夫。已見田子方篇。

今譯

一隻麻雀飛向羿，羿一定射中牠，這是他的威力；要是把天下當作籠子，麻雀就無處逃脫了。所以湯以庖人來籠絡伊尹，秦穆公以五張羊皮籠絡百里奚。所以如果不利用他的所好而能籠絡得住，那是不可能的。

一二

介〔一〕者拸畫〔二〕，外非譽〔三〕也；胥靡〔四〕登高而不懼，遺死生也。夫復謵不餽〔五〕而忘人，忘人，因以爲天人矣。故敬之而不喜，侮之而不怒〔六〕者，唯同乎天和〔七〕者爲然。

出怒不怒〔八〕，則怒出於不怒矣；出爲無爲，則爲出於無爲矣。欲靜則平氣，欲神則順心，有爲也欲當，則緣於不得已〔九〕，不得已之類，聖人之道。

注釋

〔一〕介：同「兀」，一足。見養生主篇。

〔二〕拸畫：不拘法度（崔譔注）。「拸」，棄。「畫」，裝飾。謂放棄自我裝扮（曹礎基說）。

俞樾說：「漢書司馬相如傳『拸以陸離』，師古注曰：『拸，自放縱也。』即此『拸』字之義。桓六年穀梁傳『以其畫我』，公羊傳作『化我』，何休注曰：『行過無禮謂之化。』即此『畫』字之義。蓋人既刖足，不自顧惜，非譽皆所不計，故不拘法度也。」

〔三〕非譽：即毀譽。

〔四〕胥靡：徒役之人（成疏）。

〔五〕復謵不餽：這話有兩解：一說受了威嚇卻不回報（依郭嵩燾說）。一說「復」，免除。「謵」，通慴，懼怕。「餽」，通愧，負疚。這句話是說：像胥靡之類那樣，由於能解除了懼怕的心理，精神上毫無負擔（曹礎基說）。今譯從後者。

郭嵩燾說：「『復謵』，謂人語言慴伏以下我而我報之。……以物與人曰『餽』，以言語餉人亦曰餽。『復謵不餽』，忘貴賤也。」

王先謙說：「案『復謵不餽』，諸解皆非，郭說爲近。」

〔六〕敬之而不喜，侮之而不怒：與逍遥遊篇「舉世譽之而不加勸，舉世非之而不加沮」相類。

〔七〕天和：造物之和氣（林希逸說）；自然之沖氣（林雲銘說）。按：即自然的和氣。

〔八〕出怒不怒：怒氣雖發並不是有心的發怒。

林希逸說：「怒雖出而不怒，則是其怒者本自不怒，而出自然之怒，非有心之怒也。」

〔九〕有爲也欲當，則緣於不得已：「不得已」，無心之應；應事而無心（林希逸說）。

徐復觀先生說：「『不得已』是形容主觀上毫無要有所爲的欲望，而只是迫於客觀上人民自動的要求，因而加以順應的情形。」（中國人性論史四二二頁）

今譯

刖足的人不拘法度，超然於毀譽之外；徒役的人登高而不怖懼，超然於死生之外。解除了怖懼的心理使精神無所負擔而超然於人我的區分，超然於人我的區分，這便達到了天人合一的境界了。所以能做到崇敬他而不欣喜，侮慢他而不憤怒，只有合於自然和氣的狀態才能這樣。怒氣雖發並不是有心的發怒，那麼怒氣出於無心而發了；在無爲的情況下有所作爲，那麼這我作爲是出於無爲了。要寧靜就要平氣，要全神就要順心，有所爲要得當，就要寄託於不得已，應事出於不得已，便是聖人之道。

徐无鬼

徐无鬼篇，由十五章文字雜纂而成。各章意義不相關聯。「徐无鬼」，人名，隱居之士。取篇首三字爲篇名。

本篇第一章，徐无鬼見魏武侯，指出君主「盈嗜欲，長好惡」，性命之情病困。近臣們平時和武侯談詩書禮樂，卻未嘗見武侯啓齒，徐无鬼和他談相馬術，則大樂。這故事很有譏諷的意味。第二章，徐无鬼與武侯對話，徐无鬼批評武侯：「君獨爲萬乘之主，以苦一國之民，以養耳目口鼻。」並指出當時君主，發動戰爭，「殺人之士民，兼人之土地」，所作所爲，以愛民爲名，實則是「害民之始」。第三章，黄帝出遊迷途，遇一牧馬小童，小童指點迷津，把話題轉向如何「爲天下」，小童回答説：「若此而已矣，又奚事焉！」這寓言發揮老子「無事」「無爲」的思想。「無事」，即不生事，不攪擾從事，這就是道家勿擾民的思想。第四章，批評勢物之徒，喜歡禍變，乘時會興作，「馳其形性」，糟蹋自己而造孽他人。第五章，莊子與惠子對話，批評各家「各是其所是」，弄得天下没有「公是」。齊人蹢子求鍾的故事，喻各家各以爲是，往往遺棄珍貴的而執持賤陋的。楚人謫閽造怨的故事，喻各家求真理未得，反倒在無謂地爭執結怨。第六章，莊子過惠子墓，講了一個匠石斲泥的故事，感嘆自惠子死後，「無以爲質」，流露出無比真摯純厚的感情。第七章，管仲與桓公對話，談囑託國政的妥當人選。第八章，吳王射狙，戒人不要自恃巧捷而以色驕人。第九章，南伯子綦隱几而坐，嘆世人的自我迷失。第十章，爲楚王宴孔子的故事，申「不言」之義。第十一章，九方歅替梱看相，說他將與君同食，有福氣。子綦聞說而泣，認爲食君之祿，不過「盡於酒肉，入於鼻口」而已。子綦所嚮往的，乃是遨樂於天，邀食於地，順任自然的生活。第十二章，齧缺論堯，以爲達官貴人與道學夫子多假仁義以取利，所以說：「利仁義者衆。」評「仁義之行，唯且無誠」，因仁義已成爲貪求者的工具了。第十三章，寫三種人物形態：一種沾沾自喜的人，一種苟安自得的人，一種形勞自苦的人。進而寫神人。第十四章，頗爲散亂。第一小段寫人、物各有所適。第二小段寫物類的互相恃守、依持。第三小段寫官能過度放縱的弊害。第十五章，寫不知的境域。

出自本篇成語，有超軼絕塵、空谷足音、不言之辯、不道之道、喙長三尺、運斤成風等。此外，流人思國、蹢子求鍾、讁闔造怨、匠石斲泥、吳狙現巧、豕虱苟安等寓言典故，亦出自本篇。

一

徐无鬼〔一〕因女商〔二〕見魏武侯，武侯勞之曰：「先生病〔三〕矣！苦於山林之勞，故乃肯見於寡人。」

徐无鬼曰：「我則勞於君，君有何勞於我！君將盈耆欲，長好惡，則性命之情病矣；

君將黜耆欲，掔〔四〕好惡，則耳目病矣。我將勞君，君有何勞於我！」武侯超然〔五〕不對。

少焉，徐无鬼曰：「嘗語君，吾相狗也。下之質執飽而止，是狸德〔六〕也；中之質若視日〔七〕，上之質若亡其一〔八〕。吾相狗，又不若吾相馬也。吾相馬，直者中繩，曲者中鉤，方者中矩，圓者中規〔九〕，是國馬也，而未若天下馬也。天下馬有成材，若卹若失〔一〇〕，若喪其一，若是者，超軼絶塵〔一一〕，不知其所。」武侯大悦而笑。

徐无鬼出，女商曰：「先生獨何以説吾君乎？吾所以説吾君者，横説之則以詩書禮樂，從説之則以金板六弢〔一二〕，奉事而大有功者不可爲數，而吾君未嘗啓齒〔一三〕。今先生何以説吾君，使吾君説若此乎？」

徐无鬼曰：「吾直告之吾相狗馬耳。」

女商曰：「若是乎？」

曰：「子不聞夫越之流人〔一四〕乎？去國數日，見其所知而喜；去國旬月，見所嘗見於國中者喜；及期年也，見似人〔一五〕者而喜矣；不亦去人滋久，思人滋深乎？夫逃虚空〔一六〕者，藜藋〔一七〕柱乎鼪鼬之逕〔一八〕，踉位其空〔一九〕，聞人足音跫然〔二〇〕而喜矣，又〔二一〕況乎昆弟親戚之謦欬〔二二〕其側者乎！久矣夫，莫以真人之言謦欬吾君之側乎！」

注釋

〔一〕徐无鬼：魏之隱士（釋文）。

〔二〕女商：魏武侯寵臣。

〔三〕病：同憊（福永光司注）。

〔四〕掔：音牽，引卻。

〔五〕超然：猶悵然（釋文引司馬彪說）。

〔六〕狸德：指狸貓般的性能。

俞樾說：「廣雅釋獸：『狸，貓也。』貓之捕鼠，飽而止矣，故曰是『狸德』也。秋水篇曰：『騏驥驊騮，一日而馳千里，捕鼠不如狸狌。』此本書以狸爲貓之證。御覽引尸子曰：『使牛捕鼠，不如貓狌之捷。』莊子言狸狌，尸子言貓狌，一也。釋文曰：『狸德，謂貪如狐狸也。』未得其義。」

〔七〕若視日：凝視太陽；形容「意氣高遠」（成疏）；比喻看得高遠，明察（曹礎基說）。

〔八〕若亡其一：好像忘了自己。把形體看作不存在一樣。說明精神靜寂專一。「一」，指身軀（曹礎基說）。

陸德明說：「一，身也；謂精神不動，若無其身也。」

宣穎說：「『一』者，己也。『若亡其一』，凝之至，不知有己也。」

〔九〕直者中繩，曲者中鉤，方者中矩，圓者中規：說明馬跑起來能直、能曲、能方、能圓，聽從駕馭。「中」，符合（曹礎基說）。

林希逸說：「馬之中規矩繩墨，言其身件件合法，故借方圓曲直以言之，不必就馬身上泥而求之。」

〔一〇〕若卹若失：釋文：「失音逸（佚）。」成疏：「蹄足疏緩，又如奔佚。」按：成說是。漢書韋元成傳集注：「卹，安也。」此言其靜若處子、動如脫兔。

〔一一〕超軼絕塵：田子方篇作「奔逸絕塵」。「軼」，同「逸」。

〔一二〕金板六弢（tāo 滔）：即太公兵法。

林希逸說：「『金板六弢』，即太公兵法也。此書藏於朝廷，故曰『金版』，猶曰金匱石室之書也。」（口義）

〔一三〕啓齒：開口。

成疏：「開口而微笑。」

〔一四〕流人：流放之人（成疏）。

〔一五〕似人：似所認識的人，指似鄉里的人。

〔一六〕虛空：空谷（林希逸說）。

〔一七〕藜藋：雜草。

郭慶藩說：「藜藋皆生於不治之地，其高過人，必排之而後得進，故史記仲尼弟子傳曰：『排藜藋。』」

〔一八〕柱乎鼪鼬之逕：「柱」，塞（司馬彪說）。「鼪鼬之逕」，山蹊之間，鼪鼬所由之處（林雲銘莊子因）。

〔一九〕踉（láng 狼）位其空：長久住在空野。「踉」，司馬本作「良」。「良」借爲長（馬叙倫義證）。一説「踉」，踉蹌，走路不穩的樣子。指逃難的人踉踉蹌蹌地走進了野草中的空地裏（曹礎基説）。

〔二〇〕跫（qióng 窮）然：脚步聲。

〔二一〕又：世德堂本作「而」。

〔二二〕謦（qǐng 頃）欬（kài 愾）：喻言笑（釋文引李頤説）；指聲音笑貌。

今譯

徐无鬼因着女商的推薦去見魏武侯，武侯慰問他説：「先生疲憊了！山林隱居是勞苦的，所以才肯來見我。」

徐无鬼説：「我是來慰問你的，你有什麽來慰問我呢！你要是充盈嗜欲，增長好惡，性命的實質就要受損了；你要是摒棄嗜欲，去除好惡，耳目的享受就要困病了。我正要來慰問你，你有什麽要來慰問我呢！」武侯悵然不回答。

一會兒，徐无鬼説：「我來告訴你，我的相狗術。下等品質，飽食而止，這是貓兒般的能力；中等品質，意氣高遠；上等品質，好像忘了自己。我的相狗術，又不如我的相馬術。我的相馬，馬步跑來直的合於繩，曲的合於鉤，方的合於矩，圓的合於規，這是國馬，可是比不上天下馬。天下馬有天生的材質，其神態有似安謐又如奔逸，好像忘記了自己，像這樣的，奔逸絶塵，不知所終。」武侯大爲高興地笑了。

徐无鬼辭去，女商説：「先生究竟怎樣使我的君主這麽高興呢？我所以取悦我君主的，横説用詩書禮樂，縱説用太公兵法，見於行事而大有效驗的，不計其數，可是我的君主卻没有開口笑過，現在先生對我君主説些什麽，使我君主高興得這樣呢？」

徐无鬼説：「我只是把我的相狗相馬術告訴他罷了。」

女商説：「就是這樣嗎？」

回説：「你没有聽到在越國的流放人嗎？離開自己的國家好幾天，看見熟識的就高興；離開自己的國家一個月，看見國内曾見過面的人就高興；到了整年，只要看見像是鄉里的人就高興；不就是離開故人愈久，思念故人愈深嗎？流落到空谷裏的人，雜草塞滿了鼪鼬所由的途徑，長久居住在空野，聽到人的脚步聲就高興起來，又何況兄弟親戚在一旁説笑呢！很久了，没有人用純真的言語在我君主的身旁談笑了啊！」

二

徐无鬼見武侯，武侯曰：「先生居山林，食芧栗〔一〕，厭葱韭，以賓〔二〕寡人，久矣夫！今老邪？其欲干〔三〕酒肉之味邪？其寡人亦有社稷之福邪？」

徐无鬼曰：「无鬼生於貧賤，未嘗敢飲食君之酒肉，將來勞君也。」

君曰：「何哉，奚勞寡人？」

曰：「勞君之神與形。」

武侯曰：「何謂邪？」

徐无鬼曰：「天地之養也一，登高不可以爲長，居下不可以爲短〔四〕。君獨爲萬乘之主，以苦一國之民，以養耳目鼻口，夫神者不自許也。夫神者，好和而惡姦；夫姦，病也，故勞之。唯君所病之，何也？」

武侯曰：「欲見先生久矣。吾欲愛民而爲義偃兵，其可乎？」

徐无鬼曰：「不可。愛民，害民之始也；爲義偃兵，造兵之本也；君自此爲之，則殆不成。凡成美，惡器也；君雖爲仁義，幾且僞哉！形固造形〔五〕，成固有伐〔六〕，變固外戰。君亦必無盛鶴列〔七〕於麗譙〔八〕之間，無徒驥〔九〕於錙壇〔一〇〕之宮，無藏逆於得，無以巧勝人，無以謀勝人，無以戰勝人。夫殺人之士民，兼人之土地，以養吾私與吾神者，其戰不知孰善？勝之惡乎在？君若勿已矣，脩胸中之誠，以應天地之情而勿攖。夫民死已脱矣，君將惡乎用夫偃兵哉！」

注　釋

〔一〕芧（xù叙）栗：小栗。已見齊物論。

〔二〕賓：同擯，即棄。

〔三〕干：求。

〔四〕登高不可以爲長，居下不可以爲短：無貴賤之喻（林希逸口義）。

〔五〕形固造形：「形」，形勢。「固」，必。「造」，造成、導致。謂一種情勢必然會導致另一種情勢（曹礎基說）。

郭象注：「仁義有形，固僞形必作。」

宣穎說：「既落形迹，從此生事。」

〔六〕成固有伐：兩種對立的情勢形成後必然會各自誇耀，如標榜自己正義，指責別人不義等。「伐」，拔，誇耀（曹礎基說）。

王先謙說：「其名之成，則有功自夸。」

〔七〕鶴列：陳兵；古代兵法陣形，如鶴飛高空呈V字型。

〔八〕麗譙：高樓（郭注）；樓觀名（司馬注）。

馬其昶說：「初學記引釋名云：『魏有麗譙。』注：『樓名。』」

〔九〕徒驥：步騎。

林希逸說：「『徒』，步兵也。『驥』，騎卒也。」

〔一〇〕錙壇：宮名。

今譯

徐无鬼見魏武侯，武侯說：「先生住在山林裏，食橡栗，吃蔥韮，離開寡人，很久了！現在年老了嗎？是想嘗厚祿的滋味呢？還是我的社會將得到您的賜福呢？」

徐无鬼說：「我出生於貧賤，並不想求取君主的厚禄，是來慰問君主的。」

君主說：「爲什麼呢，怎樣來慰問我？」

回說：「慰問你的心神和形體。」

武侯說：「怎麼說呢？」

徐无鬼說：「天地的養育是均等的，身居高位不能認爲尊貴，身居下位不能認爲卑賤。你獨爲萬乘的君主，來勞苦一國的人民，以奉養耳目鼻口的享樂，弄得心神不自得。心神是喜歡和諧而厭惡偏私；偏私便是病，所以來慰勉。只是你犯了這種病，爲什麼呢？」

武侯說：「想見先生很久了。我愛民爲義而制止戰爭，可以嗎？」

徐无鬼說：「不可以。愛民，乃是害民的開始；爲義而制止戰爭，乃是興兵的本原；你從這裏着手，大概不會有成效。凡是成就美名的，就是作惡的工具；你雖然行仁義，卻近於作僞啊！一種情勢必然會導致另一種情勢，兩種對立的情勢形成後必然會各自誇耀，情勢進一步變化必然會引起外戰。你絕不要盛大地陳兵在高樓下面，不要集合兵騎在錙壇的宫苑前面，不要背理去貪求，不要用巧詐去勝人，不要用謀略去勝人，不要用戰爭去勝人。要是屠殺他的人民，併吞他國的土地，來奉養一己的私慾和滿足一己的心理，這種戰爭有什麼好處？所謂勝利在哪裏？你如不得不有所作爲，那就去修養内心的真誠，來順應天地的自然而不攪擾他物。人民都能免於死亡的威脅，你哪裏還用得上寢兵的議論呢！」

三

黄帝將見大隗〔一〕乎具茨〔二〕之山，方明爲御，昌寓驂乘，張若謵朋前馬，昆閽滑稽後車〔三〕；至於襄城〔四〕之野，七聖皆迷，無所問塗。

適遇牧馬童子，問塗焉，曰：「若知具茨之山乎？」曰：「然。」「若知大隗之所存乎？」曰：「然。」

黄帝曰：「異哉小童！非徒知具茨之山，又知大隗之所存。請問爲天下。」

小童曰：「夫爲天下者，亦若此而已矣，又奚事焉！予少而自遊於六合之内，予適有瞀〔五〕病，有長者教予曰：『若乘日之車而遊於襄城之野。』今予病少痊，予又且復遊於六合之外。夫爲天下亦若此而已。予又奚事焉！」

黄帝曰：「夫爲天下者，則誠非吾子之事。雖然，請問爲天下。」小童辭。

黄帝又問。小童曰：「夫爲天下者，亦奚以異乎牧馬者哉！亦去其害馬者〔六〕而已矣！」

黄帝再拜稽首，稱天師而退。

注釋

〔一〕大隗：即大道，這裏寓託人名。

〔二〕具茨：在河南省滎陽密縣東境，今名泰隗山（司馬彪說）。

〔三〕方明爲御，昌寓驂乘，張若謵朋前馬，昆閽滑稽後車：方明、昌寓、張若、謵朋、昆閽、滑稽等人名都是寓言。

〔四〕襄城：河南省襄城縣。

〔五〕瞀（mào冒）：目眩。

〔六〕害馬者：馬以過分爲害（郭注）；謂分外之事（成疏）。

今譯

黃帝要到具茨山上見大隗，方明駕車，昌寓陪乘，張若謵朋前導，昆閽滑稽殿後；來到襄城的原野，七聖都迷失，無從問路。

正好遇着牧馬的童子，向他問路，說：「你知道具茨山嗎？」回說：「是的。」又問：「你知道大隗的所在嗎？」回說：「是的。」

黃帝說：「奇怪呀，小童！不僅知道具茨山，還知道大隗的所在。請問怎樣治理天下。」

小童說：「治理天下，也只不過像這樣就是了，又何必生事呢！我小時候自己遊於六合之內，我恰好有目眩症，有位長者教我說：『你乘着日車而遊於襄城的原野。』現在我的病稍痊癒，我又遊於六合以外的境界。治理天下也是這樣。我又何必生事呢！」

黄帝説：「治理天下，並不是你的事。雖然這樣，請問怎樣治理天下。」小童不語。

黄帝又問。小童説：「治理天下，又和牧馬有什麽不同！也就是除去害馬罷了！」

黄帝叩頭再三拜謝，稱他爲天師而辭退。

四

知士無思慮之變則不樂，辯士無談説之序〔一〕則不樂，察士無淩誶〔二〕之事則不樂，皆囿於物者也。

招世〔三〕之士興朝，中民之士榮官〔四〕，筋力之士矜難〔五〕，勇敢之士奮患，兵革之士樂戰，枯槁之士宿名〔六〕，法律之士廣治〔七〕，禮教之士敬容，仁義之士貴際。農夫無草萊之事則不比，商賈無市井之事則不比〔八〕。庶人有旦暮之業則勸，百工有器械之巧則壯。錢財不積則貪者憂，權勢不尤〔九〕則夸者〔一〇〕悲。勢物之徒〔一一〕樂變，遭時有所用，不能無爲也。此皆順比於歲〔一二〕，不易於物〔一三〕者也。馳其形性，潛之萬物，終身不反，悲夫！

注釋

〔一〕談説之序：説得成條理。

〔二〕淩誶（suì 碎）：通零碎，指斤斤分辨。

林希逸說：「好察之士，則與人爭分爭毫。」

〔三〕招世：招搖於世，以自見（林雲銘說）；謂招求世榮（王敔說）；呼民救世爲己任（曹礎基說）。

〔四〕中民之士榮官：「中民」即中等之民。

王敔說：「中民，謂合於民譽。」

劉鳳苞說：「中才注意軒冕以爲榮。」（南華雪心編）

〔五〕矜難：以克服困難自矜。

宣穎說：「以禦難自矜。」

〔六〕宿名：留意於聲名（林希逸說）。

〔七〕廣治：多求治事（林希逸說）。

〔八〕比：和樂（成疏）。

奚侗說：「廣雅曰：『比，樂也。』」

〔九〕尤：出衆。

〔一〇〕夸者：指權勢欲强的人。

〔一一〕勢物之徒：執迷於權勢財物的人。奚侗說「物」爲「利」字之譌，則「勢利之徒」亦通。

〔一二〕順比於歲：逐時俯仰（馬其昶說）。「比」，附。「歲」，時。

李勉說：「言此皆順附時勢，逐時投機者。」

〔一三〕不易於物：各自囿於一物，不能相易（王先謙說）。「不易於物」原作「不物於易」，依馬叙倫之說改正。

馬叙倫説：「『物』『易』二字誤倒。下章曰『不以物易己』是其證。」（莊子義證）按：馬説可取。褚伯秀説：「『不物於易』，猶云『不易於物』，錯綜其文。」（南華真經義海纂微）「不易於物」與上句「順比於歲」相對爲文，「歲」與「物」屬名詞，若作「不物於易」，不僅不對稱，也費解。

今譯

智謀之士没有思慮的變換就不會快樂，口辯之士没有議論的程序就不會快樂，好察之士没有明辨的事端就不會快樂，他們都受外在所拘限。

招摇於世的人立足朝廷，中等的人以爵禄爲榮，筋力强壯的人以克服阻難自矜，勇敢武士奮發除患，戰鬥英雄樂於征戰，山林隱士留意聲名，講求法律的人推廣法治，重視禮教的人整飾儀容，崇尚仁義的人貴在交際。農夫没有耕種的事就心不安，商賈没有貿易的事就不快樂。衆人有朝夕的工作就會自勉，百工有器械的技能就氣壯。錢財不能積聚而貪圖的人就會憂慮，權勢不能掌握而狂徒就會悲傷。執迷於權勢財物的人喜歡變亂，遭逢時機而後有所用，〔這種人〕不能安靜。這些人都是逐時俯仰，拘限一事而茅塞不通的人。馳騖身心，沈溺外物，終生不悟，可悲啊！

五

莊子曰：「射者非前期〔一〕而中，謂之善射，天下皆羿也，可乎？」

惠子曰：「可。」

莊子曰：「天下非有公是〔二〕也，而各是其所是，天下皆堯也，可乎？」

惠子曰：「可。」

莊子曰：「然則儒墨楊秉四，與夫子爲五，果孰是邪？或者若魯遽〔三〕者邪？其弟子曰：『我得夫子之道矣，吾能冬爨鼎而夏造冰矣。』魯遽曰：『是直以陽召陽，以陰召陰，非吾所謂道也。吾示子乎吾道。』於是爲之調瑟，廢〔四〕一於堂，廢一於室，鼓宮〔五〕宮動，鼓角角動，音律同矣。夫或改調一弦，於五音無當也，鼓之，二十五弦皆動，未始異於聲，而音之君已。且若是者邪？」

惠子曰：「今夫儒墨楊秉，且方與我以辯，相拂以辭〔六〕，相鎮以聲〔七〕，而未始吾非也，則奚若矣？」

莊子曰：「齊人蹢〔八〕子於宋者，其命閽〔九〕也不以完，其求鈃鍾也以束縛〔一〇〕，其求唐子也而未始出域〔一一〕，有遺類〔一二〕矣！夫楚人寄而謫閽者〔一三〕；夜半於無人之時而與舟人鬭，未始離於岑〔一四〕而足以造於怨也。」

注釋

〔一〕前期：預定目標。

〔二〕公是：共同的認可。

〔三〕魯遽：周初時人（李頤說）。

〔四〕廢：置（釋文）。

〔五〕鼓宮：「鼓」，彈琴。「宮」，五音的一種。下句「角」也是五音之一。

〔六〕相拂以辭：以言語相抗對。「拂」，世德堂本作「排」。

〔七〕相鎮以聲：以聲音相屈服。

〔八〕蹢：投（釋文）。

王念孫說：「『蹢』，借爲『擿』。『擿』，即今『擲』字。説文曰：『擲，投也。』」

〔九〕閽（hūn昏）：守門人。

〔一〇〕其求鈃鍾也以束縛：求得小鍾包紮起來。「鈃」，音刑。似小鍾而長頸（釋文引字林）。

林雲銘說：「何其愛子不如愛物也。比喻惠子輕其性命之情，而不知保，惟加意於詞辯名聲之間，顛倒之甚者也。」

〔一一〕其求唐子也而未始出域：「唐」，亡。子亡在外而只求於鄉域之內（林希逸說）。

林雲銘說：「比喻惠子不知他求大道，惟於四子之中，欲求相勝總不得道也。」

〔一二〕遺類：略相似。

林希逸說：「『遺』，餘也，略也。『類』，似也。言此三事皆與惠子楊墨之徒略相似也。」

〔一三〕讁閽者：責備看門人。「讁」，舊本作「蹢」，緣上「蹢」字而誤，依俞樾、王先謙說改。

俞樾說：「蹢當讀『謫』。揚雄方言：『謫，怒也。』張揖廣雅釋詁：『謫，責也。』『楚人寄而謫閽者』，謂寄居人家，而怒責其閽者也。與下文『夜半於無人之時而與舟人鬥』，均此楚人之事，皆喻其自以爲是也。」

王先謙說：「案自來注家，就本文解釋，與下文連爲一事，萬無可通之理。此『蹢』字，緣上『蹢』字而誤，今斷從俞說。」

〔一四〕未始離於岑：「岑」，岸（郭注）。「離」，通麗（陳壽昌南華真經正義）。言舟尚未曾着岸（宣穎說）。

今譯

莊子說：「射箭的不依預定目標而誤中，這樣就稱他爲善射，那麼天下人都是羿，可以這麼說嗎？」

惠子說：「可以。」

莊子說：「天下没有共同的認可，卻各自以爲是，這樣天下人都成了堯，可以這麼說嗎？」

惠子說：「可以。」

莊子說：「那麼儒、墨、楊、公孫龍四家，和先生一共五家，究竟誰是呢？或者像魯遽一樣嗎？魯遽的弟子說：『我學到了老師的道理了，我能够冬天燒鼎而夏天造冰了。』魯遽說：『這只是以陽氣召引陽氣，以陰氣召引陰氣，並不是我所說的道理。我把我的道理給你看看。』於是調整弦瑟，放一張在堂上，放一張在室內，鼓動〔這張琴瑟的〕宮音，〔那張的〕宮音也動，鼓動〔這張琴瑟的〕角音，〔那張的〕角音也動，音律相同的緣故。要是有一弦改了調，和五音不合，鼓動它，二十五弦都動，聲調並没有差别，只是以所改的那條弦作爲衆音的主導而已。你們都像這樣嗎？」

惠子說：「現在要是儒、墨、楊、公孫龍四家，正和我辯論，用言語相對抗，用聲音相壓制，卻沒有人認爲我是錯誤的，這是怎麽回事呢？」

莊子說：「齊國有人把他的兒子放在宋國，命他像殘廢者一樣做守門人，他有個小鍾卻包紮起來唯恐破損，有人尋找遺失的小孩卻不走出村子外面去找，這和各家的辯論相類似！楚國有個寄居別人家而怒責看門的人，在夜半無人的時候和船夫爭鬥，船還沒有靠岸卻已造成仇怨了。」

六

莊子送葬，過惠子之墓，顧謂從者曰：「郢〔一〕人堊〔二〕漫其鼻端，若蠅翼，使匠石斲之。匠石運斤〔三〕成風，聽〔四〕而斲之，盡堊而鼻不傷，郢人立不失容。宋元君聞之，召匠石曰：『嘗試爲寡人爲之。』匠石曰：『臣則嘗能斲之。雖然，臣之質〔五〕死久矣。』自夫子之死也，吾無以爲質矣，吾無與言之矣。」

注釋

〔一〕郢（yǐng影）：春秋時楚國都邑，在今湖北省江陵縣。

〔二〕堊（è諤）：白善土。

〔三〕斤：斧。

〔四〕聽：任意。

〔五〕質：對（成疏）；即對象。

今譯

莊子送葬，經過惠子的墳墓，回頭向跟隨他的人說：「有個郢地人揑白善土把一滴泥點濺到鼻尖上，如蠅翼般。請匠石替他削掉。匠石揮動斧頭呼呼作響，隨手劈下削去泥點，那小滴泥點完全削除而鼻子没有受到絲毫損傷，郢人站着面不改色。宋元君聽說這件事，把匠石找來說：『替我試試看。』匠石說：『我以前能削，但是，我的對手早已經死了。』自從先生去世，我没有對手了，我没有談論的對象了。」

七

管仲有病，桓公問之曰：「仲父之病病矣〔一〕，可不諱〔二〕云！至於大病，則寡人惡乎屬國〔三〕而可？」

管仲曰：「公誰欲與？」

公曰：「鮑叔牙。」

曰：「不可。其爲人，潔廉善士也，其於不己若者不比之〔四〕，又一聞人之過，終身不忘。使之治國，上且鉤乎君，下且逆乎民〔五〕。其得罪於君也，將弗久矣！」

公曰：「然則孰可？」

對曰：「勿已，則隰朋〔六〕可。其爲人也，上忘而下不畔〔七〕，愧不若黄帝而哀不己若者。以德分人謂之聖，以財分人謂之賢。以賢臨人〔八〕，未有得人者也；以賢下人，未有不得人者也。其於國有不聞也，其於家有不見也〔九〕。勿已，則隰朋可。」

注釋

〔一〕病矣：形容病重。

〔二〕諱：原作「謂」，江南古藏本作「諱」，列子力命篇亦作「諱」，當據以改正。

〔三〕屬國：付託國政。

〔四〕不比之：不與之並立（林雲銘說）；不予爲友。「比」，同親。

〔五〕上且鉤乎君，下且逆乎民：上以忠直鉤束於君，下以清明逆忤百姓（成疏）。林希逸說：「『鉤』，要束之意也，『逆』，强民以禮義之意也。」

〔六〕隰朋：姓隰，名朋，齊賢人（成疏）。

〔七〕上忘而下不畔：在上的人相忘而在下的人不畔離。「畔」上原漏「不」字，根據列子力命篇補上。宣穎說：「列子作『下不叛』，此處漏一『不』字也。『上忘』者，不自矜其能，故在己上者，與之相忘。『下不畔』者，汎愛衆，故在己下者，不忍畔之。」

〔八〕以賢臨人：以賢名矜人。

〔九〕其於國有不聞也，其於家有不見也：「不聞」「不見」，喻不苛察，不干涉。

今譯

管仲生病，齊桓公問他說：「仲父的病很重了，能忌諱不說麽！要是病危，我把國政付託給誰才行呢？」

管仲說：「你要給誰？」

桓公說：「鮑叔牙。」

回說：「不可以。他的爲人，是廉潔善士，他對於不如自己的人就不親近，而且一聽到別人的過錯，便終身不忘。讓他治國，對上要約束國君，對下要違逆民意。他得罪國君，就不會很久的時間了！」

桓公說：「那麽誰可以呢？」

回答說：「我不得已要説的話，那麽隰朋可以。他的爲人，在上的人相忘而在下的人不畔離，自愧不如黄帝而同情不如自己的人。以德施人稱爲聖，以財施人稱爲賢，以賢名傲視別人，没有能得人心的；以善行謙虚對人，没有不得人心的。他對國事不干預，對於家事不苛察。要不然，那麽隰朋可以。」

八

吳王浮於江，登乎狙之山。衆狙見之，恂然〔一〕棄而走，逃於深蓁〔二〕。有一狙焉，委蛇攫搔〔三〕，見巧乎王。王射之，敏給〔四〕搏捷〔五〕矢。王命相者〔六〕趨射之，狙執〔七〕死。

王顧謂其友顏不疑〔八〕曰：「之狙也，伐其巧，恃其便以敖予，以至此殛也！戒之哉！嗟乎，無以汝色驕人哉！」顏不疑歸而師董梧〔九〕以鋤〔一〇〕其色，去樂辭顯，三年而國人稱之。

注　釋

〔一〕恂然：驚慌的樣子。

〔二〕蓁：棘叢。

〔三〕委蛇攫㩳：跳躍來去攀執樹枝之意（林希逸說）；「攫㩳」，騰擲（成疏）。「㩳」，世德堂本作「抓」。

〔四〕敏給：同敏捷。

俞樾說：「『敏給』二字同義，後漢書酈炎傳：『言論給捷。』李賢注曰：『給，敏也。』是其證。」

〔五〕搏捷：「搏」，接（成疏）；「捷」，「接」古字通（王先謙說）。

俞樾說：「『捷』，讀爲『接』。爾雅釋詁：『接，捷也。』是『捷』與『接』聲近義通。」

〔六〕相者：「相」，助。謂王之左右（成疏）。

〔七〕執：御覽七四五引「執」作「既」。

馬叙倫說：「按御覽引『執』作『既』。『既』或『即』之譌也。」

〔八〕顏不疑：姓顏，字不疑，王之友（成疏）。

〔九〕董梧：姓董，名梧，吳之賢人（成疏）。

〔一〇〕鋤：去除。

今譯

吳王泛舟於長江，登上獼猴山。群猴看到他，驚惶地跑走，逃到荆棘深叢中。有一隻猴子，來回跳躍，向吳王顯示牠的靈巧。吳王射牠，敏捷地接住箭。吳王就召左右助手上前來射，獼猴遂被射死。吳王對他的朋友顏不疑説：「這隻猴子，自誇牠的靈巧，自恃牠的敏捷來傲視我，以至於這樣喪命！引以爲戒啊！唉，不要用意態驕人啊！」顏不疑回去便拜董梧爲師，以改過他的驕態，摒棄淫樂，辭退顯榮，三年之後國人都稱讚他。

九

南伯子綦〔一〕隱几而坐，仰天而噓。顏成子入見曰：「夫子，物之尤〔二〕也。形固可使若槁骸〔三〕，心固可使若死灰乎？」

曰：「吾嘗居山穴之中矣。當是時也，田禾〔四〕一覩我，而齊國之衆三賀之。我必先之〔五〕，彼故知之；我必賣之〔六〕，彼故鬻之。若我而不有之，彼惡得而知之？若我而不賣之，彼惡得而鬻之？嗟乎！我悲人之自喪者，吾又悲夫悲人者，吾又悲夫悲人之悲者，其後而日遠〔七〕矣。」

注釋

〔一〕南伯子綦：即齊物論南郭子綦。郭慶藩説：「案南伯子綦，齊物論作南郭子綦。『伯』『郭』古聲相近，故字亦通用。」

〔二〕物之尤：人物之中爲最大（林希逸説）；出類拔萃（宣穎説）。

〔三〕槁骸：枯骨。齊物論作「槁木」。

〔四〕田禾：齊王姓名，即齊太公和。

〔五〕我必先之：我聲名在先（成疏）。

〔六〕賣之：指賣於名聲。

〔七〕日遠：指日遠於衒鬻而達到泊然無心（「槁木死灰」）的境界。

今譯

南伯子綦憑着几案坐着，仰起頭來緩緩地吐口氣。顏成子進來見到説：「先生，真偉大。形體固然可以變成枯骨一般，心靈固然可以變成死灰一樣嗎？」

回説：「我曾經隱居山穴之中。在那時候，田禾一來看我，齊國人民便三番祝賀他。我必定先有名聲，他才知道；我必定聲名外揚，他才來親近我。假如我没有名聲，他怎麼會知道呢？假如我不外揚，他怎麼會來親近我呢？唉！我悲傷人的自我迷失，我又悲傷那些悲傷人的人，我又悲傷那悲傷人的悲傷，然後一天天地遠離衒鬻而達到泊然無心的境界。」

一〇

仲尼之楚，楚王觴之，孫叔敖〔一〕執爵〔二〕而立，市南宜僚〔三〕受酒而祭曰：「古之人乎！於此言已〔四〕。」

曰：「丘也聞不言之言〔五〕矣，未之嘗言，於此乎言之。市南宜僚弄丸而兩家之難解〔六〕，孫叔敖甘寢秉羽而郢人投兵〔七〕。丘願有喙三尺〔八〕！」

彼〔九〕之謂不道之道，此〔一〇〕之謂不言之辯，故德總乎道之所一。而言休乎知之所不知，至矣。道之所一者，德不能同也〔一一〕；知之所不能知者，辯不能舉也；名若儒墨而凶矣〔一二〕。故海不辭東流，大之至也；聖人并包天地，澤及天下，而不知其誰氏。是故生無爵，死無謚，實不聚，名不立，此之謂大人。狗不以善吠爲良，人不以善言爲賢，而況爲大乎！夫爲大不足以爲大，而況爲德乎！夫大莫若天地〔一三〕，然奚求焉而大備矣。知大備者，無求，無失，無棄，不以物易己也。反己而不窮，循古而不摩〔一四〕，大人之誠。

注釋

〔一〕孫叔敖：姓孫，名叔敖。

陸德明說：「案左傳孫叔敖是楚莊王相，孔子未生。哀公十六年，仲尼卒後，白公爲亂。宜僚未嘗仕楚。又宣十二年傳，楚有熊相宜僚，則與叔敖同時，去孔子甚遠。蓋寄言也。」

〔二〕爵：古時的酒器。

〔三〕市南宜僚：姓熊，字宜僚，楚國勇士。居於市南，因號市南子。

〔四〕古之人乎！於此言已：古時人啊！在這種情景中談話。

林雲銘說：「言古之人宴會之間，常有言以相規，所以乞言於夫子也。」

〔五〕不言之言：無言的言論。

郭象注：「聖人無言，其所言者，百姓之言耳，故曰：『不言之言。』」

〔六〕市南宜僚弄丸而兩家之難解：市南宜僚善弄丸鈴，常八個在空中，一個在手（羅勉道說）。「兩家之難解」，舊說指宜僚不參與白公勝造反，使事不成而解除雙方危難。

成玄英疏：「楚白公勝欲因作亂，將殺令尹子西。司馬子綦言熊宜勇士也，若得，敵五百人，遂遣使屈之。宜僚正上下弄丸而戲，不與使者言。使因以劍乘之，宜僚曾不驚懼，既不從命，亦不言它。白公不得宜僚，反事不成，故曰：『兩家之難解。』」

王先謙說：「案：言『難解』，非也。或記載有異。」按：兩家難解之說，頗有語病，白公作亂事不成而被殺遭殃，何得稱爲兩家之難解。王氏所疑，有理。

〔七〕孫叔敖甘寢秉羽而郢人投兵：「秉羽」，執羽扇（成疏）。郢爲楚都，「郢人」，即楚人。「投兵」，投棄武器而不用，即息兵。

司馬彪說：「言叔敖願安寢恬臥，以養德於廟堂之上，折衝於千里之外，敵國不敢犯。」

林雲銘說：「二人皆以無爲解難息兵，則言實用不着。」

〔八〕願有喙三尺：「喙」，口。「三尺」，言長（釋文）。

林希逸說：「何待我說喙，三尺者，言無如此之長喙也。」

嚴復說：「此特文家反語耳，既知不言之言，即有三尺之喙，何濟於辯，矧乎其無有也。」

〔九〕彼：謂二子（郭注）；指市南宜僚與孫叔敖。

〔一〇〕此：謂仲尼（郭注）。

〔一一〕道之所一者，德不能同也：「德」，同「得」。指得道，見道而言。「同」，古逸叢書本作「周」。

郭象注：「各自得耳，非相同也，而道一也。」

林希逸說：「『道之所一』，自然者也。『德』者，得之在己者也。在造物之一者，與人爲者不同，故曰：『德不能同。』看此『德』字，與本書他處說得又自不同。」

〔一二〕名若儒墨而凶矣：儒墨之所以凶，以有儒墨之名（郭嵩燾說）；以名相標，凶德（宣穎說）。

〔一三〕夫大莫若天地：「大」下原有「備矣」兩字，疑涉下句而衍，根據馬叙倫之說删去。

馬叙倫說：「『備矣』二字涉下句而羨，當以『夫大莫若天地』連續。」

〔一四〕不摩：不費心於揣摩（宣穎說）。

今譯

孔子到楚國，楚王宴請他，孫叔敖執酒器站立着，市南宜僚拿了酒祝祭說：「古時人啊！在這種情景下講話。」

孔子回說：「我聽過無言的言論，沒有向人說過，在這裏說說。市南宜僚善弄丸鈴而使兩家的危難獲得解除，孫叔敖安寢恬臥手執羽扇而使楚人停止兵伐。我願多嘴麽！」宜僚和叔敖可以稱爲不言之道，孔子可以稱爲不言之辯，故而德是總攝道的同一。而言論止於知識所不能知道的境域，就是頂點了。道所同一的，德不能同；知識所不能知道的，言辯不能盡舉；像儒墨那樣招名就不好了。故而海不辭向東流，這是大的極點；聖人包容天地，澤及天下，而人民不知道他是誰。所以生前沒有爵位，死後沒有謚號，財貨不聚，聲名不立，這稱爲大人。狗不因爲會叫便是好的，人不因爲會說便是賢能，何況成就大業的呢！有心求取偉大倒不足以成爲偉大，何況是修德呢！最大的不如天地，然而天地無所求，它卻是最完備的。知道最完備的，無所求取，無所喪失，無所捨棄，不以外物更改自己。反求自己而不窮盡，順任常道而不矯飾，這是大人的真性。

一一

子綦〔一〕有八子，陳諸前，召九方歅〔二〕曰：「爲我相吾子，孰爲祥？」

九方歅曰：「梱〔三〕也爲祥。」

子綦瞿然喜曰：「奚若？」曰：「梱也將與國君同食以終其身。」

子綦索然出涕曰：「吾子何爲以至於是極也！」

九方歅曰：「夫與國君同食，澤及三族〔四〕，而況父母乎！今夫子聞之而泣，是禦福也。子則祥矣，父則不祥。」

子綦曰：「歕，汝何足以識之，而梱祥邪？盡於酒肉入於鼻口矣，而何足以知其所自來？吾未嘗爲牧而牂〔五〕生於奧〔六〕，未嘗好田〔七〕而鶉生於宎〔八〕，若勿怪，何邪？吾所與吾子遊者，遊於天地。吾與之邀樂於天，吾與之邀食於地；吾不與之爲事，不與之爲謀，不與之爲怪；吾與之乘天地之誠而不以物與之相攖，吾與之一委蛇而不與之爲事所宜。今也然有世俗之償焉！凡有怪徵者，必有怪行，殆乎，非我與吾子之罪，幾天與之也！吾是以泣也。」

無幾何而使梱之於燕，盜得之於道，全而鬻之則難〔九〕，不若刖之則易，於是乎刖而鬻之於齊，適當渠公之街〔一〇〕，然身食肉而終。

注釋

〔一〕子綦：楚司馬子綦（成疏）；或說南郭子綦。

〔二〕九方歕：歕，音因。善相者。

〔三〕梱：音困，子綦兒子。

〔四〕三族：指父族，母族，妻族。

〔五〕牂：羊（成疏）。

〔六〕奧：西南隅（釋文）。

〔七〕田：狩獵。

〔八〕宎（yǎo 夭）：東北隅（司馬彪說）。

〔九〕全而鬻之則難：全形去賣則困難。意即全形易逃，難以防禦。

〔一〇〕當渠公之街：替渠公看門。「渠公」，一說齊之富室（釋文）。

林希逸說：「『渠公之街』，臨街之門也。爲閽者也。」

孫詒讓說：「『當』，當爲掌。『渠』，當爲康，形近而誤，齊康名貸，見史記齊世家。『街』，當爲閨。」

今譯

子綦有八個兒子，排列在面前，邀九方歅說：「給我兒子相命，誰有福？」

九方歅說：「梱最有福。」

子綦驚喜着說：「怎麽樣呢？」回說：「梱將會和國君共飲食以至終身。」

子綦黯然流淚說：「我的兒子爲什麽會弄到這種絶境呢！」

九方歅說：「和國君共飲食，恩澤普及三族，何況父母呢！現在先生聽到卻哭泣，這是拒絶福分。兒子有福，父親卻没有福了。」

子綦說：「歅，你怎麽知道，梱真有福嗎？只不過酒肉到口鼻而已，你怎麽知道它的來處呢？我没有畜牧而西南屋角卻生出羊來，没有狩獵而東北屋角卻生出鶉鶉來，你不覺奇怪，爲什麽？我和我兒子遨遊的，乃是遊於天地。我和他同樂於天，我和他求食於地；我不和他求功業，不和他圖謀慮，不和他立怪異；我和他順天地的實情而不使他和物相攖擾，我和他循任自然而不使他滯心於事之所宜。現在卻有了世俗的報償呀！凡是有怪異的徵跡，必定有怪異的行徑，危險啊！這不是我和兒子的罪過，大概是天給與他的罷！我因此才哭泣。」

没有好久梱被派去燕國，强盗在途中擄獲他，全形拿他去賣掉卻困難，不如切斷了脚卻容易，於是切斷了脚賣到齊國，正好替渠公看門，而食肉終身。

一二

齧缺遇許由，曰：「子將奚之？」

曰：「將逃堯。」

曰：「奚謂邪？」

曰：「夫堯畜畜然〔一〕仁，吾恐其爲天下笑。後世其人與人相食與〔二〕！夫民，不難聚也；愛之則親，利之則至，譽之則勸，致其所惡則散。愛利出乎仁義，捐仁義者〔三〕寡，利仁義者衆。夫仁義之行，唯且無誠，且假夫禽貪者器〔四〕。是以一人之斷制利天下，譬之猶一覕〔五〕也。夫堯知賢人之利天下也，而不知其賊天下也，夫唯外乎賢者知之矣！」

注　釋

〔一〕畜畜然：卹愛勤勞之貌（釋文引王穆夜說）。

〔二〕人與人相食與：「與」，同歟。

陸德明說：「言將馳走於仁義，不復營農，饑則相食。」

〔三〕捐仁義者：「捐」，棄。指無視於仁義。

林雲銘說：「『捐仁義者』，是與仁義相忘。即下面『外乎賢者』一流人，此樣人極不可得。」

〔四〕禽貪者器：貪求的工具。

林希逸說：「貪如禽獸者，或假此仁義之名以爲用。」

奚侗說：「『禽貪』，猶凶貪。易恒卦：『禽、凶協韻。』」

〔五〕覕：借爲瞥（馬其昶莊子故引朱駿聲說）。

司馬彪說：「覕，暫見貌。」

今　譯

齧缺遇見許由，問說：「你要到哪裏去？」

回說：「要逃避堯。」

問說：「爲什麽呢？」

回說：「堯孜孜爲仁，我怕他爲天下人所譏笑。後世豈不要人和人相殘食麽！像人民，不難聚集；愛他便親近，有利就來到，稱讚他便勉勵，給他所厭惡的就要離散。愛和利都出於仁義，無視於仁義的少，取利於仁義的多。仁義的行爲，只有造成虛僞，而且還成爲貪求的工具。這是以一個人的截斷來取利天下，就好像是一瞥之見。堯知道賢人有利天下，而不知道他的賊害天下，只有揚棄賢人的人才知道啊！」

一三

有暖姝〔一〕者，有濡需〔二〕者，有卷婁〔三〕者。

所謂暖姝者，學一先生之言，則暖暖姝姝而私自說也，自以爲足矣，而未知未始有物〔四〕也，是以謂暖姝者也。

濡需者，豕蝨是也，擇疏鬣〔五〕自以爲廣宮大囿，奎蹏〔六〕曲隈〔七〕，乳間股脚，自以爲安室利處，不知屠者之一旦鼓臂布草操煙火，而己與豕俱焦也。此以域進，此以域退〔八〕，此其所謂濡需者也。

卷婁者，舜也。羊肉不慕蟻，蟻慕羊肉，羊肉羶也。舜有羶行，百姓悦之，故三徙成都，至鄧之虛〔九〕而十有萬家。堯聞舜之賢，舉之童土〔一〇〕之地，曰冀得其來之澤〔一一〕。舜舉乎童土之地，年齒長矣，聰明衰矣，而不得休歸，所謂卷婁者也。

是以神人惡衆至，衆至則不比〔一二〕，不比則不利也。故無所甚親，無所甚疏，抱德煬和〔一三〕以順天下，此謂真人。

於蟻棄知，於魚得計，於羊棄意〔一四〕。以目視目，以耳聽耳，以心復心。若然者，其平也繩〔一五〕，其變也循〔一六〕。古之真人，以天待人，不以人入天，古之真人！

注　釋

〔一〕暖姝（shū 抒）：自許之貌（成疏）；淺見自喜之意（林希逸說）。

陸德明說：「謂偷安須臾之頃。」

〔二〕濡需：偷安自得的意思。

林希逸說：「『濡需』，濡滯而有所需待，貪着勢利之人也。」

〔三〕卷婁：猶拘攣（釋文）；形容形勞自苦的樣子。「婁」，同僂。逍遥遊作「卷曲」，大宗師作「曲僂」，同義。

成玄英說：「傴僂攣卷，形勞神倦。」

林希逸說：「『卷婁』，傴僂而自苦之貌。其意蓋言修德之人自以爲名，而人皆歸之，反爲所苦，終身勞役不能自已，借此以譏侮帝王也。」

〔四〕未知未始有物：不知道不曾有所得。

成玄英說：「不知所學未有一物可稱。」

〔五〕疏鬣（liè 列）：疏長的豬毛。「鬣」，獸頭上的長毛。

〔六〕奎蹏：「奎」，兩髀之間（說文）。「蹏」，即「蹄」本字。

〔七〕曲隈：〔兩股之間〕內曲深處。

郭慶藩說：「案『曲隈』，胯內也。凡言『隈』者，皆在內之名。淮南子覽冥訓：『漁者不爭隈。』高注：『隈，深曲處。』……僖二十五年左傳：『秦人過析隈。』杜注：『隈，隱蔽之處。』故知言『隈』者，皆在內曲深之謂。」

〔八〕此以域進，此以域退：進退爲境所囿（宣穎注）；指受環境左右。

〔九〕鄧之虛：「鄧」，在今河南省南陽附近。「虛」，趙諫議本作「墟」。

〔一〇〕童土：禿土（馬叙倫說，童借爲禿），即荒地。

〔一一〕冀得其來之澤：望得舜來而施澤（王先謙說）。

〔一二〕不比：不和。

〔一三〕煬和：養和（林雲銘說）。「煬」，借爲「養」（奚侗說）。

〔一四〕於蟻棄知，於魚得計，於羊棄意：這三句是用來襯托神人的。

林希逸說：「蟻，至微之物也，而猶未盡能無知；羊，至愚者也，而猶未盡能無意；唯真人則無知矣，無意矣。故曰『於蟻棄知』，『於羊棄意』。魚之在水，悠悠自得，真人之自爲計，但如魚然。」

〔一五〕其平也繩：平直像繩子。

林希逸說：「繩之平，自然之平。」

〔一六〕循：順。

今譯

有沾沾自喜的，有苟安自得的，有勞形自苦的。

所謂沾沾自喜的，只學一家之言，就自鳴得意，自以爲飽學，而不知道並無所得，這就是所謂沾沾自喜類的。

苟安自得的，像豬身上的跳蝨，選擇豬毛疏長的地方，就自以爲是廣宮大苑，在蹄邊胯下，乳腹股脚之間，自以爲是安全便利的處所，不知道屠夫有一天舉臂放草持火把，自己和豬一同被燒焦了。這就是隨環境榮進，隨環境退亡，這就是所謂苟安自得類的。

勞形自苦的，如同舜。羊肉不愛螞蟻，螞蟻愛羊肉，因爲羊肉有羶味。舜有羶味的行爲，百姓喜歡他，所以三次遷都，至鄧地的曠野而聚集了十幾萬家。堯聽説舜的賢能，從荒地裏選拔他出來，説是希望他來施恩澤。舜從荒地裏被選拔出來，年齡大了，反應衰退，卻不得退休，這是所謂勞形自苦類的。

因此神人討厭召引衆人，召引衆人來就不和睦，不和睦就有不利的事。所以没有過分的親近，没有過分的疏遠，抱德養和來順應天下，這就稱爲真人。

螞蟻當抛棄慕羊肉的心智，如魚般地自得，像羊似地抛棄意念。用眼睛看眼睛所能見的，用耳朵聽耳朵所能聞的，用心靈觀照心靈所能領會的。像這樣，他的心靈是自然的平靜，他的變動是自然的順任。古時的真人，以自然待人事，不以人事干預自然，這便是古時的真人啊！

一四

得之也生，失之也死；得之也死，失之也生：藥也。其實堇〔一〕也，桔梗〔二〕也，雞癕〔三〕也，豕零〔四〕也，是時爲帝〔五〕者也，何可勝言！

句踐也以甲楯三千棲於會稽。唯種〔六〕也能知亡之所以存，唯種也不知其身之所以愁。故曰，鴟〔七〕目有所適，鶴脛有所節，解之也悲。

故曰，風之過河也有損焉，日之過河也有損焉。請只〔八〕風與日相與守河，而河以爲未始其攖也，恃源而往者也。故水之守土也審〔九〕，影之守人也審，物之守物〔一〇〕也審。

故目之於明也殆，耳之於聰也殆，心之於殉也殆。凡能其於府〔一一〕也殆，殆之成也不給改。禍之長也茲萃〔一二〕，其反也緣功〔一三〕，其果也待久〔一四〕。而人以爲己寶，不亦悲乎！故有亡國戮民無已，不知問是也。

注釋

〔一〕堇（jìn禁）：藥草，即烏頭，治風冷痹。

〔二〕桔梗：藥草，高尺餘，花紫白色，根可入藥。治心腹血瘀症。

〔三〕雞癕：即雞頭草。「癕」，本或作「壅」，音同。

〔四〕豕零：一名豬苓，根似豬卵，可以治渴（司馬彪説）。

〔五〕時爲帝：「帝」，主，貴重。

吳汝綸説：「『時爲帝』，猶云迭爲貴重。淮南：『時爲帝者也。』高注：『時見貴也。』」（莊子點勘）

郭慶藩説：「『時』者，更也；『帝』者，主也；言堇、桔梗、雞癕、豕零，更相爲主也。」

〔六〕種：即文種，官拜大夫，爲越謀臣，助句踐滅吳。

司馬遷説：「句踐已平吳……越兵横行於江、淮東，諸侯畢賀，號稱霸王。范蠡遂去，自齊遺大夫種書曰：『蜚鳥盡，良弓藏，狡兔死，走狗烹。越王爲人長頸鳥喙，可與共患難，不可與共樂。子何不去？』種見書，稱病不朝。人或讒種且作亂，越王乃賜種劍曰：『子教寡人伐吳七術，寡人用其三而敗吳，其四在子，子爲我從先王試之。』種遂自殺。」（見史記卷四十一越王句踐世家）

〔七〕鴟（chī吃）：貓頭鷹。

〔八〕請只：同縱使（胡文英莊子獨見）。

〔九〕審：安定（成疏）。

林希逸説：「審，定也，信也，謂決定如此也。」

王敔注：「審，謂密而無聞。」

〔一〇〕物之守物：如水流濕，火就燥（林希逸説）。

〔一一〕府：臟府（林希逸説）；内府（宣穎説）；藏能之所（林雲銘説）。

〔一二〕茲萃：愈多。「茲」，與「滋」同。「萃」，聚。

〔一三〕其反也緣功：「反」，同返，指返自然、返本性。「功」，指「内視反聽」的修養（福永光司說）。

林雲銘說：「反守其性，必因其功之素積。」

宣穎說：「欲反自然，須備學力。」

〔一四〕其果也待久：「果」，指自修的成就。

宣穎說：「果於自克亦待日久，言敗之速救之難也。」

今譯

得到它可以救生，没有它可能會死；但有時用了它也會致死，没用它也可存活，這便是藥材的作用。像烏頭，桔梗，雞頭，豬零這些藥草，在處方裏迭相爲主藥，怎能説得盡其中的妙蘊呢！句踐以武裝三千人棲身在會稽，只有文種能知道敗亡中圖生存，但文種卻不知道自身的禍患。所以説，貓頭鷹的眼睛有所適用，鶴的脚脛有所適宜，截短了就悲哀。

所以説，風吹過河水就有所損，太陽照過河水就有所損。如果風和太陽一起吹曬着河水，而河水卻未嘗受損，這是由於恃着水源不斷地流。所以水守住了土就黏固，影守住了人就依待不分，物守住了他物就融合不離。

所以眼睛過於外用求明就會危殆，耳朵過於外用求聽就會危殆，心思過於外用逐物就會危殆。凡是智能潛藏内心就會危殆，危殆的形成就不及悔改。禍患的滋長多端，返於本性的就需要修養功夫，自修的成就就需要長久時日。而人們卻自以爲耳目心思機能爲可貴，豈不是太可悲了麽！因此亡國殺人的事端没有停止，這是不知道探討根由的緣故。

一五

故足之於地也踐〔一〕，雖踐，恃其所不蹍〔二〕而後善博也；人之於知也少，雖少，恃其所不知而後知天之所謂也。知大一〔三〕，知大陰〔四〕，知大目〔五〕，知大均〔六〕，知大方〔七〕，知大信〔八〕，知大定，至矣。大一通之，大陰解之，大目視之，大均緣之，大方體之，大信稽之，大定持之。

盡有天〔九〕，循有照〔一〇〕，冥有樞〔一一〕，始有彼〔一二〕。則其解之也似不解之者，其知之也似不知之也，不知而後知之。其問之也，不可以有崖〔一三〕，而不可以無崖〔一四〕。頡滑〔一五〕有實，古今不代〔一六〕，而不可以虧〔一七〕，則可不謂有大揚搉〔一八〕乎！闔不亦〔一九〕問是已，奚惑然爲！以不惑解惑，復於不惑，是尚大不惑。

注釋

〔一〕足之於地也踐：足所踐者少（呂吉甫說）；人之行地，兩足所踐，不過少許（林希逸說）。「踐」，即踏，俞樾以爲當作「淺」。

俞樾說：「兩『踐』字並當作『淺』，或字之誤，或古通用也。足之於地，止取容足而已，故曰足之於地也淺。……下文曰『人之知也少』，『少』與『淺』，文義相近。若作『踐』，則不可通矣。」

〔二〕蹍（zhǎn展）：同踐，踏。

〔三〕大一：渾淪未判（陸長庚說）；道（郭注）。

福永光司說：「知大一——萬物根源的同一性的認識。」（莊子外篇雜篇解說一五三頁）

〔四〕大陰：至靜（林希逸說）。

〔五〕大目：所見者廣（林希逸說）；視物所不視（褚伯秀說）。

福永光司說：「知大目——天地自然世界大秩序的認識。」

〔六〕大均：同而不殊（林雲銘說）。

福永光司說：「知大均——天地造化平等無私的認識。」

〔七〕大方：無限。

〔八〕大信：真實之理（林希逸說）。

福永光司說：「知大方——實在世界無限定自由的認識。」

〔九〕盡有天：極物之中有自然。

郭象注：「物未有無自然者也。」

〔一〇〕循有照：循變之際而有覺照（宣穎說）。

成玄英疏：「循，順也。但順其自然，智自照明。」

褚伯秀說：「循有照則順理而自明。」

〔一一〕冥有樞：冥默之地而有樞要（宣穎說）。

〔一二〕始有彼：太始之地而有彼端（宣穎說）。

〔一三〕不可以有崖：道無端（宣穎說）。「崖」，界際。

〔一四〕不可以無崖：道又非無端（宣穎說）。

〔一五〕頡滑：萬物紛擾（成疏）。

〔一六〕不代：不相代換（成疏）。

〔一七〕不可以虧：宜各盡其分（成疏）。

〔一八〕揚搉：顯揚妙理而搉實論之（郭注）。

王敔說：「『揚』，舉也。『搉』，引也，包舉宇宙之理於七大之中。」按：「七大」指上文所說的大一、大陰、大目、大均、大方、大信、大定。

〔一九〕不亦：趙諫議本作「亦不」。

今譯

足所踏的地很少，雖然少，還要依恃所沒有踏到的而後才能達到廣遠；人所知的少，雖然少，還要依恃所不知的而後才能知道天道的自然。知道「大一」，知道「大陰」，知道「大目」，知道「大均」，知道「大方」，知道「大信」，知道「大定」，就是最好的了。大一來貫通，大陰來解化，大目來覽照，大均來循順，大方來體達，大信來稽核，大定來執持。

極物之中有自然，循變之際有覺照，冥默之境有樞機，太始之域有彼端。在這種情境中自然的解悟好像未曾知解，無心的知好像無所知，無心的知才是真知。追問它，不可以有限制，而不可以没有界際。萬象紛紜中各有實理，古往今來不相代换，〔各盡其分〕而不可以虧損，這當中豈不是藴涵着一項偉大的妙理麽！爲什麽不追問這妙理，何必疑惑呢！以不疑惑來解釋疑惑，返回到不疑惑的境界，還以爲是大不惑。

則陽

則陽篇，由十一個單元彙編而成。其中篇末少知與大公調對話兩節，討論了宇宙論上的一些問題，頗有價值。「則陽」，人名，爲一遊士。取篇首二字爲篇名。

本篇第一章，寫遊士的干禄競進與聖人的恬退和樂。第二章，寫聖人的心態。第三章，第一小段，「舊國舊都，望之暢然」，以故鄉喻本性。人進入社群，逐物日久，一旦返復真性，内心感到舒暢。第二段，「冉相氏得其環中以隨成」，寫與物融合的心境。第四章，譏諷戰國君主的爭伐。第五章，借孔子讚市南宜僚，寫隱士的恬淡凝寂。第六章，説爲政鹵莽治民滅裂的弊害。第七章，柏矩遊齊，見死刑示衆，泣今世君主「重爲任而罰不勝，遠其塗而誅不至」，指責人君率先作僞，還要責罰誰呢？以前的人君「以得爲在民，以失爲在己」，當今的治者反是。第八章，寫事物的變化没有止境，我們的判斷無法有永恒的定準，我們的所知是有限的。未知的範圍是廣大的，我們要與時俱進，不可滯執故有的認識。第九章，三個史官論衛靈公的無道。第十章，少知和大公調對話，談「同」「異」的問題。「合異以爲同」——萬物（「異」）的整體即是道（「同」）；「散同以爲異」——道（「同」）即散而爲多樣式的萬物（「異」）。少知問什麽是「丘里之言」，大公調遂由「丘里之言」説到渾同之「道」。天下萬物萬變萬化，然而都遵照着自己的自然規律性發展着。世界發展的這種自然規律性就是「道」。第十一章爲少知與大公調第二番問答，討論萬物起源的問題。這裏指出我們認識的限度僅限於物的範圍（「極物而已」）。至於物的起源的問題，是議論的止點（「議之所止」）。

出自本篇的成語，有觸蠻相爭、劍頭一吷、鹵莽滅裂、百材皆度、木石同壇等。此外，本篇還提出萬物殊理、道者爲公、與物同理、非言非默等重要哲學命題。

一

則陽〔一〕游於楚，夷節〔二〕言之於王，王未之見，夷節歸。

彭陽見王果〔三〕曰：「夫子何不譚〔四〕我於王？」

王果曰：「我不若公閱休〔五〕。」

彭陽曰：「公閱休奚爲者邪？」

曰：「冬則擉〔六〕鼈於江，夏則休乎山樊〔七〕。有過而問者，曰：『此予宅也。』夫夷節已不能，而況我乎！吾又不若夷節。夫夷節之爲人也，無德而有知〔八〕，不自許〔九〕，以之神其交〔一〇〕，固顛冥〔一一〕乎富貴之地，非相助以德，相助消〔一二〕也。夫凍者假衣於春，暍者反冬乎冷風〔一三〕。夫楚王之爲人也，形尊而嚴；其於罪也，無赦如虎；非夫佞人正德〔一四〕，其孰能橈〔一五〕焉！

「故聖人，其窮也使家人忘其貧，其達也使王公忘爵禄而化卑。其於物也，與之爲娱矣；其於人也，樂物之通而保己焉；故或不言而飲人以和，與人並立而使人化。父子之宜，彼其乎歸居〔一六〕，而一閒其所施〔一七〕。其於人心者，若是其遠也〔一八〕。故曰待公閲休。」

注釋

〔一〕則陽：姓彭，名陽，字則陽，魯人（成玄英莊子疏）。

〔二〕夷節：夷姓，名節，楚臣（成疏）。

〔三〕王果：楚賢人（釋文引司馬彪説）。

〔四〕譚：同談。

〔五〕公閲休：隱士。

〔六〕擉：刺（司馬注）；即今戳字（胡懷琛莊子集解補正）。

〔七〕山樊：山傍。

〔八〕無德而有知：無真德而有俗知（成疏）；不知有天理而純用私智（林希逸口義）。

〔九〕不自許：不以德自許（王敔説）；不自甘淡薄（李鍾豫譯）。屈己隨人（羅勉道説）。按：「許」猶信。無德故不自信（王叔岷莊子校詮）。

〔一〇〕以之神其交：「之」，當指上文「知」而言。以智巧神化他的交結（王敔説：「有知以神其交。」）。另一說，「以之」，猶「因此」。「神」，借爲伸。「以之神其交」，謂因此伸展其交遊（王叔岷校詮）。

〔一一〕顛冥：猶迷惑（司馬注）；顛倒昏昧（林雲銘莊子因）。

〔一二〕消：謂消其德（王敔說）。

〔一三〕凍者假衣於春，暍者反冬乎冷風：指受凍的人借衣服盼春暖，中暑的人求冬天的冷風。「暍」（yē），中暑。「反」，求（高亨說）。

林雲銘說：「假衣於春，何足以救凍。反風於冬，何足以救暍。欲因夷節以求進，何以異此，言其無及於事也。」

奚侗說：「『反冬乎冷風』，當作『反冷風乎冬』。淮南俶真訓作『凍者假兼衣於春，暍者望冷風於冬』。」（莊子補注）。

〔一四〕佞人正德：指小人和正德之士。

王穆夜說：「正德以至道服之，佞人以才辯奪之。」（釋文引）。

王敔說：「夷節，佞人也。公閱休，正德也。」（見王夫之莊子解內）

〔一五〕橈：「撓」的借字，撓屈的意思。褚伯秀本、林希逸本及多種俗本「橈」作「撓」。

〔一六〕父子之宜，彼其乎歸居：意思是說使父子的關係，各得其所。「彼其」，語助詞，用法如詩云：「彼其之子。」（林希逸說）

郭象說：「使彼父父子子各歸其所。」

〔一七〕一閒其所施：「閒」，清靜無爲的意思。即以清靜無爲的態度待人。

〔一八〕其於人心者，若是其遠也：指人的心靈相差遥遠。

陳碧虚說：「超進者弊弊焉以干禄爲事，與有道者之心相遠去矣。」（見褚伯秀南華真經義海纂微所引）

林希逸說：「其於人心若是其遠，猶言人之度量相遠如是哉！蓋謂公閲休之心如此，而彭陽之心若彼，其相去遠矣。」

今譯

則陽遊歷到楚國，夷節推薦給國王，國王没有接見，夷節就回家去。

彭陽見到王果說：「先生爲什麽不在國王面前提我？」

王果說：「我不如公閲休。」

彭陽說：「公閲休是做什麽的呢？」

回說：「冬天在江裏刺鼈，夏天在山傍休息。有過客問他，他說：『這是我的住宅。』夷節都不能够，何況我呢！我又不如夷節。夷節的爲人，没有德操而有智巧，不能自我肯定，於是乃伸展他的交際手腕，他久已沉迷在富貴場中，無助於德行，反而損傷德性。受凍的人借衣服盼春暖，中暑的人求冬天的冷風。楚王的爲人，形貌尊貴而威嚴；對於罪犯，如同猛虎毫不寬赦；要不是小人和正德之士，誰能說服他！

「所以聖人，當他貧窮的時候可以使家人忘去貧困，當他通達的時候可以使王公忘去爵禄而化爲謙卑。他對於物，和諧共處；他對於人，樂於溝通而不失自己；因而常施不言之教而飲人以心靈之諧和，和人並立而使人感化。使父子的關係，各得其所，而以清靜無爲的態度待人。他的恬退和人的譟競之心，相去這麼遥遠。所以說等待公閱休。」

二

聖人達綢繆〔一〕，周盡一體矣，而不知其然，性也。復命搖作〔二〕而以天爲師〔三〕，人則從而命之也〔四〕。憂乎知，而所行恒無幾時，其有止也，若之何〔五〕！

生而美者，人與之鑑，不告則不知其美於人也。若知之，若不知之，若聞之，若不聞之，其可喜也終無已，人之好之亦無已，性也。聖人之愛人也，人與之名，不告則不知其愛人也。若知之，若不知之，若聞之，若不聞之，其愛人也終無已，人之安之亦無已，性也。

注釋

〔一〕綢繆：結縛（成疏）；束縛（林疑獨說）。

褚伯秀說：「世累糾纏，不得自在。」

〔二〕復命搖作：老子十六章：「靜曰復命。」「搖作」，動作（釋文）。

〔三〕以天爲師：以自然爲主。

〔四〕人則從而命之也：「命」，名（釋文）。

王敔說：「謂之聖人者，人爲之名耳。」

〔五〕憂乎知，而所行恒無幾時，其有止也，若之何：指常人憂於智慮，而所行常不久，時或中止不能行，將奈它何！

林希逸說：「憂乎知者，以人之私智，其憂萬端多少計較，能幾件計較得行，故曰『所行無幾』。」

林雲銘說：「倘若出之有心，有憂其知之不足，則所行有限，而時或不能行者，將奈之何。此承上反言有心之爲累也。」

今譯

聖人貫通糾結，周遍萬物合爲一體，卻不知道所以然，這是出於本性。靜與動皆師法自然，人們因此稱他爲聖人。憂於智慮，而所行常不久，時或中止不能行，將奈它何！

生來美的，是別人給他的鑑定，如果人不相告便不知道比別人美。像是知道，又像是不知道，像是有所聞，又像是無所聞，他的欣喜竟無止時，人的喜好也無止時，這是出於本性。聖人的愛人，是人們〔有所感〕對他的稱說，如果不相告便不知道他愛人。像是知道，又像是不知道，像是有所聞，又像是無所聞，他的愛人竟無休止，人們安於他的愛也沒有休止，這是出於本性。

三

舊國舊都〔一〕，望之暢然；雖使丘陵草木之緡〔二〕，入之者十九〔三〕，猶之暢然。況見見聞聞〔一四〕者也，以十仞之臺縣衆閒〔一五〕者也！

冉相氏〔一六〕得其環中〔一七〕以隨成〔一八〕，與物無終無始，無幾無時〔一九〕。日與物化者，一不化者也〔二〇〕，闔嘗舍之〔二一〕！夫師天而不得師天〔二二〕，與物皆殉，其以爲事也若之何？夫聖人未始有天，未始有人，未始有始，未始有物〔二三〕，與世偕行而不替〔二四〕，所行之備而不洫〔二五〕，其合〔二六〕之也若之何？湯得其司御門尹登恒〔二七〕爲之傅之，從師而不囿，得其隨成。〔爲之司其名；之名嬴法，得其兩見。仲尼之盡慮，爲之傅之。〕〔二八〕容成氏〔二九〕曰：「除日無歲，無内無外〔三〇〕。」

注　釋

〔一〕舊國舊都：喻本性。

〔二〕緡：芒昧不分的意思。在宥篇：「當我緡乎！」同此解。

〔三〕入之者十九：「入」與「没」同義（馬其昶莊子故）。喻掩蔽了十分之九。

林希逸說：「丘陵之上草木皆荒穢，比之昔日十失其九，但有一分相似處，猶且暢然有感。」

俞樾說：「入者，謂入於丘陵草木所掩蔽之中也。」（莊子平議）

〔四〕見見聞聞：指親身見聞到本來的面目。

林希逸說：「求道之人，忽然自悟，得見其所自見，聞其所自聞者，皆本然固有之物，能不喜乎。佛氏所謂本來面目，本地風光便是此意。」

〔五〕縣衆閒：「縣」，同懸。「閒」，同「間」，林希逸本及褚伯秀本作「間」。「衆閒」，即衆人之中（褚伯秀説）；衆人耳目之間（俞樾説）。

〔六〕冉相氏：古之聖王（郭注）；路史循蜚紀有冉相氏（俞樾説）。

〔七〕得其環中：語見齊物論：「樞始得環中，以應無窮。」「環中」，喻虛空。

〔八〕隨成：隨物自成。

郭象注：「居空以隨物，物自成。」

〔九〕無幾無時：「幾」，借爲「期」（馬叙倫義證）。

林希逸説：「『無幾無時』，無古今也。『幾』者，時節之變也。」

〔一〇〕日與物化者，一不化者也：隨物與時變化的，內心卻凝靜不變。語見知北遊。

〔一一〕闔嘗舍之：何嘗捨離它。

王敔説：「盍嘗離其環中。」

〔一二〕師天而不得師天：指效法自然若出於有心，便得不到效法自然的結果。

成玄英説：「『師』者，倣傚之名；『天』者，自然之謂。夫大塊造物，率性而動，若有心師學，乖於自然，故不得也。」

林希逸説：「『師天而不得師天』，言以自然爲法而無法自然之名。」

〔一三〕物：一説作「殖」，即終。和上句「未始有『始』」相對爲文。

章炳麟説：「『物』，正字作『殖』。説文：『殖，終也。』」（莊子解故）

〔一四〕替：廢（成疏）；爾雅：「替，止。」（馬其昶說）

〔一五〕洫：敗壞（王穆夜說）；泥著而陷溺之意（林希逸說）。

〔一六〕合：冥合（郭注）；無心合道（宣穎說）。

〔一七〕司御門尹登恒：「司御」，官名。「門尹登恒」，人名（林雲銘說）。

〔一八〕〔爲之司其名；之名嬴法，得其兩見。仲尼之盡慮，爲之傅之〕：這幾句話的意思是說湯能虛己順人，視名法爲多餘之相。林雲銘說：「自『湯得其司御』至此，詞句轇葛不清，恐有脱落錯簡，諸解紛紛附會，總説不去。」按：林說甚是。這段文字的確晦澀難解。今譯不譯出，僅略加注釋。「司」，主。「司其名」，司其治天下之名（褚伯秀說）。「之名嬴法」，即此名法是多餘的東西。「嬴」，即餘，剩。「兩見」即兩顯，依褚伯秀之説：「得其兩見，謂君臣相資而成治道，其跡著見於世。」「盡慮」謂竭盡思慮。

〔一九〕容成氏：傳說古時作曆的人。

俞樾說：「漢書藝文志陰陽家有容成子十四篇，房中家又有容成陰道二十六卷。淮南本經篇高誘注云：『容成氏，黃帝時造曆日者。』」

〔二〇〕除日無歲，無內無外：去日便無歲，無內便無外。這話是說明內我的重要性。

宣穎說：「除去日子，更何有歲。外者，內所形也。若內先無得，更何有外。可見環中者，內心無心以握樞，故外能隨成以任化。」

今譯

自己的祖國和故鄉，看到心裏就舒暢；即使是丘陵草木雜蕪，掩蔽了十分之九，心裏仍覺舒暢。何況是親身見聞到本來面目的呢，這好比十仞的高臺懸在衆人之間啊！

冉相氏處於「環中」而隨物自成，和外物契合無終無始，無日無時。隨物與時變化的，內心卻凝靜不變，何嘗捨離虛空！有心效法自然便得不到效法自然的結果，和外物相逐，這樣做是怎樣呢？聖人不曾心存着天然，不曾心存着人事，不曾心存着始終，不曾心存着物我，與世同行而不中止，所行完備而不陷溺，他的無心冥合是如何呢？湯得到他的司御門尹登恒拜爲師傅，隨從師傅而不爲所囿限，得以順物成性。容成氏說：「没有日子就没有年歲，没有内就没有外。」

四

魏瑩〔一〕與田侯牟〔二〕約，田侯牟背之。魏瑩怒，將使人刺之。犀首〔三〕公孫衍〔四〕聞而恥之曰：「君爲萬乘之君也，而以匹夫從讎！衍請受甲二十萬，爲君攻之，虜其人民，係其牛馬，使其君内熱發於背。然後拔其國。忌〔五〕也出走，然後抶〔六〕其背，折其脊。」

季子〔七〕聞而恥之曰：「築十仞之城，城者既十仞矣，則又壞之，此胥靡〔八〕之所苦也。今兵不起七年矣，此王之基也。衍亂人，不可聽也。」

華子〔九〕聞而醜之曰：「善言伐齊者，亂人也；善言勿伐者，亦亂人也；謂伐之與不伐亂人也者，又亂人也。」

君曰：「然則若何？」曰：「君求其道而已矣！」

惠子聞之而見戴晉人〔一〇〕。戴晉人曰：「有所謂蝸者，君知之乎？」

曰：「然。」

「有國於蝸之左角者曰觸氏，有國於蝸之右角者曰蠻氏，時相與爭地而戰，伏尸數萬，逐北〔一一〕旬有五日而後反。」

君曰：「噫！其虛言與？」

曰：「臣請爲君實之。君以意在四方上下有窮乎？」

君曰：「無窮。」

曰：「知遊心於無窮，而反在通達之國，若存若亡乎？」

君曰：「然。」

曰：「通達之中有魏，於魏中有梁〔一二〕，於梁中有王。王與蠻氏，有辯〔一三〕乎？」

君曰：「無辯。」

客出而君惝然〔一四〕若有亡也。

客出〔一五〕，惠子見。君曰：「客，大人也，聖人不足以當之。」

惠子曰：「夫吹筦〔一六〕也，猶有嗃〔一七〕也；吹劍首〔一八〕者，吷〔一九〕而已矣。堯舜，人之所譽也；道堯舜於戴晉人之前，譬猶一吷也。」

注釋

〔一〕瑩：魏惠王名。

〔二〕田侯牟：指齊威王。

陸德明說：「司馬云：『田侯，齊威王也，名牟，桓公子。』案：史記，威王名因，不名牟。」

俞樾說：「史記，威王名因齊。田齊諸君無名牟者，惟桓公名午，與牟字相似。牟或午之譌。然齊桓公午與梁惠王又不相值也。」

〔三〕犀首：官號。司馬彪說：「若今虎牙將軍。」

〔四〕公孫衍：此三字原缺，依疏文及趙諫議本補（王孝魚校）。

〔五〕忌：田忌，齊國將軍。

〔六〕抶（chì翅）：打擊。

〔七〕季子：魏匠。

〔八〕胥靡：徒役之人（成疏）。見庚桑楚。

〔九〕華子：魏匠。

〔一〇〕戴晉人：梁國賢人（釋文）。

〔一一〕逐北：追逐敗北。

〔一二〕梁：在今河南省開封縣一帶。魏惠王三十一年爲秦所逼，遷都於大梁。

〔一三〕辯：同「辨」，下句同。

〔一四〕惝然：悵然，恍然如失（成疏）。見在宥篇。

〔一五〕客出：這二字是上句複出。

王先謙說：「上言『客出』，此『客出』二字當衍。」

〔一六〕筦（guǎn）：同管。

〔一七〕嗃：管聲（釋文）。

〔一八〕劍首：謂劍環頭小孔（司馬彪說）。

〔一九〕吷：音血，細聲（宣穎說）。

今譯

魏惠王和田侯牟約誓立盟，田侯牟背約，魏惠王憤怒，要派人去刺殺他。

公孫衍將軍聽了認爲可恥說：「君主是萬乘大國的國君，卻用匹夫的手段來報仇，我請求接受甲兵二十萬，爲君主攻打他，俘虜他的人民，掠取他的牛馬，使他的君主內心焦急而病發於背。然後拔取他的國土。田忌戰敗逃亡，然後鞭打他的背，折斷他的脊骨。」

季子聽到認爲可恥說：「建築十仞城牆，城牆已經築成十仞高了，又再毀壞它，這是徒役者所苦的事。現在戰爭不起有七年了，這是王業的基礎。公孫衍是好亂的人，不可聽從。」

華子聽了認爲可恥説：「巧於勸説伐齊的，是好亂的人；巧於勸説不伐齊的，也是好亂的人；討論伐和不伐爲亂的人，也是好亂的人。」

君主説：「那麼怎麼辦呢？」

回説：「君主尋求虛靜之道就是了！」

惠子聽了引見戴晉人。戴晉人説：「有所謂蝸牛，君主知道嗎？」

回説：「知道。」

〔戴晉人説：〕「蝸牛的左角有個國家名叫觸氏，蝸牛的右角有個國家名叫蠻氏，常互相爭地而爭戰，死亡數萬，追逐敗北的十五天才回軍。」

君主説：「唉！ 這是虛話嗎？」

回説：「臣請爲君主實説。 君主認爲四方上下有窮嗎？」

君主説：「無窮。」

説：「知道遊心於無窮的境域，而返於通達之國，好像若有若無嗎？」

君主説：「是的。」

問説：「通達國中有魏，在魏中有梁，在梁中有君王。 君王和蠻氏，有分別嗎？」

君主説：「没有分別。」

客人辭出而君王悵然若有所失。

客人走了，惠子進見。君王說：「客人，真是偉大，聖人也不足以並論。」

惠子說：「吹管簫的，還有音聲；吹劍環的，只有一絲音響而已。堯舜，是人所稱譽的；在戴晉人面前稱讚堯舜，就好比一絲音響罷了。」

五

孔子之楚，舍於蟻丘之漿〔一〕。其鄰有夫妻臣妾登極〔二〕者，子路曰：「是稯稯〔三〕何爲者邪？」

仲尼曰：「是聖人僕也。是自埋於民，自藏於畔〔四〕。其聲銷，其志無窮，其口雖言，其心未嘗言，方且與世違而心不屑與之俱。是陸沈〔五〕者也，是其市南宜僚邪？」

子路請往召之。

孔子曰：「已矣！彼知丘之著〔六〕於己也，知丘之適楚也，以丘爲必使楚王之召己也，彼且以丘爲佞人也。夫若然者，其於佞人也羞聞其言，而況親見其身乎！而何以爲存？」

子路往視之，其室虛矣。

注　釋

〔一〕蟻丘之漿：「蟻丘」，山名。「漿」，賣漿家（李頤說）。

〔二〕登極：指登上屋的最高處。

林希逸說：「登極者，升其屋極而望人也。」

〔三〕稯稯：音總，字亦作「總」（釋文）。「總總」，衆聚（成疏）。成本作「總總」。

林希逸說：「稯稯，紛紛也。」

〔四〕畔：田壠。

〔五〕陸沈：無水而自沈，喻隱居在世間。

郭象注：「人中隱者，譬無水而沈也。」

林希逸說：「沈不在水而在陸，喻隱者之隱於市廛也。」

〔六〕著：明瞭。

今　譯

孔子到楚國，住宿在蟻丘的賣漿家。他的鄰人有夫妻僕妾爬到屋頂觀望，子路說：「這裏擠着一堆人要做什麼？」

孔子說：「這些是聖人的僕人。他自隱於民間，自藏於田園。他聲名沉寂，他志向無窮，他雖有所言論，而內心卻凝寂無言，和俗世相反而心不屑與世俗同流。是位隱居世間的人，豈不是市南宜僚嗎？」

子路要求去請他。

孔子說：「算了！他知道我了解他，知道我到楚國，以爲我一定要請楚王邀聘他，他視我爲佞人。像這樣，他既羞於聽佞人的言論，何況親自見面呢！你怎麼以爲他留在那裏呢？」

子路去看他，果然屋子空的。

六

長梧封人〔一〕問子牢〔二〕曰：「君爲政焉勿鹵莽，治民焉勿滅裂〔三〕。昔予爲禾，耕而鹵莽之，則其實亦鹵莽而報予；芸而滅裂之，其實亦滅裂而報予。予來年變齊〔四〕，深其耕而熟耰〔五〕之，其禾蘩以滋，予終年厭飧〔六〕。」

莊子聞之曰：「今人之治其形，理其心，多有似封人之所謂，遁其天，離其性，滅其情，亡其神，以衆爲〔七〕。故鹵莽其性者，欲惡之孽〔八〕，爲性萑葦蒹葭〔九〕，始萌以扶吾形，尋擢吾性〔一〇〕；並潰漏發〔一一〕，不擇所出，漂疽〔一二〕疥癰，內熱溲膏〔一三〕是也。」

注釋

〔一〕長梧封人：「長梧」，地名。「封人」，守封疆之人（釋文）。

〔二〕子牢：即琴牢，孔子弟子（司馬彪說）。

〔三〕滅裂：輕薄（成疏）。

〔四〕變齊：謂變更所法（司馬説）。

王啓説：「『齊』，去聲，與『劑』同。『變齊』，謂改其舊方。」

奚侗説：「合乎法度曰『齊』，此言『變齊』，猶言變方法耳。」按：以上各説是，王先謙以「齊」爲「整齊」，非。

〔五〕耰（yōu 悠）：鋤（司馬注）。

〔六〕厭飧：飽食。「厭」，同饜。

〔七〕以衆爲：以馳騖衆事（宣穎説）。「衆爲」，司馬彪本作「爲偽」。

〔八〕欲惡之孽：好惡之害（林希逸説）。

〔九〕爲性萑（huán 環）葦蒹（jiān 兼）葭（jiā 家）：形容如蘆葦蔽塞本性。「萑葦」、「蒹葭」，都屬蘆葦。

〔一〇〕尋擢吾性：漸漸擢拔我的本性。

林希逸説：「『尋』，漸也。『擢』，拔也。始者真性只爲之蔽塞，及其甚也，漸漸拔而去之。」

〔一一〕並潰漏發：謂精氣散泄，上潰下漏（釋文引李頤注）。

〔一二〕漂疽：「漂」，本亦作「瘭」。「瘭疽」，謂病瘡膿出（釋文）。

〔一三〕溲（sōu 搜）膏：謂虛勞人尿上生肥白沫（司馬彪注）；溺精（成疏）。

今　譯

長梧封人向子牢説：「你施政不要鹵莽，治民不要輕薄。從前我種禾，耕作時粗率，糧食的收成也就不豐；除草時馬虎，糧食的收成也就微薄。我來年改變方法，深耕細鋤，禾苗繁茂滋榮，我整年足食。」

莊子聽到了説：「現代人治理他的形體，修養他的心神，很多像封人所説的一樣，逃避自然，疏離本性，絶滅真情，喪失精神，徇逐俗事。所以對本性鹵莽的，愛欲憎惡的爲害，就如同蘆葦般地蔽塞本性，開始時以這些欲念滿足形體，漸漸地擢拔我的本性；於是上潰下漏，到處出毛病。濃瘡疥疽，内熱遺精都是。」

七

柏矩〔一〕學於老聃，曰：「請之天下遊。」

老聃曰：「已矣！天下猶是也。」

又請之，老聃曰：「汝將何始？」

曰：「始於齊。」

至齊，見辜人〔二〕焉，推而强〔三〕之，解朝服而幕之，號天而哭之曰：「子乎子乎！天下有大菑，子獨先離〔四〕之，曰莫爲盜！莫爲殺人！榮辱立，然後覩所病；貨財聚，然後覩所爭。今立人之所病，聚人之所爭，窮困人之身使無休時，欲無至此，得乎！

「古之君人者，以得爲在民，以失爲在己；以正爲在民，以枉爲在己；故一形有失其形者〔五〕，退而自責。今則不然。匿爲物而過不識〔六〕，大爲難而罪不敢，重爲任而罰不勝，遠其塗而誅不至。民知力竭，則以僞繼之，日出多僞，士民安取不僞！夫力不足則僞，知不足則欺，財不足則盜。盜竊之行，於誰責而可乎？」

注釋

〔一〕柏矩：柏，姓；矩，名。懷道之士，老子門人（釋文）。

〔二〕辜人：死刑示衆者。

俞樾說：「辜，謂辜磔也。周官：『掌戮殺王之親者辜之。』鄭注：『辜之言枯也，謂磔之。』是其義。漢景帝紀：『改磔曰棄市。』顏注：『磔，謂張其尸也。』是古之辜磔人者，必張其尸於市。」

〔三〕強：字亦作「彊」（釋文），借爲「僵」。按：玉篇引正作「僵」（馬叙倫義證）。「僵」，倒臥的意思。

〔四〕離：罹（成疏）。

〔五〕一形有失其形者：「一形」，人（王先謙說）。指有一人受到損害。

〔六〕匿爲物而過不識：「過」，原作「愚」，據俞樾之說改。

俞樾說：「下文『大爲難而罪不敢，重爲任而罰不勝，遠其塗而誅不至』，曰『罪』，曰『罰』，曰『誅』，皆謂加之以刑也。此曰『愚』，則與下文不一律矣。釋文曰：『愚，一本作遇。』『遇』疑『過』字之誤。廣雅釋詁曰：『過，責也。』因其不識而責之，是謂過不識。呂覽適威篇曰：『煩爲教而過不識，數爲令而非不從，巨爲危而罪不敢，重爲任而罰不勝。』與此文義相似，而正作『過不識』。高誘注訓

『過』爲『責』，可據以訂此文之誤。『過』誤爲『遇』，又臆改爲『愚』耳。」

今譯

柏矩求學於老聃，說：「請求遊歷天下。」老聃說：「算了！天下和這裏一樣。」再請求，老聃說：「你先要去那裏？」回說：「先去齊國。」

到了齊國，看見受刑示衆的屍體，就推動屍體使他倒臥，脱下朝服覆蓋他，仰天號哭說：「先生呀！先生呀！天下有大患，你卻先遭難，〔俗語〕說不要爲盜，不要殺人！榮辱來臨，然後看出它的弊病；財貨積聚，然後看出它的爭攘。現在樹立了人所詬病的，積聚了人所爭攘的，使人的身體窮困而無休止的時刻，要想不走入這種地步，辦得到麼！

「古時候的人君，把有所得歸功於人民，把有所失歸咎於自己；以爲正道在於人民，以爲過錯在於自己；所以只要有一個人喪失了生命，就退而自責。現在卻不是這樣。隱匿真相而責備百姓不知，製造困難卻歸罪人民不敢做，增加事務卻懲罰人不勝任，延長途程卻加誅人的不能達到。人民知窮力竭，就以虛僞的來應付，〔人君〕常作僞事，士民怎能不虛僞呢！能力不足便做假，智慧不足便欺騙，財用不足便盜竊。盜竊的風行，要責備誰才是呢？」

八

蘧伯玉〔一〕行年六十而六十化，未嘗不始於是之而卒詘之以非也，未知今之所謂是之非五十九非也。萬物有乎生而莫見其根，有乎出而莫見其門。人皆尊其知〔二〕之所知而莫知恃其知之所不知而後知，可不謂大疑乎！已乎已乎！且無所逃。此所謂然與，然乎？

注釋

〔一〕蘧伯玉：衛國賢大夫。已見人間世。

〔二〕其知：「知」，音智。下句「其知」的「知」，亦作「智」解。

今譯

蘧伯玉行年六十而六十年與時俱化，未嘗不開始時認爲是而最後斥爲非的，不確定現在所認爲是的而不是五十九歲前所認爲非的。萬物有它的誕生卻不見它的本根，有它的出處卻不見它的門徑。人們都重視他智慧所能知的，而不知道憑藉他智慧所不知道而後知道的道理，可不是大疑惑麽！罷了罷了！避免不了這種錯誤，這樣説是對呢，果真是對嗎？

九

仲尼問於大史〔一〕大弢、伯常騫、狶韋〔二〕曰：「夫衛靈公飲酒湛樂〔三〕，不聽國家之政；田獵畢弋〔四〕，不應諸侯之際〔五〕；其所以爲靈公者何邪？」

大弢曰：「是因是〔六〕也。」

伯常騫曰：「夫靈公有妻三人，同濫〔七〕而浴。史鰌〔八〕奉御而進所〔九〕，搏幣而扶翼〔一〇〕。其慢若彼之甚也，見賢人若此其肅也，是其所以爲靈公也。」

狶韋曰：「夫靈公也死，卜葬於故墓〔一一〕不吉，卜葬於沙丘〔一二〕而吉。掘之數仞，得石槨焉，洗而視之，有銘焉，曰：『不馮其子，靈公奪而里之〔一三〕。』夫靈公之爲靈也久矣，之二人何足以識之〔一四〕！」

注釋

〔一〕大史：「大」音太（釋文）。成疏本作「太史」，即史官。

〔二〕大弢（tāo 滔）、伯常騫、狶韋：三位史官姓名。

〔三〕湛樂：耽樂。「湛」，樂之久（釋文）。

〔四〕畢弋：狩獵用具。「畢」，大網。「弋」，繩繫箭而射（成疏）。

〔五〕諸侯之際：諸侯的交際，指盟會之事。

〔六〕是因是：這就是因爲他能够這樣的緣故。言靈公平時聰明神靈（李勉注）。

郭象說：「靈即是無道之謚也。」按：郭注恐非。

李勉說：「此句郭注、成疏、王解及其他家注解均誤。案此段答孔子之問有三人，大弢、伯常騫皆言靈公善，爲靈公而辯護也。獨狶韋言靈公之非。下文狶韋曰『之二人何足以識之』，即言大弢、伯常騫二人所言不合也。『狶韋』，古帝王名也，見大宗師篇。莊子蓋借重狶韋以諷靈公也，此重言也。『是因是也』爲含糊之詞，不欲詳言也，白話文爲『這就是因爲這樣……』之意。『是』，這也。大弢蓋不欲多言，只含糊其詞，意實言靈公之善也。其意蓋言靈公之所以謚爲靈公，是因其神靈之故也。」

〔七〕濫：浴器（釋文）。

奚侗說：「『濫』，借爲『鑑』。說文曰：『鑑，大盆也。』」

〔八〕史鰌：「鰌」音秋。即史魚（司馬彪說）。

〔九〕奉御而進所：「奉御」，猶今言召對（林希逸說）。「進所」，進於君所（王敔注）。

〔一〇〕搏幣而扶翼：接取幣帛而扶着他。「搏」，執。使人代執其幣（劉鳳苞南華雪心編）。「幣」，帛（釋文）。「扶翼」，使小臣扶掖之（陸長庚說）。「翼」，通作「掖」，「扶翼」即扶掖，掖者，以手持人臂，見說文（李勉說）。

明人方揚說：「『奉御』，猶今言召對。公使人扶翼之，言有禮也。同浴是一事，奉御又是一事，不必同時。」（莊義要删，焦竑莊子翼引）按：方說「同浴是一事，奉御又是一事」，極是。舊注多混爲一事，故各解混淆難明。

清人胡文英說：「『奉御而進所』，猶後世之值宿辦事也。『搏幣』，史鰌治宗廟朝廷之事，奉幣而進，公使人代執其幣，而又使人扶而翼之。」（莊子獨見）

〔一一〕故墓：一本作「大墓」（釋文）。「故」，同古。

〔一二〕沙丘：地名，在盟津河北（成疏）。

〔一三〕不馮其子，靈公奪而里之：「馮」，音憑（釋文），即憑取而居之。「里」，居處（釋文）。

李勉說：「察上下文，此石槨是先天預置，故云不馮其子也。蓋父之死，必憑其子安葬，今石槨已天爲預置，故不須依憑其子爲之置也。『奪』，取也。『里』，居也。謂天已預爲置石槨，靈公可取而居之。此言靈公爲惡殊甚，天欲早亡之，故先爲預置石槨而且銘其上焉。衛靈公之暴無可形容，見左傳。」

〔一四〕之二人何足以識之：「二人」指大弢及伯常騫，責二人所言靈公之善爲不知其真（李勉說）。

今譯

孔子問太史大弢、伯常騫以及狶韋說：「衛靈公飲酒作樂，不過問國家政事；打獵捕獸，不參與諸侯盟會；他所以謚號靈公，爲什麼呢？」

大弢說：「這謚號就是因爲他能這樣的緣故。」

伯常騫說：「靈公有三個妻子，和她們在同一個浴盆洗澡。史鰌奉召而進君所，靈公叫人接過他手上的東西，並使人扶着他。他生活的另一面是那樣地散漫，見到賢人是這樣地尊敬，這是他所以被稱爲靈公的緣故。」

狶韋說：「靈公死了，卜葬在祖先墓地不吉，卜葬在沙丘則吉利。掘地幾丈，發現了一個石槨；洗乾淨來看，上面有銘文說：『不必依賴子孫〔製棺槨〕，靈公可取而居之。』靈公的謚號爲『靈』已經是很久了，他們兩人怎麼能知道呢！」

一〇

少知問於大公調〔一〕曰：「何謂丘里之言〔二〕？」

大公調曰：「丘里者，合十姓百名而以爲風俗也，合異以爲同，散同以爲異〔三〕。今指馬之百體而不得馬，而馬係於前者，立其百體而謂之馬也。是故丘山積卑而爲高，江河合小而爲大〔四〕，大人合并而爲公。是以自外入者，有主而不執；由中出者，有正而不距〔五〕。四時殊氣，天不賜〔六〕，故歲成；五官殊職，君不私，故國治；文武殊能，大人不賜〔七〕，故德備；萬物殊理，道不私，故無名。無名故無爲，無爲而無不爲。時有終始，世有變化。禍福淳淳，至有所拂者而有所宜〔八〕；自殉殊面〔九〕，有所正者有所差。比於大澤，百材皆度；觀於大山，木石同壇〔一〇〕。此之謂丘里之言。」

少知曰：「然則謂之道，足乎？」

大公調曰：「不然。今計物之數，不止於萬，而期曰萬物者，以數之多者號而讀〔二〕之也。是故天地者，形之大者也；陰陽者，氣之大者也；道者爲之公。因其大而號以讀之，則可也，已有之矣，乃將得比哉〔三〕？則若以斯辯〔三〕，譬猶狗馬，其不及遠矣！」

注釋

〔一〕少知問於大公調：「少知」，知識淺少。「大公調」，廣大公正調和衆物。這裏寓託爲人名。

成玄英說：「智照狹劣，謂之『少知』。道德廣大，公正無私，復能調順群物，故謂之『大公調』。假設二人，以論道理。」

〔二〕丘里之言：四井爲邑，四邑爲「丘」；五家爲鄰，五鄰爲里（釋文引李頤注）；「丘里之言」，猶公論（陳壽昌說）。

宣穎說：「借丘里之言，發出渾同之道，可謂即小悟大。」

〔三〕合異以爲同，散同以爲異：「同」「異」爲先秦名家所辯論的問題之一。秋水篇載公孫龍「合同異」說。天下篇記述惠施「小同異」、「大同異」之說。

宋人呂惠卿說：「合姓名爲丘里，異爲同也。散丘里爲姓名，同爲異也。非如一家之言，異不能同，同不能散也。」（莊子義）

林希逸說：「一里之中，有十姓百名，人物雖異，而風俗則同，『合異以爲同』之喻也。『合異以爲同』，萬物同一理也。『散同以爲異』，物物各具一理也。」

〔四〕江河合小而爲大：「合小」原作「合水」。一本作「合流」（釋文）。依俞樾之説改。

俞樾説：「『水』乃『小』字之誤。『卑』『高』『小』『大』，相對爲文。」按：原作「合水」或一本作「合流」，亦通。然上句丘山積「卑」而爲「高」，「卑」「高」與此句「小」「大」對文，俞説爲勝。

嚴靈峰説：「俞説近是也。墨子親士篇：『江河不惡小谷之滿己也，故能大。』按：古書每以『大』、『小』，『大』、『細』對言；如老子六十三章：『爲「大」於其「細」。』因依俞説改。」

〔五〕自外入者，有主而不執；由中出者，有正而不距：事物從外界進入，心中雖有所主卻不執著成見；由內心發出的，雖有所取正卻不排拒他人。

林雲銘説：「『自外入者』，聽言。聽人之言，吾心雖有所主而不可執定一己之見。『由中出者』，立言。立言垂訓，吾心雖有取正，而不可拒逆他人之意。如此方可合異而歸同。」（莊子因）

〔六〕天不賜：「賜」爲「私」的借字。

馬叙倫説：「『賜』疑借爲『私』。下文曰：『五官殊職，君不私，故國治。』辭例相同。此作『賜』者，爲美耳。」

〔七〕文武殊能，大人不賜：「殊能」二字缺遺，依王叔岷校釋補上。宣穎本「文武」下增「殊才」二字。

奚侗説：「案此與下文不一律，亦難通；『文武』下有脱文。」

王叔岷説：「案此文義頗難通。審注：『文者自文，武者自武，非大人所賜也。若賜而能，則有時而闕矣。』疏：『文相武將，量才授職，各任其能，非聖與也。』疑『文武』下原有『殊能』，與上文『四時殊氣』、『武官殊職』、『萬物殊理』，句法一律。」按：王說是，當據補。

〔八〕禍福淳淳，至有所拂者而有所宜：謂禍福循環流變。「淳淳」，流動貌（釋文引王穆夜說）。「拂」，逆。

林希逸說：「『淳淳』，流行自然也。吉凶禍福之至，倚伏無常，或有所拂逆，而反爲宜。塞翁得馬失馬之意也。『拂』，逆也，不如意也。『宜』，如意也。」

〔九〕自殉殊面：「殉」通徇，營求。殊面，各方面（李勉注）。

成玄英說：「『殉』，逐也。『面』，向也。夫彼此是非，紛然固執，故各逐己見而所向不同也。」

〔一〇〕同壇：同地（林希逸說）。「壇」，基（成疏）。

〔一一〕讀：猶語（釋文引李頤注）。

〔一二〕已有之矣，乃將得比哉：「有之」，指有道之名。「比」，指把大道與丘里之言相比（曹礎基說）。

〔一三〕辯：辨，別。

今譯

少知問大公調說：「什麼是丘里之言？」

大公調說：「所謂丘里，是集合十姓百人而形成一個風俗，結合差異而成爲同一，分散同一而成爲差異。現在專指馬的每個小部分便不得稱爲『馬』，可是把馬拴在人的面前，總合牠的形體各個部位才稱爲馬。所以丘山是聚積卑小才成爲高，江河是匯合衆水才成爲大，大人是採納各方才算是公。所以事物從外界進入心中，心中雖有主意卻不固執成見；由內心發出的，內心雖有正理卻不排拒他人。四時不同的氣候，天不偏私，所以歲序完成；五官不同的職務，君不自私，所以國家安定；文武不同的才能，大人不偏私，所以德性完備；萬物不同的理則，道不偏私，所以無所名稱。無所名稱謂所以無所干預，無所干預便沒有什麽做不成的。時序有終始，世事有變化。禍福流變，有所乖逆卻也有所適宜；各自追求不同的方面，有所確當卻也有所差失。譬如大澤，各種材木都有它的適用；觀看大山，木石盤結一起。這就稱爲丘里之言。」

少知說：「那麽稱爲道，可以嗎？」

大公調說：「不是的。現在計算物的種數，不止於萬，而限稱爲萬物，是以數目中最多的來號稱它。所以天地，是形體中最大的；陰陽，是氣體中最大的；道則是總括一切。因爲它的浩大而這樣稱呼是可以的，已有道的名稱還能和它相比嗎？如果要把大道和丘里之言去辨別，就好像狗和馬相比，相差太遠了。」

一一

少知曰：「四方之內，六合之裹，萬物之所生惡起？」

大公調曰：「陰陽相照〔一〕，相蓋相治〔二〕；四時相代，相生相殺。欲惡去就，於是橋起〔三〕；雌雄片合〔四〕，於是庸有〔五〕。安危相易，禍福相生，緩急相摩，聚散以成。此名實之可紀，精微之可志〔六〕也。隨序之相理，橋運〔七〕之相使，窮則反，終則始；此物之所有〔八〕。言之所盡，知之所至，極物而已。覩道之人，不隨〔九〕其所廢，不原其所起，此議之所止。」

少知曰：「季真之莫爲〔一〇〕，接子之或使〔一一〕，二家之議，孰正於其情，孰偏於其理？」

大公調曰：「雞鳴狗吠，是人之所知；雖有大知，不能以言讀其所自化，又不能以意測其所將爲〔一二〕。斯而析之，精至於無倫〔一三〕，大至於不可圍，或之使，莫之爲，未免於物，而終以爲過。或使則實，莫爲則虛。有名有實，是物之居；無名無實，在物之虛。可言可意，言而愈疏。未生不可忌〔一四〕，已死不可徂〔一五〕。死生非遠也，理不可覩。或之使，莫之爲，疑之所假〔一六〕。吾觀之本，其往無窮；吾求之末，其來無止。無窮無止，言之無也，與物同理〔一七〕；或使莫爲，言之本也〔一八〕，與物終始。道不可有，有不可無〔一九〕。道之爲名，所假而行〔二〇〕。或使莫爲，在物一曲〔二一〕，夫胡爲於大方〔二二〕？言而足，則終日言而盡道；言而不足，則終日言而盡物。道物之極〔二三〕，言默不足以載；非言非默，議有所極。」

注　釋

〔一〕相照：相應（林希逸說）。

〔二〕相蓋相治：相消相長（李鍾豫今譯），與下句「相生相殺」同意。

俞樾說：「『蓋』當讀爲『害』。爾雅釋言：『蓋，割裂也。』釋文曰：『蓋，舍人本作害。』是『蓋』、『害』古字通。陰陽或相害，或相治，猶下句云四時相代相生相殺也。」

〔三〕橋起：高勁，言所起之勁疾（釋文引王穆夜說）；即突然而起之義（明陳深莊子品節）；猶言蠭起（馬其昶莊子故）。

〔四〕片合：分合（林希逸說）；指陰陽片分而相合爲一。

胡文英說：「『片』，與『牉』同。儀禮『夫婦牉合』，謂合其半以成夫婦。」

〔五〕庸有：常有。「庸」，常（成疏）。

〔六〕志：成本作「誌」。「志」與「誌」通，作「志」是故書（王叔岷說）。

〔七〕橋運：橋起而運行。

〔八〕此物之所有：這是物所具有的現象。「此」，即指上文「橋運之相使，窮則反，終則始」的事物運轉變化之規律與現象而言。按：這句是承上文的結語，然近人標點，多誤將此句屬下讀。理雅各（James Legge）及 Burton Watson 等英譯本，以此句承結上文而斷句，爲確。

〔九〕隨：猶追究。

〔一〇〕季真之莫爲：季真，不知道是什麽人。季真主張「莫爲」，就是認爲萬物都是自然地生出來的，不是由於什麽力量的作爲（馮友蘭論莊子見莊子哲學討論集一二二頁）。

〔一一〕接子之或使：接子可能就是史記田完世家裏邊所說的接子，也是稷下的學者之一。接子主張「或使」，就是認爲總有個什麽東西，使萬物生出來的（馮友蘭說）。

近人陳榮捷說：「史記記載接子遊稷下，正義說他是齊人。鹽鐵論記載稷下分散時『捷子亡去』。接子，捷子，同是一人。漢書藝文志道家有捷子二篇，注說齊人。書已亡了。此外不詳。錢穆以爲他的年代大約是前三五〇——二七五年。」（戰國道家載歷史語言研究所集刊第四十四本第三分）

〔一二〕又不能以意測其所將爲：「測」字缺遺，依王叔岷校釋據成疏補上。王叔岷說：「案疏『不能用意測其所爲』，疑成本『意』下有『測』字。『不能以意測其所將爲』，與上文『不能以言讀其所自化』相耦，今本脫『測』字，則文意不完矣。」

〔一三〕精至於無倫：「倫」，比（王先謙集解）。謂精微至於無比。

〔一四〕忌：禁（成疏）。

〔一五〕徂：亦作「阻」。趙諫議本作「阻」。

〔一六〕疑之所假：疑惑所立的假設。

〔一七〕言之無也，與物同理：言論所不能表達的，但和物象具有同一的規律。

〔一八〕言之本也：指言者以「或使」或「莫爲」之說爲本。

〔一九〕道不可有，有不可無：指道不可執著於有形，也不可執著於無象。

〔二〇〕道之爲名，所假而行：道的爲名，乃是假借之稱。如老子二十五章所說：「吾不知其名，字之曰道。」

〔二一〕一曲：一隅、一邊、一偏的意思。

〔二二〕大方：即大道。

〔三〕道物之極：有數解：一說道、物之極；指道和物兩者的極限。一說道，物之極；即道者物之極處（劉鳳苞南華雪心編）。另一說「物」字誤衍，見李勉莊子總論及分篇評注。

李勉說：「『物』字誤衍，此僅指道而言（物固可以言默而載，上文已言，又焉能謂之不足以載）。」

李說似可從。

今譯

少知說：「四方之內，六合之中，萬物從哪裏產生？」

大公調說：「陰陽相應，相消相長；四時循環，相生相殺。欲、惡、去、就，於是相繼起伏；雌雄交合，於是世代長傳。安危互相更易，禍福互相產生，緩急互相交替，聚散因以形成。這是有名實可以識別的，有精微可以記認的。依循時序的規律，起伏而運行的變化，物極則返，終而復始；這是萬物所具有的現象。言論所窮盡的，知識所達到的，限於物的範圍罷了。識道的人，不追隨物的消逝，不探究物的起源，這是議論的止點。」

少知說：「季真所說的『莫爲』，接子主張的『或使』，兩家的議論，誰偏於理？」

大公調說：「雞鳴狗吠，這是人所知道的；即使有大智慧的人，並不能用語言來說明牠們所以會鳴叫的原因，也不能用心意去推測牠們還會產生什麼動作。由這分析起來，精微至於無比，浩大至於無限，斷言或有所使，肯定莫有所爲，都未免在物上立論，而終究是過而不當的。『或使』的主張則太拘泥，『莫爲』的說法則過於虛空。有名有實，是物的範圍；無名無實，不屬於物的範圍。可用言說可用意會，但愈用言説卻愈疏離。未生的不能禁止其生，已死的無法阻止其死。死生並不遠隔，道理卻不能了解。或有所使，莫有所爲的主張，都是疑惑所立的假設。我看它的本源，它的過往無窮；我求它的跡象，它的未來無盡。無窮無盡，是言語所無從表達，但和物象具有同一的規律；『或使』『莫爲』，爲言論所本，而和物象同始終。道不可執著於有形，也不可執著於無象。道的爲名，乃是假借之稱。『或使』『莫爲』的主張，限於物的一偏，怎能達於大道？言論周遍，則終日言説都是道；言論而不周遍，則終日言説盡是物。道〔和物〕的極處，言論和沉默都不足以表達；既不言説又非沉默，這是議論的極致。」

外物

外物篇，由十三章文字雜纂而成。各章意義散亂而不相關聯。「外物」，即外在事物。取篇首二字爲篇名。

本篇第一章，申説外在的事物没有一定的準則。如忠未必能取信，孝未必能見愛，並舉史實爲例以説明。第二章，莊周家貧的故事。第三章，任公子釣大魚，喻經世者當志於大成。第四章，儒以詩禮發冢的故事，寫儒者口唱詩禮，卻資以盜墓，這和胠篋篇所寫强權者藉仁義以盜國盜民一樣。第五章，老萊子告誡孔子的寓言，要人去除行爲的矜持與容貌的機智。第六章，宋元君夢神龜的寓言，在於説「知有所困，神有所不及」。第七章，惠子與莊子對話，申「無用之用」的意義。第八章，莊子曰一段，寫宇宙的流轉及社會人事的變易，評學者是古非今之謬，讚至人「遊於世而不僻，順人而不失己」。第九章，寫心胸不可逼狹，心靈應與自然共遊。第十章，「德溢乎名」一小段，寫謀慮智巧則傷自然之德。第十一章，「静然可以補病」一小段，寫寧靜的功效。第十二章，「演門有親死者，以善毁爵爲官師，其黨人毁而死者半」一小段，寫矯性僞情之遇。第十三章，「得魚忘荃」、「得兔忘蹄」的名句，即出於此篇末一段。後代禪宗發揮了這「得意忘言」之義。

本篇除了提出「得意忘言」這一哲理性的哲學命題之外，還創造了任公垂釣、儒生發冢、神龜失算等富有啓發性的寓言。此外，涸轍之魚、枯魚之肆、尊古卑今、婦姑勃谿、得魚忘筌等成語，亦見於本篇。

一

外物不可必〔一〕，故龍逢誅，比干戮〔二〕，箕子〔三〕狂，惡來〔四〕死，桀紂亡。人主莫不欲其臣之忠，而忠未必信，故伍員〔五〕流於江，萇弘死於蜀〔六〕，藏其血三年而化爲碧〔七〕。人親莫不欲其子之孝，而孝未必愛，故孝己憂〔八〕而曾參悲〔九〕。木與木相摩則然〔一〇〕，金與火相守則流。陰陽錯行〔一一〕，則天地大絯〔一二〕，於是乎有雷有霆，水中有火〔一三〕，乃焚大槐。有甚憂兩陷〔一四〕而無所逃，螴蜳〔一五〕不得成，心若懸於天地之間，慰暋〔一六〕沈屯〔一七〕，利害相摩，生火甚多〔一八〕，衆人焚和〔一九〕，月固不勝火〔二〇〕，於是乎有僓然而道盡〔二一〕。

注釋

〔一〕外物不可必：「必」，謂必然（成疏）。這話是說外在的事物不能有定準。

〔二〕龍逢誅，比干戮：人間世篇說：「桀殺關龍逢，紂殺王子比干。」胠篋篇說：「龍逢斬，比干剖。」

〔三〕箕子：殷紂庶叔，賢臣。

〔四〕惡來：殷紂王的諛臣。史記殷本紀說：「惡來善毀讒。」

〔五〕伍員：即伍子胥。已見於胠篋篇：「子胥靡。」又見於至樂篇：「子胥爭之，以殘其形。」

〔六〕萇弘死於蜀：周靈王的賢臣，被放歸蜀，刳腸而死。已見於胠篋篇：「萇弘胣。」

〔七〕而化爲碧：說文繫傳一引當作「化而爲碧」（王叔岷校釋）。「碧」，指碧玉。

〔八〕孝己憂：殷高宗的兒子，遭後母折磨，憂苦而死。

〔九〕曾參悲：曾參不被父母所愛而悲傷。

林希逸說：「曾子未見悲泣之事，想以芸瓜大杖則走之事言之。」

成玄英說：「曾參至孝，而父母憎之，常遭父母打，鄰乎死地，故悲泣也。」

〔一〇〕木與木相摩則然：「然」，同燃。御覽八六九正引「燃」。

俞樾說：「淮南子原道篇亦云：『兩木相摩而然。』然兩木相摩，未見其然。下句云：『金與火相守則流。』疑此句亦當作『木與火』。下文云：『水中有火，乃焚大槐。』又云：『利害相摩，生火甚多，衆人焚和，月固不勝火。』是此章多言火，益知此文之當爲『木與火』矣。蓋木金二物皆畏火，故舉以爲言，見火之爲害大也。」按：俞說可存。古人鑽木取火，即以兩木相摩而燃，所以本句不必改字亦可通。

〔一一〕陰陽錯行：陰陽錯亂。與大宗師篇「陰陽之氣有沴」及在宥篇「陰陽並毗」同。

〔一二〕絯：音駭（釋文），驚動的意思。御覽一三、八六九引作「駭」。

〔一三〕水中有火：指雨中有電。

〔一四〕兩陷：陷入了利害兩端（李鍾豫今譯）。

林希逸說：「兩陷，非有人道之患，則有陰陽之患也。人間世云『是兩也』，即此意。」（南華真經口義）按：兩陷一詞，各家解釋紛紜，以林說較可通。

〔一五〕䡅（chén陳）蜳（chún淳）：猶怵惕（成疏）。

〔一六〕慰暋：鬱悶（釋文）。

馬叙倫說：「『暋』借爲『怋』。說文曰：『怋，亂也。』」（莊子義證）

〔一七〕沈屯：「沈」，深。「屯」，難（釋文引司馬彪說）；沈溺（成疏）。

馬叙倫說：「『屯』爲『惷』省。說文曰：『惷，亂也。』」按：「屯」「悶」音近義通。「沈屯」有沉悶之意。

〔一八〕生火甚多：指内心很焦急。

〔一九〕衆人焚和：指衆人沉溺於利害爭執而焚傷了心中的和氣。

〔二〇〕月固不勝火：「月」，形容人心的清澈。「火」，形容内心的焦急。即是說内心的清澈不能克服焦急。

劉鳳苞說：「『月』字借喻清明之本性。『火』字即利害之薰灼也。」（南華雪心編）

〔二一〕僓然而道盡：「僓」，音頹（釋文）。「僓然」即頹然。「盡」喻喪盡。

今譯

外在的事物不能有定準，故而龍逢被誅，比干遭殺，箕子佯狂，惡來身死，桀紂滅亡。君主没有不希望他的臣子忠心，然而忠心卻未必能取信，所以伍員浮屍於長江，萇弘自殺於四川，他的血藏了三年化成爲碧玉。父母没有不希望他的兒女孝順，然而孝順卻未必能見愛，所以孝己憂苦而曾參悲愁。木與木相摩而燃燒，金與火相接則鎔化。陰陽錯亂，則天地大震，於是有雷有霆，雨中有電，乃殛焚大槐樹。有人憂慮過甚陷入利害兩端而無所逃避，怵惕不安而無所成，心像懸在天地之間，憂鬱沉悶，利害相衝，內心很焦急，衆人常傷了內心和氣，內心的清寧不能克制焦急，於是會精神頹靡而道理喪盡。

二

莊周家貧，故往貸粟於監河侯〔一〕。監河侯曰：「諾。我將得邑金〔二〕，將貸子三百金〔三〕，可乎？」

莊周忿然作色曰：「周昨來，有中道〔四〕而呼者。周顧視車轍中，有鮒魚焉。周問之曰：『鮒魚來〔五〕！子何爲者邪？』對曰：『我，東海之波臣〔六〕也。君豈有斗升之水而活我哉？』周曰：『諾。我且南遊吳越之土〔七〕，激西江〔八〕之水而迎子，可乎？』鮒魚忿然作色曰：『吾失我常與〔九〕，我無所處。吾得斗升之水然活耳〔一〇〕，君乃言此，曾不如早索我於枯魚之肆！』」

注釋

〔一〕監河侯：監河之官。

林希逸說：「說苑曰：魏文侯也。亦未必然，或是監河之官，以侯稱之。」

〔二〕邑金：采地的稅金。

〔三〕金：成疏：「銅鐵之類，皆名爲金，此非黄金也。」

〔四〕中道：途中。

〔五〕鮒魚來：「鮒魚」，鯽魚。「來」，語助辭。

〔六〕波臣：猶曰水官（林希逸口義）。

〔七〕南遊吴越之土：「土」原作「王」。御覽四八五引「王」作「土」（馬叙倫義證）。依褚伯秀之説，並據御覽所引而改。

褚伯秀説：「『吴越之王』，頗難釋，諸解略之。獨碧虚云：『吴越水聚之地。「王」猶江海爲百谷王。』張君房校本遊下加『説』字，去聲。其論亦未通。詳義考文粗得其意，『王』字元應是『土』，誤加首畫耳。」（南華真經義海纂微）按：褚説可從。本句「南遊吴越之土」與下句「激西江之水」，「水」「土」正對稱。「遊」即遊歷，非遊説。

〔八〕西江：蜀江。蜀江從西來，故謂之西江（成疏）。

〔九〕常與：常相與，謂水（林雲銘莊子因）。

陳碧虚説：「與猶親也。謂魚水常相親也。」（南華章句音義）

〔一〇〕然活耳：「然」，猶「則」（王引之經傳釋詞）。

今譯

莊周家裏貧窮，所以向監河侯借米。監河侯説：「好的。等我收了采地的税金，就借給你三百金，可以嗎？」

莊周板着臉説：「我昨天來時，中途聽得有呼喚我的。我回頭在車輪輾窪的地方，有條鯽魚。我問牠説：『鯽魚呀！你在這裏做什麼呢？』回答説：『我是東海的水官。你有斗升的水救活我嗎？』我説：『好的。等我遊歷吳越之地，引西江的水來迎救你，可以嗎？』鯽魚板着臉説：『我失去了水，我没有容身之處。我只要得到斗升的水就可活命，你還這樣説，不如早一點到乾魚市場上找我吧！』」

三

任公子〔一〕爲大鉤巨緇〔二〕，五十犗〔三〕以爲餌，蹲乎會稽〔四〕，投竿東海，旦旦而釣，期年不得魚。已而大魚食之，牽巨鉤，錎没〔五〕而下，騖揚〔六〕而奮鬐〔七〕，白波若山，海水震蕩，聲侔鬼神，憚赫〔八〕千里。任公子得若魚，離〔九〕而腊之，自制河〔一〇〕以東，蒼梧〔一一〕已北，莫不厭〔一二〕若魚者。已而後世輇才〔一三〕諷説〔一四〕之徒，皆驚而相告也。夫揭竿累〔一五〕，趨灌瀆〔一六〕，守鯢鮒〔一七〕，其於得大魚難矣。飾小説以干縣令〔一八〕，其於大達亦遠矣。是以未嘗聞任氏之風俗，其不可與經於世亦遠矣。

注釋

〔一〕任公子：「任」，國名。任國之公子（成疏）。

〔二〕巨緇（zī滋）：大黑索。「緇」，黑繩。

〔三〕犗（jiè介）：犍牛，即閹牛。

〔四〕會稽：山名，在浙江省境內。

〔五〕銘没：即陷没。「銘」，猶「陷」字（釋文引字林）。道藏王元澤新傳本、元纂圖互注本並作「陷」（王叔岷校釋）。

〔六〕騖揚：奔馳。

〔七〕鬐（qí 旗）：魚鰭。

〔八〕憚赫：震驚（胡文英莊子獨見）。

〔九〕離：剖。

〔一〇〕制河：即浙江。「制」，作「淛」，同「浙」。浙河即浙江。

陸德明說：「依字應用『浙』。『河』亦江也，北人名水皆曰河。」（釋文）

〔一一〕蒼梧：山名，在嶺南，即今廣西省蒼梧縣。

〔一二〕厭：即饜，飽食。

〔一三〕輇才：小才。李頤說：「本又或作『輕』。」

楊樹達說：「說文十四篇上車部云：『輇，蕃車下庳輪也。』段注云：『因以爲凡卑之稱。』『輇』字義可通，不必作『軨』、『輕』。」（莊子拾遺）按：「庳輪」即小輪，故「輇才」即小才。

〔一四〕諷說：猶傳說（李勉莊子分篇評注）；道聽塗說（林希逸口義）。

〔一五〕累：細繩（成疏）。

〔一六〕灌瀆：皆水之小者（楊樹達說）。即小溪。

〔一七〕鯢鮒：小魚。

〔一八〕干縣令：求高名。「干」，求。「縣」通懸，有高義。「令」通「名」。另一解「縣令」，懸賞的詔令，誰按這些詔令做到了就可以賞得功名（曹礎基說）。今譯從前者。

今譯

任公子做了一個粗黑繩大釣鉤，用五十頭犍牛做餌物，蹲在會稽山上，投竿於東海，天天在那裏釣，整年都没有釣到魚。忽而大魚來吞餌，牽動大鉤沉下水去，翻騰而奮鰭，白波湧起如山，海水震盪，聲如鬼神，震驚千里。任公子釣到這條魚，剖開來臘乾，從浙江以東，蒼梧以北，没有不飽喫這條魚。後世小才傳説之徒，都驚走相告。要是舉着小竿繩，到小水溝裏，守候鯢鮒小魚，那要想釣到大魚就很難了。粉飾淺識小語以求高名，那和明達大智的距離就很遠了。所以没有聽聞過任氏的風格的，他之不能經理世事，相去也是很遠的了。

四

儒以詩禮發冢，大儒臚〔一〕傳曰：「東方作矣〔二〕！事之何若？」

小儒曰：「未解裙襦〔三〕，口中有珠。」

「詩〔四〕固有之曰：『青青之麥，生於陵陂，生不布施，死何含珠爲？』接〔五〕其鬢，壓其顪〔六〕，而〔七〕以金椎控〔八〕其頤，徐別〔九〕其頰，無傷口中珠。」

注釋

〔一〕臚：上傳語告下曰「臚」（釋文）。

〔二〕東方作矣：指太陽出來了。

〔三〕襦：短衣。

〔四〕詩：此逸詩（司馬彪說）。

林希逸說：「此詩只四句，或是古詩，或是莊子自撰，亦不可知。」

〔五〕接：撮。

〔六〕壓其顪：「壓」，本亦作「擪」。字林云「擪」，一指按（釋文）。趙諫議本「壓」作「擪」（王孝魚校）。「顪」，頤下毛（司馬彪說），即下巴的鬍鬚。

〔七〕而：原作「儒」，依王念孫之說改。

王念孫說：「『儒以金椎控其頤』，藝文類聚寶玉部引此，『儒』作『而』，是也。『而』，汝也。自『未解裙襦』以下，皆小儒答大儒之詞。言『汝以金椎控其頤，徐別其頰，無傷其口中之珠也』。『而』『儒』聲相近，上文又多『儒』字，故『而』誤作『儒』。」（讀書雜志餘編）按：王說可從。惟小儒答大儒，至「口中有珠」句止，「詩固有之曰」以下，爲大儒告示小儒之語。

〔八〕控：敲開。

〔九〕徐別：慢慢地分開。

今譯

儒士用詩書來盜掘墳墓。大儒傳話說：「太陽出來了，事情怎麽樣了？」

小儒說：「裙子短襖還没有脱下，口中含有珠。」

〔大儒說：〕「古詩有説：『青青的麥穗，生在陵陂上，生不施捨人，死了何必要含珠！』抓着他的鬢髮，按着他的鬍鬚，你用鐵鎚敲他的下巴，慢慢地分開他的兩頰，不要損傷了口中的珠子！」

五

老萊子〔一〕之弟子出取薪〔二〕，遇仲尼，反以告，曰：「有人於彼，修上而趨下〔三〕，末僂〔四〕而後耳〔五〕，視若營四海〔六〕，不知其誰氏之子？」

老萊子曰：「是丘也。召而來。」

仲尼至。曰：「丘！去汝躬矜與汝容知〔七〕，斯爲君子矣。」

仲尼揖而退，蹙然改容而問曰：「業可得進乎？」

老萊子曰：「夫不忍一世之傷而驁萬世之患〔八〕，抑固窶邪〔九〕，亡其略弗及邪〔一〇〕？惠以歡爲，驁終身之醜〔一一〕，中民之行進焉耳〔一二〕，相引以名，相結以隱〔一三〕。與其譽堯而非桀，不如兩忘而閉其所非譽〔一四〕。反無非傷也〔一五〕，動無非邪也〔一六〕。聖人躊躇〔一七〕以興事，以每成功〔一八〕。奈何哉其載〔一九〕焉終矜爾！」

注釋

〔一〕老萊子：史記仲尼弟子列傳分周之老子與楚之老萊子爲兩人。老子列傳謂老萊子亦楚人，著書十五篇，言道家之用，與孔子同時云。

成玄英說：「老萊子，楚之賢人隱者也，常隱蒙山，楚王知其賢，遣使召爲相。其妻採樵歸，見門前有車馬跡。妻問其故，老萊曰：『楚王召我爲相。』妻曰：『受人有者，必爲人所制，而之不能爲人制也。』妻遂捨而去。老萊隨之，夫負妻戴，逃於江南，莫知所之。」按：此事蹟恐係後人傳說。

〔二〕出取薪：「取」一字原缺，依王叔岷之說，據高山寺本補。

王叔岷說：「案古鈔卷子本『出』下有『取』字，文意較完。疏：『出取薪者，采樵也。』是成本亦有『取』字。陳碧虛闕誤引張君房本『出』下有『拾』字。音義引江南古藏本亦有『拾』字。云：『本又作出採薪。』」

〔三〕修上而趨下：長上而促下（郭象注）；即上身長而下身短。「趨」同促，短促。

〔四〕末僂：謂背曲（馬叙倫說）。

孫詒讓說：「淮南墬形訓：『末僂』，高注：『末猶脊也。』『末僂』，即背僂。」

〔五〕後耳：耳卻近後（郭注）。即耳朵後貼。

〔六〕視若營四海：形容目光四射。「營」有充滿的意思。

成玄英説：「瞻視高遠，似營天下。」

〔七〕去汝躬矜與汝容知：除去你行爲的矜持和容貌的機智。

〔八〕不忍一世之傷而驁萬世之患：不忍一世的受害卻忽視了萬世的禍患。「驁」，傲，輕視。

成玄英説：「夫聖智仁義，救一時之傷；後執爲姦，成萬世之禍。」

〔九〕抑固窶邪：是固陋嗎？「窶」，陋，不足。

〔一〇〕亡其略弗及邪：或是智略不及嗎？「亡其」，轉語，「或是」之意。「略」，指智略。

郭慶藩説：「『亡』讀如『無』。『亡其』，轉語也。史記范雎蔡澤列傳：『亡其言臣者賤不可用乎？』吕氏春秋愛類篇：『亡其不得宋且不義猶攻之乎？』是凡言『亡其』，皆轉語詞也。」（莊子集釋）

〔一一〕惠以歡爲，驁終身之醜：多本句讀爲：「惠以歡爲驁，終身之醜。」如林希逸説：「『惠』，施惠於人也。『歡』，欲得人之歡心也。以施惠而得人之歡心爲驁。」林雲銘説：「以我之惠及人，而邀人之歡以爲矜尚。」然曹礎基莊子淺注句讀爲「惠以歡爲，驁終身之醜」，可從。此與上文「驁萬世之患」，文勢相貫。「惠以歡爲」，即「爲歡以惠」，謂爲邀衆人之歡心而施惠於人。

〔一二〕中民之行進焉耳：中等人的所爲罷了，「中民」一詞已見於徐无鬼篇（「中民之士榮官」）。

林希逸説：「以此自驁於世，不可，此乃終身可醜之行也。庸人之所爲，則務人於此而已。」

李勉説：「言以賜惠於人自爲歡傲乃終身之醜事，係庸俗之民所行耳，非至聖之舉也。」

〔一三〕隱：訓私。

俞樾說：「李云：『隱，病患也。』然病患非所以相結。郭注曰：『隱，括；進之謂也。』然隱括所以正曲木，亦非所以相結也。『隱』當訓爲『私』。呂氏春秋圜道篇：『分定則下不相隱。』高注曰：『隱，私也。』文選赭白馬賦：『思隱周渥。』李善引國語注曰：『隱，私也。』相結以隱，謂相結以恩私。舊說皆非。」

〔一四〕與其譽堯而非桀，不如兩忘而閉其所非譽：語襲大宗師篇：「與其譽堯而非桀，不如兩忘而化其道。」

馬叙倫說：「『所』，蓋『非』字之譌也。」按：依馬說，作「閉其非譽」，意即揚棄責難和稱譽。馬說可通。然「所」字不必爲譌，疑「所」下遺「非」字，當作「閉其所非譽」，此「所非譽」正承上文「譽堯」「非桀」而來。

〔一五〕反無非傷也：反於物性，無不傷損（成疏）。

〔一六〕動無非邪也：擾動心靈無非是邪道。

〔一七〕躊躇：從容（釋文）；戒慎之意。

〔一八〕以每成功：其功每成（郭注）。按：「每」字釋文成疏皆依郭注作常義解，疑當依章炳麟之說，「每」借爲「謀」。

章炳麟說：「『每』與『謀』聲義相近。古文『謀』作『𠰔』。」

〔一九〕載：行（羅勉道循本）。

今譯

老萊子的弟子出去打柴，遇見孔子，回來告訴說：「那裏有個人，上身長而下身短，背脊傴曲而耳朵後貼，目光四射，不知道他是什麽人？」

老萊子說：「那是孔丘。召他來。」

孔子來了。說：「孔丘呀！除去你行爲的矜持和容貌的機智，這才可以成爲君子。」

孔子作揖而退，愧然變色而問說：「我的德業能修進嗎？」

老萊子說：「不忍心一世的受害卻忽視了萬世的禍患，是固陋嗎？還是智略不及呢？以施惠邀人歡心，而忽視了終身的恥辱，這是中等人的所爲罷了！以名聲相招引，以私利相結納。與其稱讚堯而非議桀，不如兩者都遺忘而揚棄所非議與稱讚的。違背本性無不受損傷，擾動心靈無非是邪念。聖人從容興起事業，以謀求成功。爲什麽你總驕矜於自己的行爲呢！」

六

宋元君〔一〕夜半而夢人被髮窺阿門〔二〕，曰：「予自宰路〔三〕之淵，予爲清江〔四〕使河伯之所，漁者余且〔五〕得予。」

元君覺，使人占之，曰：「此神龜也。」

君曰：「漁者有余且乎？」

左右曰：「有。」

君曰：「令余且會朝。」

明日，余且朝。君曰：「漁何得？」

對曰：「且之網得白龜焉，其圓五尺。」

君曰：「獻若之龜。」

龜至，君再欲殺之，再欲活之，心疑，卜之，曰：「殺龜以卜，吉。」乃刳龜以卜〔六〕，七十二鑽〔七〕而無遺筴〔八〕。

仲尼曰：「神龜能見夢於元君，而不能避余且之網；知能七十二鑽而無遺筴，不能避刳腸之患。如是，則知有所困，神有所不及也。雖有至知，萬人謀之〔九〕。魚不畏網而畏鵜鶘〔一〇〕。去小知而大知明，去善而自善矣。嬰兒生無石師〔一一〕而能言，與能言者處也。」

注釋

〔一〕宋元君：宋國國君，名佐，謚號元。田子方篇有「宋元君將畫圖」故事一節。

〔二〕阿門：旁門，側門。

〔三〕宰路：江畔淵名（成疏）。

〔四〕清江：即揚子江。「清」，與黃河之濁相對而稱（福永光司說）。

〔五〕余且：姓余名且，漁夫。

〔六〕乃刳龜以卜：「以卜」二字原缺。按：文選江賦注、御覽三九九、九三一引「龜」下並有「以卜」二字，文意較完（王叔岷校釋）。

〔七〕七十二鑽：指占卜了七十二次。

宣穎說：「每占必鑽龜。」

郭慶藩說：「文選郭景純江賦注引司馬云：『鑽，命卜，以所卜事而灼之。』」

〔八〕無遺筴：計算吉凶，毫無遺失。「筴」是古時卜筮用的蓍。蓍草高長，古人取它的莖用來卜筮。此處用「筴」，通「策」字。

〔九〕雖有至知，萬人謀之：「萬人謀之」有兩解：一說萬人謀算他；另一說萬人共同來謀劃。按：當從前說。後文「嬰兒生無石師而能言，與能言者處也」可證。

〔一〇〕鵜鶘：一種喜歡吃魚的小鳥。

〔一一〕石師：又作碩師（釋文）。唐寫本正作碩（王叔岷校釋）。「石」與「碩」古字通用。

今譯

宋元君半夜裏夢見有人披頭散髮在側門窺視，說：「我來自宰路深淵，我做清江的使者到河伯那裏，漁夫余且捉到了我。」

元君醒來，使人占卜，回說：「這是神龜。」

國君說：「有個叫余且的漁夫嗎？」

左右回說：「有。」

國君說：「令余且來朝見。」

第二天，余且來朝。國君說：「你捕到什麼？」回答說：「我網到一隻白龜，周圓五尺長。」國君說：「把你的龜獻來。」龜送到，國君一再想殺牠，又一再想養活牠，心裏猶豫不決，叫人占卜，說：「殺龜來卜卦，吉利。」於是刳龜占卜，占了七十二卦而沒有不應驗的。孔子說：「神龜能託夢給元君，卻不能躲避余且的魚網；機智能占七十二卦而沒有不應驗的，卻不能避免刳腸的禍患。這樣看來，則機智也有困窮的時候，神靈也有不及的地方。縱使有最高的機智，卻有萬人去謀算他。魚不知畏網而畏鵜鶘。人能棄除小知則大知才明，去掉自以爲善則善自顯。嬰兒生來沒有大師教便會說話，這是和會說話的人在一起的緣故。」

七

惠子謂莊子曰：「子言無用。」

莊子曰：「知無用而始可與言用矣。天地非不廣且大也，人之所用容足耳。然則廁足〔一〕而墊之致〔二〕黃泉，人尚有用乎？」惠子曰：「無用。」

莊子曰：「然則無用之爲用也亦明矣。」

注釋

〔一〕廁足：「廁」音側，邊旁。

〔二〕墊之致：「墊」，本又作「塹」，掘（釋文）。「致」，至。

今譯

惠子對莊子說：「你的言論沒有用處。」

莊子說：「知道無用才能和他談有用。天地並非不廣大，人所用的只是容足之地罷了。然而如把立足以外的地方都挖到黃泉，人〔所站的這塊小地方〕還有用嗎？」惠子說：「沒有用。」

莊子說：「那麼無用的用處也就明顯了。」

八

莊子曰：「人有能遊〔一〕，且得不遊乎？人而不能遊，且得遊乎？夫流遁之志〔二〕，決絕之行〔三〕，噫，其非至知厚德之任〔四〕與！覆墜〔五〕而不反，火馳〔六〕而不顧，雖相與爲君臣，時也〔七〕，易世〔八〕而無以相賤。故曰至人不留行〔九〕焉。

「夫尊古而卑今，學者之流也〔一〇〕。且以狶韋氏之流觀今之世，夫孰能不波？唯至人乃能遊於世而不僻，順人而不失己。彼教不學，承意不彼〔一一〕。」

注釋

〔一〕人有能遊：言世有達者。「遊」，自樂之意（林希逸說）；胸次洒然（林雲銘說）。

〔二〕流遁之志：流蕩逐物，逃遯不反（成疏）。「流遁」是逐物忘反一等人（劉鳳苞說）。

〔三〕決絶之行：「決絶」，執志確然（成疏）；與世判然自異（林希逸說）。

陳碧虛說：「果決卓絶之行，刻意以爲高亢。」

劉鳳苞說：「『決絶』是深隱高蹈一等人。」

〔四〕至知厚德之任：「任」，爲。「至知厚德」，循自然之人（林希逸說）。按：指至知厚德的人所爲，便無流遁決絶之失。

〔五〕覆墜：言陷溺於世故（林希逸說）。

〔六〕火馳：逐於世如火之急（林希逸說）。

〔七〕雖相與爲君臣，時也：雖然相互易位有的爲君有的做臣，只是一時之間。

〔八〕易世：世代變易（王先謙集解）。

〔九〕不留行：無留滯（成疏）。

〔一〇〕尊古而卑今，學者之流也：這是對於「尊古卑今」的復古主義思想的批判，已見於天運篇。這一進步的觀點，和法家主張相同，與儒家相對立。

〔一一〕彼教不學，承意不彼：「彼教」，指古人之教。謂不學古人之教，僅承其真意而不同於古人。

今譯

莊子說：「人若能遊心自適，那有不悠遊自得的呢？ 人如不能遊心自適，那得能悠遊自得呢？ 流蕩忘返的心志，固執孤異的行爲，唉，那都不是至知厚德的人所爲的！ 陷溺世俗而不回頭，逐物如火而不反顧，雖然相互易位有的爲君有的做臣，只是一時之爭而已。 世代變易便都不得視人爲低下了。所以說至人無偏滯的行徑。

「尊古而卑今，乃是學者之流。 如果以豨韋氏之流看當今之世，誰能不隨波逐流呢？ 唯有至人才能遊心於世而不偏僻，順隨人情而不喪失自己。 他們的教條我們不學，承受真義而不認同於他們。」

九

目徹〔一〕爲明，耳徹爲聰，鼻徹爲顫〔二〕，口徹爲甘，心徹爲知，知徹爲德。 凡道不欲壅，壅則哽，哽而不止則跈〔三〕，跈則衆害生。 物之有知者恃息〔四〕，其不殷，非天之罪〔五〕。天之穿之，日夜無降〔六〕，人則顧塞其竇〔七〕。 胞有重閬〔八〕，心有天遊。 室無空虛，則婦姑勃谿〔九〕；心无天遊，則六鑿相攘〔一〇〕。 大林丘山之善於人也，亦神者不勝〔一一〕。

注釋

〔一〕徹：通。

〔二〕顫：音羶，鼻子靈敏。

〔三〕跈（zhěn 抮）：讀爲「抮」，「抮」，戾（王念孫說）。

〔四〕物之有知者恃息：有知覺的物類依賴氣息。「息」，氣（郭嵩燾說）。

羅勉道說：「言物之有知者恃其息之流通此身。」（循本）

〔五〕其不殷，非天之罪：指氣息不盛，並不是天性的過錯。

〔六〕天之穿之，日夜無降：天然的穿通孔竅，日夜沒有止息。

成玄英說：「『降』，止也，自然之理，穿通萬物，自晝及夜，未嘗止息。」

俞樾說：「『降』，當作『夅』，即『癃』之籒文。『日夜無夅』，謂不癃閟也。」

〔七〕顧塞其竇：「顧塞」，即梗塞之意。「顧」，當讀爲「固」。說文：「固，四塞也。」「竇」，孔竅。

〔八〕胞有重閬：「胞」，脬膜，人身皮肉之內有一重膜包絡此身（林希逸說）。「閬」，音浪，空曠（郭注）。

林雲銘說：「人身脬膜，空曠之地，所以行氣者。」

劉鳳苞說：「胞膜中緊密相承，尚有重重空曠之地。此句乃陪襯『心有天遊』句。」

〔九〕勃豀：反戾（司馬彪說）。「勃」，借爲悖（朱駿聲說）。「豀」，涵本崇本作「谿」（馬叙倫說）。

〔一〇〕六鑿相攘：六孔相擾攘。

〔一一〕大林丘山之善於人也，亦神者不勝：「善」，益。「神」，心神。「不勝」，不勝歡欣（陸欽莊子通義）。

今譯

眼睛通徹是明，耳朵通徹是聰，鼻子通徹是顫，口舌通徹是甘，心靈通徹是智，智慧通徹是德。凡是道便不可壅阻，壅阻便梗塞，梗塞而不止則乖戾，乖戾則產生種種弊害。有知覺的物類依賴氣息，氣息不暢盛，不是天然的過失。天然的氣息貫穿孔竅，日夜没有止息，人們的嗜欲卻閉塞了各種孔竅。胞膜都有空隙的地方，心靈也應與自然共遊。室内没有空的地方，婆媳相處也會爭吵；心靈不與自然共遊，則六孔就要相擾攘。大林丘山所以引人入勝，也是由於人置身其中頓感心神舒暢的緣故。

一〇

德溢乎名〔一〕，名溢乎暴〔二〕，謀稽乎誸〔三〕，知出乎爭，柴生乎守〔四〕，官事果乎衆宜〔五〕。春雨日時〔六〕，草木怒生，銚鎒〔七〕於是乎始修，草木之到植〔八〕者過半而不知其然。

注釋

〔一〕德溢乎名：人間世篇作「德蕩乎名」。「溢」，流弊（王敔說）。與「蕩」同義。

〔二〕名溢乎暴：「暴」，同曝，誇示的意思（福永光司說）；「暴」，露，謂名失於太露（李勉說）。

〔三〕謀稽乎誸：「誸」，急，急而後考其謀（郭注）。因急而生計（胡文英莊子獨見）。

〔四〕柴生乎守：「柴」，塞（郭注）。「守」，即拘守己見。謂閉塞生於拘執不化。

〔五〕官事果乎衆宜：官職設事決於衆人之所宜。

劉鳳苞說：「上五句，皆言有爲則損失大，『官事』句一轉，將在官之事必順乎衆心者，以襯道之因物付物也。」

〔六〕春雨日時：春雨應時降落（葉玉麟今譯）。此句應作春雨及時，謂春雨及時則草木怒生（李勉說）。

〔七〕銚（yáo 姚）鎒：鋤田的用具。

〔八〕到植：即倒生。「到」，古「倒」字（盧文弨說）。「植」，生（成疏）。鋤拔反之更生者曰「到植」（司馬彪說）。

今譯

德的外溢在於聲名，名的外溢在於太露，計謀生於急迫，機智出於爭端，閉塞生於拘執，官事則決於衆人所宜。春雨及時降落，草木怒生，於是拿了鋤田器具來修除草木，而過後草木倒生的仍有過半，但不知其所以然。

一一

靜然可以補病，眥媙〔一〕可以休老〔二〕，寧可以止遽。雖然，若是，勞者之務也，佚者之所未嘗過而問焉〔三〕。聖人之所以駴〔四〕天下，神人未嘗過而問焉；賢人所以駴世，聖人未嘗過而問焉；君子所以駴國，賢人未嘗過而問焉；小人所以合時，君子未嘗過而問焉。

注釋

〔一〕眥（zì 自）媙（miè 滅）：「眥」，亦作「揃」。「媙」，本亦作「搣」，音滅（釋文）。「眥媙」，玉篇引正作「揃滅」。「揃滅」即今按摩術。

王叔岷說：「『眥』爲『㧘』之借，『媙』『滅』並『搣』之借。奚侗云：『說文：揃，搣也。搣，㧘也。揃揻、揻𢫦，義本相同。』其説是也。」按：「眥𡟪」，借爲「𢫦揻」，或作「揃揻」，乃養生術（馬叙倫説）。

〔二〕休老：即養老。陳碧虛闕誤引張君房本「休」作「沐」，高山寺本同（王孝魚校）。

〔三〕佚者之所未嘗過而問焉：「佚」上原衍「非」字，依王先謙、馬叙倫之説删。

王先謙説：「案此『非』字當衍。」

馬叙倫説：「按郭象注曰：『若是，猶有勞，故佚者超然不顧。』是郭本當無『非』字。『非』字涉上文郭象注『非不病也，非不老也』誤羨。」

劉文典説：「馬説是也。此言勞者之務，逸者未嘗過問。有『非』字則非其指，且與下四句不一律矣。」

〔四〕駴（xiè 謝）：通駭。淮南子俶真訓作「駭」。

王穆夜説：「駴，謂改百姓之視聽也。」（釋文引）

今譯

心靜可以調補疾病，按摩可以防止衰老，寧定可以平息急躁。雖然這樣，乃是勞碌的人所要做的，心逸的人卻未嘗去過問。聖人所以驚動天下的，神人未嘗過問；賢人所以驚動世間的，聖人未嘗過問；君子所以驚動國家的，賢人未嘗過問；小人所以投合時機的，君子未嘗過問。

一二

演門〔一〕有親死者，以善毁〔二〕爵爲官師，其黨人毁而死者半。堯與許由天下，許由逃之；湯與務光，務光怒之，紀他〔三〕聞之，帥弟子而踆於窾水〔四〕，諸侯弔之，三年，申徒狄〔五〕因以踣〔六〕河。

注釋

〔一〕演門：宋城門名（釋文）。

〔二〕善毀：善於哀傷毀容，這是儒俗孝行的典型。

〔三〕紀他：傳說中的隱者。

〔四〕踆（cún 存）於窾水：「踆」，古蹲字（釋文引字林）。「窾水」，川名。

〔五〕申徒狄：姓申徒，名狄，傳說中憤俗者。

〔六〕踣：音赴，與仆同（王敔注）。

今譯

演門有個死了雙親的人，由於他善於哀傷毀容而封爲官師，他鄉里的人效法哀毀而死的過半。堯把天下讓給許由，許由逃開；湯讓給務光，務光發怒，紀他聽見，帶了弟子隱居在窾水，諸侯都去弔慰他，三年之後，申徒狄因此而投河。

一三

荃〔一〕者所以在魚，得魚而忘荃；蹄〔二〕者所以在兔，得兔而忘蹄；言者所以在意，得意而忘言。吾安得夫忘言之人而與之言哉！

注　釋

〔一〕荃：魚笱（釋文）。按：道藏各本、趙諫議本、覆宋本「荃」並作「筌」。作「荃」是故書。一切經音義八引司馬云：「筌，捕魚具也。」（王叔岷校釋）

〔二〕蹄：兔網。

今　譯

魚笱是用來捕魚的，捕到魚便忘了魚笱；兔網是用來捉兔的，捉到兔便忘了兔網；語言是用來表達意義的，把握了意義便忘了語言。我哪裏能够遇到忘言的人來和他談論呢！

寓言

寓言篇，由七章文字雜纂而成。各節意義不相關聯。「寓言」，寄託寓意的言論。取篇首二字爲篇名。

本篇第一章說明本書所使用的文體。「寓言十九，重言十七」，這是說明寓言、重言在書中所占的比例。進而說明爲什麼要使用寓言重言。接着說所使用的語言，都是無心之言（「卮言」），合於自然的分際。有人以爲這節是莊書的凡例。第二章，莊子與惠子對話，借孔子棄絕用智、未嘗多言，譏惠子恃智巧辯。第三章，寫曾子心有所繫，未達化境。第四章，寫顏成子游進道的過程。第五章，寫不執著生死。第六章，爲罔兩問景，寫「無待」，與齊物論篇文字稍異而義同。第七章，寫陽子居見老聃，去驕泰的神態。

本篇提出「言無言」、「萬物皆種」、「始卒若環」等哲學命題。此外，和以天倪、睢睢盱盱等成語，亦見於本篇。

一

寓言十九〔一〕，重言十七〔二〕，卮言〔三〕日出〔四〕，和以天倪〔五〕。

寓言十九，藉外論之〔六〕。親父不爲其子媒。親父譽之，不若非其父者也；非吾罪也，人之罪也。與己同則應，不與己同則反；同於己爲是之〔七〕，異於己爲非之。

重言十七，所以已言〔八〕也，是爲耆艾〔九〕。年先矣，而無經緯本末〔一〇〕以期年耆〔一一〕者，是非先也。人而無以先人〔一二〕，無人道也；人而無人道〔一三〕，是之謂陳人〔一四〕。

卮言日出，和以天倪，因以曼衍，所以窮年〔一五〕。不言則齊〔一六〕，齊與言不齊〔一七〕，言與齊不齊也，故曰言無言〔一八〕。言無言，終身言，未嘗言〔一九〕；終身不言，未嘗不言〔二〇〕。有自也〔二一〕而可，有自也而不可；有自也而然，有自也而不然。惡乎然？然於然。惡乎不然，不然於不然。惡乎可？可於可。惡乎不可？不可於不可。物固有所然，物固有所可，無物不然，無物不可〔二二〕。非卮言日出，和以天倪，孰得其久！萬物皆種〔二三〕也，以不同形相禪〔二四〕，始卒〔二五〕若環，莫得其倫〔二六〕，是謂天均〔二七〕。天均者天倪也。

注釋

〔一〕寓言十九：寄託寓意的言論占了十分之九。

郭象說：「寄之他人，則十言而九見信。」按：「十九」是說十居其九，這是指寓言在全書中所占的比例。郭注以爲「十言而九見信」，非。

〔二〕重言十七：借重先哲時賢的言論占了十分之七。

張默生說：「寓言的成分，已占有全書的十分之九了，剩下的也不過還有十分之一，爲什麽重言又占全書的十分之七呢？莊子書中，往往寓言裏有重言，重言裏也有寓言，是交互錯綜的，因此寓言的成分，即使占了全書的十分之九，仍無害於重言的占十分之七。這種交互引用的例子很多。」（莊子新釋）按：張說是。莊子行文，寓言中含重言，重言中又含寓言，兩種表達方式交互使用着的。

〔三〕卮（zhī 支）言：「卮」，酒器。無心之言，即卮言（成玄英疏）。按：「卮」是酒器，卮器滿了，自然向外流溢，莊子用「卮言」來形容他的言論並不是偏漏的，乃是無心而自然的流露。

張默生說：「『卮』是漏斗，『卮言』就是漏斗式的話。漏斗之爲物，是空而無底的，你若向裏注水，它便立刻漏下，若連續注……莊子卮言的取義，就是說，他說的話都是無成見之言，正有似於漏斗，他是替大自然宣洩聲音的。」

〔四〕日出：謂日新（郭象注）。

〔五〕和以天倪：合於自然的分際。

〔六〕藉外論之：「藉」，借。

郭象說：「言出於己，俗多不受，故借外耳。」

〔七〕同於己爲是之：「爲」，訓則（王引之說）。

〔八〕已言：「已」，止。「已言」，止其爭辯（林希逸口義）。

〔九〕耆艾：長老之稱。五十歲叫「艾」，六十歲叫「耆」。

〔一〇〕無經緯本末：學無所見（林希逸說）。「經緯」，比喻處事的頭緒。

〔一一〕以期年耆：意謂徒稱年長。

蘇輿說：「『期』，猶限也。言他無以先人，徒以年爲限。則陽篇：『計物之數，不止於萬，而期曰萬物。』與此『期』字義同。」

〔一二〕無以先人：無以過人（林希逸說）。

〔一三〕無人道：不能盡其爲人之道（林希逸說）。

〔一四〕陳人：陳久之人（郭注）。

〔一五〕和以天倪，因以曼衍，所以窮年：三語引自齊物論篇。「曼衍」，散漫流衍，不拘常規。

〔一六〕不言則齊：不發言論則物理自然等同齊一。這裏的「言」乃指主觀是非的表達。「不言」即不參入主觀的成見之意。

〔一七〕齊與言不齊：本來没有差别的加上了主觀成見的言論便不齊了。

〔一八〕言無言：發出没有主觀成見的言論。「无言」指無心之言。「無言」上原缺「言」字，據高山寺本補（劉文典補正）。

〔一九〕終身言，未嘗言：「未嘗」下各本衍「不」字。依馬叙倫、王叔岷之説删。

馬叙倫說：「『終身言，未嘗言；終身不言，未嘗不言』，相對爲文，此羨『不』字。」

王叔岷說：「案『不』字疑涉下文『未嘗不言』而衍。古鈔卷子本、道藏成玄英疏、林希逸口義、褚伯秀義海纂微、羅勉道循本諸本，皆無『不』字。焦竑翼本、王夫之解本、宣穎解本，亦並無『不』字，所據本弗誤。」

〔二〇〕終身不言，未嘗不言：終身不說話，未嘗不在說話。意指若能體認事物的真況，則即使終身不說話，也達到了說話的效果。

〔二一〕有自也：有所由來（林希逸說）；即有它的原因。

〔二二〕惡乎然？然於然。惡乎不然？不然於不然。惡乎可？可於可。惡乎不可？不可於不可。物固有所然，物固有所可，無物不然，無物不可：已見於齊物論，字句的秩序稍異。疑是齊物論錯簡複出。

〔二三〕皆種：皆有種類（宣穎南華經解）。

〔二四〕以不同形相禪：以不同的類形相傳接。宣穎說：「各以其類，禪於無窮。」

〔二五〕始卒：即始終。

〔二六〕倫：端倪（郭嵩燾說）。

〔二七〕天均：自然均調。齊物論篇作「天鈞」，嚴復以爲當作往復周流之義。此處依上下文義當從嚴說。嚴復說：「『天均』猶『天鈞』，鈞，陶輪也。似道之物，皆無始卒，無始卒者，惟環可言，則由是往復周流之事起矣。」（評點莊子）

今譯

寓言占十分之九，其中重言占十分之七，無心之言日出不窮，合於自然的分際。

寓言占十分之九，假託外人來論說。親父不替自己的兒子做媒。親父稱讚他，不如別人來稱讚；

這不是我的過錯，是一般人猜疑的過錯。和自己意見相同就應和，和自己意見不相同就反對；和自己意見相同就肯定它，和自己意見不相同就否定它。

重言占十分之七，爲了中止爭辯，因爲這是長者的言論。年齡雖長，而沒有見解只是徒稱年長的，那就不能算是先於人。做人如果沒有才德學識，就沒有做人之道；做人沒有做人之道，就稱爲陳腐之人。

無心之言層出不窮，合於自然的分際，散漫流衍，悠遊終生。不發言論則物理自然齊同，本來齊同的加上了〔主觀的〕言論就不齊同了，〔主觀〕言論加在齊同的真相上便不齊同了，所以說要發沒有主觀成見的言論。發出沒有主觀成見的言論，則終身在說話，卻像不曾說；即使終身不說話，卻也未嘗不在說話。可有它〔可〕的原因，不可有它〔不可〕的原因；是有它〔是〕的原因，不是有它〔不是〕的原因。怎樣算是？是有是的道理。怎樣算不是？不是有不是的道理。怎樣算可，可有可的道理。怎樣算不可，不可有不可的道理。凡物固有所是，凡物固有所可，沒有什麼東西不是，沒有什麼東西不可。要不是無心之言日出不窮，合於自然的分際，怎能維持長久！萬物都是種子，以不同形態相傳接，首尾相接猶如循環一樣，找不着端倪，這就叫自然的往復周流。自然的運轉就是自然的消息變化。

二

莊子謂惠子曰：「孔子行年六十而六十化，始時所是，卒而非之，未知今之所謂是之非五十九非也〔一〕。」

惠子曰：「孔子勤志服〔二〕知也。」

莊子曰：「孔子謝〔三〕之矣，而其未之嘗言〔四〕。孔子云：『夫受才乎大本〔五〕，復靈〔六〕以生。鳴而當律〔七〕，言而當法〔八〕。利義陳乎前，而好惡是非直服人之口而已矣。使人乃以心服，而不敢蘁立〔九〕，定天下之定〔一〇〕。』已乎已乎！吾且不得及彼〔一一〕乎！」

注釋

〔一〕孔子行年六十而六十化，始時所是，卒而非之，未知今之所謂是之非五十九非也：這四句與則陽篇稱蘧伯玉相同。

〔二〕服：用（成疏）。

〔三〕謝：棄絶。

〔四〕未之嘗言：口未之言（宣穎説）；即無言之意。

〔五〕受才乎大本：人稟受才質於大自然。

〔六〕復靈：猶言含靈（孫詒讓説）；「復」借爲「伏」，謂伏藏靈氣（章炳麟解故）。

〔七〕鳴而當律：發出聲音應合於韻律。

〔八〕言而當法：發出言論應合於法度。

〔九〕蘁（wù誤）立：「蘁」，借爲啎（馬叙倫説）；音悟，逆（釋文）。「蘁立」，有違逆之意。

〔一〇〕定天下之定：確定天下的定則。

〔一一〕彼：指孔子。

今　譯

莊子對惠子說：「孔子生年六十，而六十年中與時俱化，起初所認爲對的，終而又否定了，不知道現在所認爲對的，不就是五十九歲時所認爲不對的！」

惠子說：「孔子勵志用智嗎？」

莊子說：「孔子已經棄絶用智了，他未嘗多言。孔子說：『人從自然稟受才質，含藏着靈性而生，發出聲音應合於韻律，發出言論當合於法度。利義陳於當前，而好惡是非的辨别不過服人之口罷了。要使人心服，而不敢違逆，確立天下的定則。』算了吧，算了吧！我還比不上他呢！」

三

曾子再仕而心再化〔一〕，曰：「吾及親〔二〕仕，三釜〔三〕而心樂；後仕，三千鍾〔四〕而不洎親〔五〕，吾心悲。」

弟子問於仲尼曰：「若參者，可謂無所縣其罪乎〔六〕？」

曰：「既已縣矣。夫無所縣者，可以有哀乎？彼〔七〕視三釜三千鍾，如觀鳥雀蚊虻〔八〕相過乎前也。」

注釋

〔一〕再化：指內心的感覺不同。

林雲銘說：「謂悲樂之變。」（莊子因）

〔二〕及親：父母親在世上。

〔三〕釜：量穀物的單位，一釜是六斗四升。

〔四〕鍾：六斛四斗爲一鍾。

〔五〕不洎（jì技）親：「洎」，借爲「及」（馬叙倫說）。道藏羅勉道循本「洎」正作「及」。「親」字原缺，御覽七五七引「洎」下有「親」字，文意較明（王叔岷校釋）。依劉文典、王叔岷之說補。

〔六〕無所縣其罪乎：意指無所繫於祿網。「縣」，懸，牽掛。

章炳麟說：「『無所縣其罪』，猶云無所絓其罔耳。以利祿比罔羅。」

〔七〕彼：謂無係之人（成疏）。

〔八〕觀鳥雀蚊虻：「鳥」字今本缺。陳碧虛闕誤引張君房本「雀」上有「鳥」字，當據補。觀郭注成疏，所見本皆作「鳥雀蚊虻」（見劉文典、王叔岷說）。

今譯

曾子再做官時心境又不同，他說：「我父母在時做官，俸祿只有三釜而心裏覺得快樂；後來做官，俸祿有三千鍾而不及奉養雙親，心裏感到悲傷。」

弟子問孔子說：「像曾參這樣，可以說沒有受祿網所繫的過錯了吧？」孔子說：「已是心有所繫了。要是心無所繫，會有悲傷的感覺嗎？那些心無所繫的人看三釜、三千鍾，就如同看鳥雀蚊虻飛過面前一樣。」

四

顏成子游謂東郭子綦〔一〕曰：「自吾聞子之言，一年而野〔二〕，二年而從〔三〕，三年而通〔四〕，四年而物〔五〕，五年而來〔六〕，六年而鬼入〔七〕，七年而天成〔八〕，八年而不知死，不知生〔九〕，九年而大妙〔一〇〕。」

注釋

〔一〕東郭子綦：居在郭東，號曰東郭，猶是齊物篇中南郭子綦（成疏）。

〔二〕野：質樸。

〔三〕從：從順，不自執。

〔四〕通：通達，不受拘束。

〔五〕物：與物同（郭注）；即順物而化。

〔六〕來：萬物來集的意思，指衆人來依歸。

馬叙倫說：「案『來』上有奪字。成玄英疏曰：『爲衆歸也。』或奪『物』字，或奪『人』字。」

〔七〕鬼入：神會理物（成疏）。
〔八〕天成：合自然成（成疏）。
〔九〕不知死，不知生：不覺死生聚散之異（成疏）。
〔一〇〕大妙：大道玄妙的境界。

今譯

顏成子游對東郭子綦說：「自從我聽你講道，一年而返於質樸，二年而從順不自執，三年而通達無礙，四年而與物同化，五年而衆物來集，六年而鬼神來舍，七年而合於自然，八年而不爲死生的變化所拘着，九年而體認大道玄妙的境界。」

五

生有爲，死也〔一〕。勸公〔二〕，以其死也，有自也；而生陽也，無自也。而果然乎？惡乎其所適？惡乎其所不適〔三〕？天有曆數〔四〕，地有人據〔五〕，吾惡乎求之？莫知其所終，若之何其無命也？莫知其所始，若之何其有命也？有以相應也，若之何其無鬼邪？無以相應也，若之何其有鬼邪？

注釋

〔一〕生有爲，死也：生而有爲則喪其生（郭注）；即人生妄爲，便走向死路。

〔二〕勸公：設爲勸人之語（宣穎說）。按：「勸公」一詞，恐有脱字或筆誤。王敔說：「句疑有譌。」陳碧虛莊子闕誤引張君房本「其」下有「私」字，作「勸公以其私」。

〔三〕而果然乎？惡乎其所適？惡乎其所不適：這話的意思是說，果真看透生死乃氣聚氣散，順任自然，則無往而不適。

〔四〕曆數：寒暑春秋（胡文英莊子獨見）。

〔五〕人據：人物依據（成疏）；以人所據而分國邑（王敔說）。

今譯

人生在世而妄爲，便走向死路。奉勸世人，人的死亡，是有原因的，而人生於陽氣交動，則是沒有來由的。你果是這樣嗎？哪裏是所適的地方？哪裏是所不適的地方？天有四時變化，地有人物依據，我還到哪裏去索求呢？不知道它的所終，我們怎能斷定沒有運命？不知道它的所始，我們怎樣斷定有運命呢？萬物如有相應的對象，怎能斷定沒有鬼神呢？萬物如沒有相應的現象，怎能斷定有鬼神呢？

六

罔兩問於景〔一〕曰：「若向也俯而今也仰，向也括撮〔二〕而今也被髮，向也坐而今也起，向也行而今也止，何也？」

景曰：「搜搜〔三〕也，奚稍問〔四〕也！予有而不知其所以〔五〕。予，蜩甲也，蛇蜕也〔六〕，似之而非也〔七〕。火與日，吾屯〔八〕也；陰與夜，吾代〔九〕也。彼吾所以有待邪〔一〇〕？而況乎以無有待者乎〔一一〕！彼來則我與之來，彼往則我與之往，彼强陽〔一二〕則我與之强陽。强陽者又何以有問乎！」

注釋

〔一〕罔兩問於景：「罔」上各本衍「衆」字。「衆」字無義，當爲衍文。齊物論篇「罔」上亦無「衆」字（劉文典補正）。

陶鴻慶說：「此作『衆罔兩』，於義難通。『衆』疑『罔』字之誤而衍者。『罔』字隸書或作『㒺』，與『衆』相似，因而致誤耳。」（讀莊札記）

〔二〕括撮：謂括髮（司馬彪說）。「撮」，束髮（成疏）。「撮」字通行本缺，依成疏及闕誤引張君房本補（王孝魚校）。

〔三〕搜搜：區區之意。

劉師培說：「案『搜』讀禮學記『謏聞』之『謏』，猶區區也。」（莊子斠補）按：劉說是。向注：「運貌。」郭注：「運動自爾。」皆非。

〔四〕奚稍問：何足問。

劉師培說：「『稍問』，猶言小問。『稍』與肖同。『奚稍問』者，猶云奚問之小也。」

〔五〕予有而不知其所以：我活動卻不知爲什麽這樣。「有」，讀爲「爲」（馬叙倫說）。

〔六〕蜩甲也，蛇蜕也：「蜩甲」，蟬蜕皮（司馬彪說）；蟬殼（成疏）。「蛇蜕」，即蛇脱皮。「也」，訓耶、邪。

〔七〕似之而非也：這是說影子和蜩甲、蛇蜕看起來相似其實不然。

林雲銘說：「蜩甲、蛇蜕雖附於形，尚有其質，影則可見而不可執，故似之而實非也。」

宣穎說：「甲、蜕猶有一定之形，故似之而非。」

〔八〕屯：聚。

林雲銘說：「影之遇明則顯。」

〔九〕代：謝（成疏）；隱息之意。

郭慶藩說：「文選謝靈運遊南亭詩注引司馬云：『代，謂使得休息也。』」

〔一〇〕彼吾所以有待邪：影之所待者日火陰夜（呂惠卿莊子義）。按：「彼」乃指火與日，舊注皆以爲指「形」，非。下文「彼來」「彼往」之「彼」，同指火與日。

福永光司說：「『彼』，承上文指『火日』與『陰夜』，依宋呂惠卿說。」（莊子雜篇解說二九二頁）

成玄英說：「必無火日，形亦不能生影，不待形也。夫形之生也，不用火日，影之生也，豈待形乎！故以火日況之，則知影不待形，明矣。」

〔一一〕而況乎以無有待者乎：何況那些無所依待的東西呢！按：「无」字原缺，依郭注及闕誤引張君房本補（王孝魚校）。

成玄英疏：「形影尚不相待，而況他物乎！是知一切萬法，悉皆獨化也。」

〔一二〕强陽：徜徉活動；運動之貌（成疏）。

今譯

影外微影問影子説：「剛才你俯身而現在又仰頭，剛才你束髮而現在又披髮，剛才你坐下而現在又起來，剛才你行走而現在又止步，爲什麽呢？」

影子説：「小小的事，何必問呢！我活動卻不知道爲什麽這樣。我像蟬殼嗎，像蛇皮嗎，像似卻又不是。火光和陽光出現，我就顯現；陰暗與夜晚，我就隱息。火和陽光是我所要依待的嗎？何況那無所依待的東西呢！它來我便隨着而來，它去我便隨着而去，它活動我便隨着而活動。活動而已，又有什麽可問的呢！」

七

陽子居南之沛〔一〕，老聃西遊於秦〔二〕，邀於郊，至於梁〔三〕而遇老子。老子中道仰天而歎曰：「始以汝爲可教，今不可也。」

陽子居不答。至舍〔四〕，進盥漱巾櫛〔五〕，脱屨户外，膝行而前曰：「向者弟子欲請夫子，夫子行不閒，是以不敢。今閒矣，請問其過。」

老子曰：「而睢睢盱盱〔六〕，而誰與居〔七〕？大白若辱，盛德若不足〔八〕。」

陽子居蹴然變容曰：「敬聞命矣！」

其往也，舍者迎將〔九〕，其家公〔一〇〕執席，妻執巾櫛，舍者〔一一〕避席，煬〔一二〕者避竈。其反也，舍者與之爭席矣。

注　釋

〔一〕沛：今江蘇省沛縣。

〔二〕秦：陝西省。

〔三〕梁：今河南開封。

〔四〕舍：旅舍。

〔五〕盥（guàn貫）漱巾櫛：洗臉、漱口、毛巾、梳子。

〔六〕睢睢（suī雖）盱盱（xū虚）：「睢」，仰目。「盱」，張目。皆傲視貌（林雲銘、陳壽昌說）。

〔七〕而誰與居：誰要和你相處。

〔八〕大白若辱，盛德若不足：引自老子四十一章。「盛德」老子作「廣德」。「辱」，通黷，引申爲「黑」。

〔九〕迎將：迎送。

〔一〇〕家公：指旅舍主人。

〔一一〕舍者：先坐之人（成疏）。按：上文「舍者」指旅舍之人，依成疏則此作休息之人。

〔一二〕煬：炊（釋文）。

今譯

陽子居向南到沛地，老聃西遊到秦地，約在郊外見面，到了梁地遇見了老子。老子在途中仰頭向天嘆説：「起初我以爲你可受教，現在才知道你不行。」

陽子居不回話。到了旅舍，侍奉老子梳洗用具，把鞋脱在户外，膝行向前説：「剛才弟子想請教先生，先生没有空，所以不敢問。現在得空，請問我的過錯。」

老子説：「你傲慢的神態，誰要和你相處呢？最潔白的好像含垢的黑點，盛德的人好像不足的樣子。」

陽子居愧然變色説：「敬聽先生的教誨了。」

當陽子居來的時候，旅舍的人都迎送他，旅舍主人安排座席，女主人替他拿毛巾梳子，先坐的人讓出位子，燒飯的人都不敢當竈。等到他回去時，旅舍的人〔不再拘束〕和他爭席位了。

讓王

讓王篇，要旨闡述重生的思想，由十五個寓言故事組合而成。「讓王」，辭讓王位。篇中多借辭讓王位而寫生命的可貴，輕視利祿名位，取此意爲篇名。本篇許多章文字重現於呂氏春秋。自蘇東坡以來，以爲讓王等篇不是莊子所作，疑是僞品。然本篇雖非莊子自作，卻與莊派思想有相通之處，可能是莊子後學所寫，並發揮楊朱「重生」思想。

本篇第一章述三個讓君位的故事，闡揚「重生」思想——以生命爲貴，以名位爲輕。第二章，大王亶父遷岐山的故事，也闡述「重生」之義，並譏評「今世之人，居高官尊爵者，皆重失之，見利輕亡其身」。第三章，王子搜的故事，也是寫「重生」的思想，感嘆做國君的禍患，表明不肯以君位來傷害生命的態度。第四章，子華子與昭僖侯對話，感天下爭亂不已，傷殺生命，而主「重生」之言。第五章，魯君禮聘顏闔，顏闔惡富貴。「今世俗之君子，多危身棄生以殉物。」好比隨侯用寶珠去射麻雀。生命是貴重的，世俗君子卻輕身逐物。第六章，寫列子窮而拒絕鄭國宰相的贈粟。第七章，屠羊説的故事，寫屠羊説有功於國而不受爵禄，身處卑微而陳義甚高。第八章，寫子貢訪原憲，子貢以仁義、車馬爲華飾，超世揚己，而原憲則貧而樂，有所不爲。第九章，借曾子寫求道的人「天子不得臣，諸侯不得友」。第十章，孔子與顏回對話，寫「知足者不以利自累」。第十一章，魏牟與瞻子對話，談「重生」。第十二章，孔子與門人對話，寫懷道抱德的人，能安然自得。第十三章，寫北人无擇恥於接受君位。第十四章，卞隨、務光的辭讓，寫潔士不苟合於君主。第十五章，借伯夷叔齊的故事，諷周王「殺伐以要利，是推亂以易暴」。

出自此篇的成語，有日出而作，日入而息、隨珠彈雀、陳義甚高、上漏下溼、胼手胝足、捉衿見肘、捉襟肘見、納屨踵決、踵決肘見等。此外，「天子不得臣，諸侯不得友」及「身在江湖，心存魏闕」等名言亦出自此。

一

堯以天下讓許由，許由不受。又讓於子州支父〔一〕，子州支父曰：「以我爲天子，猶之可也。雖然，我適有幽憂之病〔二〕，方且治之，未暇治天下也。」夫天下至重也，而不以害其生，又況他物乎！唯無以天下爲者，可以託天下也〔三〕。

舜讓天下於子州支伯〔四〕。子州支伯曰：「予適有幽憂之病，方且治之，未暇治天下也。」故天下大器也，而不以易生，此有道者之所以異乎俗者也。

舜以天下讓善卷〔五〕，善卷曰：「余立於宇宙之中，冬日衣皮毛，夏日衣葛絺〔六〕；春耕種，形足以勞動；秋收斂，身足以休食；日出而作，日入而息，逍遥於天地之間而心意自得。吾何以天下爲哉！悲夫，子之不知余也！」遂不受。於是去而入深山，莫知其處〔七〕。

舜以天下讓其友石户之農〔八〕，石户之農曰：「捲捲〔九〕乎后〔一〇〕之爲人，葆力〔一一〕之士也！」以舜之德爲未至也，於是夫負妻戴，攜子以入於海，終身不反也。

注釋

〔一〕子州支父：姓子，名州，字支父，懷道之人，隱者（成玄英莊子疏）。

〔二〕幽憂之病：「幽」，深（成疏）；謂其病深固（釋文引王穆夜説）；猶今言暗疾（林希逸口義）。

李勉説：「『幽憂』即隱憂，憂天下之人皆不能恬淡無爲，而竟重視榮位，爭取天下，故下文云：『唯無以天下爲者，可以託天下。』……又『幽憂之病』，亦可解爲深憂之病。」（莊子分篇評注）

〔三〕唯無以天下爲者，可以託天下也：呂氏春秋貴生篇作「惟不以天下害其生者也，可以託天下」（劉文典補正）。「無以天下爲」有引申爲二義：一指不以天下爲己，即不以天下爲己所有、所用；另一指不妄爲於天下。

〔四〕子州支伯：支伯，猶支父（成疏）。漢書古今人表有子州支父，無支伯，則支父、支伯是一人（俞樾莊子平議）。

〔五〕善卷：姓善，名卷，隱者（成疏）。呂覽下賢篇作善綣（俞樾説）。

〔六〕葛絺（chī 癡）：「葛」，多年生的蔓草，莖纖維可織布；這裏指粗布。「絺」，細的葛布。

〔七〕去而入深山，莫知其處：這二句使人想起唐賈島尋隱者不遇詩句：「只在此山中，雲深不知處。」（福永光司說）

〔八〕石户之農：「石户」，地名。「農」，農人（釋文引李頤說）。

〔九〕捲捲：音權，用力貌（釋文）；自勞之貌（林希逸口義）。

〔一〇〕后：指舜。

〔一一〕葆力：音保，字亦作「保」（釋文）；勤苦用力（林希逸說）。

今譯

堯把天下讓給許由，許由不接受。又讓給子州支父，子州支父說：「讓我做天子，也可以。不過，我正患着深憂之病，剛在醫治，没有時間來治理天下。」天下大位是最貴重的，而他不以大位妨害自己的生命，何況其他的事呢！只有不以天下爲己所用的人，才可以把天下寄託給他。

舜把天下讓給子州支伯。子州支伯說：「我正患着深憂之病，剛在醫治，没有時間來治理天下。」天下大位是最大的名器，卻不以它來交换生命，這是有道的人所以和凡俗不同的地方。

舜把天下讓給善卷，善卷說：「我站在宇宙之中，冬天穿皮毛，夏天穿粗布；春天耕種，形體足够勞動；秋天收穫，身體足够安養；太陽出來去工作，太陽下山便休息，逍遥自在於天地之間而心意自得。我要天下的位子做什麽！可悲啊，你不了解我！」就這樣不肯接受。於是離開到深山裏，没有人知道他的去處。

舜把天下讓給他的朋友石户的農夫，石户的農夫説：「勤苦呀，國君的爲人，勞碌之士啊！」認爲舜的德還不够，於是丈夫背負行囊，妻子頭頂器具，帶着子女隱居海島，終身没有回來。

二

大王亶父〔一〕居邠〔二〕，狄人〔三〕攻之；事之以皮帛而不受，事之以犬馬而不受，事之以珠玉而不受，狄人之所求者土地也。大王亶父曰：「與人之兄居而殺其弟，與人之父居而殺其子，吾不忍也。子皆勉居矣！爲吾臣與爲狄人臣奚以異！且吾聞之，不以所用養害所養〔四〕。」因杖筴〔五〕而去之。民相連〔六〕而從之。遂成國於岐山〔七〕之下。夫大王亶父，可謂能尊生矣。能尊生者，雖貴富不以養傷身，雖貧賤不以利累形。今世之人居高官尊爵者，皆重失之，見利輕亡其身，豈不惑哉！

注釋

〔一〕大王亶父：周朝的始祖，王季的父親，文王的祖父。御覽四一九引「大王」作「古公」。

〔二〕邠：現陝西省栒邑縣。

〔三〕狄人：獫狁（成疏）。詩經作獲吮，秦漢作匈奴。

〔四〕不以所用養害所養：「用養」，土地。「所養」，百姓。本用地以養人，今殺人以存地，故不可（成疏）。

〔五〕筴：同策。

〔六〕相連：一說「相連續」（成疏）；一說「連，讀曰輦」（釋文引司馬彪說）。「連」，本古文「輦」字（章炳麟莊子解故）。按：輦（niǎn 碾）爲古時人力挽行的車，即手挽車。當從後說。

〔七〕岐山：陝西省岐山縣。

今譯

大王亶父居住在邠地，狄人攻打他；大王亶父拿獸皮財帛事奉他們而不接受，拿犬馬畜牲事奉他們也不接受，拿珍珠寶玉事奉他們又不接受，狄人所要的是土地。大王亶父說：「和人的哥哥居住而讓他的弟弟去被殺害，和人的父親居住而讓他的兒子去被殺害，我不忍心這樣做。你們都勉力求生存吧！做我的臣子和做狄人的臣子有什麼不同！並且我聽說，不要因着用以養人的土地而殺害所養的人民。」於是扶着杖離開那裏。百姓推着挽車跟着走，在岐山下而成立國家。像大王亶父這樣，可以說能够珍重生命了。能尊重生命的，即使富貴也不以昧養而傷害身體，即使貧賤也不以利祿累害形體。現時的人，身居高官尊爵，都重視失去它們，見到利祿就不顧自己的性命，豈不是迷惑嗎？

三

越人三世弑其君，王子搜〔一〕患之，逃乎丹穴〔二〕。而越國無君，求王子搜不得，從〔三〕之丹穴。王子搜不肯出，越人薰之以艾。乘以王輿〔四〕。王子搜援綏〔五〕登車，仰天而呼曰：「君乎！君乎！獨不可以舍我乎！」王子搜非惡爲君也，惡爲君之患也。若王子搜者，可謂不以國傷生矣，此固越人之所欲得爲君也。

注釋

〔一〕王子搜：搜，王子名。淮南子作翳，畢沅、梁玉繩謂作翳非（見馬叙倫莊子義證引）。俞樾考訂王子搜是無顓之異名（莊子平議）。

〔二〕丹穴：洞窟名。成疏：「南山洞。」

〔三〕從：「蹤」之省字。

〔四〕王輿：一本作「玉輿」（釋文）。「玉輿」，君之車輦。亦有作「王」字者，隨字讀之，所謂玉輅（成疏）。

〔五〕援綏：「援」，同引。「綏」，車上繩。

今譯

越人殺了三代的國君，王子搜很憂懼，逃到丹穴。越國沒有國君，找不到王子搜，跟蹤到丹穴之洞。王子搜不肯出來，越國人用艾草薰他。用君王的車輿來載他。王子搜拉着車繩上車，仰天呼號說：「君位呀，君位呀！就是不肯放過我嗎！」王子搜並不是厭惡做國君，乃是厭惡做國君的禍患。像王子搜這樣的人，可說不肯以君位來傷害生命了，這也正是越人要他做國君的原因。

四

韓魏相與爭侵地。子華子〔一〕見昭僖侯〔二〕，昭僖侯有憂色。子華子曰：「今使天下書銘於君之前〔三〕，書之言曰：『左手攫之則右手廢，右手攫之則左手廢，然而攫之者必有天下。』君能攫之乎〔四〕？」

昭僖侯曰：「寡人不攫也。」

子華子曰：「甚善！自是觀之，兩臂重於天下也，身又重於兩臂〔五〕。韓之輕於天下亦遠矣，今之所爭者，其輕於韓又遠。君固愁身傷生以憂戚之不得也〔六〕！」

僖侯曰：「善哉！教寡人者衆矣，未嘗得聞此言也。」子華子可謂知輕重矣。

注釋

〔一〕子華子：魏國賢人。

俞樾說：「呂覽貴生篇引子華子曰：『全生爲上，虧生次之，死次之，迫生爲下。』又誣徒篇引子華子曰：『王者樂其所以王，亡者樂其所以亡。』高注並云：子華子，古體道人。知度、審爲兩篇注同。」

〔二〕昭僖侯：即韓國昭侯。馬叙倫義證與王叔岷校釋引呂氏春秋任數篇、史記韓世家等古書證昭僖侯即昭侯。

〔三〕今使天下書銘於君之前：按：「天下」二字疑涉下文「必有天下」而誤羨（馬叙倫說）。可備一說。

〔四〕君能攫之乎：高山寺古鈔本「君」下無「能」字（劉文典、王叔岷校）。呂氏春秋審爲篇作「君將攫之乎」（馬叙倫、王叔岷校）。

〔五〕身又重於兩臂：「又」，原作「亦」，字之誤。依劉文典、王叔岷之說，據呂氏春秋審爲篇與御覽三六九引改正。

〔六〕以憂戚之不得也：「之」字原缺。按：古鈔卷子本「戚」下有「之」字，文意較完（王叔岷校釋）。

今譯

韓國和魏國互相爭奪土地。子華子見到昭僖侯，昭僖侯面有憂色。子華子說：「現在使天下人在你的面前寫下誓約，誓約寫說：『左手奪到它就要砍去右手，右手奪到它就要砍去左手，但是奪到的可以得到天下。』你願意去奪取它嗎？」

昭僖侯說：「我不願意去奪取。」

子華子說：「很好，這樣看來，兩隻手臂比天下重要，身體又比兩臂重要。韓國遠比天下爲輕，現在所爭奪的，又遠比韓國爲輕。你何必愁身傷生去憂慮得不到呢！」

僖侯說：「好呀！勸我的人很多，還沒有聽到這樣的話。」子華子可以說知道輕重了。

五

魯君〔一〕聞顔闔得道之人也，使人以幣〔二〕先焉〔三〕。顔闔守陋閭〔四〕，苴布〔五〕之衣而自飯牛〔六〕。魯君之使者至，顔闔自對之。使者曰：「此顔闔之家與？」顔闔對曰：「此闔之家也。」使者致幣，顔闔對曰：「恐聽謬而遺使者罪〔七〕，不若審之。」使者還，反審之，復來求之，則不得已。故若顔闔者，真惡富貴也。

故曰，道之真以治身，其緒餘〔八〕以爲國家，其土苴〔九〕以治天下。由此觀之，帝王之功，聖人之餘事也，非所以完身養生也。今世俗之君子，多危身棄生以殉物，豈不悲哉！

凡聖人之動作也，必察其所以之〔一〇〕與其所以爲。今且有人於此，以隨侯之珠〔一一〕彈千仞之雀，世必笑之。是何也？則其所用者重而所要者輕也。夫生者，豈特隨侯珠〔一二〕之重哉！

注釋

〔一〕魯君：魯哀公（李頤說）。一本作魯侯（釋文）。

〔二〕幣：贈物。

〔三〕先焉：先通其意（成疏）。秋水篇「楚王使大夫二人往『先焉』」，同義。

〔四〕陋閭：即陋巷。

〔五〕苴布：粗麻布。本或作「麤」（釋文）。御覽八九九引正作「麤」，八二〇引作「粗」。「麤」與「粗」同，「苴」借字（王叔岷校釋）。

〔六〕飯牛：飼牛。已見田子方。

〔七〕恐聽謬而遺使者罪：「聽謬」，原作「聽者謬」，「者」字涉下「使者」而衍。陳碧虛引張君房本、高山寺古鈔本並作「恐聽謬而遺使者」（劉文典補正）。

俞樾說：「上『者』字衍文。『恐聽謬而遺使者罪』，恐其以誤聽得罪也。聽即使者聽之，非聽者一人，使者一人也。呂氏春秋貴生篇正作『恐聽謬而遺使者罪』。」

〔八〕緒餘：謂殘餘（釋文引司馬彪、李頤說）。

〔九〕土苴：糟魄（李頤說）；土芥同義。

〔一〇〕所以之：即所以往。

〔一一〕隨侯之珠：隨國近濮水，濮水出寶珠（成疏）。

〔一二〕隨侯珠：「珠」字原缺，據俞樾之說補。

俞樾說：「隨侯下當有『珠』字。若無『珠』字，文義不足。呂氏春秋貴生篇作『夫生豈特隨侯珠之重也哉』，當據補。」

馬叙倫說：「意林引『侯』下有『珠』字。」

今譯

魯君聽說顏闔是個得道的人，派人帶着幣帛禮品來致意。顏闔住在陋巷子裏，穿着粗布衣服自己在餵牛。魯君的使者來了，顏闔親自接待。使者說：「這是顏闔的家嗎？」顏闔回說：「這是我的家。」使者送上幣帛，顏闔回說：「恐怕聽錯了讓使者受責備，不如問個明白。」使者回去，查問清楚了，再來找他，卻找不到他。像顏闔這樣的人，真正是厭惡富貴了。

所以說，道的真質用來治身，它的剩餘用來治理國家，它的土芥用來治理天下。這樣看來，帝王的功業，乃是聖人的餘事，並不是用做全身養生的。現在世俗的君子，多危身棄生去追逐物欲，豈不可悲！

凡是聖人的行動，必定要觀察所以往和所以爲的意義。現在如果有這樣的一個人，用隨侯的寶珠去射千仞高的麻雀，世人必定會嘲笑他。爲什麼呢？因爲他所用的貴重而所求的輕微。生命這東西，豈止像隨侯珠那樣貴重呢！

六

子列子窮，容貌有飢色。客有言之於鄭子陽〔一〕者曰：「列禦寇，蓋有道之士也，居君之國而窮，君無乃爲不好士乎？」鄭子陽即令官遺之粟。子列子見使者，再拜而辭。使者去，子列子入，其妻望之而拊心〔二〕曰：「妾聞爲有道者之妻子，皆得佚樂，今有飢色。君過〔三〕而遺先生食，先生不受，豈不命邪〔四〕！」子列子笑謂之曰：「君非自知我也。以人之言而遺我粟，至其罪我也又且以人之言，此吾所以不受也。」其卒，民果作難而殺子陽。

注釋

〔一〕子陽：鄭相（釋文）。子陽事見呂覽適威篇、淮南氾論訓（俞樾說）。

〔二〕望之而拊心：其妻怨望故拊心（楊伯峻列子校釋）。「望」，怨（顏師古說，楊伯峻校釋引）。「拊」，音「撫」。

〔三〕過：看望、慰問。一本亦作「遇」（釋文）。「遇」，知遇（嚴靈峰列子新編五二一頁）。按：「過」字長（馬叙倫說），「遇」即「過」之形誤（王叔岷說）。

〔四〕豈不命邪：高山寺本作「豈非命也哉」（王孝魚校）。

今譯

列子窮困，面容有飢色。有人告訴鄭子陽說：「列禦寇是有道之士，住在你的國內而窮困，你不是好士嗎？」鄭子陽就派官員送米粟給他。列子見到使者，再三辭謝不接受。使者走了，列子進屋裏，他的妻子埋怨他而撫着胸說：「我聽說有道人的妻子，都能得到安樂，現在面有飢色。相國聽了派人來看望並送糧給你，你不接受，豈不是命該這樣嗎！」列子笑着說：「相國並不是自己了解我。而是聽人說了才送米粟給我，將來他也可能會聽別人的話而怪罪我，這就是我不接受的原因。」後來，人民果然造反而殺了子陽。

七

楚昭王失國，屠羊說〔一〕走而從於昭王〔二〕。昭王反國，將賞從者，及屠羊說。屠羊說曰：「大王失國，說失屠羊；大王反國，說亦反屠羊。臣之爵禄已復矣，又何賞之有哉〔三〕！」

王曰：「强之！」

屠羊說曰：「大王失國，非臣之罪，故不敢伏其誅；大王反國，非臣之功，故不敢當其賞。」

王曰：「見之！」

屠羊說曰：「楚國之法，必有重賞大功而後得見，今臣之知不足以存國而勇不足以死寇。吳軍入郢，說畏難而避寇，非故隨大王也。今大王欲廢法毁約〔四〕而見說，此非臣之所以聞於天下也。」

王謂司馬子綦〔五〕曰：「屠羊說居處卑賤而陳義甚高，子其〔六〕爲我延之以三旌〔七〕之位。」

屠羊說曰：「夫三旌之位，吾知其貴於屠羊之肆也；萬鍾之禄，吾知其富於屠羊之利也；然豈可以貪爵禄而使吾君有妄施之名乎！說不敢當，願復反吾屠羊之肆。」遂不受也。

注釋

〔一〕屠羊說：屠羊者，名說。

〔二〕走而從於昭王：高山寺古鈔本無「昭」字（劉文典說）。

〔三〕又何賞之有哉：「哉」字原缺。據高山寺本補（劉文典、王叔岷校）。

〔四〕約：軍律（福永光司說）。

〔五〕司馬子綦：楚國將軍。

〔六〕子其：「其」字各本作「綦」。由讀者以上文作「子綦」妄改，或傳寫誤（馬叙倫義證）；「綦」乃「其」之誤（王叔岷校釋）。

俞樾說：「『子綦爲我延之以三旌之位』句，此昭王自與司馬子綦言，當稱子，不當稱『子綦』。『綦』字衍文。」

劉文典說：「御覽二百二十八引無『綦』字，可證俞說。道藏本作『子其爲我延之以三旌之位』，義亦可通。各本之『綦』或即『其』字，涉上『王謂司馬子綦』而誤也。」

〔七〕三旌：三公之位，車服皆有旌別（劉鳳苞南華雪心編）。司馬本作「三珪」，謂諸侯之三卿皆執珪（釋文）。

今譯

楚昭王喪失了國土。屠羊說跟着昭王出走。後來昭王返國，要獎賞跟從的人，輪到屠羊說。屠羊說說：「大王喪失國土，我喪失屠羊的工作；大王返國，我也回來屠羊。我的爵禄已經恢復了，又有什麽好獎賞的呢！」

昭王說：「勉强他接受。」

屠羊說說：「大王喪失國土，不是我的過錯，所以我不該接受懲罰；大王收復國土，不是我的功勞，所以我不當接受獎賞。」

昭王説：「來見我！」

屠羊説説：「楚國的法令，必定有重賞大功的人才能晉見，現在我的才智不足以保存國家而勇敢也不足以殲滅敵寇。吳國的軍隊侵入郢都，我畏懼危難而逃避敵寇，並不是有意追隨大王。現在大王要廢毀約法而召見我，這不是我所願意傳聞於天下的事。」

昭王對司馬子綦説：「屠羊説身處卑賤而陳義很高，你替我請他任三公的職位。」

屠羊説説：「三公的職位，我知道比屠羊的職業尊貴；萬鍾的俸祿，我知道比屠羊的利益豐富；但是我怎麼可以貪爵祿而使君主得到濫施的聲名呢！ 我不敢接受，希望還是回到我屠羊的市場裏。」終於不接受。

八

原憲〔一〕居魯，環堵之室〔二〕，茨以生草〔三〕；蓬户〔四〕不完，桑以爲樞〔五〕；而甕牖二室〔六〕，褐以爲塞；上漏下溼，匡坐而弦歌〔七〕。

子貢乘大馬，中紺而表素〔八〕，軒車不容巷〔九〕，往見原憲。原憲華冠縰履〔一〇〕，杖藜〔一一〕而應門。

子貢曰：「嘻！ 先生何病？」

原憲應之曰：「憲聞之，無財謂之貧，學道而不能行謂之病〔一二〕。今憲，貧也，非病也。」

子貢逡巡而有愧色。

原憲笑曰：「夫希世而行〔一三〕，比周而友，學以爲人，教以爲己，仁義之慝〔一四〕，輿馬之飾，憲不忍爲也。」

注釋

〔一〕原憲：孔子弟子，姓原，名思，字憲。

〔二〕環堵之室：周環各一堵，謂之「環堵」。猶方丈之室（成疏）。

〔三〕茨（cí 磁）以生草：以草蓋房，謂之「茨」（成疏）。「生草」，謂新生未乾之草，即牽蘿補屋之意（郭慶藩說）。

〔四〕蓬户：織蓬爲户（釋文）。

〔五〕桑以爲樞：屈桑條爲户樞（司馬彪說）。

〔六〕而甕牖二室：破甕爲牖，夫妻各一室（司馬彪說）。

〔七〕匡坐而弦歌：「匡坐」，正坐。「弦」下原缺「歌」字，依奚侗補注，據陳碧虛莊子闕誤引張君房本補。

〔八〕乘大馬，中紺而表素：即論語雍也篇：「乘肥馬，衣輕裘。」指豪奢生活（福永光司說）。「中紺而表素」有二說：一說指車蓋；如成疏：「其軒蓋是白素，裹爲紺色。」一說指衣着；如李頤說：「紺爲中衣，加素爲表。」按：當指後者，形容「内外服飾之美」（劉鳳苞南華雪心編）。「紺」，深青赤色；「表素」，以白色爲外衣（林希逸說）。茲從黄錦鋐今譯（新譯莊子讀本）。

〔九〕軒車不容巷：車馬高大，故巷道不容（成疏）。

〔一〇〕華冠縰履：有數解：（一）作「以華木皮爲冠」（釋文）。韓詩外傳作「楮冠」（馬叙倫說），御覽九九八引作「草冠」（劉文典說）。（二）作「華山冠」（宣穎南華經解）。（三）解爲冠敝而分裂（陶鴻慶讀莊札記）。姑從後說。

陶鴻慶說：「禮記曲禮：『爲國君者華之。』鄭注：『華中裂之。』周禮夏官形方氏：『無有華離之地。』阮氏校勘記云：『今俗語分析謂之花。』即此經『華』字。然則『華冠』，謂冠敝而分裂也。舊解疑非。」按：「華冠縰履」爲句，「縰履」，李頤注「謂履無跟」，則是形容原憲家貧而冠履的破舊狀，故陶說似可從。

〔一一〕杖藜：以藜爲杖（成疏）。此「杖」字作動詞用謂持藜杖而行。「藜」，草屬，莖可爲杖（李勉說）。

〔一二〕學道而不能行謂之病：「道」字原缺。依劉文典、王叔岷校，據御覽四八五、史記仲尼弟子列傳引補增。

〔一三〕希世而行：趨世而行。

司馬彪說：「『希』，望。所行常顧世譽而動。」

〔一四〕仁義之慝：謂依託仁義爲姦惡（司馬彪說）。

今譯

原憲住在魯國，方丈小屋，茅草蓋頂；編織蓬蒿做成門户且不完整，用桑條做門樞；用破甕做窗户，以粗布衣隔成二室；屋頂漏雨、地下潮溼，他卻端坐而弦歌。

子貢乘着大馬，穿着素白的大衣襯着紫紅色的内裏，巷子容不下高大的馬車，走去見原憲。原憲戴着破舊的帽子，穿着破爛的草鞋，扶着藜杖來應門。

子貢說：「唉！先生是什麽病呢？」

原憲回答他說：「我聽說，没有錢財叫做貧，有學問而不能施行叫做病。現在我是貧，不是病。」子貢進退不安面有愧色。

原憲笑着說：「要是趨世而行，結黨爲友，所學爲求炫耀於人，所教但求顯揚於己，仁義的姦慝，車馬的華飾，這是我所不願去做的。」

九

曾子居衛，緼袍〔一〕無表〔二〕，顔色腫噲〔三〕，手足胼胝。三日不舉火，十年不製衣，正冠而纓絶〔四〕，捉衿而肘見，納屨而踵決〔五〕。曳縰〔六〕而歌商頌，聲滿天地，若出金石。天子不得臣，諸侯不得友。故養志者忘形，養形者忘利，致道者忘心矣。

注釋

〔一〕緼袍：謂麻緼爲絮（司馬說）；今之絮衣（林希逸說）。論語子罕篇：「衣敝緼袍。」

〔二〕無表：没有表層，指衣服表層破爛。

林希逸說：「外破而露其絮。」

〔三〕腫噲：虛浮（林希逸說）；浮腫。

郭慶藩說：「『噲』，疑字當作『膾』，病甚。通作『殨』，腫決曰『殨』。」

〔四〕正冠而纓絕：正戴帽子而帽帶斷了。

林希逸說：「方欲正其冠而纓又絶，纓所以維其冠。」

〔五〕踵決：履之後已破（林希逸說）。

〔六〕曳縰：扶曳而行（林希逸說）。「縰」，御覽三八八引作「履」。

今　譯

曾子住在衞國，絮衣破爛，面色浮腫，手足生繭。三天不生火煮飯，十年不添製新衣，正戴帽子而帽帶便斷了，拉着衣襟臂肘就露出來，穿着鞋子脚跟就突出來。拖着破鞋口吟商頌，聲音充滿天地，好像金石樂器奏出來一樣。天子不能使他爲臣子，諸侯不能和他交朋友。所以養志的人忘了形骸，養形的人忘了利祿，求道的人忘了心機了。

一〇

孔子謂顏回曰：「回，來！家貧居卑，胡不仕乎？」

顏回對曰：「不願仕。回有郭外〔一〕之田五十畝，足以給飦粥〔二〕；郭內之田十畝，足以爲絲麻；鼓琴足以自娛，所學夫子之道者足以自樂也。回不願仕。」

孔子愀然變容曰：「善哉回之意！丘聞之：『知足者不以利自累也，審自得者失之而不懼，行修於内者無位而不怍。』丘誦之久矣，今於回而後見之，是丘之得也。」

注　釋

〔一〕郭外：城郭之外。下文「郭内」，即城郭之内。林希逸説：「『郭外』，田也。『郭内』，園也。」

〔二〕飦（zhān 氈）粥：厚粥。孟子滕文公：「飦粥之食。」趙岐注：「飦，糜粥。」「飦」，當指粘稠之粥。

今　譯

孔子對顔回説：「顔回，來！你家境貧窮居室卑陋，爲什麽不去做官呢？」顔回回答説：「不願做官。我在城郭之外有五十畝田，足够喝厚粥；城郭之内有十畝田，足够織絲麻；彈琴足以自己消遣，所學先生的道理足以自得其樂。我不願意做官。」孔子變容改色説：「好極了，你的心意！我聽説：『知足的人不因利禄累害自己，心意自得的人遇到損失也不憂懼，修養内心的人没有爵位而不羞愧。』我唸叨這話已經很久了，現在在你身上才見到，這是我的收穫。」

一一

中山公子牟〔一〕謂瞻子〔二〕曰：「身在江海之上，心居乎魏闕〔三〕之下，奈何？」

瞻子曰：「重生。重生則輕利〔四〕。」

中山公子牟曰：「雖知之，未能自勝也。」

瞻子曰：「不能自勝則從之〔五〕，神無惡乎？不能自勝而强不從者，此之謂重傷〔六〕。重傷之人，無壽類矣。」

魏牟，萬乘之公子也，其隱巖穴也，難爲於布衣之士；雖未至乎道，可謂有其意矣！

注釋

〔一〕中山公子牟：魏國公子，名牟，封於中山（河北省定縣）。即秋水篇中與公孫龍問答的魏牟（公子牟）同一人。

〔二〕瞻子：即詹子，呂氏春秋重言篇稱詹何，屬道家。有關詹何的言行，見於韓非子解老篇、呂氏春秋執一篇、重言篇及淮南子詮言訓、覽冥訓、原道訓。

〔三〕魏闕：宮殿之門，榮華富貴的象徵。

〔四〕輕利：今本誤倒爲「利輕」，據呂氏春秋審爲篇文改正。

馬叙倫説：「『利輕』，呂氏春秋審爲篇、淮南道應訓並作『輕利』，當從之。成玄英疏曰：『重於生道，則輕於榮利。』是成本亦作『輕利』。」按：「輕利」與「重生」對文，馬説是。

〔五〕不能自勝則從之：「從」，通縱。「從」下「之」字原缺，依俞樾、馬叙倫之説據呂氏春秋審爲篇補。

〔六〕重傷：猶再傷（林希逸、俞樾説）。

今譯

中山公子牟對瞻子說：「隱身在江海之上，心裏卻惦念着宮廷的榮華，怎麼辦？」瞻子說：「要重生。重生就輕利。」中山公子牟說：「雖然知道，但是不能把握自己。」瞻子說：「不能把握自己就放任，這樣精神不厭惡嗎？不能把握自己而又強制不順應，這就雙重損傷。雙重損傷的人，就不能成爲高壽的人。」魏牟，是萬乘國家的公子，他隱居岩穴，要比平民困難得多；雖然沒有達到道的境界，可以說有這種心意了。

一二

孔子窮於陳蔡之間，七日不火食，藜羹不糝〔一〕，顏色甚憊，而猶弦歌於室〔二〕。顏回擇菜於外〔三〕，子路子貢相與言曰：「夫子再逐於魯，削迹於衛，伐樹於宋，窮於商周，圍於陳蔡〔四〕，殺夫子者無罪，藉〔五〕夫子者無禁。弦歌鼓琴，未嘗絕音，君子之無恥也若此乎？」

顏回無以應，入告孔子。孔子推琴喟然而歎曰：「由與賜，細人〔六〕也。召而來，吾語之。」

子路子貢入。子路曰：「如此者可謂窮矣！」孔子曰：「是何言也！君子通於道之謂通，窮於道之謂窮。今丘抱仁義之道以遭亂世之患，其何窮之爲〔七〕！故内省而不疚於道〔八〕，臨難而不失其德，大寒既至，霜雪既降，吾是以知松柏之茂也〔九〕。陳蔡之隘〔一〇〕，於丘其幸乎！」孔子削然〔一一〕反琴〔一二〕而弦歌，子路扢然〔一三〕執干而舞。子貢曰：「吾不知天之高也，地之下也。」

古之得道者，窮亦樂，通亦樂。所樂非窮通也，道德於此〔一四〕，則窮通爲寒暑風雨之序矣。故許由娛於潁陽〔一五〕而共伯〔一六〕得志乎丘首〔一七〕。

注釋

〔一〕藜羹不糝：藜菜之羹，不加米糝（成疏）；謂藜菜羹湯中無米粒。「糝」，米粒。

〔二〕而猶弦歌於室：「猶」字原缺，依王叔岷校釋增。

　　王叔岷先生說：「案風俗通義窮通篇『而』下有『猶』字，文意較完，當從之。逍遥遊篇：『時雨降矣，而猶浸灌。』達生篇：『行年七十，而猶有嬰兒之色。』文例並同。」

〔三〕顏回擇菜於外：「於外」二字原缺。吕氏春秋慎人篇「擇菜」下有「於外」二字，當據補（奚侗莊子補注）。

〔四〕再逐於魯，削迹於衛，伐樹於宋，窮於商周，圍於陳蔡：五句見於天運篇與山木篇。

〔五〕藉：一説「淩藉」（釋文），淩辱之意。一説「係」（見釋文），繫縛之意。

〔六〕細人：細碎之人（成疏）；即小人。

〔七〕其何窮之爲：「爲」，猶謂。古「謂」、「爲」二字義通。呂氏春秋慎人篇作「何窮之謂」（郭慶藩説）。意林引「爲」作「有」（馬叙倫説）。「爲」，猶「有」（奚侗、王叔岷説）。

〔八〕内省而不疚於道：「疚」，原作「窮」。依奚侗、王叔岷校，據呂氏春秋慎人篇改。

王叔岷先生説：「案呂氏春秋慎人篇，風俗通義窮通篇，『窮』並作『疚』。當從之。此文作『窮』，疑涉上文『其何窮之爲』而誤。」

〔九〕大寒既至，霜雪既降，吾是以知松柏之茂也：「大」原作「天」，「天」乃「大」字之誤。依俞樾、馬叙倫、王叔岷校，據呂氏春秋慎人篇、淮南子俶真篇、風俗通義窮通篇改。論語子罕篇孔子説：「歲寒，然後知松柏之後凋也。」

〔一〇〕隘：音厄（釋文）。同「阨」，困阨。

〔一一〕削然：各家解釋不一：（一）取琴聲（成疏）。（二）瀟灑之意（林希逸口義）。（三）孤高貌（宣穎南華真經）；危坐孤峭之貌（劉鳳苞雪心編）。（四）「削」當爲「列」（奚侗説）。（五）即悄然，喻其安詳輕靜之態（李勉説）。

〔一二〕反琴：再取琴而彈（林希逸説）；復鼓琴（宣穎説）。

〔一三〕扢然：躍然（林希逸説）；奮舞貌（釋文引李頤説）。

〔一四〕道德於此：「德」當作「得」。呂覽慎人篇作「道得於此」（俞樾説）。高山寺本「德」作「得」（王孝魚校）。

〔一五〕潁陽：地名，在襄陽。

〔一六〕共伯：名和。「共」爲國名，在今河南省輝縣附近。「伯」爲爵位。

〔一七〕得志乎丘首：「志」字原缺，「丘」字原爲「共」。陳碧虛闕誤引江南古藏本「得乎共首」作「得志乎丘首」。趙諫議本「共」作「丘」（王孝魚校）。據以改正。「丘首山」，今在河內（成疏）。

今譯

孔子被圍困在陳蔡之間，七天没有生火煮飯，喝着不加米粒的藜菜羹湯，面色疲憊，然而還在室中彈琴唱歌。顔回到外面採摘野菜，子路子貢互相論説：「先生兩次被驅逐魯國，在衛國被禁止居留，在宋國遭受伐樹的屈辱，不得志於商、周，圍困在陳、蔡；殺先生的没有罪過，凌辱先生的不受禁止。還唱歌彈琴，君子的不知恥是這樣的嗎？」顔回没話回答，進去告訴孔子。孔子推開琴唉聲感嘆説：「子由和子貢，是淺見的小人。叫他們來，我告訴他們。」

子路和子貢進來。子路説：「這樣子可以説是窮困了！」孔子説：「這是什麽話！君子通達於道的叫做通，不了解道的叫做窮。現在我懷抱仁義之道而遭逢亂世的患難，怎麽算是窮困呢！所以内心反省而不愧疚於道，面臨危難而不喪失於德，大寒來到，霜雪降落，我才知道松柏的茂盛。陳蔡的困阨，對於大家不是很好的考驗麽？」

孔子安詳地再拿起琴唱着歌，子路興奮地執干戈而起舞。子貢説：「我不知道天有多高，地有多厚呀！」

古時得道的人，窮困也快樂，通達也快樂。所歡樂的不是窮困和通達，只要是身處道德，那麽困窮通達就好像寒暑風雨的循序變化了！所以許由能自娱於潁陽水邊，而共伯可自得於丘首山上。

一三

舜以天下讓其友北人無擇〔一〕，北人無擇曰：「異哉后之爲人也，居於畎畝〔二〕之中而遊堯之門！不若是而已，又欲以其辱行漫我〔三〕。吾羞見之。」因自投清泠之淵〔四〕。

注釋

〔一〕北人無擇：北方之人，名曰無擇（成疏）。

王叔岷先生説：「此章及下『湯將伐桀』章。當接在上文『舜以天下讓其友石户之農』章下，吕氏春秋離俗篇尚存其舊，今本誤次於此，則不倫矣。」按：王説似可從，然篇首數節有輕物重生思想，本節卻以自殺行爲（「自投於清泠之淵」）結尾，則與「重生」思想牴觸。若移「石户之農」章下，則亦不類。

〔二〕畎（quǎn 犬）畝：田圃。「畎」，田間小溝。

〔三〕辱行漫我：「辱行」，穢德（林希逸説）。「漫」，污。

〔四〕清泠之淵：在南陽西崿縣界。

今譯

舜把天下讓給他的朋友北人無擇，北人無擇說：「舜的爲人奇怪呀，處在田圃之中卻置身於堯的門前，不僅這樣，還要用他恥辱的行爲來沾污我。我羞見於他。」於是自己投入清泠之淵。

一四

湯將伐桀，因卞隨〔一〕而謀，卞隨曰：「非吾事也。」

湯曰：「孰可？」

曰：「吾不知也。」

湯又因務光〔二〕而謀，務光曰：「非吾事也。」

湯曰：「孰可？」

曰：「吾不知也。」

湯曰：「伊尹如何？」

曰：「强力忍垢〔三〕，吾不知其他也。」

湯遂與伊尹謀伐桀，剋之，以讓卞隨。卞隨辭曰：「后之伐桀也謀乎我，必以我爲賊也；勝桀而讓我，必以我爲貪也。吾生乎亂世，而無道之人再來漫我以其辱行，吾不忍數聞也。」乃自投椆水〔四〕而死。

湯又讓務光曰：「知者謀之，武者遂之，仁者居之，古之道也。吾子胡不立乎？」務光辭曰：「廢上，非義也；殺民，非仁也；人犯其難，我享其利，非廉也。吾聞之曰，非其義者，不受其祿，無道之世，不踐其土。況尊我乎！吾不忍久見也。」乃負石而自沈於廬水〔五〕。

注釋

〔一〕卞隨：姓卞，名隨，隱者。

〔二〕務光：姓務，名光，隱者。多種古本「務」作「瞀」，務與瞀通。

〔三〕强力忍垢：毅力忍辱。

〔四〕椆水：水名。本又作「稠」（釋文）。呂氏春秋離俗篇作「潁水」。

〔五〕廬水：在遼東西界。一云在北平郡界（釋文）。

今譯

湯要攻伐桀，找卞隨策劃，卞隨説：「這不是我的事。」

湯説：「找誰可以？」

答説：「我不知道。」

湯又找務光策謀，務光説：「這不是我的事。」

湯説：「找誰可以。」

答説：「我不知道。」

湯説：「伊尹怎麽樣？」

答説：「有毅力能忍辱，其他的我就不知道了。」

湯就和伊尹策謀攻伐桀，戰勝了他，讓位給卞隨。卞隨推辭説：「君主攻伐桀時找我策謀，一定以爲我是殘忍的人，打勝了桀而讓位給我，一定以爲我是貪婪的人。我生當亂世，而無道的人用恥辱的行爲再來沾污我，我不忍受屢次的攪擾。」於是投入椆水而死。

湯又讓位給務光説：「有智慧的人來策謀，武勇的人來完成，仁慈的人來就位，這是古來的道理。你爲什麽不即位？」

務光推辭説：「廢除君上，不是義；殺害人民，不是仁；人民冒險犯難，我坐享其利，不是廉。我聽説，不合於義的，不接受他的利禄；無道的世界，不踏在他的領土上。何況要尊我爲君呢！我不忍心長久目睹。」於是背負石頭自沉在廬水。

一五

昔周之興，有士二人處於孤竹〔一〕，曰伯夷叔齊。二人相謂曰：「吾聞西方有人，似有道者，試往觀焉。」至於岐陽〔二〕，武王聞之，使叔旦〔三〕往見之，與之盟〔四〕曰：「加富二等〔五〕，就官一列〔六〕。」血牲而埋之〔七〕。

二人相視而笑曰：「嘻，異哉！此非吾所謂道也。昔者神農之有天下也，時祀盡敬而不祈喜〔八〕；其於人也，忠信盡治而無求焉。樂與政爲政，樂與治爲治，不以人之壞自成也，不以人之卑自高也，不以遭時自利也。今周見殷之亂而遽爲政，上謀而行貨〔九〕，阻兵而保威〔一〇〕，割牲而盟以爲信，揚行以說衆，殺伐以要利，是推亂以易暴也。吾聞古之士，遭治世不避其任，遇亂世不爲苟存。今天下闇，周德衰〔一一〕，其並乎周以塗〔一二〕吾身也，不如避之以絜吾行。」二子北至於首陽之山〔一三〕，遂餓而死焉。若伯夷叔齊者，其於富貴也，苟可得已，則必不賴〔一四〕。高節戾行〔一五〕，獨樂其志，不事於世，此二士之節也。

注釋

〔一〕孤竹：在遼東令支縣界（司馬彪說）；即今河北省遷安縣。

〔二〕岐陽：岐山之陽（成疏）；即岐山之南，爲周文王所都之地。

〔三〕叔旦：周公名旦，武王弟弟。

〔四〕與之盟：「之」字原缺。世德堂本「與」下有「之」字，文意較完（王叔岷校釋）。

〔五〕加富二等：加禄二級（成疏）。

〔六〕就官一列：任官一級。

〔七〕血牲而埋之：以牲血塗於盟書而埋藏。

〔八〕不祈喜：不求福。呂氏春秋誠廉篇作「不祈福」。

俞樾説：「『喜』當作『禧』。爾雅釋詁：『禧，福也。』不祈禧者，不祈福也。」

〔九〕上謀而行貨：「行」上原衍「下」字。據高山寺本無「下」字（王叔岷、王孝魚校），並依王念孫之説删去。

王念孫説：「『上謀而下行貨』，『下』字後人所加也。『上』與『尚』同。『上謀而行貨，阻兵而保威』，句法正相對。後人誤讀爲『上』爲上下之上，故加『下』字耳。呂氏春秋誠廉篇正作『上謀而行貨，阻兵而保威』。」（讀書雜志餘編）

〔一〇〕阻兵而保威：「阻」，依（見呂氏春秋誠廉篇高誘注）；與恃同義（福永光司説）。

〔一一〕周德衰：陳碧虛闕誤引江南古藏本「周」作「殷」，疑淺人所改，「周德衰」對上文「昔周之興」而言，文理甚明。呂氏春秋誠廉篇亦作「周」（王叔岷校釋）。按：上文「上謀而行貨」至「殺伐以要利，是推亂以易暴也」正是描述「周德衰」的景象，作「殷」爲誤。

〔一二〕塗：污。

〔一三〕首陽之山：説法不一，説文謂在遼西，水經注説在河南，有説在今山西永濟縣。

〔一四〕賴：取（章炳麟據方言解）。

〔一五〕高節戾行：「戾」，亢（林希逸説）。「戾行」者，與俗不合（劉鳳苞説）。

今譯

從前周朝興起的時候，有兩個賢士住在孤竹，叫做伯夷叔齊。兩人商量說：「我聽說西方有個人，像是有道的人，去看看。」到了岐陽，武王聽到，派叔旦去看他們，和他們立盟說：「加祿二級，任官一等。」用牲血塗在盟書而埋藏地下。

兩人相望而笑說：「嘻，奇怪呀！這不是我所謂的道。從前神農治理天下，四時祭祀十分誠敬，但是自己並不求福；對於百姓，忠信盡力爲民服務，但是自己沒有他求。樂於從政的就讓他來從政，樂於參與治理的就讓他來參與治理，不因人的失敗而自顯成功，不因人的卑微而自視長大，不因逢時機而自圖利益。現在周朝看見殷朝混亂便急速奪取政權，崇尚謀略而求取貨利，依恃兵力而炫耀威勢，殺牲立盟作爲信誓，宣揚自己的行爲來爭取群衆，屠殺攻伐來獲取利益，這是製造禍亂來代替暴虐。我聽說古時的賢士，遇到治世不逃避責任，遇到亂世不苟且偷生。現在天下黑暗，周德衰敗，那能和周並存來塗汚我們，不如避開以保持我們行爲的潔淨。」兩個向北到了首陽山上，就餓死在那裏。像伯夷叔齊這樣的人，對於富貴，即使可得到，但也不獲取。高尚的節操，與俗不合的行爲，獨樂己志，不逐世事，這是兩位隱士的節操。

盗跖

盗跖篇，主旨在於抨擊儒家禮教規範及俗儒富貴顯達的觀念，主張尊重自然的情性。「盗跖」，名叫跖的大盗，本篇主要部分爲借盗跖而評孔子的對話，因取盗跖之名爲篇名。

全篇分三個部分，一是孔子拜訪盗跖的對話，二是子張和滿苟得的對話，三是无足和知和的對話，都是藉寓言的形式談問題。其要點是：第一部分，寫孔子往勸盗跖，盗跖則批評儒者「作言造語，妄稱文武」，「不耕而食，不織而衣」，使得天下學士不反本業，還「妄作孝弟」來僥倖求得封侯富貴。進而説：「湯放其主，武王殺紂。自是之後，以强陵弱，以衆暴寡」，指責「湯武以來，皆亂人之徒」。並評儒家聖王，自堯舜至武王，「皆以利惑其真，而强反其情性」。接着指出歷代忠臣多不得好死。最後認爲人生短促，當「説其志意，養其壽命」，輕利全真。第二個部分，子張和滿苟得對話。子張講仁義禮信，倡貴賤倫序，以求顯榮利達。滿苟得則主張士人的行爲，順着自然的本性。批評「田成子常殺君竊國而孔子受幣。論則賤之，行則下之」。指出儒者言行常相違，説的是一套，做的又是另一套。並説：「堯殺長子，舜流母弟，疏戚有倫乎？」這是對儒家等級倫常思想的批評。第三個部分，无足與知和的對話，无足是富貴權勢的崇拜者，認爲人生但求聲色之樂。知和的生活，則恬怡適和，批評縱欲之弊，指出貪求爭奪的爲害，認爲人生除吃喝玩樂之外，當有更重要的東西，當求更崇高的理想。

出自本篇的成語，有摇唇鼓舌、縫衣淺帶、止暴禁非、無病自灸等。

一

孔子與柳下季〔一〕爲友，柳下季之弟，名曰盜跖〔二〕。盜跖從卒九千人，横行天下，侵暴諸侯，穴室樞户〔三〕，驅人牛馬，取人婦女，貪得忘親，不顧父母兄弟，不祭先祖。所過之邑，大國守城，小國入保〔四〕，萬民苦之。孔子謂柳下季曰：「夫爲人父者，必能詔其子；爲人兄者，必能教其弟。若父不能詔其子，兄不能教其弟，則無貴父子兄弟之親矣。今先生，世之才士也，弟爲盜跖，爲天下害，而弗能教也，丘竊爲先生羞之。丘請爲先生往説之。」

柳下季曰：「先生言爲人父者必能詔其子，爲人兄者必能教其弟，若子不聽父之詔，弟不受兄之教，雖今先生之辯，將奈之何哉！且跖之爲人也，心如涌泉，意如飄風，强足以距〔五〕敵，辯足以飾非，順其心則喜，逆其心則怒，易辱人以言。先生必無往。」

孔子不聽，顔回爲馭，子貢爲右，往見盜跖。盜跖乃方休卒徒於太山之陽〔六〕，膾人肝而餔〔七〕之。孔子下車而前，見謁者曰：「魯人孔丘，聞將軍高義，敬再拜謁者。」

謁者入通，盜跖聞之大怒，目如明星，髮上指冠，曰：「此夫魯國之巧僞人孔丘非邪？爲我告之：『爾作言造語，妄稱文武，冠枝木之冠〔八〕，帶死牛之脅〔九〕，多辭繆說，不耕而食，不織而衣，搖脣鼓舌，擅生是非，以迷天下之主，使天下學士不反其本，妄作孝弟〔一〇〕而僥倖於封侯富貴者也。子之罪大極重〔一一〕，疾走歸！不然，我將以子肝益晝餔之膳！』」

孔子復通曰：「丘得幸於季，願望履幕下〔一二〕。」

謁者復通，盜跖曰：「使來前！」

孔子趨而進，避席反走，再拜盜跖。盜跖大怒，兩展其足〔一三〕，案劍瞋目，聲如乳虎，曰：「丘來前！若所言，順吾意則生，逆吾心則死。」

孔子曰：「丘聞之，凡天下人〔一四〕有三德：生而長大，美好無雙，少長貴賤見而皆說之，此上德也；知維天地〔一五〕，能辯諸物〔一六〕，此中德也；勇悍果敢，聚衆率兵，此下德也。凡人有此一德者，足以南面稱孤矣。今將軍兼此三者，身長八尺二寸，面目有光，脣如激丹〔一七〕，齒如齊貝，音中黃鍾〔一八〕，而名曰盜跖，丘竊爲將軍恥不取焉。將軍有意聽臣，臣請南使吳越，北使齊魯，東使宋衛，西使晉楚，使爲將軍造大城數百里，立數十萬户之邑，尊將軍爲諸侯，與天下更始，罷兵休卒，收養昆弟，共祭先祖〔一九〕。此聖人才士之行，而天下之願也。」

盜跖大怒曰：「丘來前！夫可規〔二〇〕以利而可諫以言者，皆愚陋恒民〔二一〕之謂耳。今長大美好，人見而悅之者，此吾父母之遺德也。丘雖不吾譽，吾獨不自知邪？

「且吾聞之，好面譽人者，亦好背而毁之。今丘告我以大城衆民，是欲規我以利而恒民畜我也，安可久長也！城之大者，莫大乎天下矣。堯舜有天下，子孫無置錐之地；湯武立爲天子，而後世絶滅；非以其利大故邪？

「且吾聞之，古者禽獸多而人少，於是民皆巢居以避之，晝拾橡栗，暮棲木上，故命之曰有巢氏之民。古者民不知衣服，夏多積薪，冬則煬之，故命之曰知生之民。神農之世，臥則居居〔二二〕，起則于于〔二三〕，民知其母，不知其父，與麋鹿共處，耕而食，織而衣，無有相害之心，此至德之隆也。然而黄帝不能致德，與蚩尤戰於涿鹿之野，流血百里。堯舜作，立群臣，湯放其主，武王殺紂。自是以後，以强陵弱，以衆暴寡。湯武以來，皆亂人之徒也。

「今子脩文武之道，掌天下之辯，以教後世，縫衣〔二四〕淺帶，矯言僞行，以迷惑天下之主，而欲求富貴焉，盜莫大於子。天下何故不謂子爲盜丘，而乃謂我爲盜跖？子以甘辭説子路而使從之，使子路去其危冠〔二五〕，解其長劍，而受教於子，天下皆曰孔丘能止暴禁非。其卒之也，子路欲殺衛君〔二六〕而事不成，身菹〔二七〕於衛東門之上，子教子路菹此患，上無以爲身，下無以爲人〔二八〕，是子教之不至也。子自謂才士聖人邪？則再逐於魯，削迹於衛，窮於齊，圍於陳蔡，不容身於天下。子之道豈足貴邪？

「世之所高，莫若黃帝，黃帝尚不能全德，而戰涿鹿之野，流血百里。堯不慈〔二九〕，舜不孝〔三〇〕，禹偏枯〔三一〕，湯放其主，武王伐紂，此六子者〔三二〕，世之所高也，孰論之，皆以利惑其真而强反其情性，其行乃甚可羞也。

「世之所謂賢士，莫若伯夷叔齊〔三三〕。伯夷叔齊辭孤竹之君而餓死於首陽之山，骨肉不葬。鮑焦〔三四〕飾行非世，抱木而死。申徒狄〔三五〕諫而不聽，負石自投於河，爲魚鼈所食。介子推〔三六〕至忠也，自割其股以食文公，文公後背之，子推怒而去，抱木而燔死。尾生〔三七〕與女子期於梁下，女子不來，水至不去，抱梁柱而死。此六子者，無異於磔犬〔三八〕流豕〔三九〕操瓢而乞者，皆離名〔四〇〕輕死，不念本養壽命者也。

「世之所謂忠臣者，莫若王子比干伍子胥。子胥沈江，比干剖心，此二子者，世謂忠臣也，然卒爲天下笑。自上觀之，至於子胥比干，皆不足貴也。

「丘之所以說我者，若告我以鬼事，則我不能知也；若告我以人事者，不過此矣，皆吾所聞知也。

「今吾告子以人之情，目欲視色，耳欲聽聲，口欲察味，志氣欲盈〔四一〕。人上壽百歲，中壽八十，下壽六十，除病瘦〔四二〕死喪憂患，其中開口而笑者，一月之中不過四五日而已矣。

天與地無窮，人死者有時，操有時之具而托於無窮之間，忽然無異騏驥之馳過隙也。不能說其志意，養其壽命者，皆非通道者也。

「丘之所言，皆吾之所棄也，亟去走歸，無復言之！子之道，狂狂汲汲〔四三〕，詐巧虛僞事也，非可以全真也，奚足論哉！」

孔子再拜趨走，出門上車，執轡三失〔四四〕，目芒然無見，色若死灰，據軾〔四五〕低頭，不能出氣。歸到魯東門外，適遇柳下季。柳下季曰：「今者闕然數日不見，車馬有行色，得微〔四六〕往見跖邪？」

孔子仰天而歎曰：「然。」

柳下季曰：「跖得無逆汝意若前乎〔四七〕？」

孔子曰：「然。丘所謂無病而自灸也，疾走料〔四八〕虎頭，編虎須〔四九〕，幾不免虎口哉！」

注釋

〔一〕柳下季：即柳下惠，魯國的賢人。姓展，名獲，字季禽。一說：字子禽，居柳樹之下，因以爲號。一說：名惠，死後的謚名。在論語的衛靈公篇和微子篇中，孔子很稱讚柳下惠的賢能。

陸德明說：「展禽是魯僖公時人，至孔子生八十餘年，若至子路之死百五六十歲，不得爲友，是寄言也。」（釋文）

〔二〕盗跖：古時候的大盗。

陸德明說：「李奇注漢書云：『跖，秦之大盗也。』」

俞樾說：「史記伯夷傳正義又云：『蹠者，黄帝時大盗之名。』是跖之爲何時人，竟無定說。孔子與柳下惠不同時，柳下惠與盗跖亦不同時，讀者勿以寓言爲實也。」（莊子平議）

〔三〕穴室摳户：即穿室探户。「摳」通行本作「樞」。闕誤引劉得一本「樞」作「摳」（馬叙倫、王孝魚校）。

按：「樞」爲「摳」之誤。

褚伯秀說：「『樞户』，義當是『摳』。」

孫詒讓說：「『樞』當爲『摳』。」

〔四〕保：同堡。

陸德明說：「鄭注禮記曰：『小城曰保。』」

〔五〕距：同拒。世德堂本作「拒」（王孝魚校）。

〔六〕休卒徒於太山之陽：「於」字原缺。陳碧虚闕誤引江南古藏本「徒」下有「於」字，文意較完（王叔岷校釋），因據補。「太山」，即泰山。

〔七〕餔（bū 晡）：食（成玄英疏）；日申時食（釋文引字林）。

〔八〕枝木之冠：冠多華飾，如木之枝繁（釋文引司馬彪說）；削木枝之皮以爲冠（林希逸口義）。按：儒者好巧飾，審文義，當從司馬注，即形容冠帽的華麗。

馬叙倫說：「案『枝』疑爲『枯』字之譌。『枯木』『死牛』對文。」（莊子義證）備一說。

〔九〕帶死牛之脅：取牛皮爲大革帶（司馬説）。

〔一〇〕孝弟：音悌。本亦作「悌」（釋文）。趙諫議本「弟」作「悌」（王孝魚校）。「弟」與「悌」通，作「弟」是故書（王叔岷説）。

〔一一〕罪大極重：極當做殛。爾雅釋言：『殛，誅也。』言罪大而誅重也。『極』『殛』古字通。」（俞樾平議）

〔一二〕願望履幕下：希望到帳幕下；即希望謁見跖面談。

〔一三〕兩展其足：伸兩脚（成疏）。

〔一四〕凡天下人：闕誤引張君房本「下」字下有「人」字。案當依張君房本「天下」下補「人」字（馬叙倫説）。有「人」字文意較明（王叔岷説）。

〔一五〕知維天地：和天道篇「知落天地」同義，指智識包羅天地。

馬叙倫説：「案『維』爲『雒』誤。」按「知落天地」之「落」爲「絡」的借字。「維」亦有「絡」義，故「維」字可通。

〔一六〕能辯諸物：「辯」，通辨。

〔一七〕激丹：鮮明的朱砂。「激」，皦，明。

章炳麟説：「『激』借爲『敫』。説文：『敫，光景流也。』故司馬訓『明』。」（莊子解故）

〔一八〕黄鍾：古樂中音律的名稱。已見駢拇篇。

〔一九〕共祭先祖：「共」，音恭（釋文）；讀曰供（王先謙集解）。

〔二〇〕規：同諫。

〔二一〕恒民：一本作「順民」（釋文）。

〔二二〕居居：安靜之容（成疏）。

〔二三〕于于：自得之貌（成疏）。

〔二四〕縫衣：寬大衣服。

褚伯秀說：「縫衣，摓腋之衣，大袂襌衣也。」

郭慶藩說：「向秀注曰：『儒服寬而長大。』（見列子黄帝篇注）釋文『摓』，又作『縫』。『縫衣』，大衣也。」

〔二五〕危冠：高冠。

李頤說：「『危』，高也。子路好勇，冠似雄雞形，背負豭斗，用表己强也。」

〔二六〕衛君：衛莊公，名蒯聵。

〔二七〕葅（zū租）：古時一種酷烈的刑法叫葅醢（hǎi海），使受刑者剁成肉醬。

〔二八〕子教子路葅此患，上無以爲身，下無以爲人：這三句原在下文「圍於陳蔡，不容身於天下」句下，王先謙說：「疑有奪文。」馬叙倫說：「此三句當在『身葅於衛東門之上』下。」按：馬說甚是。這三句錯簡誤入下文，依馬說移此，文理通順。

〔二九〕堯不慈：指堯殺長子丹朱。下文有「堯殺長子」之句。

〔三〇〕舜不孝：指舜放逐瞽瞍。韓非子忠孝篇有這樣的記載：「瞽瞍爲舜父，而舜放之。」

〔三一〕偏枯：即齊物論「偏死」，指半身不遂。列子楊朱篇説禹「身體偏枯」。

〔三二〕此六子者：此上原衍「文王拘羑里」一句，疑是後人妄加，當删。「六子」即上文所説黄帝、堯、舜、禹、湯、武王六人。闕誤引江南古藏本「六」作「七」。而「六」字唐初本不作「七」。江南古藏本作「七」者，後人依有「文王」句而改（馬叙倫説）。

李勉説：「自黄帝以至武王皆評其過失，文王被人所囚，非其本身之過，舉之，與上不倫不類。故此句疑後人所增，原作『六子』不誤，且此句依序亦應在『武王』句上。足見此句誤衍，當删。」按：李説是。上文已出現「湯放其主，武王殺紂」句，謂「湯武以來，皆亂人之徒也」其斥責湯武之意甚明，與此處前後相應。故當删去「文王拘羑里」一句。

〔三三〕世之所謂賢士，莫若伯夷叔齊：「莫若」二字原缺，依王叔岷之説補。

王叔岷説：「案伯夷上當有『莫若』二字。上文『世之所高，莫若黄帝』，下文『世之所謂忠臣者，莫若王子比干伍子胥』，文例並同，今本挩『莫若』二字，則文意不完矣。」

〔三四〕鮑焦：姓鮑，名焦，周時隱者。

成玄英疏：「〔鮑焦〕飾行非世，廉潔自守，荷擔採樵，拾橡充食，故無子胤，不臣天子，不友諸侯。子貢遇之，謂之曰：『吾聞非其政者，不履其地，汙其君者，不受其利。今子履其地，食其利，其可乎？』鮑焦曰：『吾聞廉士重進而輕退，賢人易愧而輕死。』遂抱木立枯焉。」

〔三五〕申徒狄：姓申徒，名狄，殷商時人。已見於大宗師、外物篇。

〔三六〕介子推：晉文公的忠臣。

成疏：「晉文公重耳也，遭驪姬之難，出奔他國，在路困乏，推割股肉以餡之。公後還三日，封於從者，遂忘子推。子推作龍蛇之歌，書其營門，怒而逃。公後慙謝，追子推於介山。子推隱避，公因放火燒山，庶其走出。火至，子推遂抱樹而焚死焉。」

〔三七〕尾生：戰國策作尾生高；高誘以爲魯人。

〔三八〕磔（zhé 折）犬：被屠宰的狗。「磔」，分裂牲畜的肢體以作祭儀。

〔三九〕流豕：當爲沈豕（孫詒讓説）；即沈河的豬。古時以豬爲犧牲獻祭河神。

〔四〇〕離名：重名（成疏）。

林希逸説：「『離』，麗也。泥著於名也，故曰『離名』。」

王叔岷説：「陳碧虛闕誤引江南古藏本『離』作『利』。『離』與『利』通，荀子非十二子篇：『綦谿利跂。』注：『利與離同。』即其證。」

〔四一〕欲盈：求滿足。

〔四二〕瘐：今本筆誤爲「瘦」，依王念孫之説改正。

王念孫説：「案『瘦』當爲『瘐』，字之誤也。『瘐』，亦病也。病瘐爲一類，死喪爲一類，憂患爲一類。」（讀書雜志餘編）

〔四三〕狂狂汲汲：「汲」，本亦作「伋」，音急（釋文）。「狂狂汲汲」，營求奔競的樣子。

〔四四〕執轡三失：手上拿的馬韁繩掉落了三次，形容孔子的緊張失神。

〔四五〕軾：車前横木。

〔四六〕微：同無。

〔四七〕若前乎：意指如先前所説的。

〔四八〕料：同撩。

〔四九〕編虎須：「編」，借揙，撫。「須」，道藏成玄英疏本、褚伯秀義海纂微本，「須」並作「鬚」，「鬚」即須之俗（王叔岷校釋）。

今　譯

孔子和柳下季是朋友，柳下季的弟弟，名叫盜跖。盜跖的部下有九千人，横行天下，侵犯諸侯，穿室探户，搶人牛馬，擄劫婦女，貪利忘親，不顧父母兄弟，不祭祀祖先。所經過的地方，大國守着城池，小國避入堡中，萬民受苦。

孔子對柳下季説：「做父親的，必定能詔告他的兒子；做兄長的，必定能教導他的弟弟。如果父親不能詔告他的兒子，兄長不能教導他的弟弟，那就父子兄弟的親情也没有什麽可尊貴了。現在先生是當世的才士，弟弟是盜跖，爲害天下，卻不能教導他，我暗地裏替先生感到羞恥。我願意替你去説服他。」

柳下季説：「先生説做父親的必定能詔告他的兒子，做兄長的必定能教導他的弟弟，假使兒子不聽從父親的詔告，弟弟不受兄長的教導，即使是先生這樣能辯，又能把他怎麽樣！而且跖的爲人，心思如湧泉一般的源源不絶，意念如飄風一般的捉摸不定，强悍足以抗拒敵人，辯才足以粉飾過錯，順着他的心意就高興，違背他的心意就憤怒，容易用語言侮辱人。先生千萬不要去。」

孔子不聽，叫顏回駕車，子貢坐在車的右邊，去看盜跖。盜跖正帶着部下在泰山南面休息，炒人肝而食。孔子下車向前走，見了傳達說：「魯國人孔丘，聽說將軍的高義，恭敬地來拜見。」

傳達進去通報，盜跖聽見大怒，目如明星，髮上衝冠，說：「這不就是魯國的那個巧僞人孔丘嗎？替我告訴他：『你搬弄語言，假託文武，戴着樹枝般的帽子，圍着牛皮的腰帶，繁辭謬說，不耕而食，不織而衣，搖唇鼓舌，無端製造是非，來迷惑天下的君主，使得天下的讀書人不返本業，假託孝悌之名來僥倖求得封侯富貴。你的罪孽重大，趕快回去！不然，我要拿你的肝當午餐！』」

孔子再請通報說：「我榮幸認識柳下季，希望能到帳幕下來拜見。」

傳達再去通報，盜跖說：「叫他到前面來！」

孔子快步走進去，避席退步，再拜盜跖。盜跖大怒，叉開兩脚，握劍瞪眼，聲音如乳虎，說：「孔丘過來！你所說的，順着我的心意你才能活，逆着我的心意就要你死。」

孔子說：「我聽說，天下的人有三種美德：生下長大，美好無雙，無論老少貴賤見了都喜歡他，這是上德；智識包羅天地，能分辨一切事物，這是中德；勇武果決，聚衆率兵，這是下德。凡是具有一種美德的人，就足以南面稱王了。現在將軍兼備了這三種美德，身高八尺二寸，面目炯炯有光，嘴唇如鮮明的朱砂，牙齒像整齊的珠貝，聲音合於黃鍾，卻名叫盜跖，我私下替將軍感到羞恥不取。將軍有意聽我的意見，我願往南出使吳越，向北出使齊魯，往東出使宋衛，向西出使晉楚，替將軍造一座周圍幾百里的大城，建立幾十萬户的都邑，尊奉將軍爲諸侯，和天下人有一個新的開始，停戰休兵，收養兄弟，供祭祖先。這是聖人才士的行爲，也是天下人的願望。」

盜跖大怒說：「孔丘過來！可以用利祿來誘導，可以用語言來規諫的，都是愚陋平民罷了。我現在高大美好，人見了就喜歡，這是我父母遺留的德性。你即使不讚美我，我難道自己不知道嗎？

「而且我聽說，喜歡當面稱讚的人，也喜歡背後毀謗人。現在你告訴我有大城衆民，這是想用利祿來引誘我，把我當做順民來收買，怎麽可以長久呢！最大的城市，也没有比天下更大的了。堯舜擁有天下，而子孫卻没有立錐的地方；湯武立爲天子，而後代滅絶；這不正是因爲他們有大利的緣故嗎？

「而且我聽說，古時候禽獸多而人民少，於是人民都在樹上築巢來躲避禽獸，白天撿拾橡栗，夜晚睡在樹上，所以叫做有巢氏的人民。古時候人民不知道穿衣服，夏天存積了很多木柴，冬天用來燃燒取暖，所以叫做知道生存的人民。神農的時代，睡臥時安然恬靜，起身時寬舒自適，人民只知道母親，不知道父親，和麋鹿生活在一起，耕田而食，織布而衣，没有相害的意念，這是道德極盛的時代。然而黃帝不能達到這種德，和蚩尤交戰於涿鹿的郊野，血流百里。堯舜起來，設立群臣，湯流放他的君主，武王殺害紂。從此以後，以强力欺凌弱小，以勢衆侵暴寡少。湯武以來，都是禍害人民之徒。

「現在你修習文王武王之道，掌握天下的言辯，來教化後世，寬衣淺帶，假言僞行，來迷惑天下的君主，而企圖富貴，最大的盜賊莫過於你。天下人爲什麽不叫你做盜丘，而叫我做盜跖呢？

「你用動聽的話讓子路喜歡而跟從你，使子路不戴高冠，解下長劍，來接受你的教誨，天下的人都說孔丘能够止暴禁非。弄到最後，子路要殺衛君而没有成功，自身卻在衛國東門被剁成肉醬，你使子路遭受剁成肉醬的禍患，上不得保身，下不足爲人，這是由於你的教導不成功。

「你自稱爲才士聖人嗎？可是你兩次被魯國驅逐出境，在衛國被禁止居留，在齊國没有出路，在陳蔡被圍困，到處都不能容身，你的道理哪裏有什麽可貴呢？

「世上所推崇的，莫過於黄帝，黄帝尚且不能德行完備，而戰於涿鹿的郊野，血流百里。堯不慈愛，舜不孝順，禹半身不遂，湯流放他的君主，武王攻伐紂，這六個人，世上所推崇的，仔細看來，都是因利而迷失了本真，强力違反了情性，他們的行爲是非常可恥的。

「世上所謂的賢士，莫過伯夷叔齊。伯夷叔齊辭讓孤竹的君位而餓死在首陽山上，屍體没有埋葬。鮑焦行爲高潔非議俗世，抱着樹木枯死。申徒狄諍諫而不被接納，背石自投入河，爲魚鼈所食。介子推最忠心，割下自己腿上的肉給晉文公吃，文公後來背棄他，子推忿怒離去，抱着樹木而燒死。尾生和女朋友約會在橋下見面，女朋友不來，洪水來了他不走，抱着橋梁而死。這六個人，無異於被屠的狗、沉河的豬、持瓢的乞丐，都是重於名而輕於死，不珍惜生命本根的人。

「世上所謂的忠臣，莫過王子比干和伍子胥。子胥屍沉江中，比干剖心而死，這兩個人，世上所稱的忠臣，然而終爲天下人譏笑。從以上看來，直到子胥比干，都不足貴。

「你所以勸説我的，如果告訴我關於鬼的事，我不知道；如果告訴我關於人的事，不過如此罷了，都是我已經聽過的。

「現在我告訴你人的性情，眼睛要看顔色，耳朶要聽聲音，嘴巴要嚐味道，心志要求滿足。人生上壽是一百歲，中壽是八十歲，下壽是六十歲，除了疾病、死喪、憂患以外，其中開口歡笑的，一個月之中不過四五天而已。天地的存在是無窮盡的，人的死生卻是有時限的，以有時限的生命而寄託在無窮盡的天地之間，和快馬迅速地閃過空隙一般。凡是不能夠暢適自己的意志，保養自己的壽命，都不是通達道理的人。

「你所說的，都是我所要抛棄的，趕快回去，不要再說了！ 你這套道理，鑽營求取，都是巧詐虛僞的事情，不是保全真性！ 哪裏值得討論呢！」

孔子拜了又拜快步急走，出門上車，手執轡繩不覺掉落了三次，眼睛茫然無見，面色有如死灰，扶着車軾低垂着頭，不能喘氣。回到魯國東門外，正好遇到柳下季。柳下季說：「最近好幾天沒有見面，車馬有外出的樣子，是不是去見跖呢？」

孔子仰天嘆息說：「是的。」

柳下季說：「跖是不是像我以前所說的違逆了你的心意呢？」

孔子說：「是的。我是所謂沒有病而自己用艾葉來燒灼，莽撞地去撩虎頭，捋虎鬚，幾乎不能免於虎口啊！」

二

子張〔一〕問於滿苟得〔二〕曰：「盍不爲行？ 無行則不信，不信則不任，不任則不利。故觀之名，計之利，而義真是也。若棄名利，反之於心〔三〕，則夫士之爲行，不可一日不爲乎！」

滿苟得曰：「無恥者富，多信〔四〕者顯。夫名利之大者，幾在無恥而信。故觀之名，計之利，而信真是也。若棄名利，反之於心，則夫士之爲行，抱其天乎！」

子張曰：「昔者桀紂貴爲天子，富有天下，今謂臧聚〔五〕曰，汝行如桀紂，則有怍色，有不服之心者，小人所賤也。仲尼墨翟，窮爲匹夫，今謂宰相曰，子行如仲尼墨翟，則變容易色稱不足者，士誠貴也。故勢爲天子，未必貴也；窮爲匹夫，未必賤也；貴賤之分，在行之美惡。」

滿苟得曰：「小盜者拘，大盜者爲諸侯，諸侯之門，仁義存焉〔六〕。昔者桓公小白殺兄入嫂，而管仲爲臣；田成子常殺君竊國，而孔子受幣。論則賤之，行則下之〔七〕，則是言行之情悖戰於胸中也，不亦拂乎！故書曰：『孰惡孰美？成者爲首，不成者爲尾〔八〕。』」

子張曰：「子不爲行，即將疏戚無倫，貴賤無義，長幼無序；五紀六位〔九〕，將何以爲別乎？」

滿苟得曰：「堯殺長子，舜流母弟〔一〇〕，疏戚有倫乎？湯放桀，武王殺紂，貴賤有義乎？王季爲適〔一一〕，周公殺兄，長幼有序乎？儒者僞辭，墨者兼愛，五紀六位將有別乎？

「且子正爲名，我正爲利。名利之實，不順於理，不監〔一二〕於道。吾日〔一三〕與子訟於無約〔一四〕曰：『小人殉財，君子殉名。其所以變其情，易其性，則異矣；乃至於棄其所爲而殉其所不爲，則一也。』故曰，無爲小人，反殉而天〔一五〕；無爲君子，從天之理。若枉若直〔一六〕，相而天極〔一七〕；面觀四方〔一八〕，與時消息。若是若非，執而圓機〔一九〕；獨成而意，與道徘徊。無轉而行〔二〇〕，無成而義，將失而所爲〔二一〕。無赴而富，無殉而成，將棄而天。

「比干剖心，子胥抉眼，忠之禍也；直躬證父〔二二〕，尾生溺死，信之患也；鮑子立乾〔二三〕，申子自埋〔二四〕，廉之害也；孔子不見母〔二五〕，匡子〔二六〕不見父，義之失也。此上世之所傳，下世之所語，以爲士者正其言，必其行，故服其殃，離其患〔二七〕也。」

注釋

〔一〕子張：孔子的弟子，姓顓孫，名師，字子張。論語有子張篇。

〔二〕滿苟得：假託爲姓名，曰苟且貪得以滿其心，求利之人（成疏）。

〔三〕反之於心：即反省於心。「反」，通返。成疏謂「乖逆我心」，「反」作「乖逆」解，誤。

〔四〕多信：猶多言（成疏）。按：「多」當爲「易」字之訛，形近而誤。儀禮燕禮：「多矣」，武威出土儀禮簡「多」作「易」。呂覽禁塞注「易，違也」，「易信」即背信（又：易是輕寡、稀少之義，則「易信」謂寡信）。下文「无恥而信」之「而」乃「不」字之訛。不與而篆文似。易筮注：「不合」，釋文云：「或作而合。」或本作「无恥而失信」可證。「无恥不信」呼應上面的「无恥」、「易信」。下文「而信真是也」，這個「信」字是「不信」的省文。唯譯文仍從成疏。

〔五〕臧聚：指奴隸馬夫。

孫詒讓說：「『聚』當讀『騶』。說文：『騶，廄御也。』『臧騶』皆僕隸賤役。」

〔六〕小盜者拘，大盜者爲諸侯，諸侯之門，仁義存焉：文義與胠篋篇相同。「仁義」原作「義士」，依劉師培之說，據胠篋篇改。

劉師培說：「『諸侯之門，義士存焉』，『義士』當作『仁義』。胠篋篇云：『諸侯之門而仁義存焉。』史記游俠傳云：『侯之門，仁義存。』此作『義士』，詞迥不符。……蓋『仁義』譌爲『仕義』，校者知弗克通，因更易其文，倒字舛詞，冀通其句，幸有胠篋篇以正之。」（莊子斠補）

〔七〕論則賤之，行則下之：田成子常殺齊簡公，孔子沐浴而朝，受其幣帛。言議則以爲鄙賤，情行則下而事之（成疏）。「之」指田成子殺君竊國。「下」，屈。指孔子嘴裏表示非議，行爲又下屈於田成子，充分顯示出言行的不一致。

〔八〕成者爲首，不成者爲尾：「首」、「尾」，和上、下同義。

〔九〕五紀六位：「五紀」，即五倫，指父子、君臣、夫婦、長幼、朋友的關係。「六位」，君、臣、父、子、夫、婦（釋文）。

俞樾說：「『五紀』，司馬云：『歲日月星辰曆數。』然與疏戚貴賤長幼之義不相應，殆非也。今案『五紀』即五倫也，『六位』即六紀也。白虎通三綱六紀篇曰：『六紀者，謂諸父、兄弟、族人、諸舅、師長、朋友也。』此皆所以爲疏戚貴賤長幼之别。不曰『五倫』而曰『五紀』，不曰『六紀』而曰『六位』，古人之語異耳。家語入官篇：『群僕之倫也。』王肅注曰：『倫，紀也。』然則『倫』『紀』得通稱矣。」

〔一〇〕舜流母弟：指舜流放同母兄弟象。

陸德明說：「『弟』，謂象也。『流』，放也。孟子云：『舜封象於有庳，不得有爲於其國，天子使吏治其國，而納其貢税焉。』故謂之放也。」

〔一一〕適：同嫡。

〔一二〕監：明，見（成疏）。本亦作「鑑」，同（釋文）。

〔一三〕曰：猶昔。陳碧虛闕誤引張君房本「曰」作「昔」。

〔一四〕訟於無約：「訟」，爭論。「無約」，寓託的人名。意指不受名利所約束。

林雲銘說：「兩人不服，故訟於無約而請決也。『無約』，人名。」

〔一五〕反殉而天：反己而求汝自然之道（王先謙說）；即反求自己的自然之道。

成玄英說：「『而』，爾也。能率性歸根，合於自然之道。」

〔一六〕若枉若直：「枉」「直」，曲直，即是非之意。

〔一七〕相而天極：「相」，助。順自然之道（成疏）。

李勉說：「『相而天極』，謂聽乎自然也。『相』，視也。天爲極自然者，故謂之『天極』。言是非聽其自然，不必强分君子與小人。」

〔一八〕面觀四方，與時消息：觀照四方，隨着時序而變化。

〔一九〕圓機：環中（成疏）。

李勉說：「『圓機』，言圓形之機件。圓形之機件能轉動不息，以喻是非相轉，無是非可言，亦猶齊物篇『得其環中，以應無窮』之意。『執而圓機』，謂執汝圓形之機件以相轉不息，忘去是非。」

〔二〇〕無轉而行：不要固執你的行爲。「轉」，讀爲「專」。

王念孫說：「『轉』讀爲『專』。山木篇云：『一龍一蛇，與時俱化，而無肯專爲。』即此所謂『無專而行』也。此承上文『與時消息』『與道徘徊』而言，言當隨時順道而不可專行仁義。」

〔二一〕所爲：真性（成疏）。

〔二二〕直躬證父：爽直的兒子證實父親偷羊。「直躬」，直身而行（何晏論語集解引孔安國說）；即是行直道的意思。這裏作人名。事出論語子路篇：葉公語孔子曰：「吾黨有直躬者，其父攘羊而子證之。」

〔二三〕鮑子立乾：即上文盜跖所說的「鮑焦抱木而死」。「乾」謂枯乾，即立而絕食枯乾以死。

〔二四〕申子自埋：俗本作「申子不自理」。釋文所見一本作「申子自埋」。並依馬叙倫、王叔岷之說改。

馬叙倫說：「陸德明曰：『本又作申子自埋。或云：申狄抱甕之河也。』案當依一本作『申子自埋』，即申徒狄事。」

王叔岷說：「審文意，當作『申子自埋』爲長。『申子自埋』與上句『鮑子立乾』文既相耦，事亦相類。」按：「申子自埋」，即上文盜跖所說：「申徒狄諫而不聽，負石自投於河。」上文鮑焦事與申徒狄事並提，與此相同。

〔二五〕孔子不見母：孔子歷國應聘，其母臨終，孔子不見（成疏）。

俞樾說：「『孔子』疑仲子之誤，即所謂避兄離母之陳仲子也。」

李勉說：「俞樾之説不可取。案此明責孔子，上文言儒者虚僞巧飾可證。俞樾固執成見，以爲孔子世之所謂聖人，此不當言孔子，然莊書責孔子之處多矣，豈獨此哉？」

〔二六〕匡子：姓匡，名章，齊國人。見孟子離婁篇下。

司馬彪説：「匡子，名章，齊人，諫其父，爲父所逐，終身不見父。」

〔二七〕離其患：罹其患（成疏）。「離」借爲「罹」（劉文典説）。

今譯

子張問滿苟得說：「爲什麼不修德行？没有德行就不能取信，不能取信就不被任用，不被任用就不能獲利。所以從名來看，從利來算，仁義才是要緊的。如果抛棄名利，内心反省，那麼讀書人的行爲，也不能一天不修仁義呀！」

滿苟得說：「無恥的人富有，誇言的人顯達。名利最大的，幾乎都由無恥誇言而來。所以從名來看，從利來算，誇言才是要緊的。如果抛棄名利，内心反省，那麼讀書人的行爲，也只有守着自然的本性了！」

子張說：「從前桀紂貴爲天子，富有天下，現在對僕隸役夫說，你的行爲像桀紂，就面有愧色，有不服氣的樣子，這是小人都卑視的。孔子墨翟，窮困的平民，現在對宰相說，你的行爲像孔子墨翟，就改變容色說自己不够，讀書人真是可貴呀！所以權勢如天子，未必可貴，窮困做貧民，未必低賤；貴賤的分別，在於行爲的好壞。」

滿苟得說：「小盜被拘捕，大盜變成諸侯，諸侯的門下，仁義就存在。從前齊桓公小白殺了哥哥娶嫂嫂，而管仲卻做他的臣子；田成子常殺了君主竊據國家，而孔子卻接受他的貨幣。評論起來就表示卑賤，實行起來自己卻又這樣去做，這就是嘴裏所說的和行爲所做在心裏交戰，豈不是很矛盾麼！所以書上說：『誰好誰壞？成功的就是好，不成功的就是壞。』」

子張說：「你不修飾行爲，將會親疏没有倫常，貴賤没有儀則，長幼没有順序；五倫六位，怎樣區別呢？」

滿苟得說：「堯殺害長子，舜流放母弟，親疏有倫常嗎？湯放逐桀，武王殺害紂，貴賤有儀則嗎？王季僭越嫡位，周公殺害兄長，長幼有順序嗎？儒者的虛僞言辭，墨者的兼愛，這樣五倫六位有區別嗎？

「而且你正在求名，我正在求利。名利的實情，都不順於理，也不明於道。我從前和你在無約面前爭辯說：『小人爲財犧牲，君子爲名犧牲。他們之所以改變真情，更易本性，雖然不同；但是至於他們捨棄了生命而追逐所不當爲的東西，卻是一樣的。』所以說，不要從事小人所追逐的，反求你自己的本性；不要從事君子所追逐的，順從自然的道理。是曲是直，聽任自然；觀照四方，隨着時序而變化。或是或非，執守你的環中；獨自完成你自己的本意，和道共遊。不要固執你的行爲，不要助成你的仁義，這會失掉你的真性。不要奔赴富貴，不要急求成功，這會捨棄你的自然的天性。

「比干被剖心，子胥被挖眼，這是忠的禍害；直躬證實父親偷羊，尾生被水淹死，這是信的禍患；鮑子抱樹枯死，申子跳河自沉，這是廉的禍害；孔子不見母親，匡子不見父親，這是義的缺失。這些都是上世的傳聞，下代的議論，以爲讀書人要語言正直，行爲去實踐，所以才遭災殃，受到禍患。」

三

無足問於知和〔一〕曰：「人卒〔二〕未有不興名就利者。彼富則人歸之，歸則下之，下則貴之。夫見下貴者，所以長生安體樂意之道也。今子獨無意焉，知不足邪，意〔三〕知而力不能行邪！故推正不忘邪〔四〕？」

知和曰：「今夫此人〔五〕以爲與己同時而生，同鄉而處者，以爲夫絶俗過世之士焉；是專無主正〔六〕，所以覽古今之時，是非之分也，與俗化。世去至重〔七〕，棄至尊〔八〕，以爲其所爲也；此其所以論長生安體樂意之道，不亦遠乎！慘怛〔九〕之疾，恬愉之安，不監於體；怵惕之恐，欣懽之喜，不監於心；知爲爲而不知所以爲，是以貴爲天子，富有天下，而不免於患也。」

無足曰：「夫富之於人，無所不利，窮美究勢，至人之所不得逮，賢人之所不能及，俠人之勇力〔一〇〕而以爲威强，秉人之知謀以爲明察，因人之德以爲賢良，非享國而嚴若君父。且夫聲色滋味權勢之於人，心不待學而樂之，體不待象〔一一〕而安之。夫欲惡避就〔一二〕，固不待師，此人之性也。天下雖非我，孰能辭之！」

知和曰：「知者之爲，故動以百姓〔一三〕，不違其度，是以足而不爭，無以爲故不求。不足故求之，爭四處而不自以爲貪；有餘故辭之，棄天下而不自以爲廉。廉貪之實，非以迫外也，反監之度〔一四〕。勢爲天子而不以貴驕人，富有天下而不以財戲人〔一五〕。計其患，慮其反，以爲害於性，故辭而不受也，非以要名譽也。堯舜爲帝而雍〔一六〕，非仁天下也，不以美害生也；善卷許由得帝而不受，非虛辭讓也，不以事害己。此皆就其利，辭其害，而天下稱賢焉，則可以有之，彼非以興名譽也。」

無足曰：「必持其名，苦體絕甘，約養〔一七〕以持生，則亦猶久病長阨而不死者也〔一八〕。」

知和曰：「平爲福，有餘爲害者，物莫不然，而財其甚者也。今富人，耳營於鐘鼓管籥之聲〔一九〕，口嗛〔二〇〕於芻豢醪醴之味，以感其意，遺忘其業，可謂亂矣；侅溺於馮氣〔二一〕，若負重行而上坂也〔二二〕，可謂苦矣；貪財而取慰〔二三〕，貪權而取竭〔二四〕，靜居則溺〔二五〕，體澤則馮〔二六〕，可謂疾矣；爲欲富就利，故滿若堵耳而不知避〔二七〕，且馮而不舍〔二八〕，可謂辱矣；財積而無用，服膺而不舍〔二九〕，滿心戚醮〔三〇〕，求益而不止，可謂憂矣；內則疑劫請之賊〔三一〕，外則畏寇盜之害，內周樓疏〔三二〕，外不敢獨行，可謂畏矣。此六者〔三三〕，天下之至害也，皆遺忘而不知察〔三四〕，及其患至，求盡性竭財，單〔三五〕以反一日之無故而不可得也。故觀之名則不見，求之利則不得，繚意絶體〔三六〕而爭此，不亦惑乎！」

注釋

〔一〕無足問於知和：「無足」，不知足。「知和」，知和適。這裏寓託爲人名。

成玄英説：「『無足』，謂貪婪之人，不止足者也。『知和』，謂體知中和之道，守分清廉之人也。假設二人以明貪廉之禍福也。」

〔二〕人卒：人衆。見天地、秋水、至樂各篇。

〔三〕意：語詞，讀若「抑」。「抑」「意」古字通（郭慶藩集釋）。

〔四〕故推正不忘邪：「故」，同「固」，一味地。「推正」，即推求正道。

成玄英説：「故推於正理，志念不忘，以遣貪求之心而不取邪。」

〔五〕此人：即上興名就利之人（王先謙説）。

〔六〕專無主正：「主正」，基準、主體之意（福永光司説）。這句話是説内心没有指導的原則。

〔七〕至重：生（成疏）；即生命。

〔八〕至尊：道（成疏）；自己的本性（福永光司説）。

〔九〕慘怛（dá 答）：悲（成疏）；悲痛。

〔一〇〕俠人之勇力：「俠」當爲夾。説文曰：「夾，持也。」（馬叙倫説）「俠人之勇力」，即夾持人的勇力。

〔一一〕象：法象（成疏）；規範（福永光司説）。

〔一二〕欲惡避就：指欲求、憎惡、避去、趨就。

〔一三〕動以百姓：以百姓心爲心（成疏）。

〔一四〕非以迫外也，反監之度：不是由於外物的影響，而是由於各人內心的稟性不同（黃錦鋐今譯）。

成玄英說：「非遇迫於外物，而反照於內心，各稟度量不同。」

〔一五〕不以財戲人：「戲」，或借爲「詡」（馬叙倫義證）。

〔一六〕堯舜爲帝而雍：「雍」，疑當爲推，形近而誤（孫詒讓說）。

〔一七〕約養：窮約攝養（成疏）；儉以自奉（林希逸口義）；即過着質素的衣食生活（福永光司說）。

〔一八〕則亦猶久病長阨而不死者也：「猶」字今本缺，陳碧虛闕誤引江南古藏本「亦」下有「猶」字，文意較完，據補（馬叙倫、劉文典、王叔岷校）。

〔一九〕今富人，耳營於鐘鼓管籥之聲：按：「於」字原缺，「營」下當有「於」字，與下文「口嗛於芻豢醪醴之味」一律（王叔岷校釋）。「管籥」，簫笛類樂器。

〔二〇〕嗛：稱適（成疏）；快（郭慶藩說）；即快意。

〔二一〕侅（gāi 該）溺於馮氣，「侅溺」，猶言沈溺之深（郭嵩燾說）。「馮氣」，盛氣。

王念孫說：「釋文曰：『馮氣，馮音憤，憤滿也。言憤畜不通之氣也。』案『馮氣』，盛氣也。昭五年左傳：『今君奮焉震電馮怒。』杜注曰：『馮，盛也。』楚辭離騷：『馮不厭乎求索。』王注曰：『馮，滿也。』楚人名『滿』曰『馮』。是『馮』爲盛滿之義。」

〔二二〕若負重行而上坂（bǎn 板）也：「坂」字今本缺。按：陳碧虛闕誤引張君房本「上」下有「坂」字，當從之。疏：「猶如負重上阪而行。」是成本「上」下有「阪」字，「阪」與「坂」同，今本挩「坂」字，則文意不完（王叔岷校釋）。「坂」，坡斜地。

〔二三〕貪財而取慰：「取慰」，一説取病（郭慶藩説），一説取怨（章炳麟、馬叙倫説）。成疏則作常義解，謂：「以慰其心。」陳碧虚闕誤引張君房本「慰」作「辱」（王孝魚校）。

郭慶藩説：「案『慰』當與『蔚』通。淮南子俶真訓：『五藏無蔚氣。』高注曰：『蔚，病也。』繆稱篇：『侏儒瞽師，人之困慰者也』。高注曰：『慰，病也。』是『蔚』『慰』二字，古訓通用。」

章炳麟説：「詩小雅傳：『慰，怨也。』『貪財而取慰』，猶言放於利而行多怨。」

馬叙倫説：「案『慰』借爲『慍』。詩車舝：『以慰我心。』韓詩：『慰作慍。』是其例證。説文：『慍，怨也。』」按：今譯姑從章、馬之説。

〔二四〕貪權而取竭：「取竭」，消耗精力。

成玄英説：「誘諂威權以竭情慮。」

〔二五〕靜居則溺：閑居則沉溺於嗜慾。

成玄英説：「安靜閑居則其體沈溺。」

林希逸説：「言不耐閑而自没溺於嗜慾。」

〔二六〕體澤則馮：身體充盈則意態驕滿。

林希逸説：「其身充肥悦澤則馮滿有驕漲之意。」

〔二七〕滿若堵耳而不知避：「堵」，牆（成疏）。意指積財高於牆而不知足。

林希逸說：「『滿若堵』，言積財而高於堵，所謂阿堵物是。『不知避』，不知足，趨求而未已。」

〔二八〕馮而不舍：貪求不捨（李鍾豫今譯）。「馮」，即憑。

林希逸說：「『馮』，恃。恃此以爲誇而不能舍。」

〔二九〕服膺而不舍：念念不忘（林希逸說）；即上文「馮而不舍」之義（郭慶藩說）。「服膺」，固守之意（福永光司說）。

〔三〇〕戚醮：煩惱（成疏）。

〔三一〕内則疑劫請之賊：在家裏就擔心小偷竊賊。

林希逸說：「『劫請』，劫取。藏於屋内者恐有劫盜。」

〔三二〕樓疏：「疏」，窗。樓牆上之樓（林希逸說）；望樓（福永光司說）。按：指建樓牆以嚴防盜賊。

〔三三〕六者：謂亂、苦、疾、辱、憂、畏（成疏）。

〔三四〕皆遺忘而不知察：言皆失檢點而不自覺（林希逸說）。

〔三五〕單：獨，但（林希逸說）。

郭嵩燾說：「『單』當作『亶』。『單』『亶』字通。漢書『但』字多作『亶』。……『單以反一日之無故』，猶言但以反一日之無故。」

〔三六〕繚意絕體：纏縛其身心（林希逸說）。「繚」，纏繞（成疏）。

李勉說：「『繚意』，謂其意纏繞不釋。『絕體』，謂犧牲身體。」

今譯

無足問知和說：「衆人没有不願建立名聲追求名利的。如果他富有，人就歸向他，歸向就對他謙下，謙下就對他尊崇。受人謙下尊崇，是長壽、安體、快意之道。現在你竟然没有這種意念，是智慧不足呢？還是知道而力量不能做到，一味地思念正道而不忘懷？」

知和說：「現在假定有這樣一個〔興名求利的〕人，自以爲和自己同時代生，同鄉共處，就認爲是個絶俗超世的人；其實是内心没有指導的原則，這樣去看古今的時代，是非的分際，〔不過〕與俗同化罷了。世人捨去最重要的生命，拋棄最尊貴的大道，去追求他所欲求的；這樣來論長壽、安體、快意之道，不是距離太遠了麽！悲痛的疾病，恬愉的安樂，不由形體顯現出來，驚惕的恐懼，歡欣的喜悦，不由心靈顯現出來；你知道你所做的而不知道你爲什麽這樣做，所以貴爲天子，富有天下，卻不免於禍患。」

無足說：「財富對於人，無所不利，享盡天下的善美威勢，至人也不能得到，賢人也不能企及，夾持別人的勇力而爲自己的威勢，掌握別人的智謀以爲自己是明察，藉着別人的德行以爲自己是賢良，雖然不曾享有國土而尊嚴卻像君父。而且聲色、滋味、權勢對於人，不必學習心裏就愛好它，不必模仿身體就感到安適。欲求、憎惡、避去、趨就，本來不必教導就會，這是人的本性。天下人雖然非議我，誰又不要富貴美色呢！」

知和說：「智者所爲，依百姓的需要而行事，不違反大衆的原則，因此知足而不侵犯，順任自然所以不貪求。不知足所以貪求，四處爭奪而不自以爲貪圖；知足所以才辭讓，捨棄天下的財物而不自以爲清廉。清廉和貪得的實質，並不是受外物的迫使，反觀內在稟性所導致。權勢如天子而不以尊貴驕傲於人，富有天下而不以財貨自詡於人。權衡禍患，反覆思慮，認爲有害於本性，所以推辭而不接受，並不是邀取名譽。堯舜做帝王而推辭，並不是對天下仁愛，而是不以華美而危害生命；善卷許由得到帝位卻不接受，並不是假意辭讓，而是不以政事損害自己。這些都是取他們所利的，捨棄他們所害的，而天下稱讚他們賢明，這種稱譽是可以當之無愧的，但他們並不是爲了樹立名聲的。」

無足說：「如果一定要固守名聲，苦累形體棄絕甘美，儉約奉養來保持生命，這也就是長久病困而不死罷了。」

知和說：「平均是福，多餘是害，凡物没有不這樣的，而財貨更甚。現在的富人，充耳的是鐘鼓管籥的聲音，饜足於牛羊美酒的滋味，以刺激他的情意，遺忘他的事業，可以説是迷亂了；沉溺於盛氣好像負重走上山坡，可以説是勞苦了；貪財而取怨，貪權而耗費精思，閑散則沉溺於嗜慾，身體充盈則意態驕滿，可以説是疾病了；爲了求富逐利，所以積財高於牆而不知足，並且貪求而不捨，可以説是取辱了；聚積財貨而無所用，專意營求而不捨，滿心煩惱，希求增多而不知止，可以説憂慮了；在家裏就擔心小偷的竊賊，到外面就畏懼盜寇的傷害，裏面樓房嚴閉，外面不敢獨行，可以説是畏懼了；這六種，是天下的大害，大家都遺忘而不知省察，等到禍患來臨，想用盡心思竭盡錢財，只求一天的無事也不可得。所以從名來説看不到，從利來説得不著，纏繞身心去爭求，豈不是迷惑麽！」

説劍

説劍篇，寫趙文王好劍，莊子往説之，論劍有三種：天子之劍，諸侯之劍，庶人之劍。勸文王當好天子之劍。本篇與莊子思想不相干，一般學者疑是縱横家所作。林希逸、韓愈、王夫之等都認爲本篇是戰國策士遊談。沈一貫莊子通説：「説劍一篇，全無意況，學非莊子學，文非莊子文。」所評甚是。羅根澤諸子考索謂：「這明是縱横家託之莊子而造出故事，編莊子書的只見是莊子的故事，遂拉來了。」羅説可信。按讓王、盗跖、説劍、漁父四篇，自宋以來，多疑是贋品。然張成秋説：「此四篇之中，除説劍外，多有可與莊子思想相發明者，未可一概斥之爲僞。」（莊子篇目考）張説爲是。盗跖篇和胠篋篇頗相近，文風潑辣，語態激憤，批判性强烈，只是盗跖篇筆尖直指孔子，蘇東坡等儒者讀了受不了，所以特别挑剔出來。其實盗跖篇和胠篋篇一樣，當然不是出於莊子本人之手，卻是莊子後學的所作，所以仍屬莊子學派的作品。漁父篇是莊派之作，讓王篇可能是莊子後學所作（從文風和文義看來，盗跖與讓王是不同的人所寫），也可能是楊朱學派的作品。説劍篇則恐非莊子學派的作品。

一

昔趙文王〔一〕喜劍，劍士夾門〔二〕而客三千餘人，日夜相擊於前，死傷者歲百餘人，好之不厭。如是三年，國衰，諸侯謀之。

太子悝〔三〕患之，募左右曰：「孰能說〔四〕王之意止劍士者，賜之千金。」左右曰：「莊子當能。」

太子乃使人以千金奉莊子。莊子弗受，與使者俱，往見太子曰：「太子何以教周，賜周千金？」

太子曰：「聞夫子明聖，謹奉千金以幣從者〔五〕。夫子弗受，悝尚何敢言！」

莊子曰：「聞太子所欲用周者，欲絶王之喜好也。使臣上說大王而逆王意，下不當太子，則身刑而死，周尚安所事金乎？使臣上說大王，下當太子，趙國何求而不得也！」

太子曰：「然。吾王所見，唯劍士也。」

莊子曰：「諾。周善爲劍。」

太子曰：「然吾王所見劍士，皆蓬頭突鬢〔六〕垂冠〔七〕，曼胡之纓〔八〕，短後之衣，瞋目而語難〔九〕，王乃說之。今夫子必儒服而見王，事必大逆。」

莊子曰：「請治劍服。」治劍服三日，乃見太子。太子乃與見王，王脱白刃待之。莊子入殿門不趨，見王不拜。王曰：「子欲何以教寡人，使太子先焉〔一〇〕？」曰：「臣聞大王喜劍，故以劍見王。」

王曰：「子之劍何能禁制〔一一〕？」

曰：「臣之劍，十步一人，千里不留行〔一二〕！」

王大悦之，曰：「天下無敵矣！」

莊子曰：「夫爲劍者，示之以虛，開之以利〔一三〕，後之以發，先之以至。願得試之。」

王曰：「夫子休就舍，待命設戲〔一四〕請夫子。」

王乃校〔一五〕劍士七日，死傷者六十餘人，得五六人，使奉劍於殿下，乃召莊子。王曰：「今日試使士敦劍〔一六〕。」

莊子曰：「望之久矣。」

王曰：「夫子所御杖〔一七〕，長短何如？」

曰：「臣之所奉皆可。然臣有三劍，唯王所用，請先言而後試。」

王曰：「願聞三劍。」

曰：「有天子之劍，有諸侯之劍，有庶人之劍〔一八〕。」

注　釋

〔一〕趙文王：惠文王，名何，武靈王子（釋文引司馬彪說）。

馬叙倫說：「趙惠文王元年，爲宋康王三十一年，是得與莊子相值。」（莊子義證）

〔二〕夾門：擁門（林希逸口義）

〔三〕太子悝：惠文王之後爲孝成王丹，則此太子蓋不立（俞樾說）。按：這是寓說，不必求史實。

〔四〕說：通悅。

〔五〕幣從者：「幣」，贈的意思。「從者」，指僕從。

宋人林希逸說：「『以幣從者』，言以此爲從者之奉也。猶今言犒從也。」

李鍾豫說：「贈人金帛，謂爲犒賞僕從，是謙遜語。」（語體莊子）

〔六〕突鬢：鬢毛突出（成疏）。

〔七〕垂冠：低垂帽子，做出要鬥的樣子。

〔八〕曼胡之纓：粗實的冠纓。「曼」，借爲縵。古書注多引「曼」作「縵」（見馬叙倫義證、劉文典補注、王叔岷校釋。）「胡」，與「粗」聲近義通，司馬訓爲「粗」可證（李勉莊子分篇評注）。「曼胡」，堅固之意（吳汝綸莊子點勘）。

胡懷琛說：「竊以爲『曼』即今『鬘』字，『胡』即今『鬍』字。謂其纓如髻如鬍也。」（莊子集解補正）

按：胡解可供參考。

〔九〕語難：有二說：一說語言困難，如陸德明說：「勇士憤氣積於心胸，言不流利。」（釋文）一說語言相詰難，如林希逸説：「欲鬥之時，以語相詰難。」當從後説。

近人陶鴻慶説：「『語難』者，相語以所難也。孟子離婁篇：『責難於君謂之恭。』趙注：『責以難爲之事，使君勉之。』……此云『語難』，與責難文法同。」（讀莊札記）

〔一〇〕使太子先焉：「焉」字原缺。御覽三四四引「先」下有「焉」字，文意較完，當從之（王叔岷校釋）。

〔一一〕禁制：指禁暴制敵。

〔一二〕十步一人，千里不留行：「千里不留行」，指所向無敵，行千里而不被阻留。李白俠客行：「十步殺一人，千里不留行。」即用此文。

〔一三〕開之以利：顯示人以可乘之機。

〔一四〕待命設戲：待設劍戲（成疏）。「戲」，比賽武術之會（胡懷琛説）。「命」下衍「令」字，當删。張君房本無「令」字（王孝魚點校）。

〔一五〕校：同較。指較量劍術以決勝負。

〔一六〕敦劍：即治劍之意，亦即兩相比較之意（郭嵩燾説）。「敦」，借爲「對」（馬叙倫義證）。高亨訓「敦」爲「比」，甚是。

〔一七〕御杖：「御」，用（成疏），持（王先謙説）。「杖」，指劍。

〔一八〕有天子之劍，有諸侯之劍，有庶人之劍：三「之」字原缺。高山寺本三「劍」字上均有「之」字（王孝魚點校）。有「之」字文意較完，且與下文「天子之劍」、「諸侯之劍」、「庶人之劍」一律（王叔岷校釋），當據補。

今譯

從前趙文王喜歡劍術，劍士聚集在門下爲客的有三千多人，日夜在面前擊劍，一年死傷百多人，依然喜好不厭。這樣下去有三年，國勢衰落，諸侯圖謀攻取它。

太子悝感到憂慮，召募左右的人說：「誰能說服國王使他停止劍士的，我賜他千金。」左右說：「莊子可以做到。」

太子於是派人帶千金進奉給莊子，莊子不接受，和使者一起去見太子說：「太子有什麼指教，賜我千金？」

太子說：「聽說先生聖明，誠謹地進奉千金贈給先生的僕從。先生不接受，我怎敢說！」

莊子說：「聽說太子要用我是想斷絕國王的喜好。假使我向上勸說大王而違逆了他的心意，下又不合太子的旨意，那就會遭刑戮而死，我要千金有什麼用呢？假使我上能說服大王，下能合意太子，那麼我向趙國要求什麼會得不到呢？」

太子說：「對的，我的國王所接見的，只有劍士。」

莊子說：「好的。我很會使劍。」

太子說：「但是我國王所見的劍士，都是蓬頭突髮低垂帽子，粗實的冠纓，短後的上衣，怒目而出口相互責難，國王才喜歡他。現在先生一定要穿儒服去見國王，事情就大不妥當。」

莊子說：「請準備劍士的服裝。」三天時間準備劍服，去見太子。太子就和他去見國王，國王抽出劍來等待他。莊子進殿門不急走，見國王不下拜。國王說：「你有什麽可以指教我，讓太子先作介紹呢？」

回說：「我聽説大王喜歡劍，所以用劍術來見大王。」

國王說：「你的劍法怎樣禁制敵手？」

回說：「我的劍，十步取一人，千里無阻當。」

國王非常高興，說：「天下無敵了！」

莊子說：「用劍之道，先示人以虛空，給予可乘之機，發動在後，搶先擊至。希望試試。」

國王說：「先生到館舍休息，等我安排擊劍比賽來請先生。」

於是國王使劍士較量技術七天，死傷了六十多人，選了五六個人，讓他們奉劍侍立在殿下，於是召請莊子，國王說：「今天請和劍士對劍。」

莊子說：「盼望很久了。」

國王說：「先生所用的劍，長短怎麽樣？」

回說：「我所用的長短都可以。但是我有三種劍，任王選用，請先說然後再試。」

國王說：「希望聽聽那三種劍。」

回說：「有天子的劍，有諸侯的劍，有庶人的劍。」

二

王曰：「天子之劍何如？」

曰：「天子之劍，以燕谿石城爲鋒〔一〕，齊岱爲鍔〔二〕，晉衛爲脊〔三〕，周宋爲鐔〔四〕，韓魏爲夾〔五〕；包以四夷，裹以四時，繞以渤海，帶以恒山〔六〕；制以五行，論以刑德；開以陰陽，持以春夏，行以秋冬。此劍，直之無前，舉之無上，案之無下，運之無旁，上決浮雲，下絶地紀〔七〕。此劍一用，匡諸侯，天下服矣。此天子之劍也。」

文王芒然自失，曰：「諸侯之劍何如？」

曰：「諸侯之劍，以知勇士爲鋒，以清廉士爲鍔，以賢良士爲脊，以忠聖士爲鐔，以豪桀士爲夾。此劍，直之亦無前，舉之亦無上，案之亦無下，運之亦無旁；上法圓天以順三光〔八〕，下法方地以順四時，中和民意以安四鄉〔九〕。此劍一用，如雷霆之震也，四封之內，無不賓服而聽從君命者矣。此諸侯之劍也。」

王曰：「庶人之劍何如？」

曰：「庶人之劍，蓬頭突鬢垂冠，曼胡之纓，短後之衣，瞋目而語難。相擊於前，上斬頸領，下決肝肺。此庶人之劍，無異於鬭雞，一旦命已絶矣，無所用於國事。今大王有天子之位而好庶人之劍，臣竊爲大王薄之。」

王乃牽而上殿。宰人上食，王三環之〔一〇〕。莊子曰：「大王安坐定氣，劍事已畢奏矣。」於是文王不出宮三月，劍士皆服斃其處也。

注釋

〔一〕以燕谿石城爲鋒：「燕谿」，地名，在燕國。「石城」，在塞外（釋文）。「鋒」，指劍端。

〔二〕齊岱爲鍔：「齊岱」，齊國岱山，即泰山。「鍔」，劍刃（司馬彪說）。

〔三〕晉衛爲脊：「衛」，各本作「魏」。下既言「韓魏」，此不得言「晉魏」。韓、趙、魏分晉，尤不當晉、魏並稱。碧虛子南華真經章句音義校本，高山寺古鈔本，並作「晉衛」。書鈔百二十二、類聚軍器部、御覽三百四十四引同，今據音義本正（劉文典莊子補正）。按：馬叙倫義證、于省吾新證、王叔岷校釋均引證「魏」當作「衛」。「脊」，劍背。

〔四〕鐔：劍口（釋文）。

〔五〕夾：劍把。一本作「鋏」（釋文）。「夾」，即「鋏」之借（王叔岷說）。

〔六〕帶以恒山：俗本作「常山」。羅勉道循本「常」作「恒」，當從之。作「常」者，漢人避孝文帝諱改（王叔岷說）。

〔七〕地紀：地基。「紀」借爲「基」（馬叙倫說）。

〔八〕三光：指日、月、星三者之光。

〔九〕四鄉：即四嚮，同四方。

〔一〇〕三環之：繞了三圈。林希逸說：「三環者，不坐而行，環所食之地三匝也。皆愧之意也。」

今譯

趙王說：「天子的劍是怎麽樣？」

回說：「天子的劍，以燕谿石城作劍端，齊國泰山作劍刃，晉國衛國作劍背，周朝宋國作劍口，韓國魏國作劍把，用四夷包着，用四時圍着；以渤海爲環繞，以恒山作繫帶；用五行來制衡，用刑德來論斷；以陰陽爲開合，以春夏來扶持，以秋冬來運作。這種劍，直往便没有東西可在它前面，舉起便没有東西可在它上面，按低便没有東西可在它下面，揮動便没有東西可在它近旁，在上可斷浮雲，在下可絶地基。這種劍一旦使用，就可匡正諸侯，天下順服了。這是天子的劍。」

文王茫然失神，説：「諸侯的劍怎麽樣？」

回説：「諸侯的劍，以知勇之士作劍端，以清廉之士作劍刄，以賢良之士作劍背，以忠賢之士作劍口，以豪傑之士作劍把。這種劍，直往也没有東西可在它前面，舉起也没有東西可在它上面，按低也没有東西可在它下面，揮動也没有東西可在它近旁；在上效法圓天來順應三光，在下效法方地來順應四時，中間和睦民意來安頓四鄉。這種劍一旦使用，像雷霆的震撼，四境之内，没有不歸服而聽從君主的命令了。這是諸侯的劍。」

國王說：「庶人的劍怎麽樣？」

回說：「庶人的劍，蓬頭突鬢低垂帽子，粗實的纓冠，短後的上衣，怒目而出語責難。在前面互相擊鬥，上斬頸項，下刺肝肺。這是庶人的劍，和鬥雞没有什麽不同，一旦喪命了，對國事就没有用處。現在大王擁有天子的位子卻喜好庶人的劍，我替大王感到不值得。」

國王於是牽着他上殿，廚子上菜，國王繞着走了三圈。莊子說：「大王安靜坐下平定氣息，關於劍的事我已經奏請完了。」

於是文王三個月不出宮，劍士都氣憤自殺在那裏。

漁父

漁父篇，主旨闡揚「保真」思想，並批評儒家禮樂人倫的觀念。孔子坐在林中杏壇，見一白眉被髮漁父，漁父斥孔子「擅飾禮樂，選人倫」，指責他「苦心勞形以危其真」，教導孔子要謹慎修身，保持本真，使人與物各還歸自然。漁父，爲一隱逸型的有道者，取此二字作爲篇名。

出自本篇的成語，有同類相從、同聲相應、不拘於俗、分庭抗（伉）禮等。

一

孔子遊乎緇帷之林〔一〕，休坐乎杏壇〔二〕之上。弟子讀書，孔子絃歌鼓琴，奏曲未半。有漁父者，下船而來，須眉交白〔三〕，被髮揄袂〔四〕，行原以上〔五〕，距〔六〕陸而止，左手據膝，右手持頤以聽。曲終而招子貢子路，二人俱對。

客指孔子曰：「彼何爲者也？」

子路對曰：「魯之君子也。」

客問其族。子路對曰：「族〔七〕孔氏。」

客曰：「孔氏者何治也？」

子路未應，子貢對曰：「孔氏者，性服忠信，身行仁義，飾禮樂，選人倫〔八〕，上以忠於世主，下以化於齊民〔九〕，將以利天下。此孔氏之所治也。」

又問曰：「有土之君與？」

子貢曰：「非也。」

「侯王之佐與？」

子貢曰：「非也。」

客乃笑而還，行言曰：「仁則仁矣，恐不免其身；苦心勞形以危其真。嗚呼，遠哉其分於道〔一〇〕也！」

子貢還，報孔子。孔子推琴而起曰：「其聖人與！」乃下求之，至於澤畔，方將杖拏〔一一〕而引其船，顧見孔子，還鄉〔一二〕而立。孔子反走〔一三〕，再拜而進。

客曰：「子將何求？」

孔子曰：「曩者先生有緒言〔一四〕而去，丘不肖，未知所謂，竊待於下風〔一五〕，幸聞咳唾之音〔一六〕以卒相〔一七〕丘也。」

客曰：「嘻！甚矣子之好學也！」

孔子再拜而起曰：「丘少而脩學，以至於今，六十九歲矣，無所得聞至教，敢不虛心！」

客曰：「同類相從，同聲相應，固天之理也。吾請釋吾之所有而經子之所以〔一八〕。子之所以者，人事也。天子諸侯大夫庶人，此四者自正〔一九〕，治之美也，四者離位而亂莫大焉。官治其職，人處其事〔二〇〕，乃無所陵〔二一〕。故田荒室露，衣食不足，徵賦不屬〔二二〕，妻妾不和，長少無序，庶人之憂也；能不勝任，官事不治，行不清白，群下荒怠，功美不有，爵祿不持，大夫之憂也；廷〔二三〕無忠臣，國家昏亂，工技不巧，貢職不美，春秋後倫〔二四〕，不順天子，諸侯之憂也；陰陽不和，寒暑不時，以傷庶物，諸侯暴亂，擅相攘伐，以殘民人，禮樂不節，財用窮匱，人倫不飭，百姓淫亂，天子之憂也〔二五〕。今子既上無君侯有司之勢，而下無大臣職事之官，而擅飾禮樂，選人倫，以化齊民，不亦泰多事乎〔二六〕。

「且人有八疵，事有四患，不可不察也。非其事而事之，謂之摠〔二七〕；莫之顧而進之，謂之佞；希意道言，謂之諂；不擇是非而言，謂之諛；好言人之惡，謂之讒；析交離親，謂之賊；稱譽詐僞以敗惡人，謂之慝；不擇善否，兩容頰適〔二八〕，偷拔〔二九〕其所欲，謂之險。此八疵者，外以亂人，內以傷身，君子不友，明君不臣。所謂四患者：好經大事〔三〇〕，變更易常，以挂功名〔三一〕，謂之叨〔三二〕；專知擅事，侵人自用，謂之貪；見過不更，聞諫愈甚，謂之很〔三三〕；人同於己則可，不同於己，雖善不善，謂之矜。此四患也。能去八疵，無行四患，而始可教已。」

注釋

〔一〕緇帷之林：黑林名（釋文引司馬彪說）「緇帷」，即黑帷，假託爲地名。

〔二〕杏壇：澤中高處（司馬說）；杏木多生高台（福永光司說）。

〔三〕須眉交白：「須」，本亦作「鬚」（釋文）。「鬚」是「須」的俗字。「交」，一本作「皎」（釋文）。闕誤引張君房本「交」作「皎」（王孝魚點校）。

〔四〕揄袂：揚袖。

〔五〕行原以上：溯水岸而上。

〔六〕距：至。

〔七〕族：姓氏。

〔八〕選人倫：「選」，序，謂序列（李勉說）。

〔九〕齊民：齊等之民（釋文引許慎說）；猶平民（釋文引如淳說）。

〔一〇〕分於道：離於道。

〔一一〕拏：橈，音饒（司馬彪說）；船篙（林希逸口義）。按：即搖船的櫓。

〔一二〕還鄉：「還」，音旋，迴舟。「鄉」，音向，對面（劉鳳苞說）。

〔一三〕反走：退行數步而後進（林希逸說）。語見盜跖篇。

〔一四〕緒言：餘言，不盡之言（俞樾莊子平議）。清人劉鳳苞說：「發其端曰『緒』，蓋未竟其言而去也。」（南華雪心編）

〔一五〕下風：訓下方。語見在宥、天地、天運篇。

〔一六〕咳唾之音：「咳唾」，與徐无鬼篇「謦欬」同義，喻言笑。

〔一七〕卒相：終以教助（林希逸說）。「卒」，終。「相」，助。

〔一八〕經子之所以：「經」，經營。「所以」，所做的事。論語爲政篇：「視其所以。」「以」，朱注：「爲。」

〔一九〕自正：各任其職（林希逸說）。

〔二〇〕人處其事：「處」，通行本作「憂」。依于省吾之說，據高山寺本改正。

于省吾說：「高山寺卷子本『憂』作『處』。按作『處』者是也。今本作『憂』者，涉下『庶人之憂也』而誤。禮記檀弓：『何以處我。』注：『處，猶安也。』上言『官治其職』，與『人處其事』，相對爲文。」

〔二一〕陵：亂；侵犯。

〔二二〕徵賦不屬：「不屬」，不繼。

〔二三〕廷：高山寺本作「朝」（王孝魚點校）。

〔二四〕春秋後倫：朝覲失序（林希逸說）；春秋二季朝覲天子之禮不及序（李勉說）。按：「後」疑本作「愎」。愎倫，即乖序。

〔二五〕天子之憂也：「天子」下原衍「有司」二字，依馬叙倫之說刪去。

馬叙倫說：「『有司』，涉下句而誤羨。」（莊子義證）

〔二六〕不亦泰多事乎：「亦」字據高山寺本補，文意較完（劉文典、王叔岷校）。

〔二七〕摠：濫（成疏）。

〔二八〕兩容頰適：指善惡兩容均感適意。「頰」，借爲「兼」（章炳麟解故）。

近人陶鴻慶說：「『頰』當讀爲『夾』。『夾』亦『兩』也。說文：『夾，持也，大鋏二人。』穆天子傳：『左右夾佩。』注：『左右兩佩也。』是『夾』有兩義。『夾適』與『兩容』義同。」

〔二九〕偷拔：盜取（福永光司說）；「偷」，暗。「拔」，取（李勉說）。

〔三〇〕好經大事：喜經理國家大事（林希逸說）。

〔三一〕以挂功名：「挂」，與「卦」、「畫」本字同。「挂功名」者，圖功名，規畫功名（章炳麟說）。

〔三二〕叨：爲「饕」之重文（馬叙倫說）。

〔三三〕很：言不聽從（郭慶藩引說文）。

今譯

孔子到緇帷樹林去遊玩，坐在杏壇上休息。弟子在讀書，孔子唱歌彈琴，曲子彈不到一半。有個漁父，撐船下來，鬚眉潔白，披髮揚袖，溯岸而上，到陸地停住，左手按着膝蓋，右手托着下顎來聽歌，曲子終了便招呼子貢子路，兩人回應。

來客指着孔子說：「他是做什麼的？」

子路回答說：「魯國的君子。」

來客問姓氏。子路回答說：「孔氏。」

來客說：「孔氏研習什麼？」

子路沒有回應，子貢回答說：「孔氏這人，性守忠信，實行仁義，修飾禮樂，整治人倫，對上效忠世主，對下教化平民，作利於天下。這就是孔氏所研習的。」

又問說：「是有土地的君主嗎？」

子貢說：「不是。」

問說：「是侯王的輔佐嗎？」

子貢說：「不是。」

來客笑着往回走，邊走邊說：「說仁算是仁，恐怕不能免於自身的禍患；勞苦心形以危害生命的本真。唉！他離道實在太遠了！」

子貢回來，告訴孔子。孔子推開琴起身說：「豈不是聖人麼？」就走下去找他，到了河岸，漁父正拿着船篙撐開船，回頭見到孔子，轉身對面站着。孔子退行，再拜前進。

客人說：「你有什麼事？」

孔子說：「剛才先生話沒說完，我不敏，不能了解它的意思，我恭敬地在這裏等着，希望聽到高言美音，有助於我。」

客人說：「唉！你真是太好學了。」

孔子再拜起身說：「我自小就學習，直到現在，已經六十九歲了，沒有聽到過大道理，怎敢不虛心！」

客人說：「凡物同類便互相聚集，同聲便互相應和，這是自然的道理。我願意告訴我所知道的來幫助你所從事的。你所從事的，是人事。天子、諸侯、大夫、庶人，這四種人如果能各盡本分，這是治道的完美，這四種人離開本位就會産生莫大的混亂。官吏自任其職，人民各處其事，不相侵犯。所以田園荒蕪，房屋破漏，衣食不足用，徵賦没有繳納，妻妾不和睦，長幼没有秩序，這是庶人的憂慮；能力不能勝任，官事不能辦好，行爲弄不清白，部下疏荒怠惰，功績没有，爵禄不保，這是大夫的憂慮；朝廷没有忠臣，國家昏亂，工技不精巧，貢品不完美，春秋朝覲失序，不順天子意，這是諸侯的憂慮；陰陽不調和，寒暑不順時，傷害衆物，諸侯暴亂，擅自互相攻伐，殘害人民，禮樂没有節度，財用窮困匱乏，人倫不整飭，百姓淫亂，這是天子的憂慮。現在你既然在上没有君侯執政的權勢，在下又没有大臣主事的官職，而擅自修飾禮樂，整治人倫，以教化人民，不是太多事了麽！

「而且人有八種毛病，事有四種患害，不可以不明察。不是他該做的事去做，叫做『摠』；人不理會而竊竊進言，叫做『佞』；迎合别人心意而引言，叫做『諂』；不辨是非來説話，叫做『諛』；喜歡説人的壞話，叫做『讒』；離間親友，叫做『賊』；詐僞稱譽而詆毁人，叫做『慝』；不辨善惡，兩者兼容而適意，暗中盜取他所要的，叫做『險』。這八種毛病，對外擾亂别人，對内傷害自身，君子不和他做朋友，明君不用他做臣子。所謂四種患害是：喜歡辦理大事，改變常理常情，以圖功名，叫做『叨』；自恃聰明，擅自行事，侵犯他人而師心自用，叫做『貪』；見過不改，聽人勸説更加爲過，叫做『很』；别人的意見和自己相同就可以，如果和自己不相同，則意見雖好也以爲不好，叫做『矜』。這是四種憂慮。能够去除八種毛病，不做四種患害，才可以受教。」

二

孔子愀然而歎，再拜而起曰：「丘再逐於魯，削迹於衛，伐樹於宋，圍於陳蔡。丘不知所失，而離〔一〕此四謗者何也？」

客悽然變容曰：「甚矣子之難悟也！人有畏影惡迹而去之走者，舉足愈數〔二〕而迹愈多，走愈疾而影不離身，自以爲尚遲，疾走不休，絶力而死。不知處陰以休影，處靜以息迹，愚亦甚矣！子審仁義之間，察同異之際，觀動靜之變，適受與之度，理好惡之情，和喜怒之節，而幾於不免矣。謹脩而身，慎守其真，還以物與人〔三〕，則無所累矣。今不脩之身而求之人，不亦外乎！」

孔子愀然曰：「請問何謂真？」

客曰：「真者，精誠之至也。不精不誠，不能動人。故强哭者雖悲不哀，强怒者雖嚴不威，强親者雖笑不和。真悲無聲而哀，真怒未發而威，真親未笑而和。真在内者，神動於外，是所以貴真也。其用於人理也，事親則慈孝，事君則忠貞，飲酒則歡樂，處喪則悲哀。忠貞以功爲主，飲酒以樂爲主，處喪以哀爲主，事親以適爲主，功成之美，無一其迹矣。事親以適，不論所以矣；飲酒以樂，不選其具矣；處喪以哀，無問其禮矣。禮者，世俗之所爲也；真者，所以受於天也，自然不可易也。故聖人法天貴真，不拘於俗。愚者反此。不能法天而恤於人，不知貴真，禄禄〔四〕而受變於俗，故不足。惜哉，子之蚤湛〔五〕於人僞而晚聞大道也。」

孔子又再拜而起曰：「今者丘得遇也，若天幸然。先生不羞而比之服役〔六〕，而身教之。敢問舍所在，請因受業而卒學大道。」

客曰：「吾聞之，可與往者與之，至於妙道；不可與往者，不知其道，慎勿與之，身乃無咎。子勉之！吾去子矣，吾去子矣！」乃刺船〔七〕而去，延緣葦間〔八〕。

顏淵還車，子路授綏，孔子不顧，待水波定，不聞拏音而後敢乘。

子路旁車而問曰：「由得爲役久矣，未嘗見夫子遇人如此其威也。萬乘之主，千乘之君，見夫子未嘗不分庭伉禮，夫子猶有倨傲之容。今漁父杖拏逆立〔九〕，而夫子曲要磬折〔一〇〕，言拜而應，得無太甚乎？門人皆怪夫子矣，漁人何以得此乎？」

孔子伏軾〔一一〕而歎曰：「甚矣由之難化也！湛於禮義有間矣，而樸鄙之心至今未去。進，吾語汝！夫遇長不敬，失禮也；見賢不尊，不仁也。彼非至人，不能下人，下人不精，不得其真，故長傷身。惜哉！不仁之於人也，禍莫大焉，而由獨擅之。且道者，萬物之所由也，庶物失之者死，得之者生，爲事逆之則敗，順之則成。故道之所在，聖人尊之。今漁父之於道，可謂有矣，吾敢不敬乎！」

注釋

〔一〕離：即罹，遭。成本作「罹」。

〔二〕數：借爲「速」。

〔三〕還以物與人：言以外物還之於人，而一歸之自然（林希逸說）。即以物與人還之自然。

〔四〕祿祿：有數解：（一）作碌碌（宣穎說）。（二）當爲「拘」誼，顯示拘象之詞。成疏以「祿祿」爲「貴貌」，誤之甚（詳見劉師培莊子斠補）。（三）隨從之貌。「祿」借爲「逯」，說文曰：「逯，隨從也。」（奚侗說）茲從（一）說。

〔五〕湛：同沈，耽。

〔六〕比之服役：言比之之子（林希逸口義）；指比作服役的弟子。

〔七〕刺船：撐船。

〔八〕延緣葦間：「延」，借爲沿（馬叙倫說）。「緣」，通沿。指沿着蘆葦的河岸。

〔九〕逆立：對面立（林希逸說）。

〔一〇〕曲要磬折：彎腰鞠躬。「要」，通腰。道藏成玄英疏本作「腰」（王叔岷說）。李勉說：「『磬折』，喻其恭敬之態。磬成彎曲形，『磬折』其鞠躬如磬之彎。」

〔一二〕軾：車前横木。

今譯

孔子面有愧色而嘆息，再拜而起說：「我兩次被驅逐魯國，在衛國被禁止居留，在宋國遭受伐樹的侮辱，圍困在陳蔡。我不知犯有什麼樣的過失，爲什麼會遭受到這四種毁辱？」

客人悲傷變容說：「你真是太難覺悟了！有人畏懼影子、憎惡脚跡想抛棄它而走，跑得越多而脚跡越多，跑得越快卻影不離身，自以爲還慢，快跑不停，弄得氣力盡絶而死。不知道到陰暗的地方影子自然消失，静止下來脚跡自然没有，真愚昧呀！你留神於仁義之間，明辨同異的分際，觀察動静的變化，均衡取捨的適度，疏導好惡的情感，調和喜怒的節度，你幾乎不免於禍了。你要謹慎修身，保持你的本真，使人與物各還歸自然，那就没有累害了。現在你不修己身而求責别人，不是很疏陋麼？」

孔子悲傷地說：「請問什麼是本真？」

客人說：「本真乃是精誠的極至。不精不誠，就不能感動人。所以勉强哭泣的人雖然悲痛卻不哀傷，勉强發怒的人雖然嚴厲卻没有威勢，勉强表示親愛的人雖然笑臉卻不感到和悦。真正的悲痛没有聲音而哀傷，真正的憤怒没有發作而威嚴，真正的親愛没有笑容而和悦。真性存於内心，使神色表現在外，這就是本真的可貴。將它用在人理上，事奉雙親則孝慈，事奉君主則忠貞，飲酒便歡樂，處喪便悲哀。忠貞以功名爲主，飲酒以歡樂爲主，處哀以悲哀爲主，事親以適意爲主，功績與成就在於效果圓滿，而不必拘泥於具體事蹟。事親求安適，不問用什麽方法；飲酒求歡樂，不挑選酒菜杯具；處喪爲盡哀，不講究禮儀。禮節是世俗所爲的，真性是稟受於自然，自然是不可以改變的。所以聖人效法自然珍貴本真，不拘於世俗。愚昧的人相反。不能够效法自然而憂慮人事，就不知道珍貴本真，庸庸碌碌隨世俗變遷，所以不能知足。可惜呀！你沈溺於人世的僞詐太早而聽聞大道太晚了。」

孔子又再拜而起説：「我現在遇到先生，就像上天寵幸了我。先生不以爲羞把我當作弟子，而親身來教導。請問住在哪裏，讓我受業來學完大道。」

客人説：「我聽説，可以共適大道的就結交他，終至體會妙道；不可與共適大道的，是不知其中的道理，那就不必與他交往，自身才没有過失。你自己勉勵吧！我離開你了，我離開你了！」於是撐船而去，沿着蘆葦的河岸。

顏淵倒轉車子，子路交給車繩，孔子不看，直等到水面波紋定了，聽不到摇船的聲音才敢上車。

子路在車旁問説：「我在門下侍候很久了，從來没有見過先生對人這樣尊敬。萬乘的君主，千乘的國王，看到先生没有不平起平坐，先生還有高傲的容色。現在漁父拿着船篙站在對面，而先生彎腰鞠躬，説話時先拜再回應，不是太過分了嗎？弟子們都怪先生了，漁人怎麽值得這樣對待呢？」

孔子扶着車軾感嘆説：「子由真是難以教化啊！沈湎在禮義有一段時間了，可是粗鄙的心理到現在還没有去掉。過來，我告訴你！見到長者不恭敬，這是失禮；見到賢者不尊重，這是不仁。他要不是至人，就不能使人謙下，對人謙下不精誠，就不能保有本真，所以才會常常傷害自己。可惜啊！人要是不仁，禍患没有比這更大的了，而子由偏偏這樣。而且大道乃是萬物遵循的依據，衆物失去它便死亡，獲得它便生存，做事違逆它就會失敗，順應它就能成功。所以道的所在，聖人尊重它。現在漁父對於道，可以説體悟了，我敢不敬麽！」

列禦寇

列禦寇篇，由十二章文字雜纂而成。各節間極其散亂意義不相關聯。「列禦寇」，即列子。取篇首三字爲篇名。

本篇第一章，伯昏瞀人與列禦寇對話，告誡列子不可炫智，勿「以外鎮人心」。第二章，儒者緩的故事，評儒者的自以爲是，讚有道之士的淳素自然。第三章，朱泙漫學屠龍而無所用其巧，至人則純任自然，不用智巧。本章共三段，似各不相連。朱泙漫技成而無所用其巧，這則故事餘文恐脱漏。後文「聖人以必不必」一段，另有所説，「以必不必」，指不固執一定的成見。「以不必必之」，是固執己見，爲導致紛爭的根源。「小夫之知……而不知大寧」一段，寫小知不識大道。第四章，譏曹商卑己求禄，寫莊子織屨爲生，恬淡志遠，有所不爲。第五章，魯哀公問顏闔，評孔子喜歡雕琢文飾，以支節爲主旨，矯飾性情以誇示於民。第六章，「施於人而不忘」一小段，評施人望報的觀念。第七章，「爲外刑者」一小段，寫真人能免於内外刑罰。第八章，寫人心的變化多端。第九章，「正考父」一段，寫態度的謙虛。「賊莫大乎德有心」一段，寫用心機的是賊之大者，並批評「中德」。「窮有八極」一段，寫人的窮困和通達之成因。第十章，有人向莊子炫耀得君主的賞賜，莊子警告他這如同龍頷取珠，總有遭殃的一日。

第十一章，寫莊子不仕。第十二章，記莊子將死，反對厚葬。

出自本篇的成語有：能者多勞、槁項黄馘、吮癰舐痔、國之貞幹、厚貌深情、探驪得珠等。

一

列禦寇之齊，中道而反，遇伯昏瞀人〔一〕。伯昏瞀人曰：「奚方而反〔二〕？」曰：「吾驚焉。」曰：「惡乎驚？」曰：「吾嘗食於十饗〔三〕，而五饗先饋。」伯昏瞀人曰：「若是，則汝何爲驚已〔四〕？」曰：「夫内誠不解〔五〕，形諜成光〔六〕，以外鎮〔七〕人心，使人輕乎貴老〔八〕，而鳌其所患〔九〕。夫饗人特爲食羹之貨，無多餘之贏〔一〇〕，其爲利也薄，其爲權也輕，而猶若是，而況於萬乘之主乎！身勞於國而知盡於事，彼將任我以事而效我以功，吾是以驚。」伯昏瞀人曰：「善哉觀乎〔一一〕！汝處已〔一二〕，人將保女矣〔一三〕！」

無幾何而往，則户外之屨滿矣。伯昏瞀人北面而立，敦杖蹙之乎頤〔一四〕，立有間，不言而出。

賓者〔一五〕以告列子，列子提屨，跣〔一六〕而走，暨乎門，曰：「先生既來，曾不發藥〔一七〕乎？」曰：「已矣，吾固告汝曰人將保汝，果保汝矣。非汝能使人保汝，而汝不能使人無保汝也，而焉用之感豫出異也〔一八〕！必且有感搖而本才〔一九〕，又無謂也。與汝遊者又莫汝告也，彼所小言，盡人毒也。莫覺莫悟，何相孰也〔二〇〕！巧者勞而知者憂，無能者無所求，飽食而敖遊，汎若不繫之舟，虛而敖遊者也。」

注釋

〔一〕伯昏瞀人：德充符篇作「伯昏无人」。

〔二〕奚方而反：「方」字有數解：（一）「方」，道（釋文引李頤說）。問其所由中塗反意（成玄英疏）；言在何所而回（林希逸口義）。（二）「方」，事、故。如金其源說：「易復卦『后不省方』，注：『方，事也。』」（錢穆纂箋引）宣穎說：「猶何故。」（南華真經）（三）「方」爲「妨」省。說文：「妨，害也。」（馬叙倫義證）按：後兩說均可通。

〔三〕十𩟔：「𩟔」，讀曰「漿」，十家並賣漿（釋文引司馬彪說）。趙諫議本「𩟔」作「漿」，下同（王孝魚點校）。

〔四〕已：同也、邪。

〔五〕内誠不解：「誠」爲情之假借字（丁展成莊子音義繹）。内心情欲不紓解。

〔六〕形諜成光：「諜」，動。「形諜」，形容舉動。「成光」，有光儀（林希逸口義）。孫詒讓說：「『諜』，當爲『渫』之叚字。『内誠不解』，謂誠積於中。『形渫成光』，謂形宣渫於外有

光儀也。」（莊子札迻）

〔七〕鎮：服（成疏）。

〔八〕使人輕乎貴老：謂重禦寇過於老人（釋文）。

〔九〕韲其所患：指招來禍患。

清人宣穎說：「『韲』，俗『齏』字。循本云：『猶釀也。』言炫燿如此，乃釀禍之本也。」（南華真經）

王先謙說：「宣云：『韲有釀意。』一說：『韲』與『齎』同，猶『致』也。並通。」（莊子集解）

〔一〇〕無多餘之贏：列子「多」字上有「無」字，今從之。言本錢有限所貨之物甚微（劉鳳苞南華雪心編）。「無」字原缺，依闕誤引江南古藏本及文如海、張君房本補，據成疏亦當有「無」字（王孝魚點校）。按：俞樾、馬叙倫、王叔岷均以爲不得有「無」字，皆誤。「無多餘之贏」，言其贏利所餘無多（林希逸注列子），正是下文「其爲利也薄」的意思。當補「無」字爲是。

〔一一〕善哉觀乎：好呀！會觀察。

宣穎說：「讚其能反觀。」

〔一二〕汝處已：「已」，音矣（劉鳳苞說）。闕誤引江南古藏本及李氏本俱音「紀」（王孝魚點校）。成本「已」作人已之「已」，非是（馬叙倫說）。「汝處已」，意思是你安處吧！

近人劉文典說：「此當以『女處已』絕句。列子黃帝篇襲用此文，亦作『汝處已』。江南李氏本非，今不從。」（莊子補正）按：劉鳳苞、馬叙倫、劉文典之說可從。

〔一三〕人將保女矣：「保」，聚守（郭象注）；附（司馬彪說）。「女」，汝。

〔一四〕敦杖蹙之乎頤：豎着杖抵着下巴。「敦」，豎（司馬彪說）。

林希逸說：「豎立其杖而拄之於頤。『蹙』，拄。」

〔一五〕賓者：一本亦作「儐」。謂通客之人（釋文）。

〔一六〕跣：赤足。

〔一七〕發藥：指啓導以藥石之言（林希逸說）。

〔一八〕而焉用之感豫出異也：你何必這樣引人歡心而表現與衆不同。

宣穎說：「『而』，爾。『之』，此。何用此感人懽心自爲表異乎。」

〔一九〕必且有感搖而本才：「感」讀「撼」（于省吾新證）。「而」，汝。「才」，一本作「性」（釋文）。列子黄帝篇作「且必有感也，搖而本身」。

許維遹說：「『且必有感也』，『必』當『心』，形近致訛。緣心與本身相輔而行，心有所感，則必搖動其本身（本身猶言本性）。故上文謂『以外鎮人心而整其所患』。所謂患者，即心爲物所感，則本身遂有搖動之患。莊子列禦寇誤與此同。」（楊伯峻列子集釋引手鈔本）

楊伯峻說：「案：王（重民）說『本身猶本性』，是也。但莊子作『本才』，亦非誤字。『才』讀爲孟子告子上『非天之降才爾殊也』之『才』亦『性』也。」（列子集釋）

〔二〇〕何相孰也：「孰」，爲「熟」之本字（陶鴻慶札記）。相習熟的意思。

今譯

列禦寇到齊國，中途回來，遇見伯昏瞀人。伯昏瞀人說：「什麼事情回來？」

回説：「我感到驚駭。」

問説：「爲什麽驚駭？」

回説：「我曾在十家賣漿店飲食，而有五家先送給我。」

伯昏瞀人説：「這樣，那你爲什麽驚駭呢？」

回説：「心中情欲不紓解，形容舉動便有光儀，以這外貌鎮服人心，使人對我比老者還要尊重，而招來禍患。賣漿人只是做些飲食買賣，没有多餘的贏利，所得的也很少，權勢也輕微，還這樣對待我，何況是萬乘的君主呢！身體勞瘁於國事而知能耗盡於政事，他要我擔任職事而求我達成功效，所以我感到驚駭。」

伯昏瞀人説：「你真會觀察呀！你等着罷，人們會歸向你了！」

不多時去看，門外的鞋子都擺滿了。伯昏瞀人面北站着，豎着杖抵着下巴，站了一會兒，没有説話就走了。

接待賓客的人告訴列子，列子提起鞋，赤脚走出來，到了門口，説：「先生既然來了，還不啓導我嗎？」

回説：「算了，我已經告訴你説人們要歸向你，果然歸向你了。不是你能使人歸向你，而是你不能使人不歸向你，你何必這樣招人歡心而表現與衆不同呢！必定有什麽摇動了你的本性，這又是没有辦法的事。和你在一起的又不告訴你，他們那小巧的言語，盡是毒害人的。不能覺悟，怎能相習熟呢！智巧的人憂勞，不用智巧的人無所求，飽食而遨遊，飄然像無所繫的船隻，虛心而遨遊。」

二

鄭人緩〔一〕也呻吟於〔二〕裘氏〔三〕之地。祇三年而緩爲儒，河潤九里〔四〕，澤及三族〔五〕，使其弟墨〔六〕。儒墨相與辯，其父助翟〔七〕。十年而緩自殺。其父夢之曰：「使而子爲墨者予也。闔嘗視其良〔八〕，既爲秋柏之實矣？」

夫造物者之報〔九〕人也，不報其人而報其人之天〔一〇〕。彼故使彼〔一一〕。夫人〔一二〕以己爲有以異於人以賤其親，齊人之井飲者相捽也〔一三〕。故曰今之世皆緩也。自是，有德者以不知也〔一四〕，而況有道者乎！古者謂之遁天之刑。

聖人安其所安，不安其所不安〔一五〕；衆人安其所不安，不安其所安。

莊子曰：「知道易，勿言難。知而不言，所以之天也；知而言之，所以之人也；古之至人〔一六〕，天而不人。」

注釋

〔一〕緩：人名。

福永光司說：「『緩』，儒者的象徵（儒有緩的意味）。」（莊子雜篇）

〔二〕呻吟於：「呻吟」，即誦讀之聲。「於」字原缺。道藏褚伯秀義海纂微本有「於」字，文意較完（王叔岷說），據補。

〔三〕裘氏：地名。「裘」，儒服（釋文引崔譔說）。

〔四〕河潤九里：形容澤人廣遠。

〔五〕三族：指父族、母族、妻族。

〔六〕使其弟墨：使他的弟弟學墨學。

〔七〕翟：緩弟名。「翟」，爲墨翟的象徵（福永光司說）。

〔八〕闔嘗視其良：「良」，或作「垠」，音浪，冢（釋文）。「闔」下原衍「胡」字，闕誤引文如海、成玄英、江南李氏本無「胡」字（馬叙倫義證）。當據删。

馬叙倫說：「案成玄英疏曰：『闔，何不也。』是成本無『胡』字。無者是。蓋有一本作『胡』者，讀者旁注『闔』下，傳寫誤入正文也。」

王叔岷說：「陳碧虛闕誤引文如海、成玄英、李氏諸本，並無『胡』字，當從之。『胡』猶『闔』也，疑一本『闔』作『胡』，傳寫因並混入耳。」

〔九〕報：猶成（宣穎說）；猶賦與。

〔一〇〕不報其人而報其人之天：不是賦與他人爲，而是賦與他天性。

〔一一〕彼故使彼：他的本性這樣使他發展成爲這樣。「彼」是指本性或內在所具備的條件。

成玄英說：「彼翟者先有墨性，故成墨。」

林雲銘說：「彼爲墨者，亦本有爲墨之根氣，故爲墨而墨成。」（莊子因）

〔二〕夫人：指緩（林希逸說）。

〔三〕齊人之井飲者相捽也：「齊人」，一作齊人（成疏），一作齊民，衆人（林雲銘說）。「捽」，相爭扭（林希逸說）。

陸德明說：「言穿井之人，爲己有造泉之功而捽飲者，不知泉之天然也。喻緩不知翟天然之墨而忿之。」（釋文）

〔四〕自是，有德者以不知也：自以爲是，在有德者看來是不智的。「不知」即不智。

〔五〕安其所安，不安其所不安：「所安」，自然之理。「所不安」，人爲（林希逸說）。意指安於自然，不安於人爲。

〔六〕古之至人：「至」字原缺。陳碧虛闕誤引張君房本「古之」下有「至」字。當據補。劉文典說：「張本是也。莊子每言『古之至人』，下文『彼至人者，歸精神乎無始』，亦言『至人』。」

今譯

有個名緩的鄭國人在裘氏的地方讀書。只有三年便成了儒者。施惠九里，澤及三族，讓他的弟弟學墨學。以儒墨的主張互相辯論，他的父親幫助翟。十年後緩自殺了。他父親夢見他說：「讓你的兒子成爲墨者的是我。爲什麽不到我的墳墓去看看，上面種的秋柏已經結果子了？」

造物者賦與人，不是賦與他人爲而是賦與他天性。他的天性這樣使他發展成爲這樣。緩卻以爲自己和別人不同而輕侮他父親，就像齊人掘井飲水（以爲自造泉水）而互相爭扭一樣。這樣看來現在的人都像緩之流了。自以爲是，在有德的人看來是不智的，何況在有道的人眼中呢！古時候認爲這是違背自然的刑罰。

聖人安於自然，不安於人爲；衆人安於人爲，不安於自然。

莊子說：「知道容易，不說出來困難。知道而不說，這是合於自然；知道而說出來，這是合於人爲；古時候的至人，體合自然而不以人爲擾民。」

三

朱泙漫〔一〕學屠龍於支離益〔二〕，單〔三〕千金之家，三年技成而無所用其巧。

聖人以必不必〔四〕，故無兵；衆人以不必必之，故多兵；順於兵，故行有求〔五〕。兵，恃之則亡〔六〕。

小夫〔七〕之知，不離苞苴竿牘〔八〕，敝精神乎蹇淺〔九〕，而欲兼濟道物〔一〇〕，太一形虛。若是者，迷惑於宇宙〔一一〕，形累不知太初。彼至人者，歸精神乎無始而甘瞑〔一二〕乎無何有之鄉。水流乎無形，發泄乎太清〔一三〕。悲哉乎！汝爲知在毫毛〔一四〕，而不知大寧〔一五〕！

注釋

〔一〕朱泙漫：姓朱泙，名漫。

〔二〕支離益：姓支離，名益（成疏）。姓名疑是虛構。

俞樾說：「支離，複姓，説在人間世篇。朱泙，亦複姓。廣韻十虞朱字注：『莊子有朱泙漫，郭注：「朱泙，姓也。」』今象注無此文。」

〔三〕單：爲「殫」省（馬叙倫説）。疏：「殫，盡也。」是成本正作「殫」。「單」即「殫」之借（王叔岷説）。

〔四〕以必不必：把必然的事視爲不必然。説明心態的開放、不固執。

〔五〕順於兵，故行有求：順着紛爭，所以有貪求的行爲。「求」，心有貪求（成疏）。

劉鳳苞説：「偏向爭一邊，動即營私。」

〔六〕兵，恃之則亡：老子三十一章有「兵者不祥之器」句。

〔七〕小夫：猶匹夫（成疏）。

〔八〕苞苴竿牘：應酬交際（李鍾豫今譯）。

成玄英説：「『苞苴』，香草也。『竿牘』，竹簡也。夫搴芳草以相贈，折簡牘以相向者，斯蓋俗中細務。」

〔九〕蹇淺：淺近。「蹇」，亦淺意。

林希逸説：「『苞苴』，饋遺。『竿牘』，往來相問勞。」

〔一〇〕兼濟道物：「道」，趙諫議本作「導」（王孝魚校）。

〔一一〕迷惑於宇宙：爲宇宙的形象所迷惑（李鍾豫今譯）。

〔一二〕瞑：眠，古今字（俞樾説）。釋文所出本、世德堂本「瞑」並作「冥」。「冥」乃「瞑」之借，「瞑」即古眠字

（王叔岷說）。

〔一三〕發泄乎太清：謂至人之精神發源於太清（李勉說）。王先謙說：「喻至人之自然流行。」

〔一四〕知在毫毛：言所見者小（林希逸說）。

〔一五〕大寧：大安，即無爲自然之理（林希逸說）。

今譯

朱泙漫向支離益學屠龍，耗盡千金的家産，三年學成技術卻沒有機會表現他的技巧。

聖人以必然的事而視爲不必然，所以沒有紛爭；衆人以不必然而視爲必然，所以多紛爭；順着這紛爭，所以有貪求的行爲。紛爭，依恃着它就會喪亡。

凡夫的心智，離不開應酬交際，勞弊精神於淺陋的事，還想要普濟群生引導衆物，以達到太一形虛的境界。像這樣，卻是爲宇宙形象所迷惑，勞累形軀而不認識太初的境況。像那至人，精神歸向於無始而沈湎於無何有之鄉。就像水流於無形，動作純任自然。可悲啊！你的心智拘泥在毫毛的小事上，而不知道大寧的境界。

四

宋人有曹商〔一〕者，爲宋王〔二〕使秦。其往也，得車數乘；王說之〔三〕，益車百乘。反於宋，見莊子曰：「夫處窮閭阨巷〔四〕，困窘織屨〔五〕，槁項黃馘〔六〕者，商之所短也；一悟萬乘之主而從車百乘者，商之所長也。」

莊子曰：「秦王有病召醫，破癰〔七〕潰痤〔八〕者得車一乘，舐痔者得車五乘，所治愈下，得車愈多。子豈治其痔邪，何得車之多也？子行矣！」

注釋

〔一〕曹商：姓曹，名商。

〔二〕宋王：指宋偃王（司馬注）。

〔三〕王說之：「王」，指秦王。「說」，音悦（釋文）。「王說之」上當有「秦」字（陶鴻慶札記）。

〔四〕窮閭阨巷：「窮閭」，偏僻的里巷。「阨」，同隘，狹窄。

福永光司說：「即貧民街。」

〔五〕困窘織屨（jù具）：言貧匱而自織屨（林希逸說）。「屨」，麻鞋。

〔六〕槁項黃馘（guó國）：「槁」，乾枯。「項」，脖子。「馘」，這裏指臉。這句是形容人面黃肌瘦的樣子（王力古代漢語）。

陸德明釋文引：「『項』，李云：『槁項，羸瘦貌。』司馬云：『項槁立也。』『黃馘』，司馬云：『謂面黃熟也。』」

林雲銘說：「『槁項』者，項枯槁無肉。『黃馘』者，面黃悴消削。」

奚侗說：「『齸』，疑『䫜』之誤字。說文曰：『䫜，食不飽面黄起行也。』」（莊子補注）

〔七〕癰（yōng擁）：紅腫出膿的毒瘡。

〔八〕痤：御覽七三三引作「疽」（馬叙倫說）。

今　譯

宋國有個叫曹商的，替宋王出使秦國。當他去時，獲得車輛數乘，秦王喜歡他，增加車輛百乘。回到宋國，見了莊子說：「住在窮里陋巷，窘困地織鞋度日，面黄肌瘦的樣子，這是我所不及的；一旦見到萬乘君主而隨從車馬百輛之多的，這是我的長處。」

莊子說：「秦王有病召請醫生，能够使毒瘡潰散的可獲得一乘車，舐痔瘡的可獲得五乘車，所醫治的愈卑下，可得車輛愈多。你難道是醫治痔瘡嗎？爲什麽得到這麽多車輛呢？你去吧！」

五

魯哀公問乎顔闔曰：「吾以仲尼爲貞幹〔一〕，國其有瘳乎？」

曰：「殆哉圾乎〔二〕！仲尼方且飾羽而畫〔三〕，從事華辭，以支爲旨〔四〕，忍性以視民而不知不信〔五〕，受乎心，宰乎神〔六〕，夫何足以上民！彼宜女與？予頤與〔七〕？誤而可矣〔八〕。今使民離實學僞，非所以視民也，爲後世慮，不若休之。難治也〔九〕。」

注釋

〔一〕貞幹：猶云棟梁（林雲銘說）。

〔二〕圾乎：「圾」，通岌，危。

〔三〕仲尼方且飾羽而畫：指孔子好文飾。

〔四〕以支爲旨：以支節爲主旨。

〔五〕忍性以視民而不知不信：矯飭性情以誇示於民而不知道自己不信實。

林雲銘說：「『忍性』，猶云矯性。『視』，猶示。言矯飭其自然之性，而不自知其無實。」

〔六〕受乎心，宰乎神：承受於心，主宰於神。承上文忍性而不知不信，指以此而受於心、主於神。

〔七〕彼宜女與？予頤與：「彼」，指仲尼。「與」，歟。「頤」，養。這句話是說：他適宜於你嗎？讓他安養人民嗎？

〔八〕誤而可矣：猶誤而已矣；言必至於誤（丁展成說）。

〔九〕難治也：指用孔子則難以圖治。

今譯

魯哀公問顏闔說：「我把孔子當作棟梁，國家有救嗎？」

回說：「危險啊！孔子喜歡雕琢文飾，從事華麗的文辭，以支節爲主旨，矯飭性情以誇示於民而不知道自己不信實，這樣承受在內心，主宰着精神，怎能領導人民呢！他適合於你嗎？讓他安養人民嗎？那就一定要誤人了。現在使人民脱離樸實而學虚僞，這不足以教示人民，替後世設想，不如算了。難以圖治。」

六

施於人而不忘〔一〕，非天布〔二〕也。商賈不齒，雖以事齒之，神者弗齒。

注釋

〔一〕施於人而不忘：有心於施政教（林希逸説）。

〔二〕非天布：不是自然的布施。

今譯

惠施於人而不忘回報，這不是自然的布施。商賈都看輕他，雖然偶爾因事談論到，神人卻不齒。

七

爲外刑者，金與木〔一〕也；爲内刑者，動與過〔二〕也。宵人〔三〕之離〔四〕外刑者，金木訊〔五〕之；離内刑者，陰陽食之〔六〕。夫免乎外内之刑者，唯真人能之。

注釋

〔一〕金與木：「金」，謂刀鋸釜鉞；「木」，謂捶楚桎梏（郭注）。

〔二〕動與過：「動」，謂心之搖作；「過」，謂事之悔尤（林雲銘說）。

〔三〕宵人：猶小人（俞樾說）。

〔四〕離：罹。

〔五〕訊：問罪。

〔六〕陰陽食之：指陰陽兩氣交錯而剥蝕他。

今譯

作爲體外的刑罰，是刀斧和桎梏；内心的刑罰，是躁動和自責。小人遭受外刑，用刀斧桎梏來問罪；遭受内刑的，陰陽交錯而剥蝕他。能够避免内外刑罰的，只有真人才可以做到。

八

孔子曰：「凡人心險於山川，難於知天；天猶有春秋冬夏旦暮之期，人者厚貌深情。故有貌愿而益〔一〕，有長若不肖，有順懁而達〔二〕，有堅而縵〔三〕，有緩而釬〔四〕。故其就義若渴者，其去義若熱。故君子遠使之而觀其忠，近使之而觀其敬，煩使之而觀其能，卒然問焉而觀其知，急與之期而觀其信〔五〕，委之以財而觀其仁，告之以危而觀其節，醉之以酒而觀其則〔六〕，雜之以處而觀其色。九徵至，不肖人得矣。」

注釋

〔一〕貌愿而益：「愿」，謹厚。「益」，通溢，驕溢。

〔二〕順懁而達：外貌圓順而內心直達。

李勉說：「『懁』，與環通；環，圓。順圓，謂圓順隨從。『達』，伸，直。言有外貌圓順之人而內心則又剛直。」

〔三〕縵：慢之叚字（俞樾說）。

〔四〕釬：急（釋文）；悍之叚字（俞樾說）。

〔五〕急與之期而觀其信：給他急促的期限來觀察他的信用。

〔六〕醉之以酒而觀其則：「則」，儀則（林希逸說）。釋文所出本作「側」，謂「或作則」。林希逸本正作「則」。

俞樾說：「釋文云：『側，或作則。』當從之。『則』者，法則也。國語周語曰：『威儀有則。既醉之後，威儀反反，威儀怭怭，是無則矣。』故曰『醉之以酒而觀其則』。」

郭嵩燾說：「『側』，當爲『則』。詩曰：『飲酒孔嘉，維其令儀。』所謂『則』也。」（郭慶藩莊子集釋引）

今譯

孔子說：「人心比山川還要險惡，比知天還要困難；天還有春夏秋冬早晚的一定時期，人卻是容貌淳厚心情深沈。所以有外貌謹厚而行爲驕溢，有貌似長者而其實不肖，有外貌圓順而內心剛直的，有看似堅實而內心怠慢，看似舒緩而內心急躁。所以他趨義急如飢渴，棄義急如避熱。所以君子要讓他到遠處來觀察他的忠誠，讓他在近旁來觀察他的敬慎，給他繁難的事情來觀察他的才能，向他突然提出問題來觀察他的心智，給他急促的期限來觀察他的信用，將錢財委託他來觀察他的廉潔，告訴他危險的事來觀察他的節操，讓他酒醉來觀察他的儀態，混雜相處來觀察他的色態。九種徵驗得驗證，不肖的人就可以看得出來了。」

九

正考父〔一〕一命而傴，再命而僂，三命而俯〔二〕，循牆而走，孰敢不軌〔三〕！如而夫〔四〕者，一命而呂鉅〔五〕，再命而於車上儛〔六〕，三命而名諸父〔七〕，孰協唐許〔八〕！

賊莫大乎德有心〔九〕而心有睫〔一〇〕，及其有睫也而內視，內視而敗矣。凶德有五〔一一〕，中德〔一二〕爲首。何謂中德？中德也者，有以自好〔一三〕也而吡〔一四〕其所不爲者也。

窮有八極〔一五〕，達有三必〔一六〕，形有六府。美髯長大壯麗勇敢，八者俱過人也，因以是窮。緣循〔一七〕，偃佒〔一八〕，困畏不若人〔一九〕，三者俱通達。智慧外通，勇動多怨，仁義多責。達生之情者傀〔二〇〕，達於知者肖〔二一〕；達大命者隨〔二二〕，達小命者遭〔二三〕。

注釋

〔一〕正考父：宋大夫。

成玄英說：「『考』，成。『父』，大。有考成大德而履正道，故號正考父。」

〔二〕一命而傴，再命而僂，三命而俯：古時以一命爲士，二命爲大夫，三命爲卿。「傴」，背曲；「僂」，腰曲；「俯」，身伏於地。言爵愈高而身愈下（林希逸口義）。

〔三〕循牆而走，孰敢不軌：「循牆而走」，沿着牆走，形容行爲謙虛。「孰敢不軌」，人孰敢不以爲法（林希逸說）。按：左傳載正考父鼎銘曰：「一命而僂，再命而傴，三命而俯，循牆而走，莫余敢侮。」（馬叙倫說）

〔四〕而夫：謂凡夫（郭注）。

〔五〕呂鉅：驕矜之貌（林希逸說）。

郭嵩燾說：「釋文：『呂鉅，矯貌。』疑此不當爲矯。方言：『弡、呂，長也；東齊曰弡，宋魯曰呂。』說文：『鉅，大剛也。』亦通作『巨』，大也。『呂鉅』，謂自高大，當爲矜張之意。」

馬叙倫說：「後漢書馬援傳：『黠欲旅距。』『旅』爲『膂』省，『呂』、『膂』古今字。李賢注曰：『旅距，不從之貌。』……『鉅』，借爲倨。」

〔六〕僊：說文作「舞」。

〔七〕名諸父：「諸父」，叔伯（成疏）。「名諸父」，稱呼叔伯的名號。

〔八〕孰協唐許：「協」，同。「唐」，唐堯；「許」，許由。這話是說誰能同於唐堯許由的謙讓。

〔九〕賊莫大乎德有心：最壞的事莫過於有心爲德。

成玄英說：「役智勞慮，有心爲德，此賊害之甚。」

〔一〇〕心有睫：謂以心爲睫（俞樾說）；按：指心開如眼目。林希逸說：「於其有心之中而又有思前算後之意，喻如心又開一眼。」

〔一一〕凶德有五：謂心耳眼舌鼻。曰此五根，禍因此得，謂凶德（成疏）。

〔一二〕中德：指心。

〔一三〕自好：心中所好者自以爲是（成疏）；是非好惡的價值偏見（福永光司說）。

〔一四〕呲：訾（郭注）。

〔一五〕八極：指下文美、髯、長、大、壯、麗、勇、敢八端。

〔一六〕三必：指下文緣循、偃佒、困畏三項。

〔一七〕緣循：指緣物而順其自然。

〔一八〕偃佒：當爲偃仰，猶言俯仰從人（郭嵩燾說）。

〔一九〕困畏不若人：指濡弱謙下。

〔二〇〕傀：偉（說文）；大。

〔二一〕肖：小。

〔二二〕隨：順之聽自然（林希逸說）。

〔二三〕遭：遇。指所遇安適。

今譯

正考父一命爲士而曲着背，再命爲大夫而彎着腰，三命爲卿而俯着身子，沿牆走路，像這樣誰敢不效法！要是凡夫的話，一命爲士就會自大起來，再命爲大夫就會在車上舞蹈起來，三命爲卿就要人稱呼叔伯的名號了，誰能够做到唐堯許由的謙遜呢！

最壞的事莫過於有心爲德而心開如眼目，到了心開如眼目而内心多思慮就敗壞了。凶德有五種，以中德爲首。什麽叫做中德？所謂中德，便是自以爲是而排斥他所認爲不是的。

窮困有八種極端，通達有三項必然，形體有六個腑臟。美姿、有鬚、身長、高大、强壯、華麗、勇邁、果敢，這八種都超過人，因受役使而窮困。順物自然，隨從人意，濡弱謙下，這三項都可遇事通達。智慧外露，勇猛浮動則多招怨，仁義則多責難。通達生命實情的就心胸廣大，精通智巧的就心境狹小；通達大命的就是順任自然，精通小命的就是所遇而安。

一〇

人有見宋王者，錫〔一〕車十乘，以其十乘驕穉〔二〕莊子。莊子曰：「河上有家貧恃緯蕭〔三〕而食者，其子没於淵，得千金之珠。其父謂其子曰：『取石來鍛之〔四〕！夫千金之珠，必在九重之淵而驪龍〔五〕頷下，子能得珠者，必遭其睡也。使驪龍而寤，子尚奚微之有哉〔六〕！』今宋國之深，非直九重之淵也；宋王之猛，非直驪龍也；子能得車者，必遭其睡也。使宋王而寤，子爲虀粉矣！」

注釋

〔一〕錫：借爲賜。

〔二〕穉：驕。

郭慶藩說：「案『穉』亦驕也。（集韻：『穉，自驕矜貌。』）管子重令篇：『工以雕文刻鏤相穉。』尹知章注：『穉，驕也。』王引之經義述聞云：『詩載馳篇：「衆穉且狂。」謂既驕且狂也。』」

〔三〕緯蕭：編織蘆葦。「緯」，織；本或作「葦」。「蕭」，荻蒿（釋文）。

〔四〕鍛之：打碎它。

〔五〕驪龍：黑龍。

〔六〕尚奚微之有哉：意即要被殘食無遺。

今譯

有人拜見宋王，賞賜車子十輛，他用這十輛車子向莊子誇耀。

莊子說：「河邊有家貧窮人靠編織蘆葦過生活，他的兒子潛入深淵裏，得到千金的珠子。他的父親對兒子說：『拿石頭來碰碎它！這千金的珠子，一定是在九重深淵驪龍頷下，你能得到這珠子，一定是龍正在睡覺。等到龍醒來，你就要被殘食無遺了！』現在宋國的深，不止於九重的深淵；宋王的兇猛，不止於驪龍；你能够得車子，一定是正逢他睡覺的時候。等到宋王醒來，你就要粉身碎骨了！」

一一

或聘於莊子。莊子應其使曰：「子見夫犧牛〔一〕乎？衣以文繡，食以芻菽〔二〕，及其牽而入於大廟，雖欲爲孤犢〔三〕，其可得乎！」

注釋

〔一〕犧牛：祭祀用的牛。

〔二〕芻菽：草、豆。

〔三〕犢：小牛。

今譯

有人來聘請莊子。莊子回答使者說：「你見過那祭祀的牛嗎？披着紋彩錦繡，飼着芻草大豆，等到一朝牽入太廟裏去，要想做隻孤單的小牛，辦得到麽！」

一二

莊子將死，弟子欲厚葬之。莊子曰：「吾以天地爲棺槨，以日月爲連璧，星辰爲珠璣，萬物爲齎送〔一〕。吾葬具豈不備邪？何以加此！」弟子曰：「吾恐烏鳶之食夫子也。」莊子曰：「在上爲烏鳶食，在下爲螻蟻食，奪彼與此，何其偏也！」

以不平平〔二〕，其平也不平；以不徵徵，其徵也不徵。明者唯爲之使〔三〕，神者徵之。夫明之不勝神也久矣，而愚者恃其所見入於人，其功外〔四〕也，不亦悲乎！

注釋

〔一〕齎送：贈物。「齎」，音資。本或作「濟」（釋文）。

〔二〕以不平平：以不平的方式來平等各物。

〔三〕明者唯爲之使：自炫己明的被人支使。

成玄英說：「自炫其明，爲物驅使。」

〔四〕外：猶疏。至樂「其爲形也外矣」，又云「其爲形也疏矣」，外、疏互文，外猶疏也（王叔岷莊子校詮）。

今譯

莊子快要死的時候，弟子們想厚葬他。莊子說：「我用天地做棺槨，用日月做雙璧，星辰做珠璣，萬物做殉葬。我的葬禮還不够嗎？還有什麽比這更好的！」

弟子說：「我怕烏鴉老鷹吃了你呀！」

莊子說：「露天讓烏鴉老鷹吃，土埋被螞蟻吃，從烏鴉嘴裏搶來給螞蟻，爲什麽這樣偏心呢！」

用不平均的方式來平均，這種平均還是不能平均；用不徵驗的東西來作徵驗，這種徵驗也不能算作徵驗。自炫己明的被人役使，神全的人可以應合自然。炫耀明智的人早就不如神全的人了，而愚昧的人還依恃他的偏見沈溺於世俗，他的效果是背離原意的，不是可悲嗎？

天下

天下篇，爲最早的一篇中國學術史；批評先秦各家學派的論著，以這一篇爲最古。本篇保存了許多佚説，像宋鈃、慎到、惠施、公孫龍等人的學説，在這裏可以得到一個概略的了解。尤其是惠施的思想，他的著作已全無存留，幸賴本篇的評述保存了一些可貴的資料。

本篇一開頭就標示了最高的學問乃是探討宇宙、人生本原的學問（「道術」）。「内聖外王」爲理想的人格形態。所謂「道術」，就是對於宇宙人生作全面性、整體性的把握的學問。所謂「天人」、「神人」、「至人」、「聖人」，就是能對宇宙人生的變化及其根源意義作全面性、整體性體認的人。「天下之治方術者多矣」，各家各派各以所好而提出的意見，只是宇宙人生的局部，亦即是只見片面之真。「神人」「至人」是能體認道的根本原理的人，而「君子」、鄒魯之士、搢紳先生則只是得道之餘緒。（宣穎説：「君子止是道之餘緒。」蔣錫昌説：「君子謂儒家中有標準人格之人。」）「以仁爲恩，以義爲理，以禮爲行，以樂爲和，薰然慈仁，謂之君子。」「其明而在數度者，舊法世傳之史尚多有之。其在於詩、書、禮、樂者，鄒魯之士、搢紳先生多能明之。」這是論述儒家的部分。（梁啓超説：「此論儒家也。道之本體，非言辭書册所能傳，其所衍之條理，即『明而在數度者』，則史官記焉而鄒魯之儒傳之。」）其後乃對墨翟、禽滑釐、宋鈃、尹文、田駢、慎到、關尹、老聃、莊周、惠施各家觀點，一一作評述。第二章，論墨翟、禽滑釐部分，敘述墨子提倡平等之愛，勤儉力行、利他精神，反對戰爭，反對王室的樂，反對貴賤上下等級的禮，以及提出薄葬的主張。讚墨子爲救世能士，批評墨子學説太過嚴苛，難以實行。墨子的非樂、反厚葬，都是針對當時貴族奢侈靡費民財而發的，這裏的批評，未能體會墨子的原義。第三章，論宋鈃、尹文的部分，説他們提倡人類生活平等，要人去蔽、忍辱，反對戰爭，主張「禁攻寢兵」，强調過着「情欲寡淺」——寡欲平和的生活。他們爲求天下的安寧，日夜不休，和墨子一樣是「救世之士」。第四章，論彭蒙、田駢、慎到部分。荀子非十二子篇上説慎到、田駢「尚法」，側重了他們具有法家思想的一面，這裏則着重在敘述他們具有道家思想的一面。説他們以齊同萬物爲首要，這是無差别的平等主義思想，站在萬物平等的立場，他們排除主觀的知見活動。他們既然主張「齊萬物以爲首」，説大道能包涵萬物而無分辨，認識到對於萬物的價值判斷的相對性，而且去除自我中心、捨去主觀是非之見，而「與物宛轉」，這種學説和道家是相通的。所以説，他們還「聽聞過道的概要」。然而接着又批評他們不明大道。這顯然是從莊周學派的觀點所作的評點。慎到的「去己」、「塊不失道」以及這一派的貴齊思想，和莊周思想是有距離的。莊子的「齊物」，是承認各人各物、各家各派都有同等的發言權，可涵容不同的價值内容（他所反對的是各家的自我中心及排他性）。而慎到、田駢一派的「齊物」，乃是建立一個客觀標準的均齊，這個作爲客觀標準的道，自然也可能化爲客觀標準的法。這一客觀標準的道或法的形式意義漸被注重，則成爲一塊然的存在。這是批評慎到之道爲「非生人之行而至死人之理」的原理。既然有一個客觀標準的道（或法）以資遵循，則個人的主觀性必須去除，這就是慎到之所以要主張「棄知去己」。慎到的「去己」，和莊子的「無己」、「喪我」卻不一樣，莊子的「無己」或「喪我」，乃是去除形骸、智巧、嗜欲所困住的小我，揚棄世俗價值所拘繫的小我，使自己從狹窄的局限性中提升出來，而成其爲與廣大宇宙相通的大我。這是莊周與慎到、田駢一派思想的差別處。第五章，論關尹、老聃的部分。論述這派「道」的哲學，認爲他們能體認宇宙人生的根本原則，所以稱讚他們爲古之博大真人。叙述他們人生哲學時，强調了他們濡弱謙下的處世態度，讚美了他們「常寬於物，不削於人」的涵容心態。第六章，論述莊周的部分。寫莊周「獨與天地精神往來」，描繪了他那芒忽恣縱的心態，奔放不羈的性格，以及自由自在的精神生活。篇末一章，論惠施辯者部分。叙述惠施的「歷物十事」與「辯者二十一事」。惠施認爲萬物流變不息，任何東西都不可能是永恒固定的狀態，所以他由此得出「日方中方睨，物方生方死」等命題。他又認爲任何東西都是相對的，事物之間没有絶對的區别，他强調萬物有基本的相同點，掌握這相同點，誇張了這相同點，而得出「天與地卑，山與澤平」等命題。

出自本篇的成語，有萬變不離其宗、一曲之士、内聖外王、櫛風沐雨、强聒不舍、椎拍輐斷、其應若響、變化無常、學富五車、大同小異等。特别是「内聖外王」的理想，由本篇首次提出。其後，這一崇高的人格爲歷代哲學家所追述，並普遍內化於歷代中國知識分子。

一

天下之治方術〔一〕者多矣，皆以其有〔二〕爲不可加矣。古之所謂道術〔三〕者，果惡乎在？曰：「無乎不在。」曰：「神何由降？明何由出〔四〕？」「聖有所生，王有所成，皆原於一〔五〕。」

不離於宗，謂之天人。不離於精，謂之神人。不離於真，謂之至人。以天爲宗，以德爲本，以道爲門，兆〔六〕於變化，謂之聖人。以仁爲恩，以義爲理，以禮爲行，以樂爲和〔七〕，薰然慈仁，謂之君子。以法爲分，以名爲表，以參爲驗，以稽爲決〔八〕，其數一二三四是也〔九〕，百官以此相齒〔一〇〕，以事爲常〔一一〕，以衣食爲主，以蕃息畜藏爲意〔一二〕，老弱孤寡皆有以養，民之理也。

古之人其備〔一三〕乎！配神明〔一四〕，醇天地〔一五〕，育萬物，和天下，澤及百姓，明於本數〔一六〕，係於末度〔一七〕，六通四辟〔一八〕，小大精粗，其運無乎不在。其〔一九〕明而在數度〔二〇〕者，舊法世傳之史，尚多有之。其在於詩書禮樂者，鄒魯之士〔二一〕搢紳〔二二〕先生，多能明之——詩以道志，書以道事，禮以道行，樂以道和，易以道陰陽，春秋以道名分〔二三〕。——其數散於天下而設於中國者，百家之學時或稱而道之。

天下大亂，賢聖不明，道德不一，天下多〔二四〕得一察〔二五〕焉以自好。譬如耳目鼻口，皆有所明，不能相通。猶百家衆技也，皆有所長，時有所用。雖然，不該不偏〔二六〕，一曲〔二七〕之士也。判天地之美，析萬物之理，察古人之全，寡能備於天地之美，稱神明之容。是故内聖外王之道〔二八〕，闇而不明，鬱而不發，天下之人各爲其所欲焉以自爲方。悲夫，百家往而不反，必不合矣！後世之學者，不幸不見天地之純，古人之大體，道術將爲天下裂。

注　釋

〔一〕方術：指特定的學問，爲道術的一部分。

林希逸說：「方術，學術也。」（南華真經口義）

蔣錫昌說：「『方術』者，乃莊子指曲士一察之道而言；如墨翟、宋鈃、惠施、公孫龍等所治之道，是也。」（莊子哲學天下校釋）

〔二〕其有：謂所學（宣穎南華經解）。「有」，謂攻治所得（蔣錫昌說）。

〔三〕道術：指洞悉宇宙人生本原的學問。

〔四〕神何由降？明何由出：「神」，靈妙。「明」，智慧。

林雲銘說：「『神』者，明之藏。『明』者，神之發。言道術之極也。」（莊子因）

梁啓超說：「神明猶言智慧。」（諸子考釋内莊子天下篇釋義）

唐君毅說：「以神明言靈台靈府之心，尤莊子之所擅長。神與明之異，唯在『神』乃自其爲心所直發而說，『明』則要在自其能照物而說，故明亦在神中。」（中國哲學原論四七頁）

〔五〕一：即道。

〔六〕兆：徵兆，預端。

〔七〕以仁爲恩，以義爲理，以禮爲行，以樂爲和：以仁來施行恩惠，以義來建立條理，以禮來範圍行動，以樂來調和性情（中國哲學史資料選輯莊子天下譯文）。

曹礎基說：「『以仁爲恩』這以下六句說的『君子』，指的是儒家。」（莊子淺注）

〔八〕以法爲分，以名爲表，以參爲驗，以稽爲決：以法度爲分守，以名號作標誌，以比較爲徵驗，以考稽作判斷。

蔣錫昌說：「『分』即『分守』亦即職守，謂自己職分所當守也。『以法爲分』，言『百官』當以法制爲自己職分之所當守也。『表』借爲『標』，『以名爲表』，言『百官』以所陳之言論爲自己做事之標準，俾使名實相符也。『參』借爲『三』，『三』乃虛數，用爲多誼，『以參爲驗』，言『百官』治事，以多爲驗，所謂『孤證不信』也。『以稽爲決』，言『百官』治事，以考爲定也。天道：『禮法，度數，形名，比詳，治之末也。』『以參爲驗』即爲『比』之解釋；蓋『比』者，亦即以多數事物比而驗之也。『以稽爲決』即爲『詳』之解釋；蓋『詳』者，亦即以嚴密考慮審而決之也。『以法爲分，以名爲表』，言『百官』所辦之事；『以參爲驗，以稽爲決』，言『百官』辦事之法。」

曹礎基說：「『以法爲分』這以下六句說的，反映了法家的主張。」

〔九〕其數一二三四是也：好像數一二三四那樣明白。「其」，猶若，如。「數」，等級之數。

馬叙倫説：「案『其』猶若也。詳見經傳釋詞。」（莊子義證）

林希逸説：「其數一二三四，言纖悉歷歷明備也。」

〔一〇〕百官以此相齒：百官依這樣相列序位。「齒」，序列。

蔣錫昌説：「所謂『百官』，即荀子所謂『官人百吏』，乃各種小官之統稱。」

〔一一〕以事爲常：以職事爲常務。

曹礎基説：「『以事爲常』這以下六句寫的是平民的事。」

〔一二〕以蕃息畜藏爲意：「蕃息」，即繁殖。「畜藏」，即蓄藏，「畜」，同蓄。「以」字原缺，「爲意」兩字原在「老弱孤寡」下，據陶鴻慶等之説移上。

陶鴻慶説：「自『蕃息』以下，文有錯亂。當云：『以蕃息畜藏爲意，老弱孤寡皆有養，民之理也。』『爲意』二字，及『以』字，皆脱誤在下。」（讀莊子札記）

武延緒説：「按『蕃』上疑亦當有『以』字。」（莊子札記）

蔣錫昌説：「『爲意』二字，當在『藏』字之下。此言『百官』所爲之事，當以民之衣食爲主，蕃息蓄藏爲意。」

按：陶鴻慶等之説可從。日本高山寺藏古寫本在「老弱孤寡」下正無「爲意」二字，當依上兩句文例改爲「以蕃息畜藏爲意」。

〔一三〕備：完備。

蔣錫昌說：「『備』，謂備有道術之全，而不限於一曲。」

〔一四〕配神明：配合天地造化的靈妙。

蔣錫昌說：「『神明』者，即自然之稱。言古之道人與自然爲配合、與天地爲一體。」

〔一五〕醇天地：取法天地。「醇」，借爲準。

章炳麟說：「『醇』借爲『準』。地官質人：『壹其淳制』，釋文：『淳，音準。』是其例。易曰：『易與天地準。』配神明，準天地，二句意同。」（莊子解故）

〔一六〕本數：本原，指道的根本。

褚伯秀說：「本數，即所謂『一』。」（南華真經義海纂微）

蔣錫昌說：「本數者，猶言度數之本，即天地是也。」

〔一七〕末度：指法度，爲道的末節。

〔一八〕六通四辟：六合通達四時順暢。「六」，指六合，即四方上下。「四」，指四時；一指空間，一指時間。「辟」，同「闢」。「六通四辟」已見於天道篇。

〔一九〕其：指上「古之所謂道術」而言（蔣錫昌說）。

〔二〇〕數度：指典章制度。

〔二一〕鄒魯之士：指儒士。

蔣錫昌說：「鄒魯之士，蓋統指儒家而言。」

馬叙倫說：「陸德明曰：『鄒，孔子父所封邑。』倫案說文曰：『聊，魯下邑，孔子之鄉。』則『鄒』借爲『聊』，音同照紐。……或曰：史記孟子列傳：孟子騶人也。『騶』爲『鄒』之借字。此『鄒』謂孟子生邑，則非也。」

〔二二〕搢紳：「搢」，笏。「紳」，大帶（成疏）。「搢紳」，亦指儒士。

蔣錫昌說：「『搢紳』蓋即『儒服』之一種。『搢紳先生』稱儒家也。『搢紳先生』即『鄒魯之士』，『鄒魯之士』即上文『薰然慈仁，謂之君子』之『君子』，皆儒家之稱也。」

〔二三〕詩以道志，書以道事，禮以道行，樂以道和，易以道陰陽，春秋以道名分：這六句馬叙倫疑是古之注文。

馬叙倫說：「『詩以道志』以下六句，疑古注文，傳寫誤爲正文。」

楊柳橋說：「馬氏疑爲注文，甚有理，但不妨文義，亦未據删。」

〔二四〕多：一説作「各」。

嚴靈峰先生說：「按：『多』字疑當作『各』，形近誤也。下文『天下之人各爲其所欲焉以自爲方』，與此同意；下云：『耳、目、鼻、口，皆有所明，不能相通。』正明『各得一察』之義；故云：『不該，不偏，一曲之士也。』郭注：『各信其偏見，而不能都舉。』是郭所見本原亦作『各』也。」姑備一説。

〔二五〕一察：一端之見。

王念孫說：「郭象斷『天下多得一』爲句。釋文曰：『得一，偏得一術。』案：『天下得一察焉以自好』，當作一句讀。下文云『天下之人各爲其所欲焉以自爲方』，句法正與此同。『察』，謂察其一端而不知其全體。下文云：『譬如耳目鼻口，皆有所明，不能相通。』即所謂『一察』也。」（讀書雜志餘

編)

俞樾說:「今案郭讀文不成義,當從王讀。惟以『一察』爲『察其一端』,義亦未安。『察』當讀爲『際』,一際,猶一邊也。廣雅釋詁:際、邊並訓方,是際與邊同義。同其一際,即得其一邊,正不知全體之謂。」(諸子平議內莊子平議)

梁啓超說:「案:俞說是。中庸:『言其上下察也。』即上下際。下文『察古人之全』亦當讀爲『際』。『察』字與『判』字『析』字並舉,皆言割裂天地之美萬物之理古人之全,而僅得其一體。」

〔二六〕不該不徧:「該」,兼備。「徧」,同「遍」。

〔二七〕一曲:偏於一端,與上文「一察」同義,指只知道的一端而不明道的全體。

〔二八〕內聖外王之道:梁啓超說:「『內聖外王之道』一語,包舉中國學術之全部,其旨歸在於內足以資修養而外足以經世。」

今譯

天下研究方術的人很多了,都認爲自己所學的是無以復加、再好不過了。古時所謂的道術,到底在哪裏?答說:「無所不在。」問說:「〔造化的〕靈妙從哪裏降下?〔人類的〕智慧從哪裏出現?」答說:「聖有所生,王有所成,都導源於『一』。」

不離於宗本,稱爲天人。不離於精微,稱爲神人。不離於真質,稱爲至人。以天然爲宗主,以德爲根本,以道爲門徑,預見變化的徵兆,稱爲聖人。以仁來施行恩惠,以義來建立條理,以禮來規範行動,以樂來調和性情，表現溫和仁慈，稱爲君子。以法度爲分守，以名號作標準，以比較爲徵驗，以考稽作決定，好像數一二三四那樣明白，百官以這樣相列序位，以職事爲常務，以衣食爲主要，以生產儲藏爲意念，使老弱孤寡都能得到撫養，這是養民的道理。

古時的聖人不是很完備嗎？配合造化的靈妙，取法天地，養育萬物，均調天下，澤及百姓，明白道的根本，貫通於法度，六合通達四時順暢，大小精粗的事物，都無所不在地存在着它的作用。古代道術顯明在典章制度的，舊時的法規、世代相傳的史書上，還保存着很多。古時道術存在於詩、書、禮、樂的，鄒魯的學者和士紳先生們，大多能明曉——詩是用來表達心意的，書是用來傳達政事的，禮是用來規範行爲的，樂是用來調和性情的，易是用來探討陰陽變化的，春秋是用來講解名分的。——那些典章數度散布在天下而設施於中國的，百家學說時常稱述它。

天下大亂的時候，聖賢隱晦，道德分歧，天下的人多各執一端以自耀。譬如耳目鼻口，都有它的功能，卻不能互相通用。猶如百家衆技一樣，都有所長，時有所用。雖然這樣，但不兼備又不周遍，只是偏於一端的人。他們割裂天地的純美，離析萬物的常理，分割古人道術的整體，很少能具備天地的純美，相稱神明的盛容。所以內聖外王之道，暗淡不明，抑鬱不發，天下的人各盡所欲而自爲方術。可悲啊！百家往而不返，必定和道術不能相合了！後世的學者，不幸不能見到一種天地的純美，古人道術的全貌，將要爲天下所割裂。

二

不侈於後世，不靡〔一〕於萬物，不暉於數度〔二〕，以繩墨自矯〔三〕，而備世之急；古之道術有在於是者。墨翟〔四〕、禽滑釐〔五〕聞其風而說之。爲之大過，已之大循〔六〕。作爲非樂，命之曰節用；生不歌，死無服。墨子氾愛兼利而非鬭，其道不怒；又好學而博，不異〔七〕，不與先王同，毁古之禮樂。

黄帝有咸池〔八〕，堯有大章，舜有大韶，禹有大夏，湯有大濩，文王有辟雍之樂，武王周公作武。古之喪禮，貴賤有儀，上下有等，天子棺槨七重，諸侯五重，大夫三重，士再重。今墨子獨生不歌，死不服，桐棺三寸而無槨，以爲法式。以此教人，恐不愛人；以此自行，固不愛己。未敗墨子道〔九〕，雖然，歌而非歌，哭而非哭，樂而非樂，是果類乎〔一〇〕？其生也勤，其死也薄，其道大觳〔一一〕；使人憂，使人悲，其行難爲也，恐其不可以爲聖人之道，反天下之心，天下不堪。墨子雖獨能任，奈天下何！離於天下，其去王也遠矣。

墨子稱道曰：「昔者禹之湮〔一二〕洪水，決江河而通四夷九州也，名川三百〔一三〕，支川三千〔一四〕，小者無數。禹親自操橐耜〔一五〕而九雜〔一六〕天下之川；腓無胈〔一七〕，脛〔一八〕無毛，沐甚雨〔一九〕，櫛疾風，置萬國。禹大聖也，而形勞天下也如此。」使後世之墨者，多以裘褐〔二〇〕爲衣，以跂蹻〔二一〕爲服〔二二〕，日夜不休，以自苦爲極，曰：「不能如此；非禹之道也，不足謂墨。」

相里勤〔二三〕之弟子，五侯〔二四〕之徒，南方之墨者苦獲、已齒〔二五〕、鄧陵子之屬，俱誦墨經〔二六〕，而倍譎〔二七〕不同，相謂別墨〔二八〕；以堅白同異之辯相訾〔二九〕，以觭偶〔三〇〕不仵〔三一〕之辭相應；以巨子〔三二〕爲聖人，皆願爲之尸〔三三〕，冀得爲其後世，至今不決。

墨翟、禽滑釐之意則是，其行則非也。將使後世之墨者，必自苦以腓無胈脛無毛，相進〔三四〕而已矣。亂之上也，治之下也〔三五〕。雖然，墨子真天下之好〔三六〕也，將求之不得也，雖枯槁不舍也，才士也夫！

注　釋

〔一〕靡：同「糜」，浪費。

〔二〕不暉於數度：不炫耀禮法。「暉」，同「輝」。

〔三〕以繩墨自矯：用規矩來勉勵自己。「矯」，厲（郭注）。

〔四〕墨翟：姓墨，魯國人，稍後於孔子，提倡非攻、兼愛、非樂、節用的學說。淮南子要略：「墨子學儒者之業，受孔子之術，以爲其禮煩擾而不說，厚葬靡財而貧民。」墨子學說站在平民的立場發言，打破差別、等級、特權。今存墨子一書，共五十三篇，爲墨子及其學派所作。

〔五〕禽滑釐：墨子弟子（見墨子公輸篇），初受業於子夏（見史記儒林傳），後學於墨子（見呂氏春秋當染篇）。

〔六〕已之大循：「大」，通太。「循」，世德堂本作「順」。「循」，順古通。這句有二解：（一）「已」，讀作「已」，已之大順，即太順於己。（二）「已」，即止。「大順」，作「太甚」解。已之太順，即節止太甚。

林希逸說：「抑遏過甚，故曰：『已之大循。』『已』者，抑遏之意也。」

林雲銘說：「大循，一作大順，猶太甚也。」

梁啓超說：「『已』，止也，即下文『明之不如其已』之已。『大順』即太甚之意，『順』『甚』音近可通也。言應做之事做得太過分，應節止之事亦節止得太過分也。郭注云：『不復度衆所能。』成疏云：『適用己身自順。』將『已』字讀成『己』字，失之。」

〔七〕好學而博不異：有兩種讀法：一讀「好學，而博不異」，一讀「好學而博，不異」。

（一）以「博不異」爲句。如林希逸說：「博不異者，尚同。推廣其說，以爲博而主於尚同也。」如梁啓超說：「博，普遍也。言一律平等無別異。」

（二）以「好學而博，不異」爲句。如章炳麟說：「『又好學而博』爲句，『不異』爲句。言墨子不苟於立異。」王敔注：「不異，多喜庸衆之言。」（見王夫之莊子解內）林雲銘說：「不異，言不求異於人也。」

按：墨子貴義篇說：「子墨子南遊使衛，關中載書甚多。」可見墨子的「好學而博」。

〔八〕咸池：古樂名。下文大章，大韶，大夏，大濩（hù互），辟雍，武，都是各代古樂名。

〔九〕未敗墨子道：有兩種解釋：（一）「敗」，作「毀」（釋文）。指批評者（即天下篇作者）並無意敗毀墨子學說。如宣穎說：「言我固論之如此，亦不足遂廢其教也。」如章炳麟、馬叙倫、蔣錫昌都持同一說法。

(二)無敗於墨子之道，指墨道雖苛，仍盛行於世不受影響。如馬其昶説：「墨子薄葬，非人情，彼視人己一致，故未至遽敗其道。」(莊子故)如王先謙説：「今墨之道，尚未敗也。」(莊子集解)又如梁啓超説：「『未敗墨子道』者，言墨家者流，持之有故，言之成理，就墨言墨，誠不足以敗其所道。」今譯從(二)。

〔一〇〕果類乎：果真合於人情嗎？
林希逸説：「類，近也。言如此果與人情相近乎。」

〔一一〕觳(què 確)：薄，苛刻。
郭嵩燾説：「觳者，薄也。史記始皇本紀：『雖監門之養，不觳於此矣。』言不薄於此也。墨子之道，自處以薄。郭象注：『觳，無潤也。』解似迂曲。」(見郭慶藩莊子集釋引)

〔一二〕湮：塞，没(釋文)。

〔一三〕名川三百：世德堂本「川」誤作「山」。據趙諫議本改正。
俞樾説：「『名山』當作『名川』，字之誤也。『名川』『支川』，猶言大水小水。下文曰：『禹親自操橐耜而九雜天下之川。』可見此文專以『川』言，不當言『山』也。」

〔一四〕支川三千：「支川」，本或作支流(釋文)。「三千」，與上文「三百」同，形容多數。

〔一五〕橐(tuó 駝)耜(sì 肆)：「橐」，盛土器。「耜」，鍬，鋤。

〔一六〕九雜：匯合的意思。「九」，音鳩，本亦作「鳩」，即聚(見釋文)。「雜」作「集」。
章炳麟説：「『九』，當從别本『鳩』字之義，然作『九』者是故書。『雜』，借爲『集』。」

蔣錫昌：「『九』借爲『句』，說文：『聚也。』段注：莊子作『九』，今字則『鳩』行，而『句』廢矣。說文：『雜，五采相合也。』段注：『亦借爲聚集字。』據此，則『九雜』即聚集。」

〔一七〕腓（féi肥）無胈（bá拔）：「腓」，小腿後面突出的筋肉，俗稱腿肚子。「胈」，白肉。御覽八二引「腓」作「股」。

〔一八〕脛（jìng靜）：從脚跟到膝的部分。

〔一九〕甚雨：驟雨。崔譔本「甚」作「湛」，音淫。

郭慶藩說：「案崔本『甚』作『湛』，是也。『湛』與『淫』同。論衡明雩篇：『久雨爲湛。』『湛』即淫也。」

王叔岷先生說：「疏：『賴驟雨而灑髮』，疑成本作『驟雨』。劉子新論知人篇：『櫛奔風，沐驟雨。』即本此文，亦作『驟雨』。」（莊子校釋）按：今譯作「驟雨」，與下句「疾風」相對爲文。

〔二〇〕裘褐：粗衣。

〔二一〕跂蹻：「跂」，同屐。「蹻」，草鞋。

〔二二〕服：用（林希逸說）。

〔二三〕相里勤：姓相里，名勤，爲南方墨派一首領。韓非子顯學篇說：「自墨子之死也，有相里氏之墨，有相夫氏之墨，有鄧陵氏之墨……墨離爲三，取舍相反不同。」下文鄧陵子即韓非所說鄧陵氏。

〔二四〕五侯：人名。「五」，同伍。

孫詒讓說：「『五侯』，蓋姓『五』；『五』與『伍』同。古書伍子胥多作『五』，非五人也。」

〔二五〕苦獲、已齒：人名。二人都是南方墨者重要人物。

〔二六〕墨經：現存墨子書卷十有經上、經下兩篇。

〔二七〕倍譎：背異。「倍」，背古通。

〔二八〕相謂別墨：互相抵斥以爲非墨家正統（梁啓超說）。

蔣錫昌說：「『相』者，乃各人互相之意；『相謂』者，乃各人互相謂各人之意。……『相謂』二字，胡適解爲：『他們自己相稱「別墨」。』推胡之意，似謂各『別墨』自己稱自己；……非也。『別墨』猶言背墨，言與真墨分別相背之墨也。『別墨』二字本會有相非之意，故下文云：『以「堅」「白」「異」之辯相訾。』胡適謂『「別墨」猶言「新墨」』，亦非。『相謂別墨』，言相里勤等互相斥他人爲背墨也。」

嚴靈峰先生說：「唐鉞曰：『墨家三派，既然自稱爲「真墨」，當然呼他派爲「別墨」。』蔣、唐二說並是也。按：韓非子顯學篇：『孔、墨之後，儒分爲八，墨離爲三，取舍相反而不同，而皆自謂真孔、墨。』『取舍相反而不同』即此處之『倍譎不同』，『相訾』，如秋水篇：『堯、桀之自然而相非。』『相謂別墨』，即互相攻訐對方爲背師……『別墨』因爲『背墨』之義無疑。胡說不可從。」

按：梁啓超、蔣錫昌等之說爲是，今人多從胡適之說，實誤。

〔二九〕以堅白同異之辯相訾：「訾」，詆毀。「堅白」「同異」爲當時常辯論的主題。

梁啓超說：「蓋舉當時常用之三個辯論題爲例：一堅白問題，二同異問題，三奇偶問題。此三問題爲戰國中葉以後學者所最樂道，而其源皆出墨經。經上云：『堅白不相外也。』經下云：『不堅白，說在無久與宇，堅白，說在因。』經說下：『無堅得白，必相盈也。』此墨經中之堅白說也。經上云：

『同，異而俱之於一也。』又云：『同異交得知有無。』此墨經中之同異説也。經下云：『一偏去而二。』經説下云：『二與一亡，不與一在。』此墨經中奇偶説也。後世之墨者，罕復厝意於節用非攻諸教理，但摭拾墨經中此類問題以相訾嗷，以致倍譎不同。」

〔三〇〕觭偶：即奇偶，亦爲當時常辯論的主題。

〔三一〕不仵：不合。「仵」，同（釋文）；按：「仵」與「伍」同（陶鴻慶説）。

〔三二〕巨子：向秀、崔譔本作「鉅子」。「鉅子」，即墨派團體的首領。

梁啓超説：「鉅子姓名見於故書者有三：一、孟勝；二、田襄子，俱見呂氏春秋上德篇；三、腹䵍，見呂氏春秋去私篇。」

〔三三〕尸：同「主」。

〔三四〕相進：相尚，相競。

〔三五〕亂之上也，治之下也：言亂天下之罪多，治天下之功少（宣穎説）。

林希逸説：「言傳墨子之道者，相尚爲自苦之事，欲以此治天下，未見其治，必先能召亂也，故曰『亂之上也』。」

〔三六〕天下之好：天下最美善的人。「好」，含有特別讚美之意（蔣錫昌説）。

今　譯

不使後世奢侈，不浪費萬物，不炫耀禮儀法度，用規矩來勉勵自己，以備擔當世間的急難；古來的道術有屬於這方面的。墨翟、禽滑釐聽到這種風尚就喜好。實行得太過分，節止得也太過分。作非樂，講說節用；生時不作樂，死後無服飾。墨子主張博愛兼利而反對戰爭，他教人不恨怒；他又好學博聞，不求立異，也不和先王相同，毀棄古代的禮樂。

黃帝有咸池樂章，堯有大章樂章，舜有大韶樂章，禹有大夏樂章，湯有大濩樂章，文王有辟雍樂章，武王、周公作武樂。古代的喪禮，貴賤有儀則，上下有等差，天子的棺槨有七層，諸侯有五層，大夫有三層，士有兩層。現在墨子獨自主張生時不詠歌，死後無服飾，只用三寸的桐棺而沒有外槨，作爲標榜。用這個來教人，恐怕不是愛人的道理；用這個來自己實行，也實在不算是愛自己。雖然這樣，但是並不影響墨子的學說，然而，當歌唱時卻反對歌唱，當哭泣時卻反對哭泣，當奏樂時卻反對奏樂，這樣果真合於人情嗎？他生時勤勞，死後菲薄，他的學說太苛刻了；使人憂苦，使人悲愁，他的主張難以實行，實行起來很困難，恐怕不能成爲聖人之道，違反了天下人的心願，天下的人不堪忍受。墨子雖然獨自能擔當，奈何天下人不能履行！背離了天下的人，距離王道也遠了。

墨子稱說：「從前禹的堵塞洪水，疏導江河而溝通四夷九州，大川三百，支流三千，小溪無數。禹親自拿着盛土器和鋤頭而匯合天下的河川；腿肚子没有肉，小腿上没有毛，驟雨淋身，強風梳髮，設置了萬國。禹是大聖人，而爲了天下，這般地勞苦。」所以使後代的墨者，多用羊皮粗布做衣裳，穿上木屐草鞋，日夜不息，以自苦爲原則，說：「不能這樣，就不是禹的道，不足稱墨者。」

相里勤的弟子，伍侯的門徒，南方的墨者苦獲、已齒、鄧陵子一派，都誦讀墨經，卻背異不相同，互相斥稱對方是「別墨」，用「堅白」「同異」的辯論互相詆毀，用「奇偶」不合的言辭互相對應；以鉅子當作聖人，都願意奉他爲主師，希望繼承他的事業，到現在還紛爭不決。

墨翟、禽滑釐的心意是很好的，他們的作法卻太過分了。這會使得後世的墨者，必定要勞苦自己到腿肚子沒有肉、小腿上沒有毛，以此互相競逐罷了。這是擾亂天下的罪多，治理天下的功少。雖然這樣，墨子真算是天下最美善的人了，這種人實在求不可得，他縱使弄得形容枯槁也不放棄自己的主張，真是救世才能之士啊！

三

不累於俗，不飾於物，不苟於人〔一〕，不忮於衆〔二〕，願天下之安寧以活民命，人我之養畢足而止，以此白心〔三〕，古之道術有在於是者。宋鈃〔四〕尹文〔五〕聞其風而悅之。作爲華山之冠〔六〕以自表，接萬物以別宥〔七〕爲始；語心之容，命之曰心之行〔八〕，以聏合驩〔九〕，以調海內，請欲置之以爲主〔一〇〕。見侮不辱，救民之鬭，禁攻寢兵，救世之戰。以此周行天下，上說下教，雖天下不取，强聒而不舍〔一一〕者也，故曰上下見厭而强見也〔一二〕。

雖然，其爲人太多，其自爲太少；曰：「請欲固〔一三〕置五升之飯足矣。」先生恐不得飽，弟子雖飢，不忘天下〔一四〕。日夜不休，曰：「我必得活哉〔一五〕！」圖傲乎〔一六〕救世之士哉！曰：「君子不爲苛察，不以身假物〔一七〕。」以爲無益於天下者，明之不如已也。以禁攻寢兵爲外，以情欲寡淺〔一八〕爲内，其小大精粗〔一九〕，其行適至是而止。

注釋

〔一〕不苛於人：「苛」，今本誤爲「苟」，據章炳麟之説改正。

章炳麟説：「『苟』者，『苛』之誤。説文叙言『苛之字止句』，是漢時俗書『苛』『苟』相亂。下言『苛察』一本作『苟』，亦其例也。」

劉師培説：「『不苟於人，不忮於衆』，『苟』『忮』並文，『苟』當作『苛』。下云『君子不爲苛察』，旨與『不苛』適符。」（見劉著莊子斠補）

蔣錫昌説：「『苟』爲『苛』譌，當正。人懷『爲人』『救世』之志，即可『不苛於人，不忮於衆』矣。」

〔二〕不忮於衆：不咈人情（林希逸説）。「忮」，逆。

〔三〕白心：明白其心（崔譔注）；表白心願。

〔四〕宋鈃（xíng形）：姓宋名鈃，孟子作宋牼（見告子篇）。齊宣王時人，遊稷下。孟子趙注、荀子楊注説是宋人。牼，鈃古通，莊子作宋榮子。漢書藝文志有宋子十八篇，今宋子已失傳。荀子正論：「子宋子曰：明見侮之不辱，使人不鬥。」正是宋鈃的一種主張。

〔五〕尹文：姓尹名文，齊人，與宋鈃俱遊稷下（顔師古注引劉向説），曾遊説齊湣王（見吕氏春秋正名篇）。漢書藝文志名家有尹文子上下篇。尹文子大道上：「見侮不辱，見推不矜，禁暴息兵，救世之鬥。」正是這學派的主張。

〔六〕華山之冠：以華山作爲冠名。
陸德明說：「華山上下均平，作冠象之，表己心均平也。」
蔣錫昌說：「宋鈃以華山之冠自表，似有提倡人類生活平等之意。」
梁啓超說：「戰國時人好作奇服以寄象徵，如鶡冠子及屈原所謂『高余冠之岌岌』皆是。」

〔七〕別宥：即去囿，去除隔蔽。「宥」與「囿」通。
蔣錫昌說：「凡有所隔蔽而不能全見者曰『囿』。『宥』乃指各人智識上有所隔蔽而言。『別宥』之義，蓋與荀子『解蔽』，吕氏春秋『去宥』並同。『接萬物以別宥爲始』者，謂欲接近萬物而識其真相，須以去蔽爲始也。」
馮友蘭說：「『接萬物以別宥爲始』。『別宥』就是吕氏春秋所說的『去宥』。『宥』同『囿』，就是有成見、偏見。吕氏春秋有去宥篇，其内容可能就是宋鈃、尹文在這一方面的思想，甚至可能就是從宋鈃的著作宋子中抄下來的。」（中國哲學史新編第二册）

〔八〕語心之容，命之曰心之行：稱心的寬容，名之爲心的行爲。「容」，即寬容。「命」，名。「心之行」，心的活動。
張岱年說：「『語心之容』。『容』是寬容的意思，過去解爲狀況，不符合原意。韓非說宋榮子的一個特點，就是寬容，『宋榮之寬』（韓非子顯學）。」（中國哲學史史料學）
蔣錫昌說：「宋鈃於心之問題，頗爲注重。（一）心爲行之主，故欲爲正當之行，必先存正當之心，如上文所謂『以此白心』是也。（二）行爲心之表，故欲明正當之心，必先有正當之行，如上文所謂『作爲華山之冠以自表』是也。（三）行之正當與否，決於心之正當與否；而心之正當與否，又決於『別宥』之能否得當，故『接萬物以別宥爲始』也。」

〔九〕以聏（ér兒）合驩：「聏」，作柔和，親暱稱。以柔和〔的態度〕合〔他人的〕歡心。

章炳麟説：「『聏』借爲『而』。訓『而』爲『黏』，其本字則當作『暱』。」

〔一〇〕請欲置之以爲主：請求〔大家〕以心容萬物爲主導。「之」，指心之容。「爲主」，爲主導思想（曹礎基説）。

宣穎説：「欲人皆以此心爲上。」

馬其昶説：「置之以爲主，置合驩之心以爲行道之主也。」

徐復觀先生説：「按『置之』的『之』，指上述『心之行』而言。『置』，安也。要求（請）安於心的容受萬物之行，以爲自己行爲之主。」

〔一一〕强聒而不舍：説個不停。

〔一二〕上下見厭而强見也：人皆厭之，猶强欲自表見（宣穎説）。按：「强見」，即强現，勉力表露其觀點。

〔一三〕固：借爲姑（章炳麟説）。

〔一四〕先生恐不得飽，弟子雖飢，不忘天下：「先生」，指宋銒、尹文。「弟子」，指宋、尹的弟子。郭注：「宋銒尹文稱天下爲先生，自稱爲弟子也。」誤。這三句是天下篇作者對宋尹學派的評介，郭象誤以爲這三句話也是宋尹的主張（即誤以爲在上文「曰」的語句中）。

蔣錫昌説：「此言以僅置五升之飯，非特先生宋銒恐不得飽，即其弟子亦常在飢餓之中。」

〔一五〕我必得活哉：「我」，泛稱。

蔣錫昌說：「上文：『願天下之安寧以活民命。』此文即據該文而來。此宋鈃自謂我民之命必得生活，蓋彼勇於自信，以爲天下如行其道，民命必活也。」

〔一六〕圖傲乎：高大之貌（郭注）。

馬叙倫說：「『圖』本作『啚』。『啚』爲『喬』字之譌。讀者少見『啚』字，因改爲『圖』。『喬』爲『歊』省，即驕敖字。」

〔一七〕不爲苛察，不以身假物：不求苛刻計較，不以己身爲外物所役。

林希逸說：「『不爲苛察』，『苛察』則非『別宥』矣，言不當有爾我之辯也。」

梁啓超說：「不以身假物者，謂不肯將此身假借外物，猶言不爲物役也。」

蔣錫昌說：「此即上文『不苛於人』，『不飾外物』之意。惟其不爲苛察，故能不鬥不戰。惟其不以身假物，故能情欲寡淺，而共天下人我之養也。」

〔一八〕情欲寡淺：「『情欲寡淺』之説，乃對少數有財之人而發，非對多數無財之人而發。蓋天下多數無財之人，不患情欲滋多，特患衣食不足；天下少數有財之人，不患衣食不足，特患情欲滋多。爲君者情欲滋多，故外侵他國之地，内奪人民之財。爲官吏豪富者情欲滋多，故皆剥削人民之利益，以供自己之享樂。其結果，則天下不得安寧，「人我之養」不得「畢足」。故「情欲寡淺」，乃謂少數王公大人以及一切官吏豪富聲色飲食宫室狗馬等之情欲，當使寡淺；非謂多數窮苦人民粗衣淡飯之情欲，再使寡淺，以至凍餓而死也。由此觀之，宋鈃「情欲寡淺」，即老子「無欲」之義，亦即墨子「節用」之義（蔣錫昌說）。

〔一九〕小大精粗：「小」，按指一身而言。「大」，按指其救世之戰而言。「精」，按指心而言。「粗」，按指行爲而言（徐復觀說）。

今譯

不爲世俗所牽累，不用外物來矯飾，不苟求於人，不違逆衆情，希望天下安寧以保全人民的性命，人給我的奉養滿足就够了，以這種觀點來表白自己的心意，古來的道術有屬於這方面的。宋鈃、尹文聽到這種風尚就喜好。製作一種上下均平像華山那樣的帽子來表示提倡人類生活的平等，應接萬物以去除隔蔽爲先；稱道心的寬容，名之爲心的活動，以柔和態度投合他人的歡心，藉以調和海内，請求大家以這種主張作爲主導思想。受到欺侮不以爲辱，解救人民的爭鬥，禁防攻伐平息干戈用兵，解救世間的戰爭。本着這種意旨來周行天下，對上勸説諸侯，對下教育百姓，雖然天下的人並不接受，但他依然勸説不停，所以説：上上下下的人都厭煩但仍勉力宣揚自己的觀點。

然而，他們爲别人做得太多，替自己打算太少；他們説：「我們只請求有五升米的飯就够了。」不僅宋、尹先生們不得飽，弟子們也常在飢餓中，可是他們仍不忘天下人。他們日夜不休地爲人民，他們説：「我們大家必得活命呀！」高大的救世之士啊！他們説：「君子不求苛刻計較，不使自己爲外物所役。」認爲對天下没有益處的，不如乾脆停止不做。他們以禁攻息兵爲對外活動，以情欲寡淺爲内在修養，他們學説的小大精粗，及其所行所爲如此而已。

四

公而不黨，易而無私〔一〕，決然無主〔二〕，趣物而不兩〔三〕，不顧於慮，不謀於知，於物無擇，與之俱往，古之道術有在於是者。彭蒙〔四〕田駢〔五〕慎到〔六〕聞其風而悅之。齊萬物以爲首〔七〕，曰：「天能覆之而不能載之，地能載之而不能覆之，大道能包之而不能辯之。」知萬物皆有所可，有所不可，故曰：「選則不偏，教則不至，道則無遺者矣〔八〕。」

是故慎到棄知去己，而緣不得已，泠汰〔九〕於物，以爲道理，曰：「知不知，將薄知而後鄰傷之者也〔一〇〕。」謑髁無任〔一一〕，而笑天下之尚賢也；縱脫無行，而非天下之大聖。椎拍輐斷〔一二〕，與物宛轉，舍是與非，苟可以免。不師知慮，不知前後，魏然〔一三〕而已矣。推而後行，曳而後往，若飄風之還，若落羽之旋〔一四〕，若磨石之隧〔一五〕，全而無非，動靜無過，未嘗有罪。是何故？夫無知之物，無建己之患〔一六〕，無用知之累，動靜不離於理，是以終身無譽。故曰：「至於若無知之物而已，無用賢聖，夫塊不失道。」豪桀相與笑之曰：「慎到之道，非生人之行而至死人之理，適得怪焉。」

田駢亦然，學於彭蒙，得不教〔一七〕焉。彭蒙之師曰：「古之道人，至於莫之是莫之非而已矣。其風窢然〔一八〕，惡可而言？」常反人，不見觀〔一九〕，而不免於魭斷〔二〇〕。其所謂道非道，而所言之韙〔二〕不免於非。彭蒙田駢慎到不知道。雖然，概乎皆嘗有聞者也。

注釋

〔一〕公而不黨，易而無私：公正而不阿黨，平易而無偏私（成疏）。

〔二〕決然無主：去私意而無所偏（林希逸說）；謂排除主觀的先入之見（梁啓超說）。「決然」，自然流動的樣子（曹礎基說）。

〔三〕趣物而不兩：隨物而趨不起兩意。

蔣錫昌說：「趣物而不兩，即將萬物一視同仁，而不分別之意。」

〔四〕彭蒙：姓彭名蒙，齊之隱士，遊稷下（成疏）。下文說田駢學於彭蒙，有關他的事蹟已不可考。

〔五〕田駢：即陳駢，齊國人，漢書藝文志道家有田子二十五篇，今已失傳。呂氏春秋不二云：「陳駢貴齊」。

〔六〕慎到：趙國人，漢書藝文志有慎子四十二篇列在法家，今所傳慎子五篇爲後人輯本。根據史記孟子荀卿列傳及田敬仲完世家所載，田駢慎到都是稷下學士，列第爲上大夫。

〔七〕齊萬物以爲首：言以齊物爲根本義（梁啓超說）。

徐復觀先生說：「奚侗曰：『首借作道。』按奚說非是。上文述宋鈃尹文之思想時謂『接萬物以別宥爲始』，『爲始』猶『爲首』，蓋謂田駢慎到，以齊萬物爲先之意。」

〔八〕選則不偏，教則不至，道則無遺者矣：選擇就不能普遍，教誨就不能周全，順道自然則無所遺漏。

蔣錫昌說：「由我見以選某物，則必有所棄而致不偏焉，如由我見以教某物，則必有所遺而致不至焉，唯道任自然，方可包括一切而無遺。」

〔九〕泠汰：聽放（郭注）。

林希逸說：「泠汰，脫灑也。泠然而疎汰，於物無拘礙也。」

〔一〇〕知不知，將薄知而後鄰傷之者也：〔强求〕知其所不知，勢將爲知所迫而結果會損傷自己。「薄」，通迫。「後」，或說「復」字之誤。按：儀禮之「後」字，武威出土儀禮簡多作「復」字。「鄰」，爲「蹸」字之誤。

林希逸說：「薄，迫。」孫詒讓說：「『後』，疑當爲『復』，形近而誤。」

武延緒說：「『後』疑『復』字之譌。注：『而又鄰傷焉。』『又』即訓『復』者，作後者，形近之譌。」

奚侗說：「『鄰』爲『蹸』誤，『鄰』或書作『隣』，與『蹸』形近，猶馬蹄篇『踛』誤爲『陸』也。說文：『蹸，轢也。』」

梁啓超說：「此二語頗難解，大概謂，自以爲知者實則不知耳。『薄』，即『薄而觀之』之薄。『鄰』，讀爲『磨而不磷』之磷。迫近一物欲求知之，適所以傷之而已。」

蔣錫昌說：「『鄰』爲『蹸』假。此言人欲知所不知，勢將被知所迫，復被蹸傷；下文所謂『用知之累』也。」

〔一一〕謑（xǐ 喜）髁（kē 棵）無任：「謑髁」，順隨的意思。「無任」，無所專任。

成玄英說：「『謑髁』，不定貌。隨物順情，無的任用，物各自得。」

〔一三〕椎（chuí 槌）拍輐斷：順隨旋轉的意思。

林雲銘說：「與物宛轉之意。」

郭嵩燾說：「釋文：『輐，圓也。』王云：『椎拍輐斷，皆刑截者所用。』疑王說非也。『輐斷』即下文『魭斷』，郭象云：『魭斷，無圭角也。』」

徐復觀先生說：「按釋名：『椎，推也。』『椎拍』猶言推附，即順隨之意。注家乃以刑罰之事釋之，大謬。」（中國人性論史四三五頁）

〔一四〕魏然：古鈔卷子本「魏」作「巍」。「魏」即「巍」之隸省。陳碧虛音義所出本作「巍」（王叔岷說）。

〔一五〕若落羽之旋：「落」字原闕。成疏：「如落羽之旋。」按：依疏「羽」上當有「落」字，「落羽」與上「飄風」，下「磨石」並文；因據成疏補（嚴靈峰道家四子新編八四三頁）。

〔一六〕隧：音遂，回（釋文）；轉（成疏）。

〔一七〕無建己之患：「建己」與「用知」文異義同，皆好用私知之意（蔣錫昌說）。

〔一八〕得不教：不言之教（宣穎說）。

林希逸說：「『得不教』者，言其初學之時，自相契合，不待教之而後能也。」

〔一九〕窢（xù 旭）然：「窢」，寂（林雲銘說）。

馬叙倫說：「『窢』借爲『侐』。說文：『侐，靜也。』」

〔二〇〕常反人，不見觀：常違反人意，不爲人稱賞。

蔣錫昌說：「『觀』疑『歡』字之誤。常反天下之心，不爲天下所歡。」

于省吾説：「釋文『見』，一本作『聚』。高山寺卷子本作『取』。『觀』應讀作『懽』。『不聚觀』即不取懽也。」

〔二〇〕魭（yuán 元）斷：無圭角（郭注）。謂其與物宛轉（馬其昶説）。

〔二一〕韙（wěi 偉）：是（郭注）。

今譯

公正而不阿黨，平易而没有偏私，去除私意而没有主見，隨物變化而不起兩意，不懷心思，不出智謀，對於事物不帶主觀選擇地順隨着，參與它的變化發展，古來的道術有屬於這方面的。彭蒙、田駢、慎到聽到這種風尚就喜好。以齊同萬物爲首要，説：「天能覆蓋萬物卻不能承載，地能承載萬物卻不能覆蓋，大道能包涵萬物卻不能分辨，知道萬物都有它適宜的地方，有它不適宜的地方，所以説選擇就不能遍及，教誨就不能周全，順着大道就無所遺漏了。」

所以慎到摒棄智巧、抛開己見，乃是由於不得已。聽任於物，而作爲他的道理，説：「强求知其所不知，就會爲知所迫而結果損傷自己。」隨物順情無所專任，而譏笑天下的推崇賢能；放縱解脱不拘行跡，而非難天下的大聖。順隨旋轉，與物推移變化，捨去是是非非，或可以免於世俗的累患。不運用智謀，不瞻前顧後，巍然獨立罷了。推動而後前進，拖曳而後前往，像飄風的盤桓，像落羽的迴旋，像磨石的運轉，本性淳厚而不偏頗，動靜適度而没有過失，這就不會有罪。這是爲什麽？像那没有知慮的東西，就没有標榜自己的憂患；没有利用智巧的繫累，動靜就不離開自然之理，因此終身没有毁譽。所以說：「達到像没有知慮的東西那樣罷了，不需要聖賢，那土塊也不失於道。」豪傑們互相譏笑他說：「慎到的學說，不是活人所能行而是死人的道理。適足使人覺得怪異罷了。」

田駢也是一樣，求學於彭蒙，學到不言之教。彭蒙的老師說：「古來得道的人，達到不受是和非所左右的境界罷了。他的風教寂靜無形，哪裏可以用語言表達出來呢？」常違反人意，不爲人所稱賞，仍不免於隨物宛轉。他所說的道並不是真正的道，而所說的是不免於非。彭蒙、田駢、慎到並不真正明白大道。不過，他們都還聽聞過道的概要。

五

以本〔一〕爲精，以物爲粗，以有積爲不足〔二〕，澹然獨與神明居，古之道術有在於是者。關尹〔三〕老聃〔四〕聞其風而悦之。建之以常無有〔五〕，主之以太一〔六〕，以濡弱〔七〕謙下爲表，以空虚不毁萬物爲實。

關尹曰：「在己無居〔八〕，形物自著〔九〕。其動若水，其靜若鏡，其應若響。芴乎若亡〔一〇〕，寂乎若清。同焉者和，得焉者失〔一一〕。未嘗先人而常隨人。」

老聃曰：「知其雄，守其雌，爲天下谿〔一二〕；知其白，守其辱，爲天下谷〔一三〕。」人皆取先，己獨取後〔一四〕，曰受天下之垢〔一五〕；人皆取實，己獨取虚，無藏也故有餘〔一六〕；其行身也，徐而不費，無爲也而笑巧〔一七〕；人皆求福，己獨曲全〔一八〕，曰苟免於咎。以深爲根，以約爲紀，曰堅則毁矣，銳則挫矣〔一九〕。常寬於物〔二〇〕，不削於人〔二一〕。雖未至極〔二二〕，關尹老聃乎！古之博大真人哉！

注釋

〔一〕本：道（林希逸說）。

〔二〕以有積爲不足：以儲積爲不足。

成玄英說：「貪而儲積，心常不足。」

〔三〕關尹：呂氏春秋不二篇稱：「老聃貴柔，關尹貴清。」漢書藝文志載道家關尹子九篇。隋書、唐書經籍志都不録。這書已經喪失很久了。現存的關尹子九篇，篇名叫一宇，二柱，三極，四符，五鑑，六匕，七釜，八籌，九藥。書裏很多類釋氏和神仙方技等家的說法，所用的語詞，並不是先秦道家所用的。顯然是後世假託之作。天下篇把關尹老聃相提並論。其中「以本爲精」，「與神明居」，常無有，主太一，謙下空虛，是他們兩個人的共同性格。其單講關尹的部分，其重點在虛己接物，獨立清靜（陳榮捷戰國道家）。

〔四〕老聃：即今老子一書作者。

〔五〕常無有：即常「無」、常「有」。見於老子第一章及四十章。

〔六〕太一：指呂氏春秋大樂篇說：「道也者，至精也。不可爲形，不可爲名。強爲之名，謂之『太一』。」

〔七〕濡弱：柔弱。「柔弱」一詞，見老子三十六章、七十六章、七十八章等。

〔八〕在己無居：無私主（林希逸說）；即不偏執己意。

〔九〕形物自著：有形之物各自彰著。

〔一〇〕芴乎若亡：恍惚若無。「芴」與「惚」通。另一說「芴」，通忽。忽然，水快流的樣子。「亡」，無。這句形容「其動若水」（曹礎基說）。

〔一一〕得焉者失：這句和老子四十四章「多藏必厚亡」，六十四章「執者失之」同義。「得」有貪得之意，宣穎以「自得」爲注，不妥。

〔一二〕知其雄，守其雌，爲天下谿：見老子二十八章。

〔一三〕知其白，守其辱，爲天下谷：見老子二十八章。今本老子「知其白」句下「守其辱」句上，衍「守其黑，爲天下式。爲天下式，常德不忒，復歸於無極。知其榮」六句。這二十三個字爲後人所加，當刪去（詳見易順鼎讀老子札記、馬叙倫覈定老子）。「辱」，即黷。

〔一四〕人皆取先，己獨取後：老子六十七章「不敢爲天下先」之意。

〔一五〕受天下之垢：老子七十八章有「受國之垢」句。

〔一六〕無藏也故有餘：此下衍「巋然而有餘」句，依劉文典、李勉之說刪。

劉文典說：「案『無藏也故有餘』，與下句『巋然而有餘』，語意重複。」按：劉說是。然劉氏謂「無藏也故有餘」疑是下文「巋然而有餘」之注，則非。老子七章：「以其無私，故能成其私。」三十四章：「以其終不自爲大，故能成其大。」句法相同。「無藏」即老子「知足」或「虛」觀念引申而來，正合老子思想。

李勉說：「『巋然而有餘』，係解釋上句之注辭，誤入正文。」按：李說是。今删去「巋然而有餘」一句注，與上下文正以三句爲一組而相對稱。

〔一七〕笑巧：笑人之巧（林雲銘說）。「巧」，智巧；機巧。

〔一八〕曲全：老子二十二章：「曲則全。」

〔一九〕堅則毁矣，銳則挫矣：老子七十六章有「堅强者死之徒」句，九章有「揣而銳之，不可長保」句，與此義相近。

〔二〇〕常寬於物：「寬」下今本有「容」字。高山寺本無「容」（王孝魚校），並依于省吾之説删。

于省吾說：「高山寺本無『容』字。按無『容』字是也。此與下句『不削於人』對文成義。」

〔二一〕不削於人：不侵削於人（成疏）。

〔二二〕雖未至極：通行本作「可謂至極」，依高山寺本、陳碧虛莊子闕誤改。

王叔岷先生說：「王先謙云：『姚本「可謂」作「雖未」云：從李氏本改。』吳氏點勘從姚本改作『雖未』。案古鈔卷子本『可謂至極』，作『雖未至於極』。陳碧虛闕誤引江南李氏本、文如海本『可謂』亦並作『雖未』，作『雖未』是。莊子之學出於老子，而不爲老子所限，況關尹乎！關尹、老聃之道術雖博大，而偏重人事，尚有跡可尋，不可謂之至極。莊子道術，論人事而超人事，萬物畢羅，其理不竭，應化無方，無可歸屬。乃可謂至極也。今傳舊本『雖未』皆作『可謂』，疑唐人崇老子者所改。」

今譯

以根本的道爲精微，以有形的物爲粗雜，以儲積爲不足，恬淡地獨與造化靈妙共處，古來道術有屬於這方面的。關尹、老聃聽到這種風尚就喜好。建立常無、常有的學説，歸本於最高的「太一」，以柔弱謙下爲外表，以虚空成就萬物爲實質。

關尹說：「不偏執己意，有形之物各自彰著。動時如流水，靜時如明鏡，反應如回響。恍惚如無有，寂靜如清虚。相同則和諧，貪得便有失。從不爭先而常順隨別人。」

老聃說：「認識雄强，持守雌柔，成爲天下的溪澗；認識明亮，持守暗昧，成爲天下的山谷。」人人都爭先，他獨自居後，說，「承受天下的詬辱」；人人都求實際，他獨自守虚空，不斂藏反而有多餘。他立身行事，寬緩而不費損精神，自然無爲而嗤笑機巧；人人都求福，他獨自委曲求全，說：「但求免除禍害。」以精深爲根本，以要約爲綱紀，說：「堅硬的就容易毁壞，鋭利的就容易挫折。」常寬容待物，不侵削別人。雖然没有達到頂點，關尹、老聃，可算是古來博大真人呀！

六

芴漠〔一〕無形，變化無常，死與生與，天地並與，神明往與！芒乎何之，忽乎何適〔二〕，萬物畢羅，莫足以歸，古之道術有在於是者，莊周聞其風而悦之。以謬悠〔三〕之說，荒唐〔四〕之言，無端崖之辭，時恣縱而不儻〔五〕，不以觭見之也〔六〕。以天下爲沈濁，不可與莊語〔七〕，以卮言〔八〕爲曼衍〔九〕，以重言〔一〇〕爲真，以寓言〔一一〕爲廣。獨與天地精神往來而不敖倪〔一二〕於萬物，不譴是非〔一三〕，以與世俗處。其書雖瓌瑋〔一四〕而連犿〔一五〕無傷也。其辭雖參差〔一六〕而諔詭〔一七〕可觀。彼其充實不可以已〔一八〕，上與造物者遊，而下與外死生無終始者爲友。其於本也，弘大而辟，深閎而肆〔一九〕；其於宗也，可謂稠適而上遂〔二〇〕矣。雖然，其應於化而解於物也，其理不竭〔二一〕，其來不蛻〔二二〕，芒乎昧乎〔二三〕，未之盡〔二四〕者。

注釋

〔一〕芴漠：「芴」，通惚。恍惚茫昧之意。

〔二〕芒乎何之，忽乎何適：「芒乎」「忽乎」，同至樂篇「芒乎，芴乎」，形容恍惚芒昧的狀貌。「何之」「何適」，即何去何處。

林希逸說：「『何之』『何適』，動而無跡也。」

〔三〕謬悠：虛遠（成疏）。

〔四〕荒唐：謂廣大無域畔（釋文）。

〔五〕恣縱而不儻：「恣縱」，猶放縱。放任而不偏黨（成疏）。趙諫議本「儻」作「黨」（王叔岷校釋）。高亨謂「儻」借爲讜，直言。

〔六〕不以觭見之也：其所見不主一端（林希逸口義）；不以一端自見（宣穎說）。道藏羅勉道循本「觭」作「畸」。「觭」「畸」並「奇」之借字（王叔岷校釋）。

〔七〕莊語：猶大言（成疏）；猶正論（王先謙集解）。陸德明說：「『莊語』，郭云：『莊，莊周也。』一云『莊，端正也。』一本作『壯』。」按：「莊」爲嚴正之意，這裏不當莊周之名。

〔八〕巵言：喻無心之言。語見寓言篇。

〔九〕曼衍：同漫衍。散漫流衍，不拘常規之意。語見齊物論篇、寓言篇。

〔一〇〕重言：爲人所重之言。見寓言篇。

〔一一〕寓言：寄寓他人他物的言論。見寓言篇。

〔一二〕敖倪：即傲睨（梁啓超説）；猶驕矜。

〔一三〕不譴是非：是非無所泥（林希逸説）。

〔一四〕瓌瑋：奇特（釋文）；弘壯（成疏）。

〔一五〕連犿（fān 翻）：宛轉貌（釋文引李頤注）；和同混融之意（林希逸説）。

〔一六〕參差：或虛或實（成疏）；或彼或此、或抑或揚，不可定（林希逸説）。

〔一七〕諔（chù 觸）詭：奇異（李頤説）。與齊物論篇「弔詭」同。

〔一八〕彼其充實不可以已：他內心之情飽滿，故禁不住而流露出來。「已」，止（曹礎基説）。

〔一九〕肆：縱放（林希逸説）；形容廣闊無限制。

〔二〇〕稠適而上遂：「稠」，音調，本亦作「調」（釋文）。趙諫議本作「調」（王孝魚校）。「稠適」，和適之意。「遂」，達（成疏）。

〔二一〕其理不竭：他的道理是不窮盡的。

〔二二〕其來不蜕：「蜕」，通脱，離。「不蜕」，連綿不斷（曹礎基説）。

〔二三〕芒乎昧乎：「芒昧」，猶窈冥。言莊子的書，窈窕深遠。

〔二四〕未之盡：没有窮盡。

今譯

恍惚芒昧而没有形跡，變化而没有常規，死呀生呀，與天地並存，與造化同往！芒芒昧昧到哪裏去，飄飄忽忽往哪裏走，包羅萬物，不知歸宿，古來道術有屬於這方面的，莊周聽到這種風尚就喜好它。以悠遠的論説，廣大的言論，没有限制的言辭，常放任而不拘執，不持一端之見。認爲天下沈濁，不能講嚴正的話，用無心之言來推衍，引用重言使人覺得真實，運用寓言來推廣道理。獨自和天地精神往來而不傲視萬物，不拘泥是非，和世俗相處。他的書雖然奇特卻宛轉叙説無傷道理。他的言辭雖然變化多端卻特異可觀。他內心之情飽滿而不止境地流露，上與造物者同遊，下與忘生死無終始分別的人做朋友。他以德爲本，其精神領域弘大而開曠，深遠而廣闊；他以天爲宗，其精神境界可謂和諧切適而上達於最高點。雖然這樣，他之順應變化而解脱於物的束縛，他的道理是不窮盡的，來處連綿不斷，芒昧深遠，没有窮盡。

七

惠施多方〔一〕，其書五車〔二〕，其道舛駁〔三〕，其言也不中〔四〕。厤物之意〔五〕，曰：「至大無外，謂之大一；至小無內，謂之小一〔六〕。無厚，不可積也，其大千里〔七〕。天與地卑，山與澤平〔八〕。日方中方睨，物方生方死〔九〕。大同而與小同異，此之謂小同異；萬物畢同畢異，此之謂大同異〔一〇〕。南方無窮而有窮〔一一〕，今日適越而昔來〔一二〕。連環可解也〔一三〕。我知天下之中央，燕之北越之南是也〔一四〕。氾愛萬物，天地一體也。」

注釋

〔一〕惠施多方：「多方」，即多方術，指惠施的學術廣博多方面。「惠施多方」以下的文字，有人疑是另屬一篇。

王叔岷先生說：「北齊書杜弼傳稱弼注莊子惠施篇，今考天下篇『惠施多方』以下一章，專論惠子之學說，與上文不必相連，舊必另爲一篇，杜弼所注惠施篇，疑即指此，或存莊書之舊，今本蓋郭氏合之也。」（莊子校釋自序）按：葉國慶（莊子研究）、張成秋（莊子篇目考）等也認爲「惠施多方」以下當別屬一篇。徐復觀持異議。

徐復觀先生說：「天下篇後面所述惠施一大段，今人每謂這應另爲一篇。但只要想到莊子與惠施的交誼之厚；想到逍遥遊、德充符、秋水諸篇，皆以與惠施之問答終篇，則天下篇若爲莊子一書的自叙，其以惠施終篇，並結以『悲夫』二字，以深致惋惜之情。」（中國人性論史三六〇頁）按：徐説有理。

〔二〕其書五車：「其書」，一説指他的藏書，另一説指惠施自己的著作（如林希逸説，「言其所著書」；劉鳳苞説，「著書極多」），兹從後説。「五車」是形容數量之多。

〔三〕舛（chuǎn 喘）駁：乖雜。「舛」，乖。「駁」，色雜不同。（文選左太沖魏都賦注引司馬彪說）。

〔四〕不中：指不當（林希逸說）。

〔五〕厤物之意：即究析事物之理。「厤」，古「歷」字。本亦作「歷」（釋文）。

梁啓超說：「『曆』，蓋含分析量度之意。『曆物之意』者，謂析數物理之大概。」

汪奠基說：「歷物之意是要把科學觀察的成果，提高到宇宙萬象變異的認識上來進一步辯說其世界意義的意思。」（中國邏輯思想史料分析第五章惠施的名辯思想）

〔六〕至大無外，謂之大一；至小無內，謂之小一：大到極點而沒有外圍的，叫做大一；小到極點而沒有內核的，叫做小一（中國哲學史資料選輯莊子今譯）。「至大無外」，形容無窮大的整體空間。「至小無內」，指無窮小的空間單位。

蔣錫昌說：「『無外』，言無物可居其外。猶秋水篇所謂『至大不可圍也』。『無內』，言無物可居其內，適與『無外』相反。『大一』，即理想上最大之一個單位。此指『六合』，或『宇』，或今人所謂『空間』而言。『小一』，即理想上最小的一個單位。此指近於今人所謂『分子』之體積而言。」

郭沫若說：「『大一』是指無窮大的宇宙，然使細分以至於微末，終可以達到無可再分的一個微末的質點。『小一』便指這種質點而言。」（見其文集第十卷惠施的性格與思想）

馮友蘭說：「真正大的東西（『大一』）應該『無外』，即無限大；真正小的東西（『小一』）應該『無內』，即無限小。」（中國哲學史新編第十一章惠施公孫龍及其他辯者下引同）

〔七〕無厚，不可積也，其大千里：「無厚」即形容面至薄，薄到無可再累積於其上。由面而成體，則可擴展至於千里大。

林希逸說：「『無厚』，至薄也，不可積者，積則厚矣。積之不已，其大可至於千里。」

蔣錫昌說：「『不可積』者，言其體積薄至『小之微』；或僅有一粒『分子』之厚，不可再有一粒『分子』加積其上也。此意乃根據上條『至小無內，謂之小一』而來。『其大千里』，言由無數一粒『分子』之厚所成之平面，可展至其大千里也。」

郭沫若說：「無厚，便是没有 dimension。但是這没有 dimension 的說法，只是在分析而非聚積的狀態下所言，若使積聚，則雖『小一』也可至於無窮。」

汪奠基說：「『無厚』本鄧析的學說，惜其論證殘佚無傳。惠施距鄧析不及二百年，這種有關形數的科學論辯，可能還是很新鮮的。按題旨的本義看，惠施是從『小一』的概念存在，來肯定宇宙有『無厚』的存在。由於『小一』的定義的認識，所以推斷『無厚』的性質就是『不能堆積起來』的特徵。但是『小一』無限，它在宇宙裏是無窮無盡的，因此，『無厚』的東西，對於這種絕對無限的小一而言，當然是『其大千里』了。」

〔八〕天與地卑，山與澤平：荀子不苟篇作「山淵平，天地比」。這是由於立足點的不同，而得出不同的判斷。從我們常識世界來看，天與地、山與澤，有高低之分，但從一個無窮大的宇宙空間來看，則無甚分別。這命題要在說明高低只是相對的。

胡適說：「惠施空間，似乎含有地圓和地動的道理……如『天與地卑，山與澤平』，更明顯了。地圓旋轉，故上面有天，下面還有天；上面有澤，下面還有山。」（中國古代哲學史第八編第四章惠施，下引同)姑備一說。

嚴靈峰先生說:「如果從近代物理學的觀點看來,整個宇宙的空間中,高、低和上、下都是相對的。地球與太陽之均衡運動,原非日懸中天,地居天下。以幾何學之定理言之,兩點之間,可連一直綫;在山、澤之間連一直綫,則山、澤自平了。這也是說明同、異之相對性的。」(老莊研究丁編附録惠施等辯者厤物命題試解)

郭沫若說:「天地山澤,在外形上雖有高低之分,就質點的『小一』而言,則同是『無厚』,所以山淵平而天地比。這條正破舊有觀念天尊地卑之説,所寓革命的精神非小!匡章説惠施之學『去尊』,而怪他王齊,荀子説他『不是禮義』,我們可以揣想惠施必是個無神論者或無治論者。」按:郭説引申其哲學意義。

〔九〕日方中方睨(nì逆),物方生方死:這是從時間長流的觀點來看,無物不變、無時不動。

蔣錫昌說:「按普通以爲日之中與睨、物之生與死皆有一個停留之單位,而可分割爲片斷。惠施則以爲真正之時間是永在移動;真正之物體,是永在變動。故謂日方正中,便已西斜;物方生出,便已死去。」

馮友蘭說:「太陽剛才到正中,同時也就開始西斜,但是總有一個時候是中日。人的身體是經常在新陳代謝之中。在他的身體中,經常有死亡的東西,也有新生的東西,在他生存的時候,就伏有死亡的根源;但是總有一個時期,他是生存而不是死亡。惠施的好朋友,莊子,明確地説,既然事物經常在變動中,那就不可能有相對的穩定性;既然事物的性質都是相對的,事物之間也就没有分別。惠施沒有明確地這樣說。但是惠施也沒有明確地肯定，事物的相對性中存在着絕對性。」按：馮說乃對惠施觀點作批評。

〔一〇〕大同而與小同異，此之謂小同異；萬物畢同畢異，此之謂大同異：大同和小同相差異，這個叫做小同異；萬物完全相同，也完全相異，這個叫做大同異（中國哲學史資料選輯今譯）。

胡適說：「惠施說：『大同而與小同異，此之謂小同異。』例如：松與柏是『大同』，松與薔薇花是『小同』，這都是『小同異』。一切科學的分類，只是這種『小同異』。從哲學一方面看來，便是惠施所說：『萬物畢同畢異。』怎麽說『萬物畢異』呢？原來萬物各有一個『自相』。例如：一個胎裏生不出兩個完全同樣的弟兄；一根樹上生不出兩朵完全一樣的花；一朵花上找不出兩個完全同樣的花瓣，一個模子裏鑄不出兩個完全同樣的銅錢。這便是萬物的『自相』。有自相所以『萬物畢異』。但是萬物雖然各有『自相』，卻又都有一些『共相』。例如：男女雖有別，卻同是人；人與禽獸雖有別，卻同是動物；動物與植物雖有別，卻同是生物；……這便是萬物的『共相』。有共相，故萬物可說『畢同』。畢同畢異，『此之謂大同異』。可見一切同異都不是絕對的區別。」

馮友蘭說：「惠施這個論斷，就邏輯的意義說，接觸到類和種屬的關係問題。每類事物都有共同的性質，這是『大同』。每類事物中不同的種屬又各有自己的共同的性質，這是『小同』。從類上推去，萬物同屬於一大類，都有共同的性質，所以說是『畢同』。從種屬下推去，以至於各個的個體東西。各個東西又都是自己的特點，不能完全相同，所以說是『畢異』。這些論點，同樣表明事物之間的差別是相對的，不是絕對的，詞和概念之間的差別也是相對的，不是絕對的。照這樣解釋，這裏所謂的『同』是後期墨家所謂『類同』。」

〔二〕南方無窮而有窮：這也是從空間的相對性而言的。

胡適說：「當時的學者，不但知道地是動的，並且知道地是圓的。如周髀算經說：『日運行處極北，北方日中，南方夜半。日在極東，東方日中，西方夜半。日在極南，南方日中，北方夜半。日在極西，西方日中，東方夜半。』這雖說日動而地不動，但似含有地圓的道理。又如：大戴禮記天圓篇『天圓地方』之說，說：『如誠天圓而地方，則是四角之不揜也。』這分明是說地圓的。……說：『南方無窮而有窮。』因爲地圓，所以南方可以說有窮，可以說無窮，是地的真形；南方有窮，是實際上的假定。」

范壽康先生說：「南方是無窮的，又是有窮的。從普通人的眼光講，這是無窮的。但從至大無外的觀點看，卻是有窮的。」（中國哲學史綱要第一編第五章名家）

汪奠基說：「『南方無窮』是古代辯者所持的一種辯論。墨子經說下有：『南者有窮則可盡，無窮則不可盡。』荀子正名篇亦有：『假之有人而欲南無多，而惡北無寡，豈爲夫南者之不可盡也，離南行而北走也哉。』對於惠施來說，墨、荀兩解，只是從概念的單一名字作出答案，並沒有解決惠施的問題。惠施所立的辯題是『無窮而有窮』。這裏的連詞『而』字是辯題的本質所在。同一南方，謂之無窮而又有窮，則其辯證意義是說：距離無限的可分性之畢異的存在，實有其不可分的有限性之畢同的多點存在。惠施自己的論證如何解釋，不得而知；但是就所謂合同異的邏輯推論來說……我們必須注意到惠施的推論，可能不自覺地運用了古代幾何學上所謂『窮舉法』，或類似『歸謬法』之類的推演方法；否則，所謂『無窮而有窮』的辯論，是不會使墨、荀諸家先後作爲敵論，來加以邏輯的反駁的。……由於戰國時代，特別是墨辯科學取盛的時代，學者對圓方平直等比的演算知識，早已大大推進了一步。例如差數可以取盡的古代數學思想，我們從惠施論空間觀念的辯題中，確已感到有些反映的跡象，這是值得我們注意的問題。如果能進一步找到某些論證的材料，對惠施歷物的科學認識，當更有其邏輯的歷史意義。」

〔一二〕今日適越而昔來：今天到越地而昨天已來到。這是就時間的相對性而言的。

胡適說：「『今日適越而昔來』，即是周髀算經所說『東方日中，西於夜半；西方日中，東於夜半』的道理。我今天晚上到越，在四川西部的人便要說我『昨天』到越了。」

汪奠基說：「原論題的條件說法，基本上是符合當時天文科學的某些假設的。譬如任取一條以『日在西極』的論點來說，如果日在西極，則東方人今日適越，而在西方人即謂之昨日起程了。惠施在這裏正是要以時間的相對性來證明它與空間運動的相對性是必然聯繫的。今天雖然沒有得到惠施的直接解釋，但本題的科學意義則是可以肯定的。」按：胡汪兩說，乃從科學的觀點來作解釋。

蔣錫昌說：「真正之時間，永在移動，絕不可分割爲『今日』之一段，使稍停留片刻。如吾人剛說『今日（上午十時十分）到越』，則此所謂『今日』者，已早成過去而爲『昔來』矣。」

唐君毅說：「惠施十事中之『今日適越而昔來』，言今昔無異；……其理由何在，今不能詳考。蓋皆不外謂於同一之『實』，可以『今』說之者，換一觀點，亦可以『昔』說之；……緣此以觀一切萬物之差異，即亦皆屬天地之一體，同在大一中；而自此天地之一體或大一上看，則一切差異亦成無差異

矣。」（中國哲學原論第一四九頁）

馮友蘭說：「『今日適越而昔來。』這一條辯論也必有當時科學知識的根據，但是無可考了。專從字面上講，這是說『今』、『昔』是相對的。今天所謂昔，正是昨天所謂今，今天所謂今，明天就成爲昔。『今』、『昔』自身的同一都包涵有差別。因此今昔也是相對的；這兩個對立面是可以互相轉化的。這個命題，照另一種解釋，是説今昔是聯繫在一起的，没有昔，也就没有今，昔日不出發，今天也無從適越。」按：蔣、唐、馮諸説，乃從哲學的觀點來作解釋。

〔一三〕連環可解也：連環可以解開，乃就事物變動長流觀點而立論的，這命題屬上文「物方生方死」一類。

蔣錫昌說：「連環成後，終有毁日。唯常人所見者，只見一旦之毁，不見逐漸之毁。吾人假定自連環初成之時，至一旦毁壞之時，總名此整個之過程爲『解』（解即毁也）；是連環自成之後，即無時不在『解』之過程之中，故曰『可解』也。」

馮友蘭說：「連環是不可解的，但是當它毁壞的時候，自然就解了。事物自身的同一都包涵有差别。連環存在的時候，也就是它開始毁壞的時候，也就是它開始解的時候。當時有個有名的關於連環的故事。據説，有一個外國的使臣給齊威王后一個玉連環，請她解開。齊威王后拿了一把錘子，把玉連環打碎，向使臣説：連環解開了。惠施的這個辯論，也説明，解與不可解也是相對的，有條件的。」

〔一四〕我知天下之中央，燕之北越之南是也：這命題説明南的方位只是相對的，從無窮的太空來看，根本失去定位的據點。

胡適說：「燕在北，越在南。因爲地是圓的，所以無論哪一點，無論是北國之北，南國之南，都可說是中央。」

汪奠基說：「舊注司馬彪對本題的解釋說：『燕之去越有數（限），而南北之遠無窮；由無窮觀有數，則燕、越之間未始有分也。天下無方，故所在爲中；循環無端，故所在爲始也。』這話是合於惠施相對的見解的；因爲空間有無窮的方位的相對存在，所以中央點原無絕對的位置，從越、燕相襲與南北相對的無窮而有窮言之，則中央定點當有所在。惠施向稱博學多方者，他的辯察理想，在這裏的科學意義，似乎已超出了地平直綫的假設。戰國如鄒衍一派的大九洲之說，可能與惠施這類辯題都有過具體的分辯，惜兩說皆遺佚，今無可考者。歷史上論無窮分割的詭辯理論，對真正數學科學都發生過很大的作用。惠施的相對主義思想和無窮論的辯證，對於戰國或者秦、漢間的談天者，可能間接給了某些思想認識上的幫助。」

今譯

惠施的學術廣博多方面，他的著書有五車之多，他講的道理很駁雜，言辭也不當。究析事物之理，說：「大到極點而沒有外圍的，叫做『太一』；小到極點而沒有內核的，叫做『小一』。沒有厚度，不可累積，但可擴展到千里大。天和地一樣低，山和澤一樣平。太陽剛正中就偏斜，萬物即起即滅。大同和小同相差異，這個叫做『小同異』；萬物完全相同也完全相異，這個叫做『大同異』。南方沒有窮盡卻有窮盡，今天到越地而昨天已來到。連環可以解開。我知道天下的中央，在燕的北方越的南方。普愛萬物，天地是一個整體。」

八

惠施以此爲大，觀於天下而曉辯者，天下之辯者相與樂之。卵有毛〔一〕；雞三足〔二〕；郢有天下〔三〕；犬可以爲羊〔四〕；馬有卵〔五〕；丁子有尾〔六〕；火不熱〔七〕；山出口〔八〕；輪不蹍地〔九〕；目不見〔一〇〕；指不至，至不絕〔一一〕；龜長於蛇〔一二〕；矩不方，規不可以爲圓〔一三〕；鑿不圍枘〔一四〕；飛鳥之景未嘗動也〔一五〕；鏃矢之疾而有不行不止之時〔一六〕；狗非犬〔一七〕；黃馬驪牛三〔一八〕；白狗黑〔一九〕；孤駒未嘗有母〔二〇〕；一尺之捶，日取其半，萬世不竭〔二一〕。辯者以此與惠施相應，終身無窮。

桓團〔二二〕公孫龍〔二三〕辯者之徒，飾人之心，易人之意，能勝人之口，不能服人之心，辯者之囿也。惠施日以其知與人之辯，特與天下之辯者爲怪〔二四〕，此其柢也〔二五〕。

然惠施之口談，自以爲最賢，曰天地其壯乎！施存雄而無術。南方有倚人〔二六〕焉曰黃繚〔二七〕，問天地所以不墜不陷，風雨雷霆之故。惠施不辭而應，不慮而對，偏爲萬物說，說而不休，多而無已，猶以爲寡，益之以怪。以反人爲實，而欲以勝人爲名，是以與衆不適也。弱於德，强於物，其塗隩矣〔二八〕。由天地之道觀惠施之能，其猶一蚊一虻之勞者也。

其於物也何庸〔二九〕！夫充一尚可，曰愈貴道，幾矣〔三〇〕！惠施不能以此自寧，散於萬物而不厭，卒以善辯爲名。惜乎！惠施之才，駘蕩而不得，逐萬物而不反，是窮響以聲，形與影競走也。悲夫！

注釋

〔一〕卵有毛：意即卵含有成爲羽毛動物的可能性。從生物學的觀點來説，每一物的成長乃是由潛能(Potentiality)到現實(Actuality)的過程。

胡適説：「『卵有毛』這條含有一個生物學的重要問題。……生物進化的前一級，便含有後一級的『可能性』。故可説：『卵有毛。』例如：雞卵中已含有雞形；若卵無毛，何以能成有毛的雞呢？」

汪奠基説：「舊注謂『胎卵來生而有毛羽之性』，是用『毛羽性』釋『有毛』，較原文詞意易於理解。從毛羽類動物的卵生變化之共相來看，本題可能概括當時生物科學方面某些演化思想的假設命題。莊子至樂篇曾記載過『種有幾』的生物變進説，寓言篇裏也有『萬物皆種也，以不同形相禪』的科學概念。我們不能否認，這裏確實有些模糊的進化思想。所謂『以不同形相禪』，在當時的認識，只能是一種經驗或直觀的假設。但是理論上合起『卵有毛』來説，確實具有自然的轉化的思想。又歷物論題所講的『物方生方死』之時間連續的概念與本題所含的不同形相禪的概念，都反映了惠施對物自身生長過程所有同異變化的觀察和認識。」

〔二〕雞三足：雞足之「實」爲二，雞足之「名」（概念）爲一，合名與實爲三。

汪奠基說：「本題惠施怎樣解釋不知道，但在公孫龍子通變卻另有所論證。他說：『謂雞足，一；數足，二；二而一，故三。謂牛羊足，一；數足，四；四而一，故五。牛羊足五，雞足三。』這完全是概念意象上的詭辭。」

〔三〕郢有天下：「郢」，爲楚國首都，在今湖北江陵縣北的紀南城。「郢」小「天下」大，「郢」爲天下的一部分，就整體空間之不可分割性而言，可說「郢有天下」。這命題是從「畢同」的觀點而發的。

汪奠基說：「就惠施的辯題來說，可能是從空間屬性的範疇提出的問題。『郢都』是『天下』的屬性之一，名字上雖異於『天下』之是，而概念上則實爲其屬性之是。謂『郢有天下』，正是從合同異的共相說的。惠施的論證沒有保留下來，我們只能根據歷物論的空間觀念來考察。如果按照空間具有無窮分割的可能性來說，惠施的辯題並非以小概大，而是要論證同質性的小大，仍爲同一性的屬性存在。由『郢有天下』，正可以證氾愛一體的天下觀。」

〔四〕犬可以爲羊：犬羊同屬四足動物，這命題是從共相來立論的。

〔五〕馬有卵：這命題和上條同屬一類的詭辯。從常識看，馬是胎生動物而異於鳥爲卵生動物。然胎生動物和卵生動物同屬動物，從萬物「畢同」的觀念而論說「馬有卵」。則陽篇「合異以爲同」與德充符「自其同者視之，萬物皆一也」和這命題觀點接近（福永光司說）。

汪奠基說：「本題指出物類中具有內外形質的變化，但可以有離形而言名的同一性。荀子不苟篇有『鉤有鬚』，或亦作『嫗有鬚』，同本題基本相合。古人相信無形的化生，……舊注謂動物始生於胎卵，馬生於胎卵的機變，而馬又有胎卵以生馬，故曰『馬有卵』。但此就生理之出於機的共相而言，對於現實的馬與卵生動物，則爲兩不同概念。如果强不同以名爲同一性的表現，則是無與於名字代表的真實對象，而爲形而上學的詭辯了。」

〔六〕丁子有尾：楚人呼蝦蟆爲丁子（成疏）。蝦蟆乃由幼蟲蝌蚪變化育成，而蝌蚪有尾，故說蝦蟆有尾。

汪奠基說：「本題辯說的理由，是謂蝦蟆方有尾方無尾的轉化過程，就是他離形化生與有無共相的表現。換句話說，對於丁子化生的表現說，謂之有尾的丁子，而無尾的蝦蟆即在；謂之無尾的蝦蟆，而有尾的丁子亦存。兩相畢同畢異，相反相生。但這裏只是講化生過程的情況，如果只抓住這一『有無』轉化的過程，來混同蝦蟆與蝌蚪兩個不同的現實，則在邏輯上就是名實不符，在語言上亦有『不喻之患』。」

〔七〕火不熱：熱是人的主觀感覺。如被石頭碰到，痛在人而不在石。

汪奠基說：「從知覺上說，覺火則知熱；從概念上說，知火之名，並不覺有火之熱。」

馮友蘭說：「『火不熱』，可從認識論及本體論兩方面說，從本體論方面說，火之共相只是火，熱之共相只是熱，二者絶對非一。具體的火雖有熱之性質，而火非即是熱。若從認識論方面說，則可以説火之熱乃由於人的感覺，熱是主觀的，在我而不在火。」

〔八〕山出口：舊注「山名出自人口」（成疏），乃望文生義。或說「空谷傳聲」（宣穎注），恐非。本命題不知何解。姑從汪說。

汪奠基說：「此題應與『山淵平』合看，兩題表示爲正反同證。從『口』的共相或名字來說，山有要隘處稱山口或關口；河有出納處稱河口或港口；海岸有交通處稱海口或岸口。又從山的無限變遷之畢同的概念而言，曰『山淵平』；從山的變動過程所有畢異的概念而言，曰『山出口』；即謂山有谷壑險夷的現象。舊注有引荀子勸學篇『入乎耳，出乎口』來作論證者，似於原題所辯乃爲合同異的正反相之說未得其解。或更有以『火山』、『湧泉』爲『口噴』現象的，故曰『出口』。似亦非正解。」

〔九〕輪不蹍地：「『輪』謂全體之『輪』。其蹍地之『輪』，不過爲『輪』之一點。全體之『輪』，絕不能同時蹍地，故曰『輪不蹍地』（蔣錫昌說）。這命題解者頗紛歧。有以爲屬公孫龍派論點，有以爲屬惠施派論點。

馮友蘭說：「『輪不蹍地』，可以說，輪之所蹍者，地之一小部分而已。碾地的只是車輪與地相接觸的那一小部分。地的一部分非地，輪的一部分非輪，猶白馬非馬。也可以說，碾地之輪，乃具體的輪；其所碾之地，乃具體的地。至於輪之共相則不蹍地；地之共相亦不爲輪所碾。」

汪奠基說：「舊注有成玄英的解釋很好，他說：『夫車之運動，輪轉不停，前跡已過，後塗未至，徐卻前後，更無碾時。是以輪雖運行，竟不碾於地也。』這是符合惠施派無限分割的理論的說法。過去有人曾引希臘詭辯者芝諾的論證來說明，實際上兩家的說法正相反。芝諾是要證明無窮分割爲運動的不可能，所以他運用歸謬法，先設其可能，因而假定善走者終不能追過前行的龜走。但事實上善走者確可追過龜，所以說距離的無窮分割是虛僞的，不可能的。惠施則不然，他是由無窮分割出發，而承認其可能的。他以爲感覺所見的碾地之輪，只是全輪一端的至小之一端，至小一端與車行的直綫上至小一端之合，皆是至小無內的一點，對於全輪與全行綫來說，直是『不碾地』的時間速度之運動轉變，並無碾不碾的絕對不同性。無疑惠施派想從空間時間的無窮分割來排斥實有的差異性，這當然是詭辯的分析方法，他雖然在運動意義上肯定了無限的理論意義，但對於客觀事物的邏輯說，卻陷入了主觀假設不可論證的謬誤。」

〔一〇〕目不見：原意不詳。通常解釋：僅目不足見，人之能見，須靠目及光與精神作用。

胡適說：「目不見，若没有能知覺的心神，雖有火也不覺熱，雖有眼也不能見物。」

郭沫若說：「『目不見』——目所見者只是物的返光，而非物的本體。」

馮友蘭說：「『目不見』，公孫龍子說：『白以目以火見，而火不見，則火與目不見，而神見，神不見而見離。』（公孫龍子堅白論）人之能有見，須有目及光及精神作用。有此三者，人才能有見，若只目則不能見。這是就認識論方面說。若就本體論方面說，則目之共相是目，火之共相自是火，神之共相自是神，見之共相自是見。四者皆離，不能混之爲一。」

汪奠基說：「此爲惠施的辯題，墨經下派及公孫龍亦各有所推闡。墨經說下曰：『知以目見，而目以火見，而火不見。』……此外儒家、道家皆有類似說法：『視而不見』、『視之不見』等等，都没有特殊的論證，可能與本題並非同一辯論性質。墨派與公孫龍的例證說明了他們對辯題的具體意見，即是說，他們都認爲任何客觀對象的知識，都要有對象的感覺，有光（火），有智慧抽象，才能有思想概念的認識，否則，雖有感覺（目光）亦將與對象現象相離。所以對名實概念來說，如果只靠眼看，結果對於思想智慧說，只有『目不見』的情況了。惠施的意思，正是說共相概念是不可見的。公孫龍的論證，則從神之見而見離的觀點來指出『不見』的絶對意義。這與惠施所指的共相概念是有區別的。」

〔一二〕指不至，至不絶：指事不能達到物的實際，即使達到也不能絶對的窮盡。「指不至」，謂概念不能完全反映實物。

〔一三〕龜長於蛇：這命題和齊物論「天下莫大於秋毫之末，而大山爲小；若壽於殤子，而彭祖爲夭」是相同性質的論辯，旨在説明長短大小的相對性而無絶對性。

汪奠基説：「本題原有論證不可考。但從墨經下所説的『異類不比，説在量』的邏輯原則來看，好像犯了不可比的錯誤。實際上惠施可能正是取『説在量』的條件。龜圓蛇長是形量的差異，長於蛇之龜和短於龜之蛇，並非絶對有無的形量，因此個別的龜蛇長短只是相對的差異。」

〔一四〕矩不方，規不可以爲圓：絶對的方是方的共相；絶對的圓是圓的共相。事實上的個體的方物或圓物，都不是絶對的方或圓。就個體的矩與規説，也不是絶對的方或圓。所以若與方及圓的共相比，也可以説：「矩不方，規不可以爲圓。」（馮友蘭説）

〔一五〕鑿不圍枘：就個體的獨特性而言，世界上没有哪兩個個體是完全絶對相合的。

馮友蘭説：「鑿有孔，枘是孔中之木。具體的鑿和具體的枘總不能完全相合，所以也可以説『鑿不圍枘』。或者説，圍枘的是事實上個體的鑿；至於鑿之共相，則不圍枘。」

〔一六〕飛鳥之景未嘗動也：這條辯論，用形而上學的觀點解釋運動。它認爲若果把一個運動所經過的時間及空間加以分割，分成許多點，把空間的點與時間上的點一一相當地配合起來，就可見飛鳥之影在某一時間還是停留在某一空間的點上，所以是「未嘗動也」（馮友蘭説）。

〔一七〕鏃（zú族）矢之疾而有不行不止之時：這個辯論認識到運動就是一個物體於同一時間在一個地方又

不在一個地方。就其在一個地方說，它是「不行」；就其不在一個地方說，它是「不止」（馮友蘭說）。

汪奠基說：「本題爲說明動靜相對的一體論。從時間上說明同一動體有不同時間的表現。……如果以鏃矢應聲而至的每一矢之疾來說，就是不止之時；以每前一鏃矢與後一鏃矢最快的時間間隔來說，就是不行之時；再合起整個共相之時來說，所有鏃矢經過的時間爲不止的動體表現，而所有未經過的時間，則對於鏃矢之動而言爲靜止的不行之時。

「又按此辯題與希臘芝諾所謂『離弦的飛箭，當永爲靜止』的詭辯亦完全不同。過去有人誤以芝諾所謂箭在每一時間內僅能占一個位置的話，來曲解惠施派的辯題，實際上，兩者並非同一動靜相對的說法。芝諾始終是在證明運動的矛盾不合理，而惠施派則在論不行不止的相對存在。」

〔一七〕狗非犬：邵晉涵云：「犬子生而長毛未成者爲狗。」狗爲犬之一部，非全等於犬，所以說，狗非犬（范壽康說）。

汪奠基說：「這是名字定義問題。意謂：如果概念上名實不可離，則狗名狗實，犬名犬形，而謂狗非犬爲合理的。……這種辯論，墨經下派的辯者對它作過邏輯的解答。首先從肯定『狗，犬也』的定義出發，指出：『知狗而自謂不知犬，過也。說在重。』因爲『二名一實，重同也』。重同則謂『狗爲犬』可也。這正是墨家實事求是的簡單邏輯說話。」

〔一八〕黃馬驪牛三：黃馬與驪（黑）牛，只是二；加上稱謂這黃馬驪牛——即加上黃馬驪牛的概念，就是三。這和「雞三足」是同類性質的命題。

司馬彪說：「牛馬以二爲三：曰牛，曰馬，曰牛馬，形之三也。曰黃，曰驪，曰黃驪，色之三也。曰黄馬，曰驪牛，曰黄馬驪牛，形與色爲三也。」

〔一九〕白狗黑：經典釋文引馬司彪説：「白狗黑目，亦可爲黑狗。」説白狗是白的，是就毛説，因其所白而白之。若就其眼説，因其所黑而黑了，則白狗也可説是黑的（馮友蘭説）。另一解：蓋謂狗雖有白黑色的不同，但從共相的「狗」與「顔色」的概念來看是相同的：因爲同爲狗，同爲色，故曰白狗黑也可。這裏正好是取大同異而無視小同異的錯誤判斷（汪奠基説）。兩解都可通。

〔二〇〕孤駒未嘗有母：這是論名號的問題。「孤駒」的意義，就是無母之駒，這命題視「孤」與「未嘗有母」爲異名同義。

〔二一〕一尺之捶，日取其半，萬世不竭：這是説物質可以無限分割。「一尺之捶」，今天取其一半，明天取其一半的一半，後天再取其一半的一半的一半，如是「日取其半」，總有一半留下，所以「萬世不竭」。一尺之捶是一有限的物體，但它卻是由無限小的單位組成的，因此可以無限分割（馮友蘭説）。

〔二二〕桓團：姓桓，名團，趙國辯士。

〔二三〕公孫龍：趙人，曾爲平原君客，其生年約與孟子、惠施、莊子、鄒衍諸人同時。漢書藝文志著録公孫龍子十四篇，原注「趙人」。現存六篇，其八篇四庫全書總目提要以爲亡於宋時。公孫龍的堅白異同之論，從當時一直到漢初，發生了很大的影響，也引起了很多的批評。因爲他以專決於名的方法來正名實，事實上，是把常識上的名實關係都破壞了，這便引起人對客觀世界認識上的混亂。莊子常是把當時的辯者混淆在一起説。他對惠施的批評，幾乎也可以用到公孫龍方面。他是以超知忘言的態度來批評這些執名以爭實的人（以上引自徐復觀公孫龍子講疏序一〇至一一頁）。

〔二四〕爲怪：指爲怪説。

〔二五〕此其柢也：「柢」，大略。

俞樾説：「『柢』與『氐』通。史記秦始皇紀『大氐盡畔秦吏』，正義曰：『氐，猶略也。』『此其柢也』，猶云此其略也。」

〔二六〕倚人：「倚」本作「畸」（釋文）。按：「倚」當爲「奇」，「倚人」，異人（郭慶藩説）。

〔二七〕黄繚（liáo 僚）：姓黄名繚。楚人，辯士。戰國策載魏王使惠子於楚，楚中善辯者黄繚輩爭爲詰難（清徐廷槐説）。

〔二八〕其塗隩矣：謂其道深（李頤注）。他走的道路是曲折的（依 B. Watson 英譯本譯）。

〔二九〕庸：同功、用。

〔三〇〕夫充一尚可，曰愈貴道，幾矣：發揮一技之長還可以稱能，可以這樣説：「如果他能尊重道，那就差不多了。」（選輯今譯）按：「充一」的「一」，指一端、一技，不是指道。

林希逸説：「『充』，足也。若但以一人之私見而自足，猶可。」

宣穎説：「由充一而愈尊夫道，庶幾矣。」

陳壽昌説：「夫使不囿於一，其才尚堪造就，益貴道術，則庶幾矣。」

今譯

惠施以爲這些是最大的道理，顯耀於天下而曉示於辯者，天下的辯者也都喜歡這學説：「卵中有毛；雞有三隻脚；楚國郢包有天下；犬可以是羊；馬有卵；蝦蟆有尾巴；火是不熱的；山是有口的；車輪不着地；眼睛不能看見東西；指事不能達到物的實際，即使達到也不能絶對的窮盡；烏龜比蛇長；用矩畫出來的並不方，用圓畫出來的並不圓；鑿孔不圍繞孔内的枘木；飛鳥的影子不曾移動；箭鏃發射的疾速卻有不前進不停止的時候；狗不是犬；黄馬驪牛是三個；白狗是黑的；孤駒未曾有母；一尺長的杖，每天取去它的一半，萬世都取不盡。」辯者用這些論題和惠施相對應，終身没有窮盡。

桓團和公孫龍都是辯者一類的人，迷惑人心，改變人的看法，能够勝過人的口舌，卻不能折服人的心，這是辯者的局限。惠施天天運用他的機智和人辯論，獨自和天下的辯者創造怪説，這就是他們的概略情形。

然而惠施的口辯，自以爲最能幹，説：「天地偉大嘛！」惠施有雄心而不知道術。南方有個名叫黄繚的奇人，問天地所以不墜不陷，以及風雨雷霆的原因。惠施不加推辭而回應，不加思慮而對答，遍説萬物，説個不停，多得不窮盡，還以爲説得少，更加上一些怪説。他用違反人的常理做爲實情，要來勝過人求名聲，因此和衆人不適調。弱於德的修養，强於物的究析，他走的道路是曲折的。由天地的大道來看惠施的才能，他就像一隻蚊蟲那様徒勞。對於萬物有什麽用！他發揮一技之長還可以，要是説能進一步尊重大道，那就差不多了！惠施不能够自安於道，分散心思於萬物而不厭倦，終而以善辯成名。可惜呀！惠施的才能，放蕩而無所得，追逐萬物而不回頭，這是用聲音來止住回響，形體和影子競走，可悲呀！

本書主要參考書

郭　象　莊子注
陸德明　經典釋文莊子音義
成玄英　莊子疏
吕惠卿　莊子義
陳景元　南華真經章句音義
王元澤　南華真經新傳
林希逸　南華真經口義
褚伯秀　南華真經義海纂微
羅勉道　南華真經循本
焦　竑　莊子翼
陳　深　莊子品節
釋德清　莊子内篇注
方以智　藥地炮莊
林雲銘　莊子因
王夫之　莊子解
宣　穎　南華經解
徐廷槐　南華簡鈔
浦起龍　莊子鈔
王懋竑　莊子存校
胡文英　莊子獨見
周拱辰　南華真經影史
姚　鼐　莊子章義
王念孫　莊子雜志
方　潛　南華經解
王闓運　莊子内篇注
俞　樾　莊子平議

劉鳳苞　南華雪心編
陳壽昌　南華真經正義
馬其昶　莊子故
孫詒讓　莊子札迻
郭慶藩　莊子集釋
吳汝綸　莊子點勘
王先謙　莊子集解
章炳麟　莊子解故
陶鴻慶　讀莊子札記
劉師培　莊子斠補
林　紓　莊子淺説
武延緒　莊子札記
奚　侗　莊子補注
朱桂曜　莊子内篇證補
馬叙倫　莊子義證
丁展成　莊子音義繹

蔣錫昌　莊子哲學
劉文典　莊子補正
王叔岷　莊子校釋
胡懷琛　莊子集解補正
高　亨　莊子新箋
于省吾　莊子新證
楊樹達　莊子拾遺
王治心　莊子研究及淺釋
葉玉麟　白話莊子讀本
曹受坤　莊子哲學
張默生　莊子新釋
聞一多　莊子内篇校釋
劉　武　莊子集解内篇補正
錢　穆　莊子纂箋
關　鋒　莊子内篇譯解和批判
嚴靈峰　道家四子新編

李鍾豫　語體莊子
陳啓天　莊子淺説
張成秋　莊子篇目考
李　勉　莊子總論及分篇評注
黄錦鋐　新譯莊子讀本
福永光司　莊子（日本朝日新聞社　新訂中國古典選叢書）
金谷治　莊子（日本岩波書店　岩波文庫）
曹礎基　莊子淺注
王叔岷　莊子校詮
楊柳橋　莊子譯詁
馬恒君　莊子正宗

莊子綜合索引

凡　例

一、本索引依據《莊子》正文編製，所收詞條涉及人名、地名、國名、朝代名、文獻名、成語以及重要術語等。

二、本索引以詞條首字音序排列。

三、本索引所列詞條後的漢字表示該詞條所在的篇章，各篇篇名取首字，但首字重複的四篇取兩字，即“天地”、“天道”、“天運”、“天下”；數字表示所在的頁碼，不同頁碼之間用斜綫分開。

四、對一些重複和意義模糊的詞條，尤其是一些人名、姓氏，予以括注説明，如“丘（孔丘）”，表示單字“丘”爲人名“孔丘”之意；又如，“文王”有趙文王和周文王兩義，分别以“文王（趙文王）”和“文王（周文王）”表示。

A

B

C

D

E

F

G

H

J

K

L

M

N

P

Q

R

S

T

W

X

Y

Z